戚家山街道志

宁波市北仑区人民政府戚家山街道办事处

《戚家山街道志》编纂委员会 编

浙江工商大学出版社 | 杭州
ZHEJIANG GONGSHANG UNIVERSITY PRESS

图书在版编目(CIP)数据

戚家山街道志 / 宁波市北仑区人民政府戚家山街道

办事处,《戚家山街道志》编纂委员会编. — 杭州 : 浙

江工商大学出版社,2023.2

　ISBN 978-7-5178-5203-2

　Ⅰ.①戚… Ⅱ.①宁… ②戚… Ⅲ.①区(城市)—地

方志—宁波 Ⅳ.①K295.55

中国版本图书馆CIP数据核字（2022）第218079号

戚家山街道志

QIJIA SHAN JIEDAO ZHI

宁波市北仑区人民政府戚家山街道办事处
《戚家山街道志》编纂委员会　编

策划编辑	金芳萍
责任编辑	金芳萍
责任校对	孟令远　傅　恒
封面设计	朱嘉怡
责任印制	包建辉
出版发行	浙江工商大学出版社
	（杭州市教工路198号　邮政编码310012）
	（E-mail:zjgsupress@163.com）
	（网址:http://www.zjgsupress.com）
	电话:0571-88904980,88831806(传真)
排　　版	杭州朝曦图文设计有限公司
印　　刷	宁波市鄞州启鸣印务有限公司
开　　本	889mm×1194mm　1/16
印　　张	36.75
字　　数	948 千
插　　页	10
版 印 次	2023 年 2 月第 1 版　2023 年 2 月第 1 次印刷
书　　号	ISBN 978-7-5178-5203-2
定　　价	228.00 元

▲ 戚家山街道远眺（金信贤摄于2010年）

▶ 东海路街景
（杨国成摄于2020年）

▲ 荷池（位于蛟山公园，金信贤摄于2019年）

◀ 养正亭
（建于2009年，杨国成摄于2022年）

◀ 乾坤亭
（建于1994年，杨国成摄于2019年）

▲ 戚家山街道党群服务中心（杨国成摄于2019年）

▲ 义成碶（浙江省省级文物保护单位，杨国成摄于2019年）

◀ 义成桥（马子明摄于2020年）

◀ 北仑开发开放展览馆
（马子明摄于2020年）

▲ 蛟山阁（杨国成摄于2019年）

▲ 招宝山大桥（马子明摄于2019年）

▲ 李氏家族纪念馆（杨国成摄于2019年）

▲ 金融贸易大楼（杨国成摄于2019年）

▲ 海悦公寓（杨国成摄于2019年）

▲ 小浃江风光（杨国成摄于2019年）

▲ 淤水大闸（杨国成摄于2019年）

▲ 金港华庭（杨国成摄于2019年）

▲ 甬晨大厦（杨国成摄于2019年）

▲ 戚家山隧道（杨国成摄于2019年）

▲ 小浃江江心岛（马子明摄于2020年）

▲ 金鸡山瞭台（建于1884年，1996年11月被定为全国重点文物保护单位，杨国成摄于2019年）

▲ 宏远炮台——三合土炮台
（建于1887年，1996年11月被定为全国重点文物保护单位，杨国成摄于2019年）

▲ 镇远炮台（建于1880年，1996年11月被定为全国重点文物保护单位，杨国成摄于2019年）

▲ 靖远炮台（建于1880年，1996年11月被定为全国重点文物保护单位，杨国成摄于2019年）

▲ 平远炮台（建于1887年，1996年11月被定为全国重点文物保护单位，杨国成摄于2019年）

▲ 戚家山营垒（建于1881年，1996年11月被定为全国重点文物保护单位，杨国成摄于2000年）

▲ 靖远炮台出土火炮（现存于宁波市镇海口海防历史纪念馆，杨国成摄于2020年）

▲ 宏远炮台——钢筋混凝土炮台（建于1936年，杨国成摄于2019年）

▲ "七一七"戚家山抗日纪念碑
（建于 2005 年，杨国成摄于 2019 年）

▲ 青峙岭（门城山）营垒
（建于 1883 年，杨国成摄于 2019 年）

▲ 戚继光雕像（位于戚家山山顶，杨国成摄于 2019 年）

▲ 宁波金发新材料有限公司（马子明摄于2020年）

▲ 浙江逸盛石化有限公司
（马子明摄于2020年）

▶ 宁波科元精化股份有限公司
（张晓慧摄于2022年）

▲ 蔚斗小学旧址（金信贤摄于2015年）

▲ 蔚斗小学新址（杨国成摄于2020年）

▲ 宁波联合实验中学（杨国成摄于2020年）

▲ 小浃江龙舟赛（杨国成摄于2019年）

▲ 女子舞龙队（杨国成摄于2018年）

◀ 街头舞狮（杨国成摄于2018年）

▲ 业余戏剧演出（杨国成摄于2004年）

▲ 蛟山公园汉服秀（金信贤摄于2019年）

▲ 小浃江公园晨练（杨国成摄于2020年）

序

  戚家山街道地处我国海岸线中段，杭州湾南缘，甬江入海口南岸，素有"浙东咽喉"之称。自唐宋以来，日本、高丽的使臣、僧人、商贾多从甬江出入。

  街道所在地小港是个千年古镇，早在后梁开平三年（909）就建立崇邱乡，距今已有1110多年的历史。戚家山街道又是个年轻的街道，她成立于2007年3月，至今才走过约16年的历程。

  戚家山街道是块红色的土地。她浸润着历代人民为抵抗帝国主义列强入侵、保卫中华民族而英勇牺牲的鲜血。在这块土地上，戚家山人抗击过倭寇和英、法帝国主义的侵略，尤其是中法战争的镇海之役，是我国历史上抗击外侮取得的第一次完全胜利。金鸡山顶矗立的瞭台和散落在各处的炮台，至今仍在诉说着当年的辉煌。在这块土地上，戚家山人把日本帝国主义的铁蹄斩断于此，历经五天的浴血奋战，击毙日寇400余人，硬是把日寇赶下大海，取得了"七一七"镇海保卫战的胜利。在这块土地上，中国共产党人更是谱写了一部气壮山河的爱国主义伟大史诗。1938年8月，中共镇海县工委诞生在蔚斗小学简陋的校舍里。从此，戚家山人有了主心骨，抗日斗争如火如荼，一批批年轻的共产党员从这里走上抗日救国的疆场，李敏、林勃、郑世庚等烈士是他们的杰出代表。

  戚家山街道是块金色的土地。她滨海枕山，海岸是天然良港，山坡上物产丰饶；小浃江贯穿全境，上通宁绍，下达东海，因而自古是商贾重镇。各地商旅纷至沓来，在古镇创造了千年的财富神话。名闻遐迩的小港港口李氏家族富甲一方，即是明证。

  改革开放后，宁波经济技术开发区在小港的设立，更让这里插上了经济腾飞的翅膀。今天，这里已成为重化工基地，一批高科技企业在这里成长，超百亿产值的大企业在这里落户，成千上万的创业者在这里收获了金色的希望。

  戚家山街道是块绿色的土地。戚家山茂林修竹，小浃江碧波荡漾；城镇刷新容颜，文化古韵再现。戚家山以海纳百川的胸怀，接纳着五湖四海的宾朋；20个民族、30多个省市的人们在这里和谐相处、安居乐业。

  戚家山街道人杰地灵，名贤辈出。他们或为抵抗外侮赴汤蹈火，或为祖国解放奋勇杀敌，或为教书育人殚精竭虑，或为科技发展建功立业。他们的业绩感天动地，永载史册。

  前事不忘，后事之师。编纂这部《戚家山街道志》，为的是存史、资政、教化。祈望它能激励这块土地上的人们爱国爱乡，为各条战线、各个岗位的管理人员提供可靠的决策依据，为全国乃至海外的朋友了解这块土地提供可靠全面的资讯。

  《戚家山街道志》编纂委员会，三年多来，在浩繁的史料中广搜博引，去伪存真，多方核实；对缺失的史实，多方挖掘，查漏补缺，务求全面准确地反映戚家山街道的真实历史。为此，编纂委员会和

各位资料员做了大量细致的工作，付出了极大的心血。《戚家山街道志》的出版，他们功不可没。

今天，戚家山人民正紧密团结在以习近平同志为核心的党中央周围，高举习近平新时代中国特色社会主义思想伟大旗帜，以史为鉴，继承和发扬戚家山人爱国爱乡、务实求真、艰苦奋斗、锐意进取、改革创新的光荣传统，为实现中华民族伟大复兴的中国梦而努力奋斗。

相信戚家山的明天一定会更加美好！

中共宁波市北仑区委戚家山街道党工委书记：

2023 年 1 月 10 日

凡　例

一、本志依据国务院《地方志工作条例》和中国地方志指导小组《地方志书质量规定》，存真求实，全面系统地记述戚家山街道区域自然、政治、经济、文化和社会的历史与现状。

二、本志系北仑区戚家山街道首部志书。全志通贯古今，记述上限尽可能追溯史实、事物之发端，下限讫止2019年，其中，部分史实采集至2018年，正文前彩照采集至定稿时。关于发生在2019年12月的新型冠状病毒肺炎疫情，至正文发稿前尚未结束，为记述这一重大突发公共卫生事件，采集的有关资料作为"专记"附在相关章节末尾。

三、戚家山街道系2007年由小港街道析出建立。"小港"即街道治所，志书中提及的"小港镇""长山区"的内容均包含戚家山街道。

四、本志体裁采用述、记、志、传、图、表、录诸体，以志为主体，横列门类，纵叙史实。文字表述除引用历史资料照录原文外，均采用现代汉语。结构层次采用编、章、节、目。全志共设15编60章。前置概述、大事记，总摄全志；各编随后，专记、附录随节，丛录殿后。

五、本志纪年，中华人民共和国成立前，用历史纪年括注公元纪年；同一段同一年号出现两次及以上时，一般只括注首次。中华人民共和国成立后，采用公元纪年，志内所称"解放前""解放后"分别系指1949年5月25日戚家山街道区域解放前、后；所称"新中国成立前""新中国成立后"以1949年10月1日中华人民共和国成立为界；所称"街道成立前""街道成立后"系指2007年3月戚家山街道建立前后；所称"省委""省政府"，分别指中国共产党浙江省委员会、浙江省人民政府；所称"市委""市政府"，分别指中国共产党宁波市委员会、宁波市人民政府；所称"区委""区政府"，分别指中国共产党北仑区委员会、北仑区人民政府；所称"街道党工委""街道办事处"，分别指中国共产党戚家山街道工作委员会、戚家山街道办事处；所称"县委"，系指原中国共产党镇海县委员会。

六、本志行文用字、标点符号、计量单位、数字用法均按国家现行规定。计量除转引历史资料时保持当时单位外，一般采用公制，适当保留"亩""斤""石""文"的用法。货币单位"元"指人民币，其他币种用全称。表格内一字线"——"表示未掌握该项数据，空格表示该项数据不适用。

七、本志中有关小港乡、长山乡、青峙乡、小港公社、小港镇等称谓，其属地均含现街道区域。上述各乡镇的治所地曾经均在街道域内。1992年扩镇并乡时，小港镇治所地始迁现址（红联社区）。为叙历史事件，志中仍保留原有称谓。

八、本志记述人物遵循"生不立传"的原则，主要收录戚家山街道籍或居留戚家山街道境内、对戚家山街道域内有重大贡献或有影响的已故人士，排列以生年为序，特设"革命烈士"专节；对在世的戚家山街道籍任县（市、区）级以上干部、部队团级以上干部及高级专业技术职称、博士以上学历

人员则分别列表。

　　九、本志记述单位或机构，在每编首次出现时用全称，括注简称，其后用简称。单位或机构以及领导的排列顺序，按照原始材料记录。

　　十、本志统计数据，以统计部门统计的数据为准；统计部门无数据的，以主管部门统计的档案数据为准；某个时期反映"境内""全街道"概念之综合数据，均含现全街道的5个村、3个社区和宁波经济技术开发区联合区域、青峙化工园区，某些有短缺的必括注。

　　十一、本志中街道区域的政区、地名、单位名称等依当时名称记述，必要时括注今名。各级领导人的职务，亦均依当时实际担任的职务记述。

　　十二、本志资料源自馆藏档案、文件、旧志、新志、专著、报刊、文物、碑刻、家谱以及走访采录，经考证鉴别入志，一般不注出处。

目　录

第六编　水利　电力

第七编　工　业

第八编　商　贸

第九编　交通　邮电

第十编　财政金融

第十一编　党政　群团

第十二编　军事　公安　司法

戚家山街道志

第十三编 科教文卫

第十四编 社 会

第十五编 人 物

总　述

　　戚家山街道位于浙江省宁波市东北部的东海之滨，居中国大陆海岸线中段，长江三角洲南翼，宁绍平原东端。东接北仑港，与新碶街道算山村、高塘社区接壤；西隔戚家山、大岭山，与小港街道红联社区为邻；南与小港街道孔墅村、青墩社区相连；北濒金塘港，与舟山市隔海相望，面积18.6平方千米。

　　2007年，街道成立时，辖5个村、3个社区。至2019年，街道辖1个村（林唐村）、3个社区居民委员会（蔚斗、东升、渡头）和1个工业社区（青峙），宁波经济技术开发区联合开发区域和青峙化工园区都在街道境内。2019年，全街道总户数6373户，户籍人口16471人，人口密度为每平方千米885人。街道有少数民族20个，计295人。

　　街道境内地势由西南向东北缓慢倾斜，诸山之最高峰为与新碶街道的界山四顾山，海拔265.1米。主要水系小浃江，自西南向东北贯穿全境，至浃水大闸入海。境内以平原为主，海域金塘水道散布19座小岛、小礁。

　　当地属中纬度北亚热带季风区，气候温和湿润，四季分明，光照充足，雨量充沛，严寒酷暑日子不多。1971—2010年间平均气温16.8℃，2018年为18.3℃；年平均降水量1329.3毫米；年无霜期212—300天，2009—2018年平均252天；年均日照1907.2小时。

　　戚家山街道历史悠久。远在新石器时代，就有先民在此生息劳作。其地春秋末期属越国，战国中期属楚。秦王嬴政二十五年（前222），秦灭楚后置会稽郡，立鄞县，今戚家山区域属鄞县东境。后梁开平三年（909）置望海县（一作静海县），未几改为定海县，是时区境始建崇邱乡，归属定海县［清康熙二十六年（1687）改名镇海县］。崇邱乡建置经五代、宋、元、明、清，至民国十九年（1930）改为崇邱区，历1021年。民国二十五年（1936）与灵岩境的10个乡镇组合成崇岩区办事处。民国三十年（1941）改崇岩区办事处为长山区，直至新中国成立。1950年6月，长山区分建为长山、大碶2个区。1985年10月，撤销镇海县，分置宁波市镇海区和宁波市北仑区（1987年7月前称滨海区），长山区（1985年11月改称长山办事处）及其乡镇归属北仑区。1987年1月，撤销长山办事处，其原属4个乡镇于1992年5月扩镇并乡，建立小港镇。至2006年，小港镇境的行政建置已有1097年历史。2006年11月，宁波市政府批准从小港镇析出3个社区、5个村设立戚家山街道。2007年3月，戚家山街道挂牌成立。

　　戚家山街道地据要隘，金鸡山、笠山与镇海的招宝山雄峙甬江口两岸，形成天然屏障，堪称"天设重关"。历代在这里屯兵设戍，为浙东海防要地。明时的抗倭，清时的抗英、抗法，民国时期的抗日，戚家山和镇海口均是重要战场，并屡获重大胜利。至今，戚家山街道沿海一带仍留存许多海防遗迹，

其中6处被列为全国重点文物保护单位。

戚家山街道人民具有爱国爱乡精神和光荣的革命传统。在历史上的抗倭、抗英、抗法、抗日的"四抗"中,戚家山人为英勇抗击外侮做出了重大牺牲;抗日战争和解放战争期间,李敏、林勃、汪波、乐群、张困斋、郑世庚等许多热血青年积极投身革命,有的英勇献身成为革命烈士。他们为中国人民的解放和新中国的建设事业做出了重要贡献。

戚家山街道兼得江海之利,地理条件优越。早在明清时期,小浃江就已是外海至明州的水运要道。新中国成立后,经70年的经济建设,尤其是改革开放40多年来,戚家山区域已形成立体交通网络。连接宁波经济技术开发区联合开发区域与宁波市区的江南二级公路和北仑港的进港公路在此衔接,并穿境而过;飞架招宝、金鸡两山的招宝山大桥连接全国的沿海大通道;东去9千米经由北仑港铁路可进入全国铁路网;距街道东10千米的北仑港、西25千米的栎社机场,与海运、空运相衔接;沿小浃江上溯可入宁波、鄞州、奉化腹地,并与杭甬运河沟通;出海则联通全国沿海各地及海外。境内沿海、沿江有300米宽的管线走廊,镇海炼化公司、北仑电厂、宁波水厂的输油、输电、供水管线均穿境而过。

戚家山街道历来系鱼米之乡,明清时期已是重要产粮区。农业生产,特别是粮食生产,曾经是小港经济的主业和基础。千百年来,由于受封建土地制度的束缚和天灾、兵祸的影响,丰歉相间,农业生产发展缓慢。新中国成立后,经过土地改革和农业合作化,农业生产得到恢复和发展。1958—1976年间,由于受"大跃进"与"文化大革命"等影响,加上自然灾害,农业生产一度下降或徘徊。20世纪80年代初推行联产承包责任制后,粮食生产、多种经营得到了综合发展。1985年后,因工业生产的迅速发展,农村土地大多被征用,农业生产逐渐淡出戚家山区域。

戚家山街道原有的工业、手工业基础薄弱。1978年小港全镇工业总产值仅千万余元。改革开放以来,国门开启,小港一跃成为宁波市对外开放的重要"窗口"。1984年5月,宁波被列为全国对外开放的14个沿海港口城市之一。同年10月,国务院同意在小港兴办宁波经济技术开发区(以下或简称"宁波开发区"),实行经济特区的政策,兴办技术密集型、出口创汇型的中外合资、合作和外商独资企业,旨在发展对外经济技术合作,引进先进技术和科学管理,发展新型产业,开拓国际市场;加强与内地经济技术联系和合作,促进内地经济发展。经过30多年的开发建设,宁波开发区联合开发区域发展成为环境优美、投资环境优化的多层次、多种所有制汇聚的新兴工业区;青峙化工园区已成为北仑区重化工基地。

戚家山街道有历史悠久的小港自然集镇。清康熙年间,小港水陆交通已比较发达;抗战前小港店铺林立,商贾云集。由于战乱,尤其是日寇的侵略,小港曾遭遇狂轰滥炸,几成废墟。新中国成立后,小港获得新生。小港商贸的真正兴盛自20世纪80年代开始,伴随着改革开放和工农业生产的发展,人民购买力提高,物流畅通,商贸空前繁荣。至2019年底,戚家山街道已有门类比较齐全的各种商业、服务业千余家,市场供销两旺。

戚家山街道近代有兴办教育的传统。早在清末民初就创办过多所新学堂,其中具代表性的有建于清光绪二十九年(1903)的养正学堂、建于清光绪三十三年(1907)的青峙学堂、建于民国十六年(1927)的蔚斗小学。20世纪二三十年代,在蔚斗小学里,施若愚、卓子英、张起达等一批共产党人,传播革命思想,带领教师学生参加抗日救亡运动,为党组织在戚家山街道域内的建立和发展创造了有利条件。民国二十七年(1938)3月,蔚斗小学党支部成立;同年8月,中共镇海县工委在此成立。蔚斗小学一度成为党的地下领导机关驻地。学校培养了不少革命志士和新中国的建设人才,林勃、郑世庚、李敏烈士就是在这里读书入党的。新中国成立后，特别是改革开放以来，教育倍受重视，教育设施不断改善。至2019年底，全街道有中学1所、小学1所、公办幼儿园2所。

戚家山街道人文荟萃，名士辈出。南宋的沈焕是"淳熙四先生"之一，开创四明学派，被誉为"浙中之梁木"。清代画家兼诗词家姚燮，写诗12000多首，其所撰写的《今乐考证》13卷和编校的《今乐府选》500卷，被誉为中国戏曲史上规模空前的选本与剧目著录。近现代负有盛名的域内闻人有：曾任中国女子书画会主席，民国初期已蜚声沪上画坛，与张大千为至交的女画家李秋君；曾受教于林风眠，现旅居瑞士日内瓦的中国画家李爱维；中国世界语运动开拓者之一的乐嘉煊；等等。

戚家山街道地少人稠，长期有外出经商传统，又受浙东学派"工商皆本"启蒙思想的影响，涌现了一批实业家。他们植根在小港，创业于上海，拓展至海外，逐渐成为宁波商帮之一。小港李氏家族是其中的杰出代表，如李也亭、李善祥等，都对国家和家乡建设事业做出了可贵的贡献。

戚家山街道优越的人文地理条件与当地人民勤奋的开拓精神相结合，成为经济建设和文化建设协调发展的基础。改革的深入、开放的扩大，必将加快街道现代化建设步伐，戚家山街道的前景无限广阔。

大事记

秦

秦嬴政二十五年（前222）

立郡县制，置会稽郡，设句章、鄞、鄮三县。今戚家山街道属鄮县东境。

汉

东汉明帝永平十六年（73）

僧普定禅师遍历名山后结精舍于灵鹫山（今灵峰山），名佛国道场，为境内佛教传布最早的记载。（《灵峰山志》）

东汉顺帝阳嘉元年（132）

因曾旌起义杀句章、鄞、鄮三县长，东部都尉命令沿海各县屯兵戍边。

晋

东晋安帝隆安四年（400）

四月（5月） 五斗米道首领孙恩起义后攻浃口（今镇海口），入余姚，破上虞，转临海，为刘裕所败。次年，孙恩又破浃口，被刘裕击败，退入海。（《晋书·孙恩传》）"浃口"之称始见于此。

南北朝

宋明帝泰始六年（470）

临海人田流于上年起事，自称东海王，掠海盐，杀鄞令。是年，龙骧将军周山图领兵驻屯浃口，进击田流。田流败灭。

陈文帝天嘉四年（563）

闽人陈宝应占据建安、晋安两郡后攻临川，扰浃口。次年，兵败被执。

唐

唐玄宗天宝三年（744）

鄮令陆南金拓浚东钱湖，鄞、镇七乡之田得以灌溉。

唐代宗宝应元年（762）

八月（9月） 台州人袁晁起义后攻占台、信、温、明等州，建立政权，年号"宝胜"，民苦赋敛者争归之。李光弼遣兵镇压。时峡口为明州县东境。次年四月，袁晁兵败被俘。

唐宪宗元和四年（809）

分鄞县地，在甬江海口设望海镇。系军事建制。

五　代

后梁太祖开平三年（909）

五月（6月） 吴越王钱镠巡视明州，筑城于望海镇。后改望海镇为静海镇，隶属明州。

闰八月（9月） 钱镠因望海镇地滨海口，有渔盐之利，奏置望海县（亦作静海县，为建县之始）。不久改为定海县（镇海县）。时街道境域称崇邱乡，属定海县。

宋

北宋神宗熙宁六年（1073）

建小峡江桥（系永济桥前身，又称长山桥）。

北宋神宗元丰元年（1078）

划金塘乡归属昌国。定海县被定为上县，辖清泉东、清泉西、灵绪、崇邱、灵岩、泰邱、海晏7乡。

北宋徽宗崇宁三年（1104）

建立清泉盐场，盐课司驻崇邱一都一图觉海寺东（今衙前）领官盐田。穿山、长山两子场隶属之。

南宋光宗绍熙二年（1191）

学者沈焕卒。

沈焕（1139—1191），崇邱乡沈家山（今顾家桥沈家舍）人，南宋理学家，曾在家乡讲学，倡全县诗礼之训。讲学之堂额"南山书院"，系宋孝宗所书。时人誉称"南山沈先生，师严道尊"。沈焕与袁燮、杨简、舒璘并称为"淳熙四先生"，被誉为"浙中之梁木"。

南宋理宗淳祐六年（1246）

定海江南渡（今镇海渡）改"官渡"为"民渡"，人收渡钱2文。

元

南宋恭帝德祐二年　五月起端宗景炎元年　元世祖至元十三年（1276）

七月（8月） 宋兵攻定海港口，被元沿海招讨副使哈剌觯击退。

八月（9月） 复攻，又被击退。

明

明世宗嘉靖三十四年（1555）

四月至五月（5月） 倭寇从前仓白沙湾登陆，直抵陈山。崇邱地区被倭寇焚劫几尽。百户刘梦祥领兵战倭寇于崇邱，力乏寡援而死。

明世宗嘉靖三十五年（1556）

县令宋继祖为解决鄞、镇二县农田灌溉矛盾，横截小浃江，建东岗碶。

明神宗万历十六年（1588）

大饥，瘟疫盛行，死者甚众。

清

清世祖顺治三年　南明唐王绍武元年（1646）

春　南明崇明叛将张国柱下海掳掠，泊舟招宝山外，诳入定海（镇海）关，纵兵大掠三日，且扩大至邻近地区，百姓损失惨重。

清世祖顺治四年　南明桂王永历元年（1647）

顺治四年十二月（1月） 南明舟山守将黄斌卿率舟师入蛟门，抵三江口，被清守将击退。舟师退后，清军用战舰防守定海（镇海）关口，甬江内用竹筏与铁缆造成"滚江龙"拦江。南岸筑炮台及小城、营房，瞭望守御，以防南明军队再次袭击。

是年　大饥。

清世祖顺治十六年　南明桂王永历十三年（1659）

五月初一（6月20日） 郑成功军攻定海，自穿山登陆，直逼江南，结阵10余里，炮攻县城。后由青峙下船，游弋于龙山后海，又转移至梅山港、青龙港及康头、上王，既而移泊至昆亭。前后10余日始撤离。

是年　大旱，日有大晕。

清圣祖康熙二十四年（1685）

部议覆准浙江立税关，在宁波设海关行署，定海县内设口址四：定海口（后称镇海口）、小港口、邱洋口、澥浦口。次年特设监督浙海钞关一员。

清圣祖康熙五十八年（1719）

义成桥建成。

清高宗乾隆十六年（1751）

建镇江塘。道光二十四年（1844）全线重修。

清宣宗道光元年（1821）

夏秋季霍乱流行，城乡死者多人。

清宣宗道光九年（1829）

义成碶建成。该碶始建于清仁宗嘉庆二十年（1815）。

清宣宗道光二十年（1840）

建造南、北拦江炮台。南拦江炮台建于境内泥湾甬江边。

清宣宗道光二十一年（1841）

二月（3月）　裕谦接代伊里布为钦差大臣，越二月，实授两江总督。在小港金鸡山筑炮台城，移调提标左营游击于穿山；在招宝、金鸡两山密设炮位，严筑工事，塞江拦索，调各路官兵不下2万，分守四郊，以御英国侵略军。

闰三月十三（5月3日）　林则徐奉命离粤赴镇海军营效力。四月二十一日（6月10日）下午至镇海，此后渡甬江，登金鸡山，察地势，指导防守方略，研铸大炮。五月初三（6月21日），在镇海铸炮局铸成8000斤重大铁炮。五月初十（6月28日），清廷又以林则徐在广东"废弛军务"为由，将其与邓廷桢一起从重发往新疆伊犁。五月二十六日（7月14日）下午，林则徐离镇远戍。

八月二十六（10月10日）晨　英军一路登陆镇海口、江南港口笠山前，抄金鸡山后。总兵谢朝恩力战中炮落海阵亡。另两路英兵登陆县城后海塘和招宝山东侧，直扑招宝山，提督余步云怯敌逃跑，金鸡山、招宝山俱失，镇海城陷落。

清宣宗道光二十二年（1842）

二月二十五（4月5日）　镇海生员王师真率爱国义民火烧英船数只。军功刘朝元兄弟率众偷袭英军在招宝山、金鸡山的军火库。黑水党活跃在甬江两岸攻击英军。

清宣宗道光二十三年（1843）

十一月十二（1月1日）　据《中英南京条约》"五口通商"条款，宁波开埠，镇海遂为宁波港开放关口。

清文宗咸丰四年（1854）

小港人李也亭与慈溪黄纶志、盛植琯合作，集银7万两购置配有枪炮装置的轮船1艘，定名"宝顺"，用于护航，聘贝锦泉为管带，人称"中国之用轮舟，自宁波宝顺轮始也"。

清穆宗同治四年（1865）

清政府海关署与宁波道台在镇海口虎蹲山设灯塔。1872年、1932年两经改建。

清德宗光绪六年（1880）

在甬江口南岸金鸡山东麓沙湾头建靖远炮台，1884年置瓦瓦司80磅前膛炮4门、瓦瓦司80磅后膛炮1门；在小浃江口建镇远炮台，1884年置瓦瓦司80磅前膛炮1门、瓦瓦司46磅前膛炮2门、英国土炮2门，后增克虏伯12厘米口径后膛炮2门、17厘米口径后膛炮1门，1937年移至宏远炮台。

清德宗光绪九年（1883）

欧阳利见在金鸡山东北筑天然炮台，置炮3门；在金鸡山西北建自然炮台，在山之上下砌筑土台10余座，共置大小炮45门。

清德宗光绪十年（1884）

二月　浙江巡抚刘秉璋巡视定海、镇海。欧阳利见统3500兵，驻镇海口南岸金鸡山。杨岐珍领2500兵屯甬江口北岸的镇海县城与招宝山。记名总兵钱玉兴率3500兵扼宁波至梅墟、育王岭等要隘策应。守备吴杰守威远、靖远、镇远各炮台。前台州知府成邦干与总兵贝锦泉率兵5000人设防定海。元凯、超武轮及红单师船巡行海口。

五月　欧阳利见于甬江南岸衙前至布阵岭筑防御工事，于金鸡山顶筑营房、瞭望台。

九月十七至二十一　甬江口开始沉船拦江，沉船24只，钉桩21丛。

清德宗光绪十一年（1885）

正月十八（3月4日）夜　法军乘小船企图袭击港口炮台。二月初四（3月20日）夜，守军在青峙岭伏炮突击法舰。时法舰因镇海防守严密，进攻失败，沮丧而退，滞留镇海口外。三月初一（4月15日）宣布停战。五月十四日至十七日（6月26日—29日）法舰撤离镇海口，释放被俘民众23人。

清德宗光绪十三年（1887）

购德国克虏伯后膛炮7门，分置宏远、平远、绥远、威远、安远等炮台。次年冬，炮台全部竣工。

清德宗光绪二十七年（1901）

50里内常关（镇海、宁波江东两关及小港、沙头两口）划归浙海新关管辖。

清德宗光绪二十九年（1903）

崇邱吴正阁开浚青峙新河，与岩河通舟楫。

是年　港口务实学堂开办。

清德宗光绪三十二年（1906）

二月二十二（3月16日）　小港乡民因迎会捐款争执，捣毁英耶稣堂及教民仇绍棠纸铺。事后教友与英驻宁波总领事馆强令镇海县府"严办首要"，并赔银洋1000元。

清德宗光绪三十四年（1908）

青峙人吴吉三主张兴办学堂培育人才，辟家屋西轩为教室，招族内及邻近子弟就读。光绪三十二年（1906），呈准县署以积泉庵之产为办学经费，次年在该处办青峙学堂。光绪三十四年（1908），得族叔吴正闿等资助，在村东石子滩新建楼屋、平房各五间作为校舍，命名为七星延陵学校。

清德宗宣统三年（1911）

九月十六（11月6日）　辛亥革命爆发后，全国响应。镇海于是日宣告光复，公推李善祥（小港港口人）为民事长。

中华民国

民国元年（1912）

十一月十三（1月1日）　成立县公署，刘崇照为首任县知事。

是年　遵南京临时政府令，革除旧制陋习，改用阳历，易冠服，废跪拜，剪除发辫，劝禁缠足，禁鸦片，禁赌博，禁蓄婢宿娼，严禁贩卖人口，解放"堕民"。

民国五年（1916）

小港李家人李厚培等筹款重修镇江塘。

民国九年（1920）

6月　因去岁歉收，米价昂贵，饥民相属于道，官绅协办平粜。灵岩、泰邱等乡贫民结群吃荒，簇拥米店求施。

民国十年（1921）

3月19日　午后四时地震。窗户震动有声，缸水荡动，人坐立不安，摇晃欲倒，历时三四秒复宁。又风水成灾。灵岩、泰邱、崇邱、海晏4乡，塘堤、道路、桥梁多坏，田禾、棉花遭损。

民国十一年（1922）

七星延陵小学校友倡组七星同学会，设办七星义务学校。

民国十四年（1925）

3月28日　镇海各界举行追悼孙中山先生大会（孙中山先生于是年3月12日逝世）。到会2000余人，会后游行，高呼"打倒帝国主义""打倒军阀""收回关税权"等口号。

是年　中共宁波支部发展小港养正小学教师曹静渊为中共党员。

民国十六年（1927）

2月中下旬　吴沛宁（沛壬）、邬保润分别带领群众，缴获城区、灵岩"保卫团"（地方反动武装）枪械。镇海县农民协会准备以缴获的百余支枪械，组建城郊、镇南、镇北三队农民自卫军。此举虽未能实现,但受到中共宁波地委书记赵济猛的支持。

3月18日 镇海县农民协会成立,吴沛宁被推举为县农协执行委员。3月中下旬,共产党员吴沛宁带领江南农盐民包围城关缉私营,并收缴其武器。4月初,崇邱区农民协会相继成立,农民协会盐民部组织盐民驱散沙蟹岭、青崎岭、衙前、二道头、张镒碶等地缉私营和秤放局人员,封闭房屋,斗争获胜。

6月18日 再次庆祝北伐胜利,反对日本侵华。江南各校师生300余人在小港(今戚家山街道区域)集会游行,反对日本出兵山东。

秋 唐爱陆在小港初创蔚斗小学。

是年 始行"二五减租法"。经农民协会合法斗争,江南地区在民国十八年(1929)基本实施。

民国十七年(1928)

推行村里制,全县建11区、20里、216村。今戚家山街道区域属崇邱区。

民国十九年(1930)

夏 实行乡镇制,全县建为7区、22镇、166乡、3260闾、16248邻。其中崇邱区有27个乡镇。

民国二十一年(1932)

2月 蔚斗小学师生在教师吴沛宁、阎季平、周鸣宇(周朴农)等人的组织下,举行抗日宣讲会,发动学生向社会募捐,支援十九路军抗战。

秋冬 蔚斗小学建立读书会,吸收进步师生参加,学习《大众哲学》《政治经济学》和其他进步书刊;并办农民、盐民、路工和妇女夜校、识字班;推行小先生制,提高民众文化和政治觉悟,传播马克思主义,进行抗日救国宣传。

民国二十二年(1933)

4月4日 吴沛宁等组织领导蔚斗、伏波、发蒙、养正一校、养正二校与养正女校等1000余名师生举行抗日游行。

5—8月 霍乱大流行。

民国二十三年(1934)

9月 调整乡镇建制,推行保甲制,全县建97乡镇、955保、9332甲。崇邱区撤销,下辖27个乡镇调整为9个乡镇,归县直隶。

民国二十五年(1936)

1月 镇(海)大(碶)公路建成通车,全长14.3千米。起点在江南道头。

4月 《镇海呼声》在小港(今戚家山街道区域)由周鸣宇主编出刊,以"反对内战""团结抗日"为主题,油印密寄县内外学校、团体。

6月19日上午 国民党镇海县政府至蔚斗、新民、良才等小学捕去贺灏群、张起达(张谦德)、王

玉清(王洁)、乐培文、韩家济、许文钦等6名教师。6月20日,共产党员周鸣宇通过学生骨干发动50余名学生,向国民党镇海县政府请愿"还我教师"。7月,上海《读书生活》《妇女生活》等刊物发表文章抗议。由于社会舆论压力和各方营救,国民党浙江省当局被迫于8月释放全部被捕教师。

秋 失去组织联系的大革命时期中共党员庞来青、卓子英、施若愚通过校董唐爱陆关系来蔚斗小学任教,为1938年恢复镇海党组织打下基础。

是年 宁波防守司令部修筑自宁穿路五乡站,经下邵、东岗碶,至青峙长跳嘴,全长17.5千米的国防公路。1938年初抗战路毁。

是年 区建乡镇建设联合办事处,原崇邱区和灵岩区合建为崇岩办事处。辖今小港镇域的浃南、衙前、小港、青峙、长山、石门、崇西、姚墅、崇南9个乡,以及大碶、王贺、石湫、岩一、岩二、扎马、横河、高塘、永丰、备碶,共19个乡镇。

是年 民国政府鉴于安远、平远、绥远3座炮台位置仍偏内,光绪年间所筑三合土炮台不耐大炮轰击,遂于是年改造调整。1937年撤安远、平远、绥远3座炮台,减少官佐3名、士兵81名;另在青峙钳口门炮台山新建镇远炮台,各台改为钢砼结构,辅助设备亦加以更新添补,并配高射炮排。调整后镇海要塞炮台为威远、宏远、新镇远3座。抗日战争时遭日军破坏。

民国二十六年(1937)

7月 七七事变(卢沟桥事变)爆发,抗日战争进入全面抗战阶段。小港等27个乡镇成立抗日救亡工作团和宣传队等群众组织。

8月初 霍乱横行,全县3个月内死亡920余人。

县政府、国民党县党部举办党政军事训练班,乡镇继之开始壮丁训练。爱国青年应征抗日。不久实行"三丁抽一"征兵制。

9月 日寇首次来犯,向威远、宏远炮台击炮25发,要塞炮台以21厘米口径大炮还击25发。

秋 县内修筑防御工事,沿海各要津建造钢筋水泥碉堡,海塘开挖战壕,港口打篱笆桩。

12月24日 杭州沦陷,浙东告急。为防御日军侵犯,掘毁境内镇大公路,主要人行道掘成"S"形。每桥只留石梁一根。

12月31日 宁波城防司令部奉命封江,凿沉新江天轮于甬江口。

是年 建新镇远炮台于钳口门,移入克虏伯21厘米后膛炮4门。

民国二十七年(1938)

1月5日 浙西反攻告捷,开放镇海口封锁线,沪甬轮恢复航班。不日再次封锁,以后时开时封。

1月初 镇海县小港镇(今戚家山街道区域)抗日救亡宣传队员汪波、乐群、李幼兰(李又兰)、李锦(李采芝)、虞亦博(李沉)、林晖(林圣纬)、金涛(金贤樟)、李志光(李祖宁)、林平(林昌全)离乡去丽水参加浙江省战时青训团。3月初,会同李维贤共10人从丽水出发,经金华、九江到武汉,通过新华社找到八路军办事处。后受周恩来接待并介绍到南昌参加新四军,走上抗日革命的道路。

3月 蔚斗小学成立中共支部,书记施若愚。

3月13日 镇海县民众救亡团在小港镇公所(今戚家山街道区域)召开拥护省战时政治纲领大会,到会者有民众救亡团、救护队、壮丁队、青峙乡民众救亡团,以及各小学和长山、小港两乡保甲长及各界民众等2000余人。公推唐爱陆为大会主席。

镇海县抗日自卫委员会战时工作队成立,到崇邱地区宣传抗日,徐肇宗兼队长,指导员为周鸣宇(中共党员),有队员50余人。

4月 镇海县抗战流动施教团成立,团长毛信坤、副团长周闪耀。5月底以蔚斗小学作为活动中心点之一,开展抗日救亡活动。小港(今戚家山街道区域)抗日救亡宣传组织也相继成立。

6—10月 疟疾流行。

8月中旬 日本兵舰经常炮击镇海县城和小港青峙,毁房伤人。小港爱国人士李善祥、虞述圣等出资组织爱国青年及蔚斗小学学生40余人参加救护队,奔赴现场抢救伤员。

8月 中共镇海县工作委员会在小港蔚斗小学成立,卓子英任书记。

11月15日 小港、青峙、清泉、横河、龙山、岩一和镇海城区7个抗日救亡团,在城内小校场联合召开"镇海人民反对汉奸傅筱庵大会",到会千余人。大会通过《告全县人民书》和《声讨汉奸傅筱庵通电》。

是年 甬江打梅花桩,防止日舰闯入甬江。

民国二十八年(1939)

4月5日 宁波防守司令部下令,将太平、福安、大通、定海、新宁海、象宁、姚北等轮7艘,小兵舰3艘,帆船8艘,计大小18艘凿沉于招宝山至金鸡山一线。

6月7日 午后12时40分,6架日机在镇海城区投弹后,其中2架突然飞向小港宏远炮台俯冲偷袭,被守军防空部队击中一架,坠落于甬江口。

6月23日—25日 3天内日机51架次向小港狂轰滥炸,投弹304枚,炸死居民61人,炸伤25人,炸毁房屋580间。港口李氏家族乾坤两房大屋及李家花园等建筑被夷为平地。

民国二十九年(1940)

2月 中共镇海县工委机关从小港蔚斗小学迁至青峙七星延陵学校。

7月初 日舰20余艘游弋于金塘洋面,每日炮击镇海口两岸。

7月17日—22日 17日拂晓4时许,日海军陆战队第三联队在飞机掩护下于青峙老鼠山登陆偷袭,日军时分两股:一股沿清凉山经蒋家、沙头、钳口门至港口,抢占金鸡山、沙蟹岭;另一股沿镇大路经李隘、林唐,越青峙岭直扑小港,抢占金鸡山、戚家山制高点。国民革命军第十六师、一九四师将士奋起抗击,虽伤亡惨重,仍坚持战斗。至7月22日,经5日激战,终将日军击败,取得镇海保卫战的胜利。

是年 因干旱、霍乱流行,部分地区饿殍累累。

民国三十年(1941)

1月 民国县政府复建庄市、龙山、长山、柴桥4个区署,长山区署驻地大碶。

4月15日—18日 泊镇海口外日舰10余艘,不时炮击小港(今戚家山街道区域)、城区、澥浦一带。日机多次轰炸沿海港口,投弹200余枚。

4月19日 凌晨1时许,日军第五师团第九旅团及海军陆战队一部在黄瓦跟、金鸡山登陆,守

军一九四师刁君岳连全连官兵在竺山头力战殉国。

10月28日　江南独立中队在青峙村遭到国民党顽军霍中柱部偷袭,干部战士奋力抵抗,终因顽军兵力几倍于独立中队,突围中又遭日军袭击,指导员林勃和胡姓班长(中共党员)英勇牺牲。(据《北仑革命故事选》载孙兆钧文《永不凋谢的小红花》,胡姓班长为胡理龙。)

民国三十一年（1942）

3月　长山区教育会成立。

4月　县农会江南(甬江以南)办事处成立,顾荆庸为主任。

民国三十三年（1944）

2月21日　李敏,女,李隘人,时任中共鄞江区委书记,在鄞西樟村惨遭国民党浙江保安二团杀害,仅20岁。

10月　日军分驻澥浦、小港、青峙、穿山等沿海一线,在山巅构筑工事,以防美国军队登陆。

民国三十四年（1945）

8月15日　日本宣布无条件投降,9月2日正式签署投降书。9月16日,侵占在小港、长山桥、江南道头据点的日伪军全部撤至镇海县城,集中至慈城待降。

12月　国民党浙江省民政厅令,撤销庄市、龙山、长山、柴桥4区署。1948年又陆续复建。

民国三十五年（1946）

3月　镇海县农业推广所成立,始在江南、临江等乡推广纯17号小麦种子182千克,种植面积52亩。

6月　柴桥、长山等区教育界开展"反饥饿"罢教运动半个月,迫使县政府发放教育欠费。

民国三十六年（1947）

1—3月　全县编并为34个乡镇、362保、4481甲。现戚家山街道区域属浃水乡。

11月　柴桥、长山两区教育界掀起反对国民党县党部书记长曹云鹏为其兄曹云蛟竞选伪"国大"代表的罢课斗争。

民国三十七年（1948）

1月5日　镇(海)大(碶)公路江南至高塘段修复通车。

4月　镇海县农会派员赴小港、南泓、镇北、梅山地区免费发放铵、磷30吨,又贷放硫酸铵、硝酸铵、过磷酸钙250吨。9—10月又派员赴各乡发放美国蔬菜种子400千克。

12月3日夜　行驶沪甬航线之江亚轮在吴淞口外突然爆炸沉没,罹难乘客3100余人。内镇海籍人士甚多,其中小港境内遇难多人。次年4月底,罹难者棺枢运甬。

1949年

5月25日　解放军二十二军六十六师一九七团从镇海清水浦渡过甬江,小港解放。

6月　建立新的区、乡人民政权。长山区人民政府辖大碶镇和大碶、金泉、高塘、浃水、江南、镇南6个乡。

7月9日上午　国民党军窜犯长跳嘴（钳口门）、穿山两地，被解放军击退。

7月23日—24日　台风暴雨倒海塘、淹农田、毁房屋，损失巨大。1950年春，人民政府组织群众以工代赈，修复海塘，恢复生产。

7月　各乡成立农民协会筹备委员会。翌年5月县召开农代会，成立县农民协会。各乡农民协会相继成立。

8月12日—9月6日（七月十四）　盘踞在舟山的国民党军队飞机轰炸穿山、柴桥、大碶、小港、湾塘、澥浦及镇海城关等地，黄跟村、渡头村等地村民遭受严重伤亡，遇难人数达20余人。

8—12月　盘踞在舟山的国民党空军轰炸穿山、柴桥、三碶、大碶、小港、湾塘、澥浦及县城等地，炸毁学校、寺庵和民房300余间，死伤45人。

中华人民共和国

1949年

10月1日　中华人民共和国成立。至11月底，全面废除保甲制，建立村级人民政权。

10月下旬　各乡分别召开农代会，开展民主反霸和减租减息工作。

1950年

5月　调整区乡建制，长山区分建为长山、大碶2区，设区公所。7月分乡，长山区原辖的江南、浃水与镇南3个乡分建为小港镇和青峙、长山、下邵、江桥、枫林、江南、谢墅与衙前8个乡。城关镇同时划归长山区，至1952年11月单独建区。

9月　长山区9个乡镇分期分批开展土地改革，至1951年春基本结束。

12月　开展抗美援朝运动。次年春，广大青年积极报名参加志愿军；全区人民踊跃捐献飞机、大炮。

是年　全区范围内开展扫盲运动。各村兴办冬学、民校。

1951年

1月1日　全区万余群众参加抗美援朝游行。

3月8日　全区万余妇女参加"反对美帝武装日本"大游行。

3月19日　召开镇海县各界人民抗美援朝大会，长山区各乡村人民纷纷订立《爱国公约》。

3月　各乡村学习、宣传《中华人民共和国婚姻法》。次年4月28日起贯彻《中华人民共和国婚姻法》，开始办理婚姻登记手续。

5月　中共镇海县委在长山乡（含戚家山街道境）试办农业生产互助组。

1952年

4月　镇海县成立卫生防疫委员会，次年改称爱国卫生运动委员会，发动群众扑灭"五毒"（鼠、蚊、蝇、虱、臭虫），乡村群众户户订立《爱国卫生公约》。

是年 宁波专署组织测量队,对镇江塘水下地形进行测量,采取抛石保桩固涂、砌石护岸防冲措施。

1953年

1月 各乡开展民主建政工作。

春 县农林科举办水稻"七大技术"、棉花"五大技术"训练班。长山地区分别参加了训练班。

7月1日 第一次全国人口普查,长山区共8552户,28068人。

11月23日 政务院发布《关于实行粮食的计划收购的计划供应的命令》和《粮食市场管理办法》。长山区各乡村在进行过渡时期总路线和总任务教育中,同时宣传贯彻粮食统购统销政策。

1954年

年初 各乡镇开始实行粮食统购统销。

9月 棉花和棉布实行统购统销。

1955年

3—6月 区乡贯彻省委关于农业生产合作社"全力巩固、坚决收缩"方针,全县缩减农业社238个,其中长山区缩减39个,共计995户。

4月 由志愿兵役制改行义务兵役制,长山区32名义务兵入伍。7月正式颁布《中华人民共和国兵役法》,实行义务兵役制。

4月30日 县第一个抽水机站——长山站基建竣工,机灌面积11602亩。

5月9日 长山区农业技术推广站成立。

7月初 县委进行粮食"三定"到户试点。9月,长山区各乡基本实行粮食定产、定购、定销到户。

11月16日 青峙渠道劈山引水工程正式开始,至1956年7月竣工,全长1150米。

1956年

2月 全县29家私营粮食加工厂实行公私合营,成立第一(骆驼)、第二(长石)、第三(庄市)、第四(长山——今戚家山街道区域,义成桥西塥,原长山米厂)、第五(大碶)、第六(霞浦)6个公私合营米厂。

2月16日 开始撤区并乡。全县84个乡镇撤并为27个乡、7个镇。长山区9个乡镇合并为小港镇、江南乡与下邵乡3个乡镇。

2—3月 全区建立农业生产高级社41个,社员6407户;建立农业生产初级社1个,社员18户。基本上实现高级形式农业生产合作社。

2月26日 团县委召开造林动员大会后,县级机关、团体干部200余人赴金鸡山、戚家山营造"镇海县共青林"。

4—5月间 中国人民解放军0080部队司令部驻林唐,奉命举行海陆空三军演习,调集舰艇、坦克、飞机,齐向林唐村南四顾山目标进攻。演习3天。青峙、林唐、李隘3000余名居民撤至青峙岭西桥东村。1959年5月又一次举行规模更大的三军演习。

8月19日 镇（海）大（碶）公路小港至大碶段修复，延伸至大碶车站与宁穿公路接通并通车。

9月 镇海县第四初级中学（现称宁波联合实验中学）在小港罗家塘（小港直街100号）开办。

是年 手工业实现合作化。长山区有152人参加4个手工业合作社。

1957年

1月10日 镇（海）大（碶）公路江南至小港段修复通车。至此，镇大公路全线开通。

1958年

2月 抗日战争初期凿沉于甬江口的新江天轮残骸被打捞上岸。

3月8日 镇海县妇女联合会在青峙岭营造"镇海县'三八'妇女林"。

6月 全县掀起"大跃进""大办钢铁"热潮，长山地区（含戚家山街道区域）抽调大批劳动力在衙前、红联、孔墅与陈山等地办起"炼钢"厂，均徒劳无效。

10月1日 撤销区乡建制，实行人民公社制。原长山区改建为长山人民公社（俗称大公社），下辖9个大队（后称管理区）。入社户数8742户。

10月4日 中共浙江省委决定撤销镇海县建制，并入宁波市。长山人民公社直属宁波市管辖。

是年 长山人民公社各管理区社员开始出工，参加地处鄞县的三溪浦水库建设，1963年建成。

1959年

3—4月 根据中共宁波市委召开的五级干部大会精神，长山人民公社纠正"一平二调"的共产风，改公社核算为大队核算。

上半年 贯彻执行宁波地委《关于执行〈省委动员青年支援宁夏回族自治区社会主义建设的指示〉的通知》。

8月上中旬 开展"反右倾"斗争。

1960年

10月19日 贯彻党中央关于"低标准、瓜菜代"的方针。

11月 贯彻中共中央指示，明确人民公社"三级所有、队为基础"，农村纠正共产风、浮夸风、命令风、干部特殊风和对生产瞎指挥风等不正之风（俗称"五风"）。

是年 粮食发生困难，原镇海县境内因营养不良患浮肿病的有5000余人。群众见缝插针种植蔬菜瓜果，采集野菜，制作代食品。

是年 义成碶15孔木质闸门改为钢筋混凝土闸门。

1961年

1月 "大办工业""大办钢铁"时抽调的农民工返乡返队。开展整风整社运动。

国家贯彻国民经济"调整、巩固、充实、提高"方针，精简部分职工。

6月15日—9月3日 持续干旱81天，镇海县受灾面积27万余亩。长山区受灾稍轻，局部地区亦减产严重。

9月 调整公社规模。撤销原以区为单位建的长山人民公社,停办公共食堂。

10月 撤销管理区,分建以原乡为基础的4个公社(俗称小公社),重新分配社员自留地。恢复区建制,属市派出机构。时长山区尚未复建,小港、下邵、江南及枫林4公社归属镇海区。

由于营养不良引起浮肿病、妇女闭经等疾病。浮肿病发病率占总人口1.2%。

1962年

2月 农村人民公社开始以生产队为核算单位,贯彻按劳分配政策。

1963年

1月3日 恢复镇海县建制,隶属宁波专署。长山各公社复归镇海县。

5月 恢复长山区,小港、江南、枫林与下邵4公社复归长山区管辖。

1964年

2月2日 县农业先进单位和劳动模范代表会议召开,评选出县级先进单位163个、先进个人18名,出席省劳模会议代表12名。

7月1日 第二次全国人口普查,长山区共9656户,37939人。

8月 首批知识青年到农村插队落户。1979年后陆续返城就业。

10月16日—11月10日 县委召开三级干部会议,学习"五反"(反对贪污盗窃、反对投机倒把、反对铺张浪费、反对分散主义、反对官僚主义)文件,各乡镇开展"小四清"(清政治、清经济、清组织、清思想)运动。

是年 长山区粮食亩产862市斤、棉花亩产114市斤,达到和超过《全国农业发展纲要》规定的指标。

1965年

2月20日 县召开贫下中农代表会议,成立县贫下中农协会筹委会。

2月 县召开三级干部会议,学习贯彻《农村社会主义教育运动中目前提出的一些问题》(即二十三条),组织生产高潮,为农村开展"四清"运动做准备。

春 召开镇海县第一次农业科学实验会议。

10月上旬 县"四清"运动正式开始。

1966年

6月 "四清"工作队进驻小港、枫林、江南与下邵4个公社,开展"四清"运动。

8月下旬 学习中共中央《关于无产阶级文化大革命的决定》,"文化大革命"开始。

9月 各中学师生代表先后赴京,参加中央领导人在天安门广场的接见。

10月 大破"四旧"(旧思想、旧文化、旧风俗、旧习惯)和"横扫一切牛鬼蛇神"的"横扫"运动发展至长山区各乡村,一些文物、古迹遭破坏,不少家庭被查抄。"战斗队"纷纷建立,党政组织受冲击,先后停止活动。

中小学教师离校去外地进行"革命大串联",学校停课闹"革命"。

11月1日　长山灌区召开代表会议,国家和地方集资8万元,决定在小港港口新建淡水大闸。1967年6月动工,1968年竣工。大闸有泄洪孔10孔,每孔净宽2.5米,泄洪流量每秒143立方米。

10月26日　农村"四清"工作队全部撤离。

是年　镇海县水稻耕作制度实行连作化,粮食亩产超千斤。长山区达到1014斤。

是年　开始提倡一对夫妻只生一个孩子,实行计划生育,放环节育,结扎绝育。长山区卫生院每年冬季组织计划生育手术工作队下乡,坚持了10年。

1967年

3月初　县人武部成立"支左"办公室。部队介入地方"文化大革命",代行县委县政府职权。县公安局实行军事管制。

9月　中小学"复课闹革命"。缩短学制:小学5年,初高中各2年。

1968年

9月　在淡水大闸浦口挖泥的县水利局链斗式挖泥船遇台风,无法返回镇海避风,险遭覆没。为吸取此教训,于1969年开始,新建135马力拖轮一艘。

10月　小港公社、下邵公社与枫林公社成立革命委员会。

农村公办小学下放到生产大队,由贫下中农管理学校。工人宣传队、贫下中农宣传队进驻中小学,领导学校"斗、批、改"。公办教师"回队任教"。

从县级机关到公社开始"清理阶级队伍"。

是年　各生产大队建立合作医疗制度。

1969年

1月中下旬　贯彻毛主席"知识青年到农村去,接受贫下中农再教育"的指示,掀起城镇知识青年上山下乡热潮。

6月　各公社开展整党建党运动,至次年5月结束。党员恢复组织生活。

7月23日　中共镇海县革命委员会核心小组建立,下属各单位陆续复建党组织。

是年　公社(镇)普遍举办"赤脚医生培训班",全县共培训赤脚医生727名,每个大队(村)平均1—2名,改善了农村医疗条件。

1970年

2月28日　全县发动开展打击反革命破坏活动、反对贪污盗窃、反对投机倒把、反对铺张浪费的"一打三反"运动。

9月下旬　继续开展"清理阶级队伍"和"一打三反"运动。

9月　位于小港笠山的镇海县气象台开始建设,翌年1月开始工作。

1971年

9月25日 共青团镇海县第五次代表大会召开,恢复共青团镇海县委员会。随后公社团委相继恢复。

10月16日 公社党员干部参加县召开的全县声讨林彪反革命集团反党叛国罪行的活动。

12月30日 18时47分发生地震,震级3.5级,城关、庄市、觉渡、高塘、大碶、柴桥与长山等地房屋摇动,窗户震颤有声。

是年 厉行"割资本主义尾巴",限制农户家禽家畜饲养量,不准发展家庭副业。

1972年

2月21日 公社干部参加县召开的批判林彪一伙制定的《"571"工程纪要》大会。

5—10月 5月筹建、10月正式复建长山区委。

是年 各公社建立农科站、畜牧兽医站。

1973年

7月 国务院港口建设领导小组组长粟裕至镇海视察,确定在甬江口建设新港。

1974年

中小学开展"批林批孔"运动。

1975年

12月 县委组织县、区、社与大队干部650人,分赴下邵、柴桥、邬隘、庄市、骆驼等5个公社、115个大队和5个集镇,进一步开展"农业学大寨"运动。次年扩大至全县。

是年 县有91%大队开办合作医疗站,培训赤脚医生1200名。长山区各大队都办了合作医疗站。

1976年

1月8日 周恩来总理逝世。各单位、团体自动集会悼念。

1月17日 县建立消防委员会。各公社相继建立消防组织。

4月7日 党中央决定华国锋任中共中央第一副主席,撤销邓小平党内外一切职务。

7月6日 朱德委员长逝世。

9月9日 毛泽东主席逝世。各单位、团体集会举行悼念活动。

10月6日 中共中央一举粉碎王洪文、张春桥、江青、姚文元"四人帮"反革命集团。"文化大革命"至此结束。

1977年

7月 全国恢复高考。镇海全县输送高校新生145人、中专新生225人。

8月22日—25日 7号台风侵袭,普降大暴雨。全县农田受淹900公顷,冲毁桥梁29座、民房84间,死亡11人。

1978年

7月29日　镇海县由宁波专署划属宁波市辖治。

12月18日—22日　中共十一届三中全会在北京召开,开创了社会主义事业发展的新时期。

1979年

1月　奉化、鄞县、镇海3县联建的亭下水库工程动工,1983年5月8日下闸蓄水,库容量1.53亿立方米。镇海县按出工比例分得水量2433万立方米。长山地区投工51万工,受益水量691万立方米。

11月　中国政府与联合国开发计划署签订协议,在小港笠山建设小型风力发电试验站,拨款113万美元。1981年5月12日竣工。

1980年

4月　小港棉花村横山下出土新石器时代遗物柳叶形石镞、单孔石刀、扁平单孔石铲、长方形石锛、陶纺轮等。

7月　恢复因"文化大革命"而中断的人民代表选举制度。小港公社第八届人民代表大会第一次会议召开。

1981年

12月18日　在金鸡山顶建立镇海县电视差转台。

是年　小港青峙至林大山的北仑进港公路(后称骆霞线)竣工,长14千米。

1982年

7月1日　第三次全国人口普查。长山区共13889户,46791人。

8月底　县抽调部分机关干部到各公社协助稳定农业生产责任制工作。

10月　全面开展乡镇企业整顿工作。

是年　小港公社投资5000元,购置16毫米放映机3台,成立小港公社电影队。

1983年

1月27日　镇海县委召开工作会议,贯彻中共中央《关于印发〈当前农村经济政策的若干问题〉的通知》,总结推广农村联产承包责任制。是年底,长山区4个公社46460亩水稻田和3659亩棉花地联产承包到户。

5月　中共镇海县委发出通知,要求共产党员、国家干部带头实行火葬,丧事简办。

6月27日　小港公社筹建文化站,8月20日活动室正式开放。8月27日对电影队、剧场、图书室、照相馆、报道组实行统一管理,改称公社文化中心。10月,经县文化局正式批准改为小港公社文化中心站。当年参加活动3500余人次。

10月　自4月起,全县改革基层体制,政社分设,复建乡镇人民政府、村民委员会等行政组织。长山地区各乡人民政府建立时间分别为:江南乡6月建,下邵乡7月建,小港、枫林乡10月建。

10月中旬 中共宁波市委书记葛洪升、市长耿典华、市人大常委会主任宋瑞甫带领有关部门负责人,由镇海县副县长刘根法陪同,到大榭岛、大碶、新碶与小港等地勘察。最后,确定小港为建设宁波经济技术开发区预选地址。

11月28日 开展第二个计划生育宣传月活动,至12月6日共结扎二胎育龄妇女53名,余放环。

是年 小港镇老年协会建立。

1984年

1月27日 省政府请示国务院批复同意后,下发《关于同意调整宁波市行政区划的批复》:新建滨海区,辖原镇海县城关、俞范、新碶3个镇,清水、青峙2个乡。总面积143平方千米,人口10.04万人,其中非农业人口6.4万人。区政府设在镇海城关镇。

4月 小港乡划出林唐、青峙、李隘、沙头、蒋家、黄跟、棉花及盐场等8个村建立青峙乡,归属新建的滨海区(县级)。

4月10日 宁波市召开宁波经济技术开发区(以下或简称"宁波开发区")选址研讨会,会议认为小港地理位置优越,适宜建立开发区。

4月27日 中共中央书记处书记、国务委员谷牧到达小港,登上笠山顶,考察宁波经济技术开发区预址,对开发区的选址表示肯定。

10月18日 国务院批准在小港建立宁波经济技术开发区。开发区规划面积3.9平方千米。此为浙江省第一个国家级开发区,也是浙江省创办的第一个开发区。区域范围:东起牯牛岭、门城山脊,西至金鸡山,南临乌岩山,北濒甬江口及金塘水道南岸。面积3.9平方千米,首期开发1.3平方千米。

10月22日 宁波经济技术开发区管委会筹备领导小组成立,下设办公室。陈哲良副市长任组长,郑裕明、李振敏、周耀云为副组长。10月27日,市委组织部任命郑裕明为筹备领导小组办公室主任,刘根法为副主任。

12月14日 连接宁波市区和宁波经济技术开发区的江南公路动工兴建。公路起点为小港沙蟹岭,沿甬江西延,与宁波中兴路相接,全长16.9千米,路面宽40米。

是年 全县粮食亩产超"双纲",棉花亩产、总产均创历史新纪录。长山区粮食和棉花分别达到亩产1733市斤和146市斤。

1985年

1月22日 宁波经济技术开发区建设拉开帷幕,滨海区百余名干部参加开发区工作,主要任务是进行前期工程征地、拆迁等政策处理。1月下旬,郑裕明、张永祥等8位同志赴沪与"十三冶"洽谈开发区基础设施工程承建事宜。

2月14日 宁波经济技术开发区召开前期工程动员大会,区委书记郑裕明宣布前期工程的组织安排和主要工作任务,要求在一年时间内完成1.3平方千米内的"六通一平"(通路、水、电、电讯、排水、排污和平整场地)、2万平方米的标准厂房和2万平方米的住宅建设任务。

3月25日 宁波经济技术开发区首期1.3平方千米"六通一平"基础设施工程开工。冶金工业部第十三冶金建设工程公司宁波工程指挥部,11.5吨级炸药爆破横水山(横山)首次成功。至1987年7月炸平该山残体,搬掉了占地面积6公顷的横水山(横山)。

4月18日 浙江省民政厅批准,镇海县小港乡与滨海区的青峙乡合并,红联村从镇海城关镇划出复归小港,建立小港镇,归滨海区管辖。同年6月,区委决定建立小港镇党委,夏祖兴任书记。

6月 省六届人大常委会十四次会议通过《宁波经济技术开发区暂行条例》。

6月10日 宁波经济技术开发区首期标准厂房建设拉开序幕,区委书记郑裕明兼任宁波经济技术开发区工业区标准厂房建设工程招标领导小组组长。

6月20日 宁波经济技术开发区召开了第一期2万平方米标准厂房建设工程决标大会。该工程是开发区地面建筑第一个大工程,是香港锦兴磁带有限公司、彩印扑克印刷厂、拉链厂、加拿大汽车铝合金装甲板厂4个中外合资企业的生产厂房。同年12月30日,2万平方米标准厂房全部结顶。1986年5月,厂房通过竣工验收。

7月1日 国务院批复同意撤销镇海县,将原镇海县行政区域并入宁波市,设立宁波市镇海区,扩大宁波市滨海区,区境按甬江分界。戚家山街道所在区域属滨海区。

9月10日 全区中小学师生庆祝第一个教师节。

9月16日 宁波经济技术开发区横水山(横山)工地发生重大爆破伤亡责任事故。"十三冶"宁波工程部所属二公司在洞室爆破时出现严重错误,爆破时大量飞石砸坏厂房近100间、汽车6辆,造成3人重伤,直接经济损失23.9万元。

9月25日 根据中共宁波市委〔1985〕77号文件:撤销宁波经济技术开发区管理委员会筹备小组及办公室;建立中共宁波经济技术开发区委员会,张永祥任书记,施昌虎任党委副书记,刘根法任党委委员。

10月 滨海区在原长山设长山办事处,辖小港镇、江南乡、枫林乡与下邵乡。1987年1月办事处撤销,4乡镇由滨海区直辖。

10月23日 中共宁波市委批准建立宁波经济技术开发区管理委员会,由陈哲良副市长兼任主任,施昌虎、刘根法、张学善任副主任。

1986年

1月2日 滨海区(后改北仑区)区委、区政府党政领导机关从镇海城关搬迁到小港红联村新建的区政府招待所办公。

2月21日 甬兴轮通航。"甬兴号"系挪威建造的高速双体客轮,全长38.8米,宽9.4米,客位312个,最大时速32.5海里。宁波至上海航线从甬江口直达上海南汇区芦潮港,每天4个航次。这对加强北仑与上海的联系、促进两地经济发展具有重要作用。

3月 国务委员、国务院宁波经济技术开发协调小组组长谷牧视察宁波经济技术开发区。

4月15日 宁波开发区西区1.3平方千米的土地征用、房屋拆迁工作全部结束。共征用土地2100亩,其中棉地1511亩。拆迁工厂17家,动迁居民1027户,拆迁房屋23959平方米,外迁居民3052人,其中农业户571户,办理农转非1791人,安置农业人口1600多人。

4月26日 区建畜牧、对虾、芦笋、淡水鱼、蔬菜与小水果等6大生产基地。10月中旬,副食基地建设粗具规模。小港孔墅村畜禽基地,有万头瘦猪场1个,猪舍126间,有年产1万—1.5万只养鸡场5个。还有江南蔬菜基地,林唐、剡岙小水果基地等。

5月8日 时任全国人大常委会副委员长严济慈视察北仑港和宁波经济技术开发区。

8月2日 宁波市委书记葛洪升,市委副书记、市长耿典华率市计委、经委、外经委、金融、财税、劳动、人事、财贸等部门领导在小港召开开发建设现场办公会议。会议提出开发区的工作要转移到抓投产、抓收益上来。市委、市政府动员全市各方力量全力支持开发区建设,加快步伐,早出效益。葛洪升指出:开发区可以作为我市政治和经济体制改革的试点,新事新办,特事特办,从管理机构到基层企业,都要以改革、开拓、创新的精神,提高办事效率,提高经济效益。

8月29日 区成立蔚斗小学复名领导小组,区委书记郑裕明任组长。9月,国防部长张爱萍为蔚斗小学题写校名。

10月8日 全国人大常委会委员、国家经济顾问宋劭文一行视察宁波开发区,察看蔚斗小学旧址,并题字"发挥革命传统,培育建设幼苗"。宋劭文1936年曾在蔚斗小学任教。

10月29日 总投资650万元的中外合资企业宁波新宇玛瑙有限公司、总投资500万元的中科院三环宁波磁厂(后改为科宁达公司)以及宁波空调器厂、宁波定时器厂首批4个项目,举行试投产典礼。12月29日,4个项目试投产,这标志着宁波经济技术开发区已进入边建设、边收益阶段。

12月1日 时任中共中央政治局委员、书记处书记、国务院副总理田纪云视察宁波经济技术开发区和北仑港,并题词"加快港口建设,发展商品经济"。

12月31日 中共宁波市委决定:任命伏庆祥为中共宁波市经济技术开发区委员会书记,免去张永祥书记职务。

是年 建成小港镇中心学校教学大楼1幢,建筑面积1400平方米,投资16万元。建成小港幼儿园1所,建筑面积487平方米,活动场所800平方米,投入资金9.9万元。

1987年

5月18日 经滨海区委同意,蔚斗小学举行复名仪式,百余名来自全国各地的校友参加复名庆典。中共中央政策研究室顾问、全国政协常委王玉清(王洁),原中共浙东临特委委员竺扬,宁波市政府顾问秦加林等10余位曾在蔚斗小学从事革命工作的老同志应邀出席。原国防部部长张爱萍和省委书记薛驹分别为蔚斗小学、蔚斗小学旧址及校史陈列室题名。

5月30日 北仑区农村第一个乡镇越剧团——小港镇越剧团成立。剧团实行经济独立核算,自负盈亏,在区内外各地巡回演出。

6月13日 国内第一条采用沉管法建造的水底隧道——甬江隧道主体工程正式开工。1995年11月18日,隧道竣工,正式通车。

8月20日 宁波经济技术开发区开山炸石工程结束。小浃江两岸1.3平方千米场地平整完毕。

9月3日 中共宁波市委决定撤销中共宁波经济技术开发区委员会,建立中共宁波开发区经济技术工作委员会,任命陈哲良为书记,俞荣芳、丁绍林为副书记。

9月 江南公路全线通车。

是年 小港镇福利院在桥东村(今戚家山街道区域)落成,占地面积1000平方米,有居室、食堂、储藏库、卫生间,建筑面积约600平方米。院内绿化丛中建有供老人休息的"逸然亭"。入院孤寡老人31名。

是年 宁波经济技术开发区幼儿园建成使用。建筑面积12370平方米,32个班级。

1988年

1月　中共中央总书记赵紫阳视察宁波经济技术开发区。

1月13日　宁波经济技术开发区与中国五金矿产进出口总公司、中国机械进出口总公司签署合资开发建设协议。协议决定成立"宁波经济技术开发区联合发展有限总公司",统一管理开发区基础设施建设和外引内联项目投资。5月16日,经市政府批准,宁波经济技术开发区联合发展有限总公司正式成立。联合总公司投资总额为2.8亿元,三方出资比例分别为50%、36%、14%。自此,宁波经济技术开发区由宁波市单独开发改为由三方合资共同开发,开发区建设进入了一个新的发展阶段。

2月中旬　甲肝大流行,小港发病率较高。

3月　小港镇(今戚家山街道)金鸡山麓出土一尊清代钢炮。钢炮全长2.8米,炮口内径0.16米,重约2吨。炮身刻有皇冠标记,钢炮编有BP英文字母,建造时间为1845年,编号为20号。钢炮出土位置与镇海招宝山南麓的安远炮台遥相呼应。

5月10日　江南公路通过竣工验收。

8月　由阿拉伯联合酋长国福瓦·卡迪拜贸易公司独资兴建的宁波福瓦·卡迪拜工业有限公司在宁波开发区成立,成为宁波对外开放后第一家外商独资企业。

10月18日　香港环球集团董事长包玉刚访问宁波开发区,参观科宁达公司和宁波空调器厂。

1989年

3月24日　宁波科宁达公司生产的高纯度稀土钕铁硼永磁材料获1988年度国家科技进步一等奖。

11月　位于甬江南岸(泥湾)宁波经济技术开发区的甬兴轮客运码头建成。"甬兴轮"从原招宝山零号码头泊位移至开发区甬兴轮码头。

12月12日　浙江省人民政府公布金鸡山、戚家山、笠山的海防遗址以及钳口门海防遗址为省级文物保护单位。1996年11月24日,这些遗址又被国务院公布为全国重点文物保护单位。

1990年

2月26日—27日　中共小港镇第七次党代表大会召开,选举产生第七届委员会和出席北仑区第二次党代表大会代表12名。

5月10日　泰国正大集团国成石化有限公司总裁陈绪龙一行5人就PVC项目选址,考察小港青峙钳口门。

7月1日　第四次全国人口普查。长山全区共15997户,51204人。

11月29日　国务委员兼国家科委主任宋健在宁波市委副书记、市长耿典华和浙江省政府副秘书长马寿根、省科委主任周文等陪同下考察宁波经济技术开发区和北仑港。在宁波开发区听取了负责人俞荣芳有关区域情况的介绍,并到科宁达有限公司了解该公司生产的永磁材料——钕铁硼的开发和销售情况。在北仑港考察结束时,宋健还为北仑港题词"发挥良港优势,加快开发步伐,面向世界,走向国际舞台"。

12月4日　北仑区人民政府发文公布长山桥(旧名永济桥)和蔚斗小学(旧址)为区级文物保护单位。

1991年

4月8日　中午12时2分,小港镇三村(今戚家山街道渡头村)石料厂在采石爆破作业时产生大量飞石,砸死民工2人,轻伤1人,配电间、空压机房与部分工棚被砸,直接损失4万—5万元。

5月23日　时任全国人大常委会副委员长倪志福视察宁波经济技术开发区。

10月22日　时任中共中央总书记、国家主席、中央军委主席江泽民视察宁波经济技术开发区和镇海炼化北仑仓储公司码头。

12月25日　宁波开发区热电厂一期工程通过验收。该工程是完善开发区投资硬环境的一项重要基础设施,总投资3092万元。

12月26日　宁波开发区污水处理厂通过国家验收。该项目1992年获得国家"七五"科技攻关环保项目重大成果奖。

1992年

3月7日　蔚斗小学(旧址)被宁波市政府命名为宁波市青少年德育基地。

3月17日　区委、区政府公布青峙、小山、港前3个工业小区的总体规划。青峙工业小区毗邻宁波经济技术开发区,规划总面积1.4平方千米,前期开发0.6平方千米。小区主干道、水、电、通信、排污等基础设施工程先期开工。

5月　撤销小港镇、江南乡、枫林乡及下邵乡而合并建立小港镇。镇政府始设于渡口路109号,1994年1月迁入江南公路旁新建大楼。

10月21日　经国务院批准,将原地处小港3.9平方千米的宁波经济技术开发区与北仑港工业区的重点开发区域合并,统称宁波经济技术开发区,规划面积调整为29.6平方千米。同时,开发区小港联合开发区域3.9平方千米规划区内的黄跟、桥东2村土地和村落正式征用,划归开发区。

11月7日　中华纸业股份有限公司(又称宁波亚洲浆纸业有限公司)落户青峙。该公司是由香港中策公司组建的独资公司,总投资10亿美元,占地200公顷。

12月　宁波经济技术开发区管委会办公地点从小港迁至新碶。

1993年

3月25日　宁波经济技术开发区管委会宁开政〔1993〕29号文件,根据省人民政府通知精神,公布小港镇的黄跟、桥东、林唐、李隘、沙头、青峙、蒋家、孔墅、渡头,新碶镇的算山、永久、沿海、永丰、许胡、镇安、五星、凤洋、千丈、贝碶、向家、大路、备碶、星阳、横浦、高潮、下史、隆顺、小山,霞浦镇的河东、水俞、林大、通山、朱塘、陈华、霞西等35个村,均在宁波经济技术开发区域界限内。

4月20日—21日　中共中央委员、浙江省委常委副书记葛洪升在副市长兼宁波经济技术开发区管委会主任谢建邦陪同下,考察宁波经济技术开发区等地。

6月18日　镇科委、科协成立。

6月15日—25日　全镇除红联、新民、林唐、江家山、兴岙、丁家山村外,39个村村民委员会换届选举工作如期进行。

11月21日　时任中共中央政治局常委、书记处书记胡锦涛视察宁波经济技术开发区、保税区和北仑发电厂时指出:"宁波的优势在港口,潜力在开发,动力靠改革。"

1994年

1月 中共中央政治局委员、国务院副总理李岚清视察宁波经济技术开发区。

3月3日 宁波经济技术开发区联合（集团）股份有限公司创立。当时拥有28家子公司、60多家参资企业,总资金已增加到10亿多元,股本3亿多元,是宁波市最大的股份制企业。

3月25日 小港浦山大河工程竣工。工程总投资103万元,投工18.2万工,挖掘土方9.7万立方米,新开河道1150米。自此,小浃江沿途北仑、鄞县的3万顷粮田的水患得到根治。

7月6日 区委决定筹集50万元资金修复镇海口金鸡山、戚家山一带近代反侵略战争海防遗址。

11月18日 北仑区召开庆祝大会,庆祝北仑区建区10周年、宁波经济技术开发区建区10周年、宁波市进一步对外开放10周年,并在各地开展庆祝活动,历时3天。

11月19日 位于青峙、总投资40亿元、年产45万吨白板纸的宁波中华纸业有限公司二期工程举行奠基仪式。2号、3号纸机分别于1996年11月、1997年5月投产。

1995年

3月8日 宁波市委、市政府在小港戚家山宾馆召开"两区一岛"(宁波经济技术开发区、保税区、大榭岛)和"三外"(外贸、外资、外经)工作现场办公会议。市委书记、市长许运鸿出席会议并讲话,要求积极营造新的机制和功能优势,充分发挥"两区一岛"先行、示范、带动、辐射作用,引进国外大项目。全市有关部门要集中力量,把"两区一岛"建成新区。

6月8日 由宁波市经济建设公司、香港泰宁投资公司等单位共同投资兴建的招宝山大桥(原名宁波大桥)动工。地处小港金鸡山与镇海招宝山之间跨甬江的公路大桥,设计全长2482米,包括主桥、招宝山隧道、东引桥和西引桥4个部分。设计时速60千米,日通机动车能力4.5万—5万辆。通航主孔净高32米,桥下能通过5000吨级客货轮船。

宁波花港有限公司的"甬旺""甬达"2艘高速客轮首航仪式在小港甬兴轮码头(位于宁波开发区)举行。

10月16日 省、市重点工程甬江隧道建成。10月25日起试通车,11月8日正式通车。隧道全长3822米,其中江中长度420米,路面宽7.2米,净高4.5米。工程总造价1.61亿元。

12月12日 北仑、镇海城区交通运输企业共同出资经营的自北仑新碶镇经甬江隧道至镇海招宝山的78路(2004年改为378路,2008年改为778路)公交车开通。

12月27日 宁波经济技术开发区联合（集团）股份有限公司进入全国国有企业500强。

12月 中共宁波市委、市政府、军分区授予小港镇"双拥模范镇"称号。

是年 省委省人民政府授予小港镇"省级社会治安综合治理先进集体"称号。

是年 小港镇被北仑区授予"粮食生产先进镇""畜牧生产先进镇""村级财务先进镇"称号。

1996年

6月4日 中国化工进出口公司、埃索石化（宁波）石油化工储配有限公司和开发区石油公司共同投资,在杨公山兴建的商用石油液化气码头主体工程动工。码头建设规模为5万吨级泊位一座及配套设施,可同时停靠1万—5万吨级油轮,年吞吐能力270万吨。投资总额1.336亿元。

6月6日　韩国三星重工业株式会社独资在宁波经济技术开发区兴办的三星重工业（宁波）有限公司造船厂开工建设。公司总投资3亿美元，注册资本920万美元。生产规模为年产船体分段3.6万吨、钢结构产品1.2万吨。首期工程投资2300万美元。

11月1日　北仑区对小港、新碶、大碶3镇首批实行殡葬制度改革，率先推行遗体火化。

11月9日　22时，黄海南发生6.6级地震，小港地区普遍有震感。无人畜伤亡和财产损失。

12月3日　中共北仑区委、区政府为北仑博物馆、北仑革命烈士纪念馆、大榭烈士陵园、蔚斗小学旧址、镇海口岸海防遗址、胡焦琴革命烈士墓、公德小学等首批区级爱国主义教育基地授牌。

12月24日　宁波华南电力燃料公司和小港镇人民政府联合建造北仑怡和（原名北仑华港）医院协议签订仪式在小港镇政府办公楼举行。

1997年

4月10日　宁波联合（集团）股份有限公司3000万A股股票在上海证券交易所上市。

4月　宁波经济技术开发区在先期开发的3.9平方千米的联合开发区域设立联合开发区域办事处。

12月30日　杨公山商用石油液化气码头主体工程通过竣工验收。

1998年

6月13日　宁波经济技术开发区重点基础设施110千伏青峙输变电工程投入运行。青峙变电所占地6140平方米，工程总投资3117万元，拥有主变压器2台，容量2×3.15万千伏安，投运7条10千伏线路。

8月26日　北仑区开始第二轮土地承包试点工作。青峙村为3个试点村之一，试点工作历时一个月。

10月14日　宁波亚洲纸管纸箱有限公司和宁波亚洲纸器纸品有限公司在宁波经济技术开发区同时开业。其中：亚洲纸管纸箱公司投资2950万美元，年产9万吨瓦楞板纸箱、2.4万吨纸箱；亚洲纸器纸品公司总投资2998万美元，年产各种纸器纸品4.5万吨。两项目于1997年8月开工，共占地36万平方米。

2000年

6月27日　宁波经济技术开发区联合区域通过市级综合验收，成为全市工业污染源全面实现达标排放的第一个区域。

8月　宁波联合实验中学迁至中机路1号，老鹰山北麓，总建筑面积13954平方米。原为小港中学，创办于1956年秋，时称镇海县第四初级中学，1987年改称北仑区小港中学。新校区由宁波联合集团公司出资2300万元建设，故更名为宁波联合实验中学。学校按24个班级1200名学生规模配置。

2001年

4月18日　宁波亚洲浆纸业有限公司通过ISO14001环境管理系统认证，成为全省首家通过该项认证的纸品企业。

6月8日　连接镇海与北仑的独塔斜拉桥——宁波招宝山大桥建成通车。大桥全长2552米，总投资3.5亿元。大桥主跨258米，主线设计车速每小时60千米，双向6车道，日通行能力超4万辆；通航净空高32米，5000吨级船舶可在桥下自由通航。工程于1995年5月正式动工，2000年10月主跨顺利合龙。

2002年

10月17日　中共宁波市委、市政府决定，宁波市北仑区与宁波经济技术开发区合并，党政领导班子成员交叉兼职，实行"一套班子，两块牌子"管理模式。

10月20日　总投资118.2亿元的宁波亚洲浆纸业有限公司年产100万吨纸板项目正式动工。

2003年

4月4日　中共北仑区委、区政府和宁波新四军历史研究会在北仑革命烈士纪念馆举行胡焦琴、李敏烈士塑像落成仪式，塑像用汉白玉雕塑而成。

5月中旬　由浙江恒逸集团和荣盛集团合资组建的浙江逸盛石化公司PTA(精对苯二甲酸)项目在青峙工业区开工建设。总投资100亿元，建设2套年产各60万吨的PTA装置，采用杜邦生产专利技术。第一套PTA装置于2005年3月17日投产。

7月30日　省政府批复：撤销新碶镇、小港镇、大碶镇、霞浦镇、柴桥镇，设立新碶、小港、大碶、霞浦、柴桥街道办事处，由北仑区政府直辖。

9月　蔚斗小学迁至老鹰山北麓，鹰山路1号。学校占地21497平方米，建筑面积13332平方米。1927年秋，爱国人士唐爱陆创办蔚斗初级小学。1931年夏迁至倪家桥新址，扩展为完全小学。新中国成立后，由蔚斗、伏波、养正3所小学合并为蔚斗小学。1951年定名为长山区中心小学。1958年改为长山公社中心学校。1978年复名长山区中心学校。1985年更名为小港镇中心学校。1987年5月复名蔚斗小学。曾任国防部长的张爱萍将军题写了校名。位于直街的旧址为宁波市爱国主义教育基地，现建有"红廉蔚斗"主题展馆。

2004年

6月30日　为纪念抗日战争胜利60周年，宁波市新四军历史研究会、北仑区新四军历史研究会、镇海区新四军历史研究会和宁波市档案馆联合编辑的《同仇敌忾抗日寇——镇海口一九四〇年"七一七"大败入侵日寇前后》一书出版。

7月20日　金鸡山瞭台本体维护及周边环境整治工程竣工。瞭台建于1844年，是镇海口海防遗址群中保存相对完整的一处军事建筑，1996年由国务院公布为全国重点文物保护单位。

10月20日　宁波市"百亿项目"之一的宁波亚洲浆纸业有限公司白纸板项目第一阶段工程竣工，12月24日正式投产。

11月29日　小港街道成立区首家乡镇(街道)总工会。

2005年

7月15日　"七一七"戚家山抗日纪念碑揭碑仪式在戚家山举行，宁波市关工委主任张永祥，北

仑区委常委、宣传部部长邬志刚为纪念碑揭碑。

8月31日 浙江逸盛石化PTA项目建成投产。逸盛石化是宁波开发区七大"百亿工程"之一，占地1030亩。2009年建成3套PTA装置，年总生产能力200万吨。

2006年

11月18日 宁波市政府发布《关于北仑区部分行政区划调整的批复》，同意北仑区部分街道调整方案，划出小港街道5个村和3个社区，组建戚家山街道。

2007年

3月16日 北仑区戚家山街道正式挂牌成立，该街道面积18.6平方千米，常住人口1.3万，下辖青峙、李隘、林唐、沙头、蒋家5个村和蔚斗、渡头、东升3个社区。

6月21日 三星重工（宁波）有限公司三期工程竣工，韩国三星重工业株式会社社长金澄完一行到甬参加竣工仪式。

7月 青峙碶闸扩建前期工程完工。工程包括修建3孔×4米碶闸1座、桥梁1座，疏浚主河道，后期新开掘长700米、宽19米河道1条。排涝按每秒67.29立方米流量设计，比原碶闸效率提高1倍。工程总投资1850.5万元。

9月19日 北仑区慈善总会戚家山街道分会挂牌成立。宁波海港混凝土公司、北仑航运管理所、宁波腾龙不锈钢公司、渡头股份经济合作社、青峙村5家单位捐资3万元，戚家山街道40名机关干部（工作人员）、村干部现场捐款9210元。

12月18日 宁波亚洲浆纸业有限公司白纸板项目二阶段工程开工。总投资118亿元，规模为年产各类高档涂布白纸板100万吨，工程计划于2010年6月建成投产。

是年 浙江逸盛石化有限公司增资1.28亿美元，开始进行二期工程建设。该公司由浙江恒逸集团、荣盛化纤集团及香港盛晖有限公司、香港佳柏国际投资有限公司投资兴办，坐落于宁波经济技术开发区青峙化工园区，占地面积68.7公顷，总投资3.3亿美元，其中合同利用外资4890万美元，是专业生产PTA产品的现代化大型石化企业。

2008年

2月 戚家山街道获市2007年度"村企结对共建社会主义新农村先进单位"称号。

2月28日 三星重工业（宁波）有限公司赞助的红星学校挂牌成立。红星学校是外来务工人员子女学校，1200余名学生中有不少是三星重工（宁波）公司员工子女。

3月7日 三星重工业（宁波）有限公司三期码头通过国家验收，正式对外启用。

3月12日 全区第一个社区党委在戚家山街道蔚斗社区成立。社区党委下辖6个居民党支部和17家企业党支部，有党员311人。

4月16日 戚家山街道和云和县雾溪畲族乡友好结对。

5月16日 因5月12日四川汶川发生八级地震，街道举行向灾区捐款仪式，共募得善款45万元。

5月 戚家山街道归国华侨联合会、台胞台属联谊会、留学人员和家属联谊会首届代表会召开，成立侨台留联分会。

7月2日 位于青峙工业区的宁波亚洲浆纸业有限公司废纸原料露天堆场于下午2时突发大火，北仑、镇海、江东等7个消防中队20余辆消防车、100余名消防官兵投入扑救。至3日早上7时，大火被全部扑灭。

8月28日 戚家山商会成立，51家企业成为商会会员。街道共有工商企业2100余家，其中工业企业200余家，年产值超亿元企业26家。

10月27日 北仑区第二批区级非物质文化遗产民俗、民间技艺名录公布，小港和戚家山街道的民间文学"乐贤先生传说"榜上有名。

11月28日 小港污水处理厂迁建工程开工。原厂址位于开发区联合区域甬江入海口南眉毛山西麓，于1991年7月投入运行。迁建后日处理污水能力5万吨，总投资1.6亿元。

12月 戚家山街道获市级"卫生街道"称号。

2009年

4月 青峙社区公共服务中心成立。7月30日，青峙社区党总支部成立。

7月17日 明代抗倭名将戚继光雕像在戚家山顶落成。雕像台基成八角形，基座为正方体，寓意"四面八方"，象征将军刚正不阿，为抗倭四方奔走，赢得八方景仰。基座长宽高各3米，相加为9米，寓意"长治久安"。雕像高7米，意为"七尺男儿"。

7月27日 街道总工会成立，胡斌当选为总工会主席。街道共建立基层工会137个，覆盖企业200余家，工会会员15798人。

10月9日 青峙、李隘征地拆迁启动，计划征地面积800亩，拆迁户数600户。

10月24日 位于戚家山街道骆霞线杨公山段8号南侧的浙东畜禽产品集散中心正式投入使用。集散中心分生猪和白条、畜禽产品、活禽3个交易区，填补了宁波市无大型畜禽产品批发交易专业市场的空白。

10月28日 小港李氏家族后人一行40人回乡省亲，参加"养正亭"揭幕仪式。

2010年

3月1日 甬江隧道、招宝山大桥取消收费。

3月 青峙、李隘征地拆迁完成。

2011年

3月29日—30日 戚家山街道第九届村民委员会换届选举工作完成。

5月4日 戚家山街道少数民族联谊小组成立。

11月29日 宁波海越新材料项目在青峙化工区举行开工典礼。该项目由浙江海越股份有限公司控股，总投资100亿元，一期项目投资约50亿元，生产丙烯、异辛烷、甲乙酮等化工产品。

2012年

3月 戚家山街道蔚斗社区获得"创建全国文明城市先进社区"称号。

4月 宁波联合实验中学入选首批全国"科技体育传统学校"54强。

2013年

3月　戚家山慈善分会与贺女士（本人不愿意透露自己真名）建立"天天基金"，出资1万元，救助宁波联合实验中学患白血病女生周宇馨。社会总捐资达20万元。

3月31日　三星重工业（宁波）有限公司建造的第一艘整船载重1.7万吨的"宁波一号"下水。

4月25日　李氏家族纪念馆开馆。该馆总投资187万元，建筑面积600平方米，运用文字、摄影、视频、虚拟场景等表现手法，集中展示了李氏家族一代又一代杰出人物的故事。

5月7日　省委常委、市委书记刘奇率市发改委、经信委、环保局负责人视察小浃江工程，市委常委、区委书记陈利幸，副区长王建波陪同。

8月22日　区新四军历史研究会戚家山小组成立。

10月29日　戚家山街道社区卫生服务中心被国家卫生和计划生育委员会授予"全国示范社区卫生服务中心"荣誉称号。

2014年

4月10日　街道"五水共治"党代表工作室挂牌，五水共治工作全面铺开。

6月　京甬路南延工程通过竣工验收。工程北起骆亚公路，南至宁波海越新材料公司东北角，全长610米，路宽8米。

7月3日　柴桥街道、梅山乡、新碶街道、大碶街道、小港街道、霞浦街道、戚家山街道、白峰镇8个创建单位被环保部授予"国家级生态乡镇（街道）"称号。至此，全区共创建国家级生态乡镇（街道）9个，实现全覆盖。

8月20日—21日　省委书记、省人大常委会主任夏宝龙到北仑专题调研海洋经济发展情况，分别到北仑光大环保能源公司、中海浙江宁波液化天然气公司、海越新材料公司、海天集团，深入生产车间、项目现场，了解企业生产经营和项目建设等情况。

2015年

2月11日　小港环山路延伸段通车。环山路全长1355米。

4月17日　经北仑区人民政府批准，撤销青峙村村民委员会。

8月20日　蔚斗小学机器人社团在"中国移动校讯通"杯第十六届全国中小学电脑制作暨机器人竞赛中，获电脑机器人竞赛纳英特九宫挑战赛二等奖。

9月1日　"七一七"抗日战争阵亡将士遗骸迁葬落成仪式在小港街道江家山村福寿墓园举行。市委党史研究室副主任傅建闽，区委副书记邬志刚，市新四军研究会副会长肖群、方平、王泰栋，"七一七"战役参战老兵任根德等参加仪式。

10月25日　省文化厅主办的2015年浙江省"文化礼堂"乡村排舞大赛在松阳县市政广场举行。北仑区选送的戚家山街道渡头社区作品《钻石与灰尘》获青年组兰花奖。

2016年

1月18日　省政协主席乔传秀在北仑调研，分别考察宁波路宝集团、宁波海越新材料有限公司。

6月　青峙化工园区管理委员会成立。

11月　经北仑区人民政府批准，撤销沙头村村民委员会。

2017年

5月28日　区第三届"秀美浃江"龙舟赛在戚家山街道举行。

9月4日　经北仑区人民政府批准，撤销李隘村村民委员会。

10月11日　市长裘东耀赴北仑区检查基层维稳安保工作。先后到戚家山、霞浦和柴桥街道，听取当地维稳安保和综治工作情况汇报，询问有关网格设置、安全排查、应急处置等工作的落实情况，了解基层治理创新和立体化治安防控体系的建设工作。

11月9日　省河道管理总站钱塘江管理局相关领导率验收专家组，对甬江堤防（北仑段）—戚家山段、小港段标准化管理进行考核验收。标准化管理于2016年启动，当年16个水利工程通过验收，2017年24个水利工程通过验收。至此，共有40个工程通过年度省、市、区水利工程标准化管理验收，提前实现总任务进度过半。

2018年

1月30日　蔚斗社区获得"宁波市无偿献血爱心社区"称号。

2月8日　蔚斗新村二区现代化设施垃圾房建成投入使用。垃圾房设6个投放口，其中2个投放厨余垃圾，2个投放其他垃圾，1个投放可回收垃圾，1个投放有害垃圾。垃圾房内设置清洗装置、排水装置、通风除臭装置。

2月　国家卫计委办公厅公布2017年全国优质服务示范卫生服务中心名单，戚家山街道卫生服务中心榜上有名。

2月　戚家山街道青峙社区"企业之友"服务社获"浙江省巾帼文明岗"称号。

3月20日　装载4.48万吨低温丙烷的英国籍"多塞特"（DORSET）轮顺利靠泊宁波舟山港北仑港区戚家山化工码头。码头为5万吨级公用液体化工码头，年设计通过能力198万吨，码头可供一艘5万吨级和一艘2万吨级液体化工船舶同时停靠并同时作业。

4月19日　戚家山街道社区工作者联合工会成立暨第一次职工大会举行，蔚斗、青峙、东升、渡头4个社区的33名社区工作者与会。应冬菲当选工会主席，乐清清为经费审查委员会主任，李王蓉为女职工委员会主任。

4月　《戚家山街道生态文明建设规划（2017—2025）》正式出台。

5月　浙江省小城镇环境综合整治行动领导小组办公室公布2018年小城镇环境综合整治省级样板创建名单，戚家山街道入选。街道于2017年启动小城镇环境综合整治，投入经费1.37亿元，完成建设项目38个。

7月30日　宁波海越新材料有限公司员工李国强在浙江省中医院完成造血干细胞捐献，是戚家山街道第1例、北仑区第15例、宁波市第78例造血干细胞捐献者。

11月30日　戚家山商会举行第三次会员大会，与会代表58人，选举产生新一届理事会监事会成员，陈佩君任新一届商会会长。

2019年

3月23日 宁波市市长裘东耀到逸盛石化、青峙化工码头检查企业安全生产情况,要求企业深刻吸取江苏响水爆炸事故教训,切实加强安全生产工作。

5月 北仑区政府批准设立青峙化工园区管理服务中心。

8月10日 凌晨1时45分,是年第9号台风"利奇马"在浙江温岭市城南镇登陆,全省遭遇自1956年以来最大台风。戚家山街道境内暴雨成灾。

11月 经北仑区人民政府批准,撤销蒋家村村民委员会。

12月30日 戚家山街道邻里中心在半路洋开工建设。邻里中心设计建筑面积13000平方米,占地9584平方米,3—4层,其中菜场4700平方米。

是年 戚家山街道被评为浙江省小城镇环境综合整治行动突出贡献集体。

第一编 政区

　　戚家山街道地处宁波市东北,甬江、小浃江入海口,行政区划属宁波市北仑区。2006年11月18日,从原小港镇析出5个村和3个社区组建成戚家山街道。2007年3月16日正式挂牌成立。

　　戚家山街道虽为新建街道,但其所在地小港自然镇历史悠久,人文底蕴深厚。20世纪80年代在小港横山遗址出土石镞、石锛、石铲、石刀、陶纺轮等新石器时期的生产工具,说明早在新石器时期就有先民在此劳作与生活。

　　据文献记载,其地春秋末期属越国,战国中期属楚。秦王嬴政二十五年(前222),秦灭楚后置会稽郡,立句章、鄞、鄮县,属鄮县东境。后梁开平三年(909)置望海县(一作静海县),未几改为定海县(清康熙年间改名镇海县),是时区境始建崇邱乡,归属定海县(镇海县)。崇邱乡建置经五代、宋、元、明、清,至民国十九年(1930)改为崇邱区,历1021年。民国二十五年(1936)与灵岩境的10个乡镇组合成崇岩区办事处。民国三十年(1941)改崇岩区办事处为长山区,直至解放。1950年6月,长山区分建为长山、大碶2个区。1985年10月,撤镇海县,并入宁波市,分置宁波市镇海区和宁波市北仑区(1987年7月前称滨海区),长山区(1985年11月改称长山办事处)及其乡镇归属北仑区。1987年1月,撤销长山办事处,其原属4个乡镇,于1992年5月合并建立小港镇。2006年11月,宁波市政府批准从小港镇析出3个社区、5个村设立戚家山街道。2007年3月,戚家山街道挂牌成立。至2019年,行政建置已有1110年历史,而戚家山街道的历史仅12年。

　　改革开放,尤其是宁波经济技术开发区的建立,为戚家山街道的发展插上了腾飞的翅膀。处于街道境内的青峙化工园区已成为宁波市重化工基地。

本编目录

第一章　建　置

　　戚家山街道历史悠久。秦王嬴政二十五年（前222），秦灭楚后置会稽郡，立句章、鄞、鄮县。后梁开平三年（909）置望海县（一作静海县），未几改为定海县。清康熙二十六年（1687）改名镇海县，是时区境始建崇邱乡，归属定海县（镇海县）。崇邱乡建置经五代、宋、元、明、清，至民国十九年（1930）改为崇邱区，历1021年。民国二十五年（1936）与灵岩境的10个乡镇组合成崇岩区办事处。民国三十年（1941）改崇岩区办事处为长山区，直至解放。1950年6月，长山区分建为长山、大碶2个区。1985年10月撤镇海县，分置宁波市镇海区和宁波市北仑区（1987年7月前称滨海区），长山区（1985年11月改称长山办事处）及其乡镇归属北仑。1987年1月，撤销长山办事处，其原属4个乡镇于1992年5月扩镇并乡建立小港镇。至2006年，小港镇境的行政建置已有1097年历史。2006年11月，宁波市政府批准从小港镇析出3个社区、5个村设立戚家山街道。2007年3月，戚家山街道正式挂牌成立。

第一节　地理位置

　　戚家山街道位于宁波市东北，北仑区西北，甬江（大浃江）入海口南岸，北纬29°05′00″—29°19′30″，东经121°38′48″—121°48′45″之间。东起杨公山、四顾山，与新碶街道算山村、高塘社区接壤；西为大岭山、戚家山，隔山与小港街道红联村相望；南与小港街道孔墅村、青墩社区相邻；北临金塘港。陆域面积18.6平方千米，海岸线长约5.45千米，有岛礁19座。

第二节　建置沿革

　　戚家山街道历史悠久，人文荟萃。境内横山下（今宁波市北仑区东海路北侧金茂大厦所在地）发现的新石器时期人类居住遗迹，说明早在4000多年前，这里就有人生活、生产。春秋末年越国建国后，其地始有归属。秦王嬴政二十五年（前222）置会稽郡，立句章、鄞、鄮县，街道地处县治东境，历843年。唐武德四年（621）析古句章分姚、鄞两州。八年（625）鄞州又更名为鄞县。唐元和四年（809）在鄮东甬江口建望海镇。后梁开平三年（909）置望海县，未几改为定海县，时区境置崇邱乡，为定海县所辖。清康熙二十六年（1687）定海县改称镇海县，崇邱乡隶属镇海县。崇邱乡建制

及其归属经历宋、元、明、清沿袭至民国十九年（1930），共1021年。

南京政府成立后，乡镇建村里制，后改乡镇制，又设区公所，多次变化。民国十九年（1930）始设崇邱区，析崇邱乡置浃南镇和衙东、衙西、浦山、葫芦、水阁、港口、黄瓦跟、桥东、青白、林唐、剡徐、赵家、方前、孔墅、石门、周龙、枫林、西鸿、砖窑、谢墅、黄府、东陵、姚墅、双峰、江桥及净渡等26个乡归崇邱区。现戚家山街道区域均在崇邱区境。

民国二十四年（1935）裁撤崇邱区公所，27个乡镇合并为浃南镇、小港镇和衙前、青峙、长山、石门、崇西、姚墅及崇南乡等9个乡镇。次年，与灵岩境内的10个乡镇组合建立"灵岩区乡镇建设联合办事处"。

民国三十年（1941）灵岩办事处改建为长山区署（驻大碶）。下辖19个乡镇不变。

民国三十四年（1945）抗战胜利后，长山区署撤销，浃南镇、衙前乡合并为江南镇，原9个乡镇改为8个乡镇，直隶于县。

民国三十五年（1946）8月又将8个乡镇合并为江南镇、小港镇、崇门乡、崇山乡、崇姚乡等5个乡镇。

民国三十六年（1947）10月缩编乡镇，5个乡镇调整为江南、镇南与浃水3个乡。

民国三十七年（1948）复建长山区，驻地大碶。江南、镇南、浃水3个乡归属长山区，直到1949年5月解放。

中华人民共和国成立后，建立新的人民政权。

1949年6月，建立新长山区，驻地大碶。辖金泉乡、高塘乡、江南乡、镇南乡、浃水乡和大碶镇共6个乡镇。

1950年5月中旬，长山区划分为大碶、长山2个区。江南、镇南、浃水等3个乡归长山区，驻地江南谢公兴房子（后驻小港郑圣裔房子）。是年7月，析3乡镇分建小港镇和青峙、长山、江南、衙前、谢墅、枫林、下邵与江桥乡9个乡镇，镇海城关镇划归长山区。

1952年11月，镇海城关镇析出单独建区。

1956年4月，撤销长山区，9个乡镇调整为小港、江南、镇南3个乡，直隶于县。

1957年1月，复建长山区，小港、江南、镇南3乡仍为长山区所辖。

1958年10月，撤销区、乡镇建制，建立长山人民公社。公社下辖9个管理区（大队）。同年底，根据国务院决定，撤销镇海县建制，并入宁波市；长山人民公社隶属宁波市。

1961年9月，撤销长山人民公社及其下属9个管理区，建立小港、江南、枫林、下邵4个人民公社（1962年划入鄞县五乡钟家桥村，归下邵公社）。时因长山区未复建，4个公社隶属镇海县。

1963年1月，恢复镇海县建制，5月复建长山区，4个公社归长山区。

1965年5月，又撤销长山区，4个公社复直隶于镇海县。

1968年4月，经县人武部批准，江南公社革命委员会成立。同年9月，镇海县革命委员会成立。10月，小港、枫林、下邵3个公社革命委员会相继成立。

1970年4月，枫林公社并入下邵公社。

1978年8月，镇海县由隶属宁波专区改隶宁波市。小港、江南、下邵3个公社仍直属镇海县。

1981年11月，下邵公社重新划分为下邵、枫林2个公社。

1983年11月，实行政社分设，复建长山区，废除人民公社名称，恢复小港镇人民政府名称。

1984年4月，划小港乡的林唐、青峙、李隘、沙头、蒋家、黄跟、棉花、盐场等8个村另建青峙乡，同时划江南乡的红联村归镇海城关镇，隶属新建的滨海（县级）区。同年10月，划小港乡的曙光村，青峙乡的棉花、盐场村建立宁波经济技术开发区。

1985年5月，滨海区的青峙乡与镇海县的小港乡合并，并将原镇海城关镇的红联村划入，建立小港镇。6月划归滨海区。11月，建立滨海区长山办事处，小港镇、江南乡、枫林乡、下邵乡归长山办事处管辖。

1987年1月，长山办事处撤销，4个乡镇直属滨海区。

同年7月，滨海区更名为北仑区。

1992年，扩镇并乡，撤销小港镇、江南乡、枫林乡、下邵乡，合并建立小港镇。

同年10月，黄跟、桥东2个村划归宁波经济技术开发区。

1997年4月9日，宁波开发区管委会为加强开发区域和青峙工业区的行政管理和社会事务管理，建立宁波经济技术开发区管理委员会联合开发区域办事处。

2001年7月26日，宁波市委发文正式成立宁波市北仑开发建设委员会，统一领导和协调北仑区域的规划建设及有关经济社会发展事务。

2003年7月30日，省政府批复撤销新碶镇、小港镇、大碶镇、霞浦镇、柴桥镇，设立新碶、小港、大碶、霞浦、柴桥街道办事处，由北仑区政府直辖。

2006年11月18日，宁波市政府发文《关于北仑区部分行政区划调整的批复》，同意北仑区部分街道调整方案，其中划出小港街道5个村和3个社区，新组建戚家山街道。

2007年3月16日，北仑区戚家山街道正式挂牌成立，街道面积18.6平方千米，常住人口1.3万，下辖青峙、李隘、林唐、沙头、蒋家5个村和蔚斗、渡头、东升3个社区。

2009年3月31日，成立青峙社区公共服务中心。社区服务中心驻宏源路109号。

2015年12月，北仑区政府同意撤销青峙村村民委员会。

2016年6月13日，北仑区机构编制委员会批准设立青峙化工园区管理委员会。

同年，北仑区政府同意撤销沙头村村民委员会。

2018年3月29日，北仑区政府同意将沙头村户籍纳入东升社区管理，涉及257户542人。

同年12月12日，北仑区政府同意将李隘村户籍纳入东升社区管理。

2019年8月成立青峙化工园区管理服务中心。

第三节　治　所

从有记载的历史开始，小港自然镇就是崇邱乡、浃水乡、长山区、小港乡、小港公社、小港镇的治所地。1950年起，驻地有小港直街82号郑圣裔祖屋（现渡头社区居委会驻地）、北平路15号小港镇政府办公楼。1992年5月撤乡并镇后，镇政府迁至红联渡口路109号。2007年3月，戚家山街道成立，驻地为小港自然镇（联合开发区域）东海路16号。

戚家山街道办事处

第二章　行政区划

　　戚家山街道区域宋前无完整史料。宋、元、明时，县下辖乡，乡辖都。清时，乡政府驻地称里，乡下设都，都辖图。民国时，县下设区，区下设乡或镇，乡镇下设村、里。中华人民共和国成立后，县下设区、乡（镇）、村。1958年后改为政社合一的人民公社，县下设公社，公社下辖生产大队（管理区），大队又分若干小队。1983年11月，政社分设，恢复乡（镇）、村制，县下设区（为县政府派出机构），领导若干乡（镇），乡（镇）下辖村。2007年3月，戚家山街道成立，下辖3个社区、5个村。

第一节　中华民国前

宋　乡里村

　　宋宝庆《四明志·定海卷》记熙宁十年（1077）海晏、灵岩、泰邱3乡划归定海。元丰元年（1078）金塘划归昌国后，全县按乡、里、村建制，凡7乡，辖7里、31村。

　　崇邱乡　在县南，辖长陈里、泥湾村、小浃村、樟桐村、韩岙村。

　　江南市　县东南7里。

元明　乡都里村

　　元初地方分编社、甲。延祐年间始编都、图，全县辖6乡，21都。崇邱乡辖4都。

　　明嘉靖《定海县志》载全县辖7乡，24都，90里。

　　崇邱乡　县南，总第一都里2，第二都里4，第三都里4，第四都里2。辖泥湾村、长陈村、湖芳村、小浃村、剡岙村、樟桐村、韩岙村、黄满村。

清、中华民国初　里庄都图

　　清初全县7乡，原设88里。雍正九年（1731）行顺庄法，改编为79图，607庄。宣统三年（1911）筹办自治组织设11区称自治公所，后改自治公所办事处。民国十二年（1923）第二区崇邱乡长陈里在县南，总一都、二都、三都、四都。

　　三都三图　辖黄瓦屋跟、山下塘、杨家塘、梯子岭下、碶跟、半路洋、老道头、外邵、里邵、义成碶跟、戴家岙、张家桥。

三都四图　辖林隘、唐家弄、沙头、李隘、吴隘、门闩角后、钳口门。

第二节　中华民国时期

民国政府初建村里制,村以下为闾,闾以下为邻。

民国十八年（1929）3月,全县建214村,22里。

民国十九年（1930）改为乡镇制,又设区公所。全县并为7区。1932年8月置乡镇公所。

民国二十二年（1933）6月统计,全县置7区,166乡、22镇,3260闾,16248邻。1935年3月完成保甲设置,裁撤区公所,乡镇公所由195所裁并为190所;继又调整为103所;后确定为97乡镇,855保,8510甲。

表1-2-1　民国二十四年（1935）戚家山街道境内新旧乡镇对照表

乡镇名	辖地名	旧有乡镇名
浃南镇	江南、泥湾、前袁	浃南镇
衙前乡	衙前、浦山、浦前	衙东、衙西、浦山
小港镇	港口、小港、黄瓦跟、唐家、半路洋、沙河塘	葫芦、水阁、港口、黄跟、桥东
青峙乡	林隘、李家、唐家弄、吴隘、蒋家	青白、林唐
长山乡	赵家塘、四房、九房、徐家洋、长山桥、胡家塔、陈山下	剡徐、赵家、方前、孔墅
石门乡	周龙桥、符家汇、史家俞岑、汪家、大枫林	石门、周龙、枫林
崇西乡	野猪窠、毛竹园、谢家、墓孝陈、雅度岙、忻家	西鸿、砖窑、谢墅
姚墅乡	鲍家洋、施家斗、东岗碶、姚家斗、上下邵、梅小陈	黄府、东陵、姚墅
崇南乡	桥头严、桥头董、严家庄、王家桥、丁家山下、夏隘、周隘	双峰、江桥、净渡

1936年建立崇岩区（崇邱、灵岩）乡镇联合办事处,辖崇邱境9乡镇。

小港镇　辖港口、小港、黄瓦跟、唐家、半路洋、沙河塘。

青峙乡　辖林隘、李家、唐家弄、吴隘、蒋家。

1941年1月崇岩区办事处改建为长山区署。1945年12月撤销长山区,浃南、衙前2个乡合并为江南镇。8个乡镇直隶于县,下辖行政区域不变。1946年8月,8个乡镇调整为江南镇、小港镇、崇门乡、崇山乡、崇姚乡5个乡镇,县直辖。

1947年10月,5个乡镇缩编为3个乡,直至1949年5月解放。

浃水乡辖14个保:第一保黄跟、港口;第二保宋家弄口、直街;第三保渡头、罗家塘;第四保桥东、半路洋、山下塘;第五保林隘、唐家弄;第六保李隘、青峙;第七保沙头、蒋家;第八保方前、江家山、长山岙;第九保胡家塔、王家溪口、青墩、田洋乐;第十保赵家、前头洋;第十一保坟头乐、洪家、高河塘、里乐、外乐、湖水深;第十二保上陈山、下陈山、外李家、岙底陈、堰头;第十三保堰山、姜桐岙;第十四保剡岙、陈家、金家斗、东岗碶、顾家。

表1-2-2　1947—1949年戚家山街道境内乡镇缩编情况表

缩编后乡镇名	保数	甲数	原乡镇名
江南乡	13	123	江南镇、崇门乡（部分）
浃水乡	14	132	小港镇、崇山乡（部分）
镇南乡	8	96	崇姚乡、崇山乡（部分）、崇门乡（部分）

1949年6月建立长山区。

第三节　中华人民共和国成立后

1950年5月长山区析出大碶，另外建区。同年7月，浃水、江南、镇南3乡析为9个乡镇，属长山区管辖。浃水乡析为小港镇、青峙乡、长山乡，江南乡析为衙前乡、谢墅乡、江南乡，镇南乡析为下邵乡、江桥乡、枫林乡。

1950年5月复建镇海城关镇，归属长山区，至此，长山区辖2镇8乡。驻地江南谢公兴房，后驻小港郑圣裔房子。

小港镇辖4个村：一村黄跟、港口；二村直街、宋家弄口；三村渡头；四村桥东。青峙乡辖3个村，即五村林唐，六村李隘、蒋家，七村青峙、沙头。

表1-2-3　1950年划区分乡前后戚家山街道境内新旧乡镇对照表

新建乡镇名	村数（个）	原乡镇名
小港乡	4	浃水乡分建
青峙乡	3	浃水乡分建

1956年3月撤区并乡，9个乡并为3个乡，撤销长山区，归县直辖。小港乡由原小港镇、青峙乡、长山乡合并建立。江南乡由原江南乡、衙前乡、谢墅乡合并建立。镇南乡由原枫林乡、下邵乡、江桥乡合并建立。并乡后辖村不变。

1957年1月复建长山区，3个乡归属长山区。

表1-2-4　1956年撤区并乡前后戚家山街道境内新旧乡镇对照表

撤区并乡后	村数（个）	户数（户）	人口数（人）	撤区并乡前乡镇名
江南乡	16	8939	30447	江南乡、衙前乡、谢墅乡
小港乡	14	—	—	小港镇、青峙乡、长山乡
镇南乡	13	—	—	下邵乡、江桥乡、枫林乡

1954—1956年农村实现农业合作化，原村陆续为高级农业生产合作社所取代。

1958年10月，镇海县与宁波市合并后，在"人民公社化"高潮时，以区为单位建立长山人民公社，下辖9个大队（管理区）。大队下属初称连、排，旋改生产队、生产小队；原区公所和乡镇人民政府及农业生产合作社组织为人民公社各级组织所取代。

小港大队由原小港乡分建，1959年7月恢复小港镇建制。

小港镇管理委员会（人委），1959年7月由小港大队改建为小港镇人民委员会。同年12月改为小港镇管理委员会。

长山大队从原小港乡分建。

青峙大队从原小港乡分建，1959年5月并归小港大队。

1961年10月撤销长山人民公社和下辖大队（管理区），恢复区公所建制，分建小港、江南、枫林、下邵4个公社，属镇海区管辖。公社设生产大队（以下简称生产队或大队）。

小港公社由原小港、青峙、长山3个大队合并建立。

表1-2-5　1961年戚家山街道境内分建公社情况表

公社名称	组合大队（管理区）
小港公社	由原小港镇和长山、青峙大队合并建立
江南公社	由原江南、谢墅大队合并建立
枫林公社	由原枫林大队建立
下邵公社	由原下邵、江桥大队合并建立

1963年1月恢复镇海县建制，同年5月复建长山区，辖小港、江南、枫林、下邵4个公社。1965年5月，撤销长山区，4个公社由县直管。

1983年4—11月改革基层体制，政社分设。复建乡镇人民政府，下属大队改称村民委员会，另设村经济联合社以管理经济。同年10月复建小港乡，1985年6月复为镇。

1984年1月，宁波市划小港乡的青峙、沙头、蒋家、李隘、林唐、黄跟、棉花、盐场等8个村建立青峙乡，划归新建的宁波市滨海区（县级建制）。同年10月，小港乡和青峙乡划棉花、盐场、曙光、黄跟、桥东（黄跟、桥东1992年10月被征用）5个村3.9平方千米建立宁波经济技术开发区。

1985年5月，滨海区的青峙乡与小港乡合并，划入城关镇的红联村，复建小港镇，辖16个村，1个居委会，归滨海区管辖。是年，镇境的江南乡、枫林乡、下邵乡，辖村29个，仍属镇海县。

1985年10月，撤销镇海县，建立镇海区，扩大滨海区。江南、枫林、下邵3个乡归属滨海区。下设长山办事处，辖小港镇、江南乡、枫林乡、下邵乡4个乡镇。1987年1月长山办事处撤销，4个乡镇直隶滨海区。

1987年7月滨海区更名为北仑区。1992年5月撤销原小港镇、江南乡、枫林乡、下邵乡，合并建立小港镇。下辖45个村，2个居委会。镇政府始设渡口路109号，1994年1月迁入江南公路旁新办公楼。

1997年4月，设立宁波经济技术开发区联合区域办事处。

2003年7月，宁波市政府批准北仑区政府撤销小港镇，建立小港街道。

2006年11月，宁波市政府批准北仑区调整部分区划，划出小港街道5个村、3个社区建立戚家山街道。

2007年3月，戚家山街道正式挂牌成立。

第三章　社区　村

　　戚家山街道成立后,下辖3个社区、5个村。社区设居委会,村设村委会和经济合作社。随着农村土地征用,至2019年,沙头村、李隘村、青峙村、蒋家村相继撤销,林唐村也进入拆迁程序。

第一节　蔚斗社区

蔚斗社区居委会

　　蔚斗社区,东起小浃江,西隔戚家山与小港街道接壤,南至钓鱼台别墅,北濒金塘港,面积约3.6平方千米。1984年10月建立蔚斗居委会,居民主要为曙光村农转非人员,2001年11月改称蔚斗社区居委会。因昔日有蔚斗小学、蔚斗庙,因此得名。下辖蔚斗新村(拆迁安置区)、蔚斗一区、蔚斗二区、曙光老区、半路洋老区、阳光公寓、海悦公寓、戚家山别墅区、玫瑰花园等住宅小区及环山路商业街、联合区域工业园,是一个包含居民生活区、工业园区和商业街的混合式社区。至2019年底,共有户籍居民1695户,4518人,外来居民2万余人。蔚斗社区居委会和社区公共服务中心办公楼位于浃江路8号,建于2008年12月,建筑面积580平方米,投资116万元。

　　辖区内的联合区域是宁波经济技术开发区的最早发祥地。戚家山、金鸡山和蔚斗小学旧址曾经是抗倭、抗英、抗法、抗日主阵地,是社区爱国主义教育基地。小港李氏家族、爱国民主人士唐爱陆都是蔚斗人。

　　社区曾先后获得宁波市文明社区、宁波市和谐社区、北仑区学习型社区、北仑区科普社区、北仑区民主法治社区等荣誉称号。

　　社区下辖的主要居住小区如下。

环山路居民点 (第1居民组)

位于环山路东侧,宋家弄西南侧,蔚斗新村西侧。为老居民点。2019年有户籍居民85户,256人。

宋家弄、直街居民点 (第2居民组)

位于小港直街北端。东临小浃江,西北起直街,西南迄好而居菜场,北为东海路。沿弄建有万兴房地产公司开发的阳光公寓住宅、永义讲堂。2019年有户籍居民72户，204人。

曙光弄、连理巷居民点（第3居民组）

地处直街两侧，原属小港镇曙光村，因原有曙光亭而得名。居民多为原曙光村村民。为老居民点。2019年有户籍居民81户，232人。

蔚斗巷、倪家桥居民点（第4居民组）

位于小港直街中段。东起直街，西南至好而居菜场。巷口有蔚斗小学旧址。民居多为旧宅或旧宅翻建的楼房。2019年有户籍居民68户，215人。

蔚斗新村（拆迁安置区）、环山路8号、集体宿舍（第5、6、7、8居民组）

东至小浃江，西至宋家弄，南至渡头居民区，北为东海路。多数居民为宁波经济技术开发区建立时原盐场、棉花村被征地拆迁的农民。住宅多为自行建筑的2层民居。1986年建成，面积约6万平方米。2019年有户籍居民275户，816人。

蔚斗二区、金港华庭（第9、10、11、12、13居民组）

东沿东昇路，西至环山路，南至钓鱼台别墅，北依新建路。居民多为原宁波经济技术开发区职工。1988年建成。2019年有户籍居民357户，856人。

蔚斗二区（东）住宅小区

蔚斗一区（第14、15居民组）

东依环山路，西为戚家山，南与街道卫生服务中心为邻，北临戚家山上山道路。2019年有户籍居民225户，534人。

半路洋居民点（第16居民组）

东起桥北街，西临公园路，南至东海路，北与金翔纸业接壤。因地处原小港自然镇与黄瓦跟（黄跟）中间，故名半路洋。又因西侧有义成碶，又名碶跟。后义成碶失去作用，碶跟之名随之消亡。为老居民点。2019年有户籍居民69户，238人。

红联（第17居民组）

2019年有户籍居民59户，92人。

海悦公寓小区（第18、19居民组）

位于东海路与科苑路交会处。东临联合大厦，西为东海路，南为联合大厦广场，北为科苑路。占地9108平方米，建筑面积43000平方米，其中住宅面积41034平方米。为两幢18层复式住

海悦公寓

宅楼。2008年建成。2019年有户籍居民237户，487人。

玫瑰花园、戚家山别墅区（第20居民组）

玫瑰花园位于戚家山北麓，东临东海路，西、北为江南公路，南为戚家山。建筑面积15000平方米，共6幢，1992年建成。戚家山别墅位于戚家山东南麓，建于1992年。现有别墅57幢，建筑面积14678平方米。2019年有户籍居民43户，163人。

玫瑰花园住宅小区

峰景里小区（第21居民组）

位于沙蟹岭南侧，江南公路与东海路交会处。2018年建成交付。由宁波经济技术开发区天瑞置业有限公司开发建设。占地面积15600平方米，建筑面积37000平方米，共5幢。2019年有户籍居民80户，185人。

甬晨大厦（第22居民组）

东临小浃江，南依阳光公寓，西近环山路，北面东海路。2019年有户籍居民43户，193人。

峰景里住宅小区

集体户（第23居民组）

2019年有户籍居民47人。

表1-3-1　蔚斗社区辖区历年主要干部名录

社区名称	职务	姓名	任职时间	说明
棉花村	大队长	袁弥常	1961年7月—1966年12月	1961年7月建立。1984年10月划归宁波开发区
		潘朝法	1966年12月—1968年1月	
	革委会主任	曹阿云	1968年11月—1972年1月	
	大队长	乐献忠	1972年11月—1976年4月	
		杨伟员	1976年4月—1979年3月	
		徐洪生	1979年3月—1983年10月	
	村主任	齐阿华	1983年10月—1984年4月	
小港盐场（村）	厂长（主任）	张阿毛	1957年8月—1958年10月	1957年8月建立小港盐场，1984年10月划归宁波开发区
		乐信昌	1958年10月—1959年6月	
	社主任	王玉玲	1959年7月—1960年1月	
		都厚友	1960年1月—1968年10月	
	革委会主任（场长）	周善章	1968年10月—1971年10月	
	村主任	都厚友	1971年10月—1984年4月	

社区名称	职　务	姓　名	任职时间	说　明
曙光村	村　长	唐祥贵	1949年6月—1950年7月	
		罗仁果	1950年7月—1956年4月	
	农会主任	唐瑞法	1949年6月—1950年7月	
		潘朝法	1950年7月—1955年4月	
	高级社长	都厚友	1956年4月—1958年10月	
	生产队长	严善祥	1958年10月—1961年10月	
	大队长	严善祥	1961年10月—1967年4月	
	革委会主任	严善祥	1967年4月—1970年10月	
	大队长	乐南良	1970年10月—1982年10月	
		张光祖	1982年10月—1983年10月	
	村主任	张光祖	1983年10月—1984年4月	
蔚斗社区	主　任	齐阿华	1984年4月—2004年5月	1984年10月由棉花、盐场、曙光三村合并建立
		苏承达	2004年6月—2007年3月	
		苏承达	2007年6月—2010年5月	
		李秀英	2010年6月—2019年5月	

第二节　东升社区

东升社区党群服务中心

东升社区东起青峙岭，西至戚家山东麓，南与小港街道孔墅村接壤，北至外环路。小浃江纵贯社区南北。1994年10月建立东升居委会，居民主要为原桥东、黄跟村农转非人员。2001年11月改称东升社区居委会。面积1.2平方千米。居委会驻地1994年1月—1998年3月在蔚斗新村新堰头2幢104室；1998年4月—2005年4月在环山路8号2幢104—105室；2005年5月后在东海路202巷四方家园8幢附楼。建筑面积708平方米，投资127万元。

社区下辖蔚斗新村87—90幢、长河头、新堰头、医院南侧、四方家园、万兴公寓、港城嘉苑、万兴茗苑、戚家名庭、华都公寓、东升新村、外邵、桥东、山下塘、高塘路等居民点。有户籍居民3065户，其中原东升社区2207户，原青峙村迁入328户，原沙头村迁入177户，原李隘村迁入353户。至2019年11月，有户籍人口7926人，其中原东升社区5892人，原青峙村689人，原沙头村511人，原李隘村

834人，外来暂住人口近万人。东升社区是一个以土地被征用的拆迁安置户为主体，混合近年来逐步建成的居住小区的综合型居民社区。

辖区内有宁波经济技术开发区幼儿园、蔚斗小学、宁波联合实验中学等学校。

社区先后获得浙江省老年规范化社区、浙江省城市体育先进社区、宁波市文明社区、宁波市卫生先进单位、创建全国文明城市先进社区等荣誉。通701、720、783、784、785、754、755、736路等公交车。

社区下辖的主要居住点如下。

蔚斗新村医院南侧居民点（第1居民组）

东南临环山路，西依戚家山，东北至戚家山街道卫生服务中心。该处民居是1992年为黄跟村（部分桥东村）征地拆迁户建设的安置用房，其中2幢、5幢为3层，其余为5层住宅，面积6685平方米，因位于原宁波开发区医院（今戚家山街道社区卫生服务中心）南侧，故名。2019年有户籍居民56户，146人。

医院南侧住宅小区

蔚斗新村新堰头居民点（第2、3居民组）

位于小浃江北侧。东与渡头社区接壤，西临钓鱼台别墅区，南至小浃江，北接东昇路。该处民居是1992年为黄跟村（部分桥东村）征地拆迁户建设的安置用房，面积18423平方米，共13幢5层住宅。因该地旧名新堰头，故名。2019年有户籍居民159户，394人。

新堰头住宅小区

蔚斗新村长河头居民点（第4居民组）

位于小浃江西侧。东至长河新路，西至渡头社区居民点，南临渡头社区居民区，北临新建路。面积14858.5平方米。该处民居是1992年为黄跟村（部分桥东村）征地拆迁户建设的安置用房（3—12幢）。因该地旧有长河头而得名。2019年有户籍居民142户，341人。

长河头住宅小区

高塘路北平路居民点（第5居民组）

东临戚家名庭、东升新村，西到北平路，南连山下塘，北靠外邵路。占地8000余平方米，建筑面积约20000平方米。2019年有户籍居民38户，102人。

东升新村小区（第6居民组）

东临五矿路，西依高塘路，南至东升社区文化礼堂，北连戚家名庭。该小区是1994年为桥东征地拆迁户建设的安置用房，共有住宅4幢，1995年1月建成，面积8856平方米。2019年有户籍居民92户，185人。

东升新村住宅小区

山下塘居民点（第7、8居民组）

东南临小浃江路，西依北平路，北至高塘路。占地25000平方米，建筑面积37500平方米。唐家，东临小浃江路，其余三面均与山下塘路接壤。占地2500平方米，建筑面积3750平方米。2019年有户籍居民153户，248人。

外邵路、桥东街、半路洋、沿江弄居民点（第9居民组）

外邵，东临五矿路，西临桥东街，南依外邵路，北至四方家园。原居民多姓邵，古有外邵与里邵两居民点。1992年10月，里邵全部被征用，仅留外邵。桥东街，南起义成桥，北至东海路。半路洋，东为在建的街道邻里中心，西至小浃江，南至东海路，北为金翔纸业。沿江弄，南起北平路，北至桥东街。2019年有户籍居民55户，134人。

万兴公寓小区（第10居民组）

东临联合车站，西依桥北街，南至东海路，北至外环路。所在地原为东方针织厂。2002—2003年由宁波万兴房地产开发有限公司分二期建设。共10幢，建筑面积34075平方米。2019年有户籍居民143户，366人。

四方家园小区（第11、12、13、14居民组）

东升社区居委会驻地。东临五矿路，西依惠百嘉农贸市场，南至联合路，北至东海路。该地原有桥头山，于2003年6月移山后兴建商品房，住宅建筑面积117092平方米，共28幢。因由四方房地产公司开发而得名。2019年有户籍居民533户，1462人。

港城嘉苑小区（第15、16、17、18居民组）

东临中机路，西依五矿路，南至联合路，北临东海路。由福华房地产公司于2003—2007年分三期建设。总建筑面积142907平方米，共29幢。2019年有户籍居民616户，1742人。

港城嘉苑住宅小区

万兴茗苑、华都公寓小区（第19居民组）

万兴茗苑，东临宁波科元塑胶公司职工宿舍，西依五矿路，南至蔚斗小学，北临联合路。2003年由宁波万兴房地产开发有限公司投资建设，2005年竣工。共有住宅4幢，面积8605.4平方米。华都公寓小区，东临中机路，西依宁波科元塑胶有限公司职工宿舍，南至联合中学，北临联合路。因由华都房地产公司开发而得名，2005年7月建成，占地10316平方米，住宅建筑面积18366平方米。共有住宅6幢（其中第6幢为3层别墅，第1、2、3幢为5层住宅，其余为6层住宅）。2019年有户籍居民108户，393人。

戚家名庭住宅小区

戚家名庭小区（第20居民组）

东临五矿路，西依高塘路，南至东升新村，北靠外邵路。由成路联合房地产公司于2008年建设，2011年10月竣工。共6幢6层住宅，总建筑面积29956.34平方米。2019年有户籍居民112户，379人。

表1-3-2　东升社区辖区历年主要干部名录

社区名称	职务	姓名	任职时间	说明
黄跟村	村长	张梅岳	1949年6月—1952年2月	1949年6月建立黄跟村，1992年5月划归宁波经济技术开发区
		夏贤恩	1952年2月—1955年1月	
		杨伟忠	1955年1月—1958年10月	
	农会主任	李圣祖	1949年6月—1950年11月	
		梁阿玉	1950年11月—1955年1月	
	生产队长	杨伟忠	1958年10月—1961年7月	
	大队长	柯兴义	1961年7月—1962年4月	
		陈阿洪	1962年4月—1966年5月	
		林建章	1966年5月—1976年12月	
		杨国成	1976年12月—1983年10月	
	村主任	杨国成	1983年10月—1984年4月	
		杨明良	1984年4月—1989年11月	
		杨学瑜	1989年11月—1992年5月	
桥东村	村长	邵品全	1949年6月—1950年7月	1949年6月建立桥东村，1992年5月划归宁波经济技术开发区
		冯阿康	1950年7月—1951年5月	
		石昌茂	1951年5月—1954年12月	

社区名称	职　务	姓　名	任职时间	说　明
桥东村	村长	冯阿康	1954年12月—1958年10月	
	农会主任	唐世友	1949年6月—1950年7月	
		乐开洪	1950年7月—1951年5月	
		邵宝来	1951年5月—1955年12月	
	生产队长	冯阿康	1958年10月—1961年10月	
	大队长	冯阿康	1961年10月—1962年12月	
		余富荣	1962年12月—1965年12月	
		乐开洪	1965年12月—1966年12月	
		李光启	1966年12月—1970年1月	
		邵再如	1970年1月—1983年10月	
	村主任	邵再如	1983年10月—1984年2月	
		唐林法	1984年2月—1992年5月	
东升社区	居委会主任	杨伟忠	1992年10月—1995年10月	1993年10月由黄跟、桥东两村合并建立
		杨国成	1995年10月—2010年2月	
		赵佩尔	2010年6月—2016年6月	
		林　平	2017年3月—2019年12月	

第三节　渡头社区

渡头社区居委会

　　渡头社区位于小浃江西北岸，东南临小浃江，西与小港街道青墩社区坟头乐交界，北至新建路。1950年为小港三村，1956年并入小港高级社，1958年属长山人民公社三大队，1981年改为渡头大队，1983年称小港乡（1985年改镇）渡头村。旧时临小浃江有渡口，故名。1979年12月设立小港居委会，2005年12月由小港居委会和渡头村合并为渡头社区居委会。总面积2平方千米。居委会驻小港直街82号（2005年在原小港镇政府所在地建设新办公楼，建筑面积825平方米，投资160万元）。下辖渡头村、长河新村、绿竹公寓等居住点。2019年有户籍居民712户，1587人，外来人员5200余人。

　　社区下辖的主要居住点如下。

光明路、新堰头居民点（第1居民组）

光明路48号至新堰头居民组，位于新建路东侧、小浃江西侧。居民多为原渡头村村民，住宅多为2—3层砖混结构自建房。2019年有户籍居民46户，150人。

长河新路、渡头路至光明路居民点（第2居民组）

长河新路（含光明路48号后）居民组位于小浃江西侧，光明路沿线。居民住宅多为2—3层砖混结构自建房，居民多为原渡头村村民。2019年有户籍居民72户，178人。

大树下路24—115号居民点（第3居民组）

位于大树下路两侧。居民多为原渡头村村民，住宅多为2—3层砖混结构自建房。2019年有户籍居民59户，157人。

仁爱弄、严家弄居民点（第4居民组）

位于严家弄、仁爱弄两侧，含部分大树下路、渡头路。2019年有户籍居民42户，108人。

直街、渡头路居民点（第5居民组）

直街、渡头路居民组（含部分大树下路）包括直街54—100号。渡头路东起小港直街，向西折南迄渡头桥。2019年有户籍居民84户，134人。

罗家塘路居民点（第6居民组）

东北起小港直街，西南迄大树下路。居民多姓罗，故称罗家塘。路以塘得名。2019年有户籍居民35户，83人。

直街居民点

倪家桥居民点（第7居民组）

东临小浃江，西临直街南沿横街，北为蔚斗社区。2019年有户籍居民69户，112人。

恒生弄、大堂前南北弄居民点（第8居民组）

地处新建路东侧。恒生弄因当地有恒生里得名。大堂前南弄、北弄因分别地处乐家大堂前南北而得名。2019年有户籍居民48户，106人。

另有辖区外居民小组6个，分别为长河新路1—23号第9组，蔚斗新村至新堰头片第10组，曙光弄、利民巷、蔚斗巷片第11组，半路洋至四方家园片第12组，半路洋至万兴茗苑第13组，北平路至山下塘片第14组。2019年有户籍居民178户，430人。

另有人户分离户编外组，2019年有户籍居民79户，129人。

绿竹公寓外来务工人员居民点

绿竹公寓位于大岭山东麓,环山路西侧。2000年建成,建筑面积5400平方米。有2层住宅12幢,平房2间。为外来务工人员集中居住区。2019年住有外来流动人员500余人。

绿竹公寓居民点

表1-3-3 渡头社区辖区历年主要干部名录

社区基层组织名称	职 务	姓 名	任职时间	说 明
渡头村村民委员会	村 长	严善林	1949年6月—1950年6月	1949年6月建立
		乐林生	1950年6月—1951年5月	
		乐祥根	1951年5月—1953年5月	
		严福寿	1953年5月—1958年10月	
	农会主任	胡志才	1949年6月—1950年7月	
		柯才法	1950年7月—1954年4月	
	生产队长	柯才法	1958年10月—1961年10月	
	大队长	柯才法	1961年10月—1962年12月	
		苏阿玉	1962年12月—1967年4月	
	革命领导小组组长	陈玉头	1967年4月—1968年4月	
		乐根土	1968年4月—1972年6月	
	大队长	王如章	1972年6月—1983年10月	
	村主任	李康年	1983年10月—1984年8月	
		王如章	1984年8月—1987年3月	
		瞿毛宁	1987年3月—2005年12月	
小港居委会	主 任	乐赛琴(女)	1979年12月—1991年12月	1979年12月成立
		林淑芬(女)	1992年1月—2005年12月	
渡头社区居委会	主 任	林淑芬(女)	2005年12月—2007年6月	2005年12月由小港居委会与渡头村合并成立
		瞿毛宁	2007年6月—2010年6月	
		洪 波	2010年6月—2014年2月	
		李王蓉(女)	2017年5月—2019年12月	

第四节 青峙社区

为加强对青峙工业园区企业的管理与服务,尤其是对园区化工企业安全生产的管理与服务,

2009年3月31日设立青峙社区管理服务中心。辖区面积8.6平方千米，有企业126家，职工近2万人。分设金佳机电园区、紧固件园区、石化集聚区。

表1-3-4　青峙社区管理服务中心负责人名录

姓　名	性　别	职　务	任职时间
李　明	女	主　任	2010年7月—2014年2月
洪　波	男	主　任	2014年2月—2017年1月
杨　挺	男	主　任	2017年1月—2019年9月

第五节　李隘村

李隘村东起青峙门前山，西与林唐村接壤，南至高塘白虎坑，北临沙头村与金塘港，面积1.6平方千米。辖李隘自然村1个，村内有石人头、四份头、福房、林和房、李元生、绿房、和房、松房、栢房等小地名，无明显自然村落。至2010年，有户籍353户，834人。

拆迁前的李隘村村貌

李隘村，1950年5月，与沙头村同为青峙乡六村；1956年称李隘高级社；1958年10月属长山人民公社青峙管理区李隘生产队；"文化大革命"期间称东风大队；1983年称小港乡李隘村；1984年4月为滨海区青峙乡李隘大队；1992年5月称小港镇李隘村；2003年4月改称小港街道李隘村；2006年11月划归戚家山街道。

村民主姓李，祖先于明末清初自福建泉州石狮镇迁入李隘，繁衍成族。被誉为"浙东刘胡兰"的李敏烈士是李隘村人，1943年春任鄞县樟水区委书记，同年秋任鄞西区委书记。1944年2月21日，李敏在鄞县后隆村被捕，国民党浙江保安二团对其严刑拷打，逼她供出其他地下党员情况，李敏坚贞不屈，身中20余刀，壮烈牺牲，年仅20岁。

20世纪50年代，青峙乡人民政府驻此。

村民世代务农，至2010年，全村有耕田282.62亩、山林1009.5亩。由于北近金塘港，村民在务农间隙，兼捕鱼或在滩涂拾海鲜。

20世纪80年代后，李隘村开始兴办工矿企业和商贸企业。1984年建立第一家村办企业青峙钢铁厂。1985年后，村民先后办起第一采石场、振兴石场、光明石场、小港瓦筒厂、宁波新港冶金机械有限公司、戈凌蓝服饰实业有限公司等工业企业及一批饮食服务企业。至2009年，村工农业总产值1亿2千余万元，村民人均收入12000元。

2010年，征地拆迁，所有土地被征用。

2017年9月，撤销李隘村村民委员会，村民户籍迁入东升社区。

表1-3-5 李隘村村民委员会主要干部名录

职 务	姓 名	任职时间
村 长	王良德	1950年2月—1950年9月
	徐忠友	1950年9月—1951年9月
	李双堂	1951年9月—1955年9月
	吴兴宏	1955年9月—1958年10月
农会主任	吴汉德	1949年6月—1950年2月
	林宝金	1950年2月—1956年4月
高级社长	吴兴宏	1956年4月—1958年10月
生产队长	吴兴宏	1958年10月—1961年10月
大队长	吴兴宏	1961年10月—1967年4月
革命领导小组组长	吴兴宏	1967年4月—1968年5月
革委会主任	应连章	1968年5月—1978年3月
大队长	苏信龙	1979年3月—1980年1月
	李善青	1980年1月—1981年11月
	李承汉	1981年11月—1983年10月
村主任	李承汉	1983年10月—1984年11月
	王贤友	1984年11月—1988年12月
	杨国华	1988年12月—2017年9月

注：李隘村村民委员会于1949年6月建立，2017年9月被撤销。

第六节 青峙村

青峙村东与蒋家村接壤，西北与沙头村相连，南至南山，北为金塘港。面积1.43平方千米。辖青峙自然村1个，原有户籍328户，689人。村委会驻万丈河头。

民国十二年（1923），青峙归镇海县三都四图。民国十九年（1930）归镇海县崇邱区青峙乡。民国三十五年（1946）归镇海县小港镇。1950年称镇海县长山区青峙乡六村。1956年称青峙高级社。1958年10月属长山人民公社青峙管理区。

拆迁前的青峙万丈河头

1961年为小港公社青峙大队。1983年称小港乡青峙村。1984年4月划归滨海区青峙乡管辖，并为青峙乡人民政府驻地。1985年复归小港镇，2006年11月划归戚家山街道。

村民自古务农。至2010年，原有耕田521亩、山林1153亩。农闲时节，村民兼捕鱼虾、拾海鲜。

村民历来尊师重教,耕读传家之风甚盛。光绪十年(1892),吴吉三辟自家祖屋为教室,招族内子孙及邻近子弟读书。光绪三十二年(1906)呈准县署以积泉庵之产为办学经费,次年(1907)改办青峙学堂,吴吉三自任校长。光绪三十四年(1908)获族叔吴正阊资助,学校得以发展,改称七星延陵学堂。后,吴竹君、吴兴黄父子,吴梦醒等族人多次捐资助学。1990年5月,吴吉三之子吴嵩庆返乡探亲,捐资2万元设立吴吉三奖教奖学金。1938年,学校曾为中共镇海县工委驻地。烈士李敏是该校学生。

1958年后,村里出现社队企业、私营企业,其中有青峙轧米厂、青峙塑料模具厂、青峙废油再生厂、青峙砖瓦厂、新港塑料制品有限公司、5000吨级货运码头及1—5个采石场(至1992年,从事采石和石料装载运输的自卸汽车达100余辆,挖掘机50多辆)、小港泰山堂药店、安乾汽车维修服务公司等二、三产企业。

2010年征地拆迁。2015年4月,撤销青峙村村民委员会,村民户籍迁入东升社区。

表1-3-6　青峙村村民委员会主要干部名录

职　务	姓　名	任职时间
村　长	张阿如	1949年6月—1951年12月
	毕连永	1951年12月—1955年11月
	何文玉	1955年11月—1958年10月
农会主任	毕连永	1949年6月—1950年6月
	赵其祥	1950年6月—1951年4月
	何文玉	1951年4月—1956年4月
高级社长	何文玉	1956年4月—1958年10月
生产队长	吴兴宏	1958年10月—1961年10月
大队长	夏阿根	1961年10月—1966年7月
	顾兴根	1966年7月—1968年8月
革委会主任	贺善良	1968年8月—1972年9月
大队长	孙炳尧	1972年9月—1981年1月
大队长	胡君良	1981年1月—1982年4月
	张小君	1982年4月—1983年10月
	胡君良	1983年10月—1985年9月
村主任	张小君	1985年9月—1998年12月
	吴先明	1998年12月—2003年1月
	吴绍民	2003年1月—2005年7月
	吴夏良	2005年7月—2008年5月
	吴绍民	2008年5月—2015年4月

注:青峙村村民委员会于1949年6月建立,2015年4月被撤销。

第七节　沙头村

　　沙头村东起青峙狮子山，西与黄跟村以鸡窝山为界，南与李隘村、青峙村接壤，北濒金塘港。面积1.05平方千米。村北有沙滩，长4000余米，宽200余米，村庄以此得名。下辖老沙头、新沙头、东沙头3个自然村，原有户籍177户，511人。村民多姓李、张、乐。

　　1949年6月，与李隘村合并称作青峙乡七村，沙头为七间；1956年与青峙村合并为青峙高级社；1958年属长山人民公社青峙管理区；1961年称小港公社沙头大队；1983年称小港乡沙头村；1984年划归新建的滨海区青峙乡管辖；1985年9月复归小港乡；2006年11月划归戚家山街道。

　　村民自古从事农业生产，以种水稻为主，棉花次之；旱地种植番薯、黄豆。至1994年，有水田587亩、旱地86亩、棉地105亩、山林586亩。由于村旁就是海涂，村民古有晒盐习俗。每逢涨潮退潮之时，村民常下海涂张网捕鱼或拾小海鲜。

　　由于地少人多，村民早年时有去上海等地谋生（学生意）。有人从此发迹，后回乡建"随园"（人称伟大房）、大远房、张业房等新式大型房屋，以此"光耀祖宗"。

　　20世纪70年代，村里兴办企业，有晒盐场、年糕厂、山粉厂、轧石厂、水泥预制厂、扛气筒厂等。1984年，土地和企业由村民承包经营。

　　1936年，钳口门建新镇远炮台，为钢筋混凝土炮台，附设弹药库、观察所、探照灯台，并配高射炮排。抗日战争时遭日军破坏。

　　自1994年4月至2007年，因宁波经济技术开发区建设需要，沙头村土地陆续被征用。

　　2016年11月，撤销沙头村村民委员会，村民户籍迁入东升社区。

表1-3-7　沙头村村民委员会主要干部名录

职　务	姓　名	任职时间
村　长	张阿如	1949年6月—1951年12月
	毕连永	1951年12月—1956年4月
农会主任	毕连永	1949年6月—1950年6月
	赵其祥	1950年6月—1951年4月
	何文玉	1951年4月—1956年4月
村　长	何文玉	1956年4月—1958年10月
生产队长	何文玉	1958年10月—1961年5月
大队长	吴志庆	1961年5月—1966年12月
	顾柏青	1966年12月—1967年2月
革命领导小组组长	竺永标	1967年2月—1968年1月
革委会主任	李贤嗣	1968年1月—1977年4月
大队长	张富康	1978年12月—1980年1月
	张德康	1980年1月—1981年5月
	张富康	1981年5月—1983年10月

职　务	姓　名	任职时间
村主任	李贤嗣	1983年10月—1987年12月
	林永康	1987年12月—1989年1月
	吴全忠	1989年1月—1998年12月
	林金良	1999年1月—2018年12月

注：沙头村村民委员会于1949年6月建立，2016年11月被撤销。

第八节　蒋家村

东起杨公山，与新碶街道算山村接壤，西与青峙村相接，南至骆霞公路，北濒金塘港江门。面积0.6平方千米。

蒋家村地处偏僻，旧时被称作门栓角后。1949年6月，蒋家村建立；1950年与青峙同称青峙乡六村；1956年称小港乡蒋家高级社；1958年10月属长山人民公社青峙管理区；1961年称小港公社蒋家大队；1983年称小港乡蒋家村；1984年划归滨海区青峙乡管辖；1985年9月复归小港乡；2006年11月划归戚家山街道。

蒋家村历来人口较少，至2019年有户籍132户，323人。村民居住分散，多按同姓同族聚居，因而有蒋家、贺家、杨家3个自然村，蒋姓人居多，村因此得名。蒋家始迁祖蒋公明时由奉化迁入小港。

蒋家处于镇海海防重要节点，清凉山上筑有驻军营地，并有探照灯阵地。1940年7月17日凌晨，侵华日军飞机炸毁探照灯后，500个日军在老鼠山下海滩登陆，分两路入侵小港，企图进占镇海，扼住甬江口。日军所到之处，民居皆被烧毁，民女多遭凌辱。国民革命军一九四师爱国将士在小港戚家山阻击日寇，激战5天5夜，取得镇海保卫战的胜利。

村民世代务农。2007年前，全村有耕田332亩、旱地300亩、棉地40亩、山林600亩。耕地一年种早晚稻两季，年均亩产550千克；棉花年均亩产50千克。旱地多种番薯，也种花生、西瓜等经济作物。由于山地多为沙质土壤，所种番薯、花生、西瓜产量高，品质好。

20世纪70年代，村办企业兴起，陆续办起运输队、塑料厂、采石场。运输队拥有70总吨的木船3艘；采石场采的石料和采集的鹅卵石专供镇海港建设；塑料厂生产漆包线专供上海灯泡厂。

自2007年起，蒋家村土地逐步被征用。

2019年11月撤销蒋家村村民委员会，村民户籍迁入东升社区。

表1-3-8　蒋家村村民委员会主要干部名录

职　务	姓　名	任职时间
村　长	杨孝康	1949年6月—1954年12月
	蒋伦来	1954年12月—1958年10月
农会主任	蒋志银	1949年6月—1954年12月
高级社长	蒋伦来	1956年4月—1958年10月

职　务	姓　名	任职时间
生产队长	蒋伦来	1958年10月—1961年1月
	蒋志银	1961年1月—1961年10月
大队长	蒋志银	1961年10月—1964年4月
	蒋明川	1964年4月—1972年5月
	杨孝康	1972年5月—1978年5月
	蒋文龙	1978年5月—1979年10月
	杨世华	1979年10月—1980年10月
	蒋文龙	1983年10月—1984年9月
村主任	蒋如宝	1984年9月—1987年9月
	杨金昌	1987年9月—1998年6月
	冯意龙	1998年6月—2002年6月
	杨厚忠	2002年6月—2005年6月
	蒋贻忠	2005年7月—2019年11月

注：蒋家村村民委员会于1949年6月建立，2019年11月被撤销。

第九节　林唐村

东与李隘村为邻，南为骆霞公路，西傍乌岩山，北为宏源路。村委会驻林隘。面积3.6平方千米。辖林隘、唐家弄2个自然村，以原镇大公路（今宏源路）为界，北侧为唐家弄，村民主姓唐；南侧为林隘，村民主姓林。林唐村村名由两主姓合并而成。

1950年称青峙乡五村；1956年称小港乡林唐高级社；1958年10月属长山人民公社青峙管理区；1961年称小港公社林唐大队；1983年称小港乡林唐村；1984年划归滨海区青峙乡管辖；1985年9月复归小港乡；2006年11月划归戚家山街道。

村民自古务农，以种稻为主。有水田1600亩，早、晚稻两季平均亩产500千克。旱地220亩，多种植番薯、洋番薯（土豆）、萝卜。因村庄四面皆山，村内小气候温润，无霜期长，适宜洋番薯、萝卜生长，品质优良，闻名于四乡。

20世纪70年代后，村里兴起社办工矿企业，有服装厂、采石场。

1993年，为建设亚洲浆纸业有限公司，征用公路北侧土地，唐家弄自然村拆迁。1998年唐家弄整体搬迁至公路南侧，自然村更名为新唐家弄。

曾任高级经济师的林太量、曾任海军某基地副参谋长（大校）的林太旻、曾任上海市副市长的庄晓天都是林唐村人。

至2019年，有户籍村民769户，2117人。

至2019年，该村仍处于拆迁过程中。

表1-3-9　林唐村村民委员会主要干部名录

职　务	姓　名	任职时间
村　长	林冬生	1949年10月—1958年10月
农会主任	唐阿毛	1949年10月—1950年7月
	陈业锵	1950年7月—1955年6月
高级社长	林冬生	1955年6月—1958年10月
生产队长	包立如	1958年10月—1966年10月
大队长	林益本	1966年10月—1968年12月
革委会主任	唐美华	1968年12月—1980年4月
大队长	陆明龙	1980年4月—1983年10月
村主任	林瑞根	1983年10月—1986年7月
	李信良	1986年7月—1996年12月
	林惠安	1996年12月—1999年6月
	李信良	1999年6月—2005年7月
	林文生	2005年7月—2011年3月
	林贵祥	2011年4月—2019年12月

注：林唐村村民委员会于1949年10月建立。2006年，林唐村划归戚家山街道。

第二编　自然环境

　　戚家山街道地处宁绍平原东端,甬江以南、鄞州区东北、北仑区西面的丘陵和平原间隔地区。其丘陵属天台山余脉,高度在200—500米之间。以鄞州区与北仑区交界处太白山为起点,主山体东西走向,为北仑主山区;另一条呈西南—东北走向,越育王岭入境内至青峙杨公山,濒蛟门,高度在200—300米之间。主峰灵峰山389.6米,次峰茅洋山305.2米,这一条余脉总称灵峰山(古亦称长山)。其山基潜入海域,分布成一群岛礁。以灵峰山体相隔,山的西北称长山平原,与鄞东平原连成一体,为第四纪冲积、海积和湖泊、河泊淤积形成,地表高程2—3米。

　　街道属亚热带季风气候区,温和湿润,四季分明,光照充足,雨量充沛,无霜期长。由于地处沿海,受季风影响,气候年际变化较大,台风、雨涝等灾害性天气时有发生,干旱偶有出现。

本编目录

第一章　地质地貌

戚家山街道区域为浙闽粤沿海燕山期火山活动带北段。境内地层为新生界第四系。地形由东南向西北逐渐倾斜，东南多山，西北为河流淤积和海相沉积平原。戚家山街道东西两厢多山，小浃江自南向北贯穿全境，北为金塘港。境内有大小山丘24座，岭6条，沿海岛礁19座。境内植被多为沿海滩涂草木植被、沿海丘陵阔叶林植被、沿海丘陵下木层植被及人工植被。

第一节　地　质

戚家山街道区域地处华南加里东褶皱系东北域，浙闽粤沿海燕山期火山活动带北段。

地层构造

境内出露地层主要为新生界第四系。境内岩石属弱碱质—碱质岩系。地层构造多为断裂构造。戚家山境属北北东向断裂带的温州—镇海断裂带北段，斜贯街道境北延入海。主要分布在鄞县宝幢至戚家山一带，对灵峰山火山穹隆、宁波平原沉积、地震、丘陵山地分布起控制作用。主要有：宝幢—小港断裂，城湾—庄屋（书院村）断裂和大榭—松止关断裂。

宝幢—小港活动断裂带由一组北北东向断裂组成，长约16千米，宽约10千米。组成此带断裂的有招宝山西侧断裂、招宝山东侧断裂、沙蟹岭断裂、下邵—小港隐伏断裂、鄞县同岙—蓬庵冈断裂、育王—郑芦断裂等。

招宝山东西两侧活动断裂控制宁波平原第四纪沉积盆地边界，与北东向断裂交切部位发生过一次3.5级、四次2级、一次3.9级（小港为3.75级）有感地震。第三纪基性岩体被破坏，断裂本身破碎带疏松未胶结。小港—下邵隐伏活动断裂隐伏第四系平原之下，控制平原残丘展布，容易发生地震。

北东向断裂构成菱形断块式构造。总体走向40°—60°，断面倾向南东，倾角60°—80°。主要有东庙山—沙蟹岭—长跳嘴断裂、长山岙（长山桥东）—牛埠岭（千亩岙南）—蛤蜊岙（金塘岛）断裂、浦山（小港）—林唐断裂、石柱湾（嘉门岭）—老鼠山断裂、四顾山—南山（算山村）断裂等。部分断裂构造至今仍有活动迹象。

东庙山—沙蟹岭—长跳嘴断裂呈线性展布，地震活动频繁，大部分发生在与小港—宝幢断裂或北西向断裂交切部位。

长山岙—牛埠岭—金塘蛤蜊岙活动断裂其地貌与河道变形，与小港—下邵断裂交切部位多次发

生地震,断裂本身破碎带疏松未胶结。

算山南北向活动断裂使算山地貌错开75米,切开长山岙—牛埂岭—蛤蜊岙活动断裂,其断裂面上各种断裂活动产物保存完好。

地 震

境内属少震弱震地区。自唐咸通十三年(872)至1985年共地震10次,波及24次。其中发生在小港境内的有3次。明嘉靖二年七月初四日(1523年8月14日)发生5.5级破坏性地震,震中心在下邵附近,时空中有声如雷,风雨骤作,地大震,镇海城堞尽毁;清康熙五十四年正月十四日(1715年2月17日)发生4级地震,震中心在下邵,地震发生在夜间,居家瓦罐等器无不倾倒作响;民国十年二月初十日(1921年3月19日)在小港发生3.75级地震,发生在午后四时许,窗户震动有声,缸水荡动,人坐立不安,摇摇欲倒。此外,1730年、1783年、1847年、1852年、1855年、1868年、1874年及1916年在镇海境内发生过3级左右地震,戚家山街道境域有震感。

第二节　地　貌

戚家山街道域内有堆积地貌、海蚀地貌、海积地貌、江海滩涂等类型。

堆积地貌

分布在平原、山前、河间谷地及河流出口处。

海蚀地貌

海蚀崖主要分布在小港—算山原油码头间的长跳嘴、狮子山、炮台山、杨公山北侧。海蚀洞(穴)见于长跳嘴、杨公山、大黄蟒岛北侧,出露于高潮位以上。海蚀台地,境内所见可分三级:一级海蚀台地分布在长跳嘴、毛礁海岸线,多为平顶礁,高潮时淹没,低潮时露出。二级海蚀台地分布在杨公山、中门柱、大小黄蟒岛西北侧,高出高潮位3—5米。三级海蚀台地在杨公山北侧可见,比二级海蚀台地高出5—6米。海蚀柱,分布在杨公山西北缘、中门柱和黄蟒岛周围,中门柱山最为发育,高数米,似烟囱立于海中,有的似石林。

海积地貌

境内有淤泥粉土质岸滩,分布在长跳嘴一带,海滩宽数百米,由淤泥和粉土组成,滩坡平缓,微向海倾。淤泥粉砂质岸滩分布于算山以东,算山—长跳嘴亦有,常与岩岸相伴,靠海处以淤泥和粉砂沙泥为主,近岸处则为堆积砂堤和砾堤。青峙、蒋家最为发育。沙滩和沙堤主要见于青峙、蒋家和齐家山原油码头附近。青峙沙堤长1200米,向西南微凸,走向280°,最高海拔10.3米,由中细砂和粉细砂组成;砾堤,分布于青峙、蒋家和清凉山等地,砾堤长400米,高出平原2—3.5米,呈新月形分布,主要由砾石组成。

江海滩涂

戚家山街道西临甬江,北濒金塘港。据1984年镇海县沿海滩涂岛礁地名普查,戚家山街道境内江海滩涂,按地理位置自西向东排列如下。

甬江 起自宁波三江口,流向东北经金鸡山、招宝山之间注入灰鳖洋,总长约26千米。戚家山街道境内自金鸡山西北麓至灰鳖洋,长约2千米。因江东侧有古河道小浃江,故甬江又称大浃江。甬江系平原常年性河流,江道宽270—404米,最宽处600米。底质软泥,港内航道弯曲。江口潮汐属不规则半日潮,平均潮差1.75米。平均涨潮历时6小时23分,平均落潮历时6小时。甬江口气象,每年5—10月多东南风,11月至翌年4月多西北风。7—11月常受台风影响,7级以上大风年平均47.5次,年平均雾日24天。

灰鳖洋 原名龟鳖洋,因龟、鳖两山得名。在街道北部,东南接金塘水道,总面积约1200平方千米,为慈溪市、舟山市、镇海区与北仑区共有。洋内水深多在5—10米间,由西向东渐深。年平均水温17.3℃,年平均盐度18‰,年平均风速5.7米/秒,年平均雾日12.7天。潮汐属不规则半日潮,涨潮向西,落潮向东,年平均潮差2米左右。底质均为泥沙。洋区为宁波通往上海、香港、定海等航行要道,可行驶5万吨级以下船舶。

黄家湾涂(亦称黄蛤湾涂) 位于街道东北3千米。东起长跳嘴,西至浃水大闸,长1.85千米,宽0.45千米,面积0.83平方千米,约1250亩。系淤泥细沙组成。涂产有贝甲类及小鱼等。曾围盐田450亩。1984年10月划归宁波经济技术开发区。现属青峙化工园区。

沙头下涂 位于街道东北5.5千米。东起杨公山,西至外雉山,处沙头与蒋家间沙塘下,长1.7千米,宽0.38千米,面积0.65平方千米,约975亩。系淤泥细沙组成。涂产有贝类及小鱼等。原围有棉地400亩。现属青峙化工园区。

荷叶港 位于街道东北7.5千米。介于大黄蟒岛与小黄蟒岛之间,长0.6千米,宽0.25千米,面积0.15平方千米,能通航50—60吨船舶。

金塘水道 位于街道北海域,北纬29°55′—29°59′东经121°48′—121°57′,介于戚家山、新碶、霞浦、柴桥诸街道与金塘岛之间。

第三节 山 岭

山

杨公山 原名鲛门山。位于戚家山东北5千米,海拔50.8米。孤山。南宋宝庆《四明志》载:"鲛门山,县东四十里。一名嘉门,其山环锁海口,出鲛门则大洋也。"山东北濒海,与海口鲛门山岛(今称中门柱)相峙,其水域称里鲛门,南峰称官山,处门闩背蒋家东侧。抗日战争时期建有探照灯台,遗址尚存。

清凉山 戚家山东北7千米。东面属新碶街道算山村。海拔92米。东连长礁岙,西北麓为蒋家,北临蛟门,山嘴伸向海域。俗称老鼠山,又称老鼠尾巴。1940年7月17日,日本侵略者由此登陆,杀

人放火，奸淫掳掠，当地军民奋起抗击，留下可歌可泣的历史事迹。

大岭山 东起送婆岭，与戚家山相连，西南接竺山，中有大岭，故名。海拔104米。

林隘山 距戚家山街道3.8千米，东起宁波海越新材料有限公司旁，西为林唐村山，南为新碶街道妙林村，山顶为界，北为骆霞公路。

四顾山 戚家山东2千米，界新碶街道永久村近千亩呑水库。西连孔墅王家溪口，南接屏风岭，海拔265.1米。其巅较高，明、清期间曾作前哨阵地观望四周敌情，故名四顾山。

望潮山 东南连梯子岭（南段称蚶呑山），西北靠黄瓦跟。海拔43米。因站在山头能望见甬江口潮起潮落而得名。

笠山 古又称竺山。戚家山北3千米。东临小浃江口，西北隔甬江与镇海内外游山对峙（现为镇海港码头），南为宁波开发区联合开发区域。孤山。海拔78米。明、清期间为海防要塞，山巅明时筑有营寨，寨址今建有笠山风力发电站。清光绪初南麓建镇远炮台，光绪十三年（1887）东陇（小笠山）建宏远炮台，台址今建有北仑气象站。笠山炮台出土清道光二十一年（1841）制造的平夷炮，现存北京中国人民革命博物馆。1966年在东西两山间开凿小浃江出海口，建浃水大闸。

龙头山 又称横山、横水山，位于戚家山北0.5千米。东临小浃江，西与金鸡山乌龙岗（葫芦山）相连，高34米。山侧原有葫芦峤，明嘉靖中，县令金九成筑塞峤口，建楼其上以防倭寇。东麓为义成碶，清道光九年（1829）筑。1885年中法战争镇海口战役时，提督欧阳利见谓此山"横亘海边，天造地设"，故移炮于此参战。1984年建宁波经济技术开发区时，山被削平建房，留龙头，称蛟山，辟为蛟山公园。义成碶西原有关圣殿，现经修缮辟为街道文化站、城市书房。

金鸡山 戚家山北0.5千米。海拔101.4米。东临东海路，西濒甬江，南为沙蟹岭，北隔甬江与招宝山对峙，称"天设雄关"。山巅明时设有炮台，都督俞大猷曾勒"江海朝宗"四字于山上。清道光二十一年（1841），狼山镇总兵谢朝恩与英侵略军决战于此。清光绪十一年正月（1885年3月）法舰进犯，提督欧阳利见在此督战。至今，山顶仍遗有瞭台，台前有欧阳利见亲书的"督师御敌处"碑。因山形如金鸡，故名。招宝山大桥架于金鸡山与招宝山之间的甬江上。

老鹰山 古称乐家屿山。戚家山东南1.3千米。东隔茶漕岭接乌岩山（夹山），南连孔墅胡家塔自然村，西为山下塘，北临鹰山路。海拔114.2米。一说以形得名；另说，自古山上多树林，众多老鹰在山上筑巢、飞翔，故称。2011年建设鹰山公园，山上建有石砌游步道，山顶建有飞鹰亭与揽月亭（因遭雷击，揽月亭于2012年损毁）。

浦山 东依北平路，南临小浃江路，西北与小浃江相傍。孤山。海拔41米。

戚家山 古称七盘山，又称七家山。位于戚家山街道境内。海拔72米。东为环山路，西靠江南公路，南连送婆岭，北隔沙蟹岭与金鸡山相望。为明清军事要地。后人缅怀抗倭英雄戚继光，改称戚家山。清光绪十年（1884），浙江提督欧阳利见在山巅筑城寨驻军，至今断壁残垣犹存。1940年7月17日，国民党爱国将士与日本侵略军在此展开激烈的白刃战，击退日军。今山巅建有"七一七戚家山抗日纪念碑"与戚继光雕像。山东北侧有戚家山宾馆及别墅区。

钳口门 又称长跳嘴。戚家山东北3.5千米。东为炮台山，西隔地畈与门城山相望，北濒金塘港。两小山伸出如蟹钳，故名。海拔21.2米。清道光二十一年（1841），英国侵略军在此登陆，直犯小港、镇海、宁波，清兵溃败，人民遭殃。1995年，韩国三星重工集团在山麓建船舶修造厂。

大沙湾 戚家山东北5.5千米。东连小沙湾冈背，西为庙湾冈背，南近长照山背，北为塘地。

南山　戚家山东北5.5千米,东冈背,南冈背,西农田,北公路水田。

蛇洞口、黄浦坑　戚家山东北5.5千米,东面路口至界石坑直上冈背,西山脚水田,南部队围墙,北东湾地山冈。

庙湾　戚家山东北5.5千米,东面大沙湾冈背,南清凉山冈背,西东湾地岗背,北山脚。

小沙湾　戚家山东北5.5千米,东面带鱼山冈背,西大沙湾冈背,南长照山冈背,北面海。原名老鼠山。

乌岩山　古称乐家屿山(民间又称蚶山、夹山)。海拔124米。东近新骆霞公路,西隔鹰山路与中南悦府住宅小区为邻,南为茶漕岭,北连青峙岭。

炮台山　位于甬江口。古名张师山。明朝至民国在山巅筑炮台、营房,为海防要地。现山已削平,建有三星重工造船厂。

林家山　又称林家大山。戚家山东北1.8千米,海拔123.9米。北起钳口门,经牯牛岭,南峰又称井跟山,连沈家湾,西北麓原为黄瓦跟村。

狮子山　海拔67.8米。东为蒋家村,西为青峙村,南建有七星延陵小学,北濒大海。林勃烈士在此牺牲,墓葬在学校门前。现山已炸平,学校拆迁,林勃墓迁至王家溪口烈士陵园。山址建有金发新材料有限公司。

沈家湾　又称门城山。海拔110.2米。东为沈家湾水库,西连蚶岙山,南接青峙岭,北近钳口门。

岭

江门岭　古称蛟门岭,又称嘉门岭。戚家山东4千米。北起青峙,南抵新碶千亩岙。青峙古代为浅海,外有蛟门,是通往外海的通道,故名蛟门岭。民国《镇海县志》载:"上有崇岩亭,前有营汛地,碑亭以北属崇邱,亭以南属灵岩。"原有镇(海)大(碶)公路经此。

青峙岭　戚家山东1千米。东为宏源路,西连东海路,南接乌岩山,北为门城山。岭巅旧有密云庵,1940年被日寇焚毁。今岭已削低10米。原为青峙通往小港的山道,故名。

牯牛岭　戚家山东北2.4千米。东起黄家湾(黄蛤湾),西连黄瓦跟。因形似公牛肩峰,故名。1992年10月黄瓦跟土地征用,此岭已废。

送婆岭　戚家山南1千米。处戚家山与大岭之间,西南至东北走向。明嘉靖年间大岭东有严乐氏早寡,家贫,改嫁于城中。妇有女十岁,随母入城,母女皆至孝。凡遇时食必遣女逾岭送婆。夏日,女度岭忽中暑而亡,即葬于山巅,岭由是名。

沙蟹岭　处于戚家山与金鸡山间,东起小港,西至泥湾,有支路抵港口。1936年拓建镇大公路和进港口支路。1984年兴建江南公路,岭已削平。岭东为宁波经济技术开发区联合区域。戚家山街道办事处就在岭南侧约100米处。岭两头曾有凉亭。

茶漕岭　乌岩山与老鹰山间,海拔47米。东南抵王家溪口,西北至小港荷花池(今中南悦府住宅小区),古岭为卵石路面,岭头曾有凉亭。

第四节　岛　礁

大黄蟒岛　又名大黄茅。戚家山东北7.8千米，中门柱岛东1.2千米。面积0.175平方千米。最高点海拔67米。置灯塔两座，无人定居。岛间水急浪高，屡有海损事故，传说此缘黄蟒蛇作怪，故称黄蟒山，为区别西北之小黄蟒岛，故称大黄蟒岛。

中门柱岛　古称蛟门山。戚家山东北6.1千米，距大黄蟒岛西1.2千米。面积0.027平方千米，最高点海拔37.3米。置有灯塔，无人定居。周围多礁石，其山环锁海口，出蛟门则大洋。因位里门（杨公山）和中门（小黄蟒）中间，故名。

笔架山岛　戚家山东北7.5千米，小黄蟒岛南50米。面积0.003平方千米，最高点海拔22米。无人定居。因形似笔架，故名。

小黄蟒岛　戚家山东北7.5千米，大黄蟒岛东北450米。面积0.036平方千米，最高点海拔34.1米。无人定居。因小于大黄蟒岛，故称小黄蟒岛。

三块岛　戚家山东北7千米，小黄蟒岛东北100米。面积0.015平方千米，最高点海拔24.3米。无人定居。由三个小岛组成，故称三块岛。

珓杯岛　戚家山东北7.5千米，大黄蟒岛东北150米。面积0.007平方千米，最高点海拔11.2米。无人定居。因状似占卜用的珓杯，故名。

外雉山　戚家山东北3.9千米。面积0.015平方千米，海拔18米。

小油壶礁　戚家山东北9.1千米，长跳嘴东300米。面积0.001平方千米，最高点海拔1.9米。无人定居。以形得名。

二十余亩礁　戚家山东北9千米，小油壶礁东200米。为暗礁。水深约0.6米。大落潮时干出面积约20亩，故名。

大油壶礁　戚家山东北8.9千米，长跳嘴东555米。面积0.002平方千米，最高点海拔7米。无人定居。因形似油壶，且面积较大，故名。

大瓜子礁　戚家山东北7千米，中门柱岛西南850米。干出高约3.2米。因形似瓜子，故名。其西100米原有小瓜子礁，后被炸平。

悬凌石礁　戚家山东北7.1千米，中门柱岛南600米。最高点海拔5米。因屹立于滩涂之上，故名悬凌石礁，又名老鹰嘴。

四盆一汤礁　戚家山东北7千米，中门柱岛与杨公山之间。为暗礁。水深约0.6米，礁与杨公山间呈岩脊，俗称"金地枕"，为舟行危险地段。最低潮时能见礁石，因形似"四盆一汤"，故名。

小蛟门礁　戚家山东北7千米，中门柱岛南40米。由两礁石组成，干出高约3.6米。该礁与杨公山间称小蛟门，故名。

蟒西礁　戚家山东北7.4千米，小黄蟒岛西南50米。干出高约1.6米，低潮时与小黄蟒岛相连，处于小黄蟒岛西，故名。

蟒南礁　戚家山东北7.3千米，笔架山东50米。干出高约1.5米，处于小黄蟒岛南，故名。

蟒中礁　戚家山东北7.5千米，三块岛南100米。干出高约1.8米，低潮时与小黄蟒岛相连，处于大小黄蟒岛中间，故名。

　　蟒东礁　戚家山东北7.4千米，三块岛东南150米。干出高约1.9米，处于小黄蟒岛东，故名。

　　鹅礁　戚家山东北8千米，三块岛北400米。干出高约2.4米，水流急，水打礁石似鹅叫，故名。

　　江心岛　戚家山东北0.5千米。曾建有文昌阁。地处小浃江下游的中心，东与半路洋以坝桥连接，西以义成碶与蛟山公园相连。为河岛。岛上建有北仑开发开放纪念馆。近陆距离5米，相对高程5.8米，面积2500平方米。

第五节　土壤　植被

土　壤

　　街道总占地面积18.6平方千米，低山丘陵、滨海平原、水网平原3种地带性土壤都有。

　　低山丘陵　包括山旱地、山垄地、山坡地。土壤类型呈垂直排列，由低到高为水稻土、红壤、黄壤。成土母质为岩石风化残留物，或坡积物、再积物，土体多呈红黄色，夹有大量砂、砾石，呈酸性反应，pH6左右，潜在酸性度强，盐侵pH4.7以下，磷钾含量低，保水、保肥能力差。

　　滨海平原　处在沿海地带，为海相堆积平原。土壤类型呈带状排列，由海至陆域分布盐土、潮土、水稻土。成土母质为近代浅海沉积物，正处于不断脱盐脱钙过程中，呈碱性反应，pH在7—8之间，含盐分0.034%—0.07%，有机质含量值1.29%—1.61%。土质粘重，缺磷，速钾含量在150PPM以上。

　　水网平原　处低山丘陵与滨海平原之间，土壤类型多为水稻土，成土母质多为淡化的浅海沉积物，或河、湖相沉积物，由滨海平原演化而来。质地细，粘重，心底常夹古黄斑层，呈酸性反应，pH6.5以下。有机质含量4.53%—4.92%，全氮含量0.255%—0.279%，有效磷含量为6.7—9.3PPM。

植　被

　　戚家山街道处亚热带北缘，属中亚热带常绿阔叶林亚地带，浙闽山丘甜槠木荷林区。历史上森林曾遭到破坏，原始植被已几近绝迹，取代者为针叶林、阔叶林、灌木、草丛等次生植被及人工引种植被。

　　沿海丘陵针叶林植被　占全街道林地的80%左右。绝大部分是暖性针叶林，如马尾松、黑松和杉木3个群系，以马尾松为主，也有少量温性针叶林分布，如柳杉、金钱松、扁柏、短叶松等。

　　沿海丘陵阔叶林植被　现在多为次生阔叶林类型，数量比较零星分散，分3种植被类型：落叶阔叶林，包括化香、麻栎、沙朴等乔木植物群落；常绿、落叶阔叶林，主要由石栎、青冈、枫香等树种组成；常绿阔叶林，如木荷等树种，主要分布在较深的沟谷和山坡。

　　沿海平原、丘陵竹林植被　境内多人工竹林。沿山村庄、庙庵周围一般都有竹林，较大的竹林常有香樟、木荷、杉木与马尾松等树种混生。竹种以毛竹为主，其余为淡竹、乌竹、龙须竹及青皮竹等。

　　沿海丘陵下木层植被　主要为乔木林、亚乔木林以下地面植被。土壤贫瘠的山坡，常生长蕨、白茅等草本植被。山坡常绿阔叶林下木层，主要有连蕊茶、乌饭、映山红与枸骨。沟谷常绿阔叶林下木层有蔷薇莓、鳞毛蕨、紫藤等。针叶林下木层植被常有甜槠、木荷群丛，白栎、檵木群丛等。

　　沿海滩涂草本植被　沿海江塘堤两侧芦苇丛生，塘下滩涂尚有三梭藨草、盐地碱蓬和少量田菁等群落。

第二章 气 象

戚家山街道位于中纬度亚热带季风气候区的濒海地带。气候温暖湿润，四季分明，光照充足，雨量充沛，无霜期长，水、热条件配合良好。由于冬、夏季风每年出现迟、早、强、弱不等，气候年际变化较大。同时，台风、暴雨、冰雹等灾害时有出现。

第一节 四季特征

街道属亚热带季风气候区。冬夏季风交替明显，气候温和湿润，冬夏长，春秋短，四季分明，无霜期长。春季平均始于 3 月 25 日，气温开始波状回升，风向由偏北转向偏南，雨量逐渐增多；冷暖空气交替频繁，气温变化大，晴雨无常，容易出现连阴雨天气，雨期长，雨日多，但雨量不是很大；偶有倒春寒和晚霜出现；雷雨、大风、冰雹等灾害性天气均可发生。夏季平均始于 6 月 1 日，初夏是街道梅雨季节出现时期，高温高湿，历年入梅是 6 月 13 日，出梅是 7 月 6 日，历年平均梅雨量 246 毫米，洪涝灾害多发；盛夏晴热少雨，也是台风影响最频繁的时期。秋季平均始于 9 月 30 日，以天高云淡、风和日丽、秋高气爽的天气为主。冬季平均始于 12 月 5 日，气候干燥寒冷，是一年中降水量较少的季节。

表 2-3-1 境内（小港）和原镇海县其他代表地点四季初终日期一览表

地点	春 季			夏 季			秋 季			冬 季		
	初日	终日	天数（天）	初日	终日	天数（天）	初日	终日	天数（天）	初日	终日	天数（天）
小港	4月3日	6年18日	77	6月19日	9月21日	95	9月22日	11月24日	64	11月25日	4月3日	129
骆驼	4月3日	6年18日	77	6月19日	9月18日	92	9月19日	11月19日	62	11月20日	4月2日	134
大碶	4月1日	6年16日	77	6月17日	9月19日	95	9月20日	11月21日	63	11月22日	3月31日	130
梅山	4月5日	6年25日	82	6月26日	9月23日	90	9月24日	11月30日	68	12月1日	4月4日	125

表2-3-2　2009—2018年北仑区四季初终日期一览

年份	春季			夏季			秋季			冬季		
	初日	终日	天数（天）	初日	终日	天数（天）	初日	终日	天数（天）	初日	终日	天数（天）
2009	3月15日	5月7日	54	5月8日	10月2日	148	10月3日	11月16日	45	11月17日	2月21日	97
2010	2月22日	6月10日	109	6月11日	9月22日	104	9月23日	12月14日	83	12月15日	3月27日	103
2011	3月28日	5月29日	63	5月30日	9月18日	112	9月19日	11月30日	73	12月1日	3月27日	117
2012	3月24日	6月3日	72	6月4日	9月29日	118	9月30日	12月3日	65	12月4日	3月23日	97
2013	3月5日	5月18日	75	5月19日	10月14日	149	10月15日	11月27日	44	11月28日	3月4日	97
2014	3月23日	5月22日	61	5月23日	9月30日	131	10月1日	12月1日	62	12月2日	3月22日	122
2015	3月2日	5月24日	73	5月25日	10月1日	130	10月2日	11月24日	53	11月25日	3月12日	108
2016	3月2日	5月25日	84	5月26日	10月7日	136	10月8日	11月22日	46	11月23日	3月16日	136
2017	3月17日	5月18日	63	5月19日	10月11日	145	10月12日	12月4日	54	12月5日	3月11日	127
2018	3月12日	5月11日	61	5月12日	9月30日	141	10月1日	12月6日	67	12月7日	3月9日	123

表2-3-3　1971—2010年戚家山街道境内四季气候要素平均值一览表

季节	初日	终日	天数（天）	平均气温（℃）	雨量（毫米）	雨日（天）	蒸发量（毫米）
春季	3月25日	5月30日	68	16.9	288.2	35.6	289.4
夏季	6月1日	9月29日	121	26.8	601.2	52.4	696.2
秋季	9月30日	12月4日	66	16.8	172.2	19.6	238.9
冬季	12月5日	3月24日	110	6.8	270.5	42.7	263.2

第二节　气　温

　　据气象站1971—2007年记录资料统计，北仑区（含原镇海县）年平均温度17.0℃，年际变动一般在15.8℃—16.8℃之间，变幅1℃。小港（含戚家山）年平均温度17.0℃，与全县基本持平。常年以7月和8月最热，月平均最高气温31.6℃。极端最高气温40.6℃（2013年8月5日），其年际变动较大，37年中有2年在35℃以下，37℃以上有6年，沿海与内陆平原接近。常年以1月份为最冷月，月平均最低气温2.3℃，极端最低气温-6.6℃（1977年1月31日）；年际变动-2.3℃—-6.6℃，沿海较内陆平原高。极端最低气温曾达-10℃，出现在1931年1月10日和1937年2月13日。

表2-3-4　2009—2018年北仑区各月平均气温情况表

单位：℃

年份	1月	2月	3月	4月	5月	6月	7月	8月	9月	10月	11月	12月
2009	4.6	10.0	10.9	16.1	21.3	25.7	29.7	28.8	24.5	19.2	16.9	7.3

续　表

年　份	1月	2月	3月	4月	5月	6月	7月	8月	9月	10月	11月	12月
2010	6.8	8.3	10.4	13.5	20.1	23.1	29.8	28.8	23.8	19.5	12.6	7.5
2011	2.2	6.3	8.9	15.7	20.7	24.6	29.7	28.8	24.5	19.2	16.9	7.3
2012	5.4	5.2	10.3	17.7	20.7	24.6	29.8	28.8	23.8	19.5	12.6	7.5
2013	5.2	7.7	11.6	15.9	21.5	23.4	31.5	30.5	25.5	20.4	14.2	7.2
2014	7.5	7.3	12.1	15.8	21.2	25.0	28.1	27.1	24.7	20.5	15.4	6.2
2015	7.3	7.7	11.2	16.6	20.6	25.0	26.5	27.6	23.8	19.8	15.0	8.7
2016	6.1	7.8	11.5	16.7	21.0	24.8	30.0	29.4	25.0	22.4	14.9	10.3
2017	8.1	7.6	10.9	17.5	21.8	23.9	30.9	30.5	25.4	20.3	14.4	7.9
2018	5.6	6.3	13.0	18.2	22.8	24.9	29.2	29.3	25.8	18.5	15.1	9.4

表2-3-5　2009—2018年北仑区极端气温情况表

极端最高气温				极端最低气温			
年　份	日　期	温度（℃）	高温日数（天）	年　份	日　期	温度（℃）	低温日数（天）
2009	7月20日	40.1	—	2009	1月25日	−6.4	—
2010	8月12日	38.7	17	2010	1月14日	−4.6	4
2011	7月3日	37.9	17	2011	1月31日	−4.9	4
2012	7月11日	38	12	2012	1月26日	−3.9	3
2013	8月5日	40.6	39	2013	12月29日	−2.9	4
2014	7月12日	37.6	3	2014	1月23日	−3.3	3
2015	6月30日	37.5	13	2015	2月10日	−4.2	4
2016	7月28日	37.8	23	2016	1月25日	−6.3	4
2017	7月24日	39.8	39	2017	2月12日	−2.7	3
2018	6月27日	37.6	11	2018	1月13日	−5.1	4

第三节　降　水

　　1971—1987年，镇海县年平均降水量1298.6毫米，最多为1983年1578.7毫米，最少为1979年797.3毫米，年际差781.4毫米，几近一倍。小港（含戚家山区域）的年平均降水量为1276.7毫米，比全县平均稍少。最大年降水量为1888年2135.1毫米，最小年降水量为1934年710毫米，相差2倍。全年有2个明显的雨季，3—7月中旬为第一个雨季，雨日70天左右，雨量592.8毫米，占年雨量的46.4%。其中3—4月为春雨期，雨日多，降水强度小；6—7月为梅雨期，降水强度增大，暴雨次数多。

8—9月为第二个雨季,受冷空气南侵和北上台风的共同影响,多狂风暴雨,雨日30天左右,其间年平均雨量为325.6毫米,占年雨量25.5%。据1971—2007年统计,一日最大降水量190.4毫米(2005年8月6日)。2018年总雨量1733.8毫米。

7—8月热雷雨是解决伏旱的主要雨源,但降雨区有一定的地域性。甬江以南地区,以灵峰山和太白山交界地带为起点,雷雨在灵峰山东南的大碶地区较多,在山西北的长山地区较少。

表2-3-6 1971—1987年小港和原镇海县各代表地点历年每月平均降水量一览表

单位:毫米

	1月	2月	3月	4月	5月	6月	7月	8月	9月	10月	11月	12月	全年
小港	53.9	78.8	87.1	109.2	146.8	161.8	121.8	153.1	172.5	84.8	46.3	60.6	1276.7
骆驼	61.9	84.2	97.3	118.1	141.4	194.6	131.4	134.2	205.3	76.0	58.1	65.0	1365.8
大碶	59.6	82.7	90.7	110.5	149.8	182.6	113.3	158.2	187.7	98.6	55.8	49.9	1339.4
柴桥	57.8	79.5	103.1	115.7	158.3	191.2	123.1	177.3	153.8	78.8	58.2	41.5	1353.2
梅山	46.4	74.3	90.2	113.7	155.0	174.2	104.3	133.1	149.3	80.9	61.0	50.6	1239.3

表2-3-7 2009—2018年北仑区降水日数及降水量一览表

| 年份 | 1月 | | 2月 | | 3月 | | 4月 | | 5月 | | 6月 | |
	日数(天)	降水(毫米)	日数(天)	降水(毫米)	日数(天)	降水(毫米)	日数(天)	降水(毫米)	日数(天)	降水(毫米)	日数(天)	降水(毫米)
2009	4	21.8	15	117.0	22	166.7	3	17.1	2	16.2	5	11.8
2010	3	25.5	8	77.8	9	133.1	6	33.7	5	37.5	6	60.1
2011	4	24.1	2	18.7	5	15.7	3	5.2	4	20.7	14	275.3
2012	5	29.7	5	45.9	11	165.7	3	20.4	4	25.5	6	82.5
2013	7	46.3	5	32.9	4	44	3	15.1	5	45.5	8	122.1
2014	2	11.8	5	30.8	3	29.1	4	49.5	6	52.2	11	191.5
2015	3	17.3	6	69.6	7	69.7	8	71.7	6	45	5	68.1
2016	5	42.0	6	54.6	3	35.7	5	57.5	8	38.0	12	96.9
2017	4	38.5	2	8.3	5	58.3	3	65.7	2	56.4	12	140.5
2018	5	34.3	4	24.8	4	33.0	5	11.2	4	20.7	5	113.8

| 年份 | 7月 | | 8月 | | 9月 | | 10月 | | 11月 | | 12月 | |
	日数(天)	降水(毫米)	日数(天)	降水(毫米)	日数(天)	降水(毫米)	日数(天)	降水(毫米)	日数(天)	降水(毫米)	日数(天)	降水(毫米)
2009	4	43.9	14	269.5	5	62.7	5	197.9	5	10.2	4	166.7
2010	5	72.9	5	13.9	7	43.9	5	80.9	2	26.6	5	133.1
2011	3	17.9	6	163.6	6	116.5	8	118.2	4	50.0	3	73.2
2012	3	72.3	4	313.1	7	49.1	3	33.9	6	88.8	5	165.7

年　份	7月		8月		9月		10月		11月		12月	
	日数（天）	降水（毫米）	日数（天）	降水（毫米）	日数（天）	降水（毫米）	日数（天）	降水（毫米）	日数（天）	降水（毫米）	日数（天）	降水（毫米）
2013	1	7.1	6	186.3	3	13.4	5	295.4	3	23.5	4	122.1
2014	16	234.3	7	176.5	6	200.0	1	7.7	4	14.2	3	234.3
2015	9	272.9	5	108.2	5	123.0	4	182.9	10	119	6	119.0
2016	3	62.6	4	34.5	11	362.3	6	195.9	7	65.0	4	362.3
2017	4	3.6	3	46.3	4	39.0	12	277.6	5	74.3	3	277.6
2018	4	52.6	6	29.5	4	40.2	3	19.3	5	51.0	10	154.3

表2-3-8　2009—2018年北仑区连续降水日数及降水量一览表

年　份	连续降水日（天）	降水量（毫米）	年　份	连续降水日（天）	降水量（毫米）
2009	22	166.7	2014	16	234.3
2010	9	133.1	2015	10	119.0
2011	6	73.2	2016	11	362.3
2012	11	165.7	2017	12	277.6
2013	8	122.1	2018	10	154.3

表2-3-9　2009—2018年北仑区梅雨情况一览表

年　份	入梅日期	出梅日期	梅雨期（天）	梅雨量（毫米）
2009	6月15日	7月9日	24	199
2010	6月17日	7月17日	30	271
2011	6月10日	6月26日	16	302
2012	6月17日	6月27日	12	207
2013	6月7日	7月1日	24	266
2014	6月17日	7月7日	20	149.7
2015	6月7日	7月13日	36	494.9
2016	6月11日	7月1日	20	294.2
2017	6月9日	7月5日	26	295.6
2018	6月20日	7月9日	19	155.8

表2-3-10　2009—2018年北仑区月降水量一览表

单位：毫米

年份	1月	2月	3月	4月	5月	6月	7月	8月	9月	10月	11月	12月
2009	48.4	117.7	106.8	99.4	72.4	128.5	174.9	20.8	128.5	151.1	36.2	76.7
2010	47.3	146	227.2	134.5	123.8	158.7	174.9	20.8	128.5	151.1	36.2	76.7
2011	56.4	37.3	49.2	37.1	54.4	483.1	38.2	247.6	131	75.1	142.5	67.9
2012	133.1	86.7	208.1	61.7	250.6	255.3	120.7	448	211.8	49.3	169.5	123.2
2013	62.3	110.3	110.4	112.4	79.2	296.9	7.1	236.6	56.7	303.3	50.3	133.8
2014	23.6	143.8	66.6	98.3	148.8	226.6	161.8	240	262.4	11.2	60.6	27.5
2015	86.5	93.2	108.6	80.1	81.4	175.6	414.3	206.6	265.9	74.2	302	118.1
2016	131.6	49.3	69.3	171.7	271.3	379.8	124.9	79.9	536.9	271.4	101.9	56.8
2017	59.7	23.8	142.9	167.7	105.1	301.4	86.1	96.1	159.3	277.7	167.9	41.9
2018	144.2	58.2	62.1	63.8	251.4	150.4	100.2	294	243.7	68	82.7	215.4

第四节　霜　雪

霜

1971—1987年年平均霜日为15.7天，最多达23天（1975年、1976年），最少10天（1985年、1986年）。霜日出现天数以1月最多，2月次之。初霜日一般在11月底，最早出现在11月3日（1973年），最迟出现在12月30日（1985年）。终霜日一般在3月中旬初，最早出现在2月11日（1961年），最迟出现在3月25日（1977年），无霜期平均268天，最多300天，最少212天。

表2-3-11　1971—1987年北仑区各月霜日及无霜日一览表

	霜日天数（天）						无霜期天数（天）
	11月	12月	1月	2月	3月	全　年	
平均天数	1.4	3.7	5.5	3.9	1.8	15.7	268
最多天数	11	7	10	8	4	23	300
最少天数	0	0	1	1	0	10.1	212

雪

1971—1987年平均初雪期在1月5日，最早出现在12月4日（1982年），最迟出现在2月7日（1975年）。平均终雪期在2月24日，最早出现在1月31日（1979年），最迟出现在3月27日（1975年）。年平均降雪日6.6天，最多13天（1976—1977年）。积雪1—3天，历年平均积雪2.5天，最多15天（1976—

1977年)。

表2-3-12　2009—2018年北仑区霜、雪、结冰日情况表

年　份	霜			无霜日（天）	雪			结　冰		
	初　日	终　日	初终日数（天）		初　日	终　日	初终日数（天）	初　日	终　日	初终日数（天）
2009	11月20日	2月21日	91	274	12月22日	1月26日	36	11月29日	1月29日	60
2010	11月23日	3月11日	109	259	12月27日	4月2日	97	12月19日	3月10日	82
2011	11月26日	3月30日	125	249	12月15日	2月14日	62	12月8日	3月8日	91
2012	12月5日	3月14日	101	257	1月5日	3月9日	65	12月18日	2月20日	65
2013	11月27日	3月4日	98	259	12月23日	2月19日	59	12月10日	2月10日	63
2014	11月19日	3月22日	124	241	2月9日	2月19日	11	12月12日	3月14日	93
2015	12月2日	3月11日	100	265	1月7日	3月5日	58	12月3日	3月11日	99
2016	11月27日	3月12日	107	258	12月5日	2月14日	72	12月17日	3月12日	87
2017	12月17日	3月9日	83	182	2月9日	2月23日	15	12月17日	3月7日	81
2018	12月6日	3月11日	96	279	1月8日	2月1日	24	1月31日	3月10日	95

第五节　日　照

日　照

1971—1990年的20年年平均日照时数1907.3小时,年均日照率42%。月平均日照时数以7月最多,达242.6小时,日照率60%;2月最少,仅99.5小时。日照时数的年际间变化很大:1971年最多,达2302小时;1981年最少,只1667.9小时。地域分布上,沿海平原的日照时数大于丘陵山区。

表2-3-13　小港和相关代表地点历年各月平均日照时数一览表

单位:小时

地　点	1月	2月	3月	4月	5月	6月	7月	8月	9月	10月	11月	12月	全年	备注
小港	114.7	109.4	133.6	152.0	159.8	156.2	252.3	242.0	164.6	169.7	143.4	139.8	1944.3	沿海
大碶	104.5	98.7	86.9	153.4	174.4	156.6	229.1	196.0	164.7	193.4	146.6	140.0	1844.3	平原
梅山	123.2	108.3	125.6	125.1	123.6	115.1	230.2	241.4	168.3	149.2	134.5	128.6	1722.9	海岛

表2-3-14　2009—2018年北仑区各月日照时数一览表

单位:小时

年　份	1月	2月	3月	4月	5月	6月	7月	8月	9月	10月	11月	12月	合计
2009	110.5	79.8	103.9	166.7	210.4	133	164.6	131	111.8	192.7	53.4	122	1579.8
2010	98.8	62.4	131.5	116.9	149.2	83.1	158.7	264.1	159.4	97.6	116.3	165.2	1603.2

年 份	1月	2月	3月	4月	5月	6月	7月	8月	9月	10月	11月	12月	合计
2011	89.2	123.1	172.4	184.2	168.6	89.5	243.9	157.5	143.5	90.3	90.8	87.9	1640.9
2012	57.1	56.2	122.1	140.2	132.3	77	246.8	188.5	135.3	139.5	118	90.3	1557.3
2013	106.1	41.9	132.9	155.3	161.1	65.2	304.9	239.4	201	127.3	146.9	123.4	1805.4
2014	170.4	61	153.1	117.5	125.9	66.6	161.9	105.3	81	166	95.5	120.2	1424.4
2015	101.7	85	113.5	154.2	129.4	95.5	139.7	142.6	126.7	140.4	46.4	78.5	1353.6
2016	86.6	161.5	148	93.6	101	83.2	220.1	292.8	78.5	49.8	77.1	107.4	1499.6
2017	94.3	119.2	113.5	179.6	203.6	62.9	263.9	238.7	106.9	98.8	75.1	119.6	1676.1
2018	60.9	118.1	134.8	178.4	140.6	117.1	187.7	215.4	110.7	138.6	90.7	22.9	1515.9

蒸 发

1971—1987年的年平均蒸发量为1518.7毫米。蒸发年际变化与日照时数多少及温度高低密切相关。1971年蒸发量最大,达1831.9毫米;1984年蒸发量最小,为1326.1毫米。月蒸发量以2月最小,为65.8毫米;随着气温的逐月增高,月蒸发量逐月递增,至7月达月平均最大值208毫米;8月以后蒸发量又随气温逐月下降而递减。

表2-3-15 2007—2019年北仑区各月蒸发量一览表

单位:毫米

年 份	1月	2月	3月	4月	5月	6月	7月	8月	9月	10月	11月	12月	合计
2009	61.2	57.5	87.2	148	209.7	178.2	210.3	164.3	133	141.3	53.0	59.6	1503.3
2010	62.9	54.6	94.6	107.9	138.8	108.3	174.6	259.7	151.2	115.7	82.6	84.9	1435.8
2011	50.6	64.4	117.3	151.4	199.3	122.9	248.4	199.5	164.7	122.6	62.5	60.4	1564.3
2012	40.4	46	102	151.5	153.2	115.4	251.3	205.8	168.7	151.6	71.5	57.4	1514.8
2013	44	39.1	106.7	156.6	143.2	101.8	310.7	277.9	191.1	129.3	94.2	64.2	1658.8
2014	46.3	39.5	70.2	69.5	99.9	73.1	103.4	90.9	68.6	95.1	54.5	53	864
2015	41.7	36.6	54.1	80.2	90.4	75.9	84.1	102.6	77.8	71.9	44.4	48	807.7
2016	53.3	55	65.1	74.5	77.8	71.4	123.4	147.1	73.9	73	53.5	44.3	912.3
2017	45.4	50	66.8	87.7	101.2	73	149.9	149.2	82.9	85.8	61.1	50.9	1003.9
2018	55.2	58.8	74	93.4	106.3	105.9	131.8	134.3	99.1	83.2	46.5	42.2	1030.7

第六节 灾害性气象

戚家山街道地处沿海,甬江以南,受亚热带季风气候影响。其灾害性气象主要有台风、暴雨,间有冰雹、低温、干旱。

台　风

1971—1995年的25年间发生有影响的台风共56个，平均每年2—3个，最多每年可达5—6个（1985年5个、1989年6个），空年1年（1993年）。影响的月份为6—10月，其中8月最多，有24个，占25年影响台风总数的42.9%，其次是9月和7月。风力影响最严重的台风为1981年的14号、1986年的15号和1988年的7号台风，10分钟平均最大风速均达33米/秒，瞬间最大风速达40米/秒（12级）以上。雨量最大的为1963年的12号台风，小港地区日降水量达283毫米。

暴　雨

日降雨量大于50毫米的暴雨，1971—1996年的26年间共出现61天（次），平均每年2.3天（次）。最多年（1971年、1981年、1989年）有5天，有3年（1972年、1978年、1985年）没有出现暴雨。

暴雨主要出现于4—10月，7月最多，6月、9月次之。梅雨期暴雨（4月—7月20日）32天，占总天数的52.5%；台汛期暴雨29天，约占总天数的47.5%。1—3月未出现暴雨。

表2-3-16　1971—1996年北仑区暴雨天数一览表

单位：天

年　份	1971	1972	1973	1974	1975	1976	1977	1978	1979	1980	1981	1982	1983
天　数	5	0	4	4	2	2	1	0	1	3	5	1	3
年　份	1984	1985	1986	1987	1988	1989	1990	1991	1992	1993	1994	1995	1996
天　数	3	0	2	3	2	5	1	3	2	4	4	1	1

暴雨的强度，梅汛期暴雨一般在50—80毫米，日最大雨量97.7毫米；任意24小时最大雨量110.9毫米，最大连续暴雨天数为2天，出现在1986年的8月13日—14日。台汛期间暴雨大于80毫米的有10天，其中大于100毫米的有5天，最大值160.9毫米；任意24小时最大雨量193.2毫米，出现在1976年8月21日—22日。

冰　雹

出现几率不高，每次冰雹都在局部地区发生，但一旦出现，都会造成不同程度的损失。据1971—1987年的统计，17年中镇海县共出现7次，小港受影响的有2次。其中1977年4月24日的一次，时间从16点30分到17点20分，地域从汶溪至骆驼、贵驷、小港一直到崎头，全县有20多个公社受冰雹袭击，受灾面积2万余亩，大的冰雹颗粒重110克。

低　温

一般出现在1月至翌年5月。1971—1982年，12年中受冷空气影响的共有189次，其中中等强度55次，强冷空气（寒潮）11次；年平均17次，其中中等强度5次，强冷空气1次。冷空气影响以4月最多，常年秋季低温≤20℃的初日出现在9月19日前后，最早出现在9月9日。1971—1997年的27年间倒春寒14次，每2—3年一遇。倒春寒一般发生在4月6日—26日的20天内，但大多出现在4月16日之前（12次）；持续天数在5天以上的倒春寒有3次，分别是1972年4月6日—11日、1987年4月

11日—16日、1996年4月8日—15日。特别是1996年,烂芽死苗现象比较严重,秧苗损失2—3成。

干 旱

1961—1980年,全县性干旱发生7年,其中7—8月份的伏旱4年,9—11月份的秋旱3年。干旱发生有地区性,伏旱多发生在柴桥、郭巨地区,秋旱多发生在甬江以北地区。长山在原镇海县中部,有小浃江水系上游水源的调节,平原地区很少发生干旱,只有沿山和沿海的部分土地有干旱出现。

表2-3-17 2015—2018年北仑区气象资料对比一览表

项 目	历 年	2015	2016	2017	2018
平均气温(℃)	16.7	17.5	18.3	18.2	18.3
极端最高气温及出现时间	40℃ (2013年8月5日)	37.5℃ (6月30日)	37.8℃ (7月28日)	37.6℃ (6月27日)	39.8℃ (7月24日)
极端最低气温及出现时间	−6.6℃ (2013年8月5日)	−4.2℃ (2月10日)	−6.3℃ (1月25日)	−5.1℃ (1月13日)	−2.7℃ (2月12日)
最低气温≤0℃天数(天)	15.7	13	17	19	9
日平均气温稳定通过10℃的积温(℃)	5196.2	5800.1	6250.7	6225.7	6150.1
平均相对湿度	78%	76%	77%	78%	75%
平均气压(hpa)	1014.0	1016.1	1015.8	1015.7	1017.5
平均地面温度(℃)	19.6	19.0	20.3	20.4	20.6
总雨量(毫米)	1310.2	2006.5	2244.6	1733.8	1629.6
一日最大降水量及出现时间	190.4毫米 (2005年8月6日)	136.9毫米 (7月11日)	174.1毫米 (10月8日)	138.7毫米 (9月17日)	163.4毫米 (10月16日)
平均风速(米/秒)	5.0	1.6	1.6	1.7	1.4
最多风向及频率	西北风;9.3%	南东南风;13%	东南风;11%	东南风;11%	东南风;11%
台风影响次数(次)	2.5	4	4	6	3
日照总时数(小时)	1848.0	1353.6	1499.6	1515.9	1676.1
大风天数(天)	40.6	2	2	3	1
雾天数(天)	27.7	1	4	2	0
初雷日期	3月1日	2月20日	4月3日	3月4日	—
终雷日期	10月6日	11月8日	12月21日	9月20日	
初霜日期	11月21日	12月2日	11月27日	12月6日	12月17日
终霜日期	3月22日	3月11日	3月12日	3月11日	3月7日
初雪日期	1月3日	1月7日	12月5日	1月8日	2月9日
终雪日期	2月26日	3月5日	2月14日	2月1日	2月23日

注:北仑区气象局1971—2007年在戚家山炮台山(笠山)上,2008年1月迁至北仑太河路999号。由于地理位置变动,基本气象资料(尤其是风速)波动较大。

表2-3-18 1971—2010年北仑区40年平均气象资料一览表

	1月			2月			3月		
	上 旬	中 旬	下 旬	上 旬	中 旬	下 旬	上 旬	中 旬	下 旬
气温（℃）	5.9	5.4	5.2	5.3	6.9	7.2	8.4	9.7	10.8
降水（毫米）	17.0	27.6	23.3	22.1	29.0	24.7	31.6	41.8	45.3
雨日（天）	3.2	4.2	4.3	3.8	4.4	3.7	4.4	5.6	6.0
日照（小时）	36.9	31.3	36.5	38.0	36.3	29.0	41.9	34.7	44.8

	4月			5月			6月		
	上 旬	中 旬	下 旬	上 旬	中 旬	下 旬	上 旬	中 旬	下 旬
气温（℃）	12.9	14.8	16.8	18.4	19.4	21.0	22.4	23.5	25.5
降水（毫米）	37.2	37.3	34.6	40.9	35.7	42.4	38.7	66.9	76.8
雨日（天）	5.0	5.3	4.3	4.8	4.5	4.8	4.1	5.5	6.0
日照（小时）	44.2	48.8	55.4	53.6	50.9	58.3	55.2	44.9	45.8

	7月			8月			9月		
	上 旬	中 旬	下 旬	上 旬	中 旬	下 旬	上 旬	中 旬	下 旬
气温（℃）	27.2	28.5	28.6	28.6	27.9	27.2	26.0	24.2	22.6
降水（毫米）	56.0	35.5	42.2	39.9	50.2	62.1	52.6	68.6	44.2
雨日（天）	4.5	3.9	3.7	3.8	4.7	5.4	4.4	4.9	4.1
日照（小时）	63.0	78.7	92.6	83.7	71.3	71.1	63.4	52.1	49.1

	10月			11月			12月		
	上 旬	中 旬	下 旬	上 旬	中 旬	下 旬	上 旬	中 旬	下 旬
气温（℃）	21.1	19.6	17.8	20.4	13.6	11.5	9.5	7.8	6.8
降水（毫米）	35.1	22.4	24.4	24.0	26.4	15.8	19.2	16.9	20.9
雨日（天）	3.3	2.8	3.2	2.6	3.0	2.5	2.5	2.8	3.4
日照（小时）	53.3	52.7	52.7	47.8	36.9	41.7	44.6	39.8	43.7

附录 主要灾情录

宋淳熙四年（1177）九月初一、初二（9月24日、25日）大风雨驾海涛，毁塘堤，农田淹没。

宋淳熙五年（1178）秋大水，飓风助海潮成灾。

元至正四年（1344）海啸，塘崩、海溢伤禾成灾。

明正德三年（1508）六月至十二月不雨，大旱，禾黍无收，大饥。冬大雪，河冰不解，草木萎死，民冻饿死者甚众。

明隆庆三年（1569）秋，飓风、暴雨、海啸成灾。

明崇祯十三年（1640）大旱，大饥，民食观音粉，多病腹胀。

清康熙四年（1665）七月，飓风大作，阴雨连绵成灾。

清康熙二十九年（1690）九月，大雨连旬，平地水深五尺，淹没田禾，冲毁民房。

清雍正三年七月十八日（1725年8月25日），大雨，海水大涨。乡民避水者栖于屋脊或大树上。

清道光十七年七月二十四日（1837年8月24日），大风雨，塘溃，江河皆溢。

清道光二十三年八月初八日（1843年10月1日），大风雨，塘坍，水高一丈，舟行桥上，庐舍崩塌。

民国十年（1921）、十一年（1922）连续2年台风、暴雨成灾，海江塘、道路、桥梁多被冲坏，田禾、棉花均受害。

民国二十年（1931）9月，狂风暴雨，咸潮倒灌，镇海全县毁房300余间、船100余艘，灾户3万，待赈4万余人。戚家山街道的沿海沿江在受灾范围之内。

1949年7月24日，台风袭境，部分海江塘冲毁，部分农田受淹。

1952年7月19日至20日，遭强台风袭击，农田受淹，房屋毁坏，长山地区受淹万余亩。

1953年6月30日大雨后至8月25日连续干旱，长山地区的沿山和沿江沿海地带近万亩水稻断水。9月初台风后旱情解除。

1956年"八一"大台风袭击。阵风12级以上，雨大潮高，过程雨量121.5毫米，甬江潮位4.85米。台风过后，8月中旬90%棉花受角斑病危害。

1957年春季，油菜遭受毒素病严重危害。长山地区是油菜主产区，损失较重。

1958年5月19日—8月23日连续干旱99天，长山区小河都干涸。

1961年6月15日—9月3日持续干旱81天，镇海全县受灾面积27.45万亩，成灾面积17.16万亩，减收粮食12870吨。长山区受灾稍轻，但局部地区也减产严重。

1962年6—9月，遭受6205号、6207号、6208号、6214号4次台风影响，尤以6214号台风影响最大，9月4日—6日三天总雨量达到219.2毫米。

1963年，自上年冬旱开始，当年又接着出现春旱和夏旱，连续200多天没下透雨，沿海沿江土地出现泛咸，或海水倒灌，育秧用水亦发生困难。

1964年6月29日—9月14日，连续干旱79天。长山山区1万多亩受灾减产。

1965年春，早稻第一批播种比常年提早10天左右，播后遇阴雨40多天，发生严重烂秧，长山区烂秧程度和补播情况与全县类同。

1966年9月，受6615号台风影响，暴雨成灾，5日—8日凌晨止，持续降雨3天半，平均降雨量400毫米以上。下邵公社降水600毫米左右，小浃江上游鄞县的五乡碶降水798毫米，致使长山区水位超过警戒水位1.15米。长山地区受灾面积近2万亩，粮食减收2000余吨。

1971年，春旱、伏旱连秋旱，4月8日—5月24日春旱46天，6月23日—9月3日，伏秋旱持续干旱73天，长山地区受灾程度比全县平均轻，减收粮食1200余吨。是年8月，因干旱，棉花红铃虫暴发成灾；因长期高温干旱影响，晚稻叶蝉暴发，导致矮缩病成灾。

1974年8月19日13号强台风袭击，风力12级以上，长山地区3000余亩棉花、450亩盐田被淹。

1977年8月，遭7707号台风袭击，21日—23日连降暴雨，全县20万亩农田受淹，其中长山地区

2万余亩。

1979年8月23日开始遭7910号强台风袭击，24日—25日连续两天暴雨，长山青峙海塘被冲毁。

1981年9月1日晨2时50分遭8114号强台风袭击，全县海塘有65.37千米遭到严重破坏，其中决口12.73千米，1.4万亩棉花、1000亩水稻受咸潮淹浸失收。

1983年9月26日—27日遭8310号强台风袭击，最大风力12级以上，甬江口潮位4.63米，倒塘决口的有小港青峙塘和大榭红丰塘等5条，海水倒灌，420亩水稻、674亩棉花绝收。

2000年，14号"桑美"台风于9月3日在关岛附近洋面形成。境内普降大雨，雨量270毫米。

2006年5月18日，1号台风袭击境内。

第七节　水文特征

戚家山街道地处沿海，气候温和湿润，雨量充沛，多年平均径流总量5030万立方米。由于域内没有大中型水库，只有河流和少量山塘池漕，地表蓄水能力仅981万立方米，降水季节大量径流排泄入海。区域内河流水虽蓄水能力有限，由于上游有鄞县境内的东钱湖、三溪浦水库和奉化的亭下水库，每年都可以引水1900万立方米，以资调节，所以少雨季节不致河道水位骤降。1961年6月15日—9月3日持续干旱81天，其他水系河网都干涸断流，农田受旱，唯有小浃江水系尚有水可灌溉。境内旱涝保收田达80%以上。

街道北枕甬江，东北临大海，每年8—9月间有2—3次台风影响，风向以东北为主，并伴有暴雨暴潮。历史上台风影响风速极值大于40米/秒，甬江潮位极值4.97米（1981年9月1日）。

潮　汐

甬江口潮候属非正规半日潮型，24小时50分为一个潮期，有两个高潮两个低潮，涨潮、落潮间时差为6小时左右。但因受上游姚江大闸放水、奉化江洪水、台风以及平时多种天气变化影响，涨潮、落潮时间不规则，涨潮时间误差为1小时左右。在正常情况下，每天涨潮时间退后45分钟即为次日涨潮时间。其候潮时间大致如表2-3-19所示。

表2-3-19　甬江候潮时间一览表

日　期	上午涨潮时间	下午涨潮时间	日　期	上午涨潮时间	下午涨潮时间
初一、十五	5时	18时20分	初八、二十三	9时40分	22时20分
初二、十六	5时45分	19时	初九、二十四	10时40分	23时
初三、十七	6时30分	19时20分	初十、二十五	11时30分	23时5分
初四、十八	7时10分	20时	十一、二十六	1时	14时10分
初五、十九	7时50分	20时30分	十二、二十七	1时50分	15时20分
初六、二十	8时10分	21时	十三、二十八	3时20分	16时30分
初七、二十一、二十二	8时50分	21时40分	十四、二十九、三十	4时	17时

表2-3-20　历年甬江平均潮位一览表

项　目		数　值（米）	出现时间
历年最高潮位		4.97	1981年9月1日0时50分
历年最低潮位		0.04	1986年1月10日4时43分
历年平均潮位	高　潮	3.01	—
	低　潮	1.32	—

注：潮位以黄海零点为基准，平均潮位即海平面。

潮　流

甬江年均降水量1461.7毫米，入海水量666.0/28.6（毫米/亿立方米），输沙量35.9万吨/年，在南岸边沉淤较多。甬江口潮汐和潮流既有高潮不等又有低潮不等的特点，其不等现象与月赤纬位置变化有关。甬江口潮流流动形式为往复流。表层平均涨潮流流速84厘米/秒，平均落潮流流速74厘米/秒，平均最大涨潮流流速138厘米/秒，平均最大落潮流流速107厘米/秒。底层平均涨潮流流速69厘米/秒，平均落潮流流速58厘米/秒，平均最大涨潮流流速103厘米/秒，平均最大落潮流流速91厘米/秒。一般涨潮流流速大于落潮流流速，表层流速大于底层流速。历史最大涨潮流流速215.8厘米/秒，最大落潮流流速172.7厘米/秒。

表2-3-21　甬江各站潮流流速统计一览表

单位：厘米/秒

项　目	黄蟒山	长跳嘴	竺　山	外游山	七里屿	招宝山	张鑑碶
表　层							
平均涨潮流流速	83.7	120.8	68.6	91.6	89.9	68.6	74.7
平均落潮流流速	92.6	102.3	61.0	83.6	34.7	44.9	63.7
最大涨潮流流速	141.5	207.6	111.7	168.2	141.5	131.3	98.0
最大落潮流流速	150.9	157.6	106.5	133.4	57.8	65.0	89.0
底　层							
平均涨潮流流速	86.6	78.1	45.0	85.4	58.7	58.0	72.0
平均落潮流流速	76.9	83.4	49.4	83.4	33.1	42.0	49.0
最大涨潮流流速	113.8	111.8	81.3	125.8	71.9	125.4	92.2
最大落潮流流速	115.8	127.5	72.0	151.7	42.5	60.7	82.4

第三章　自然资源

戚家山街道地域虽小，但地貌多样，有山丘、平原、浅海、岛礁、滩涂、河流，因此物产资源丰富，尤以海洋生物最为繁多。

第一节　动　物

哺乳动物

哺乳动物多数生活在山区，品种的增减、数量的消长与山林的繁茂程度密切相关。

华南虎　猫科。历史上山区有发现，清康熙十八年（1679）起，数载江南虎灾，白天啮人；尔后，康熙四十五年（1706）、四十七年（1708）间，老虎几度入镇海县城。

豹猫　又名拖鸡豹，狸猫，猫科。山区较常见，平原也有见。

狼　犬科，毛棕灰色，体重25—30千克，栖山区。新中国成立前常出现在沿山一带，解放后在剡岙等地也有出没。1980年在毗邻的塔峙共同村尚见一群四五头。今山区仍偶见。

貉　俗称田狗、狸，犬科。体色棕黄，重20千克左右。新中国成立前山区常见，今偶见。

豺　俗称豺狗，犬科。体色棕黄，重20千克左右。新中国成立前山区常见，今偶见。

小灵猫　俗称香狸猫，灵猫科。戚家山街道已不见。

食蟹獴　俗呼石獾，灵猫科。喜食蛇、蟹，穴居溪谷丛林，戚家山街道已不见。

獐　别名河鹿，俗呼獐吭郎，鹿科。形似鹿，无角，有黄獐、白獐。新中国成立前山区常见，冬季雪天有时窜进山村。戚家山街道已不见。

小麂　别名黄麂，俗呼带角麂，鹿科。体形比獐小，有两只角，山区夜间出没，戚家山街道已不见。

野猪　别名山猪，猪科。解放前后山区常见，有时窜至平川。近年山林密度提高，野猪有增殖趋势。

鬣羚　别名苏门羚，俗称木羊、野山羊，牛科。栖深山密林处。戚家山街道已不见。

豪猪　别名箭猪，豪猪科。形同猪，管毛粗硬如箭，栖山区岩洞中。戚家山街道已不见。

兔　别名野兔，俗呼兔聋髶，兔科。色灰黄，繁殖率高，山区近期有所增殖，数量增加。

松鼠　松鼠科。过去山区松林中很多，后因山林资源减少而不多见。

青鼬　俗呼两头乌，鼬科。形如猫又似豹，体重4千克左右，在山区群居群行，戚家山街道已不见。

黄鼬　俗称黄鼠狼，鼬科。村宅、田野常见，偷袭家禽，今已少见。

猪獾　鼬科。形如猪，穴居，新中国成立前多见于海江塘地穴中，戚家山街道已不见。

狗獾　鼬科，形如狗，习性与猪獾同，戚家山街道已不见。

田鼠　仓鼠科。体小，四肢和尾都短，身小，为毛所掩盖。田野特别是棉地很多，为害作物，繁殖力强，近年用毒饵防治，数量有所抑制。

鼬獾　又名山老鼠、猸子，鼬科。形如鼠而比鼠大，穴居山坡，戚家山街道已不见。

水獭　别名水狗，俗呼河水鬼，鼬科。两栖习性，以水栖为主，晚间在河岸边偶见。

穿山甲　又名鲮鲤，穿山甲科。体和尾有覆瓦状角质鳞甲，鳞片黑褐色。老兽鳞片边呈橙褐色，幼兽鳞片未角化，色淡，呈黄色。戚家山街道已不见。

刺猬　刺猬科。山坡、田野、地塍的草丛间偶见。

蝙蝠　蝙蝠科。喜栖息在居民木结构屋檐下和门、窗、墙壁缝隙，晚间捕食蚊类、昆虫。近年来民居结构改变较多，数量减少。

海豚　海豚科。外海及甬江曾见。

江豚　又名江猪、海猪、海和尚，鼠海豚科。外海及甬江偶见。

华南虎　　　　　狐狸　　　　　豺　　　　　貉

松　鼠　　　　　田　鼠　　　　穿山甲　　　　獐

鸟　类

鹰　鹰科，有芝麻鹰、岩鹰与海鹰之分。芝麻鹰原筑巢松林，今栖高山岩穴，已少见。

猫头鹰　俗呼逐魂，鸱鸮科。栖山间，今仍有见。

小嘴乌鸦　鸦科。似鸦稍小，高山林间有见。

乌鸦　俗呼白头颈老鸦，鸦科。山区还有，平原鲜见。

寒鸦　俗呼乌老鸦，候鸟，鸦科，寒冬季节偶见群鸦。

喜鹊　俗呼鸦响，鸦科。多营巢村舍树梢间，沿海尚有，山区偶见，平原已基本绝迹。

红嘴蓝鸦　俗呼红嘴绿鹦哥，鸦科。山区有见。

环雉　俗称雉鸡、田鸡、野鸡，雉科。喜栖丘陵近山，今山区仍有见。

勺鸡　雉科。形同雉鸡，飞翔时，竖有一撮褐棕色毛冠，今山区偶见。

鹌鹑　亦称地鹌鹑，雉科。栖田野、芦丛间。今野生已很少，人工饲养很多。

竹鸡　雉科。栖山区竹林间，今仍有。

稻鸡　秧鸡科。栖芦丛、稻田，重不足斤，夏秋稻田有见。

红嘴山雀　山雀科。长尾，上体黑而腹白，山区林间偶有见。

乌鸫　鹟科，鸫亚科。似八哥而小，黄喙黑羽短尾。春日尤善啭鸣，又称百舌，山区偶见。

苦恶鸟　亦称白胸秧鸡，俗称风箱鸟，秧鸡科。在水田或河滨觅食虫、螺或种子，鸣声似"苦悉、苦悉"。今仍常见。

麻雀　亦称家雀，文鸟科，城乡田野到处都有。

白脸山雀　称山麻雀，山雀科。似麻雀略小，山区都有。

雀鹰　雀鹰科。体比鸦小，芝麻色，因常伺于篱笆捕食小鸟雀，故俗呼"篱笆枪"。今在山区园地边有见。

小隼　亦称猎隼、打雕童，隼科。栖低山林地，性猛，能振翼疾飞，捕食小鸟。

翠鸟　俗称钓鱼郎，翠鸟科。分河翠、山翠两种，山翠体略大。河翠栖河边，山翠栖山区，均以啄取鱼虾为食。今仍有见。

绣眼鸟　绣眼鸟科，羽暗绿色，性柔驯，鸣声婉转，观赏鸟，山区有见。

八哥　亦称鸲鹆，椋鸟科。杂食果实、种子和昆虫，雄鸟喜鸣，经笼养训练，能学人语。今山区仍有见。

黑枕黄鹂　又称黄莺，黄鹂科。山区仍有见。

画眉　画眉科。山区有见。

白头鹎　俗呼白头翁，鹎科。山区偶见。

伯劳　亦作博劳，俗称黄刀、黄伯党，伯劳科。善鸣，性猛。喙锐利，攫猎小雀、蛙、蜥蜴及大昆虫为食。山边村落有见。

啄木鸟　啄木鸟科。栖山区林间，啄树木害虫为食，山区有见。

斑鸠　鸠鸽科。有山斑鸠、灰斑鸠等，多栖村边竹林，晴晨常鸣，平原偶见。

鹁鸠　俗称鹁鸪，象其鸣声，鸠鸽科。天将雨时鸣声甚急，仍常有见。

大杜鹃　俗称谷鸪、布谷鸟，杜鹃科。形似白头翁，体色暗灰，两翼暗褐，雌鸟胸呈棕色。春耕播种时鸣声似"谷管"，农民听之意谓催耕催播。过夏后停鸣。

四声杜鹃　又称杜鹃、怨鸟，杜鹃科。候鸟，形如谷鸪，桑树放叶时长鸣"哥哥苦"达旦，人们以其鸣声谐音为"快快割禾"。小满蚕眠时停鸣。

家燕　燕科。候鸟，春分时从南方飞来，衔泥筑巢于屋檐下，哺育幼雏，以昆虫为食，秋分南迁。近些年来，城乡木结构房屋逐渐改建，筑巢场所锐减，数量明显减少。

金腰燕　俗呼蛇燕，燕科。候鸟，形比家燕稍大，腰羽赭黄色，栖山村，筑泥窝于墙角楼板下，今仍有见。

大雁　雁亚科。候鸟，秋分后自北南归，至春北飞。20世纪70年代前后，秋风一起常见雁群，今已鲜见。

鸬鹚　亦称鱼鹰、老老鸭，鸬鹚科。体如鹰，亦似鹭，钩喙细而长，喜潜水。经渔民驯化能捕鱼。今已少见。

苍鹭　俗称长脚鹭鸶，鹭科。候鸟，背部和尾苍灰色，高80厘米—90厘米。捕鱼虾为食，小溪江宽阔处草边偶见。

小犀鹛　俗称水凫儿、潜水鸟,犀鹛科。栖内河、池塘中,营浮巢于芦苇丛,喜潜水,小淡江偶见。

小白鹭　又称鹭鸶,鹭科。候鸟。沿海沿江一带偶见。

凫　俗称野鸭、水鸭,鸭科。候鸟。初冬至此,成群栖游于水库、海涂浅水处,春后离去。临近千亩岙水库常有见。

鸳鸯　鸭科。候鸟,雌雄双居不离。近处的千亩岙水库中偶见。

海鸥　俗名江猫,海鸥亚科。多栖海岛,翱翔海空。船出江口常有海鸥尾随。

乌 鸦	喜 鹊	鹌 鹑	稻 鸡
乌 鸫	雀 鹰	猫头鹰	麻 雀
杜 鹃	啄木鸟	家 燕	翠 鸟

爬行动物

尖吻蝮　又名蕲蛇,俗称五步蛇,蝰蛇科。剧毒。深山区偶见。

眼镜蛇　又名犁馋头蛇,眼镜蛇科。剧毒。有旱犁馋、水犁馋与寸白犁馋。激怒时前半身竖起,颈部鼓大,"呼呼"作声。山间、田野偶见。

银环蛇　俗称寸白蛇,眼镜蛇科。剧毒。山区、田野偶见。

竹叶青蛇　亦称"一步倒",蝰科,蝮亚科。剧毒。山区、平原偶见。

蝮蛇　蝰蛇科。剧毒,土名芝麻烂毒蛇、狗屙扑、压草黄等,另有红口蝮蛇,各地都有。

翠青蛇　游蛇科。形似竹叶青蛇,无毒。林间有见。

龟壳花蛇　亦称烙铁头、假蕲蛇,响尾蛇科。喜捕鼠,又名老鼠夹蛇。有毒。山区、田野偶见。

滑鼠蛇　称草锦蛇、松壳板,游蛇科。无毒,各地都有。

乌梢蛇　游蛇科。俗呼大秤杆。其色稍黄者称黄乌梢蛇。无毒。山间、田野都有。

王锦蛇　又名菜籽花蛇、黄蟒蛇，游蛇科。无毒。各地都有。

黑眉锦蛇　亦称黄颔蛇，俗称家蛇，游蛇科。常在潮湿的居家出现，无毒。另有黑眉银蛇，同属。

赤链蛇　亦称火赤链蛇，俗称烂田水扑，游蛇科。无毒。水田中常见。

水赤链蛇　游蛇科。栖田野，背黑腹红，无毒。农村野外常见。

红点锦蛇　亦称水蛇、黄颔蛇，游蛇科。无毒。田野、水泽常见。

蜒蜓　石龙子科。俗称四脚蛇，栖山野、草丛间，有时入庭院，入药称铜石龙子。

蜥蜴　蜥蜴目。栖丘陵、草丛间。

壁虎　俗称壁蜥，入药名守宫，壁虎科。食蜘蛛、蚊、蝇及各种小虫。尾易断，能再生，常爬行在壁上。

龟　龟科。背甲乌，体形略小，称乌龟；背甲略黄，体形稍大，俗亦称作王八。生活在平原池塘，今数量不多。

鳖　亦称甲鱼、团鱼、王八，鳖科。生活在河塘池沼，今野生的已不多，人工饲养有发展。

两栖动物

黑斑蛙　又名青蛙、田鸡，蛙科。背泥黑色，体略小者称芝麻蛙。多生长在稻田、池塘，也在旱地生活，以捕食各种小虫为生，人称护谷虫。20世纪70年代以来，因农药使用量大、人工捕杀多，数量锐减。

雨蛙　亦称中国雨蛙，雨蛙科。山间常见。

树蛙　别称斑腿树蛙、变色树蛙，树蛙科。生活在草丛、树上、竹上，山间有见。

虎纹蛙　蛙科。背部有黄绿棕色斑纹，黑色的俗称田鸡，山区溪涧偶见。

棘胸蛙　亦称棘蛙、山鸡，俗称石撞，蛙科。后腿粗壮，弹跳有力，山区溪涧有见。

蟾蜍　俗呼癞蛤蟆，又称蛤蚆，蟾蜍科。村宅旁水井边常见。

昆虫类

蜈蚣　蜈蚣科。瓦砾中常见，干全虫可入药。

蟋蟀　又名促织、吟蛩，蟋蟀科。常见。

天牛　俗称牵牛郎、锯树郎，幼虫古称蠰蛴，天牛科。为常见之害虫，山林、桑树、果木中常见。

蝼蛄　别名土狗，蝼蛄科。旱地作物害虫，常见。

斑蝥　芜青科。食豆花、豆叶。有毒，称斑蝥毒。常见。

螳螂　俗称吃发郎，螳螂科。山地、田间常见。

蜻蜓　蜻蜓目。种类繁多，原到处可见，近年逐渐减少。

蝴蝶　蝴蝶类统称，属鳞翅目。种类繁多，主要有蛱蝶、粉蝶、凤蝶等。各种花丛间常见。

萤火虫　俗称火萤头，萤甲科。夏夜在村旁常见，桑树间特多。

纺织娘　螽斯科。有的体大如蝗，鸣单声而音长；有一种体稍小，角须细长，鸣声悠长。常见，有人喜笼养。

蝉　又名知了，俗以其鸣声呼名，也名蚱蟟。蝉科。栖树上，盛夏时常闻鸣声。

蝇虎　俗呼壁老虎,跳蛛科。常爬行在村舍墙壁上捕食各种害虫。

蜗牛　蜗牛科。有两对触角,栖旱地,常为害棉花幼苗、蔬菜及其他旱地作物。有部分种类的蜗牛可供食用。

鱼　类

淡水鱼类

鲤鱼　鲤科。主要经济鱼种,原为野生,生活在河流池塘的水草丛中,现多以人工养殖。

草鱼　亦称草青、白鲩、草鲩,鲤科。以食水草为主,原野生很少,20世纪50年代引入人工养殖,现为主要经济鱼种。

青鱼　亦称螺蛳青,鲤科。喜食螺蛳,也食水草,20世纪50年代引入人工养殖,为主要经济鱼种。

鲢鱼　亦称白鲢,色白,鲤科。20世纪50年代引入人工养殖,为主要经济鱼种。

鳙鱼　色浅黑花,又称花鲢,头胖大,故俗称胖头鱼,鲤科。20世纪50年代引入人工放养,为主要经济鱼种。

鳊鱼　鲤科。野生少见,20世纪70年代引入人工养殖,有三角鳊、团头鲂(即武昌鱼)等,现为主要经济鱼种。

鲫鱼　鲤科。野生鱼中的主要经济鱼种,河流池塘到处都有。20世纪70年代引入非洲鲫鱼新种,今养殖的多为杂交种。

鲌鱼　俗呼翘嘴鲌鱼,鲤科。有青条、白条之分。体较大,野生鱼中的主要经济鱼种。

玉如鱼　俗呼玉如头,又名菜花鱼,鲱科。多栖息溪坑石隙间和小水库中。为野生经济鱼种。

溪鱼　亦称溪坑差鱼,鲱科。溪涧主要经济鱼种。

鳢鱼　亦称乌鳢鱼,鳢科。河湖池塘都有,为野生主要经济鱼种。

塘鳢　亦称土鲋鱼,塘鳢科。野生鱼种。

鳜鱼　亦称桂鱼,鳍科。野生,鲜美,较名贵,资源已很少。

鲇鱼　鲇科。

鳗　俗称河鳗,鳗鲡科。洄游鱼类,咸淡水交汇处产卵,淡水中生长。20世纪60年代后碶闸板由木板改为水泥板,密闭程度高,漏水少,鳗苗洄游受阻,资源减少。今多为人工饲养。

鳝鱼　俗称黄鳝,合鳃科。为主要野生经济鱼类。20世纪60年代后资源日减,80年代起人工养殖增多。

泥鳅　鳅科。水沟、渠道中繁殖生长,原只作家禽食饵。20世纪70年用作人食用鱼后,被列为经济鱼类,资源减少;20世纪80年代起有人工养殖。

鲤鱼　　　　　　　　　　　花鲤　　　　　　　　　　　河鳗

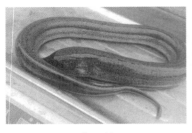

黄鳝

泥鳅

河鲫鱼

海水鱼类

大黄鱼　亦称大黄花鱼,石首鱼科。外海主要经济鱼类。夏初向近海洄游产卵。20世纪70年代前资源丰富,捕获较多,后因捕捞过度,资源锐减,20世纪80年代起已形不成鱼汛。现多人工养殖。

小黄鱼　与大黄鱼同科不同种,也为外海主要经济鱼类。20世纪80年代以后资源衰退,捕获量锐减,也已形不成鱼汛。

带鱼　带鱼科。外海主要经济鱼类。20世纪70年代后资源日减,近年来采取休渔期等保护措施,资源减少趋势得到抑制。现冬汛生产主要还是带鱼。

鲳鱼　鲳科。与大黄鱼、小黄鱼及带鱼同称为东海四大经济鱼类。近年来资源也日见减少。

鮸鱼　亦称米鱼。石首鱼科。形似大黄鱼而色异。甬江口外的沥港附近海面原是盛产区,故称沥港鱼。

毛鲿　鮸鱼亚种。形与鮸鱼相似,体型比鮸鱼大,一般条重20多千克,渔民偶有捕获。

鲨鱼　鲨科。外海主要经济鱼类。夏秋季洄游至近海,有真鲨、角鲨、书生鲨等许多品种,外海都有,资源也日减。

鲬　鲬科。有黄鲬、黑鲬,沿海有产。

雄鱼　亦名海黄颡,又称雄铁头。鮠科。近海有产。

舌鳎　亦称箬鳎鱼,舌鳎科。比目鱼之别类。栖近海,海涂串网常有捕获。

鲈鱼　鲭科。栖近海,常洄游至塘河,偶有捕获。

鲻鱼　亦称子鱼,鲻科,近海主要经济鱼类,资源较多。常洄游至塘河,在甬江口常有捕获。

刀鱼　又名长嘴鱼,鲱科。身似刀条,无鳞,夏秋有产。今少见。

鲚鱼　鳀科。小型鱼种,亦名刀鲚、龙刀鲚,体小者别称玉鲚。沿海及甬江中下游均有产。

梅鱼　亦称梅童鱼,石首鱼科。小型鱼种,近海及甬江口有产,为近海主要经济鱼类。

龙头鱼　亦称虾鳐、豆腐鱼,狗母鱼科。小型鱼种,体绵长,柔软,半透明,乳白色,骨软。多产沿海。

河豚鱼　古称鲀或鯸鲐,俗呼乌狼,鲀科。肝脏、生殖腺、血液含毒素,经处理后可食,腌制后称乌狼鲞,豚巢可制河豚毒,作医药用。近海有产。

海鳗　海鳗科。牙利凶狠,俗呼狗鳗。为近海主要经济鱼类。

市鳗　鳗鲡科。形似河鳗,浅海滩涂有产。

涂鳗　塘鳢科。小型鱼种,海涂有见。

弹涂鱼　亦称跳鱼、泥猴,弹涂鱼科。其体型较小的亦称跳干。退潮时常爬行或跳动于海涂上。

泥鱼　鳀科。小型鱼种，沿海皆产。

烂稻索　鳀科。形似泥鱼而体稍大，沿海有产。

章鱼　章鱼科。亦名章跳，近海有产。

望潮　章鱼科。形似章鱼而体较小，近海软涂有产。

附：海蜇　即水母，腔肠动物，钵水母纲。夏秋季近海有产，有的年份浮游至甬江口。

| 大黄鱼 | 鲳鱼 | 带鱼 | 海鳗 |
| 鲈鱼 | 鲚鱼 | 弹涂鱼 | 舌鳎 |

甲壳类

中华绒螯蟹　足钳有毛，亦称毛蟹、河蟹，方蟹科。为洄游动物，在咸淡水交界处产卵孵化，成蟹多栖身在江河湖塘及田沟泥岸中。20世纪70年代后资源逐渐减少，80年代起从外地买进蟹苗进行人工放养。

溪蟹　俗名石蟹，方蟹科。栖山坑溪涧。

青蟹　壳青色，蝤蛑科。各海涂泓浦都有，近年有进行人工养殖的。

蚩越蟹　或作蚩越、蚩骨、蚩月，方蟹科。栖浅海滩涂中。

招潮蟹　俗称红钳蟹、大刀蟹。涨潮前雄蟹常举大螯上下挥动，招引雌蟹，似招望潮汐。各海涂均有。

沙蟹　方蟹科。江海泥涂都有，数量也最多，是涂产主要经济蟹类。

白蟹　蝤蛑科。与梭子蟹同类，栖近海，秋季是旺产期，为近海主要经济蟹类。

梭子蟹　亦称蝤蛑，蝤蛑科。主要经济蟹类，栖外海，各海域皆有。盐渍称鲳蟹（舱蟹、咸蟹）。

黄虾　亦名台虾，十足目。色白而微黄，为优质虾。沿海有产，资源日益衰退。

跳虾　形与黄虾类似而体稍小，俗称强盗虾。近海有产。

白虾　亦称水虾，又称白水虾，长臂虾科。体色透白，微带蓝色，沿海有产。

对虾　亦称明虾，对虾科。沿海有产，今多养殖。

麦秆虾　小虾类，产于近海。

毛虾　白虾，产于近海。

河虾　节足目。河流池塘均有产。20世纪50年代推广有机氯农药后，河水污染，资源渐减；70年代停用有机氯农药后，资源有所恢复。现有人工养殖。

江虾　形如河虾而体稍小。烧熟后称红鲑虾,沿海、浅海地带都有产。

溪虾　俗称青草虾,节足目。栖溪石间及山塘中。

鲎　鲎科。节肢动物,头胸甲宽广,作半月形,若钢盔,生活在海底,肉可食,也可供药用。

贝类

河蚌　蚌科。栖河、池、水库中。

珠蚌　亦名旗蚌,蚌科。野生很少,20世纪60年代下邵渔业队曾在较广阔的河面进行人工养蚌育珠。

蚬　亦名河蚬,蚬科。栖河、池中,小水库、山塘中亦有。

蛤　亦名河蛤,蛤蜊科。扇形圆体,栖河、池、山塘、水库中。

田螺　田螺科。栖河池、水田中。在使用有机氯农药时期资源锐减,近年有所恢复。

螺蛳　俗称蛳螺,田螺科。体比田螺小,栖河池中,多吸附在水下的岸壁上,村庄的河流埠头特多。

蛏子　蚶科。栖海涂,野生体小,称麦秆蛏。人工养殖的体较大。蛏体大小与海涂的肥瘦有关。

蚶子　蚶科。产海涂,野生甚少。三山、昆亭一带有人工养殖。

圆蛤　俗呼蛤皮,蛤蜊科。壳圆稍大而色青灰,各地海涂均有产。

黄蛤　形圆稍小而色黄,俗称郎匡,各地海涂皆有产。

梅蛤　亦称海瓜子、扁蛤。因体扁形似瓜子,故名。樱蛤科。主要经济贝壳类,各海涂皆产,梅季繁殖生长最快。

泥螺　亦称吐铁,泊螺科。沿海主要经济贝壳类,海涂皆产。以野生为主,近年已有人工养殖。

香螺　俗称香蛳螺,蛾螺科。体小,各海涂都有产,数量不多。

微黄玉螺　俗称肉螺或香螺,玉螺科。形似田螺而体扁小,味鲜美,野生的多产于柴桥、郭巨海涂,现有人工养殖。

圆蛤

香螺

泥螺

黄蛤

望潮

蛏子

玉螺

白蛤

第二节 植　物

树木类

马尾松　松科。常绿乔木,叶两针一束。街道境内主要植被。

黑松　松科。常绿乔木,叶两针一束。非本地原有树种,新中国成立后引入,多种植在近海山丘。

雪松　松科。常绿乔木,新中国成立后引入,观赏树种。

金钱松　松科。落叶乔木,山地造林良种,亦作观赏树种。

五针松　松科。常绿灌木,叶五针一束,新中国成立后引入,多作庭院盆景,纯系观赏树种。

杉木　亦称刺杉,杉科。常绿乔木,主要用材树种,原零星分布,新中国成立后山区多人工成片种植。

柳杉　杉科。常绿乔木,亦为重要用材树种,原为零星分布,新中国成立后进行人工种植,资源比杉木少。

水杉　松科。落叶乔木。系速生树种,既是优良观赏树,也是用材树种。新中国成立后引入,多种植在平原地区和山边村庄的庭院宅旁。

池杉　别名池柏,杉科。落叶乔木。喜潮湿环境,能在低洼地生长,为平原水网地带绿化树种,新中国成立后引入种植。

柏木　别名璎珞柏,柏科。常绿乔木,零星分布。

侧柏　又称扁柏,柏科。常绿乔木,零星分布。多为园林、庭院树种。

桧柏　柏科。常绿乔木,多变种,有金叶桧、龙柏等树种。旧时庙宇、陵墓多有种植,意谓"松柏常青"。现多种植在园林、机关庭院,作观赏树种。

罗汉松　又称土杉,罗汉松科。常绿乔木,为观赏树种,广泛栽植于公园、庭院。

苏铁　俗称铁树,亦称凤尾松,苏铁科。常绿乔木,庭院观赏树种。

垂柳　俗称杨柳,杨柳科。落叶乔木,观赏树种,多植于河堤边。

苦槠　壳斗科。常绿乔木,用材树种,山区杂木林中混生。

宋槠　壳斗科。常绿乔木,山区混交林中的用材树种。

梓树　紫葳科。常绿乔木,山区混交林中的用材树种。

赤皮桐　壳斗科。落叶乔木,山区混交林中的用材树种。

麻栎　壳斗科。落叶乔木,山区混交林中的用材树种。

栓皮栎　壳斗科。落叶乔木,树皮具发达栓皮层,可制作软木,为用材树种,山区有产。

朴树　俗称沙朴树,榆科。落叶乔木,山沿、路旁、溪岸常见。

白榆　俗称田柳树,榆科。落叶乔木,多栽在河堤、路边、村庄周围和公路两旁。

构树　亦称楮树,桑科。落叶乔木,村舍附近、溪河两岸有栽植。

桑　桑科。落叶小乔木,村旁、田间有零星栽植。20世纪50年代末,近山地区曾成片种植湖桑发展蚕桑生产,之后逐步改种。

薜荔　又称木莲,桑科。常绿藤木,常附于树、墙、山崖上。果实富果胶,可制食用凉粉,称木莲冻。

山荷叶　小檗科。多年生灌木,根状茎粗壮,生长在山谷林下阴湿处,根可药用,有毒。

鹅掌楸　亦称马褂木,木兰科。落叶大乔木,庭院观赏树。20世纪70年代引入,少量栽种。

厚朴　木兰科。落叶乔木,分布不广。

香樟　樟科。常绿乔木,广栽于山坡、河岸、村庄、寺庙。20世纪60年代始作绿化行道树种,80年代起大量种植。宁波市将其定为市树。

檫树　樟科。落叶乔木,散生在山地杂木林中。

红楠　樟科。常绿乔木,散生林间。

枫杨　俗称溪口树,亦称榉柳、麻柳、元宝树,胡桃科。多栽生在溪边及山谷低处。

海桐　海桐科。常绿灌木,庭园有种植。

枫香　亦称枫树,金缕梅科。落叶乔木,多生山地,平原亦有,秋叶艳红,亦称红枫。高龄树冠雄伟,寺庙边尚有见。今多为公园观赏树种。

二球悬铃木　又称法国梧桐,悬铃木科。落叶乔木,为行道树。

皂荚　又称皂角,苏木科。落叶乔木,散生在山坡林中。

槐树　蝶形花科。落叶乔木。变种有龙爪槐,为庭院观赏树种。

刺槐　通称洋槐,蝶形花科。落叶乔木。广生于山麓、路旁、河岸,为观赏树种。

臭椿　亦称荨,苦木科。落叶乔木,叶片长而大,村宅旁有见。

香椿　苦木科。落叶乔木,多植于庭院中,春季其枝条生出嫩芽叶,其芽叶长10厘米左右即可采摘,供食用和盐渍加工。

楝树　又称苦楝,楝科。落叶乔木,广泛栽培。20世纪60年代末引入川楝树种,带进病害,资源已大为减少。

乌桕　又称桕子树,大戟科。落叶乔木,其果籽可作为制蜡原料。田野及低山杂木中有见。

油桐　又称桐子树,大戟科。落叶小乔木,其果可制农渔具用油,散栽山麓村宅附近。

黄杨　又称瓜子黄杨,黄杨科。常绿灌木或小乔木,多栽种于庭园,为观赏树种。

枸骨　俗称刺老虎、猫儿刺,冬青科。常绿灌木或小乔木,散生山区灌木丛中,亦用作观赏。

冬青卫矛　又名大叶黄杨、绿篱卫矛,冬青科。常绿灌木或小乔木,常植作绿篱。

鸡爪槭　亦称鸡爪枫,槭树科。落叶小乔木,庭园观赏树种。现公园中常见的红枫、赤枫系其变种。

爬山虎　又称爬墙虎、地锦,葡萄科。落叶藤本,一般攀缘在墙壁或岩石上,为垂直绿化植物。

梧桐　又称青桐。梧桐科。落叶乔木,用材、观赏、绿化树种。

油茶　山茶科。常绿灌木或小乔木,其籽可打油食用。20世纪50年代曾作经济林引种,因经济收益不高,已留存不多。

茶　一名茗,山茶科。常绿灌木,栽培年代已久,为山区主要经济特产。

木荷　山茶科。常绿乔木,用材树种,散生山区林间。

喜树　又称旱莲,蓝果树科。落叶乔木,庭园观赏树种。

楤木　亦称鹊不踏,五加科。落叶灌木或小乔木,山区散生。

女贞　又称冬青树,木犀科。常绿灌木或小乔木,庭园或绿篱树种。

泡桐　亦称白桐,玄参科。落叶大乔木,生山麓、溪边。近年种植较多,为速生树种。

栀子 又称黄栀花、山栀，茜草科。常绿乔木，多野生，亦作观赏树种。

棕 棕榈科。常绿乔木，多植于山坡、村落及路旁，亦作观赏树。

香 樟　　　　　油桐树　　　　　油茶树　　　　　苏 铁

果木类

橘 芸香科。常绿小乔木或灌木，通称柑橘。山区多有种植，传统产品有凤仙橘、朱红橘；新中国成立后引入新品种，现栽植的多为无核橘，为街道境内常见果木。

枸橘 即枳，芸香科。常绿灌木或小乔木，山区常栽作篱笆。果实不作食用，其实生苗可作柑橘嫁接砧木。

杨梅 杨梅科。常绿乔木，多散栽近村山麓；20世纪70年代后剡岙等山区成片种植，为小港主要果木之一。

梅 蔷薇科，落叶乔木，散栽，量少。

杏 蔷薇科。落叶小乔木，零星种植。

桃 蔷薇科。落叶小乔木。新中国成立前以红桃、夏白桃为主。20世纪60年代引进水蜜桃，品种以玉露为主，今山区均有种植。

李 蔷薇科。落叶小乔木。新中国成立前散栽于山地，新中国成立后扩大种植。

枇杷 蔷薇科。常绿小乔木，多栽于庭院。

野山楂 蔷薇科。常绿灌木，散生山谷阳坡、溪边、疏林及灌木丛中。

猕猴桃 亦名杨桃、羊桃，猕猴桃科。落叶木质藤本，山区野生。今有种植。

柿 柿树科。落叶乔木。山区、庭院零星种植，色红果形稍小者，称吊红（蒂红）。

梨 蔷薇科，梨属。落叶乔木。品种较多，山区多有种植。

枣 又名白蒲枣，鼠李科。落叶乔木。村宅旁零星种植。

葡萄 俗称紫葡萄，葡萄科。落叶木质藤本。20世纪60年代引入，品种繁多，各地都有栽种。

栗 亦称板栗，壳斗科。落叶乔木。20世纪60年代在山区曾推广种植。另有茅栗，落叶小乔木，或呈灌木状，散生山间。

无花果 桑科。落叶灌木或小乔木。居宅庭院偶植。

银杏 亦称白果树、公孙树，银杏科。落叶乔木，旧时多植于寺庙及庭院，今高龄树已少见。

柿 子　　　　　杨 梅　　　　　葡 萄　　　　　梨 树

枇 杷

橘

板 栗

猕猴桃

竹 类

毛竹 古亦称猫竹。禾本科常绿植物。有多年生木质竿。山区广为栽植,为街道境内主要经济竹种。黄皮毛竹属变种,数量较少。

刚竹 俗称龙须竹,禾本科。生长在山麓潮湿处,也为主要经济竹种。

乌竹 禾本科。多栽种于低坡土壤深厚处,为笋用中型竹种。

淡竹 禾本科。中型散生竹种,山区广泛栽植。有变种称淡花竹。

金竹 旧称筋竹,灌木型竹类,禾本科。山区有栽。

雷竹 春雷动时出笋,故名。1985年引入。

早竹 出笋早,山村宅旁零星种植。

高节竹 高产笋用竹种,外地引入,山区零星种植。

孵鸡竹 俗称赖孵鸡娘竹,分白孵鸡竹和乌孵鸡竹,多植于棉区村宅旁,为笋用竹。

节竹 野生小型竹,笋可食用,生长在大山间。

大黄鞭竹 野生小型竹,笋可食用,产大山间。

四季竹 即彗竹,亦称浙东四季竹,禾本科。优良笋用竹种,山区有产。

青皮竹 禾本科。为华南地区优良丛生竹,20世纪60年代末从广东引入,在郏岙等地的低丘山脚成片种植,山村房前屋后也有零星栽种。因耐寒性差,存量不多。

撑篙竹 亦称篙竹。旧时用于制作河泥荚和撑船竹竿,山区有产。

苦竹 亦称伞柄竹,禾本科。笋味苦,山间散生。

箬竹 禾本科。灌木型野生竹类,竹叶大,竿子小,山区有产。

药用类

白术 菊科。多年生草本,野生的已少见,现以人工栽植为主,本地也很少。

菊叶三七 俗名见肿消,菊科。多年生草本。山村园地有种。

泽兰 菊科。多年生草本,山坡、溪边散生。

蒲公英 又名黄花地丁,菊科。田野、堤塘边有见。

千里光 菊科。多年生草本。散生山野田间。

茵陈 菊科。多年生草本。山脊、田野、海塘有见。

黑皮三叶青 又名金丝吊葫芦、蕲蛇菊,百合科。多年生攀缘草本。高山岩间及深涧有长。

天门冬 百合科。多年生攀缘草本。生长在山坡、林间。

黄精 百合科。多年生草本。山区林间散生。

百合　百合科。多年生草本。杂生于山间茅草丛中。

玉竹　百合科。多年生草本。生长在山间背阴的沙渍土壤处。

七叶一枝花　百合科。多年生草本。产高深山土地肥沃处。

八角金盘　景天科。多年生矮状草本。山坑深涧有见。

垂盆草　别称鼠牙半枝莲,景天科。多年生肉质草本。生阴湿石壁、残墙处。

白花蛇舌草　亦称二叶葎,茜草科。一年生纤弱披散草本。生田野、水沟边。

茜草　俗称地苏木,亦称血见愁,茜草科。多年生攀缘草本。生山野草丛中,其根可浸烧酒。

益母草　唇形科。一年或二年生草本。田野常见。

丹参　唇形科。多年生草本。生山边、林间或溪边,现多人工栽种,野生已鲜见。

筋骨草　亦称散血草、白毛夏枯草,唇形科。多年生草本。山坡、竹林阴湿处有生,有在居家庭院种植或盆栽的。

天南星　天南星科。多年生草本。有毒。生丘陵、竹园。

石菖蒲　天南星科。多年生草本。生山谷、溪涧。

金樱子　蔷薇科,常绿蔓性灌木,山野有生。

仙鹤草　即龙牙草,蔷薇科。多年生草本。山野、路边有见。

茯苓　多孔菌科。产山坡松林间。

灵芝　多孔菌科。山区松树、枫树间有见,现有人工栽培的灵芝。

石斛　兰科。多年生常绿草本。产山间阴湿处。现有人工栽培的石斛。

紫珠　马鞭草科。落叶直立灌木。生山间杂木林中。

平地木　即紫金牛,俗称老勿大,紫金牛科。常绿小灌木。山坡、林荫、溪边有见。

竹叶椒　芸香科,常绿多刺灌木,产于山坡及竹、木丛中。

过路黄　又名对座草,报春花科。多年生草本。生田野草丛中。

青木香　马兜铃科。生山麓草丛中。

谷精草　谷精草科。一年生草本。稻田、山塘水库滩间有见。

紫花地丁　堇菜科。多年生草本。生山坡、丘陵、竹园。

何首乌　又名夜交藤,蓼科。多年生缠绕草本。生于林间、溪涧。

忍冬　亦称金银花,忍冬科。多年生半常绿缠绕灌木。生山坡、田野。

半边莲　桔梗科,多年生小草本。湿地生长较多。

腹水草　玄参科,多年生草本。散生田野草丛间。

骨碎补　亦称猴姜,水龙骨科。蕨类附生植物,生阴湿岩壁间。

威灵仙　亦称铁脚威灵仙,毛茛科。半常绿藤本。生山坡、丘陵。

鱼鳖金星草　水龙骨科。多年生草本。生岩石及老树间。

细辛　马兜铃科。多年生草本。生山谷溪林阴湿处。

羊踯躅　亦称闹羊花,杜鹃花科。落叶灌木,山区皆有。

夏枯草　唇形科。多年生草本。生于山坡。

穿心莲　亦称一见喜、苦草。爵床科。一年生草本。野生已少见,现多人工栽培。

五加　五加科。灌木。多生长在山麓灌木丛中。根皮和茎皮称五加皮。

| 土茯苓 | 石 斛 | 三 七 | 七叶一枝花 |

花卉类

梅花 蔷薇科。有白梅、红梅等多种。落叶乔木。野生梅花在山间偶有所见。

樱花 蔷薇科。落叶乔木。观赏树,各地公园、绿地、道路旁、庭院多有种植。

蔷薇 蔷薇科。落叶灌木。庭院有栽。

玫瑰 蔷薇科。落叶灌木。庭院有栽。

月季 又称月月红,蔷薇科。落叶灌木。品种繁多,园林及居家庭院多有种植。

梨花 亦名玉梨花,蔷薇科。落叶乔木。

迎春花 又名玉厄,木犀科。落叶灌木。

茉莉 亦名鬘华,木犀科。常绿攀缘灌木。

桂花 即木犀,木犀科。常绿灌木。常见有金桂、银桂和四季桂等。公园、居家庭院有种。毗邻的大碶塔峙岙有历史悠久的成片桂花林。

牡丹 毛莨科。落叶小灌木。多栽庭院。

芍药 毛莨科。多年生草本。多栽庭院。

兰花 兰科。多年生常绿草本。有剑兰、草兰、九头兰等,野生的多长在山谷和涧边。园林及居家栽植的品种繁多。

菊花 菊科。多年生草本。品种繁多。

荷花 亦称莲花、芙蓉、菡萏、草芙蓉,莲科。多年生水生草本。村边池塘有见。

珠兰 即金粟兰,亦称珍珠兰,金粟兰科。常绿灌木。居家栽植。

四季秋海棠 秋海棠科。肉质草本。多栽庭院。

水仙 又名雅蒜,石蒜科。多年生草本。春节前后开花,广作居室盆景。

广玉兰 亦称荷花玉兰,木兰科。常绿乔木,广种园林。

白玉兰 木兰科,荷叶小乔木。

石榴花 俗称金厐,石榴科。落叶灌木或小乔木。

含笑花 俗称香蕉花,其花有香蕉气味。木兰科。常绿灌木。

紫薇 俗称百日红,千屈菜科。落叶小乔木。

紫荆花 又名紫珠花,豆科。落叶小乔木。

玉荷花 安息香科。落叶小灌木。

杜鹃花 亦称映山红,杜鹃花科。落叶灌木。山上到处都有,公园和居家栽培的品种很多。

茶花 山茶科。常绿灌木。人工栽培的品种繁多。

绣球花 亦称松团花、八仙花,虎耳草科。落叶灌木。居家庭院多有种植。

夹竹桃　夹竹桃科。常绿灌木或小乔木。

木芙蓉　亦称芙蓉花,锦葵科。落叶灌木或小乔木。

凤仙花　亦称指甲花,俗称满堂红。凤仙花科。一年生草本。

玉簪花　百合科,多年生草本。

鸡冠花　苋科,一年生草本。

虞美人花　亦称丽春花,罂粟科。一年生草本。

合欢　亦称马缨花,豆科。落叶乔木。

长春花　亦称雁来红,夹竹桃科。一年生直立草本。

大丽花　亦称大理菊、天竺牡丹,菊科。多年生草本。居家庭院多有栽植。

月　季　　　　石榴花　　　　芍　药　　　　茉莉花

梅　花　　　　梨　花　　　　菊　花　　　　荷　花

茶　花　　　　桂　花　　　　杜鹃花　　　　玉荷花

第三编　开发　开放

　　1984年10月，国务院批准在宁波小港设立宁波经济技术开发区，面积3.9平方千米。宁波经济技术开发区是继大连、秦皇岛之后第三个国家级开发区。自此，戚家山街道区域拉开了开发开放的序幕，这个沿海沿江的小镇从此开始腾飞。

　　1997年4月，宁波联合集团公司上市，小港设立宁波开发区联合开发区域办事处。

　　作为宁波经济技术开发区的初创地，戚家山街道区域为宁波的改革开放做出了卓越的贡献。

本编目录

第一章　宁波经济技术开发区的初创地

1984年10月18日,国务院批准在小港设立宁波经济技术开发区,该开发区成为第三个国家级开发区。自此,戚家山街道区域拉开开发开放的帷幕,走上飞速发展的道路。

第一节　开发区的建立

初创时期的宁波经济技术开发区地处戚家山街道北部,甬江入海口南岸,小浃江入海口,与镇海区隔甬江相望,西距宁波主城区18千米;东距北仑港区10千米,东起牡牛岭、门城山、乌岩山;西至金鸡山、后茅山;南临胡家塔;北濒甬江口、金塘港。小浃江自南至北贯穿全境。

20世纪80年代初,随着改革开放浪潮的掀起,中国沿海设立了深圳、珠海、汕头和厦门四个经济特区。1984年2月24日,邓小平同志实地视察后,对经济特区的建设和发展及对外开放问题发表了谈话。为贯彻落实邓小平同志谈话精神,中共中央书记处和国务院于1984年3月26日至4月6日在北京召开沿海部分城市座谈会。中共宁波市委书记葛洪升参加会议。会后,中共中央、国务院批转《沿海部分城市座谈会纪要》,宁波被列为中国14个沿海对外开放城市之一,作为中国实行对外开放的一个新的重要步骤。开放城市可实行10项特殊政策,其中之一是经批准可以兴办国家级经济技术开发区。5月4日,中共中央、国务院下发《批转〈沿海部分城市座谈会纪要〉的通知》,决定进一步开放大连、秦皇岛、天津、烟台、青岛、连云港、南通、上海、宁波、温州、福州、广州、江阴、北海等14个沿海港口城市。

4月6日,沿海部分城市座谈会结束,中共宁波市委、市政府和刚建立的中共宁波市滨海区委立即行动起来,启动兴办宁波经济技术开发区的前期准备工作。

宁波经济技术开发区选址工作于1984年4月初着手进行。国家明确开发区选址必须满足三个条件:一是地处沿海;二是交通便利;三是有明显的地理界限,便于隔离封闭。4月上旬,市委书记葛洪升带领市、区有关人员到滨海区北仑港附近的几个地方实地踏勘,先后察看了大榭岛、邬隘乡、高塘乡和相邻的鄞县梅墟乡十字岗等地。后来又到滨海区小浃江入海口的小港(今戚家山街道)察看,这里的地理环境条件吸引了大家的目光:小港位于宁波老市区东北面、甬江入海口东南侧,三面环山,一面濒海,面积约4平方千米,地理界限明确;距离市区20千米、北仑港区10千米,交通便利,符合国务院专家的选址要求。

4月10日,市委专门召开选址讨论会。经过一番比较和筛选,最后确定小港为宁波经济技术开

发区选址地向上级报告。

4月18日，宁波市对外开放领导小组成立，市委书记葛洪升任组长。

4月27日，负责国家改革开放工作的中央书记处书记、国务委员谷牧到宁波小港调研，听取了宁波市对外开放领导小组的工作汇报，并实地考察了开发区的预选址。他对宁波经济技术开发区的选址表示认可。

此后，宁波经济技术开发区的筹建工作加快了速度。5月14日，市委委托冶金部成都勘察公司对小港地区12平方千米地域进行测绘，8月下旬测绘工作完成。

1984年10月18日，国务院对《关于宁波市进一步对外开放规划的请示报告》做出批复，指出：把宁波市建设成为华东地区重要的工业城市和对外贸易口岸；为开发新技术、新产品，发展新兴产业，同意宁波市兴办经济技术开发区，位置定在老市区以东小港地区：地域界限为西起金鸡山，东至牯牛岭、门城山脊，南到乌岩山，北临甬江口及金塘水道南岸；开发面积共3.9平方千米。在小港兴办宁波经济技术开发区，面积为3.9平方千米。宁波经济技术开发区是继大连、秦皇岛之后，第三个获准建立的国家级开发区。

1984年10月22日，宁波市委决定成立宁波经济技术开发区管理委员会筹备领导小组及办公室，任命副市长陈哲良为组长、区委书记郑裕明为副组长兼办公室主任。办公地点暂设在小港蛟山脚下的一幢平房里。

1986年12月11日，国务院对浙江省人民政府《转报宁波市关于在北仑港地区兴建"三资"企业享受开发区待遇的请示》做出批复：同意在滨海区域设置北仑港工业区，工业区内兴办的中外合资经营、中外合作经营和外商独资经营的企业，可以享受宁波经济技术开发区同类企业的优惠待遇。同时明确北仑港工业区的区域范围：东起穿山西口，西至宁波经济技术开发区东侧（小港青峙），南以四顾山、南山、算山、凤阳村、贝碶村、沙湾山、霞浦乡、山门等为界，北沿金塘海域南岸，与北仑港毗邻，东西长18千米，南北宽6千米，面积约70平方千米。

1992年10月21日，国务院批准宁波经济技术开发区与北仑港工业区的重点区域合并，统称宁波经济技术开发区。开发区规划面积调整为29.6平方千米。

1997年，因联合集团在上海证券交易所上市，原在小港（今戚家山街道）的宁波经济技术开发区改称联合开发区域，由宁波经济技术开发区联合（集团）总公司负责该区域的成片开发。

第二节　投资环境和环境建设

自然环境

地域　联合开发区域，西起金鸡山、戚家山；东至牯牛岭、门城山脊；南至乌岩山、浦山、渡头；北临甬江口及金塘水道南岸。东西宽2.8千米，南北长约1.9千米。规划面积3.9平方千米。后增加宾馆区、外商住宅区、生活区、仓储区，实际开发面积5.44平方千米。在3.9平方千米面积中，原有山区1.11平方千米，盐滩0.22平方千米，河流0.14平方千米，海涂0.57平方千米，耕田2790亩。三面环山，一面临水，地势平坦，小浃江自南至北贯穿中间。首期开发1.3平方千米，后扩至2.38平方千米。

地貌 属滨海丘陵平原,地貌类型为侵蚀剥蚀丘陵及海积平原。山脉走向东北,山坡20度至25度。平原在江口海湾处表面被海相沉积物覆盖,地势低平,标高3—5米。区内有横水山(横山)北侧东南向和浦山至望潮山南北压枢性断裂带,除山地及周围山麓地带外,大部为软土地基,允许承载力每平方米6—8吨,深20至40米处,有较理想桩基承力层。

土地 1.3平方千米的联合区域内有棉花、盐场两个村的土地和曙光、红联两个村的部分土地,计棉地1223亩,水稻田34.4亩,自留地、旱地322亩,山地531.5亩。区外生活区土地涉及曙光、红联、林唐三个村,计水稻田339亩,自留地、旱地629.7亩,总计用地3079.9亩。空闲地较多,可供开发的海涂、丘陵约占总面积三分之一。

征地前的盐场

居民 区内原棉花、盐场两个村和曙光、红联、林唐村的居民共732户,1898人,需拆迁房屋661间,有乡村办工厂17家,务工人员1041人,需安排劳动力1700余人。初期开发区用地中,农杂空地、海涂丘陵可供开发利用的面积较多;需搬迁村落、拆迁房屋面积不大,需安置的人员相对较少。

交通 海运可利用镇海港区、北仑港区码头。公路有连接市区公路3条。铁路距北仑铁路10千米,该铁路连接杭州—宁波的萧甬铁路。内河航运经甬江可通姚江、杭甬运河;区内的小浃江上游通至鄞州五乡、东钱湖水系,下游入海。

拆迁前的黄跟村

前期工程

前期工程分1985年10月与1992年10月二期进行。一期为原棉花大队、盐场的土地征用和民居拆迁与被征地农民安置;二期为原黄跟村、桥东村的土地征用和民居拆迁与被征地农民安置。

征地 1986年征地2102亩,1992年10月东区征用黄跟、桥东两村土地1079.9亩。

表3-1-1 1986年宁波开发区征用土地情况表

村　别	户数(户)	人口(人)	水田(亩)	旱地(亩)	棉地(亩)	盐田(亩)
棉　花	272	766	24	282	629	—
盐　场	160	491	—	131.96	226	298
曙　光	184	513	305	28	40	—
林　唐	23	27	15.49	33.94	—	—
红　联	93	93	9.31	—	79.30	—
合　计	732	1890	353.80	475.90	974.30	298

工厂动迁 以搬迁、补偿、收购等方式动迁在征用土地上的企业17家,共支付补偿、收购费用439.05万元。

民房拆建 至1987年,拆迁民房215户、661间,棚屋71间,以及围墙、地坪等,总建筑面积23959平方米。在居民生活区,新建两层民房96幢、446间,建筑面积28233平方米,支付拆迁赔偿费21.33万元。

劳动力安置 至1987年,招收被征地农民为开发区劳动服务公司(后改名劳动就业处)职工或

介绍就业。开发区管委会拨付每人3000元安置费。安置农村社供应户、乡村企业人员及其他居民1749人；由农业户口转为非农业户口792户、1899人。后扩大征地范围，符合招工条件的劳动力增加，1990年达1257人。至1991年，基本安置就业。1992年东区（黄跟村、桥东村）开发，符合招工条件的劳动力855人，全部以参加东升实业公司名义，以工资形式发给生活补贴。

基础设施建设

宁波经济技术开发区的总体规划于1984底由中国市政工程西北设计院完成。规划明确在开发区3.9平方千米范围内，除山地和河流外，可供利用的土地约2.96平方千米，其中小浃江以东1.66平方千米（东区）、以西1.3平方千米（西区）。针对宁波开发区的地理特点，规划对功能分区作了详尽的设计。为了集中财力物力，管委会决定先着手搞好西区1.3平方千米，条件成熟后再开发东区。这一战略构思体现了开发区域"统一规划、分期实施、从小到大、逐步发展"的基本建设方针。

1985年2月，按照中共宁波市委的部署，宁波开发区管委会（筹）提出在一年内完成西区1.3平方千米内的"六通一平"（即道路、水、电、电讯、排水、排污和平整场地）和2万平方米的标准厂房及2万平方米的住宅建设任务。此后，宁波开发区管委会（筹）根据前期开发工作的需要，建立和健全了必要的临时机构，设立一个办公室、八个职能处室、三家公司，以确保开发区的前期工作正常开展。按照国家规定，开发区先期开发区域的1.3平方千米，可以向银行申请贷款1.3亿元，主要用于征地拆迁、"六通一平"工程项目。基础设施建设首先从"六通一平"工程入手，再进行地面配套基础设施建设，建造工业厂房和公用设施，以尽早具备生产条件，为招商引资创造一个比较完善的投资环境。

1985年初，宁波开发区建设开发公司以议标形式，委托冶金部第十三冶金建筑公司宁波工程指挥部，总包起步区1.3平方千米"六通一平"基础设施工程。

1985年2月20日，正值农历大年初一，参加宁波开发区建设的第十三冶金建筑公司的施工队伍从上海赶赴宁波。至3月中旬，汇集到开发区的施工队伍人数逾千，开始进行规模空前的"六通一平"大会战。

平整场地　1985年初，第十三冶金建筑公司调运41节车皮的施工机械、车辆至开发区，当时投入施工人员千余人。3月25日开始劈山平地，横山（龙头山）首次放炮炸山。5月25日，11.5吨级炸药量爆破成功，至1987年7月炸平横山残体，搬掉一座占地面积6公顷的横山。在1.3平方千米及海涂区内，回填土石方60万立方米，同时沿甬江南岸涂滩筑堤1302米，围堤吸泥平整场地，扩大土地面积1.06平方千米，历时计28个月。至1988年末，开发土地2.2平方千米，标高均达黄海高程2.733米以上。

道路码头　1984年12月，沙蟹岭破土动工，建设通往宁波主城区的江南公路1987年竣工，总长16.9千米。同年，建成区内棋盘式道路网，钢筋混凝土路面，总长8.02千米；环形主干道宽40米，余为宽20—25米。至1997年底，区域内总计道路面积17.55万平方米，人行道8.76万平方米。1989年11月20日甬兴轮码头建成，开通至上海芦潮港高速客轮航线；1991年开通至舟山航线。

电力　1987年7月，输电工程开工，次年2月竣工。输电工程架设铁塔38座、高压线9.98千米，沟通大碶变电所和起步区110千伏变电所。配电工程架设线路14千米，置照明线路9千米。区内设10千伏安小区配电所4个，分别以10千伏安、400千伏安馈电向工厂、公用设施与生活区供电。1988

年开发区始建热电厂。1990年12月,有6000千瓦发电机组1台并网发电,作为备用电源,年发电量2000万千瓦时。至1997年底,6000千瓦发电机组增至3台,年发电量7300万千瓦时。

电讯 1985年,引进国外2000门程控电讯装置,建造电讯楼,成立开发区电话分局。次年6月,程控电讯装置用光缆线沟通市电话母局,并入全国长途自动拨号通讯网。1993年12000门程控电话开通后,移交北仑区邮电局经营管理,改称小港电讯营业所。

给水 1987年7月动工兴建供水系统工程,同年10月建成。水压能满足6层住宅建筑用水;用水高峰时以金鸡山山坡高位蓄水池调节,库容量为日供水量10%。区外给水始建于1987年,次年2月日供水3万吨自来水一期工程建成供水,水源引自市自来水公司江东自来水厂,敷设水管18千米,沿途设加压泵站2个。

排水 排雨水区域面积6.6平方千米,其中山坡及绿化地排水面积1.4平方千米。主干道非机动车道和次干道下敷设雨水管道24.3千米,建窨井300余个。采用自由出流,排入小浃江。甬江防洪堤置雨水泵站,备作必要时强制排水。

排污 排污水干线沿小浃江东侧南北向道路敷设,西北方向设排污次干线4条,至1987年,在主干道非机动车道和次干道行车道下敷设污水管道9.552千米,中途设提升泵站各1座。1989年7月,在东区东北临海处建污水处理排海工程,占地1.23万平方米,总投资1189万元,日处理污水4万吨。得到清华大学科研人员指导,采取一级处理后深海排放技术,被国家环保总局定为"七五"期间攻关示范工程。1990年10月投入运行,为全国首座城市污水排海工程,获国家环保总局、中国科学院及国家教委颁发的荣誉证书。至1997年,区内在主干道非机动车道和次干道行车道下敷设污水管道总长已达54.58千米。

供气供热 1988年金鸡山西侧建热电厂,配备35吨锅炉3台、6000千瓦发电机组2台。始设供热管线2条,一条沿甬江南岸江堤,绕过仓储区至西区1号主干道通供热单位;另一条沿金鸡山西穿江南公路至宾馆区、公共建筑及工业区,形成环网供气。管线设在人行道下,1990年12月试运行,1992年12月开始集中供热,日供15吨。1996年7月敷设厂区至江南工贸区管径273毫米地面管线1条,总长5.5千米,向区外供热。1997年6000千瓦发电机组增至3台,集中供热日供200吨。

在主干道、慢车道和次干道人行道下预留煤气管道位置。

1985年3月25日横山爆破和"六通一平"施工现场照片

地面建筑

为引进企业，给企业员工创造良好的工作和生活条件，宁波开发区实施了大规模的地面建设。

厂房　1985年6月，兴建G5工业小区3幢占地2万平方米的标准厂房，次年2月竣工。1987年9月，G5第二批2幢2.5万平方米厂房竣工，并建成地毯、人造玛瑙、铜阀门、竹餐具、柯尼餐具和合立紧固件等专业厂房面积4.24万平方米。1988—1990年累计竣工标准厂房面积12.88万平方米、专用厂房面积73.39万平方米。

宾馆、餐厅、办公楼　1985年，建成戚家山宾馆1号、2号别墅式小楼，面积826平方米。1988年10月宾馆主楼竣工，建筑面积7000平方米，有客房104间（套）、床位172张，有中、西餐厅及台球室、桑拿浴室、美容室、咖啡厅、舞厅、游泳馆和网球场，次年7月对外营业。1992年8月建成11层综合写字楼，内设地下室1层，建筑面积17765平方米。同时在G5工业小区中建友谊餐厅，在区西2.6千米红联村置办公楼1幢5层，建筑面积5542.52平方米。区内部建金融大楼，主楼24层，地下一层，建筑面积2万平方米，1994年竣工。同年在宾馆西侧建成建筑面积2900平方米戚家山俱乐部。1997年宾馆新建客房楼，建筑面积4000平方米。

住宅　1985年初兴建蔚斗新村，次年10月建成第一期商品住宅8幢8500平方米。1990年，建成商品住宅33幢，其中单身干部宿舍1幢，集体宿舍7幢，计4.47万平方米。加前期工程征地自建二层楼房2.8万平方米，住宅总建筑面积7.27万平方米。

生活服务设施　1986年，在蔚斗新村北口建综合服务楼，建筑面积6000平方米，内设新谊商场、侨汇商店、招待所、饮食部、理发室与浴室。1988年后，陆续建成环山路农贸市场、环山路小商品市场、蛟山公园与开发区幼儿园。

文化体育场所　区文化站设舞厅兼电影放映场、游艺厅及录像室；建有灯光球场、网球场。蛟山阁活动中心设小型舞厅、棋类室、台球室、录像放映室及游艺厅等，1989年5月1日成立开发区职工培训中心。1990年，投资28万元自办电视卫星地面接收站、有线电视系统，成立闭路电视管理站；位于鹰山路的蔚斗小学，该校1997年有在校学生1020人，邻近的小港中学有学生近900人。

医疗设施　1985年设卫生所，有医务人员15人。1988年在戚家山南麓、蔚斗新村北侧建开发区医院，分门诊部、住院部。至1997年有医疗、护理人员37人。

初创期的宁波开发区管委会办公楼

环境保护 1987年成立环保站，参与工业项目可行性研究及工业企业排污监督，并进行大气和噪音监测等。

园林绿化 1985年建立宁波开发区联合开发区域园林管理站，在全面负责区域绿化管理的同时，边建设边绿化，先后完成K1行政区广场、蛟山公园、蔚斗花园、东海路绿化带、人行道绿化、戚家山别墅区、戚家山宾馆、热电公司、环保实业公司、五矿公司、开发区医院与环岛雕塑等项目的绿化工程；绿化面积达100万平方米，引种绿化树种200多个，并拥有苗圃105亩、暖房700平方米。2019年区域绿地率已达32.9%，绿化覆盖率达35.4%，人均公绿28.7平方米。

第三节　开发与招商

1985年8月，开发区管委会成立宁波开发区工业公司，负责引进外资、项目建设及管理、协调等。

项目建设

1985年8月开发区管委会成立工业公司，"一手抓建设，一手抓项目"。同年8月，开发区管委会与宁波市第二轻工业局签订合作协议书和内联项目合同5个。

1986年，开发区管委会签订中外合资项目合同9个。12月，首批投、试产有中外合资企业新宇玛瑙公司、花港有限公司和佳音有限公司，内联企业宁波空调器厂、宁波定时器四厂、中科院三环宁波磁厂等6个项目。当年工业产值130万元，并由基础设施建设转向工业项目的投产。

引进外资 1987年，以引进项目建设为重点，9月起审批外资项目的权限由500万美元以下，扩大到3000万美元以下。至1988年累计引进项目99个，总投资3.5亿美元。开发区工业公司、中科院三环公司、宁波磁厂合建中科院三环宁波磁厂，与美国TRIDUS公司合资，成立科宁达有限公司，生产第三代稀土磁性材料钕铁硼，获1988年度国家科技进步一等奖，产品销往美、日、德等国。中美合资燕浩微波通信公司场效应微波功率放大器，为国家"七五"重点攻关项目，替代进口产品。区工业公司、电子工业部国营851厂合办华明电子公司，与香港万顺电子公司合资，生产录音机芯。1988年新投产企业16家。至此，累计中外合资项目13家、"三来一补"项目3家，合计占总项目50%，实际利用外资612.65万美元；外资"三来一补"企业产值5227.07万元，占总产值59.62%，其中科宁达有限公司钕铁硼、燕浩微波通信公司微波通信中继器，具有20世纪80年代国际先进水平。工业利润896万元，创汇220万美元，税收298万元，项目接触面从香港、日本、美国，扩至西欧、东欧及中东地区。

1990年，联合总公司项目开发部在深圳、厦门和海南省设分公司、信息联络点，参与香港成立的台胞经济咨询服务部网络。是年，到开发区参观、考察各界人士428批、11278人次。签约工业项目28项，合同投资额3525万美元，注册资金1973万美元。是年，新增企业总投资2064万美元。工业项目出口创汇1383万美元，利润780万元，上缴税收1352万元。

1991年，开发区先后参加浙江省香港经贸洽谈会、日本中小企业洽谈会、美国中美经济技术合作研讨会、华东交易会、厦门海峡两岸企业家座谈会、西安汉中项目发布会、杭州中美高科技研讨会、上海意大利伦巴第大区经济贸易洽谈会等活动，引进项目立项39项，签约33项。年底，全开发区签

约及批准项目累计已有195项，总投资2.66亿美元，其中"三资"企业项目81项，合同利用外资1.3亿美元；内联企业37家，合同总投资7579万元，投试产项目总投资9425万美元，其中"三资"企业投资7975万美元，实际利用外资3726万美元。

是年，工业企业销售收入3.31亿元，出口总值2571.48万美元，利润1290.28万元，税收1024.63万元。

至1997年，全区累计批准生产性项目309项，总投资6.477亿美元，其中"三资"企业227项、总投资5.83亿美元，合同利用外资3.52亿美元；内联企业82项，合同总投资6475万元。累计投试产企业194家，项目总投资2.46亿美元，其中"三资"企业149家、投资额2.25亿美元，合同利用外资1.46亿美元。

贸易开发

1984年10月，成立开发区生活服务公司（后改名商业服务公司、商业物资总公司），以保证基本建设物资供应和为区内生活服务。1986年9月，成立开发区进出口公司（兼营内贸）。至年底，贸易销售额1580.82万元，经营利润36.67万元，税收15.47万元。次年，建宁波徐宁路基地企业。这一年进出口贸易起步，创汇65.95万美元，出口总值25.62万美元。1988年，授予各工业公司、工商实业公司贸易权，授予各工业公司、商业物资公司外贸进出口权，成立石油、物资、商业服务三个子公司。是年，贸易额24972.81万元，出口总值655.71万美元，利润1406.07万美元。

1990年，联合发展有限公司直属非工业企业17家，公司营业额3.39亿元，出口总值1618.5万美元，利润247.4万元，税金196.56万元。非工业企业营业额1.8亿元，出口总值986万美元，利润1281万元，税金110万元。外贸收购总值1.39亿元，内工业企业6425万元，非工业企业7458万元，其中500万元以上的企业有进出口公司2488.5万元、工业公司2688.4万元、卡迪拜公司1419万元、埃美柯公司1160万元、录像带公司623.36万元、合立紧固件公司602.49万元。

1991年7月，开发区成立商品经营基地办公室，制定并颁布《宁波开发区商品经营基地暂行规定》，制订优惠政策，在全国范围内招商。年底，一期规划2.5万平方米经营用房开始建设，二期10万平方米经营用房同时开始拟订规划。引进经营性企业74家，引进注册资金近1亿元。活跃开发区商品经济，带动饮食服务业、房地产业发展。至1992年6月，商品经营基地引进经营性企业300余家，其中注册资金1000万元以上6家。在基地开设窗口的有中国化工进出口总公司、中国五金矿产进出口总公司、中国机械进出口总公司、第二汽车制造厂、中建总公司及省商业厅、省物资局、省二轻厅、宁波城乡建委、舟山建设开发总公司与诸暨供销联社等，分别经营物资、包片开发土地及房地产。商品经营基地又称"万商城"，共有商业用房建筑面积30万平方米。至1993年底，已有企业973家，注册资金12.6亿元，营业额41.2亿元。

1993年始，开发区建立电子电器市场、宁波（开发区）物资交易所、君安证券公司开发区营业部。宁波（开发区）物资交易所是全国首家设立在国家级开发区的物交所，与国内各批发市场、经纪公司以及各企事业单位实行异地联网、同步交易，进行物资现期货、中远期合同的交易与转让。

1997年，全开发区批准经营性企业已有2011家，其中经营性"三资"企业24家。

第四节 初创期的土地使用情况

初创期间，宁波开发区实施转让与租赁两种形式的国有土地使用办法，并实行批租价格的优惠政策，努力减轻入驻企业的经营负担，从而吸引了大批企业在开发区创业。

表3-1-2 宁波经济技术开发区初创期部分企业土地批租与出让情况一览表

企业名称	经营范围	获得时间	土地面积（平方米）	土地用途
中国五矿贸易公司	贸 易	1991年1月—1991年12月	19230	仓储/商用/办公
甬申工贸公司	贸 易	1992年4月	29465	工业厂房建设
中国机械进出口公司	进出口贸易	1992年7月	59131	仓 储
五矿国际实业发展公司	贸 易	1995年1月	5365	厂房建设
宁波骅晋实业公司	贸 易	1993年10月	6006.4	厂房建设
中国仪器进出口公司	进出口贸易	1992年6月	5070	仓储用房
外贸物资供应公司	对外贸易	1992年10月	5633	仓储用房
开发区华宇建材贸易公司	贸 易	1994年5月	1747	综合用房
中华纸业公司	造 纸	1992年8月	1870	厂房建设
开发区发展公司	房产开发	1992年12月	11412	金港大厦等
好而居建设公司	房产开发	1999年10月	19095	环山路商业街
四方投资发展公司	房产开发	2002年6月	16369.06	房产开发
宁波欣安房地产公司	房产开发	1992年12月	95635	房地产开发
远东房地产开发公司	房产开发	1993年6月	9372	房产开发
商品经营基地实业总公司	房产开发	1995年3月	3160	房地产开发
开发区商业房地产公司	房产开发	1994年6月	10908.6	房地产开发
金舟房产公司	房产开发	2002年11月	4417.5	金丰花园
宁波金利房地产公司	房产开发	1992年9月	40262	房产开发
宁波斯迈克化学公司	制 药	1992年6月	19986	厂房建设
开发区万联生化公司	制 药	1992年10月	3706	厂房建设
双宁达纸塑包装制造公司	包装材料	1992年2月	3478	厂房建设
亚太生物公司	制 药	1998年12月	20463	厂房建设
林梅尔装饰公司	装饰材料制造	1992年9月	77413	厂房建设
宁波恩必思包装公司	包装材料	1991年2月	4500	厂房建设
宁波旺美包装材料公司	包装材料	1992年9月	3266	厂房建设
宁波天宝利制冰公司	制 冰	1992年6月	3300	厂房建设
萌天营养科技（宁波）公司	营养食品	1997年12月	4700	厂房建设

企业名称	经营范围	获得时间	土地面积（平方米）	土地用途
宁波远东冷藏公司	冷藏食品	2003年12月	58259.86	冷库建设
开发区凤鹰冻品公司	冷藏食品	1993年6月	2525	厂房建设
开发区帆港冷藏公司	食品冷藏	2005年3月	610.6	冷库建设
宁波新美心食品工业公司	食品制造	1992年6月	3965	厂房建设
宁波佳必可食品公司	食品制造	2003年2月	13045	厂房建设
天厨冻品公司	冷藏食品	1992年1月	3000	冷库建设
立兴电镀公司	电镀	2003年1月	3127	厂房建设
宁波华甬电器有限公司	建筑电器	1987年11月	3935	厂房建设
宁波和本电子公司	电器	1997年1月	6400	厂房建设
宁波太力电子公司	电子产品	1997年4月	6400	厂房建设
新立轴承公司	轴承销售	1992年3月	44	办公
宁波电工合金材料厂	五金材料制造	1991年1月	3446	厂房建设
开发区中强工程机械公司	机械制造	1997年12月	7700	厂房建设
开发区中强电动工具公司	电动工具	2000年2月	53029	厂房建设
德业金塑模具制品公司	模具制造	1998年6月	1540	厂房建设
宁波通达塑料机械公司	塑机制造	1992年5月	248001	厂房建设
宁波科宁达工业公司	机电	2005年12月	6688	厂房建设
宁波隆兴电信设备制造公司	电信设备	2003年6月	5085	厂房建设
宁波安德鲁精铸公司	铸造	2003年1月	6678	厂房建设
中元机械钢管公司	钢管制造	1993年7月	19500	厂房建设
恩希富消防器材制造公司	消防器材	1994年6月	2958	厂房建设
宁波长桥工程塑料公司	工程塑料	2005年3月	25801	厂房建设
宁波高通新材料公司	材料	2001年10月	20545.4	厂房建设
开发区新型墙板开发公司	建材	2005年6月	5334	厂房建设
赛高建筑装潢材料公司	建材	2000年10月	5243	厂房建设
宁波四明新型材料公司	耐火材料	1992年8月	11296	厂房建设
新宇人造玛瑙有限公司	人造玛瑙制品	1986年11月	10452	厂房建设
宁波录像带公司	文化	1991年1月	453.9	厂房建设
开发区美的文具公司	文具	2001年8月	1172.61	厂房建设
小港彩印厂	文具	2001年9月	150	厂房建设
神鸽椅业公司	家具	2004年9月	2472.1	厂房建设
神鸽椅业公司	家具	1999年7月	10144.4	厂房建设

企业名称	经营范围	获得时间	土地面积（平方米）	土地用途
宁波帕洛玛工艺饰品公司	工艺品	1992年2月	3191	厂房建设
宁波清瑞工艺品公司	工艺品制造	1992年7月	3608	厂房建设
开发区伟伟染业公司	服装印染	2001年1月	2745	厂房建设
星技达纺织公司	纺织服装	1992年9月	12618	厂房建设
甬大纺织公司	纺织服装	1991年10月	16994.7	厂房建设
宁波侨泰兴纺织公司	纺织服装	1999年1月	24440.5	厂房建设
宁波合泰纺织公司	纺织服装	1997年5月	6763	厂房建设
国成塑料有限公司	塑料制品、服装	1990年4月	5274	厂房建设
宁波世韩绢织公司	丝织服装制品	1991年10月	11025	厂房建设
中科院宁波三环实验厂	磁性材料	1992年9月	72	实验室建设
宁波科宁达公司	磁性材料	1997年5月	28243	厂房建设
宁波科宁达日丰磁材公司	磁性材料	2001年7月	9393.15	厂房建设
瑞达磁性材料有限公司	磁性材料制造	1987年9月	8822	厂房建设
宁波东方电缆公司	电线电缆	2005年6月	9271.68	厂房建设
宁波新钢金属工业公司	金属制品	2003年12月	33000	厂房建设
宁波亨润塑机公司	塑机制造	2010年1月	50809	厂房建设
宁波裕江特种胶带公司	胶带制造	2013年6月	6646.2	厂房建设
开发区房地产股份公司	房产开发	1992年10月	20000	房产开发
宁波联合建设开发公司	房产开发	1992年1月	162672	房产开发
开发区东隆房产发展公司	房产开发	1993年6月	10679.7	房产开发
开发区万兴房地产开发公司	房产开发	2001年1月	7722	阳光公寓
伸春化学公司	化工	1992年6月	33344	厂房建设
宁波新桥化工公司	化工	1996年5月	19836	厂房建设
浙江逸盛石化公司	化工	2004年6月	15233.72	厂房/综合楼
宁波华旭化学公司	化工	2000年10月	15189.5	厂房建设
伊立欧化学（宁波）公司	化工	2003年7月	3000	厂房建设
宁波华旭化学公司	化工	1988年10月	15189.5	厂房建设
开发区麒灵化学公司	化工	1992年10月	1251	厂房建设
宁波和桥实业公司	化工	1992年3月	44779	厂房建设
德业化学材料公司	材料	2001年9月	14278	厂房建设

第五节　初创期的建设成果

1985年3月25日，横山炸响开山第一炮，宁波开发区联合区域开始基础设施建设。次年，在搞好首期开发区建设的同时，逐步转到以落实项目为重点，抓投产、抓收益；开发一片，建设一片，收益一片，初步形成投资环境。12月，首批工业项目试产。至1987年底，累计完成基础建设投资1.2亿元，包括基础设施、地面建筑投资。地面建筑12万平方米，竣工8万平方米。工业总产值3379万元，财政收入650万元，创汇65.96万美元。

1988年5月16日，开发区管委会与中国五金矿产进出口总公司、中国机械进出口总公司订立为期50年合资合作合同，成立宁波经济技术开发区联合发展有限总公司，注册资本1亿元，总投资2.8亿元。三方出资比例分别为50%、36%和14%。

至1989年底，开发区首期累计开发用地221.8公顷，完成固定资产投资3.63亿元；竣工专用厂房46088平方米；累计签约批准企业90家，投产、试产企业46家。当年工业总产值1.3亿元，非工业企业营业额4.13亿元，利润总额3011万元，税收1748万元，财政收入1582万元。出口总值2100万美元。联合总公司系统全年完成投资4801.3万元，其中工业项目1115.3万元、基本建设3686万元，参资企业实现工业产值6500万元。

至1991年，累计完成固定资产投资4.76亿元，其中基础设施1.66亿元。累计竣工建筑面积33.51万平方米。累计投试产企业78家，工业总产值4.17亿元，营业额8.998亿元，利润4195万元，税收2846万元，出口总值7782万美元，财政收入2878万元。

至1993年，累计完成固定资产投资7.7亿元，完成地面建筑面积近48万平方米。引进外资、三资企业177家，总投资3.88亿美元，协议利用外资2.42亿美元。是年实现工业总产值10.97亿元，营业额56.02亿元，利润2.83亿元，出口总值1.49亿美元。

至1997年底，实际开发面积524.8公顷。累计完成固定资产投资16亿元，其中基础设施4亿元。累计竣工建筑面积118万平方米。是年累计投试产企业194家，实现工业总产值22亿元。营业额98

初创期的宁波开发区联合开发区域

亿元,利润2.3979亿元,出口总值1.6亿美元。

1985—1997年,联合区域坚持边开发建设、边抓项目投产、边抓效益,累计实现工业总产值99亿元,营业额468亿元,利润16.4亿元,出口总值11.39亿美元。

2015年,联合区域内形成以重化工为主体的工业体系,年产值达到400亿元以上,年上缴利税20亿元以上。2016年,规上企业产值532.904亿元。

2019年,规上企业总产值518.7亿元。

表3-1-3 1987—1997年宁波经济技术开发区基本建设投资一览表

年 份	开发用地 (万平方米)	完成投资 (万元)	其 中		地面建筑工程完成面积 (万平方米)	
			基础投资 (万元)	地面建筑 (万平方米)	当年开工面积	竣工面积累计
1987	—	12000	9326	2739	12	8
1988	193.5	16700	10900	5727	27	15.48
1989	221.8	36300	—	—	—	20.88
1990	544	41700	—	—	—	29.58
1991	—	47600	16600	—	—	33.51
1992	524.8	55600	18400	17800	—	39.02
1993	—	77000	—	—	—	48
1997	524.8	160000	40000	—	—	118

表3-1-4 1987—1997年宁波经济技术开发区经济实绩一览表

年 份	生产性投试产企业 (家)	工业总产值 (万元)	非工业企业营业额 (万元)	财政收入 (万元)	利润总额 (万元)	税收总额 (万元)	出口总值 (万美元)
1987	16	3379	—	650	297	175.9	65.96
1988	32	8767	34970	1225.6	1126.70	1175.3	875.44
1989	46	13000	41300	1582	3011	1748	2100
1990	62	21800	51900	1991.3	2310	2130	3979
1991	78	41700	89980	2878	4195	2846	7782
1992	102	66700	79700	4493	12900	4782	13000
1993	177	109700	560200	—	28300	—	14900
1997	194	220000	980000	—	24000	—	16000

第六节 联合开发建设的"宁波模式"

1984年10月22日,成立宁波经济技术开发区管理委员会筹备领导小组,调集滨海区(现北仑区)机关及原对外开放领导小组办公室干部150人,设办公室及建设开发公司、工业公司和商业服务公司。次年10月10日,经省人民政府批准建立宁波经济技术开发区管理委员会,下设办公室和法规建设、计划财政、劳动人事、建设规划、公用事业与前期工程等6个处(室);成立经济实体宁波开发区工业公司、开发区建设开发公司、开发区劳动服务公司、商业服务公司、物资公司与公用事业公司。

1987年9月29日，改设办公室和政策研究室及经济发展、劳动人事、建设规划、公用事业、财政税务及工商行政管理6个局；直属企业有工业、建设开发、进出口、电力、商业服务、物资、工商实业、东港实业等公司及戚家山宾馆、污水处理厂、热电厂等10家企业；社会服务、事业单位有建筑设计室、水汛站、环保站、卫生所、社会劳动保险所、劳动服务公司、建筑管理所（质监站）与律师事务所；金融机构有人民银行、建设银行、中国银行、工商银行、农业银行等支行和保险公司支公司。另设公安分局、海关工作组、消防中队等机构。

开发建设需要大量的资金投入，仅靠国家贷款难以完成。1987年下半年，宁波开发区已将国家核贷的1.3亿元资金全部投入到基础设施建设中，后续开发亟待寻找新的资金来源。

中国五金矿产进出口总公司和中国机械进出口总公司是两家大型的国有进出口贸易公司，与宁波有着紧密的贸易往来。1988年5月16日，为加快开发区基本建设，拓宽"外引内联"外向型经济的发展，经中共宁波市委、宁波市政府批准，宁波开发区管委会与这两家公司在自愿、平等、互利的基础上，合资成立宁波经济技术开发区联合发展有限总公司（以下简称联合发展总公司），本着"共享利益、共担风险、长期合作、共同发展"的原则，对宁波开发区进行联合开发，三方合资经营期限为50年。联合发展总公司开发建设起步的区域为1.3平方千米，注册资本为1亿元，投资总额为2.8亿元，宁波开发区管委会、五矿总公司、机械总公司三方出资比例分别为50%、36%和14%，并根据投资比例确定董事会人数。

7月21日，宁波经济技术开发区联合发展总公司第一届董事会第一次会议召开，会议确定了联合发展总公司的经营管理领导班子成员。根据工作需要，在联合发展总公司内部设置了各职能部门。在三方联合股权开发的过程中，按照"小政府、大企业"的管理模式运行。宁波开发区管委会作为市政府的派出机构，贯彻执行国家的法规政策，行使工商行政管理、征税、审批项目和文教卫生管理等政府职能。宁波开发区管委会的直属子公司划归联合发展总公司统一管理，按照企业模式开展具体工作。联合发展总公司是自负盈亏、独立核算、自主经营、自担风险的企业法人，负责开发区的规划、建设、经营、管理等各项工作，实行董事会领导下的总经理负责制，有完全、充分的自主权。合营各方按出资额在注册资本中的比例分享收益，分担风险和亏损。

政府联合企业共同开发，是宁波开发区体制创新的重大突破，也是全国开发区建设中的首创，被称为合作建设开发区的"宁波模式"。这一新模式解决了开发区在开发建设中资金不足的问题。三方联合后，引进资金1.4亿元，缓解了开发区的投资压力。这一新模式拓宽了开发区同外界的合作渠道，提升了其在国内外的影响力和知名度。开发区充分利用合资企业在海外的子公司和办事机构，同世界150多个国家和地区建有贸易关系的优势，在运行中扩大了开发区在项目引进、市场营销、经贸信息方面的渠道，增强了宁波开发区的经济实力和外引内联能力。宁波开发区的优惠政策和良好的投资环境，同两大公司的雄厚经济实力进行优化组合，使宁波开发区能够长期稳步地健康发展，并具有强大的发展后劲。

宁波开发区管委会与联合发展总公司实行"两块牌子、一套班子"的"政企合一"的运作方式，全面负责联合开发区域的规划和开发建设。宁波开发区管委会主要负责财税、工商、公安、总体规划、法规建设等；原宁波开发区管委会直属工业公司、进出口公司、商业物资总公司、电力公司、建设开发公司、戚家山宾馆、热电站与污水处理厂等，归联合发展总公司，更名注册。宁波开发区管委会紧紧围绕项目引进这一中心开展工作，充分发挥各公司的积极性，及时制定项目审批程序的暂行规定,缩短审批时间。为了提高引进项目的规模和质量,管委会调整了项目职能机构,设立项目开发部,充实项目工作力量,组建一支精干、高效的专业队伍,成立项目总体协调小组,使引进的项目中,技术先进型、出口创汇型项目所占的比例逐步增大。此后,宁波开发区还加强同北仑区侨办、台办、协作办、经济促进会等行政职能部门和团体的联系,把招商引资触角延伸到境外,共同参与招商网络建设,使项目引进工作得以顺利开展。

联合发展总公司在完善投资环境、加快招商引资步伐的同时,加强了以企业为中心的管理职能,积极发展生产经营,使经济效益逐年提高,增速加快。1988年至1992年底,联合开发区域在较短时间内实行多项配套改革,初步形成了良好的投资软环境,完成了"筑巢引凤"的各项工作。其间,联合发展总公司共完成投资总额15263.85万元、基本建设投资15662.7万元;共签约工业项目178项,其中利用外资项目117项。累计完成工业总产值151629万元,营业额208941万元,实现工商利润总额24387万元,财政税收12869万元。1992年初,根据邓小平南方谈话的精神,宁波开发区抓住机遇促发展,各项指标有了大幅提升,全区实现工业总产值6.05亿元、工商利润1亿元、财政税收4772万元,注册企业529家。

宁波开发区与两家国有大公司采用股份制方式联合开发,使宁波开发区的发展速度大大加快,整体规模有了明显扩大,注册企业的数量和质量有显著提升,基本形成了工业、商业、金融服务业和生活配套平衡发展的局面。三方在联合开发中达到互利共赢,也带动了宁波开发建设的步伐。

第七节　联合开发区域办事处

宁波联合集团总公司上市后,根据联合开发区域的行政管理职能相应弱化的新情况,宁波开发区管委会于1997年4月设立联合开发区域办事处,由办事处负责该区域的社会和行政事务、社区管理,以加强区域的行政和社会事务管理。管委会有关职能局设在联合开发区域的行政执法部门,在业务上继续接受各职能局指导,在行政上接受联合开发区域办事处的协调和管理。

联合开发区域办事处设立后,服务区域内企业、改善投资环境、管理社区行政事务。

2000年3月至6月,为改善蔚斗新村长河头、新堰头安置小区居民出行路况,投资新建路延伸工程。延伸路段东北起小港直街,西南至蔚斗新村长河头,与原新建路相接;全长250米,宽9米。

2001年至2003年,为提升环山路商业街经商环境,创造新的就业岗位,开发区拆除沿街铁皮临时商铺,拓宽路面,建设沿街商业用房145间,创造300余个就业岗位。

2001年,为改善桥东街经商环境,开展桥东街拆违行动,拆除违章建筑和临时建筑。

2001年,为提升东海路通行能力,投资实施青峙岭改造工程。爆破削平桥头山,削低青峙岭,拓宽路面。桥头山削平后,东海路拉直拓宽,路旁建设了四方家园商品住宅小区。

2002年,为改善小浃江水质和江岸环境,投资实施小浃江整治工程,清除江底淤泥,砌筑800余米江岸,修建了沿江步行道,绿化了江岸。

2002年8月,建设联合车站和加油站。

桥头山爆破施工现场

桥头山削平后建设的四方家园

第八节　宁波联合集团

1992年10月，国务院批准宁波经济技术开发区与北仑港工业区合并，宁波经济技术开发区的面积扩大到29.6平方千米。根据新的发展形势，1992年12月，宁波经济技术开发区联合发展有限总公司与宁波经济技术开发区管理委员会实行政企分开，根据党中央提出的"积极发展企业群体或企业集团"的精神，联合发展有限总公司改组为宁波经济技术开发区联合（集团）总公司，注册资本不变。根据开发区管委会授权，公司在宁波经济技术开发区联合开发区域行使项目审批、人员出国审批、人员调配、三电管理等6项政府主要管理职能。

1993年2月26日，联合发展有限总公司改组为联合（集团）总公司和联合集团。联合（集团）总公司拥有24家全资直属企业和57家参资企业。内部分为核心层、紧密层、半紧密层及松散层4个层次共92家企业，联合（集团）总公司是其核心企业。

1994年3月3日，联合（集团）总公司进一步改组为定向募集的联合（集团）股份有限总公司，股份总公司拥有全资子公司28家，参资企业60家，在国内外设有多处分支机构，总资产近13亿元，净资产3.5亿多元，注册股本30668万元，是当时全市最大的股份制企业。

1996年6月，联合集团在公司股权结构、治理结构、业务架构等方面进行了一系列的改革。根据国务院国发〔1995〕17号文件的精神，宁波经济技术开发区联合（集团）股份有限总公司对非经营性资产进行分离，并更名为宁波联合集团股份有限公司（以下简称"公司"或"宁波联合"），注册资本变更为14837.90万元。1997年1月13日，公司1997年度第一次临时股东大会决定对国家股、法人股和内部职工股进行同比例缩股，将股本总额由14837.90万元减少至9000.00万元。

初期的宁波联合集团综合楼

1997年3月31日，经中国证监会证监发字〔1997〕72、73号文件批准，宁波联合集团股份有限总公司向社会公众公开发行3000万股A股股票，每股面值1.00元，每股发行价11.78元，并于1997年4月10日在上海证券交易所挂牌交易，发行后总股本12000万股，成为宁波开发区第一家在国内主板上市企业。1997年4月10日，宁波联合（集团）股份有限总公司3000万A股股票在上海证券交易所上市交易。

公司股份上市后，根据联合开发区域的行

政管理职能相应弱化的新情况,开发区管委会于1997年4月设立联合开发区域办事处,由办事处负责该区域的社会和行政事务、社区管理,以加强区域的行政和社会事务管理。管委会有关职能局设在联合开发区的行政执法部门,在业务上继续接受各职能局指导,在行政上接受联合开发区域办事处的协调和管理。

宁波联合集团在宁波开发区管委会领导下,加快联合开发区域招商引资工作。为促进区域繁荣,除引进工业项目外,还大力引进非生产性项目,其中第三产业项目占了相当大比重。通过以商品经营基地为重点的专业市场建设,引进了大量经营性企业,并以此带动区域房地产开发,使联合区域的面貌有了很大改观。1993年至1997年底,全区共签约工业项目125项,总投资27204万美元;经营性企业1473家,注册资本171638万元。

宁波联合集团积极适应社会主义市场经济发展要求,明确产权,转换企业经营机制,加快企业发展步伐,努力使公司由行政管理型向经营管理型转化,企业的综合实力又上了一个台阶。公司在房地产、医药、机电和贸易等几个行业具备了一定实力。公司拥有全资附属企业6家,控股子公司2家,1997年公司主营业务收入111020.3万元,利润总额15139.58万元。公司于1995年被评为"中国的脊梁——国有企业500强"企业。

联合集团继续配合支持开发区管委会做好区域大项目的招商引资工作,到2004年末,联合开发区基本完成了其招商引资的历史使命,形成了以化工、机械、医药、纺织等主要产业为龙头,各类中小企业聚集的工业园区,年产值逾百亿元、利税超10亿元。

1999年9月党的十五届四中全会提出"国退民进"经济发展战略,要求国有经济逐步退出自由竞争行业,腾出空间发展民营经济。在此背景下,宁波开发区管委会于2009年7月公开征集宁波联合29.9%股份的受让方。2009年12月29日,浙江荣盛控股有限公司与宁波经济技术开发区控股公司签署《股份转让协议》,受让宁波经济技术开发区控股公司持有的90417600股宁波联合股份(占公司总股本的29.90%)。2010年1月25日和2010年2月26日,宁波市人民政府和宁波市国有资产监督管理委员会分别发文批复同意荣盛控股与宁波经济技术开发区控股有限公司签署的《股份转让协议》。宁波联合集团完成"国退民进",由一家国资控股公司转变为民营控股上市企业。

宁波联合集团1995年被授予"中国国有企业500强"称号;2002—2004年连续3年蝉联"中国500强企业";2005—2010年荣膺"中国服务业企业500强企业";2007年成为"上证公司治理指数"199家治理板块样本股之一。

宁波联合集团关联企业

宁波开发区热电有限责任公司

宁波开发区热电有限责任公司是一家集发电、供电、供热于一体的热电联产企业,承担着联合区域、江南出口加工贸易区和青峙化工园区的供热任务。

开发区管委会于1986年6月投资成立了开发区电力公司,于1987年2月投资成立了热电站筹建处(热电厂),作为开发区的基础设施。

经过多年的建设,企业规模不断扩大,综合实力迅速增强,至2019年拥有四炉四机的生产规模,总装机容量为45兆瓦,供热能力400吨/小时。供热主管线、支线总长度72千米,其中最大主管线直

宁波开发区热电有限责任公司

径达到DN600，最长支线约10千米。拥有110千伏变电所一座、10千伏配电室5座，电网覆盖开发区联合区域。公司占地面积8.6万多平方米。至2019年有职工240余人，其中各类专业技术人员70余人。

1991年2月经宁波经济技术开发区联合发展总公司（现为宁波联合集团股份有限公司）批准，热电厂与电力公司合并成立宁波开发区热电公司。

1998年9月，公司改制为股份有限责任制，并更名为宁波经济技术开发区热电有限责任公司。

戚家山宾馆

位于戚家山东麓，东朝东海路，与戚家山街道办事处隔路相望；西依戚家山；南为戚家山；北近沙蟹岭。占地25000平方米，建筑面积21000平方米。

戚家山宾馆隶属宁波联合集团股份有限公司。1989年2月开业，1995年获评三星级涉外饭店，

戚家山宾馆

2006年被评为四星级旅游饭店，2012年3月获得"银树叶级绿色旅游饭店"称号，2014年被评为"宁波市十佳旅游饭店"，2015年获评"平安饭店市级企业"，2016、2017年连续被评为"宁波市优秀旅游饭店"，2018年获得"宁波市旅游饭店金茶花奖"。

戚家山宾馆接待过胡锦涛、江泽民、李鹏、荣毅仁、田纪云、李铁映等党和国家领导人，及包玉刚、霍英东、应昌期等知名人士。

第二章 北仑区重化工业重点区域

1992年初，宁波开发区引进第一批化工企业。这些企业的主要特点是：体量不大，品种单一，产量不高，没有形成规模。2004年，自逸盛石化的入驻开始，一批高新技术的石化企业在该地落户。2016年，北仑区政府批准设立青峙化工园区管委会，标志重化工基地的正式形成。

第一节 重化工企业集聚区的形成

宁波开发区开发初期地处杭州湾南岸、甬江出海口。南距北仑港12千米，北距镇海炼化有限公司10千米，既能就近获得化工原料，又有方便的产品出海通道，独特的区位优势是化工企业落户宁波开发区的重要条件。

宁波开发区制定了"外引内联"的招商引资策略，在企业注册、土地批租、税收减免等方面提供了优惠的条件。为企业落户建设了标准厂房，让企业可以拎包入户。

1985年起，开发区先后建设了职工宿舍、戚家山别墅区、玫瑰花园住宅区，为创业者改善了居住环境。

自20世纪90年代起，和桥化工、新桥化工、斯迈克化学、万联生化、伸春化工、华旭化工、伊立欧化学、麒灵化工等先后在3.9平方千米的初期开发区域内建立。

1992年3月，北仑区委、区政府公布青峙、小山、港前等三个工业小区总体规划。青峙工业小区规划总面积1.4平方千米，前期开发0.6平方千米。小区主干道、水电、通信、排污、供水等基础设施开工建设，为化工企业的进驻和发展提供条件。

1995年12月，三星重工（宁波）有限公司在宁波开发区成立，宁波开发区有了第一家重工企业。

2003年3月，浙江逸盛石化有限公司在宁波开发区青峙化工园区建立。此后，一批投资额度大、科技含量高的石化企业相继在青峙化工园区成立。

2016年，北仑区政府批准设立青峙化工园区管理委员会。青峙化工园区东临蒋家京甬路，西濒甬江口，南至骆霞公路，北为金塘港，陆域面积约6.4平方千米。

表 3-2-1　青峙化工园区部分企业名称一览表

化工企业名称	成立年份	非化工企业名称	成立年份
中石化镇海炼化港储部	1976	三星重工业（宁波）有限公司	1995
宁波北仑区小港化剂公司	2001	宁波国沛石油化工有限公司	1997
浙江逸盛石化有限公司	2003	宁波永祥铸造有限公司	2000
宁波赫革丽高分子科技有限公司	2003	宁波新安东橡胶制品有限公司	2000
宁波中新腈纶有限公司	2003	宁波开发区希科新材料有限公司	2001
宁波青峙化工码头有限公司	2003	宁波北仑区小港青峙第一采石场	2001
宁波海能调和油有限公司	2004	宁波威斯达尔石化有限公司	2002
宁波科元精化有限公司	2007	宁波亚沛斯化学科技有限公司	2003
宁波龙利钜能新材料有限公司	2009	飞佛特种纺织品（宁波）有限公司	2004
中石油东北销售宁波分公司	2010	宁波北仑春翔工贸有限公司	2007
宁波金发新材料有限公司	2011	宁波冠保码头有限公司	2013
宁波戚家山化工码头有限公司	2011	宁波开发区建成宏福建材有限公司	2016
宁波长鸿高分子科技股份有限公司	2012	宁波新安东密封保温系统有限公司	2016
宁波龙利钜能新材料有限公司北仑分公司	2018	宁波明方化工科技有限公司	2016
宁波斯迈克制药有限公司（联合区域）	1991	浙江甬仑聚嘉新材料有限公司	2018
宁波新桥化工有限公司（联合区域）	1996	宁波润博波特汽车零部件有限公司	2019
欧诺法化学（宁波）有限公司（联合区域）	2003	中和安东南亚宁波及高分子科技有限公司	2020

第二节　主要重化工企业简介

浙江逸盛石化有限公司

位于青峙化工园区港口路8号，占地1003亩，建筑面积25万平方米，由上市公司恒逸石化有限公司、荣盛石化股份有限公司、佳柏国际投资有限公司、香港盛晖有限公司共同投资组建。公司成立于2003年，注册资本32亿元，投资总额200亿元。2019年有员工493人。公司专业生产聚酯化纤原料精对苯二甲酸（PTA）、精间苯二甲酸，拥有年产500万吨PTA的产能，实现产值276.72亿元。

浙江逸盛石化有限公司厂区

宁波龙利钜能新材料有限公司

位于青峙化工园区丽亚路19号,占地面积144.17亩,由江苏和庆兴投资有限公司与见龙(香港)国际有限公司投资设立。成立于2009年7月,注册资本3亿元,投资总额20亿元。2018年8月17日完成工商变更登记,将公司名称龙利钜能国际贸易有限公司变更为宁波龙利钜能新材料有限公司。2018年9月投产,主要产品为可发性聚苯乙烯。2019年产值16.08亿元,有员工130人。

宁波龙利钜能新材料有限公司

宁波科元精化有限公司

宁波科元精化有限公司(原名科元塑胶有限公司,2018年6月更改为现名)位于青峙化工园区港口路98号,占地面积107092平方米(160.6亩),建筑面积48000平方米。2007年4月由科元控股集团(宁波)有限公司、广东温式投资有限公司、宁波朝铭企业管理合伙企业(有限合伙)、宁波科元天成投资有限公司珠海横琴温氏科元股权投资基金合伙企业(有限合伙)及自然人邱杏芬共同出资设立,注册资本6.5亿元,投资总额80亿元。2008年投产。主要产品包括高档溶剂和化学清洗剂等30多种精细化高端化学产品,广泛应用于化工、印染、制药、食品、精密电子、光学等行业,在这些精细化工产品中高档溶剂和化学清洗剂在全国产量第一、市场份额第一。2019年有员工689人,销售收入92.12亿元。

宁波科元精化有限公司厂区

三星重工业(宁波)有限公司厂区

三星重工业(宁波)有限公司

位于青峙化工园区港口路18号。占地面积79万平方米,建筑面积23.5万平方米。是韩国三星重工业株式会社(SHI)在中国的首个造船基地。成立于1995年12月,1997年10月投产。注册资本5亿元,总投资额13亿元。2019年有员工1671人。公司主要经营范围为造船、拆船、机械铸造和陆地及海洋的钢制结构物、建筑机械和环保设备的制造。年生产能力25万吨,能够专业生产4000吨的超大型分段,以及5万吨级油船、各种船体分段。2019年产值11.57亿元。

宁波中新腈纶有限公司

位于青峙化工园区丽亚路26号,总占地面积15万平方米,建筑面积26636平方米,现有员工220

人，其中技术人员22人。2003年3月建立，系日本三菱丽阳株式会社的全资子公司。2009年4月投产，同年被江苏中新资源集团有限公司收购。公司注册资金13800万美元，实际投资19189万美元，主要产品为腈纶纤维，投资规模年产5万吨腈纶。宁波中新腈纶有限公司采用日本三菱丽阳的以丙烯腈和醋酸乙烯为单体、以二甲基乙酰胺为溶剂的湿纺二步法腈纶生产工艺。全部核心设备

宁波中新腈纶有限公司

从日本引进，主要设备从意大利、德国进口。新公司成立以来，经过自主研发，开发了抗起球、超细旦、大有光、超柔超亮、扁平、异型截面等纤维。公司通过节能降耗、新产品研发保持了行业技术领先、产品多元化、附加值高的优势。2018年的产值为5.99亿元。

宁波金发新材料有限公司

位于青峙化工园区宏源路168号，占地约1300亩，建筑面积25万平方米。原为宁波海越新材料有限公司，成立于2011年4月。2019年6月26日，更名为宁波金发新材料有限公司，由金发科技股份有限公司、宁波银商投资有限公司、工银资本管理有限公司、宁波万华石化投资有限公司共同出资组建。注册资本金13.7亿元，投资总额100亿元。一期项目投资超60亿元，是国家级石化产业基地的重要配套项目，也是浙江省和宁波市"十二五"重点建设工程。于2014年上半年

宁波金发新材料有限公司厂区

投料试车，主要建设项目有60万吨/年丙烷脱氢装置、60万吨/年异辛烷装置、100万吨/年气分装置、4万吨/年甲乙酮装置、3万吨/年硫酸再生装置、5万吨级化工专用码头、37.3万立方罐容及公用工程和辅助生产设施等。所有生产装置都采用国内外最先进的工艺技术，具有低能耗、高环保、高效益、高稳定性、高质量等优势。2019年职工人数近500人，产值78亿元。

宁波长鸿高分子科技有限公司

位于青峙化工园区港口路108号，占地面积70亩，建筑面积32500平方米。2011年6月，公司由宁波定鸿股权投资合伙企业（有限合伙）、深圳君盛峰石股权投资基金合伙企业（有限合伙）及自然人张国强、陶春风、苗杏梅共同出资设立，注

宁波长鸿高分子科技有限公司

册资金45900万元，投资总额230000万元。

2012年6月15日投产，主要生产国家新兴战略产业SBS、SEBS、SEPS系列热塑性弹性体新材料。2019年有员工237人，年产值11.29亿元。

青峙化工码头有限公司

青峙化工码头有限公司

位于青峙化工园区富山路8号，于2003年9月成立，由香港港发投资有限公司（40%）、宁波港股份有限公司（35%）、宁波联合集团股份有限公司（25%）合资经营。注册资本1710万美元。岸线长度650米。主要经营液体化工产品的装卸、储存、管道输送、分装等配套服务。

欧诺法化学（宁波）有限公司

欧诺法化学（宁波）有限公司于2003年7月2日由美企全资成立，注册资金500万美元。公司经营范围包括助剂新产品的开发和生产（化学危险品除外）等。2019年产值1.70亿元。

宁波永祥铸造有限公司

位于港口路1号。另两个厂区分别在丽亚路8号与黄海路95号。创办于2000年，占地面积110932.78平方米（约166亩）。主要产品为球墨铸铁、灰口铸铁、废钢加工及模具、汽车部件、精密机床重要部件的精密锻压及铆焊和钣金；经营黑色金属铸造、毛坯制造。注册资本8310万美元。先后被评为中国铸造行业绿色铸造示范企业、中国铸造行业综合百强企业、中国铸造行业排头兵企业、浙江省尘毒治理示范企业、宁波市职业卫生示范企业等荣誉称号，2019年有员工710人，产值4.6亿元。

宁波永祥铸造公司

宁波赫革丽高分子科技有限公司

位于青峙化工园区内，建立于2003年5月。为台商独资企业。占地面积约33333.39平方米（50亩）。建筑面积约28674平方米，总投资1000万美元。2018年有职工人数57人，产值0.80亿元。

第四编　人口　姓氏

　　横山遗址出土的新石器时代的石镞、石锛、陶纺轮等文物证明，早在春秋时期，小港先民就在小浃江两岸山麓、溪谷和向阳坡地生息，以种粮、打猎、煮盐为业。

　　戚家山街道境内素有唐涂宋滩之说。小浃江在唐宋年间为海江。舟山等岛屿居民至鄞县、明州贸易，多从小浃江口入内。地处小浃江入海口的小港因此兴起。清道光九年（1829）建义成碶，小浃江渐成淡水江，两岸皆成良田，居民陆续迁入，村落逐渐形成。

　　明清时期，商贸发展，中原、福建等地商贾到小港不断增多。清康熙五十年（1711）颁布"滋生人丁，永不加赋"，雍正元年推动"摊丁入地"，取消人丁税，原隐匿户人数公开，人口增两倍以上。

　　民国初至1941年，虽有部分男丁旅外经商谋生，但境内人口数量始终未有大的变动。抗日战争时期，社会动荡，经济萧条，自然生殖率下降。其间，日军两次在青峙、黄瓦跟登陆，烧杀抢掠，青峙、林唐、小港、江南及衙前一带村落5500余间民房被日军焚毁，老百姓流离失所，人口锐减。据《镇海县志》记载，小港镇1914年每平方千米484人，1929年上升至511人。经历抗日战争，至1948年降至391人。

　　新中国成立后，人民安居乐业，人口自然生殖率提高，境内人口增幅较大。1984年，宁波经济技术开发区在戚家山街道小港自然镇建立，大批外地居民进入小港工作。1993年，房地产开发兴起，周边居民在小港购房，外地居民亦购房落户，人口迅速增加。人口密度从1950年的每平方千米384人增至1985年每平方千米618人，2019年增至885人（按户籍人口计）。

本编目录

第一章　人　口

境内,小浃江通江达海,为商贸活动提供了交通便利。清道光九年(1829)建成义成碶,为农业生产创造了有利条件。自此,农业与商贸业蓬勃发展,人口增长迅速。自明清起,境内多次遭受倭寇、英军、法军、日军侵略,境内居民深受迫害,制约了人口增长。真正让该地人口得到发展的是20世纪80年代宁波经济技术开发区的建立和发展。

第一节　人口变迁

新中国成立前几次人口普查数据:民国七年(1918),城隅(城镇)、崇邱(含戚家山区域),户数16744户;人口63726人,男34093人、女29633人,其中学童8010人、壮丁11924人、宗教216人;寺庙僧道100户,男225人、女106人;公共处所132人,男3925人,女192人。

民国十二年(1923),二区崇邱(含戚家山区域)普通户12503户,人口43824人.男23281人、女20543人;特种户125户,人口1145人,男1089人、女56人。

新中国建立后,尤其是从1985年起,戚家山街道区域内人口急遽增加。宁波经济技术开发区吸引全国各地科技人才和劳动力到戚家山街道安家落户或临时居住。至2010年全国人口普查,戚家山街道户籍人口14791人;2019年,戚家山街道户籍人口16471人,外来务工人员5万余人。

表4-1-1　新中国成立后戚家山街道境内人口情况表

次　别		户数(户)	人口(人)	其　中	
				男(人)	女(人)
第一次人口普查	青峙乡	841	2697	1300	1397
	小港乡	1030	3488	1623	1865
第二次人口普查		3656	14302	7176	7126
第三次人口普查		5142	16736	8268	8468
第四次人口普查		7420	23872	12498	11374
第五次人口普查		23347	66057	34372	31685
第六次人口普查		9011	25187	13675	11512

表4-1-2　1996年戚家山街道境内各村（社区）人口一览表

村（社区）名	户数（户）	人口（人）	其中	
			男	女
蒋　家	126	340	173	167
沙　头	221	603	298	305
李　隘	388	860	408	452
青　峙	322	760	385	375
林　唐	720	1952	929	1023
渡　头	264	620	281	339
小港社区	868	1616	757	859
蔚斗社区	1959	5710	—	—
东升社区	—	—	—	—

注：1998年蔚斗、东升2个社区共6239人，男3371人，女2868人。

表4-1-3　2019年戚家山街道各村（社区）人口一览表

村（社区）名	户数（户）	人口（人）	其中	
			男（人）	女（人）
蒋　家	132	323	155	168
沙　头	177	511	254	257
李　隘	353	834	391	443
青　峙	328	689	323	366
林　唐	769	2117	998	1119
蔚斗社区	1695	4518	2238	2280
东升社区	2207	5892	2911	2981
渡头社区	712	1587	775	812
合　计	6373	16471	8045	8426

第二节　人口构成

民族构成

　　戚家山街道境内系汉民族聚居地区。因婚姻关系或工作调动等因素，陆续有少数民族人士在域内居住。1984年10月宁波经济技术开发区建立后，大批外省市或省内各县市居民在开发区内就业、生活，或戚家山街道居民在外地经商、工作娶少数民族女子为妻，致使戚家山区域少数民族人口增加。

表4-1-4　第一至六次全国人口普查戚家山街道境内少数民族人口一览表

单位：人

年　份	总人数	蒙古族	彝　族	回　族	满　族	苗　族	畲　族	侗　族	土家族	白　族	维吾尔族	外国人入中国籍	民族不详
1953	—	—	—	—	—	—	—	—	—	—	—	—	—
1964	7	4	0	0	0	0	0	0	0	0	0	1	2
1982	6	1	4	1	0	0	0	0	0	0	0	0	0
1990	26			5	1	1	1	12	3	2	1	0	0
2000	588	12	58	5	7	75	13	19	281	28		0	2
2010	231	2	12	11	12	63	3	16	31	8	8	0	1

年　份	总人数	布依族	壮　族	朝鲜族	瑶　族	傣　族	黎　族	仡佬族	哈萨克	怒　族	土　族	其　他
2000	56	17	14	11	3	1	1	4	0	0	0	5
2010	64	15	17	19	1	2	1	4	3	1	1	0

性别构成

民国初期，男性迁居外埠经商谋生较多，加以瘟疫流行罹难者中以男性为多，又因抗日战争时期男性被抽壮丁、拉夫、劳役甚众，因此使男性比例缩减。1953年第一次全国人口普查，男性比率为93.12%（以女性为100，下同），以后逐步上升；1964年第二次全国人口普查，男性比率达99.96%；1982年第三次全国人口普查，男性比率为98.18%，趋于常态。1990年第四次全国人口普查，男性比率达到106.91%，男性超过女性。根据1996年年报资料（小港、蔚斗居委会没有统计在内），男性比率为99.48%。

宁波经济技术开发区建立后，大批男性务工人员进入戚家山区域打工，使男性比率增大。2000年，男性比率为108.48%，2010年增大到118.79%。2019年，男性比率恢复至正常水平。

表4-1-5　戚家山街道境内人口性别比例一览表

年　份	乡　镇	男　性		女　性		男性比率（%）（女性＝100）
		人口（人）	占比（%）	人口（人）	占比（%）	
1953	青峙乡	1300	48.20	1397	51.80	93.06
	小港乡	1623	46.53	1865	63.47	87.02
1964	小港公社	7176	50.18	7126	49.82	100.70
1982	小港公社	8267	49.40	8468	50.6	97.64
1990	小港镇	12498	52.35	11374	47.65	109.88
1996	小港镇	23068	49.87	23189	50.13	99.48
2000	小港镇	34372	52.05	31685	47.45	108.48
2010	戚家山街道	13675	54.29	11512	45.71	118.79
2019	戚家山街道	8045	48.84	8226	51.16	97.80

年龄构成

学龄段（0—14岁）人口比例，学龄前和学龄儿童、少年，1964年16133人，占总人口的42.52%；1982年11733人，占总人口的25.08%；1990年9339人，占总人口的18.2%。

劳动年龄（15—59岁）人口比例，1964年18568人，占总人口的48.94%；1982年30662人，占总人口的65.53%；1990年36495人，占总人口的71.27%。

60岁以上人口比例，境内1964年3237人，占总人口的8.53%；1982年4395人，占总人口的9.40%；1990年5370人，占总人口的10.49%。2018年有60岁以上老人3344人，占街道总人口的20.8%。

从以上分组年龄比较，学龄前儿童和学龄儿童、少年占总人口的指数不断下降，这与计划生育政策的贯彻实施相关；60岁以上老人占比不断增加，说明人民生活水平不断提高，医疗卫生设施不断改善，社会保险、医疗保险覆盖面不断扩大，使人均寿命逐年增长。戚家山街道已进入深度老龄化社会。

表4-1-6 第三至六次全国人口普查戚家山街道境内人口年龄情况表

单位：人

年龄（岁）	1982年			1990年			2000年			2010年		
	合计	男	女	合计	男	女	合计	男	女	合计	男	女
0—4	1087	568	519	1574	822	752	2815	1469	1346	1090	600	490
5—9	1143	564	579	1304	681	623	3068	1648	1420	981	544	437
10—14	1841	947	894	1358	699	659	3595	1900	1695	892	477	415
15—19	2120	1086	1034	2097	1017	1080	4025	1913	2112	1231	687	544
20—24	1607	763	844	2871	1536	1335	7304	3618	3686	3313	2077	1236
25—29	1874	915	959	2827	1537	1290	8525	4442	4083	3154	1757	1397
30—34	1607	788	819	2527	1315	1212	7714	4428	3286	2731	1439	1292
35—39	1082	557	525	2300	1211	1089	6444	3546	2898	2740	1453	1287
40—44	568	302	266	1889	1013	876	5149	2719	2430	2371	1236	1135
45—49	702	341	361	1037	648	389	4941	2595	2346	1801	927	874
50—54	713	341	372	830	464	366	3765	1945	1820	1353	702	651
55—59	715	378	337	866	446	420	2128	1171	957	1211	628	583
60—64	490	221	269	806	419	387	1530	858	672	860	430	430
65—69	416	192	224	649	322	327	1620	820	800	463	256	207
70—74	319	150	169	387	168	219	1530	647	703	277	140	137
75—79	238	90	148	287	112	175	921	411	510	267	114	153
80—84	152	48	104	157	49	108	418	161	257	166	75	91
85—89	55	15	40	81	34	47	183	69	114	64	26	38
90—94	9	2	7	24	5	19	53	9	44	23	5	18
95—99	0	0	0	1	0	1	8	3	5	0	0	0
100—104	0	0	0	0	0	0	2	0	2	0	0	0

第三节　家庭组合

婚姻状况

新中国成立前,婚姻凭父母之命、媒妁之言;讲究门当户对,早生儿子早得福,因此居民普遍早婚。一般男性十八九岁、女性十六七岁就结婚;并有领童养媳、典妻等封建劣俗;富贵人家三妻四妾,贫困人家终身未娶;女性必须遵循"在家从父,出嫁从夫,夫死从子"的三从四德,丧偶后不得改嫁,终身守寡。新中国成立后,实施《中华人民共和国婚姻法》,实行一夫一妻制,提倡妇女解放、男女平等、婚姻自由,禁止买卖婚姻,婚姻状况明显改善。国家提倡晚婚晚育,晚婚风气逐渐形成。1947年15岁及以上人口的未婚率为16.7%,1982年未婚率29%。境内居民丧偶率较高,1947年为20.7%;新中国成立后,居民生活稳定,收入增加,医疗条件改善,丧偶率下降,1990年降至7.2%。同时,离婚率上升,由1947年的0.2%增至1990年的0.7%。

表4-1-7　第四至六次全国人口普查戚家山街道境内人口分性别的婚姻情况表

单位:人

年份	15岁及以上			未婚			有配偶			丧偶			离婚		
	合计	男	女	合计	男	女	合计	男	女	合计	男	女	合计	男	女
1990	19636	10296	9340	5048	3012	2036	13248	6918	6330	1191	246	945	159	120	39
2000	5070	2603	2467	855	546	339	3786	1912	1874	268	75	193	46	32	14
2010	2683	1457	1226	559	385	174	2010	1036	974	64	14	50	50	22	28

家庭人口

旧时,由于生产力水平低下,生产工具缺乏,劳动人口是最主要的生产力,因此提倡多子多福、人丁兴旺。一户七八口人甚至十几口人极为普遍。1953年人口普查,小港平均每百户人口338.6人。以后户均人口逐年增多,1964年为391.19人,1982年为325人。此后每百户人口逐年减少,20世纪80年代实行计划生育政策后,一对夫妻生一个子女的小家庭增多,4人以上户减少。1990年全国第四次人口普查时,小港境内平均每百户人口为321人,1996年平均每百户人口为254人。

表4-1-8　第五至六次全国人口普查戚家山街道境内户口规模情况表

2000年			2010年		
户口规模	户数(户)	所占比例(%)	户口规模	户数(户)	所占比例(%)
1人户	3165	14.81	1人户	1982	21.94
2人户	6223	29.13	2人户	2832	31.34
3人户	7796	36.49	3人户	2906	32.16

2000年			2010年		
户口规模	户数（户）	所占比例（%）	户口规模	户数（户）	所占比例（%）
4人户	2663	12.46	4人户	764	8.46
5人户	1228	5.75	5人户	431	4.77
6人户	205	0.96	6人户	72	0.8
7人户	46	0.22	7人户	30	0.33
8人户	26	0.12	8人户	12	0.13
9人户	11	0.05	9人户	3	0.03
10人以上户	2	0.01	10人以上户	3	0.03
总户数	21365	100	总户数	9035	100

第四节　文化素质

新中国成立前，戚家山街道（小港）境内群众受教育机会甚少。由于生活困难，多数家庭的子女十一二岁才上学，能识几个"眼头字"即辍学。特别是女孩子读书机会更少。境内仅有养正、延陵、发蒙、蔚斗、伏波等小学，以及林唐小学。由于家境困难，学校较少，就学人数不多，文盲半文盲甚多。

新中国成立后，国家大力发展教育事业，开展群众性的扫盲工作，文盲半文盲人数大为减少；由于妇女解放，享受与男性同等社会地位，受教育机会增加，女性文化程度显著提高。人口文化素质得到很大提高，至2019年，街道已无文盲。

表4-1-9　第二至六次全国人口普查戚家山街道境内人口文化程度一览表

单位：人

年　份	本　科	专科（含肄业）	中　专	高　中	初　中	小　学	文盲半文盲
1964	27	0	0	147	748	5070	4465
1982	35	10	0	701	3604	8152	2576
1990	172	181	339	1610	7240	9762	2802
2000	262	661	1300	5645	24697	24751	4036
2010	807	1959	0	5286	9456	5559	576

注：据普查资料，2000年有研究生以上学历8人，2010年有研究生以上学历30人。

第五节　劳动力构成

新中国成立前至20世纪60年代初，小港（戚家山区域）居民主要从事水稻种植、棉花种植、晒盐制盐、近海与滩涂捕捞、农具与生活用品手工业。20世纪60年代中期，随着社（队）办企业、乡镇企业的兴起，参加工业生产的劳动力增多。20世纪80年代，宁波经济技术开发区的建立与发展，使小港（戚家山街道）劳动力构成发生根本性的改变。原从事农渔业生产的农民转变为工人，从事农渔业生产的人口急剧减少。至1992年10月，原曙光、棉花、盐场、黄跟、桥东各村农业、盐业劳动人口2754人转变成工业人口。

表4-1-10　1953年戚家山街道境内各行业人口情况表

乡　镇	村数（个）	总人口（人）			劳动力分业										
		合　计	男	女	稻　农		棉　农		山　农		渔　民		其　他	
					人数（人）	占比（%）	人数（人）	占比（%）	人数（人）	占比（%）	人数（人）	占比（%）	人数（人）	占比（%）
小港镇	4	3608	1623	1985	1446	41.46	42	1.2	0	0	0	0	2000	57.34
青峙乡	3	2697	1300	1397	1887	69.72	0	0	2	0.07	18	0.67	790	29.29

表4-1-11　第四至五次全国人口普查戚家山街道境内人口职业构成情况表

单位：人

职业分类		在业人口	农　业	工　业	建筑业	交通运输邮电通信	商业饮食物资供销仓储	房地产公用事业居民服务业	卫生体育社会福利事业	教育文化艺术广播电视	科研综合技术服务	金融保险	国家机关党政机关社会团体	其他行业
第四次	合计	15157	4826	5805	1498	438	1122	424	83	200	12	120	629	0
	男	9153	3012	2980	1377	396	580	269	32	73	9	60	365	0
	女	6004	1814	2825	121	42	542	155	51	127	3	60	264	0
第五次	合计	3756	622	2046	240	96	361	13	22	32	1	20	56	247
	男	2210	417	1028	220	90	169	10	9	12	1	5	42	207
	女	1546	205	1018	20	6	192	3	13	20	—	15	14	40

表4-1-12　2007—2012年戚家山街道劳动力构成情况表

单位：人

年　份	劳动力总数	劳动力分布		
		第一产业	第二产业	第三产业
2007	3342	283	1353	1706
2008	3400	231	1552	1617
2009	25603	154	23589	1860
2010	24768	148	23014	1606
2011	3155	92	1391	1672
2012	3217	84	1419	1714

第六节　长寿老人

新中国成立前，人民生活水平低下，劳动强度大，医疗卫生缺乏，加上战乱、瘟疫，人口平均寿命较低。因此有"人生七十古来稀"之说。新中国成立后，人民安居乐业，生活水平逐年提高，医疗条件和医保制度逐渐完善，人口寿命逐年增长。1964年，小港（含戚家山街道）60岁以上老人3237人，占总人口的8.53％；1982年，60岁以上老人4398人，占总人口的9.40％；1990年，60岁以上老人5370人，占总人口的10.49％。2018年，戚家山街道60岁以上老人3344人，占总人口的20.8%。平均寿命从新中国成立前的35岁延长至20世纪90年代的72岁，2018年延长到81.62岁。

戚家山街道至2019年有百岁老人2人。严小梅，女，1918年2月生，李隘村人。袁银香，女，1918年2月生，渡头社区人。

第七节　计划生育

新中国成立前，社会动荡，人民生活困苦，医疗条件不好，人口自然增长率不高。新中国成立后，随着社会生产力发展，人民生活和医疗条件逐步改善，使人口出生率与自然增长率不断提高，人口基数不断扩大。

控制人口增长，主要靠实施计划生育。1956年起，在镇海县人民医院和各地医疗单位开展输精管、输卵管结扎手术，采取避孕绝育措施，有计划地控制人口出生。1962年底镇海县建立计划生育委员会（"计生委"），1972年乡镇设计生办，配备专职人员，每乡镇1名计生干部，贯彻实施计划生育条例。1982年计划生育政策上升为基本国策。计划生育制度的实施，促进了人民婚育观念的转变，人口出生率和自然增长率得到有效控制。随着人口增长的变化，计划生育政策在逐步改变，目前已由原来一对夫妻只生一个孩子改变为鼓励生育第二孩。

表4-1-13　1992—1996年戚家山街道境内人口自然增长率一览表

年　份	总人口（人）	出生人数（人）	出生率（‰）	死亡人数（人）	死亡率（‰）	自然增长率（‰）
1992	45760	309	6.75	277	6.05	0.70
1993	50835	567	11.15	273	5.37	5.78
1994	52747	564	10.69	343	6.50	4.19
1995	51054	594	11.63	343	6.72	4.91
1996	50587	543	10.73	325	6.42	4.31

表4-1-14　2007—2018年戚家山街道人口自然增长率一览表

年　份	总人口（人）	出生人数（人）	出生率（‰）	死亡人数（人）	死亡率（‰）	自然增长率（‰）
2007	—	113	—	—	—	—
2008	13630	124	9.76	48	0.352	0.557

年 份	总人口（人）	出生人数（人）	出生率（‰）	死亡人数（人）	死亡率（‰）	自然增长率（‰）
2009	13683	140	9.06	57	0.416	0.607
2010	14193	132	9.36	59	0.415	0.514
2011	14310	127	8.87	64	0.447	0.440
2012	14573	145	9.94	62	0.425	0.570
2013	14748	116	7.86	71	0.481	0.305
2014	14993	151	10.07	69	0.460	0.547
2015	15131	113	7.46	92	0.608	0.119
2016	15251	163	10.68	58	0.380	0.688
2017	15409	136	8.82	70	0.454	0.428
2018	15549	120	7.71	73	0.426	0.302

表4-1-15 1992—1996年戚家山街道境内计划生育情况一览表

年 份	出生人数（人）	计划生育率（%）	独生子女领证率（%）	一 孩		二 孩		政策性多孩	
				人数（人）	占比（%）	人数（人）	占比（%）	人	占比（%）
1992	605	99.83	54.44	531	87.77	74	12.23	0	0
1993	567	100.00	47.68	532	93.83	35	6.17	0	0
1994	564	100.00	47.78	515	91.31	48	8.51	1	0.18
1995	594	99.83	49.65	559	94.11	35	5.89	0	0
1996	542	100.00	52.18	513	94.64	29	5.34	0	0

表4-1-16 2007—2018年戚家山街道计划生育情况一览表

年 份	出生人数（人）	计划生育率（%）	一 孩		二 孩		政策性多孩	
			人数（人）	占比（%）	人数（人）	占比（%）	人数（人）	占比（%）
2007	113	100	107	94.69	6	5.31	0	0
2008	124	100	121	97.58	3	2.42	0	0
2009	140	99	132	94.29	8	5.71	0	0
2010	131	95	119	90.84	12	9.16	0	0
2011	127	98	116	91.34	11	8.66	0	0
2012	145	97	129	88.97	15	10.34	1	0.69
2013	116	98	101	87.07	14	12.07	1	0.86
2014	151	96	121	80.13	29	19.21	1	0.66
2015	116	97	86	74.14	29	25	1	0.86

年　份	出生人数（人）	计划生育率（%）	一　孩		二　孩		政策性多孩	
			人数（人）	占比（%）	人数（人）	占比（%）	人数（人）	占比（%）
2016	163	97	81	49.69	81	49.69	1	0.62
2017	136	98	62	45.59	72	52.94	2	1.47
2018	121	99	48	39.67	72	59.50	1	0.83

表4-1-17　1992—1996年戚家山街道境内女性晚婚率一览表

年　份	初婚（人）	其中晚婚（人）	晚婚率（%）
1992	496	413	83.27
1993	447	371	82.99
1994	507	431	85.01
1995	449	379	84.41
1996	415	370	89.16

表4-1-18　2007—2018年戚家山街道女性初婚情况一览表

年　份	初婚（人）	年　份	初婚（人）
2007	49	2013	83
2008	97	2014	72
2009	77	2015	57
2010	96	2016	55
2011	113	2017	36
2012	87	2018	49

第八节　支宁　知青

从1959年开始，为支援西北地区的建设，境内部分青年响应政府号召赴宁夏支援（简称“支宁”）。境内有10人（3名女性），其中渡头村5人、蒋家村2人、林唐村2人、桥东村1人，1960年6月赴宁夏，1961年8月逐渐返乡。

1964年起，一部分城镇知识青年（简称“知青”）上山下乡到农村插队落户。戚家山境内知青有赴黑龙江、云南的。其中27人在黑龙江佳木斯梧桐河农场务农；13人在黑龙江建设兵团铁三师8699部队，后转入大庆油田；5人在大兴安岭大杨树砖瓦厂，后转入辽宁曙光油田再转入大庆油田。1978年底大部分知青返回原籍，被安排在镇海大集体企业工作。

也有外地知青来戚家山境内插队落户的，或以投亲靠友方式在小港公社各队落户。

出席镇海县知青代表大会的境内知青

表4-1-19 外地知识青年至戚家山街道境内插队落户人数一览表

单位:人

村 别	人 数			村 别	人 数		
	小 计	男	女		小 计	男	女
棉 花	11	1	10	青 峙	15	3	12
盐 场	1	0	1	蒋 家	2	0	2
黄 跟	9	2	7	李 隘	14	3	11
曙 光	5	3	2	沙 头	13	7	6
桥 东	24	4	20	林 唐	23	6	17
渡 头	12	6	6				

表4-1-20 戚家山街道境内知识青年赴外地插队落户人数一览表

单位:人

村 别	人 数			村 别	人 数		
	小 计	男	女		小 计	男	女
棉 花	5	4	1	青 峙	2	1	1
盐 场	—	—	—	蒋 家	—	—	—
黄 跟	3	2	1	李 隘	1	1	—
曙 光	15	10	5	沙 头	2	1	1
桥 东	5	4	1	林 唐	—	—	—
渡 头	10	9	1				

第九节　侨胞　港澳台居民

境内居民早年远赴海外谋生,在海外(包括港澳)落脚,成为所在国(地区)居民,后回故土生活;改革开放后,一批侨胞回乡创业,落户故土;一批学子赴海外留学,学业有成后回国报效故乡。因此,街道境内有侨胞与港澳台居民生活。2018年有侨胞54人,留学生27人。

表4-1-21　2018年戚家山街道留学生人数一览表

单位:人

国家或地区	蔚斗社区	东升社区	渡头社区	青峙村	林唐村	沙头村	蒋家村	李隘村	合　计
美　国	2	1	1	0	1	0	0	0	5
日　本	0	1	0	0	1	0	0	0	2
加拿大	1	0	0	0	1	0	0	0	2
新加坡	2	0	0	0	1	0	0	0	3
罗马尼亚	0	0	0	0	1	0	0	0	1
澳大利亚	1	1	0	0	0	0	0	0	2
韩　国	0	1	0	0	0	0	0	0	1
中国香港	0	0	0	0	1	0	0	0	1
德　国	1	1	0	0	0	0	0	0	2
意大利	1	0	0	0	0	0	0	0	1
爱尔兰	1	0	0	0	0	0	0	0	1
英　国	4	0	0	0	0	0	0	0	4
新西兰	1	0	0	0	0	0	0	0	1
西班牙	1	0	0	0	0	0	0	0	1
合　计	15	5	1	0	6	0	0	0	27

表4-1-22　2018年戚家山街道居民侨胞(含港澳台)人数一览表

单位:人

国家或地区	蔚斗社区	东升社区	渡头社区	青峙村	林唐村	沙头村	蒋家村	李隘村	合　计
美　国	7	1	3	0	1	3	0	2	17
日　本	0	0	1	0	1	2	0	0	4
加拿大	1	0	0	0	0	0	0	1	2
罗马尼亚	0	0	0	0	1	0	0	0	1
澳大利亚	0	1	0	0	1	0	0	0	2
韩　国	0	0	0	0	1	0	0	0	1
中国香港	1	3	2	1	2	0	2	1	12
德　国	1	0	0	0	0	0	0	0	1
英　国	1	0	0	0	0	0	0	0	1
中国台湾	4	0	6	0	2	0	0	0	12
法　国	1	0	0	0	0	0	0	0	1
合　计	16	5	12	1	9	5	2	4	54

第二章　姓　氏

　　戚家山街道境内自明清起发展成商贸重镇，外来人口落籍众多。宁波经济技术开发区的建立与发展，又吸引了全国各地的创业者在此落户。因此，境内居民姓氏呈现渊源众多的特点。

第一节　姓氏构成

　　据2019年调查统计，境内有姓氏339个，其中1000人以上姓氏1个，人口1161人，占总人数的7%。1人姓氏58个。

表4-2-1　2019年戚家山街道居民姓氏人数一览表

人数分段（人）	小计（人）	姓氏与人数（人）	姓氏数（个）
1000及以上	1161	王1161	1
500—999	4975	李995、林940、张915、陈817、吴733、乐575	6
100—499	5808	刘473、杨437、徐408、唐359、胡318、周316、赵286、郑231、蒋215、黄198、朱196、何184、叶172、孙162、邵155、夏154、沈146、谢140、金141、俞125、汪123、袁119、潘119、贺114、戴107、顾107、罗103、曹100、许100	29
50—99	1760	江99、冯94、严93、马91、方88、余87、董86、高83、宋81、郭80、邱75、应73、毛72、蔡68、陆67、向66、程63、丁62、虞61、曾58、倪57、庄55、韩51、洪50	24
10—49	2156	钱48、石46、姚46、鲍46、任45、梁45、钟44、章42、柯42、卢41、魏40、邓40、彭40、侯40、包39、姜38、苏36、施34、傅34、竺34、范33、尹33、谭33、肖31、吕31、陶31、崔30、杜29、邹28、翁26、梅26、付25、雷25、史25、盛24、毕24、励23、童23、白22、邬22、孔22、沃21、齐21、熊21、颜20、黎20、纪20、葛20、舒20、龙19、仇19、柴19、薛19、田19、殷18、牛18、於18、阮17、贾17、易16、韦16、孟16、秦16、龚16、单15、楼15、鲁15、樊15、廖15、芦14、缪13、戚13、汤13、赖13、段13、武13、隆13、代12、郁12、万12、奚12、都11、于11、常11、谷11、屠11、左11、康10、闫10、焦10、郝10、华10	92
1—9	611	宁9、卓9、米9、柳9、贝9、庞9、祝9、瞿9、伍9、凌9、岳8、项8、裘8、聂8、相8、荣7、刑7、干7、费7、褚7、甘7、权7、谈7、沙7、符7、茅6、黄6、温6、曲6、娄6、詹6、占6、邝6、尚6、邰5、喻5、滕5、饶5、郎5、皮5、安5、储5、翟5、管5、晏5、文5、申5、岑5、柏5、水5、关5、牟5、欧5、欧阳4、况4、卞4、刁4、游4、连4、党4、霍4、闵4、母4、宗4、乔4、兰4、但3、檀3、裴3、营3、盖3、车3、官3、贠3、冉3、明3、辛3、佟3、上官3、支3、宫3、边3、谌3、斜3、耿3、苟3、杭3、季3、屈3、乌3、厚3、鸯3、解2、鹏2、苗2、商2、忻2、尧2、尤2、连2、成2、产2、窦2、户2、昝2、	187

续　表

人数分段（人）	小计（人）	姓氏与人数（人）	姓氏数（个）
		泮2、覃2、逯2、冷2、漆2、桂2、衡2、景2、莫2、蒲2、闻2、朴2、芮2、司徒2、卜2、古2、呙2、皇甫2、计2、蓝2、藏2、招2、胥2、吾2、楚2、奉1、赭1、寇1、厉1、滑1、麻1、蒙1、平1、时1、巫1、宣1、郇1、燕1、印1、多1、祖1、徒1、强1、贡1、河1、糜1、靳1、艾1、弓1、公1、吉1、惠1、介1、荆1、来1、耷1、路1、骆1、麦1、满1、密1、年1、祁1、阙1、汝1、全1、危1、庹1、英1、阴1、音1、勒1、腾1、席1、郏1、仲1、全1、樊1、查1、晁1、池1、简1	
总　计	16471	—	339

表4-2-2　2019年戚家山街道各社区（村）人数最多的10个姓氏情况表

社区（村）	人数最多姓氏	社区（村）	人数最多姓氏
蔚斗社区	王、张、陈、李、乐刘、徐、吴、杨、林	青峙村	吴、赵、孙、胡、徐张、何、王、李、陈
东升社区	王、李、张、陈、刘杨、吴、徐、林、周	蒋家村	蒋、杨、江、王、贺张、袁、吴、李、乐
渡头社区	乐、王、李、陈、林张、徐、胡、唐、金	李隘村	李、吴、陈、王、张应、林、周、戴、俞
林唐村	林、唐、张、陈、王吴、徐、夏、李、乐	沙头村	乐、张、李、陈、林吴、王、毕、竺、孙

各社区（村）姓氏人口

蔚斗社区　264个姓　4518人

王415、张282、陈257、李226、乐149、刘149、徐128、吴123、杨118 林111、周108、胡89、何88、赵84、郑72、黄53、朱52、叶51、唐45、曹44、马44、孙42、袁40、金39、汪38、潘38、蒋38、方34、许34、戴34、沈32、俞30、冯28、顾28、宋28、谢27、董27、罗27、夏26、余24、蔡23、严23、梁23、郭23、钟21、向21、高20、毛20、钱20、石19、程18、丁17、章17、曾16、邵16、卢16、魏16、姚15、崔15、邓15、彭14、肖14、任13、韩13、侯13、江13、贺12、尹12、付12、雷12、陆12、孟11、倪11、邱11、黎10、齐10、杜10、洪10、柯9、单9、樊9、戚9、陶9、姜9、盛9、史8、田8、韦8、邬8、颜8、左8、牛8、代8、包8、廖8、苏8、翁7、项7、庄7、殷7、郁7、都7、范7、孔7、龙7、应6、荣6、梅6、白6、龚6、谭6、汤6、宁6、傅6、阮6、万6、沃6、于6、邹6、仇5、康5、吕5、茅5、施5、常5、郜5、段5、卓5、武5、竺5、黄4、米4、况4、温4、纪4、秦4、励4、柳4、岳4、虞4、赖4、喻4、鲍4、柴4、葛4、谷4、楼4、曲4、舒4、童4、邢4、熊4、薛4、祝4、芦3、滕3、贾3、但3、檀3、刁3、饶3、裴3、易3、营3、闫3、皮3、焦3、游3、屠3、郎3、盖3、车3、鲁3、官3、安2、贝2、卞2、产2、贠2、储2、窦2、户2、昝2、翟2、管2、泮2、庞2、连2、干2、明2、晏2、冉2、覃2、逯2、缪2、文2、冷2、辛2、佟2、成2、漆2、费2、欧阳2、裘2、查1、晁1、池1、楚1、褚1、党1、奉1、甘1、桂1、郝1、赫1、衡1、滑1、霍1、景1、寇1、厉1、娄1、麻1、蒙1、闵1、莫1、母1、平1、蒲1、瞿1、权1、上官1、时1、闻1、巫1、宣1、郇1、燕1、印1、詹1、占1、祖1、多1、简1、徒1、支1、强1、伍1、欧1、朴1、芮1、申1、司徒1、毕1、岑1、宫1、贡1、河1、华1、靳1、宗1、柏1、糜1、聂1

东升社区 278个姓 5892人

王 397、李 380、张 309、陈 287、刘 251、杨 176、吴 136、徐 127、林 125、周 122、赵 121、胡 109、乐 107、唐 103、黄 102、谢 99、朱 97、郑 95、邵 93、叶 70、高 56、汪 49、许 48、金 48、何 47、沈 46、孙 46、马 44、夏 43、向 43、戴 42、董 42、罗 42、余 42、曹 39、潘 39、郭 37、宋 35、冯 34、韩 34、程 33、方 33、蒋 33、曾 30、贺 30、毛 30、严 28、顾 27、袁 27、洪 26、侯 26、彭 26、谭 25、江 23、俞 23、范 22、姚 22、蔡 21、魏 21、邓 20、陆 20、吕 20、尹 20、章 20、邹 20、钟 19、丁 18、杜 18、姜 18、柯 18、卢 18、钱 17、邱 17、石 17、梁 16、梅 16、施 15、苏 15、贾 14、熊 14、虞 14、白 13、仇 13、隆 13、倪 13、舒 13、陶 13、肖 13、庄 13、崔 12、付 12、傅 12、雷 12、励 12、秦 12、任 12、易 12、孔 11、鲁 11、翁 11、颜 11、龙 10、牛 10、田 10、包 9、龚 9、郝 9、赖 9、段 8、凌 8、齐 8、韦 8、邬 8、武 8、鲍 7、葛 7、谷 7、纪 7、黎 7、缪 7、史 7、谈 7、童 7、薛 7、应 7、柴 6、樊 6、甘 6、华 6、邝 6、廖 6、楼 6、聂 6、庞 6、权 6、沙 6、奚 6、闫 6、殷 6、常 5、褚 5、单 5、符 5、孟 5、米 5、水 5、汤 5、万 5、沃 5、竺 5、柏 4、毕 4、代 4、都 4、关 4、焦 4、康 4、娄 4、乔 4、裘 4、尚 4、伍 4、岳 4、占 4、祝 4、安 3、边 3、岑 3、谌 3、储 3、党 3、钭 3、耿 3、苟 3、管 3、杭 3、季 3、兰 3、柳 3、闵 3、牟 3、母 3、宁 3、欧 3、屈 3、阮 3、屠 3、文 3、乌 3、相 3、晏 3、郁 3、翟 3、詹 3、宗 3、左 3、干 3、卜 2、费 2、宫 2、古 2、吕 2、厚 2、皇甫 2、霍 2、计 2、蹇 2、解 2、郎 2、郦 2、芦 2、苗 2、欧阳 2、皮 2、曲 2、饶 2、商 2、申 2、盛 2、温 2、忻 2、刑 2、尧 2、尤 2、迮 2、卓 2、于 1、艾 1、卞 1、刁 1、樊 1、弓 1、公 1、桂 1、衡 1、惠 1、吉 1、介 1、荆 1、蒉 1、来 1、蓝 1、连 1、斉 1、路 1、骆 1、麦 1、满 1、密 1、明 1、莫 1、年 1、朴 1、戚 1、祁 1、阙 1、荣 1、汝 1、上官 1、司徒 1、滕 1、全 1、佟 1、庹 1、危 1、闻 1、项 1、辛 1、胥 1、阴 1、音 1、英 1、游 1、喻 1、贠 1、臧 1、支 1、仲 1

渡头社区 127个姓 1587人

乐 162、王 132、李 95、陈 76、林 68、张 67、徐 63、胡 50、唐 40、金 38、邵 33、周 32、严 30、罗 29、吴 28、杨 25、叶 23、朱 22、赵 22、孙 21、汪 20、冯 20、刘 18、丁 15、洪 14、黄 14、郑 13、袁 13、应 13、贺 13、顾 13、苏 12、倪 12、何 12、俞 11、沈 11、邱 10、童 9、江 9、纪 9、陶 8、阮 8、瞿 8、董 8、曾 7、沃 7、蔡 7、庄 6、竺 6、夏 6、奚 6、钱 6、潘 6、葛 6、虞 5、薛 5、谢 5、相 5、屠 5、宋 5、卢 5、柯 5、蒋 5、傅 5、曹 5、殷 4、姚 4、伍 4、陆 4、励 4、郭 4、高 4、程 4、许 3、邬 3、史 3、黎 3、方 3、戴 3、鲍 3、卓 2、钟 2、招 2、章 2、於 2、肖 2、石 2、申 2、尚 2、戚 2、牟 2、梅 2、马 2、姜 2、华 2、韩 2、符 2、崔 2、包 2、向 2、邹 1、诸 1、郁 1、余 1、熊 1、邢 1、谭 1、舒 1、盛 1、芮 1、任 1、冉 1、全 1、裘 1、聂 1、茅 1、毛 1、吕 1、娄 1、柳 1、孔 1、蹇 1、关 1、费 1、杜 1、柴 1、白 1

青峙村 82个姓 689人

吴 216、赵 30、孙 27、胡 25、徐 25、张 25、何 24、王 23、李 22、陈 16、蒋 16、林 16、夏 16、贺 15、汪 14、叶 14、郑 14、倪 12、杨 12、乐 9、唐 8、顾 7、楼 5、虞 5、袁 5、黄 4、金 4、刘 3、陆 3、潘 3、邱 3、周 3、朱 3、包 2、丁 2、冯 2、傅 2、梁 2、吕 2、钱 2、盛 2、宋 2、吾 2、俞 2、庄 2、于 2、鲍 1、蔡 1、常 1、程 1、仇 1、戴 1、董 1、范 1、费 1、葛 1、郭 1、厚 1、干 1、华 1、姜 1、焦 1、勒 1、雷 1、卢 1、罗 1、毛 1、齐 1、沈 1、施 1、史 1、苏 1、腾 1、童 1、翁 1、席 1、肖 1、许 1、姚 1、应 1、於 1、竺 1

李隘村　89个姓　834人

李156、吴122、陈60、王60、张36、应30、林28、周20、戴18、俞17、沈16、虞16、贺14、黄14、杨14、蒋13、刘12、乐11、庄11、徐10、胡9、包7、曹6、唐6、严6、孙5、翁5、夏5、顾4、江4、柯4、毛4、潘4、赵4、贝3、方3、陆3、史3、谢3、郑3、朱3、邓2、董2、傅2、郭2、金2、孔2、梁2、吕2、邵2、施2、邬2、姚2、余2、竺2、蔡1、曾1、程1、丁1、范1、费1、冯1、高1、何1、郏1、姜1、景1、廖1、龙1、芦1、鲁1、罗1、倪1、齐1、邱1、石1、舒1、宋1、谭1、汪1、沃1、熊1、胥1、叶1、尹1、郁1、袁1、臧1、章1

沙头村　64个姓　511人

乐90、张69、李48、陈25、林25、吴25、王22、毕15、竺15、孙11、顾10、胡9、蔡8、方8、唐8、邱7、徐7、朱7、何6、陆6、夏6、刘5、赵5、江4、毛4、叶4、虞4、周4、冯3、贺3、蒋3、曹2、戴2、葛2、黄2、金2、倪2、潘2、邵2、石2、薛2、杨2、郑2、鲍1、柴1、邓1、丁1、董1、姜1、柯1、孔1、钱1、施1、史1、谢1、许1、闫1、颜1、于1、余1、俞1、占1、章1、庄1

蒋家村　48个姓　323人

蒋97、杨66、江21、王19、贺16、张11、袁11、吴8、李6、乐5、冯5、徐4、林4、叶3、夏3、唐3、邱3、周2、虞2、姚2、谢2、程2、陈2、贝2、祝1、朱1、钟1、郑1、赵1、俞1、于1、熊1、肖1、滕1、汤1、孙1、盛1、沈1、邵1、齐1、陆1、金1、焦1、胡1、丁1、戴1、曾1、岑1

林唐村　125个姓　2117人

林563、唐146、张116、陈94、王93、吴75、李62、夏49、徐44、乐42、俞40、沈39、刘35、郑31、鲍30、潘27、胡26、江25、周25、杨24、邱23、袁22、任19、赵19、顾18、陆18、余17、应16、於15、庄15、郭13、许13、毛12、包11、贺11、虞11、朱11、蒋10、施10、宋10、黄9、盛9、孙9、芦8、邵8、蔡7、柴7、丁7、方7、傅7、金7、戴6、何6、姜6、倪6、严6、叶6、董5、柯5、石5、毕4、曹4、程4、缪4、曾3、励3、罗3、魏3、谢3、白2、贝2、邓2、范2、高2、韩2、梁2、梅2、钱2、史2、童2、翁2、沃2、詹2、卜1、崔1、单1、冯1、付1、干1、龚1、侯1、霍1、焦1、康1、黉1、兰1、蓝1、连1、凌1、柳1、龙1、卢1、吕1、马1、欧1、庞1、蒲1、戚1、裘1、沙1、上官1、舒1、汤1、陶1、田1、万1、汪1、邬1、薛1、易1、殷1、章1、支1、钟1、邹1

第二节　姓氏渊源

　　戚家山街道境内历史上移民众多,大多聚集于明清时期,姓氏来源复杂。其始祖因避战乱徙此地,以南宋居多;从军戍边落籍的,明代为多;秩满致仕,以本地山水美、渔盐利、民风淳而定居的,历代俱有,明清最多;经商来此,占籍安家者,来自闽(福建)地为多。清末民初,来此晒盐、务农的,温州、台州为多。20世纪80年代,来宁波经济技术开发区就业、经商定居的,全国各地都有。早期落户的姓氏繁衍成族,形成村落,故以姓为村名的甚多,如蒋家、李隘、林唐、外邵。

现将查知的主要大姓渊源简介于下。

王姓　朱家河头王姓，源出镇海五里牌。先祖王煦系宋左丞相王旦十二世孙，元元统年间授定海县尹，见元政紊乱，退隐于五里牌。后分支于大浃江（甬江）南北；20世纪40年代，有王姓从台州迁入小港。

灵岩王氏排行：永振家声远，诒谋燕翼长，承宗光自耀，积善庆弥彰，斯日贞元会，于滋通绪昌，锺英麟启瑞，毓秀凤开祥，道学遵贤达，诗书裕俊良，千年敦五教，德载植三纲，圣治惟仁让，儒修在显扬，立朝崇节义，经世发词章，秉政传芳范，铭勋树令望，盛隆成豫大，和顺兆安康。

李姓　小港李家，源出陇西，唐末辗转至洛阳，迁福建，入宋徙至奉化同山，为迁明州一世祖，三传后迁奉化江口。宋末，其十世祖李信之，由江口徙至戚家山街道境内崇邱新堰头，后裔迁小港港口，分支繁衍江南山下、港口等10余处。

李隘李姓祖籍福建石狮，亦为"陇西衍派"，明末清初迁入李隘。

小港李氏排行：百千万亿，元亨利贞，孝友伯仲，庆恺存诚，宗恭安定，修睦和恒，慈仁敬肃，高厚光名，维汝贤士，为守有常，立身道德，经世文章。

林姓　骆驼大河沿林家，始迁祖林真，祖籍安徽，宋天圣间任明州录事参军，定居于鄞，传至九世祖林逸于元至元年间迁此；元时，由福建徙入有高塘林家，分支有下林、林竹房、林仁房；另一支紫石河头田洋林家，分支有红石林、岭下、马八房等林家；柴桥水芹林家、贵驷前林、中林、后林则于清康熙、乾隆年间徙自福建。林唐村林隘自然村，为林姓聚居地。

吴姓　青峙吴姓，明朝年间从福建迁入繁衍成族，子孙散居小港各地。始迁祖吴公，见青峙靠甬江口岸，北临金塘港，有渔盐之利，且交通便捷，因而在此定居，以晒盐、务农、捕鱼与经商为业。子孙繁衍成族，形成村落。清同治八年（1869），族人良南、良吉集资建造吴氏宗祠，为正屋五间。光绪三年（1877），族人正森、正开出资重建前屋五间、两廊四间、余屋三间，裔孙良琯作祠记。吴氏宗祠于1986年拆除建村办公楼。族人吴正闾、吴正钜热心教育，捐资创办七星延陵国民学堂，后改名青峙小学。吴嵩庆捐助延陵小学奖学金。教授学者有吴望一，北京大学力学系教授，博士生导师，生物力学研究室主任；吴兴镛，博士，美国加州大学欧文（音译）医学院教授，著有《黄金秘档——1949年大陆黄金运台始末》；吴望名，上海师范大学数学系教授、副主任；吴富民，西北工业大学飞机系教授。

青峙吴氏家谱排行：维天尧舜，孔孟崇光，朝廷公卿，定国安邦，文行忠信，元亨利贞，贤良方正，永茂兴士，克绍先祖，贻谋远长，才能继美，经济日章，名成德立，赐福延祥。

张姓　衙前张家，祖籍安徽定远县，始祖张子忠，元至顺年间授定海盐官，转任清泉盐场司令，秩满遂定居。分支江南、小港沙头村老沙头、新沙头等地。

陈姓　明清时，自鄞县姜山陈氏大本堂、德声堂、雨钞堂宗迁入。旺族后衍支有澥浦陈家弄、曲汇塘、李衙弄、沙河头、骆驼大东陈、荷花池头、大小河角头陈、团桥头、河头大山陈底堰、田舍陈、庄市东头陈、中官路陈、湾塘三合陈、石塘下、江南陈十四房、小港剡岙、大碶周隘陈、半浦陈等18处。县城陈衙弄陈家，始迁祖陈鉴为定海卫百户，后定居衍族，并以名地；明代迁自三北掌起桥的有汶溪山下陈、河头陈。俞范施周陈，始迁祖陈舜德官布政使，自南京徙梅堰，明代又迁于斯。庄市蛟河陈，明末自福建迁入；下邵陈家湾陈，明崇祯年间由压塞堰陈家迁；三山上横陈家，清道光年间由温州平阳迁入；江南墓孝陈陈家，宋宝祐年间由鄞县后弄迁入，元时分支迁至隔河陈；近代小港桥东陈姓

有从舟山、台州迁入。

刘姓　世彩堂刘氏分两大宗，贵驷桥刘，始迁祖刘翊在宋建隆时卒于鄞县令任上，其子卜居鄞县，至曾孙迁慈溪县城，元泰定间，其十世孙刘复卿兄弟三人投亲贵驷桥舅父家，遂繁衍成族。后其中一支徙骆驼桥，为半西刘村。至十二世孙刘昂在明永乐八年辗转迁至县城稍弓弄。以后子姓分布骆驼桥刘杜、汤家池、井头刘、河头、新堰头、后施、海甸、爱登、双斛、沈葛刘屠、汉塘、城关、江南山下等刘家10余处；牌门头刘亦称水阁墩世彩堂刘，徙自山西，分支有田央刘、六五房、里新屋、外新屋、聚尤房等处；再一支昆亭上车门佑启堂和燕湾富润堂刘姓系同宗，宋末其高祖父被诛，宗族星散。子孙有迁紫石大溟、昆亭、燕湾及六横、舟山；昆亭上刘村刘，祖籍姑苏，始迁祖为唐代任鄞县主簿的刘德纲，于南宋宝祐间自鄞县茅山迁此。分支繁衍至舟山、朱家尖、六横和镇海柴桥新街、五里牌等处；紫石周调刘家，徙自山东，兄弟三人反元不成潜居镇海；县城刘家弄刘氏，因刘晟于明永乐三年世袭任定海卫指挥，遂定居于此。戚家山街道各社区均有此姓居住。

乐姓　小港乐家，原籍安吉县苕溪，唐广德二年其始祖经商明州，卜居灵岩，始住新路盘岙，至五世祖乐定鲁官御史中丞。乐定鲁有九子，八个登科。其中仁规、仁厚于唐时各任兵部、刑部尚书。仁规衍族湖塘，仁厚后徙福建。小港乐和梅墟老乐乃乐仁厚后裔。戚家山街道渡头社区是该姓氏集中居住地。

胡姓　小港胡家，始迁祖胡子华，清顺治年间徙自歙县，以烧窑为业，蟹蜅港胡家为其分支；团桥寺后胡家，明嘉靖年间因避倭难，由福建蒲城迁入。戚家山街道青峙村胡姓较多，其他各社区、村较少。

周姓　临江新老周，祖籍河南濂溪，南宋时避金兵南迁至昌蒲，后分支迁定海城西北鳌舟村定居称老周，分支有新周、廿四房周等。霞浦陈华铺周家，徙自福建郡西新庄迁至镇海县城助海庙边，捕鱼为业，元末裔孙迁至陈华，有转营商业，分支有书院上周、下周、白峰山防、梅山南汀等。在明代由奉化西坞迁入的有河头下周、骆驼赞大门周、周家楼下周，柴桥洞桥周家，三山上周岙周家。在清乾隆年间由慈溪费市跨塘周迁入的有沙河田央周周家、湾塘周姓等。戚家山街道各社区、村均有周姓居住。

徐姓　河头鸿山惇仁堂徐家，始迁祖徐仲孙，宋时任明州录事参军，定居鄞西，后五世迁奉化，南宋初其十世祖始由奉迁入。另一支，据传南宋初徐姓兄弟五人由山东东海郡迁来，衍族后长兄为慈溪县洋墅（市）徐家，二兄为长石徐家库，三兄为西河大刺门跟徐家，四兄为雁门大岙徐家，其五为路下徐。其中洋墅徐家（今属江北区）在明代迁入镇海较多。贵驷徐家堰头徐，清初迁自余姚陆埠，枫林徐、夏家徐徙自福建徐平。戚家山街道各社区、村均有徐姓居住。

郑姓　原籍河南荥阳郡新郑，随宋室南徙至慈溪半浦、定（镇）海灵绪和海晏为同宗之三大族。郑家十七房通德堂郑，始迁祖靖侯，迁居灵绪乡择山，分支有庙基头郑、殿跟应郑、骆驼罗郑、临江三斟王郑等。慈溪半浦郑，明清时其分支徙来的有邬隘湖塘前郑、紫石前郑、后郑、柴桥洪溪等10余处。再有一支邬隘贴水桥和大碶先锋山下郑家，明初迁自河南荥阳。县城郑家边与郑家弄郑家，系同宗，明成化间徙自龙山。戚家山街道各社区、村均有郑姓居住。

贺姓　先祖大碶老贺，明代迁自绍兴鉴湖，先居前宋，衍族迁石柱关，立为一宗称老贺。旺族后分布高塘、新碶20余处。另有塔峙城东贺家、霞浦林大中贺、三眼碶贺、新贺家、骆驼贺家陈贺、峙头上宅贺家等6处。戚家山街道各社区、村均有贺姓居住。

顾姓 源多出昆山，子孙衍居姚江两岸。东岗碶顾家，明初建文年间迁自丈亭。大碶顾姓，明嘉靖时亦从丈亭迁入，繁衍分支有烟墩顾、横山顾、邬隘杨河漕顾、新碶塘湾顾、三山咸昶顾、穿山河南顾等处。另有河头田顾，在元元统年间徙自鄞县陶公山。戚家山街道各社区、村均有顾姓居住。

朱姓 瀫浦滕山朱姓，称汉代朱买臣之后，宋绍兴四年徙入，分支有鹿山、金家池头和龙山等地朱家。河头马家桥朱家，北宋时由鄞县黄古林迁入。长石黄杨朱家，明中叶由颜家桥朱家迁入。庄市朱家岸朱家，明成化间由南京迁入。虹桥朱家，称始祖朱熹，祖籍江西婺源，四世祖朱潚宋末自福建建阳迁至白营教场（今镇海聪园桥东），至六世祖朱启迪在元大德年间再徙虹桥。分支有庄市朱家桥、江南朱家河头、康乐桥等处。张鉴碶朱家、霞浦朱家塘朱家，多系明宗室支系，明亡隐居于此。另一支小港方前朱家，其先祖随李自成起义，迁自安徽歙县。枫林朱街丁朱，清时自余姚迁入。千丈塘朱家，清康熙年间自宁波天封塔下迁入。戚家山街道各社区、村均有朱姓居住。

沈姓 先祖多出三北沈师桥一宗，今为慈溪市师桥镇，其中分支有瀫浦东沈、河头西沈、西河沈家、贵驷沈家、爱登沈家、龙舌沈家、官田沈家、庄市沈葛刘屠沈家、临江沈家、三山慈峰沈家等10余处。河头湾里沈，与师桥沈同宗，其分支有田央沈、长桥沈、骆驼龚李潘沈等。河头杜郭沈姓，据传明嘉靖年间朝臣颜某兄弟因避祸自河南迁此改姓沈。江南沈姓则另为一宗，多出于南宋学者沈焕之后，其故里为枫林沈家舍，裔孙迁衙前，分支有衙前、王家洋、新立村三房等处。梅山岛沈姓，始迁祖沈正，明崇祯年间自福建迁入，亦是岛上最早定居的姓族。戚家山街道各社区、村均有沈姓居住。

孙姓 小港峡口孙氏，清中叶，始迁祖江公（讳失传）迁入崇邱灌山前村定居，景福公之后兄弟两人复迁小港港口。

港口孙氏先祖为五世祖景福公之后，两兄弟避时疫于泥湾外祖家，得免时疫之灾。繁族后建有孙氏宗祠，建于清宣统三年（1911），由族人孝经等募捐创建，有正厅五间、门厅五间、东西廊各三间、左右余屋七间，孝经弟德准为祠记。修有追远堂《港口孙氏宗谱》，宁波天一阁有藏本，为清宣统二年（1910）追远堂活字本两册，卷三世次传，卷四世德录，卷五阃范录，卷六祠记，卷七赠言，卷八记事，卷九艺文。小港港口孙氏名人有孙家鼐，曾任天津大学精密仪器系教授和机械专业博士生导师，译有《机械原理》等著作；孙慎，曾任中国音乐家协会常务副主席，人民音乐出版社总编辑、社长；孙先德，创办香港晶品实业有限公司，捐建"孙家员图书楼""孙先德体艺馆"及设立奖学金等，造福桑梓；孙学诚，捐建小港联合中学孙先德体艺馆；孙子夏、子敏、子秀、子玲、子嘉，捐款为小港联合实验中学购置双色电子屏幕、钢管乐队乐器等。

1985年因建设宁波开发区征用土地，全村拆迁，族人迁入蔚斗新村。

港口孙氏族排行：（第十二世起）上、忠、孝、全、家、继。

俞姓 骆驼桥俞家畈俞家，明中叶自鄞县黄古林俞家宅跟迁入。俞范俞姓源出同宗，清乾隆初迁入。江南石桥俞家明时自福建迁入，分支有双斛俞家。邬隘俞王俞姓，明洪武年间自山东青州迁入，其分支有堂五房俞、江南峇俞、塔峙何俞、峙头外俞家，源出青州，南宋时徙嘉兴，再徙蛟川，至俞彦华又迁三山，为三山始迁祖，已有20余世。戚家山街道各社区、村均有俞姓居住。

黄姓 郭巨黄家先祖系明初筑郭巨千户所城指挥之一，定居成族，倭患剧时，其分支避难于鄞县西门外。长石桥山头黄、外东房，由三北田央黄迁入。紫石大滨黄姓，明永乐年间迁自宁波江厦。近代戚家山街道黄姓从台州迁入。

虞姓 源出三北伏龙山虞宗，称虞世南裔孙，邬隘扎马虞家、白石庙跟虞家系同宗，明时迁入，

分支遍布邬隘虞家畈虞、全兴房虞、新路呑沙石虞、新碶洪头浦虞、太和虞、高桥虞、五户头虞、高塘算山虞、霞浦水头虞、柴桥虞家、大榭张西呑虞、紫石朱家漕虞、白峰官庄虞等10余处。戚家山街道各社区、村均有虞姓居住。

叶姓 庄市汉塘叶家，清乾隆年间由慈溪叶家迁入，分支居迎师桥叶家。石漱叶家，原籍奉化，南宋初，先祖入赘灵岩乐氏，遂居此，分支居城湾。近代戚家山街道叶姓有从台州迁入。

赵姓 小港长山赵氏，明万历年间（1573—1620），始迁祖赵公（讳失传）由镇海石塘下迁入。据传，始迁祖赵公为逃难而来，至长山定居，遂繁衍成族。建有赵氏宗祠，建造年份失考，新中国成立后曾作粮站，后办碾米厂，名小港第四米厂。20世纪60年代时拆除，其材料用作建造赵家小学。修有赵氏宗谱，最后一次修谱为20世纪50年代。

长山赵氏排行字：一定天子 静世黎民 忠正开风化（读音）。

陆姓 长石孙陆家，又名陆家庄，传系东吴陆逊后裔，西晋时由建康迁杭城，东晋永昌间徙此。庄市西陆家，清时由宁波湖西陆家迁入。贵驷前陆、后陆，清初由三官堂陆白王迁此。塔峙陆家，明万历年间由宁波西门外迁入，分支有三山陆家。戚家山街道各社区、村均有陆姓居住。

杨姓 戚家山街道原黄瓦跟村是杨姓集中居住地，小港杨氏樟美两府明代迁自鄞邑，以渔盐为利或耕樵；至民国时期，大户以沙船走福建运输为业。

金姓 澥浦金家，世居吴闿，宋室南渡，迁明州，后居此，裔孙分支有龟山、三七房、金华村金家等多处。城关童李衙弄金家，明时迁自鄞县韩岭，分支有庄市长河塘、枫林金家斗等。塔峙金家，明时徙自江苏太仓，分支繁衍有牌门金家、霞浦金家、白峰金家。戚家山街道各社区、村均有金姓居住。

史姓 源出鄞县东钱湖下水史家，南宋丞相史浩之后，裔孙有兄弟两人徙柴桥、新碶，分称上史、下史，大石门史家亦是。杨木村史家，明时迁自宁波张斌桥，其分支迁白峰小门。戚家山街道史姓有零星居住。

戴姓 多自奉化迁入。澥浦庙戴，清初由奉化萧王庙戴家迁入，分支有桥里戴、田央戴、浦路戴和后戴等数处。郭巨戴姓，清乾隆年间亦迁自奉化。霞浦戴家，清初由天童迁入。新路东呑戴姓，明宣德年间由鄞西黄古林戴家迁来。另有塘里戴，明万历三十五年迁临江官路戴，后又衍分前戴、中戴、后戴等族。戚家山街道戴姓有零星居住。

邵姓 骆驼桥邵家汇邵姓，元末由河南迁入，分支有长石天德邵、后施邵家。西经堂邵家，明洪武年间由湖南迁入。庄市勤勇老邵，源在河北范阳（今涿县），北宋末迁临安，后居余姚，明后期一支迁镇海城内及老邵，分支有新邵家、小邵家。县城邵衙弄邵，始迁祖邵瑜，原籍山东。明成化年间，因宦游占籍居此。下邵、上邵邵家，先世避金兵，随宋室南渡居此。三山邵家，明正德年间由宁波湖西迁入。戚家山街道原有里邵、外邵自然村，是邵姓在戚家山街道的集中居住地。宁波开发区成立后，因征地拆迁，邵姓分散至各社区、村。

曹姓 始迁祖元代曹凤，吴县人，延祐间进士，官直讲，因直谏，谪定海县儒学司训，后筑室隐居海晏芦江之东，繁族四衍，有柴桥新曹、老曹、大湾曹家、紫石里隘曹、上阳曹家等分支。庄市联丰曹家，清初迁自鄞县陶公山，分支有西陆后曹。西经堂曹家，明成化年间由慈溪县迁入。戚家山街道曹姓有零星居住。

丁姓 始迁祖南宋时丁拱，山东青州益都县人，理宗朝曾参知政事，后由临安迁庆元府（宁波）甬东，旋移崇邱乡双峰山下，繁衍成族，分支迁临江丁童。三山海陆丁家，南宋时徙自福建大田畈。

戚家山街道丁姓有零星居住。

谢姓 宗出县城谢氏,始祖谢宇,原籍平江(今苏州),宋建炎二年以进士官定海令,殁于任上,子孙卜居于此。传十世分为四支,分徙浃江南北中官路、莘岙、柴楼、城中,分支有大榭、白峰、峙头数处。谢氏明清两代登进士第11人、举人28人、诸贡35人、生员172人。戚家山街道谢姓有零星居住。

梅姓 柴桥东山门梅家,自鄞县迁入,分支有大榭梅家墩、峙头花船梅家等处。紫石上龙泉梅家,元代由江西南昌迁入,分支有下龙泉梅家、梅家坪等处。

傅姓 霞浦上傅,始迁祖河南人系一武官,南宋初兵败避居于此,分支有高塘傅金房、大榭孚竹傅家、白峰屺峙傅家。另一支县城傅家,始迁祖傅尧禄,祖籍福建,经商镇海,遂定居于此。骆驼桥汤家池傅家,清道光年间由鄞县五乡碶傅家迁入。大市堰傅家,明中叶迁入,江南山下村和万嘉桥傅家为其分支。戚家山街道傅姓有零星居住。

方姓 始祖方轸,福建莆田人,北宋元符进士,官右正言,清廉直谏,多次谪官,靖康元年为鄞县令,因贫不能归,转徙灵绪凤浦湖,繁衍成族。柏墅方家明万历年间由凤浦迁入。清湖方家宅基方姓,明末徙自河南。邬隘林头方,明正德年间亦由福建蒲城迁入,分支有霞浦方戴、大榭王榭方家。 近代小港方姓有从温州乐清迁入。

严姓 小港泥湾严家,明时徙自福建。戚家山街道严姓有零星居住。

邬姓 源多出奉化西邬一宗。邬隘邬姓,元元贞年间由西坞迁入,后有分支迁新碶上邬家、大榭邬家、六横邬家等处。大碶邬家,明末迁自西邬。戚家山街道邬姓有零星居住。

汪姓 郭巨嗣徽堂汪家,源出安徽,明初先祖从征有功世袭武官,至汪友敬,袭职郭巨所,遂定居于此。长石半江汪家,祖籍安徽,相传唐末逃荒迁此。元至元年间,迁西经堂,分支迁新屋汪家、老屋汪家。临江汪家,始迁祖汪思颜,洪武年间从戍镇海,遂定居东管乡清水浦,亦称大宗汪,分支为半路汪。小港有大石门汪家。戚家山街道汪姓有零星居住。

董姓 贵驷董家畈董,清康熙年间自奉化董家迁入。下邵渡头董,明洪武年间迁自鄞县五乡碶董家。庄市老鹰湾董家,清时自宁波西门外板桥头迁入,临江井头董亦清时迁入,丁董、严沈董、万嘉桥董为其分支。戚家山街道董姓有零星居住。

何姓 庄市何斗何家,清康熙年间徙自山西。汶溪庙湾何家,明成化年间自丈亭迁此。戚家山街道何姓有零星居住。

蔡姓 澥浦蔡家,明朝以前自三北灵湖东蔡徙此。汶溪蔡家岙蔡家,南宋初自慈溪海甸迁此。骆驼半练桥蔡家,明万历年间迁自福建建阳,觉渡蔡为其分支。郭巨蔡家,相传其先世在南宋初因避金兵迁此。戚家山街道蔡姓有零星居住。

袁姓 觉渡袁家,明末由慈溪陆家埠迁入,有分支迁庄市万嘉桥。江南前袁、中袁、后袁,明末由东钱湖堰头袁家迁入。陈华浦、柴桥洞桥和郭巨大涂塘袁姓,系鄞城柳庄袁氏分支。清时有一支迁入郭巨大涂塘定居。戚家山街道袁姓有零星居住。

夏姓 憩桥夏家,源出陇西,迁居慈溪,元时一支迁至憩桥,明天顺年间大理寺卿夏时正为其后。江南夏度岙夏家,明正德年间徙自绍兴。庄市里夏、外夏明末迁入。戚家山街道东升社区原桥东村有夏家门头,是夏姓集中居住地。

潘姓 觉渡潘家,清初自江西省潘庄迁入。西经堂老潘、新潘,元至元年间迁自福建。汶溪潘,明万历年间由河南荥阳迁至鄞西大隐山下,明末一脉迁此。戚家山街道潘姓有零星居住。

姚姓　汶溪姚家，明成化年间由余姚移慈溪再迁此。贵驷姚家水仓姚姓、下邵姚家斗姚姓，清顺治时由慈溪迁入。郭巨姚家，源出安徽凤阳，先祖系明初筑郭巨千户所一指挥，繁衍分布江南沿江、江北湾塘及鄞县五乡碶等处。戚家山街道姚姓有零星居住。

蒋姓　青峙门闩背后蒋家、白峰蒋家岙、临江楼屋蒋等处蒋姓，其先世于明清时徙自奉化。

石姓　紫石里河石家，明时自新昌迁入，分支有白峰小门石家。戚家山街道石姓有零星居住。

钟姓　明弘治年间迁入，姚江岸钟家，亦同宗。戚家山街道钟姓有零星居住。

余姓　贵驷庙隔河余家，清康熙年间由福建迁入衍族，分支有大市堰余、骆驼火添路头余、爱登余、港塘余、白墙余、万嘉桥余等六房，后又分支禾丰村假山头余、大市堰余、汉塘沈余周等。河头余家，南宋淳熙年间徙自徽州。霞浦通山余家，南宋时由鄞西集士港迁入。澥浦余严余家，明中叶由余姚道路头余家迁此。贺驾桥余家，明末迁自奉化。戚家山街道余姓有零星居住。

江姓　大碶西山江家，原籍安徽，相传其始祖因反元战殁，其妻逃奔灵岩老鹰山麓隐居，生一遗腹子，后繁衍成族。分支有高塘江家、大榭北渡江家等处。

邱姓　高塘邱李王邱家，明嘉靖年间自三北迁入。新碶千丈塘邱家、袋底邱家、隆顺邱家，均为明万历、崇祯年间由鄞县邱隘迁入。汶溪里邱、外邱，均于清康熙年间自邱隘和邱王迁入。临江中榭邱家，清道光年间由大碶迁入。戚家山街道邱姓有零星居住。

钱姓　源多出自三北凤浦岙钱姓，南宋末，钱仲仁隐居凤浦里不仕，裔孙于清初迁入骆驼、东钱、贵驷、爱登等地。戚家山街道钱姓有零星居住。

洪姓　长石庙洪家，明洪武年间由洪塘（今属江北区）迁此，分支有庙洪、颜家桥洪家、斗底洪、正二房洪家、逍遥桥洪家等，又有支系新洪家。骆驼周家垫洪家，祖籍睦州，南宋孝宗时洪景升迁明州，卜居慈溪汉塘（今江北区洪塘）。明嘉靖年间，第十世孙洪镗迁此衍族，别有支系新洪家。戚家山街道洪姓有零星居住。

马姓　塔峙西岙马家，明嘉靖年间徙自河南，分支有霞浦马家、白峰官庄马家。后施马家，清乾隆年间迁自余姚马家路。戚家山街道马姓有零星居住。

唐姓　长石唐家，北宋时迁入，有分支居县城。骆驼洪家路沿唐，清初由畈田唐迁入。小港（今戚家山街道）唐家，清康熙年间有分支迁至峙头寺湾。

柯姓　三山柯家，南宋时自河南徙县内三山，分支有慈峰柯家及江南山下柯家。戚家山街道柯姓有零星居住。

罗姓　觉渡罗家，自伏龙山罗李周罗家迁入。戚家山街道渡头社区有罗家塘，多为罗姓住户。

高姓　贵驷里洞桥高家，清乾隆年间自河南迁入。贵驷西港头高家，亦在乾隆时由鄞县高桥迁入。戚家山街道东升社区有高塘路，路两侧为高姓聚居地，人称高家。路的北端有小河，源自乌岩山西侧荷花池，向西经高家注入小浃江，故名高河塘。

冯姓　枫林冯家斗冯家，明万历年间由奉化溪口迁入。汉塘冯家，清乾隆年间徙自慈溪县城西门。戚家山街道原桥东村有冯家桥头，是冯姓集中居住地。

许姓　莘岙许家，明成化年间由慈溪来。高塘许家，明崇祯年间由鄞县鄞江桥迁入。戚家山街道许姓有零星居住。

翁姓　始迁祖翁璐于隋末避战乱，由睦州徙四明，卜居慈溪金川乡太平里，子姓繁衍，分徙鸣鹤场、余姚、丈亭等地。其十六世裔孙翁彦献，南宋初迁骆驼桥，为骆驼翁家始迁祖，分支有湾塘顺风村翁家、霞浦通山村翁家等。河头翁家池翁姓，明万历间由慈溪泽山头翁家迁入。三山凤山翁家，清康熙间由宁波西门外迁入。戚家山街道翁姓有零星居住。

施姓 前施、后施施家，明嘉靖年间由山东迁居县城西门外，其后兄弟俩分前后二房居此。骆驼田施，清嘉庆年间徙自余姚施马陈。戚家山街道施姓有零星居住。

应姓 河头师古峦应家，明万历间由定海迁入。湾塘应郑间应家，明崇祯间由鄞县下应来。憩桥应家，清康熙间由山东迁入。戚家山街道应姓有零星居住。

庄姓 庄市庄姓，本姓章，始迁祖章隐之，原籍福建蒲城，北宋皇裙中官定海（镇海）县令，子章震，留居庆元，后繁族。明洪武间因避朱元璋讳改姓庄，分支有外庄、小庄、后庄、大五房庄等。林唐村有庄姓集中居住。

包姓 庄市钟包村包家，据《横河堰包氏宗谱》载，此支包氏系宋代包拯后裔，元至正年间迁此。分支有东七房包、后包、小包、廿二房包、天赦房包等，其二十世孙包奎祉为后新屋始祖。石塘下包家，清康熙间由横河堰包家迁入。戚家山街道包姓有零星居住。

龚姓 清末从姚北迁入居多，散居湾塘海甸、江南下泥场。戚家山街道龚姓有零星居住。

毛姓 霞浦关毛陈毛姓，明初由宁波燕[椅]子漕迁入。戚家山街道毛姓有零星居住。

贝姓 憩桥贝家，祖籍河北清河郡，南宋后期，贝姓兄弟三人逃荒南来，一居苏州，一居奉化，一迁于此，分支有小贝家、庄市贝、陆朱攀贝家。戚家山街道贝姓有零星居住。

童姓 骆驼蔡家桥庙童家，清乾隆初自樟（庄）桥童姚马泾童家迁入。霞浦下洋上童家，下童家，约在明朝晚期自鄞县鄞江桥迁入。戚家山街道童姓有零星居住。

韩姓 长石韩洪韩家，明弘治间自慈溪五里马韩家迁入。戚家山街道韩姓有零星居住。

倪姓 庄市蛟河倪倪姓，明末自福建来。庄市后倪，南宋中自河南来，清初分支迁临江双桥倪家、漕塘倪家。清水桥倪家弄倪，裔孙倪克恭明洪武朝官湖广黄州府通判、同知，有政声，因名其地。枫林下倪桥倪家，明万历年间自上倪迁入。清康熙时有庄市阮家村倪家自金塘迁入。戚家山街道蔚斗社区有倪家桥，是倪姓集中居住地。

范姓 俞范范姓，明洪武初，始迁祖范其善自平江（今苏州）迁县内沙头，衍族后以其姓氏俞与范合为俞范名村。戚家山街道范姓有零星居住。

於姓 横河於家，清初由慈溪迁入，清中叶，有分支迁霞浦镇东与礁碶。戚家山街道於姓有零星居住。

盛姓 骆驼桥盛家，肇基淮海，宋理宗时，慈溪县令盛秉刚定居桥里盛，分支有东盛、西盛、余三房等处。戚家山街道盛姓有零星居住。

薛姓 城县薛氏，称唐代薛仁贵后代，明朝景泰、天顺年间自鄞县新庄迁入，始迁祖薛文斌，其孙薛三才、薛三省曾任兵部、礼部尚书，其居宅处名薛家弄。后分支迁大碶、舟山、鄞县大嵩等地。戚家山街道薛姓有零星居住。

樊姓 城区樊家，始迁祖樊远，其先临淮人，明永乐初授定海卫世袭指挥佥事，遂定居于此。庄市贝陆朱樊樊姓，明末徙自大碶，分支贵驷双斟樊家。戚家山街道樊姓有零星居住。

向姓 县城向家，始迁祖向国桢，明初从征有功世袭定海卫指挥，为县内十八衙之一，裔孙定居于此。戚家山街道向姓有零星居住。

第三节 宗 谱

　　戚家山街道区域内,大户人家大都修有族谱,如李氏家族、吴氏家族、杨氏家族等。与其他区域相比,境内居民多为近代迁徙,尚未形成大家族,加上解放后受"左"的影响,尤其是"文化大革命"中谱书被当作"四旧"毁损,以及保管不善等原因,民间留存谱书为数甚少。研读仅存的族谱,对了解当地民居变迁、人口繁衍、历史人物、乡风民俗的历史渊源有一定参考作用。记述与研读这些族谱,可以从中挖掘前辈的文化财富,了解祖先的创业精神,继承优良的民风民俗,对当代的社会主义文明建设具有承前启后的作用。

《宁波小港李氏族谱》摘要

宗族原始

　　李氏之先出自帝颛顼之曾孙咎繇,为尧理官子孙,因姓理氏。传至裔孙利贞为了避殷纣之难,逃于伊墟,食木子得全,因变姓为李。虽其说近于附会,要其为神明之胄,则无可疑。周秦汉魏而后,代有闻人。古籍荒渺,其世系颇难徵信……据三江谱南朝刘宋时,有李信者,官刺史,元嘉间避兖州兵祸,迁会稽之兰溪。其望盖出於陇西。凡慈之叶家舍、奉之江口,皆宗之。(案兖州与青州同属山东东门谱,谓始祖来自青州,殆由此误。)

　　信生二子,曰恳、曰憩,叶家舍李氏憩之后也。恳传十余世至杞,为唐右散骑常侍。时朱梁篡唐,剪灭宗室,因与故相王溥杨涉之子等往依王审知于闽,号中原七姓常侍,居闽之长溪,生三子,长曰侁。侁生二子,长曰直清,以儒名家兼通管郭书来游明州,悦奉化同山之胜,遂卜居于泉口,为明州秉花堂李氏之始祖。其时盖在宋兴之初。秉花者六世孙礼部公,江口故宅之名也。(按奉化志秉花堂故址在县北二十五里江口村内,秉志误作笔)

　　直清公生德兴,德兴公生二子,曰源、曰滋。源迁居蓝溪,至今称望族。滋生三子,其季曰珂,复由泉口徙居江口,赠秉义郎。乐善好施,乡称长者。生三子,长曰俌,官修武郎。尝御金兵,捍卫乡邑。子九人,其四充庭赠通直郎。通直公生六子,长曰元白,得广平舒文靖之传,官至礼部郎官。礼部公生五子,长以称与礼部同年登第,官秘书正字。于是父子兄弟相继掇魏科登上舍者无虚岁,盖自秉义而下,功勋在竹帛,德泽在闾阎,故门第鼎盛,蔚为世家,人皆知有江口李氏。

　　元明而后,稍稍颓落矣。江口故居迭经焚毁,高堂列宇不可仿佛。欲从曩昔日之遗址访明德之后人,盖无复存者。考古者往往唏嘘感叹,而叹盛德之不足恃。又乌知子孙分散四方,光远有耀,顾有如今日耶,今即明州之李氏言之,如:奉之东门横里牌岭东舍下田阪、鄞之仲夏江东三江口、镇海之崇邱,约计其数无虑万家,然后知山川之精华有时,而衰歇功德之流衍,固历世而弥新也。

　　崇邱李氏始迁祖曰信之,乃秘书君之孙,嘉定君之子也。秘书君生二子,季曰明善,官嘉定县丞。嘉定君生六子,三即信之公,官总辖。时当宋之叔季,其迁崇邱新堰头,殆抱黍离之感,蹈处海滨。公盖宋之遗民欤,计始迁至今又阅六百余年,传二十余世矣。绳绳继继,源远流长,非祖亲积累之深,能有是之引伸弗替也哉?诗曰:绳其祖武;书曰:绍闻衣德,言是不无望与后之人。

(文中标点系本志编者所加)

译文

李氏祖先出自上古帝王颛顼，颛顼的曾孙咎繇是尧帝理官的子孙，因此姓理。传至后代"利贞"辈（注：见排行第七、八字），为了躲避商朝纣王之难，逃到伊墟，靠吃树木的果子（木子）得以生存，因而改姓为李。虽然此说有些牵强附会，但若是神明的后代，是不容置疑的。从周、秦、汉和魏国以后，都有些出名人士，但故书荒谬较多，其世属关系，很难相信。根据三江谱：南北朝刘宋时代，有位李信，官做到刺史（相当今之省长），南朝宋文帝元嘉年间，因逃避兖州的战祸，迁到会稽（今浙江绍兴）的兰溪。主要的宗族出自陇西（甘肃陇西）一带。大凡慈溪的叶家岙和奉化的江口，其祖先都是从那里来的（原注：兖州和青州都属山东省，东门谱说祖先来自青州，大概是由此原因误传的）。李信生两个儿子，一个名恳，一个名懃。叶家岙的李家是里懃的后代。恳传了十多代到杞。在李杞当唐朝右散骑的侍从官时，逢朱梁篡唐朝，消灭宗室，因而逃到福建依靠王溥等人，住在福建的长溪生三个儿子，大的名佚。李佚生两个儿子，大的名李直清。李直清以有名学者兼通管郭书到明州（译注：甬江流域，即后之宁波府）。他喜欢奉化同山的风景，就在泉口择地住了下来，这就是明州秉花堂李氏的始祖，当时大概在宋朝旺兴之初。秉花堂是第六世孙礼部公在江口老房子的名字（原注：按奉化地方志，秉花堂的原来地址在奉化县城北面二十五里的江口村内。地方志把"秉"误作"笔"）。

直清公生德兴，公生两个儿子，一个名源，一个名慈。李源迁至蓝溪，至今成为望族。李慈生三个儿子，最小的名珂，又从泉口迁居江口，死后封秉义郎，他平时以助人行善为乐，乡里都称他为有德行的人。李珂生了三个儿子，最大的名俗，官做到修武郎，曾抵抗金兵，捍卫家乡。他有儿子九个，第四个名亮，死后朝廷封通直郎。通直公生六个儿子，最大的名元白，他曾是广平舒文靖的传官，后来做到礼部郎官。礼部公生五个儿子，最大的叫以称，与礼部同一年考试中举，官至秘书正字。于是父子兄弟相继中科举，成为太学生者几乎年年都有。因此从秉义公开始的后代，四有功勋而记载史册上，因有德行而使家乡故里受益，家族由此门第鼎盛，成为一代代相传的大家庭，这样大家都知道有江口李家。

元明代以后，稍有败落。江口的老房子经过几次火灾烧毁，已不可能像以前那样一排排的亭台楼宇了。要从以前遗址，访问他们的后代，已经找不到了。查考以往历文的人往往会哀伤感叹：兴旺发达不可靠。但是，他哪里知道会像今天那样呢？子孙分散到四面八方，好比亮光撒得远了，反而闪耀夺目。拿今天的明州李氏来讲，如：奉化东门横里牌岭东下田畈和鄞县仲夏江东三江口镇海的崇邱，随便估计不下一万户，这才使人明白山川的精华，有时会暂时衰落，功德的流传繁衍，经过数代以后会更加兴旺。第一位迁到崇邱的李氏祖先是信之，他是秘书君的孙子，嘉定君的儿子。秘书君生两个儿子，小的一个名明善，官做到嘉定县的县丞（译注：相当副县长职）。嘉定君生六个儿子，第三个就是上述的信之君，官做到总辖，时间在宋末。他迁到崇邱新堰头，大概有衰微没落之感，才跑到海滨来的。那么信之公是宋代的遗民了？从开始迁到今天有六百多年，相传二十多代了。这样相继相承，源远而流长，如果不是祖宗积德之深，能这样延伸而不废弃吗？诗经、四书都讲要兢兢业业继承祖业，就是寄希望于后代子孙。

别　籍

总辖公由江口迁镇海之崇邱，始居新堰头，遂占籍焉。厥后族姓繁衍，次第分徙，曰港口，曰港底，曰黄瓦跟，地皆毗连。曰姚屿岙，则距新堰稍远也，不离乎崇邱。其尤远者则定海、象山、余姚各处。

迁徙缘由载于图表，而其方向、道里远不及详，故从略焉。

新堰头属镇海县崇邱乡二都一图，西北距县城五里，西南距奉化江口故居约一百二十里。总辖公六世孙，奉宗、仕宗二公之后居之。

小浃口（俗名港口）南距新堰头四里许，属崇邱乡一都二图。西距县城六里，其地东界小浃江，西界大浃江，南环岭，北濒海。总辖公六世孙胜宗、奉宗二公之后居之。

黄瓦跟在小浃江之东，与港口隔水相望，属崇邱乡三都三图。胜宗、奉宗二公之后居之。港底在新堰头之西，属崇邱乡三都二图。奉宗公之后居之。

姚屿呑东北距新堰头二十六里，距县城二十五里，属崇邱乡四都二图。仕宗公之后居之。

（文中标点系本志编者所加）

译文

总辖公由江口迁移到镇海的崇邱，最初居住在新堰头，就在此入籍了。以后宗族繁衍，子孙分别就近迁移到港口、港底和黄瓦跟，这三处地方是毗连的。姚屿呑则离新堰头稍远一些，但仍在崇邱乡境内。更远的则有迁到定海、象山和余姚。迁移各处的缘由，记载在图表上，但其方向、道里不详，因此从略。

新堰头属镇海县崇邱乡二都一图（注：都与图是古时候乡以下的行政单位）西北距县域五里，西南距奉化江口一百二十里。总辖公的六世孙，奉宗及仕宗的后代居住在这里。

小浃江口（俗称港口）南面距新堰头四里多，属崇邱乡一都二图。西面距县城六里。该地东面以小浃江为界，西面以大浃江为界，南面环山，北面临海。总辖公的六世孙，胜宗、奉宗二公的后代住在这里。

黄瓦跟在小浃江的东面，与港口隔水相望，属崇邱乡三都三图。胜宗及奉宗二公的后代居住在这里。港底在新堰头的西面，属崇邱乡三都二图，奉宗公的后代住在这里。

姚屿呑东北距新堰头二十六里，距县域二十五里，属崇邱乡四都二图。仕宗公的后代住在这里。

《镇海杨氏宗谱》摘要

镇海小港杨氏重修宗谱序

小港杨式镳君与族人议重修宗谱，谒吾门而来。言曰："杨氏自明季迁今地，而代远年湮，其先世不可考。相传谓出自郓邑镜川东杨讳美礼公，后来祗据东阳，宗谱卜籍卷内有樟美二府。君迁居小港，一言而系次终无可衔接，虽前清道光丙午，吾族文泉公创世系汇略一编，悬拟发祥公为一世祖，而前无所承。越明年丁未，族延镜川西杨载赓先生来修是谱，编纂考订，具有条理，然亦祗据文泉公所手绘者为底本，而于先世所迁谓大约不离美礼公后。近是于本族，则自一世祖以下其名号生卒配葬，且多阙焉而未备，相沿至今又近七十年矣。有知其前数世而后无可稽者，有知其后数世而前无可溯者，有知其后而中佚焉者，今将存其所可知而阙其所不可知，以重纂吾谱其可乎？"余曰："可哉！"谱之法原本于史，史之法原本于春秋，春秋大旨信以传信，疑以传疑，夏五郭公明知之而不敢增，所谓史之阙文也。史法莫著于司马迁，而迁之自序中缺数世无得而详焉。谱法莫著于欧、苏，而欧谱自琮以下亡其七族，苏谱自高祖以上名次皆佚，亦无得而详焉，其阙也盖其慎也。昔者周以小史奠世系，定昭穆，而谱牒皆掌于官。魏晋以降尚有图谱局，凡百官族姓有家状官为考定，藏之秘阁，副在左户。当时若贾弼王俭徐勉王僧孺之属,皆有专书,宜若可无阙矣。然如荀氏家传,亦复中阙而不相联,则以族姓繁衍未必能搜采无遗也。矧今时谱学沦亡,为谱者其能备具而无阙哉,杨氏宗谱之议修亦既广搜博访,上稽栗主,下检祀簿,越一寒暑之久,而犹不敢自是,属余以主笔政,可谓慎于将事矣。余乃为之增谱例,续系派,讹者正之,漏者补之,藉以慰议修诸君子之心,抑余又有慰于诸君子者。当旧谱纂辑时,秉笔者谓本族行第视东杨僭称五世,自益字行起后宜挨次移易,而此次重修族之人考诸墓碑证诸祖讳,仍遵原定行第,不以移易五世为然,(另有说见世系卷)此殆据其所可知而不袭其所不可知,与春秋传信传疑之旨,有隐相符合者,余故深嘉而乐从之。谱既成,因弁数言于首页在。

民国四年即旧历乙卯岁冬日同里谢觐虤彤虤甫序

(文中标点系本志编者所加)

镇海小港杨氏重修宗谱卷首原序 (摘要)

吾宗杨氏自伯侨公为周武王第三子叔虞之后,封杨侯因氏焉盛于周而旺于汉。宏农之祖四知是式,而后历晋历唐簪缨奕世载于史册者甚详。暨宋时古籍苏之长洲县状元及第,讳砺,与宋湜同平章事。其子厚,号枫宸公,分教于鄞,遂居鄞东乡之青山,是为一世祖。自祖而父,自父而子,自子而孙,螽斯麟趾之祥,其本宗盖从来远矣。逮明时分迁东杨、西杨者,有文懿、康简、文肃三尚书公,振兴一朝。历仕版七世……丙午六月,有踵门而告者四五辈,询其姓氏,为同姓,询其行第,为同宗。核诸谱,则东杨派迁居蛟门小港之族也。

西杨二十六世孙载赓(谱名)学载谨撰

(文中标点系本志编者所加)

杨邦义传

邦义,占籍吉水,博通古今,以舍选登第。每以节义自许。宋高宗建炎己酉,为建康通判。金兵陷建康,守臣率官属出迎,惟邦义不屈,自誓必死,刺血大书衣裾曰:宁为赵氏鬼,不作他邦臣。金帅使人说以官,邦义首触柱曰:吾岂有不畏死而可利动者!旁一帅怒取幅纸书死活二字,示曰,无多云,欲死即书死字。邦义奋笔出死字,极口漫骂。遂遇害。谥忠襄加赠徽猷阁侍制。

(文中标点系本志编者所加)

杨氏家规

一、祖宗坟墓,时常省祭;爱护秋木,以为荫庇。

二、祠堂祭器恐年久损坏,为子孙者随即修葺,不许互相推辞。

三、祖宗所有诰敕及遗书衣冠等物非可易得,务要珍宝藏之。

四、祠堂为奉祖宗之处,须严予锁钥,启闭有时。

五、祭祀自有土地递年收租以供祀事,其土地虽罹贫困不许典卖。

六、凡子孙遇朔望日必告祠堂,为家长者置备香烛率领子孙拜讫,论以齐家治国之道、爱亲敬长之事。

七、自鼻祖康国公以来,读书好善,本分生理。凡聪俊者笃学好问、期以致用,鲁钝者本分生理以给奉赡，不可游手好闲苟玩岁月。

八、治家以孝悌为先，孝悌行于家，而后仁爱及于物。

九、子孙学成出仕，务在守法奉公，勤以莅政，慈以恤民，补报君亲于万一。除俸给外一毫不可取，于人如有怠政贪赃致污名节及非礼去官回籍者，毋许拜见祖祠，凡诸亲族勿行庆礼，鄙之可也。

十、男女及笄须依文公家礼行之，使知成人之道。

十一、丧葬之事不得惑于浮屠以作佛事，父母之丧戚莫大焉，不得与于燕饮。

十二、春秋祭祀乃人子追远之至情，惟其尽诚敬而祭。

十三、我宗世传清白子孙，万一窘乏，亦当清贫固守，丧廉隅若有甘居卑下为隶为优以及一切污辱之行者，宜即削谱不许入族。

十四、房屋田产俱是祖宗所置之业，专为贻后以待养生祀祖。为子孙者要体前人成立之难，不可妄废。

（文中标点系本志编者所加）

《宁波小港李氏族谱》书影

《镇海杨氏宗谱》书影

第五编　农林　渔盐

戚家山街道，位于灵峰山脉西北、甬江以南，处于小浃江两岸，属平原低丘，古代为海堧潟卤之地。

20世纪70年代和80年代先后在小港横山下和枫林金头湾等地发掘古遗址，出土大量石镞、石铲、石锛、石刀、石犁、陶纺轮等生产工具，证明早在新石器晚期，已有人类在此休养生息，以渔耕为业。

唐宋以前，乡民已有居山者以农耕为生、濒海者以渔盐为业。唐宋时期，农业结构逐步趋向完善，水稻已有早禾、中禾、晚禾之分，并有粟、豆、麦、麻、桑等作物。元明以来，海涂淤涨，筑塘建闸，围垦造田，农田向滨海扩展，农业生产进一步发展。

明嘉靖年间，稻作有早、中、晚的籼、粳、糯等品种几十个；黍、粟也有粳糯之分；麦类有大麦、小麦、荞麦之别；豆类、瓜类、果类、蔬菜类也品种繁多，种植业已相当完善。清末以后，甬江沿岸和小港海边晒盐业逐渐缩减，植棉业开始发展。民国时期，农业仍以种植业为主，种植业以粮食生产为主体。但粮食产量低而不稳，遇灾歉或战乱，粮食常难自给，粮、油需从外地输入补充。

新中国成立后，经过生产关系变革和兴修水利、平整土地、改良土壤、繁育良种、改进栽培技术、改变耕作制度、改革农具、拓垦海涂、整治山地，改善生产条件，贯彻"以粮为主、粮畜并举，积极发展多种经营"的方针，逐步形成农、林、牧、渔、副综合发展，粮、棉、油、果、菜、茶全面增长的农业兴旺局面，一度成为重要商品粮、油、猪、禽、果、蔬基地之一。

1949—1996年，小港总人口从3万人增至5.2万人，农业生产的发展速度超过了人口增长速度，主要农畜产品的年人均占有量大幅提高：粮食年人均占有量从752斤提高到1186斤，最高达1414斤；油菜籽年人均从7斤到32斤，最高为68斤；生猪从年人均0.15头到0.62头，最高年人均1头；家禽从年人均1.5只到15.6只，最高20只；水果（不含瓜类）从年人均不到5斤到206斤；蔬菜从年人均250斤到861斤。除农民自食外，农畜产品大量上市。但农业发展并不平稳。1949—1996年的48年间，主要农、畜、副、特产品产量比上年减产的，粮食有16年，棉花21年，油菜籽18年，茶叶6年，水果11年，生猪15年。造成比上年减产或连年减产的原因，主要是自然灾害，或台风暴雨，或旱灾，或病虫害，或冻害，也有人为指挥决策失误、农艺改革失当等原因。如：1956年及之后几年，耕作制度改变过快，连作稻面积安排过多，超越客观条件，又遇台风等自然灾害，导致早晚稻收种延误而减产；1959—1961年的高指标、瞎指挥和大批劳力调离农业而造成粮食生产和畜牧生产连年下降。

1978年改革开放以来，特别是1983年实行家庭联产承包制以后，农民有了生产经营自主权，生产条件进一步改善，是农业生产发展最好时期。

1984年10月，宁波经济技术开发区建立后，戚家山区域农地逐渐征收，农业生产规模逐年缩小。至2018年，戚家山街道下辖的5个村已全部退出农业生产，仅保有少量山林、山地。

本编目录

第一章 生产关系变革

农业生产关系,是以土地占有为主要内容的农业生产资料所有制。新中国成立前,生产关系是土地私有制,并且是地主阶级占有为主的封建土地所有制。20世纪50年代初,经过土地改革,改变为农民占有为主的土地所有制;随后,通过组织互助组、农业生产合作社和人民公社,改变为农民共同占有的土地集体所有制。20世纪80年代初,实行农村经济体制改革,改变为土地集体所有、农民分户联产承包的双层经营体制,实行土地所有权和经营权的分离。

第一节 土地私有制

各阶层土地占有

新中国成立初,原长山区有耕地41645亩(土改中清查出10135亩,实有51780亩),在籍9100户,35616人,其中在乡8733户,28484人。土改前占总户数2%的190户地主,占有耕地15830亩,占总耕地的38%;其中封建地主130户,占有耕地12957亩,占总耕地的31.1%,每户平均占有99.7亩;地主兼工商业、兼职员或工商业、职员兼地主60户,共占耕地2873亩,每户平均占有48亩;占总户数50.2%的4568户农民,占耕地3603亩,占总耕地的8.6%,每户平均不到1亩,其中贫雇农2917户,共占有耕地704亩,每户平均只有0.24亩,基本处于无地状态;公共土地(包括宗祠、寺庙、学校、义庄、公益事业等)14548亩,占总耕地的34.9%,也多数为地主阶级代理人或地方有权人物所掌管;非农业阶层计有工人、手工业者、职员、商贩、贫民、渔民、自由职业者等12类,4342户,共占耕地7665亩,占总耕地的18.4%。

由于土地占有极不平衡,所以土地经营使用中,大量出现租佃关系。全镇(区)土地占有者自耕的仅11464亩,占使用耕地的21.2%;租田经营的42501亩,占使用耕地的78.8%。

地租 租佃关系中,地主多为租出方,农民都为租入方,所以租佃关系基本是地主和农民关系,即农民向地主交租。地租有定租(称打煞租)、分租(或称议租)、预租、便田(租额按货币计算)4种。地租租额均在每亩200市斤稻谷以上,有的地主还有虚亩(9分作1亩)和老秤(100市斤上秤只90市斤)制。其他还有租饭、节礼等额外负担规定。

民国十六年(1927)后,镇海县推行"二五减租",规定交租占总收获量50%为最高租额,按最高租额减租25%。当时一般每亩收获量400市斤左右,减租后每亩租谷150市斤上下,约占实产的

37.5%。抗日战争时期,镇海县农会江南办事处在共产党支持下继续推行"二五减租"制,一般每亩租额120市斤左右,约占实产的30%,照顾农民和地主双方利益。1948年镇海县农会曾推行"地价交租法",根据土地优劣确定11个等级,最好田每亩地价稻谷1600市斤,中等田800市斤,最差田400市斤,交租额按地价8%计算,每亩租谷在32市斤至128市斤之间,进一步照顾农民利益。部分地主曾到镇海县政府申诉,并推选代表联名向国民党浙江省政府和南京政府上告。由于解放战争形势发展很快,县农会坚持,"地价交租法"实施到解放。

第二节　土地改革

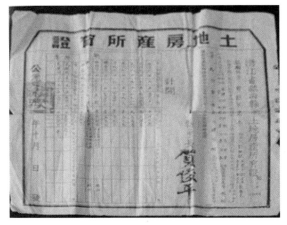
土地改革时期的土地房产所有证

1950年10月,中共镇海县委成立县土地改革指挥部,组织工作队首先在万加乡进行土改试点。采取以点带面、分批展开的方法,以乡镇为单位组织工作队进行土改。长山区于10月底在枫林乡试点,11月即在全区9个乡镇分批全面展开,1951年3月基本完成。1951年7月13日镇海县委召开全县干部大会,部署复查土改工作,并恢复县土地改革指挥部,要求在10月10日前结束复查。土改时执行"依靠贫雇农,团结中农,中立富农,打击地主,有步骤、有分别地消灭封建剥削制度,发展农业生产"的路线和"小心谨慎、稳步前进"的工作方针。整个土改过程经过发动群众,整顿健全组织,划分阶级成分,没收、征收土地和其他生产资料,进行土地分配,总结结束等阶段。

通过土改,全镇(区)共没收、征收土地39554亩,其中没收地主占有土地15829.7亩,征收工商业者土地1134亩、公共土地13896亩、其他阶层土地1695亩;没收耕畜95头、各种农具12851件、家具8567件、粮食135708斤;没收、征收房屋888间。除留机动土地1305亩和房屋31间及少量家具作公用外,其余都分配给无地、少地农民,其中雇农1418户、2971人,分得土地7877亩,人均2.65亩;贫农1495户、5435人,分得土地10737亩,人均1.98亩;中农1385户、6829人,分得土地14180亩,人均2.08亩;大佃农242户、1384人,原自有土地仅782亩,而耕种租入土地却有6566亩,土改时也分得土地2977亩,人均2.15亩。土改废除了封建土地所有制和地租制度,实行了"耕者有其田"。土改后,全镇(区)在乡劳动阶层8547户、27705人,占有土地49791亩,人均1.80亩,其中农民4564户、16787人,占有土地39289亩,人均2.34亩,比土改前的0.2亩增加2.12亩。

第三节　互助合作

土地改革后,农民分得了土地,生产积极性提高,但因经济基础薄弱,耕牛、农具不齐,有的劳力不足，一家一户耕作有困难，小农经济更难抵御自然灾害。1951年3月，在县委工作队的帮助下，长山乡江家山村7户农民，按照"自愿互利、等价交换"原则，建立起镇海县第一个互助组。1951年夏收时，长山区9个小乡每乡都有1至2个常年或季节性互助组。1952年3月，在大石门农业社建立长山区农场（翌月转为农业社），4月后出现互助合作高潮，长山区办起227个互助组，其中常年互助组67个、551户，季节互助组160个、786户，组织农户1337户，占全区总农户的26.8%。1953年互助组有进一步的发展，全区增至236个，入组农户1754户，占总农户的29.1%。

1952年春，镇海县委开始试办以土地入社分红为特征的初级农业社，贯彻"积极领导，稳步发展"的方针和"入社自愿，退社自由"的原则。办社要经过批准，否则叫自发社，已批准试办的，如条件欠成熟，也要停办。至1955年春，全区有农业社136个，入社3021户，占总农户的50.1%。由于发展速度过快，出现了一些问题，有的违反了自愿原则。1955年4月前后，根据省委会议精神，贯彻"全力巩固，坚决收缩"方针，经过整顿，全区收缩为97个社，留社2026户。有近千农户或退社或退转为互助组。8月，县委召开会议，传达毛泽东《关于农业合作化问题》的指示，批判了"坚决收缩"方针，贯彻"全面规划、加强领导"方针。秋后，农业合作化进入高潮。年底，长山区办起农业社142个，入社3339户，占全区总农户的55.4%。

1955年春，在巩固、发展初级社的同时，镇海县委开始试办取消土地分红、实行完全按劳分配的高级农业社。是年8月27日，县委发出《关于1956年秋季发展高级社的规划》，长山区有高级社22个，入社农户3484户。随后，采取低转高、小并大的办法，迅速进入发展高级社高潮。至10月中旬，长山区有高级社41个，入社6407户，尚有初级社1个，入社18户，共入社6425户，占应入社户数的96%。高级社每社平均156户，大社有308户。一个社基本相当于现在的一个村。这个规模一直延续到1958年。

第四节　人民公社

1958年8月8日中共中央公布《关于在农村建立人民公社问题的决议》。

1958年8月，镇海县首先在三山乡试点，建立三山人民公社。10月全面铺开，以区为单位建立人民公社，废除区、乡行政体制，实行农林牧副渔统一经营、工农商学兵互相结合的人民公社"政社合一"制度。长山人民公社建立后，把全区42个农业社、6696户农户、5.8万多亩耕地及大片山林合并在一起，把原来的农业社所有制改变为人民公社所有制；公社下辖组织，以原小乡为基础建立9个生产大队（管理区），以原农业社为基础建立45个生产队，每个大队、生产队又分设若干生产小队；供销社、信用社、学校、医院等单位都纳入公社组织；公社、大队、生产队、生产小队还建立民兵团、营、连、排组织；以生产队为单位兴办公共食堂、幼儿园、托儿所；还有敬老院、缝纫组、理发组等，提倡"组织军事化，行动战斗化，生活集体化"。由于片面地强调人民公社的"一大二公"，并认为人民公社的集体所有制完成向全民所有制过渡已不需要很久时间，因此，"一平二调""共产风"盛行起来。在公社范围内实行贫富队拉平，平均分配，对生产队的某些财产无代价地上调；以公共积累的名义，过多地搞义务劳动，把生产队以至社员的一些财产无偿地收归公社所有，破坏了等价交换原则；在公社内部实行平均主义的供给制。各队之间的粮食无偿调拨，号召"鼓足干劲生产，放开肚皮吃饭"，

提倡"吃饭不要钱""按月发工资"。结果,严重损害了群众利益,挫伤了社员的积极性。

为了解决人民公社化运动中出现的问题,通过多次调整,对生产关系逐步作了一些纠正。1959年清理"一平二调"账目,1960年对平调原农业社的土地、粮食、农具、牲畜、房屋、家具等折价退赔兑现;1961年,调整公社规模,撤销大公社,长山区以原大乡为基础,建立小港、江南、下邵、枫林4个公社,以原高级社为基础建立45个生产大队,大队下设生产队;1962年10月,贯彻《农村人民公社工作条例修正草案》,实施"三级(即公社、大队、生产队)所有,队为基础"的体制。1963年长山区有4个公社,53个大队,442个生产队。生产组织、经济核算、劳动分配,都以生产队为基础进行。由于初步理顺了生产关系,稳定以生产队为基本核算单位,1963年以后,粮食生产稳步上升,竹、木、茶、果等经济特产和畜牧业、渔业、副业都持续发展。20世纪60年代后期开始,社、队企业也逐步发展起来。

"文化大革命"期间,"三级所有,队为基础"的体制一度受到干扰,有的地方三级核算为二级核算,把大队作为基本核算单位;推广"大寨政治评分",搞平均主义;有的大队把自留地当作"资本主义尾巴"而取消,并严格限制社员家庭副业。这些"左"的做法,1972年以后,逐步得到纠正。

1982年中华人民共和国宪法修改时,决定改变农村人民公社"政社合一"的体制,设立乡政权。1983年长山区的各公社实行政社分设,复建乡镇政府和村民委员会,以村为单位,实行村民家庭联产承包责任制。人民公社不复存在。

第五节　农村经济体制改革

1978年12月召开党的十一届三中全会以后,党中央、国务院采取了一系列步骤,补救农业合作化后期,特别是公社化以来农村工作上的失误。1979年9月,党的十一届四中全会通过了《中共中央关于加快农业发展若干问题的决定》,调整了农业政策,适当地放宽了对自留地、家庭副业和集市贸易的限制,强调了尊重生产队的自主权,纠正平均主义,鼓励发展多种经营。1980年,以联产计酬为主要特点的多种形式的生产责任制得到推行,并贯彻了"决不放松粮食生产,积极开展多种经营"的方针。1981年6月,长山区已有90%以上的生产队建立了以联产计酬或定额计酬为主要形式的生产责任制,把集体统一经营和劳动者自主经营两个积极性结合起来。1982年,根据外地经验,有的队自发地试行包产到户。1983年政社分设,取消公社体制,建立乡镇人民政府和乡镇经济联社,取消生产大队,改设村民委员会和村经济合作社,并推行家庭联产承包责任制。同年底,全区所有大队(村)、5万多亩粮田和棉花地都区别不同情况联产承包到户。平原产粮区一般按口粮数承包口粮田和按劳动力承包商品粮田;棉区按人口和劳动力相结合承包棉地;山区、半山区的山林和经济特产,大部分划给村民个体经营,少部分承包给经营户,个别保留山林队集体经营。

1985年1月,党中央、国务院根据党的十二届三中全会关于经济体制改革的决定的基本精神,结合农村的新情况,提出了进一步活跃农村经济的十项政策,并再一次以当年的"一号文件"发出。长山区按照上级部署,贯彻十项政策,主要是改革农产品统购派购制度,帮助各乡村调整产业结构,进一步放宽山林政策,对乡镇企业实行信贷、税收优惠,鼓励农民开展开发性事业,扩大城乡经济交往,加强小城镇建设,发展对外经济技术合作交流等。这是农村经济继联产承包责任制后的第二次大改革。这些政策的贯彻执行,进一步解放了农村生产力,引来了农业生产新高潮,特别是乡镇企业有了很大发展。

第二章　粮食生产

　　境内，土地平坦肥沃，四季分明，雨量充沛，历史上是镇海县主要粮食产地之一。进入20世纪80年代后，农村土地被逐渐征用，粮食生产逐渐退出戚家山街道。

第一节　面积与产量

　　民国时期，粮食亩产长期徘徊在400斤上下，年总产量在1000万—2000万斤之间，人均原粮不到600斤。灾歉年，粮食需进口或从外地调入。

　　新中国成立初期，粮食产量与新中国成立前的几年基本持平。

　　土地改革、农业合作化后，农民积极性提高，生产条件初步改善，粮食产量逐步增长，1954和1955年，亩产量分别提高到478斤和535斤，比1949年增产2成和3成。1956年遭"八一"大台风影响，粮食有所减产。1957—1958年又恢复了增产势头。1958年夏"大跃进"运动开始，加上自然灾害，导致1959—1961年粮食生产徘徊，甚至缩减。1961年开始贯彻执行国民经济"调整、巩固、充实、提高"的方针，促使农业生产恢复元气。粮食亩产量1962年达到634斤，比1961年增产25斤；1963年提高到790斤，比1961年增长30%；1964年亩产又增为862斤，提前四年实现《农业发展纲要》亩产800斤的指标。以后，继续连年升高，1966年跃上千斤台阶，亩产达到1014斤，1967年又跃升至1115斤。"文化大革命"的10年间，社会上无政府主义泛滥，但农村受干扰较轻，坚持了"抓革命，促生产"，粮食单产仍在千斤上下浮动，其中5年都在千斤以上，只有2年在900斤以下。"文化大革命"结束后，1978年亩产为1231斤，创了新高。1979年，认真贯彻国民经济"调整、改革、整顿、提高"的方针，集中力量把农业搞上去。是年，粮食单产达到1449斤，总产量6508万斤，人均占有原粮1414斤。

　　1983年实行"家庭联产承包"制后，农民积极性进一步高涨，1984年粮食大丰收，亩产超"双纲"，达到1733斤，总产量74.46万担，创历史最高水平。此后，至1996年的12年间，亩产量都保持在1500斤上下的高水平，1996年为1691斤。综观解放到1996年的48年间，粮食亩产量出现三次飞跃，上了三个台阶：1964年上"纲要"，1966年超千斤，1984年超"双纲"。

第二节 耕作制度

长山区（含戚家山区域）历史上以双季间作稻为主。一般年份，双季间作稻约4万亩，占水稻总面积的80%左右。其余为单季早稻、单季中稻和单季晚、糯稻。单季早稻在沿海、沿江水源短缺、土壤瘠薄的田块种植，早稻收割后种植蔬菜等耐旱作物；冷水田和低洼荡田种中汛稻；晚稻秧田、绿肥留种田及夏收经济作物田种单季晚稻和少量单季晚糯。这种耕作制度一直延续到解放后的20世纪50年代初期。1953年在47231亩水稻中，双季间作稻4.1万亩，单季早稻1414亩，单季中稻425亩，单季晚、糯稻4392亩。

1954年改变耕作制度，提出间作改连作、单季改双季、低产作物改高产作物，重点是间作改连作，通过提高粮地复种指数来增加粮食产量。是年，县农场试种连作稻35亩，单产800斤，枫林乡试种也获得成功。1955年就社社试种并有计划推广连作稻，又普遍增产，一般要比双季间作稻亩产高出200多斤。1956年春季提出以扩大连作稻为中心的"四改"口号，并在枫林乡搞连作化试点。是年，境内连作稻扩大到1.8万多亩，占水稻总面积的38.3%。因连作稻种植分布不均匀，下邵、枫林等水利条件好、土地多、劳力负担重的地方扩种过多，夏收夏种又遭"八一"强台风袭击，部分早稻失收、晚稻失种，造成减产。此后，总结经验，分析条件，采取"积极慎重、稳步发展"的方针。

1956年后的10年，农村机耕、机灌、机收面积扩大，品种改良，育秧技术改进，劳动力逐年增多，扩种连作稻的条件成熟，至1966年基本实现连作化，境内88%水田种上连作稻。粮食亩产量从1954年的478斤逐步提高到1963年的790斤、1964年的862斤、1966年的1014斤，连上几个台阶，主要因素是扩种连作稻。除了自然灾害因素外，增产速度几乎与扩种连作稻的速度同步。中汛稻在合作化前已基本淘汰，双季间作稻也随着连作化的实现而停种，单季早稻和单季晚稻因前季和后季作物安排的需要，至今仍有部分种植。

20世纪50年代后期开始推广以麦—稻—稻和油菜—稻—稻为主的新三熟制，年种植0.5万亩左右，约占10%。合作化以后，为了进一步提高粮食单位产量，主要途径是提高复种指数，扩大三熟制。1971年开始，三熟制面积扩大到1.5万亩以上，约占水稻面积的30%；最多的是1984年，达到2.5万亩，约占水稻面积的48%。1984年粮食亩产超"双纲"，以后10多年每年都保持在亩产1500斤上下，这与扩大三熟制密切相关。

近山的旱地推广蚕豆—马铃薯—番薯三熟套种。因面积只2000多亩，旱地对粮食单产的高低和总产增减影响不大。

第三节 栽培技术

水 稻

新中国成立前后的双季间作稻。早稻习惯清明播种，谷雨起畈，立夏插秧，大株朗植，耘田2—3次；晚青谷雨播种，小满嵌插，耕田1—2次；常年灌水，无病虫害防治措施。因水利等自然条件差异，

沿海、沿江、易旱地区"重早轻晚",平原水网地带"重晚轻早",在密植和晚青嵌插时间等农艺操作上有所不同。20世纪50年代,与互助合作化同步改进栽培技术。1953年开始,推广合理密植、合理施肥、选用良种、培育壮秧、深耕密耕、浅灌勤灌和防治病虫害等技术措施。

1956年推行"四改""五推""三保证",即区别不同地区,改间作为连作,改单季为双季,改中稻为晚稻或间作,改低产作物为高产作物;推广合理密植、优良品种、早播早插、精耕细作、新式农具;增施肥料、防治病虫、治水改土。为了缓解连作晚稻生长和收种季节的矛盾,20世纪60年代起早稻提早在3月下旬始播,4月初盛播;中晚稻4月下旬始播,6月下旬旺播。1965年提出"良种、良法、良田、良制"配套栽培技术。20世纪70年代以后,着重推广培育晚稻优良品种和提高育秧技术水平。

育秧。20世纪50年代初推广落谷稀、盐水选种。1956年推广半旱秧田,改阔秧板为狭式秧板,改水育为湿润育秧或水播旱育。60年代中后期改箩、桶淋水孵种催芽为拌焦泥灰泥地摊孵,改长芽播种为短芽播种,改秧田水耕水做为燥耕燥做,改水播为燥播搭谷、以泥护谷等,减少和避免早播烂秧。70年代推广小苗带土、带肥、带药移栽。80年代推广早稻盲谷播种,减少用种量,并试验工厂化育秧。

合理密植。双季间作稻时期,一般早晚两季亩插各7000丛左右,每丛6—7苗,亩约10万苗。推广连作稻后,早稻密度多为6×3或5×4寸,每亩约3万丛,每丛7—8苗,每亩基本20万—25万苗;晚稻为5×4—5×5或6×4寸,每亩2.4万—3万丛,每丛8—9苗,每亩基本20万—30万苗。由于密度提高,连作稻每亩用种量8—10千克,比间作稻增加2倍。

大小麦

以大麦为主,小麦少量种植。20世纪50年代前,大小麦主要种在旱地和棉地。60年代以后大力推广稻—稻—麦新三熟制,稻田种麦逐渐扩大。过去旱地种麦多为狭畦阔沟,土地利用率低,采用打孔点播,人粪冲籽,焦泥灰覆盖。70年代,稻田种麦的栽培技术有所改进,推广苏南经验,采用阔畦深沟,阔幅条播或散播,磷肥打底,"斩籽"入土,猪牛粪覆盖,敲麦促蘖,分期施肥,防治病虫害等措施。80年代初曾推广麦田免耕法。

番 薯

一般都种在低山坡地和旱地上。解放前都是狭畦条植,藤蔓插种,亩栽2000株左右。解放后提倡平插浅插,畦宽4尺,每亩栽2400—3000株。

第四节　良种推广

新中国成立前,稻麦品种主要靠农民互相串换,民国时期农推所也有少量从外地引种。

新中国成立后,国家和集体有计划地引种、试种、繁育、推广稻麦良种,新品种增加,良种覆盖率提高,并形成种子更新换代制度。

早　稻

早稻都是籼型品种。20世纪40年代推广"早稻503"和晚稻"晚籼9号"新品种。50年代前期早稻品种以"503"为主搭有火稻、六十日头、叶下钻、矮脚黄、黄大粒等；1955年试种推广南特号和有芒早粳；1958年引进莲塘早、团粒矮、陆财号。1960年枫林管理区李阿毛引入矮脚南特号种子0.75斤，经2年单本插试种，1952年高产试验田亩产950斤。经过良种评选推广，早稻品种向矮秆化发展。20世纪60年代中后期，矮脚南特号占早稻总面积的80%以上。70年代，广陆矮取代矮脚南特号成为早稻当家品种，推广面积占早稻面积60%以上。80年代先后引进早籼141、浙福9号、庆连16、军协和二九丰等优良品种，占早稻面积的70%左右。90年代则以嘉育二九三为主，还有91105、94207等，前者占总种植面积的一半以上。

晚　稻

过去间作晚青和中汛稻（湖白）属籼型，单季晚稻和糯稻属粳型。间作晚青分细秆、中秆、粗秆。细秆米质好，但产量略低。单季晚粳有水底清、梁湖糯、包六袋等，宜做年糕。晚糯主要是桂花糯，适合酿酒和做糕团。20世纪50年代中后期发展连作稻，引种推广晚粳品种红须粳、猪毛簇、老来青、新太湖青、"10509"等。1963年试种农垦58成功，1966年基本普及。70年代农垦58退化，为农虎6号所代替，80年代引进加湖四号、8411、矮秆23、秀水48、祥湖24、双糯四号等。前期以矮秆23为主，后期以秀水48为主。1978年至1982年曾推广杂交稻汕优6号，因感温性强和制种复杂等原因而逐渐淘汰。90年代则以丙1067为主，也有宁67、嘉93207等优良品种。

大小麦

传统大麦品种有皮大麦和裸大麦之分，有四棱六棱、有芒无芒之别。新中国成立前曾推广浙农17，引种两棱皮大麦（称洋麦）。20世纪60年代引入加拿大大麦，后因种性退化而淘汰。1970年引入早熟3号大麦，秆矮、分蘖强、早熟抗病，千粒重40克左右，产量高，成为70年代当家品种，80年代和90年代仍为主要品种。小麦品种有无芒白壳、有芒红壳等，新中国成立后陆续引进矮粒多、南大2419等品种。

番　薯

20世纪40年代有白皮白心、白皮黄心和红皮白心三个品种。50年代以红皮白心为主。1957年引入胜利8号，逐步代替了红皮白心。70年代后引入广州白、舟薯一号、红头号等品种。

马铃薯

20世纪40年代很少种植。20世纪50年代始推广土种圆形马铃薯，称洋芋芳。1958年引种腰形荷兰种和甘肃种，后逐渐退化。现仍以本地圆形马铃薯为主。

蚕　豆

俗称倭豆。以大白蚕豆为主，豆粒大，形似牛，俗称牛踏扁，是传统的优良品种。

第五节　品种繁育

水稻选种

20世纪40年代，农家一般采用片选，少数穗选或株选。新中国成立后，特别是农业合作化后，逐渐建立良种繁育体系和更新制度。优良品种引进，首先在县农场试种繁育，然后推广。1955年开始推行种子田制度，种子田作为2级繁育。种子田繁育的良种，作为大田的用种。种子田一般占大田2%—3%。1963年以后生产大队普遍建立科学实验小组，设种子田、试验田、对比田繁育良种。20世纪70年代分级建立良种基地，县农场进行品种分离提纯复壮，确保良种标准化，公社建农科大队（所），大队建立农科组或种子队，贯彻品种布局区域化、种子生产专业化、种子质量标准化的方针，逐步形成县、公社、大队三级繁育体系。80年代实行家庭联产承包责任制，集体良种基地解体；乡、村选立特约户进行良种繁育，形成新的乡、村、户多级多点繁育体系。

种子经销推广

新中国成立后，水稻种子经销推广，历来都由县种子公司负责。撤县设区后，由区种子公司统一经营。种子公司与良种繁育基地或特约良种繁育户签订繁育收购合同，收购后的种子分点储藏、销售，逐步形成繁育、收购、供应的统一育种供种制度。

第六节　病虫防治

病虫为害

本地水稻害虫有蝗虫、螟虫、浮尘子、稻飞虱、纵卷叶螟等10多种。蝗虫灾害在民国时期和新中国成立初时有发生，局部受损。1955年后推广有机氯农药，基本除绝。螟虫，间作晚青以三化螟危害为主，一般螟害率10%—15%，最高1953年达31%，随着双季间作稻的减少，螟害率逐渐下降到5%以下。大螟、二化螟散发性危害历年都有，螟害率一般在3%—5%之间。重的年份达到10%。稻飞虱、叶蝉在历史上曾暴发成灾，主要是干旱年份，1971年就因高温干旱而叶蝉暴发。1973—1976年，稻飞虱危害上升，其中1974年危害最烈，达7000多亩。稻纵卷叶螟，20世纪50年代末零星发生；70年代，每年二代、四代幼虫都为害早稻和晚稻，部分田块造成5%—10%的损失。

水稻病害主要有稻瘟病、纹枯病、矮缩病、白叶枯病和小球菌核病等。稻瘟病，解放前有零星发生。1955年曾暴发，沿江一带早稻罹病损失，第二年采取综合防治，得到控制，以后逐年减轻；1980—1981年晚稻大面积发病，损失稻谷千吨，1982年后推广新型高效农药，逐步得到控制，现在已很少发生。纹枯病，60年代水稻密植程度和用肥水平提高，稻田湿度大、病害逐年上升，70年代成为早稻主要病害。白叶枯病，20世纪60年代在沿山地带有零星发生，70年代引入珍龙13和杂交汕优6号等品种，为害面积迅速扩大；若遇台风雨侵袭，则病害加深。1981年后得到控制。矮缩病以普通矮缩病为主,60年代有零星发生,1971年因病毒媒介叶蝉暴发,导致晚稻矮缩病流行,部分稻田遭灾。后加强越冬虫防治,至70年代末基本得到控制,小球菌核病历年都有不同程度的发生,70年代起病害扩大加重,1971年和1984年,晚稻都有上千亩发病,造成损失。其他如细菌性基腐病、褐条病和褐斑病,系70年代新发生的细菌性病害。由于及时选用和扩大抗病品种,没有造成灾害性损失。早稻秧田绵腐病,历年都有发生,低温多雨年份加重,1960年和1965年造成大面积烂秧。推广通气式半旱秧田后,此病得到控制。

病虫防治

旧社会发生病虫害,农民不懂科学,往往寄托祈神消灾。民国时期曾劝导农民防治螟虫,用人工捕打和明火烧杀防治虫害。抗日战争胜利后,县农会曾发动点灯诱蛾、挖掘稻根以治螟。解放后,多年沿用和推广夏季点灯诱蛾、冬季挖稻根的人工除虫方法。1955年县建立病虫观测站,以后,建立群众性病虫情报网。1966年公社设不脱产植保员,大队设治虫员;1985年,县、区、乡三级设专职粮食作物植保员,村设不脱产植保员。病虫观测站在病虫害发生前10—20天内做出测报,测报虫害准确率一般在80%以上,测报病害准确率为70%左右。病虫测报资料通过病虫情报网,发动群众及时防治,病虫害损失率逐年下降,一般年份为5%左右,最低降至3%以下。

农药防治是综合防治中的主要手段。20世纪50年代采用六六六和二二三化学农药治虫,并用波尔多液防治稻瘟病。1967年起,有机磷农药逐渐取代有机氯农药。70年代主要施用杀虫剂甲胺磷和杀菌剂稻瘟净、井岗霉素等新型农药。同时,曾推广喷火和滴油等土法杀灭病虫。

农田杂草,20世纪50年代主要靠精细耘田和秧田人工拔除。60年代开始在秧田实行化学除莠。80年代广泛应用高效低毒的杀草丹、丁草铵等除莠剂,化学除草已基本普及。

第七节 改土 施肥

土壤改良

戚家山街道境内有独立的小浃江水系,但解放初仍有1.5万亩(约占水田面积1/3)为低产田,阻碍生产的主要因素是水害。水网地区的畈心田约1万亩,地下水位高,土壤通透性差;约300亩沿山的冷水田和冷性田,水冷土僵;约2050亩沿海盐碱田,土和地下水盐分高,作物氯害重。解放后,多次并持久地开展改造农田和兴修水利,开深沟、平整土地,基本消灭了平原畈心田和沿海烂荡田。20世纪60年代大搞农田园地化建设,70%以上的水稻田改造成为田畈成方、路渠成行、灌排分系、水旱两利的良田。70年代末,4.5万亩水稻田基本实现园地化。沿山冷水田和冷性田,采取开沟排水、扩种绿肥,沿海盐碱田采取冬季蓄淡、挖沟加客土、种大绿肥等措施,都被改造成为可以种连作稻的良田。

有机肥料

农民历史上以施用有机肥为主。有机肥主要有绿肥、厩肥、河泥、人粪肥、灰肥、饼肥和鱼杂肥等。

绿肥都用作基肥,有紫云英和苜蓿两种。紫云英多种于稻田,近寒露播种,种子用量20世纪60年代前每亩2—3斤,以后增至4—5斤,亩产鲜草3000—5000斤,高的达8000斤;一般每亩用量3000—4000斤,多余部分割出作为青储饲料或作沤肥。苜蓿多种于棉地,沿海盐碱稻田也有种植,亩产鲜草2000—3000斤,也有高达4000多斤的。随着春粮和油菜面积的扩大,绿肥面积相应减少。60年代每年4万亩左右,70年代降为3.3万亩左右,80年代又降为2万亩上下,90年代降至1万亩以下,1996年只有6065亩,仅占粮田的17%。其他绿肥还有咸青、绿萍。咸青,1966年在孔墅大队试种,以后10年在早稻田和晚稻秧田四边推广套种,用作晚稻基肥,因共生期长,影响早稻和晚稻秧苗生长,逐渐淘汰;绿萍,1964年从温州引入,1966年后较大面积放养,因萍种越冬越夏困难,1975年后淘汰。河泥是河网地带主要有机肥源之一。冬春捻,风干后春耕前挑开,一般每亩施干河泥30—50担;60年代推广"万斤坑",用水院河泥拌和厩肥、青草、绿肥作沤肥。一般每亩稻田施50担;80年代实行家庭联产承包制后,施用河泥减少,现在已基本无人捻泥了。灰肥有柴草灰和焦泥灰两种,都是传统肥料,主要作麦子盖孔肥和油菜塞根肥。厩肥、人粪肥都是农家的基本肥料,厩肥用作基肥,人粪肥用作追肥和蔬菜用肥。骨粉主要作绿肥拌种肥,现在已少用。饼肥过去主要用于晚青和番薯基肥。部分地区晚稻曾用鱼杂肥。沿山冷水田50年代曾用明矾、石灰等间接肥料,以促进绿肥腐烂和早稻发棵。

化学肥料

旧时,农民一般用农家肥。民国三十六年(1947)县农会发放少量硫酸铵给少数农户使用。新中国成立后,开始推广施用化肥。先是氮肥,后扩大到磷肥、钾肥、复合肥。

氮肥 20世纪50年代以硫酸铵为主。60年代中期至70年代中期,氨水、碳酸氢铵为主要品种,其次有氯化铵、硫酸铵、石灰氮等;70年代后期至80年代,尿素和碳酸氢氨为当家肥料。氮肥年均用量连年增加,50年代不到10斤,60年代近40斤,70年代约80斤,80年代以后达150斤左右。

磷肥 1953年开始推广,1954年后供应量迅速增加。20世纪60年代年亩均施用18斤,80年代年亩均用量增至45斤。最初用于蚕豆和棉花基肥,继而广泛用于绿肥,"以磷增氮",而后推广以焦泥灰拌磷肥作油菜塞孔肥,1983年引入早稻施磷作起身肥,并大面积推广。磷肥品种以过磷酸钙为主,也曾推广施用钙镁磷肥。

钾肥 1957年开始供应化学钾肥。当时,施肥水平低,农民习惯用草本灰,焦混灰,作物缺钾不明显,所以化学钾肥供应量很少。1980—1982年第二次土壤普查后,钾肥在稻棉作物上试验,增产效果显著,后在沿山酸性土壤和砂性土壤的稻田及部分棉地得到推广,至20世纪80年代,年亩均施用量2斤多。

随着氮、磷、钾化学肥料的普遍推广使用,1973年以后,复合肥料也为农民所欢迎。1975年,硼酸、钼酸铵等微量元素肥料开始在油菜等作物上推广使用。

施肥方法

新中国成立前,间作稻多以绿肥(亩施2500—3000斤)作一次性基肥为主,部分富裕农民有隔一年或几年施一次河泥的习惯,对基肥不足或冷水田,遇早稻田发僵,亦有用人粪作追肥的;少数农户购买牛泥、豆饼、鸭泥等用作晚青追肥。解放以后,随着耕作制度的变革和农艺发展,用肥水平和施肥技术相应提高。20世纪50年代以解决基础肥料为主，增加基肥用量，平衡用肥，绿肥亩施4000—5000市斤；合作化后普遍掏河、捻河泥，增加生土，改善土性。连作稻面积扩大后，连作晚稻肥料严重不足，20世纪60年代以解决连作晚稻肥料为主，要求施足基肥，普施追肥，推广"万斤坑"，积造"小塘河泥"。70年代中期起，三熟制面积迅速扩大，用田和养田矛盾突出，为了使早稻、晚稻、春花三季作物都能有有机肥作基肥，采取春花绿肥轮作、发展养猪增积厩肥、大造有机质沤肥、提倡稻草还田等措施增加有机肥；提出改进施肥技术，要求施足基肥、早施追肥、巧施穗肥。70年代后期开始，绿肥面积逐年减少，化肥用量大增，普遍出现重化肥、轻有机肥的倾向，特别是连作晚稻，几乎全赖化肥。由于化肥施用量过多，造成土壤有机质下降，每亩连作晚稻施用化肥（折硫铵）1978年、1980年、1983年分别为36斤、75斤、81斤，每斤硫铵产出稻谷分别为13.8斤、6.8斤、5.9斤。

第三章 经济作物

境内，历史上是原镇海县重要的产棉区。其他经济作物虽有种植，但品种不多，产量不高。20世纪80年代，农村土地逐渐征用，经济作物的生产已淡出戚家山街道。

第一节 棉 花

民国初年，部分余姚移民在小港海边和甬江岸边的盐碱地上开始种植棉花。20世纪40年代，长山区（含戚家山街道境域）共有棉地约1500亩，亩产皮棉30斤左右。新中国成立后，50年代植棉面积基本没变，产量稍有提高，但很不稳定，年际间差距较大。亩均产量1953年、1954年和1957年分别为45.5斤、36.3斤和50.2斤，而1955年有74.5斤。60年代，沿海、沿江围垦了一部分滩涂。1964年根据国家计划，江南乡部分稻田改种棉花，植棉面积扩大至3000多亩，单位产量也有很大提高。1964年起，亩产皮棉连续7年超纲要，1965年和1968年分别达到149斤和165斤。70年代，面积再扩大到4000亩上下，但产量波动很大，亩产在58斤至120斤之间浮动。80年代调整农村产业结构，大量棉地改种蔬菜和水果。1984年10月宁波经济技术开发区建立后，境内的1300多亩棉地全部被征用开发。

第二节 油 菜

油菜，古称芸薹，是本地的主要油料作物，栽培历史悠久，但过去种植面积不大。民国时期，戚家山街道（含小港镇）域内每年种植1500亩左右，亩产油菜籽70—100斤，多数农户每户只种几分田，收籽打油一车或几家合打一车，属农村低水平的自给性生产，品种为白菜型本地种，菜、薹、籽兼用。

20世纪50年代前期种植面积稳定，1955年起逐步增加面积，1961年增至6162亩。白菜型为主的品种易受毒素病危害，单位产量提不高，1949—1963年，平均亩产多在100斤以下。1964—1978年的15年间，由于引进新品种甘蓝型胜利油菜，种植面积3008—5467亩，年均4243亩，亩产83—156斤，年均127.6斤，年总产量3904—8537担，年均5412担。1979—1996年的17年间，年种植面积5370—14298亩，年均9773亩，其中1981—1990年每年种植面积都在万亩以上，单产超过200斤。

1984年10月宁波经济技术开发区建立后，境内土地征用，油菜已无大面积种植。

第三节　茶　叶

境内历史上没有大面积栽培茶叶的习惯，只有沿山地区个别农户在山杂地零星种植几棵茶树，自产自用。新中国成立后，政府提倡发展茶叶生产，20世纪50年代还发放贷款，赊销大米，扶持茶农。戚家山街道成立前，各村有零星茶园，但规模不大。近年，随着土地征用，茶叶生产逐渐萎缩。

第四节　水　果

境内历史上无种植水果习惯。20世纪50年代开始在山沿种植少量水果。60年代后，贯彻"以粮食生产为主，积极发展多种经营"的方针，境内开始成片种植水果。戚家山东麓有柑橘林，徐家岭有梨林，老鹰山北麓有水蜜桃林等。平原地有种植葡萄的。宁波开发区成立后，境内土地逐渐被征用，果林废弃。

表5-3-1　1993—1996年戚家山街道水果种植面积与产量一览表

年　份	合　计		柑　橘		梨		桃	
	面积（亩）	产量（担）	面积（亩）	产量（担）	面积（亩）	产量（担）	面积（亩）	产量（担）
1993	3979	105200	1676	48140	252	4320	1318	44966
1994	4792	112684	2051	56140	274	4000	1366	44240
1995	4976	109180	2179	62940	253	3260	1572	42980
1996	5044	106920	2418	54900	230	2820	1583	37820

果树种植资源及其分布

柑橘　芸香科，柑橘属，宽皮桔类，主栽品种为温州蜜柑系，早熟类宫川、兴津，中迟熟类尾张，部分早橘、椪橘、碰柑。戚家山、蚶岙山、老鹰山等山坡地有种植。

桃　蔷薇科，桃属，有水蜜桃、硬肉桃两类。主要品种，水蜜桃有玉露、黄露、特早桃等。硬肉桃有夏白桃、红桃。戚家山、老鹰山、蚶岙山均有种植。

李　蔷薇科，李属，有金塘李、黄皮李、鸡心李等品种。戚家山街道域内种植面积不大。

梨　蔷薇科，梨属，有沙梨和西洋与中国杂交梨两类，沙梨类有明月、今生秋、菊水等，西洋中国杂交梨有铁头梨和来康。近年还有黄花梨。境内种植较少。

枇杷　蔷薇科，枇杷属，普通枇杷种，主栽品种大红袍。

柿子　柿树科，柿属，普通柿种，有方柿、红柿等品种。境内有少量栽种。

杨梅　杨梅科，杨梅属，乌杨梅类，主栽品种为荸荠种。

桃　树　　　　　　　　梨　树　　　　　　　柑　橘　　　　　　　杨　梅

第五节　瓜　菜

历史上农民种植蔬菜以自给为主。集镇附近农民种的蔬菜,自给有余部分,肩挑手提到集市出售。20世纪60年代初,因粮食紧张,蔬菜供需矛盾突出,宁波市在江南新棉村建立近千亩市属蔬菜基地,安排了化肥、农药,实行粮菜挂钩,产出的蔬菜主要供应宁波市区。80年代起,北仑区和小港镇又先后在渡头村和高河塘建立蔬菜基地278亩和106亩。农民则自发地扩大蔬菜种植面积,蔬菜品种日益增多。

瓜菜品种

境内瓜蔬生产历史悠久,新中国成立前,一年四季仅20多个品种。新中国成立后,花色品种大量增加,20世纪80年代有13大类近百个品种。

根菜类　有白萝卜、胡萝卜、大头菜等,以本地种为主。白萝卜多种在沿山砂质土地里。较有名的小港林唐萝卜,常年种植500亩左右,最多年达800亩,亩产3000千克,主要销往宁波市区。胡萝卜少量种植。大头菜原种在棉区。

白菜类　分结球白菜和不结球白菜。结球白菜主要是大白菜,又名胶菜、黄芽菜等。20世纪50年代以黄芽菜为主。60年代从慈溪、山东等地先后引进福山包大白菜和城阳青胶菜,70年代又相继引进小青口、城青2号等杂交一代大白菜品种,取代了原来的福山包、城阳青品种。胶菜以江南沿江地带种植较多,亩产4000千克左右。不结球白菜主要有黑油冬、三月青、四月青、塌棵菜、矮抗青、高脚白菜等,多为本地品种。

甘蓝菜　包心菜即结球甘蓝。20世纪60年代以杭州引入迟熟的牛心包,70年代引入鸡心包,80年代以后以京丰一号平包为主。花椰菜又名花菜,70年代从福建、杭州等地引入。品种生长期有80天、100天、120天、160天等,80年代引入乐清花菜品种,品质优于福建品种。

芥菜类　本地传统品种,主要有天菜、雪里蕻。天菜植在庭院和杂地,雪里蕻种在稻田,有黄叶种和黑叶种之分。

绿叶蔬菜类　有青菜、芹菜、莴苣笋(香乌笋)、苋菜等,是家常菜。菠菜、莴苣笋都有尖叶、圆叶(阔叶)之分。

茄果类　有辣椒、茄子、番茄等。辣椒分尖椒、羊角椒、灯椒(甜椒),都是20世纪70年代从上海、杭州等地引入。茄子以宁波黑茄即藤茄为主,20世纪80年代引进杭州红茄。番茄(西红柿)20世纪60年代引入,现各地都有种植。

　　瓜类　作蔬菜用的有冬瓜、南瓜、黄瓜、长瓜和丝瓜等；作水果用的有西瓜、各种甜瓜。黄瓜原以本地种黄瓜为主，20世纪80年代初从天津引入青皮黄瓜，因其品质佳、产量高，发展迅速；西瓜，解放前后以黑皮瓜为主，多种在近山坡地；60年代引入"解放瓜"，面积扩大到水稻田；1975年后引进"华东18""华东24"和"中育一号"等新品种；1984年后相继引进"新澄一号""浙蜜一号"和"新红宝"等优良杂交一代品种，这些品种现已成为当家品种。

　　豆类　有梅豆、豇豆、毛豆、碗豆、蚕豆与刀豆等。

　　葱蒜类　有韭菜、大蒜、洋葱与小葱等。

　　薯芋类　马铃薯（洋芋艿）、水芋、香梗芋、山芋艿与生姜等。

　　水生蔬菜类　有茭白、藕、荸荠、慈姑等，种植面积不大。

　　多年生蔬菜类　主要是竹笋，有毛竹笋、龙须竹笋、乌竹笋和淡竹笋等。

　　食用菌类　主要有蘑菇、平菇、金针菇等。蘑菇1966年从上海引进在枫林试种，后逐年推广到江北和柴桥、郭巨地区。20世纪80年代试种平菇，近年有少量种植。

花　菜	白萝卜	生　菜	番　茄
茄　子	青椒、红椒	豇　豆	菠　菜
包心菜	大白菜	小青菜	苦　瓜

新技术推广

　　瓜菜生产发展快，经济效益好，与新技术推广密不可分。主要是：

　　引进推广新品种　20世纪60年代后，推广蔬菜杂交一代良种，有杂交番茄、杂交大白菜、杂交黄瓜、杂交西瓜等，具有产量高、抗性强、成熟早、品质好等优点，已基本取代了原来的地方品种。

　　薄膜覆盖栽培　20世纪80年代初开始试验推广地膜覆盖种夏菜，保温、保湿、保肥作用明显，季节提早一星期。后采用尼龙小拱棚覆盖种黄瓜，能提早15天上市。这两种覆盖形式逐年扩大。

近年,用地膜覆盖技术推广夏菜秋种,如秋番茄、秋黄瓜、秋梅豆等。近10年来开始用塑料薄膜大棚种植蔬菜。

激素应用 20世纪60年代开始用24-滴于番茄浸花,80年代引进防落素喷花,推广乙烯利涂果、浸果、喷叶,应用于番茄、茄子、灯椒与黄瓜等作物,防止落花,提高结果率,增加产量。

推广高效低毒的菊酯类新农药防治病虫 如用速灭杀丁防治虫害,代替残毒量大的甲胺磷;用瑞霉素、乙磷钴、农用链霉素、敌克松等新农药防治蔬菜霜霉病、软腐病,为推广"无公害"蔬菜创造了条件。

表5-3-2 1985—1994年戚家山街道境内蔬菜、西瓜种植面积一览表

年 份	常年蔬菜(亩)	西瓜(亩)	年 份	常年蔬菜(亩)	西瓜(亩)
1985	5861	3389	1990	—	2872
1986	7171	4477	1991	16594	4490
1987	8325	3255	1992	12415	4178
1988	8102	3584	1993	12816	3468
1989	—	3266	1994	14927	3269

第六节 蚕 桑

清代和民国时期,民间有小量饲养春蚕、夏蚕的,自养、自缫、自用。1957年省人民政府号召大力发展蚕桑生产,小港、江南开始成片种桑养蚕,1958—1960年年产茧1吨到2吨。后因粮食紧张,出现毁桑种粮。1968—1976年蚕桑生产恢复,枫林、下邵、小港3个公社有10个大队栽桑养蚕,面积约250亩,占全县桑园面积的35%。当时经济效益较高。如1975年下邵五盟大队利用21.58亩荒山栽桑2.1万株,饲养夏秋蚕20张,产茧717.2千克,亩产茧33.2千克;1981年桑园发展到50亩,饲养蚕种148张,产茧4177千克,亩产蚕茧84千克,收入16316元,成为宁波地区利用荒山修建高标准桑园取得高产的先进典型。以后,农民比较经济效益,再次出现毁桑种橘和种其他经济作物的情况。至1978年,桑园缩减,长山区有3个大队种桑,50亩以上的有下邵五盟、枫林枫一,40亩以上的有小港青峙。1983年以后,农业联产包田到户,农民又逐年削减桑园而改种其他经济效益更好的作物。至1989年只留小港青峙村19亩桑园,现在已基本绝迹。

第四章 林业生产

戚家山街道境内山岭众多,为林业生产提供了土地。20世纪50年代起,农民在山岭上植树造林,种植各类果树。60年代起实行封山育林。进入21世纪来,戚家山街道创建森林城镇,使林业资源得到保护和发展。

第一节 林业资源

分 布

民国二十五年(1936)清丈,全县山地面积44896亩,平原林地3136亩。戚家山街道(含小港镇域)占全县的10.3%,即山地面积46205亩,平原林地323亩。

旧时森林分布,一为宗祠祖墓林,栽以成片松柏,每个陵园少的几株十几株,多则数亩十数亩,世代禁伐;二是寺观庙宇周围的宗教林,拥有成片名贵树木和毛竹园,使殿宇隐蔽于茂林修竹之中;三是位于岙口、山口村前的风水林,栽以成排香樟、枫杨等乔木;四是护岸林,山区溪坑两岸栽植沙朴和小竹,平原河岸则种植樟、楝、榆;五为薪炭林,多为私人山地经营,成片栽养松木;六是经济林,多分布在低山近山和山村周围,以毛竹、茶叶、果木为主。

1984年森林资源调查和林业区划时,境内山地面积为51187亩,其中林业用地37905亩,占山地面积74%。有林地31565亩,占林业用地面积81.1%。在有林地中,用材林23897亩,占75.7%,薪炭林298亩,占0.9%;经济林5875亩,占18.6%;竹林1495亩,占4.7%。此外,还有灌木林、疏林2379亩,新造林77亩,苗圃180亩,无林地3748亩。1989年土地和林地面积调查,林业用地和有林地都有所发展。镇域(含戚家山街道域)土地总面积123174亩,山地面积51187亩,山地面积占总面积41.5%,其中林业用地38136亩,占山地面积的74.5%,有林地33081亩,占林业用地的86.7%,比1984年增加有林地1516亩,增长5%。有林地中,用材林23850亩,占72%;特用林404亩,占1.2%;薪炭林373亩,占1.1%;经济林6929亩,占20.9%;竹林1529亩,占4.6%。另有疏林、灌木林2537亩,占林业用地6.7%;无林地2114亩,占林业用地5.5%。

2008年,街道共有林地面积7163亩,其中有林地6711亩、灌木林地50亩、未成林造林地100亩、苗圃地30亩、无立木林地150亩、宜林地40亩、辅助生产林地80亩。市级绿化示范村创建成功率100%。

2014年，建成区总用地面积3150亩，有绿地面积959.9亩，其中公园绿地256.35亩，生产绿地57.56亩，防护绿地120.79亩，附属绿地525.6亩，林木覆盖率26.30%，人均公园绿地面积9.34平方米，单位和居住区绿地率为27.11%，主要道路、河道宜林地段绿化率达到100%。

蓄积量

历史上山地林木茂密，但林木蓄积量无调查记载。抗日战争之前，山区的大松林、杂木林、平原地区的樟树相当丰富。抗日战争期间，受战乱影响，两次滥伐森林，民国二十七年至二十九年（1938—1940），为修筑海防工事砍了一批大树；民国三十二年至三十四年（1943—1945），汪伪军和地痞流氓与行商勾结，砍伐大批松树，劈成柴爿运往上海卖给电厂作燃料。解放初期，为支援前线、修筑公路、解放舟山群岛，也砍了一批松树。1958—1962年的公社化期间，大办钢铁厂和公共食堂，森林资源又遭受到一次破坏，因而林木蓄积量大为缩减，大松树、珍稀树种和平原的樟树已所剩无几。此后，经过连年的植树造林和山林保护，林木蓄积量开始出现恢复性增长。

1964年长山区（含戚家山街道区域）林木蓄积量为6447立方米；1974年5830立方米；1984年43830立方米；1989年境内用材林活立木总蓄积量为46262立方米（不含特用林、炭林、疏林和四旁树木），其中松木蓄积量42229立方米，占91.3%；杉木蓄积量2058立方米，占4.4%；硬阔叶树蓄积量1975立方米，占4.3%。进入20世纪90年代，农村农家生活燃料逐渐为液化气所代替，为保护山林创造了有利条件，农民保护山林的意识增强，林木蓄积量迅速增加。1998年，境内林木蓄积量已达67382立方米，其中森林62202立方米，疏林17立方米，散生60立方米，四旁5103立方米。森林活立木蓄积量比1989年增长34.5%。

全境竹林面积，1989年调查为1529亩，其中毛竹1340亩，立竹量413840株，平均每亩309株，主要分布在剡岙、堰山、东岗碶、渡头董与建设等10多个村。各种杂竹共189亩。

经济林以果树为主，茶园次之。1989年全境经济林总面积6928亩，其中茶园863亩，占12.5%，果树5944亩，占85.8%。果树以桃子为最多，2743亩，占果树总面积的46%；其次为柑橘，1260亩，占21.3%；李、梨、杨梅依次为827亩、729亩和273亩，分别占13.9%、12.8%和4.6%。此外，还有油茶林101亩。1996年果树总面积5044亩，改以柑橘为主，2418亩；次为桃，1583亩。

品　种

民国《镇海县志》记载，全县木之属凡51种，果之属凡22种，其过半品种小港都有。解放后引入的有油茶、黑松、川楝、桉树、水杉、池杉、泡桐、白榆、刺槐、日本扁柏、日本柳杉与无核橘等。油茶在20世纪50年代末从常山等地引入，曾一度大量种植。后因管理不善，产量不高，逐年减少。黑松于60年代从舟山引入，原产日本，高大乔木，但采入低龄树种而影响生长。川楝于1972年从四川引入，因同时带入溃疡病菌，现已淘汰。

竹林品种，历史上曾有毛竹、淡竹、乌竹、苦竹、紫竹、箭竹、芦竹、水竹、龙须竹及四季竹等10余种。20世纪70年代初从广东引进青皮竹，在剡岙等山村的低坡及村舍前后种植，曾发展到30多亩，因冬季气温低，易受冻害，逐渐淘汰。

第二节　植树造林

民国时期规定3月12日为植树节。民国十七年（1928）植树节，国民党镇海县政府曾发动机关团体500余人在陈山林场植白杨、檫树各3000株，同时各地学校师生也开展植树活动，以后每年的植树节都有规模不等的植树活动。解放后，1956年镇海县人民委员会提出4年绿化全县的号召，定2月25日至3月25日为绿化月，并成立绿化运动月委员会。2月26日团县委召开造林动员会，并由县长率领团员青年和机关团体干部200余人在金鸡山、戚家山营造"共青林"，1957年镇海中学师生100余人在陈山挖鱼鳞坑植树。1958年县妇联组织机关团体女干部在青峙岭营造"三八妇女林"。1982年建立县绿化委员会，规定每年3月12日植树节时，发动群众开展义务植树活动，此后，义务植树活动渐成社会风尚。进入20世纪90年代，将人工营造用材林，转为以种植果树为主的经济林。1992—1996年，共栽树764亩，其中桃144亩，梨85亩，柿子111亩，柑橘242亩，板栗110亩，雷竹72亩。戚家山街道成立后，坚持"绿水青山就是金山银山"理念，在境内开展植树造林活动，主要种植道路绿化带行道树和公园绿地观赏林。

第三节　林木管护

法规护林

旧时，好的山林多为宗族和寺观所有，依靠封建宗法和乡规民约保护森林。

清光绪十年，在金鸡山立碑禁伐树木，是至今发现最早的护林法规。

民国时期，省政府曾颁布森林保护法规，规定伐木要申请登记，禁伐树龄25年以上树木。

新中国成立后，1951年县成立林木砍伐管理委员会，规定林木采伐申报制度，砍伐樟树等珍稀树种需经县批准，擅自砍伐要追究刑事责任；合作化和公社化时期，山区都成立山林队，立护林公约，设护林员义务护林，1981年实行竹木计划采伐，1983年实行竹木限量采伐，1985年开始收取林木基金。

封山育林

解放前，除部分荒山外，均为有主山林，自然形成封山制度。1954年在各乡村机动山实行封山，以后，在集体山实行轮流划分封山区，每隔4年轮流一次，通过封山，培植森林资源。20世纪70年代开始，城镇、农村相继出现煤球炉代替柴灶，家庭生活用柴草需求减少，增进了封山育林效果。80年代以后，家用液化气的普及，彻底改变了民众烧柴习惯，促进了山林绿化。

林权"三定"

旧时，少数山界不清，偶有山权纠纷。1981年，县成立林权"三定"领导小组，组织工作队，处理并稳定山权、林权，划定社员自留山，落实林业生产责任制等三项工作（简称"三定"）。至1984年3月，完成颁发山地山林所有权证。

第四节　创建森林城镇

2014年，街道遵循"绿水青山就是金山银山"的发展理念，启动森林城镇创建工作。街道委托浙江省林业研究院制定《戚家山街道森林城镇建设方案》，确定"一心、两轴、三片、五廊、多点"的森林生态系统格局，全面实施森林及幼林抚育、森林通道绿化、提升小浃江绿化、废弃矿山复绿建设、江心岛联合公园建设、生态片林建设等重点工程，真正让居民接触到绿、观赏到景、享受到创森工作成果。2014—2017年投入0.97亿元。

运用"植树节""爱鸟周""环境保护纪念日"等有利时机，全面开展义务植树工作，建立义务植树登记卡制度，累计植树约6000棵，义务植树尽责率达85%，通过"阳台一平米""萌娃植绿"等活动切实抓好绿化认养工作。

街道通过通道河岸绿化、林地抚育、废弃矿山复绿、"三改一拆"后闲置地绿化等工程建设，完成骆霞线戚家山段宏源路、青峙一号路、东海路、海越灌区等主干道和地块的绿化提升，绿化面积近20万平方米，建成贯穿戚家山辖区东西走向的绿色管廊；利用"三改一拆"拆后土地，建设江心岛联合公园、大转盘、渡头文化公园。复绿面积达2万平方米。开展森林步道建设工程，投资800万元，完成老鹰山、戚家山等森林游步道建设，总长度达6千米。绿化造林成活率和保存率达90%以上。推进河道绿化。对青峙河、官河和小浃江等主要河道实施沿水绿化景观工程，总绿化面积超过10万平方米。至2017年，城镇建成区林木覆盖率达到33.78%，人均公园绿地13.19平方米；干线公路与骨干河道宜林地段绿化率达100%。

第五章 饲养业

境内农民历来有养猪、牛、羊等家畜和鸡、鸭、鹅等家禽的习惯。20世纪60年代前后，家畜家禽是农民家庭重要的经济来源。农业合作化后，发展集体养殖，但规模一直不大。进入20世纪80年代后，随着农业生产逐渐退出戚家山街道，境内已无家畜家禽养殖。

第一节 牲畜饲养

猪

农民历来有家庭养猪习惯。但农户养猪面不广，猪肉不能自给。新中国成立后，饲养量逐步增加，但不稳定。1955年境内饲养量4900头，年末存栏2405头。1956年实行"派购派养"政策，贯彻"私养公助"方针，饲养量增加较快。1959—1962年粮食连年歉收，农民口粮实行低标准，猪饲料严重不足，饲养头数减少，头重减轻，1961年年末存栏仅2550头，1962年也只有2861头。1963年后贯彻"公养、私养并举，以私养为主"的方针，并陆续制订鼓励养猪政策，粮食又连年增产，猪饲养开始发展。1967年饲养量32539头，年末存栏19204头，比1963年增加一倍。20世纪70年代兴办集体猪场，以集体养猪为主，农户家养为辅，年饲养量在3万头至4万头之间。80年代实行家庭承包制，集体猪场停办，转而以家庭饲养为主。因养猪经济效益较低，饲养量保持年2万头至3万头。90年代，推行规模经营，出现不同规模的养猪专业大户，饲养总量恢复到70年代水平，年平均达到4万头；1994、1995、1996年分别达到50706头、43956头、45514头。猪肉能满足居民需求且有余。

进入21世纪后，生态环境的要求提高，家庭养猪逐渐退出，小规模养殖场关停。区域内已没有饲养。

本地仅有黑猪单一品种。1953年县农场引进约克夏公猪1头，作杂交繁殖，以后陆续引进金华猪、岔路猪、克米洛夫等。20世纪60年代引入巴克夏、苏白、长白、大约克，达到"公猪外来良种化，母猪本地良种化，肉猪杂交一代化"。70年代引进荣昌猪、宁乡猪、北京黑猪。80年代引入杜克猪、海普夏猪。母猪仍以本地黑猪、荣昌猪为主，公猪以中型约克夏猪为主。

表5-5-1　1985—1996年戚家山街道境内生猪饲养量一览表

年　份	年饲养量（头）	年末存栏（头）
1985	22030	10288
1986	21956	10567
1987	18795	8418
1988	18128	8826
1989	19459	9502
1990	21025	9569
1993	28540	11773
1994	50706	16380
1995	43965	12475
1996	45514	13258

牛

民国时期，中农、富农一般都有养牛习惯。以黄牛为主，少量水牛；耕牛为主，少量菜牛。新中国成立后，人民政府鼓励繁殖耕牛，禁止滥宰。1951年，耕牛淘汰、屠宰实行严格审批制度。农业合作化特别是公社化后，农业耕作机械逐年增加，再加饲养耕牛周期长、花工多、经济效益不高，未能调动农户养牛积极性，耕牛饲养量逐年减少。20世纪50年代保持在1500头至2000头间，60年代缩减为1500头上下，70年代降至1000头左右，80年代继续减少，90年代降至500头以下，1996年只355头，可使役的仅302头。

宁波开发区建立后，戚家山街道境内农田逐步被征用，已没有养牛业。

牛的品种　本地种居多数，曾从川沙等地引入北沙牛，已驯化为地方良种，但比重不大。1956年曾从关中引入秦川牛，因肩峰不高，不善使役，后淘汰。

羊

沿山农民历有饲养山羊习惯，方法以桩养为主。1954年棉区少量引入湖羊。因疾病多，群众无圈养习惯，逐渐淘汰。山羊多为白色短角品种，肉用型。民国时期饲养量每年三五百只。1953年445只，1955年降为194只。1964年号召发展养羊业，存栏数骤增至2597只。以后因集体山林保护与社员个人养羊没有统筹兼顾，养羊业又呈下降趋势。20世纪70年代饲养量最多一年有1227只，最少一年仅273只。80年代继续减少，年均280只。90年代有所回升。1996年存栏662只。

兔

旧时境内农民没有养兔习惯。20世纪50年代末学习塔峙、大碶等地一些农户创办家庭兔场经验，部分农妇开始试养长毛兔。因饲养长毛兔本轻利重，不推而广。1961年存栏999只，翌年就发展到2518只。20世纪70年代以来，国际、国内市场兔毛价格经常波动，价格升，收益好，养兔业立即升温，反之会出现杀兔风，所以饲养量很不稳定，1974—1979年每年存栏在2000只上下，1979年兔毛价格上升,1980年存量骤升至7499只,比上年增加1.3倍。1985年达10963只。以后因养兔效益下降,存量相应减少,1993年降至2555只,1996年仅剩139只,规模养兔户已消失。

第二节　家　禽

饲养家禽是农村千家万户的副业,主要饲养的是鸡、鸭、鹅。

鸡

旧时几乎家家养鸡,每户少则二三羽,多则十数羽,鸡肉和蛋以自食为主。20世纪80年代,发展集体鸡场和专业户,枫林等村出现大量个体养鸡场,饲养量剧增。品种有黄壳狼鸡、芦花鸡、芝麻鸡和梅林鸡等。后陆续引入萧山鸡、来克航鸡、澳洲黑鸡、白洛克、黄洛克与三黄鸡等;1983年又引进罗斯蛋用鸡。80年代后,鸡场趋向蛋用肉用分养,肉用鸡品种主要是白洛克和新浦东鸡,蛋用品种为罗斯鸡。农户散养鸡种趋杂交化。

鸭

旧时,在水网地带有少数农家散养,每户二三羽,鸭蛋自食;稻区有专业养鸭户,每群约300羽。20世纪80年代始的养鸭专业户,鸭群规模扩大到500羽至1000羽。其品种系本地芝麻鸭,20世纪50年代后期引入肉用北京鸭。

鹅

仅限少数有传统经验的农户饲养,分清明鹅和年鹅两期。圈养和放养相结合,每群10余羽至30羽之间。鹅品种以白鹅为主,少量灰鹅和广东狮头鹅。

蜂

民国时期,个别山民筒养土蜂。20世纪60年代出现专业蜂农,70年代得到较大发展,年最多达227箱,以后有所减少,在100箱上下。本地蜜源以紫云英、油菜籽为主,期短而集中,个别养蜂大户4月后将蜂群运迁外地寻找蜜源。蜂种有中华蜂、意大利蜂,以纯种意蜂为主。

由于家禽饲养对环境影响较大,戚家山街道境内已严禁家禽养殖。

第三节　疫病防治

畜禽疫病

境内发生过的畜禽疫病有近40种。其中:猪病主要有猪瘟、猪肺疫、猪丹毒、仔猪副伤寒、仔猪白痢、黄痢、乙型脑炎、口蹄疫、猪流感、猪气喘病、猪破伤风、猪传染性胃肠炎和猪寄生虫病等13种;

牛、羊病主要有牛炭疽、牛结核病、牛流感、牛膀胱炎、山羊传染性胸膜肺炎等6种；兔病主要有兔瘟、兔伪结核病、兔球虫病、兔疥癣等5种；禽病主要有鸡新城疫、鸡法氏囊病、禽沙门氏杆菌病、禽出败，鸭病毒性肝炎、鸭瘟、小鹅瘟，鸡立原体病与高球虫病；蜂病主要有囊状幼虫病、麻痹菌、螨病等4种，在诸疫病中，流行较多的有猪瘟、牛流感和鸡新城疫；属地方性流行的有猪气喘病、猪丹毒、猪肺疫、仔猪副伤寒、鸡法氏囊病、鸡呼吸道疾病、禽出败等；属散发性的有猪水肿病等。如猪气喘病，1968年首次在小港二村（曙光村，今戚家山街道蔚斗社区）牧场发生，当时该场有猪300头，发病后死亡及处理242头，以后众多牧场屡有发生。

疫病防治

新中国成立前，境内有中兽医10多人，多为鸡阉割手和中兽医兼贩耕牛。1956年长山区农技站配畜牧兽医干部1人，区中兽医组织设立兽医站，开展门诊和巡回医疗服务，进行家畜防疫的科学卫生宣传，对严重危害畜禽生产的猪丹毒、牛炭疽、猪瘟、鸡新城疫等主要疫病进行预防注射。20世纪70年代，推行牲畜疫病合作防治制度，对生猪实行包防疫、包治疗、包医药、包阉割和因预防注射反应、阉割事故死亡进行经济补助的"四包两补助"制度；牛则实行包防疫、包诊疗、包阉割的"三包"制度。1979年，生猪、耕牛参加畜病合作防治达90％以上，1985年生猪预注密度达95％以上。主要疫病已基本得到控制。

第四节　畜禽饲料

农家养家禽家畜，历来以各种农产品的副产品为主要饲料，结合青干草料喂养。1953年实行粮食统购，每头猪留饲料粮55千克。1955年农村实行粮食"三定"，在农户三留粮（口粮、种子、饲料）中留有饲料粮，1956年以后全面推广紫云英青贮发酵饲料。1971年开始推行制作发酵饲料，其后推广"七〇三"发酵曲种，发展糖化饲料，同时再次发展"三水一绿"（革命草、水葫芦、水浮莲及绿萍）饲料；1979年推广复合饲料，1982年实行饲料大包干，同时推广配（混）合饲料，由长山饲料厂加工。20世纪90年代后推广全价饲料，从外地购入玉米等原料，经饲料厂加工，掺入鱼粉等制成混合饲料，并配制成适用于仔猪、架子猪、成年猪、家禽喂养的各种饲料，营养成分全面。

第六章　农机具

　　境内发现的石镰、石锛、石刀、石铲、陶纺轮，证明早在新石器时期就有了农耕工具。农具不断改进。境内农民使用的农具，多以竹、木、铁、石为原料，手工制作，动力则全赖人力和畜力，工效甚低。新中国成立后，推广打稻机与机动排灌工具。进入20世纪70年代后，有了手扶拖拉机等新式农机具，把农民从繁重的体力劳动中解放出来。

第一节　农机具发展

排灌机具

　　历史上常用的提水工具有：牵车，系小型龙骨车，长约6—8鲁尺，两手牵引驱动，多用于秧田和小块稻田提水；摇车，龙骨车之一，车长丈余，用于扬程较高的河岸提水；脚踏大车，系大型龙骨车，车身长丈八，脚踏驱动，多装在大河边；牛车，即车盘大车，大型龙骨车之一，在脚踏大车基础上发展起来的较为先进的大型农具，由水车、车架、车板、车骨、地轴、水塔、旱塔与车盘所组成。车盘安装处称牛车盘头，用牛力绕圆圈驱动车盘旋转，多装在成片稻田的平原大河沿岸。

机电灌溉

　　1955年4月在枫林下倪桥建成镇海县第一个国营抽水机站，装机8台，灌溉面积13470亩。1956年扩建机埠2座，机具增至10台、246马力，灌溉面积扩大到17920亩。1964年全境抽水机有53台。20世纪70年代，机灌、电灌、人力畜力灌溉并举。机电灌溉前期以机灌为主，1975年35千伏长山变电所建成以后，电灌比重增加，后期变为电灌为主，机灌辅之。80年代以后，电力电机抽水逐步取代了柴油机抽水。水泵以浙农泵为主，口径大都采用3—12英寸。

　　1976年县水电局曾在小港陈山大队山地搞喷灌试点，后在棉区和山区多点推广，以流动式喷灌机为主，不几年即停止使用。

旧式农具

　　历史上常用的耕作农具有：

　　锄头　为主要碎土、中耕工具，式样很多，大致可分稻区、山区、棉区使用三种。

钉耙　为抓泥、整地工具,有尖齿、平齿之分。

畎铣　铲土工具,有阔口、狭口之分。

板耜　开荒、掏土工具,有阔板、尖嘴之分。

木犁　为主要翻土工具,牛力牵引。

平耙、滚耙　同为碎土、整田工具,均为牛力牵引。

耢田耙　双季间作稻时行间松土、除草的工具。

此外还有种蚕豆用的豆锹、挖深土用的铧锹,棉地松土、削草的刮子等。

新式耕作机具

1956年在长山、枫林等地使用双轮双铧犁试耕,1957年大批推广,大部分农业社都有1台至几台。由于机体笨重,要两牛牵引,耕后不易碎土整田,实际使用很少。民间有"双轮双铧犁,搁勒弄堂里"谚语,1958年多数被搁置,1961年退赔。20世纪60年代中开始推广"五一犁",该犁具有比旧式木犁轻、操作调整方便、价格低廉等优点,至今仍在使用。60年代后期有拖拉机耕作,1968、1969、1970年分别有1台、4台、7台手扶拖拉机。1971年开始试用四轮拖拉机耕作,但仍以手扶拖拉机为主,四轮拖拉机辅之。四轮拖拉机现在以搞运输作业为主。牛力耕作已极少。进入21世纪后,农村土地承包大户开始购买和使用耕作机械。

收获机具

收获工具分收割、脱粒、干燥三部分。历史上小港农民常用收获工具有:

沙尖(稻刀)　是割稻麦的工具,月牙形刀口,长20余厘米,开有曲齿。

镰刀(割草刀)　是刈各种立秆作物和柴草的工具。

稻床　清朝及以前的脱粒工具,放在场地上固定脱粒。

稻桶　是民国时期和20世纪50年代稻麦脱粒的主要工具,相传是清光绪年间在稻床基础上发展起来的,由木制斗形稻桶、竹片侧床和竹簟遮扬三部分组成。

簟簟　是晒谷麦的主要工具,竹篾编织,每条长3.8米,宽2.4米,一次可晒谷麦150斤左右。

其他配套收获工具尚有马嘴、畚斗、稻桶畚斗、筛谷箔等。

新式收割脱粒机具

1955年开始使用人力(脚踏)打稻机,1957年普遍推广。20世纪60年代末推广机动打稻机。70年代农村电网普及,机动脱粒机和电动打稻机同时推广使用。80年代基本普及电动脱粒机脱粒,稻麦脱粒全面实现机械化。1992年始试用联合收割机,集收割和脱粒于一体,一台一天可以收割脱粒20—30亩。1996年全镇已有联合收割机13台,1997年和1998年又分别增加到53台和82台。

植保机具

历史上农村没有植保机具,防治农作物病虫害靠人工捕杀和采制土农药撒施。1953年在棉区开始使用52型手摇背包式喷雾器防治地老虎、棉蚜、红蜘妹,以后迅速推广到稻区、山区。20世纪60年代大量使用,70年代普及,型号也不断更新。80年代实行家庭联产承包制后社会拥有量急剧增加,每个农户都有一台。这种人力喷雾器现在仍是农村主要植保工具。

机动喷雾器，1971年开始使用，以后逐步增加，主要有工农36型和东方红18背包式两种。工农36型喷雾器重量轻、排量大、工效高，能自动混药，射程远，由多人扛搬皮管，适应在稻区集中使用。东方红背包式机动喷雾器可喷粉弥雾，省工省药，在棉区推广较快。家庭联产承包责任制后，机动喷雾器逐年减少。

第二节　农副产品加工机具

历史上农民常用的农副产品加工工具

踏碓　为最古老的舂米工具，石臼半身埋在地下，石捣柄较长，中间搁在马鞍石上，利用杠杆原理，脚踏杆尾使石锤上下捣米。

捣臼　由石臼和石捣锤组成，有舂米和舂粉两种。

碾子　为农家常用之碾米碾粉设施，由碾磙子和碾盘组成，有槽碾和箩碾之分。槽碾碾槽圆周较大，石碾盘片状，直径6市尺余，箩碾的石碾盘似大鼓状，均用黄牛牵引。

木砻　为稻谷脱壳之工具，用木制成，分上下两片，直径约1米，人力牵引。

石磨　为磨粉工具，根据盘大小，有手摇磨、牵磨和畜力磨之分。

绞花车　为旧时农家棉花剥绒之工具，用人力手摇。

新式农副产品加工机械

包括轧米机、饲料粉碎机、磨粉机、榨油机、打浆机、制茶机和轧花机等。民国时期基本没有，解放后逐步发展起来。

碾米机　20世纪60年代以来一般于抽水机房设米厂，80年代达到每个大队都有米厂。

饲料粉碎机　20世纪60年代中期后开始使用，70年代基本普及，一般每个大队都有1台，1978年全镇有60台。

磨粉机　20世纪60年代开始使用，70年代全面推广，1978年全镇有56台。

油料加工机械　旧时油菜籽和棉籽榨油由油坊进行，属手工操作，劳动强度大，出油率低，20世纪60年代由油料加工机代替。

此外，轧花机和茶叶揉捻机、茶叶烘干机，都从60年代开始在棉区和茶叶集中产地先后推广使用。

第三节　运输机具

农村运输历来靠肩挑、背驮、船运。1958年"大跃进"时推广"车船化""轴承化"，农村运输出现了手拉车，减轻劳动强度，初步改变了运输面貌。1978年胶轮手拉车达到1612部，现仍为农村短距离运输的重要工具。20世纪90年代后，农村出现电动三轮运输车，成为农民家庭的主要运输

工具。

拖拉机拖车斗 自有拖拉机耕田以来,农用拖拉机一般都配有拖车斗,农忙耕田,农闲时搞运输。大型拖拉机多数常年搞运输。

农船 20世纪60年代以前一直都是手摇木船,1965年开始有水泥船,70年代大量推广水泥船,以节约木材,但仍是木船占多数。1976年以后开始推广农用3马力机动挂桨船,进一步减轻了农业运输的劳动强度。

第四节　农机管理服务

1956年,镇海县农林水利局配专职干部2人,1人管农具,1人管农机。1978年7月从县农林局分设农机局。1975年各公社建立农机管理站,属"民办公助"性质,每公社配1至3名专管员。1981年各公社建立农机服务站。农机服务站既搞农机修理,也搞农机管理和技术培训,后挂农机管理站和农机服务站两块牌子。1983年改称乡镇农机管理服务站。1981年3月县农机局建立农机培训站,重点培训拖拉机手。1984年在江南红联村建立镇海农机培训学校,农机培训走上正规化。1983年以后,户营农机迅速发展,培训工作也相应改革,由原来国家、集体包下来培训,改为公开招生、自愿报名、缴费培训。1984年9月县建立农机监理站,拖拉机上公路由农机监理站监理。1985年撤县设区,北仑区也设农机监理站。

第七章 渔 业

境内多浅海滩涂，近海居民历来有农渔兼作的生产习俗。蒋家、李隘、青峙、沙头、黄跟等地农民在农业生产之余，有在滩涂采拾贝类海鲜习惯；农业合作社内设有渔业队，从事近海捕鱼，但规模不大。进入20世纪80年代，滩涂上建设宁波经济技术开发区联合工业园区，近海捕鱼与滩涂拾贝已不多见，偶有居民在甬江口捕捞鳗苗。

第一节 概 况

戚家山街道东北临海，西北靠甬江，境内水网密布，小浃江贯穿其境，渔业资源比较丰富。小港、青峙、蒋家等沿江靠海农民，常赴江海滩涂捕拾鱼、蟹、贝类等海产品，后逐渐有兼业或专业涂民。淡水渔业历来为部分农民副业，晚清时，上虞、绍兴两县专业渔民迁住小港，淡水捕捞业有了发展。海洋渔业不发达，虽有广阔的灰鳖洋和金塘港海域，但没有渔港。专业外海渔民很少，只有近海的一些推缉、串网、涨网、拖网和小流网作业，多为农渔业兼顾。渔业生产规模小，专业渔民历史上多为单户经营，自筹船网工具和资金，作业以近海岸涨网居多。淡水渔业多为单船捕钓，是自产自销的个体渔业，自己劳动，不雇或很少雇佣他人。

第二节 生产方式

拖网作业

拖网属于过滤性拖动作业，利用渔船动力或天然风力拖曳网具前进，迫使各种鱼、虾、蟹进入渔网而获之。戚家山区域拖网作业只有目鱼拖和拖蟹两种。

目鱼拖网作业 系单船底桁杆拖网。在清朝、民国时期有目鱼拖数十艘，并有渔民在每年夏汛时受雇至鄞县姜山等地从事拖目鱼。1949年目鱼拖只剩不到10艘。20世纪80年代后，目鱼资源衰退，拖船经济效益低，至1984年淘汰。

拖蟹作业 新中国成立前，当地渔（农）民独人或两人利用目鱼网在甬江及招宝山海域拖捕河蟹（毛蟹），一直延续到80年代。

涨网作业

系古老的捕捞作业,设置在鱼、虾、蟹类较为密集水域和回游通道,利用潮水涨落冲流,使鱼虾入网而捕获之。涨网种类多,主要有流动性和定置性两大类,本地只有定置性涨网。涨网渔场主要在港湾或沿岸海域。定置涨网因网形与敷设水层不同,有"反捕""三杠""高桩""风鳗"和"海蜇"涨网之别。反捕涨网和三杠涨网多置在甬江口、金鸡山外,以捕捞中上层小型鱼、虾、蟹类为主,先销于就近市场。风鳗涨网多置在甬江水深流急处,桁地以金鸡山下、江南老道头、王家洋等处最佳,主要在立冬后涨捕随激流从奉、姚两江入海之大河鳗,俗称"风鳗"。近年河鳗资源已减少。海蜇涨网系本地传统性作业。境内灰鳖洋、金塘港,由于钱塘江和甬江淡水流入,宜于海蜇繁殖、生长、栖息,资源丰富。每年春夏之交大批幼蜇从瓯江方向漂来,灰鳖洋海蜇群体在灰鳖洋与金塘港之间往返漂浮。自芒种至秋分,为海蜇汛期,渔民把原紧网换上稀网或草绳网涨捕海蜇。沿海农民还有撩捞海蜇的习惯,汛期将农船越塘入海撩捕,多时达百艘。1974年海蜇旺发,涨网及撩捞船常满载而归。1976年后灰鳖洋海蜇锐减,现几近绝迹。

20世纪70年代后期至80年代末,青峙、沙头、黄跟等村部分农民曾兴起捕鳗苗热,每年从春节前后开始至4月底结束。当时鳗苗价格贵如金,鳗苗长寸许细如针,每斤上千条至数千条,每条价2—3元,捕上鳗苗通过外贸运销日本,一般户年收入1万至3万元。滥捕鳗苗严重影响渔业资源,90年代开始加以控制,资源有所恢复。至今仍有少量居民从事鳗苗捕捞活动。

表5-7-1　1992—1998年戚家山街道境内渔业生产情况表

年　份	水产总量（担）	产值（百万元）	淡水养殖面积（亩）
1992	6700	30200	2760
1993	10220	41400	3264
1994	11000	46800	3500
1995	11420	74600	3700
1996	12000	80000	3700
1997	12300	82500	3700
1998	13460	85000	3700

第八章　盐　业

史载唐代宗时（762—779）鄞县为全国105个有盐县之一，即指县东境的原镇海县。宋宝庆《四明志》说，当时县境内"鱼盐富衍"。北宋崇宁三年（1104）置清泉盐场，穿山和长山两地盐场均归隶其下。泰邱、海晏两乡盐灶隶属于穿山场下。南宋开禧二年（1206）改穿山场为正场。嘉定四年（1211）长山场从清泉场析出，明天启年（1621—1627）时并入穿山场。至民国十八年（1929），清泉盐场包括青峙、黄瓦跟、港口、沙湾头、小港等地，有盐田322.7亩，年产盐890.6吨。新中国成立后，人民政府接管旧盐场，清泉盐场有盐田28.73公顷，盐板6508块。根据全国盐务会议精神，至1952年，盐板全部裁废。

1956年，小港（黄跟、港口）老盐区恢复盐业生产；1958年成立专业的盐业合作社，有盐业户50户，盐滩地160亩。年产盐和卤200吨左右。为改进晒盐方法、增加产量，1962年筑海塘，自小浃江口至牯牛岭，长1250米，镇海县盐业公司出资4万元。1967年建成盐滩，老盐场生产获得发展。至1983年，盐场有盐滩19.33公顷，固定资产11万元，生产资金10万元。

1984年10月，小港盐田被征用，盐场撤销。

第一节　制盐工艺

煮　盐

古时，制盐工艺非常原始，把滩涂上泛着盐花的表土刮来，淋下卤水，再把卤水倒入竹镬里，然后放在盐灶上煎熬，待蒸发浓缩，即结晶为盐。操作时，先将黄泥与卤水拌和，捣细碾实后涂抹在竹镬的里外两面，使篮子篾片间的缝隙被黄泥嵌得密不透水，然后将镬子放置在盐灶上，倒入卤水，用微火蒸烤，边煎边搅拌，盐卤浓缩结晶就煎成盐了。煎一锅卤水约需2个小时，每锅可产盐10多千克；此时期也有用铁盘煎熬的。

清末民国初，境内盐民曾用锅煎煮制盐。煎煮方法：先将鲜卤倾满锅中，徐徐煎烧，经2个小时后，卤渐燥，锅中渐有成盐，再将鲜卤加满，1个小时后，复注满卤再烧2个小时，锅中已完全成盐。此时须用铁铲拌炒，以防锅底结块破裂。拌炒半小时，至盐炒燥即出锅。再倾鲜卤于锅，重行开煎，一昼夜可煎3次，一灶昼夜可制盐150—300千克。

板 盐

清嘉庆年间（1796—1820），岱山盐民王金邦发明用木板结晶（板盐）。清道光年间（1821—1850），板盐在春晓境内推广，小港（含戚家山域）也出现板盐制作工艺。晒板用杉木做成，形似门板，板面平滑，周围木框，桐油壳灰涂塞缝隙，板底用4根横档加固，两头有柄，便于提杠。民国十九年（1930）盐场公署规定板长8尺（营造尺，每尺合0.32米，下同），阔3尺2寸，厚6分，框缘高2寸，面积约2平方米，每亩盐场配盐板10块。开晒时，板内注卤，上午入卤，下午结晶。夏秋之际，每板每天可产盐2.5千克，淡季一般有0.25—0.75千克。

板晒操作主要为制卤、结晶两大步。制卤需经过辟场、筑溜、纳潮、耙泥、整溜、淋卤、验卤、掘溜、挑泥渣等工序，制成符合晒盐要求的咸卤。为检验卤的咸度，旧时采用鸡蛋验卤，蛋浮则卤咸，浮得越高卤越咸。中华人民共和国成立后，推广波美表验卤。一般头缸卤为22—23波美度，二缸卤为18波美度左右，这些卤均储入卤桶或卤缸备晒，波美7度左右的为淡卤，不能晒盐，只能作灌溜水用。

板晒较煎煮法有进步，但劳动强度仍很大。产百斤盐，盐民要挑泥、海水和卤约百担（每担约100市斤）。"刮泥淋卤苦连天，百担烂泥换担盐"。盐民都有肩、背、腰、眼、膀、腿、脚"七痛"之苦，有"十个盐民九个驼"之谚。

小港盐场采用盐板晒盐时有盐板500张。

滩 晒

1959年，小港盐场围塘建滩，至1967年完成。制卤和结晶合二为一。小港盐场据地形将全场盐田分为5个标准单元滩和2个非标准滩，标准滩每滩面积45亩，非标准滩每滩约30亩。每单元滩分15步（格），第1—10格为制卤区，每格落差4—6厘米（其中第1—5格为调节区，6—10格即制成饱和卤区），第11—15步为结晶区。

盐 田

第二节 生产与销售

生 产

1967年，小港盐场实施滩晒法制盐，生产过程分纳潮、扬水、制卤、结晶、收盐、整滩等环节。

纳潮 碶闸管理员准确记录潮位及海水浓度，及时纳入高浓度海水，连晴天纳潮头，阴雨天纳潮中、潮尾，平时纳潮心。

扬水 机埠扬水站根据盐田用水需要，及时扬水送水，并注意检查送水渠道，做好堵漏工作。

制卤 由滩长或走水员负责，看天走水，及时出卤保卤。掌握适当深度，晒水不晒滩，一步一卡，定深定度。旺季第一步深4厘米，末步保持1.5厘米；平淡季以不露顶为原则，尽量做到一天一次走水，连晴天实行早晚走水；单晴半晴天跳步提卤，薄晒勤跑，并格倒扬；天气不稳定时采用浅漂海水，保养滩田。

结晶　根据季节气候，备足饱和卤水，量卤灌格开晒，灵活控制深度，杜绝老卤混晒，及时施卤打花。收盐时，保持盐不露顶。卤水要分级开晒，一般分为三级：24.5波美度—27.5波美度；27.5波美度—29.5波美度；29.5波美度—31波美度。及时撤换老卤，坚持做好卤水、滩格、工具、手脚、口子、盐坨等清洁工作。

收盐　旺季一般在每天凌晨收一次，平淡季多为傍晚收盐。

整滩　坚持四季整滩，常年保养。每年十一二月至次年三月进行年度大整修；刮青皮泥，铲高填潭，压滩杀虫，卤池排淡沟取淤，池埝整修，达到"平整、坚硬、不漏"。

销　售

盐民所产海盐，历来为盐务机构（盐业公司）收购，不得自行出售，违者将以走私论处。民国二年（1913）实行产盐归堆，不准盐民分散贮存和自由销售。民国三十四年（1945）9月，允许盐民与商人、渔民直接交易，不久仍改为由盐务机关收购。小港设有关口，配有缉私盐警，发现有人贩卖私盐，轻则没收，重则坐牢。新中国成立后，产盐全部由国家收购。

盐务机关收购价格（即盐民投售价格）：民国二十二年（1933）8月，核定收购盐价每担（50千克）1.5元银元。民国二十九年（1940）6月，日伪当局核定每担法币2.5元。民国三十一年（1942）4月，每担伪币（储备券）13元，合米（按盐价可买米）5.25千克。后物价波动，担盐易米4千克。民国三十四年（1945）12月，两浙局核准每担盐法币1000元，时米价每石（75千克）1万元，担盐合米7.5千克。民国三十七年（1948）6月，担盐市场价60万元，合米2.8千克。次年4月23日，担盐金圆券28万元，时米价每石210万元，担盐合米10千克。是月，民间担盐平均易米11.5千克。年底，担盐金圆券6万元，合米7.75千克。

1950年9月，国家公收价格每吨人民币32.76元（新币，下同），合米140千克。1953年1月10日全面推行分等计价：甲等盐每吨32.8元，乙等盐31元，丙等盐28.6元，平均每吨盐合米124千克。1956年9月，一级盐每吨38.8元，二级盐36.2元，三级盐33.6元，等外盐23.8元。1963年，国家为鼓励盐民多晒盐，规定超过计划部分，每吨盐再奖售成品粮（粮票）15千克（1979年取消）。1965年7月，工业部颁布原盐质量分等标准，规定氯化钠含量93%以上为优级盐，90%以上为一级盐，85%以上为二级盐，80%以上为三级盐，不满80%为等外盐。优级盐每吨收购价50元，一级盐46元，二级盐42元，三级盐38元，等外盐31.6元。1984年4月调整盐价，优级盐每吨87元，一级盐81元，二级盐73元，三级盐63元。

小港盐场在制盐过程中，也生产盐卤。卤水是食品行业重要辅料。由于盐是国家专营，小港盐场的盐由镇海盐业公司收购，盐价较低，每斤0.02元左右。而盐卤产销不受限制，卤水价格高于盐价，每斤可达0.05元，因此卤水销售是盐场的重要收入来源。

盐业生产劳动繁重，但收入高于农业生产。1974年前后，盐场职工年收入平均约600元，与同期农业劳动力年收入相差悬殊。1984年10月盐场撤销前，有盐田293亩，盐滩7个，职工64人，年产盐200吨，销售收入28000元。

第九章　街道成立后的农业

街道成立初期,青峙、李隘、蒋家、沙头、林唐等5村和渡头社区尚有部分农地。其中渡头社区是区级蔬菜基地。农业生产收入已不是农民的主要经济来源。随着土地征用,农村拆迁,至2019年,除一部分山林山地未被征用外,各村已无农田,农业生产淡出街道境内。

2007年,街道对227亩蔬菜基地制定发展规划,投资32万元,搭建标准化大棚50只,提高菜农对无公害生产、规模化生产的自觉性。组织农民参加实用技术培训。加强村经济合作社财务审计,实现村级出纳联网和网上记账。组织5个村与1个经济合作社同13家企业结对,鼓励企业支援新农村建设。当年有8家企业投资74万元支持新农村建设。

2009年,加强农业基础建设,全年实现粮食、动物检测和农机补贴、蔬菜基地发展扶持奖励8.65万元。组织30多户农民成立渡头环清蔬菜专业合作社。投资70万元建设渡头蔬菜基地节水灌溉工程,投资30万元完成蔬菜基地基础设施建设。组织畜牧业技术培训10次130人。

2010年,投入68.7万元完成基础防汛系统、林唐官河(青峙河)整治、渡头节水灌溉工程二期、碶闸维修,提升辖区防洪抗旱能力。

2012年,在继续落实强农惠农政策、高效监管农产品安全、抓好病虫害防治的基础上,逐步调整农业农村工作思路,侧重水利基础设施维护、提高农民技能、促进失地农民转岗就业和内河水质保洁,全力创造山清、水净、村美的城乡生态环境。组织农民实用技能培训100人次,完成青峙碶、甬江塘沿线节制闸的检修和11千米内河道清淤工作,疏通水系,提高防汛抗台能力。成立水务管理所,强化水质日常保洁。关停全部9家沿江牲畜养殖场。完成1021米城镇污水管网接入工程,阻断污染源。抚育林地466亩,实施造地工程,净增耕地40亩。

加强农经统计规范管理。严格落实月结、会签、结零等制度,杜绝白条入账,坚决堵塞农村财务漏洞。督促村民主理财小组尽职尽责,监督"村两委"按规定做好村级财务公开。完成青峙、林唐两个村财务收支情况审计。建立健全农村"三资"台账、经济合同管理台账和落实监管代管体系。

2014年,完成265亩林地抚育和低效林改造,完成蒋家34亩林地改造。街道成功创建国家级生态街道。

李隘、青峙、蒋家、沙头、林唐各村耕地逐步征用,村庄拆迁,村民迁往各地,农业生产逐渐退出各村经济生活。

戚家山街道成立后各村经济情况

戚家山街道成立后,原林唐、李隘、青峙、蒋家、沙头5个村所属土地被逐步征用,农业生产经营活动逐步退出市场。

表5-9-1 2007—2013年戚家山街道各村经济情况表

年 份	村 名	常住户数（户）	常住人口（人）	耕地面积（公顷）	山林面积（公顷）	村经济收入（万元）	集体经济总收入（万元）	年人均收入（元）
2007	林 唐	823	2001	14.8	157.8	5024	174.16	9533
	李 隘	408	917	10.2	57.8	7100	203.2	9805
	青 峙	409	855	14.8	74.23	11358	236.88	13276
	蒋 家	157	367	11.3	51.1	2350	72.79	8516
	沙 头	312	681	6.8	0	3007.5	45.67	10795
	合 计	2109	4821	57.9	340.93	28839.5	732.7	10258
2008	林 唐	828	2040	14.67	157.80	5380	155.21	10201
	李 隘	405	936	10.20	57.80	6659	219.71	10809
	青 峙	408	871	9.80	74.23	12154	83.47	14076
	蒋 家	158	369	0	51.10	2400	34.92	8767
	沙 头	308	652	0	0	3215	50.43	11677
	合 计	2107	4868	34.67	340.93	29808	543.74	10980
2009	林 唐	825	2074	14.8	157.8	5540	122.03	10901
	李 隘	404	965	10.2	57.8	6700	177.45	11596
	青 峙	405	906	14.8	74.23	13370	66.39	15430
	蒋 家	158	377	11.3	51.1	2600	80.68	9008
	沙 头	304	648	6.8	0	3375	70.70	12690
	合 计	2096	4970	57.9	340.93	31585	517.25	11800
2010	林 唐	822	2090	14.8	157.8	5983	154.73	11772
	李 隘	403	969	10.2	57.8	7236	7824	12503
	青 峙	403	908	14.8	74.23	14700	48.35	17002
	蒋 家	157	375	11.3	51.1	2805	38.12	9811
	沙 头	201	646	6.8	0	3644	44.89	13885
	合 计	1986	4988	57.9	340.93	34058	8110.09	12808
2011	林 唐	774	2112	14.8	157.8	6350	176.52	12500
	李 隘	398	970	10.2	57.8	7400	53.35	13617
	青 峙	402	911	14.8	74.23	16170	47.91	18405
	蒋 家	157	372	11.3	51.1	3080	50.49	10899
	沙 头	282	636	6.8	0	3315	20.78	15645
	合 计	2013	5001	57.9	340.93	36315	349.05	14131

年　份	村　名	常住户数（户）	常住人口（人）	耕地面积（公顷）	山林面积（公顷）	村经济收入（万元）	集体经济总收入（万元）	年人均收入（元）
2012	林　唐	848	1399	18.66	156.33	6985	203.40	13513
	李　隘	390	966	0	0	8140	96.29	2726.16
	青　峙	390	904	0	0	17790	54.12	20245
	蒋　家	136	362	0.07	34.00	3888	42.96	12054
	沙　头	279	618	0	0	3326	10.17	14800
	合　计	2043	4249	18.73	190.33	40129	406.94	15379
2013	林　唐	818	7847	279.9	23.2	3257	222.31	15938
	李　隘	384	958	0	0	1533	86.08	16484
	青　峙	397	903	3	230	1452	66.74	22134
	蒋　家	154	369	1	510	484	52.52	13260
	沙　头	289	626	0	0	1233	18.03	16293
	渡　头	255	498	1.33	18.30	1498	230.35	30080
	合　计	2297	11201	285.23	781.5	9457	676.03	19032

表5-9-2　2014—2015年戚家山街道各村经济情况表

年　份	村　名	常住户数（户）	常住人口（人）	耕地面积（公顷）	集体经济收入（万元）	年人均收入（元）
2014	林　唐	811	2222	18.66	154.25	17048
	李　隘	379	945	0	173.63	18108
	青　峙	345	689	0	138.69	22686
	蒋　家	135	370	0	36.33	14243
	沙　头	273	613	0	0.90	17340
	渡　头	206	1633	1.33	323.06	19103
	合　计	2149	6472	19.99	826.86	18088
2015	林　唐	798	2213	0	300.23	18400
	李　隘	376	929	0	48.52	20000
	青　峙	372	850	0	0	25244
	蒋　家	154	374	0	62.41	15217
	沙　头	288	621	0	37.20	18679
	渡　头	204	1616	1.33	236.82	17600
	合　计	2192	6603	1.33	685.18	19257

表5-9-3　2016—2018年戚家山街道各村经济情况表

年　份	村　名	常住户数（户）	常住人口（人）	耕地面积（公顷）	集体经济收入（万元）
2016	林　唐	795	2210	0	208.33
	李　隘	370	893	0	41.58
	蒋　家	133	361	0	27.30
	沙　头	270	613	0	54.03
	渡　头	202	510	1.33	205.06
	合　计	1770	4587	1.33	536.30
2017	林　唐	795	2210	0	207.39
	蒋　家	133	361	0	25.17
	合　计	928	2571	0	232.56
2018	蒋　家	143	333	0	40.11
	林　唐	773	2145	0	209.23
	合　计	916	2478	0	249.34

第六编　水利　电力

　　唐天宝三年（744），鄞令陆南金开拓东钱湖，长山、崇邱（含戚家山街道区域）地区部分农田得到灌溉。明嘉靖三十五年（1556），定海（后改名镇海）县令宋继祖为解决鄞、镇两县灌溉矛盾，横截小浃江建东岗碶，内蓄淡水，外阻咸潮，昔日瘠卤之地变为沃壤。以后碶闸逐步外移，先后建成堰山碶、义成碶，沃土良田扩展。明末清初修建甬江江塘，沿江万余亩农田得到保护。清光绪二十九年（1903），崇邱吴正闿（今戚家山街道青峙村人）开浚青峙新河，与岩河通舟楫。民国二年（1913），邑人陈协中出资疏浚梅湖，崇邱农田灌溉得到进一步改善。

　　新中国成立后，水利建设有了新的发展，除了平整土地和兴修大量塘、闸、井、渠等小型水利工程外，陆续兴建了一些关键性的水利骨干工程。1954年，采取抛石保桩固涂和砌石护岸防冲措施重修镇江塘；同年，国家投资兴办镇海县第一个国营长山抽水机站，部分农田实现了机械灌溉；1955年至1956年建成了1150米长青峙渠道劈山引水工程，把小浃江水系的水引进青峙灌区；1966年底，在小浃江入甬江口兴建浃水大闸，义成碶为内河调节闸，建造碶闸结合筑塘围垦，新建浃水大闸塘；1979年，组织民工参加奉化亭下水库建设，按投工比例，长山区可分水量691万立方米。1974年建成长山变电所，至1978年长山区全部实现电灌，农田排灌完成从人力、畜力到机械电力的转变。水利条件的改善，提高了抗御水旱灾害的能力，旱涝保收面积已占耕地面积的70%以上。

本编目录

第一章 水系河流

戚家山街道境内主要为小浃江水系。小浃江自南向北贯穿戚家山街道,从大小笠山间入金塘港。由小浃江淤积的两岸平原,土地肥沃,水源丰沛,促进了境内农业生产的发展。长期以来,戚家山人筑塘围堰,疏浚河道,建设碶闸,使整个水系得到有效的保护和利用。

第一节 水 系

小浃江水系,地处甬江南岸,属奉化江流域鄞东南水系北部,东钱湖灌区的一部分,涵盖戚家山全境。境内主河流小浃江,故名小浃江水系。全水系集雨面积81.75平方千米,灌溉面积5.51万亩。主要河道有小浃江、青峙河。

泄洪设施有浃水大闸、青峙闸等。

水库有涨湾岙水库、茶漕岭水库、青峙岭水库、大岭山水库、沈家湾水库等。

第二节 河 流

小浃江

源于鄞县东钱湖和三溪浦水库,流经五乡碶太史湾过鄞镇桥(现称军民桥),续向东北过黄山西路桥入境,经浪扑桥、浦山桥、渡头桥、义成桥、菜场人行桥、联合大桥、半路洋桥、义成碶、坝桥、金翔桥、四号桥,经浃水大闸入海。主干流长28.4千米,宽30—50米,正常水位3.35米。小浃江系原始泄洪浦,亦是农田灌蓄水库,江道迂回曲折,分支纵横交错。昔日江滩如洋、江湾犹兜,至今"洋""兜"(斗)地名遍及浃江两岸。

小浃江曾是古鄞县海运航道。据《简要志》载:"小浃江,昔海舶由此入鄞山。"20世纪50—70年代,戚家山境内段仍有通宁波航运。今为泄洪排涝,并作为境内景观河道。

浦山大河

西起小港青墩,东至浦山,长1.16千米,宽25米,后拓宽至40米。河两端连接小浃江。1978年

为取直小浃江以畅排涝和便捷航运而开掘。

青峙河

地处戚家山街道林唐与李隘之间，自成体系，旧称青峙新河。新中国成立后新开横河直河各一条，今青峙河道东抵算山接岩河，北至沙头青峙闸入海。总长1.05千米，均宽10.17米，均深1.86米。

第二章 水资源

水资源包括地表水资源和地下水资源。戚家山处在小浃江水系蓄水灌溉区内,多年平均水资源总量为5430万立方米(包括重复利用水)。1990年人均水资源量1102立方米,亩均水资源量1035立方米,仅为全国人均水资源量2700立方米的41%和亩均水资源量1755立方米的59%。比镇海全县人均水资源量1143立方米和亩均水资源量1266立方米略低,为水资源相对贫乏地区。

第一节 地表水资源

地表水资源又称河川径流量,主要来自大气降水,而降水量的多寡受地形条件的影响,地区间有一定差异;受大气环流的影响,月际、季际、年际的差异都很大。小浃江水系多年平均降水量1397毫米,比原镇海全县1414毫米和北仑区的岩泰水系1449毫米、芦江水系1451毫米都略少,与山丘、海岛独立水系1393毫米基本持平。多年平均降水量原镇海全县为11.009亿立方米,其中小浃江水系1.142亿立方米,仅占十分之一。年降水量在年际之间变化较大。据笠山气象站实测,小浃江水系最大年降水量是2135.1毫米(1988年),最小年降水量是710毫米(1934年),高低比值达到3.01。原镇海县其他代表站实测最大年降水量和最小年降水量的比值均在2以上,高的达2.53。

表6-2-1 戚家山街道境内各代表站实测降水量最大值、最小值一览表

分区(或水系)	站 名	最大值(毫米)		最小值(毫米)		最大值比最小值
		年降水量	发生年份	年降水量	发生年份	
江北提蓄灌溉区(江北水系)	镇 海	1920.6	1937	896.5	1967	2.14
大碶蓄水灌溉区(岩泰水系)	杨 岙	2352.1	1977	1100.6	1967	2.14
海岛半岛干旱区(山丘海岛独立水系)	郭 巨	1777.4	1973	703.2	1967	2.53
小港地区(小浃江水系)	笠 山	2135.1	1988	710	1934	3.01

年降水量在年内各月间的分配,与气候有密切的关系。3、4月为春雨阶段;5、6月至7月上旬,在冷暖气流的交换下,雨量充沛,为"梅雨"期,是该地主要雨季;一般此期间雨天持续时间长,降雨面积大,常出现洪涝灾害,但也有出现干梅少雨的年份,如1967、1978和1979年;7月中旬至8月间在副热带高压控制下,天气晴热少雨;7月下旬至9月下旬,台风活动频繁,常带来暴雨,年最大雨量

往往出现在这期间。根据小笠山镇海（北仑）气象站和原镇海县其他各雨量站实测资料年内分配情况，4—10月份降水量集中了年降水量的75%，其中5—6月份占年总量的23%，8—10月份占年总量的30%。

第二节 地下水资源

长山蓄水灌溉区各类沙层地基潜水和基岩裂隙水总量为283.1万立方米，灌溉回归水116.69万立方米，合计地下水总资源为399.79万立方米，可利用地下水资源80万立方米，约占地下水资源总量的20%。

第三章　水利设施

　　戚家山区域北临金塘港，历史上多台风和海潮侵袭。为此，历来重视海塘和碶闸建设。清道光九年（1829），胡钧、乐涵等人建设义成碶；20世纪60年代，建设浃水大闸，使小浃江免遭海潮倒灌。沿甬江口、金塘港，建有多个海塘。有一线海塘6972米。

第一节　海　塘

浃水大闸塘

　　一线海塘。原为小港盐场塘，1962年建。自小浃江入海口东至牯牛岭下，长1250米。其中海塘约800米，江塘450米。外塘为石塘，高程8米。1967年新建浃水大闸时加固、扩建，因位于浃水大闸而得名。1980—1984年8月按省海塘工程技术规定设计加固，完成石方11179立方米、土方8089立方米、砂石方1862立方米、砼52立方米，耗资50954元。加固后塘面宽2.5—3米，塘顶标高6.5—6.6米，防浪墙顶高7.5米。顶面宽0.7—0.8米，水泥封口，标高7.5米。1987年6月至1989年11月，宁波经济技术开发区外移浃水大闸塘400—500米，长1381米，塘面高程7.2米，防浪墙高1米，塘顶高程8.2米。

　　浃水大闸塘建成后，大闸塘内的旧有义成塘（在黄瓦跟村北，长1000米，光绪五年建）、蚶岙塘（长500米，乾隆年间建）、中央塘（在港口村）、庙湾塘与笠山塘等俱废。

小港沙湾塘

　　位于金鸡山与小山头之间，长1900米，1981年小港乡政府为创办砖瓦厂新建。1984年后划归宁波经济技术开发区，为其保护塘。

小港青峙塘

　　一线海塘。自青峙碶至小沙场，长1460米，1970年建。1981年受台风多处冲缺，修复后，1983年10号台风侵袭时再次倒塘。1983年12月至1985年5月进行加固，防浪墙顶高7.26米，塘身砌体6.2米。完成土方2425立方米、砌石9595立方米、抛石2667立方米、砂石4207立方米、砼58.13立方米，投资6.78万元。塘内旧有青峙沙塘，长2000米；永宁塘，筑于光绪二十九年（1903）；永清塘，长

约670米，筑于光绪三十年（1904），今俱废。

青峙沙头塘

一线海塘。位于小港沙头村西北，炮台山东，全长810米，保护农田200亩。该塘工程质量较差，多次修复加固，仍经不住高潮、台风冲击。1987年对720米薄弱地段进行加固处理，防浪墙顶标高6.8米，面宽0.7米，100号细骨料砼压顶，厚6厘米；塘面标高5.8米，宽3.0米。完成工程量砼30立方米、砂石2930立方米、砌石3134立方米、土方787立方米，经费4.2万元。

小港蒋家外塘

一线海塘。位于青峙蒋家村北面沿海，塘长582米，保护农田1000余亩。1986年4—12月加固，防浪墙顶高6.96米，塘身砌体6米。完成土方1000立方米、砌石3700立方米、砂石2800立方米及砼24立方米，共投资5.13万元。

甬江塘戚家山段

西起宁波经济技术开发区热电有限公司码头，东至淡水大闸，全长2.22千米。该段堤防是宁波市三江六岸城区防洪御潮工程重要组成部分。工程设计等级2级，防洪标准为百年一遇。总工程于1999年10月开工，至2007年完工，总投资1.5亿元。分五期实施，其中戚家山段为第四期。

第二节　碶　闸

义成碶

在黄瓦跟村西（今宁波经济技术开发区联合区域）。于清嘉庆二十年至道光九年（1815—1829）为乡人胡钧、乐涵所建。长10余丈，15孔，规模宏敞，耗费12000贯。碶上二石柱刻"傍蚶岙以奠基风波永息，并蛟门而划界泾渭攸分"。自发起至工成，皆出于"义"字，以义创之，以利成之，而义成之利可收之千百世而无穷，故名义成碶。新中国成立后，对碶闸几经修理加固，1960年为解决木质碶门免遭腐蚀、虫蛀，15孔木质碶门板全部改为钢筋混凝土闸门。用螺旋杆机械启闭。1964年7月凿除碶闸底槛。1965年12月，疏浚排涝河道，并拆建阻水墩25座，碶外掏浦，使流量达90立方米/秒。1968年在下游建成淡水大闸后，仍保留义成碶作为第二道防线。1979年拆除义成碶水泥碶门板和螺旋杆启闭设备，并拆除碶旁过船堰坝，改建长25米拱形桥一座，以扩大排洪流量。

义成碶

浃水大闸

位于小浃江尽端,利用大小笠山之间有利地形开凿礁基,使闸身屹立于基岩之上。闸门出水口60米处即为甬江主航道。闸门10孔,孔径净宽2.5米,闸底高程零米(吴淞标高),排洪流量140立方米/秒,担负鄞东南35万亩农田排涝任务。以2台10吨电动葫芦行车启闭。

1972年改为螺旋杆机械启闭。工程总投资13.22万元,其中国家投资8万元。1966年11月筹建开工,1968年竣工。1972年疏浚闸外浦道至甬江口航道段,并拆除影响大闸排涝的船运码头等障碍物。

浃水大闸

青峙碶

位于戚家山街道沙头村。为外海碶。1964年建。2孔,闸孔净宽4米。钢砼平板闸门,螺旋杆启闭。受益农田3600亩。1998年因灰场建设,碶闸外移重建,2孔,孔径净宽2.5米。2006—2007年再外移28米重建,3孔,孔径净宽4米。上游500米处建节制闸一座,3孔,孔径净宽5米。

青峙碶

第三节 河道整治

小浃江

原系潮汐江,自鄞县东钱湖到大小笠山间出海。历代对小浃江整治都十分重视,自明嘉靖三十五年(1556)至清道光九年(1829)的273年间三移碶位。1967年再移碶位至小浃江出口处,建浃水大闸,并对义成碶至大闸的浦道进行裁弯取直,拓宽浚深。从此,潮汐江变为内河,长山地区的农田排灌和内河航运交通深受其益。1975年,为解决冯家斗的排涝问题,利用小浃江弯道的最短部位裁弯取直,挖新河420米,面宽25米,并新建28.1米跨径的联丰桥一座,缩短排涝和航运线路3000米。1978年,又在浦山至青墩弯道的最短部位裁弯取直,挖新河1160米,原计划河面宽45米,因工程量大,当时只挖宽25米,1996年

小浃江

扩至45米,并建45米宽跨径的浦山桥。1979年,为排除陈山大河的河水,新开洪家新河一条,长550米,宽25米,建单跨25米拱桥一座。1992年11月30日至12月24日,对自宁波经济技术开发区一号桥至浃水大闸段2780米长的河道进行疏浚,清除土石方2万余立方米,耗资11万元。

2014年后,街道实行河长制,拆除小浃江沿岸污染企业,清除河道淤泥,建设小浃江公园与沿江绿道。经过整治的小浃江水清岸绿,被评为浙江省最美河道。

青峙河

始掘于清光绪年间。青峙人吴正闾出资开浚青峙新河,与岩河相通。

为提取小浃江水源解决青峙3000多亩农田灌溉问题,1955年11月,由县、区及有关乡、村共同组建工程委员会,建设青峙渠道与翻水站,翌年7月竣工。渠长1150米,开挖土方49157立方米,投资56751元,其中国家补助8683元。1965年扩建原有机埠,安装东方红54内燃机1台,配16英寸水泵。1974年在长山区电灌建设的同时,改建为电力翻水站。1989年更新原有设备,安装26英寸泵2台,配电机75千瓦2台,14英寸泵1台,配电机15千瓦1台,变压器2台、容量19千伏安,全部泥渠道改为水泥防渗渠道,扩建管理房和机修车间各200平方米,总投资60万元。

青峙河

第四章　供　电

民国十八年（1929），小港港口李氏家族在义成碶边建成发电站（当时称电灯厂），除自己家里照明外，还从港口至黄瓦跟、小港直街架设路灯，发电至深夜12时。居民家庭照明只靠油灯。20世纪70年代，境内才有民用电力供应。1980年2月始建笠山风力发电试验电站。20世纪80年代后，境内建设第一家发电（兼供热）企业宁波开发区热电厂。

第一节　电力设施建设

民国时期，有几个富商曾在自家所在的村里创建小型电灯厂。每厂一台柴油机、一台小型发电机，发电量很小，仅供家庭及周边照明用。

20世纪60年代前基本没有工农业用电和家庭用电。1974年8月在下倪桥建成35千伏长山变电站，由35千伏五乡至城关线67号杆支接，全长3.68千米，主变压器1800千伏安1台。同年7月通电，有10千伏线路3条，担负起整个长山地区的输变电任务。1982年增容至3200千伏安。后由于江南、小港的沿江地带乡镇工业发展，用电负荷中心北移，1983年2月在陈山建成35千伏长山变电站，同时撤销下倪桥变电站，并经改造，增容至5000千伏安。计主变压器2台，有江南、滨海、小港、下邵等10千伏线路5条。1995年初，为了配合江南工贸区的建设，在前进村新建110千伏长山变电站，并于1996年9月正式投入运行；同时将原35千伏长山变电站改为陈山开关站。

为开发新能源，1979年国家电力工业部与联合国计划开发署签订协议，在小港港口笠山建立风力发电试验站。联合国拨款12万美元，1980年始建，1981年1月完工，由浙江省水利厅水利机械修造厂承建，1981年2月投入试运行。1982年试运行成功。1981年至1986年共有7台风机（其中5千伏、4.5千伏、2千伏、0.5千伏、0.3千伏各1台，1千伏2台）投入试运行，1996年停止运行。

1985年10月，宁波经济技术开发区建立后，联合区域内工业企业急剧增加，原供电能力严重不足。宁波开发区管委会于1986年6月投资成立开发区电力公司，1987年2月投资设立热电站（热电厂）。热电厂总装机容量45兆瓦，供热能力达400吨/小时。公司供热主管线、支线总长度达到72千米，其中最大主管线直径达到DN600，最长支线约10千米。公司拥有110千伏变电所1座，10千伏配电室5座，电网覆盖开发区联合区域。

1987年7月，输电工程开工，次年2月竣工。输电工程架设铁塔38座，高压线9.98千米，沟通大碶变电所和起步区内110千伏变电所。配电工程架设线路14千米，置照明线路9千米。区内设10千

伏安小区配电所4个,分别以10千伏安、400千伏安馈电向工厂、公用设施与生活区供电。

第二节　供电企业和供用电情况

1988年,宁波经济技术开发区始建热电厂。1990年12月,有6000千瓦发电机组1台并网发电,作自备电源,年发电量2000万千瓦时。至1997年底,6000千瓦发电机组增至3台,年发电量7300万千瓦时。

宁波开发区热电有限责任公司有关情况另见第三编第一章第八节宁波联合集团关联企业。

表6-4-1　2007—2018年戚家山街道供用电量一览表

年　份	供电量(万千瓦时)	用电量(万千瓦时)	平均电价(元/千瓦时)	电费收入(亿元)
2007	2.4	2.35	0.7	1.645
2008	2.3	2.25	0.7	1.575
2009	2.0	1.95	0.75	1.4625
2010	2.5	2.45	0.75	1.8375
2011	2.7	2.65	0.75	1.9875
2012	2.4	2.35	0.8	1.88
2013	2.6	2.55	0.8	2.04
2014	2.4	2.35	0.8	1.88
2015	2.5	2.46	0.8	1.968
2016	2.7	2.69	0.75	2.0175
2017	2.8	2.75	0.75	2.0625
2018	2.9	2.89	0.7	2.023

第七编 工 业

　　民国时期，小港有制盐业与砖瓦烧制业。民国十八年（1929），李氏家族在义成碶跟创办发电站。小港、青峙、黄瓦跟、港口等地有盐田300多亩。新中国成立后，乡镇村办工业迅速发展。20世纪80年代前期，小港已有纺织品制造业、汽车零部件制造业、塑料制品制造业、粮食加工业、五金制造业等多种工业门类。

　　1985年10月，宁波经济技术开发区在小港建立，工业获得了更大发展机遇，中外合资、外商独资、国有企业、民营企业等多种投资主体云集小港，逐渐形成以重化工为主、多种工业门类并存的工业体系。

　　2019年，境内有工业企业200余家，年产值达到643亿元。

本编目录

第一章　工业发展

境内的工业兴起于民国时期，黄跟、港口、直街等地有烧窑、制盐、酿酒、纺织手工作坊。李氏家族在港口建设碾米厂、发电站等小型工业作坊。20世纪60年代起，乡镇（社队）企业兴起，境内有了拆船厂、轧钢厂、制氧厂、农机厂、服装厂、电子元件厂、汽车配件厂、纺织厂等一批工业企业。20世纪80年代，宁波经济技术开发区的建立，促进工业迅猛发展，逐渐形成绿色重化工基地。

第一节　古代工业

宋时，戚家山街道境内已有烧窑业。宋时制盐业发展。清时盛行手工纺织业，乾隆年间沿海筑塘围堤，垦地植棉，出现农家纺纱、织布的手工业。纺织工具多以元朝发明的"以木为马、蜡丝为弦"的木棉弹弓，弹棉卷筒，纺纱织为布被。

第二节　民国时期工业

民国前期，集镇、农村多为农副产品加工业、手工业作坊和个体工匠。制盐业继续发展，清泉盐场至1929年辖境内青峙、黄瓦跟、港口、沙湾头、小港、金家沙、衙前、盐司后与朱家河头9区，有盐田322.7亩，年产盐890.6吨。

民国十八年（1929）港口李家在义成碶跟自办小型发电厂，并架设路灯自港口至黄瓦跟、小港直街，发电至深夜12时。1938年抗战时毁于日军战火。在义成碶文昌阁首办机器碾米厂。

食品加工业有小港行宫有酱坊、半路洋有酒坊。小港大东阳、三阳泰南货店有糕点加工场，自产自销糕点糖果。

小港有烧窑业（砖瓦、壳灰）11家，黄瓦跟就是因村旁有黄色瓦窑得名。此外，分布在各村的小铁铺多为永康人所办，季节性加工生产铁制小农具和菜刀。小港益记锡箔作坊，手工打造锡箔。

抗战胜利后至新中国成立初，境内工业有碾米、磨粉、榨油、制酱、酿酒、茶叶、糖果、晒盐、成衣、弹花、串棕、绱鞋、髹漆、箍桶、钉秤、刻字、锯板及竹、铁、船、铜、黑白铁与泥瓦作等加工工业作坊和走街串巷的个体工匠。时境内从事此类手工生产者共有438户。

第三节　新中国成立后工业

1953年小港乡竹、木、铁、泥、石等手工业始建劳动协作组织。1956年农业实现合作化,手工业同时组织起来,私营工商业完成全行业公私合营。是年2月,镇海全县29家私营粮食加工厂实行公私合营,其中长山米厂(处于今戚家山街道渡头社区)为第四公私合营米厂,有职工40人。另有手工业合作社(组)4个、152人。

1958年建立人民公社后,社办工业(1984年改称乡镇工业)应运而生。是年,手工业社增至6个,新办工业企业26家。年末,共有工业企业32家,职工1062人,总产值36.8万元。多数新办企业缺乏基本条件,经济效益差。1959年根据"保、转、停"原则,绝大部分新办企业下马,人员下放回农村。年末,社办工业企业减少15家,职工减少至574人。至1963年工业企业仅存17家,职工488人,总产值14.46万元,比1958年下降60.7%。

1961年分建小公社,贯彻"调整、巩固、充实、提高"方针,同时执行《工业七十条》和《手工业三十五条》。手工业社、组大都归队,长山米厂转为国营企业。长山供销社建食品厂,各公社新建综合社;建长山淀粉厂、小港石灰厂、草制品厂、建筑社等企业。至1965年,长山区共有工业企业19家,其中国营企业2家、职工50人;社办工业企业17家,职工585人。

"文化大革命"期间,社队办工业有所发展,5个手工业生产合作社先后组建为公社综合厂,8个手工业生产合作社、组分别兼并改建为小港建筑石料厂、五金农具厂与日用品厂。至1967年,社办工业企业14家,职工657人,产值50.82万元。

20世纪70年代初,经济和社会环境有所改善,工业企业有一定程度发展。小港公社建绣花厂、小港电讯配件厂等。小港五金农具厂、建筑石料厂、日用塑料厂后来升格为大集体企业,分别改称镇海县第三五金农具厂、镇海县二轻建材厂、镇海县第三塑料厂。1975年长山区工业发展至27家,其中国营企业3家,职工510人。大集体企业3家,职工236人,产值83.19万元;社办工业企业21家,职工1826人,产值239.46万元。产值比1967年增长3.71倍。

20世纪80年代初,戚家山区域先后创办长山针织内衣厂、塑料厂、电线厂等一批骨干企业。1981年社办及社以上工业企业56家,职工4389人,其中国营企业3家,职工520人;大集体企业3家,职工256人,产值120.38万元;区办企业7家,200人;社办工业企业43家,职工3413人,社办工业总产值1171.61万元。总计比1975年增长3.81倍,利润143.22万元。1982年农村开始实行家庭联产承包责任制,促进社办和队办(1984年改称镇办和村办)工业大发展。至1984年乡镇办企业增至62家,职工4463人,村办企业发展至76家,职工2543人。是年10月开始建立、完善各种形式经济责任制。全民、大集体企业逐步实行工资总额同实现利润挂钩上下浮动办法,乡镇企业全面推行经济承包责任制;厂长改为选聘制,职工实行合同制,固定工资改为计件、浮动工资制。企业有充分自主权,促使企业从生产型向生产经营型转变、向以经济效益为中心转变,投入市场竞争。1985年底长山区(含戚家山街道)工业企业发展至308家,职工10253人,其中:国营企业3家,职工504人;大集体企业3家,职工815人;区办企业7家,职工269人;乡镇办工业企业295家,职工9480人(其中村办企业207家,职工4214人)。总产值6349.51万元,比1981年增长4.4倍;实现利润1045.16万元,增长6.3倍。

1986年,国营企业比较稳定。2家大集体企业因场地被宁波经济技术开发区征用而停业;5家区办企业划归北仑区乡镇企业局第二工业公司管辖；乡镇办企业整顿后从原来88家减至76家；村办以下工业有较快发展，增加59家。年末，长山区有工业企业总数311家，职工12767人，其中：国营企业3家，职工419人；大集体企业1家，职工93人；属北仑第二工业公司工业5家，职工240人，总产值188万元，利润5万元；乡镇办工业企业302家，职工12767人（其中村办及村以下企业26家，职工5384人）。总产值7825.59万元，比1985年增长23%；利润838.83万元，下降20%。

1988年，工业企业以上规模、上质量、上水平，发展外向型经济为方向，乡镇工业迅猛发展，总产值跃上亿元台阶。嗣后，实行调整、整顿和改组、改造，小港镇关闭企业5家、停产3家，从业人员减少1424人。村及村以下企业持续发展，"三资"企业增加。年末，有工业企业364家，职工15076人，其中：国营企业3家，职工766人；大集体企业1家，职工93人；区办企业5家，职工240人；乡镇办企业355家，职工13977人（其中村办及村以下278家，职工4703人），总产值1.08亿元，比1986年增长38.4%。利润1000.61万元，增长19.3%。

1992年扩镇并乡，工业企业贯彻市委"两改、三上、一提高"发展战略，以优化内部结构、扩大内联外引、推进科技进步为方向，扶持重点企业，关闭和停产因管理不善的镇办企业。关停因经济效益不佳的下邵化肥厂等3家国营企业，新建江南冷冻厂等国营企业3家。经过调整，是年底镇域内有工业企业360家，职工10618人，其中：国营企业7家，职工1083人；大集体企业2家，职工207人；镇办工业企业351家，职工9328人（其中村及村以下企业281家，职工4333人）。总产值2.9983亿元，比1988年增长1.77倍；利润3014万元，增长2倍。1993年乡镇企业调整产业结构和产品结构，开始转换企业经营机制。至1995年，2家国营企业歇业，67家镇办业企业有65家转制，其中21家实行股份合作制、32家实行租赁制、8家拍卖、2家兼并、2家组建集团公司。是年投入技改项目35项，总投资2亿元，开发新产品40余只，其中国家级2只，市级18只。新批"三资"企业19家，协议利用外资826.62万美元，外贸出口产品交货值1亿元，比1992年2070万元增长3.83倍。

1996年国家出台《乡镇企业法》，促进企业逐步向大规模、高科技、外向型发展。实施"产权明晰、政企分开、权责明确、管理科学"机制。年末，企业转制率镇办达90%，村办达95%以上，全镇有工业企业1118家，职工14667人。其中：国营企业4家，职工164人，产值1219.7万元，利润232.31万元，固定资产原值1602.21万元；大集体企业1家，职工58人，产值241万元，利润0.54万元；固定资产原值31.6万元；部门集体企业有32家，职工590人；镇办企业有1085家，职工13855人。

1993—1998年是镇办、村办及村以下工业超常发展阶段，6年中企业不断进行整顿、投入、技改、转换机制，至1998年，镇办、村办及村以下工业企业发展至1718家，职工16608人（其中村办企业181家、个私企业1487家），总产值达36.5797亿元，利润3.0240亿元，固定资产原值10.4197亿元。这6年中，产值增长12倍，利润增长9倍。

1984年10月，宁波经济技术开发区在小港建立，从此，戚家山的工业生产获得了飞跃发展。至1992年10月，宁波开发区共在小港开发3.9平方千米工业区。中外合资、外商独资、国有、私营等形式的工业企业迅速发展。

表7-1-1 1987年戚家山街道境内年产值百万元以上镇办企业情况表

企业名称	成立时间	主要产品	经营地点	主要负责人
小港拆船厂	1983年9月	拆船	蒋家	李培

企业名称	成立时间	主要产品	经营地点	主要负责人
小港轧钢厂	1984年10月	轧钢	蒋家	江吉吾
小港烟草机械厂	1967年8月	烟草机械	桥东	竺永亮
小港钢锹厂	1987年7月	钢锹	蒋家	罗文国
小港染织机械厂	1963年3月	染织机械	宋家弄口	吴德明
小港新港机械厂	1985年1月	机械	桥东	崔国明
小港车辆软垫厂	1975年10月	车辆软垫	孔墅	朱云法
镇信羽毛球厂	1981年6月	羽毛球	孔墅	何定基
宁波无线电十五厂	1972年3月	电子元件	桥东	乐俊定
小港装潢材料厂	1985年5月	装潢材料	半路洋	谢毅诚
小港溶剂化工厂	1983年4月	化工溶剂	半路洋	冯自龙
小港砖瓦厂	1975年1月	砖瓦	孔墅	倪裕庆
小港预制厂	1982年4月	水泥预制件	半路洋	吴华清
小港青峙预制厂	1984年12月	水泥预制件	青峙	吴惠明
小港砂石厂	1986年11月	石料	金鸡山	应忠明
小港水电安装队	1984年10月	水电安装	宋家弄口	金天亮
小港建筑工程队	1984年10月	建筑施工	桥东	冯本祥
小港土建工程队	1985年3月	土建	林唐	王式县
小港印染织厂	1979年10月	印染	半路洋	董浩
小港丝织厂	1983年1月	丝绸被面	桥东	乐善德
小港东方针织厂	1985年1月	服饰	小港半路洋	陈善海
小港纸塑包装厂	1982年4月	包装材料	小岭高头	乐加安
小港步新皮鞋厂	1985年5月	皮鞋	蒋家	乐东海
小港东港饭店	1985年12月	饮食	直街	胡本忠
小港色织厂	1987年1月	服饰	桥东	邱金梁
小港电子文具厂	1987年4月	文具	桥东	周永法
小港针织内衣厂	1987年7月	内衣	桥东	周文斌
小港编织厂	1987年7月	包装材料	桥东	王兴友

　　在乡镇企业发展的同时，村级（生产队）企业也在发展。各村根据村级集体的实际情况，兴办了多种企业，其中有曙光村的曙光家用电器厂、曙光塑料厂；渡头村的水泥制品厂、汽车标准件厂、宏大制衣厂；桥东村的黄酒厂、锯板厂、五金厂、轧石场；青峙村的塑料制品厂、汽车修配厂、水产冷冻厂；蒋家村的塑料五金厂；等等。

表7-1-2　1996年戚家山街道村办工业企业分类一览表

企业类别	企业（个）	职工（人）	产值（万元）	利税（万元）	固定资产（万元）	产值比重（%）
机械制造	23	1237	28009	5362	16587	22.09
电器电子仪表	24	1719	47461	4046	8606	27.43
金属制品	63	1298	5541	112	1453	4.37
建　筑	7	3187	23961	239	2328	18.9
食品加工	7	137	1531	8	628	1.21
建　材	39	1237	2853	202	2259	3.04
纺织服装	16	908	6452	85	1818	5.09
化　工	13	446	3251	188	887	2.56
塑料橡胶	26	606	2173	60	974	1.71
车辆船舶	10	160	2593	13	489	2.04
工艺饰品	7	57	187	2	27	0.15
印　刷	3	65	242	2	110	0.19
文体用品	2	380	1371	59	383	1.08
日用品	5	52	180	1	85	0.14

1979年小港公社工业系统先进表彰大会代表合影

第二章　工业门类

1984年10月宁波经济技术开发区建立后,戚家山街道区域内工业发展迅猛,从"三来一补"的加工企业到中外合资、外商独资企业,从规上企业到个体制造企业,各工业门类企业遍布境内。2019年,规上企业实现产值643.55亿元。

第一节　主要工业行业

2007年戚家山街道从小港镇析出后,逐步成为纯工业街道。境内有宁波经济技术开发区联合区域工业园区、青峙化工园区。制造业、重化工业是街道主要经济支柱(重化工业已在第三编中专述)。

机械制造业

1958年,由原来的手工业生产合作社合并建立公社农具总厂,生产半机械化农具。1959年改称通用机械厂。1961年分建小公社,恢复手工业生产合作社。1966年办起3家农机具修造厂,职工201人,生产半机械化农机具及为城市工业配套的机械零部件、标准和非标准紧固件等小五金产品。这是小港机械工业的起步阶段。

1970年,有国营机械制造企业1家、社队办企业3家,并从修理型向生产型转变。小五金产品本轻利厚,促进生产设备更新换代,开始转向整机产品生产。国营企业镇海水利电力机械修造厂生产32K摇臂钻床、农用水泵、工业水泵、油嘴油泵;社队办工业小港农机厂生产1020无心磨床、Z28-80液压滚丝机,江南农机厂生产S2系列30—100克立式注塑机等。在公社农机厂带动下,先后有9个大队兴办机械工业,生产和修理半机械化农机具。1982年共有社队办机械工业企业13家,职工1226人,产值438.28万元,占全区社队工业总产值24.87%。

之后,机械工业持续发展,新增产品有大型注塑机、印刷机、拉丝机、滚丝机、台式冲床、烟草机械配件、印染机械配件、缝纫机零件、汽车轴瓦与绣花机配件等数十种。1994年生产注塑机537台、印刷机26台与机模22套。1996年生产机械产品的镇村办工业企业23家(其中村办工业企业16家),职工1237人,总产值2.8亿元,占镇村办工业企业总产值22.1%,利税5362万元,固定资产原值1.65亿元。如蔚斗小学的汽车附件厂、李隘的冶金机械厂、渡头的天兴机械厂、荣耀钢管厂等。

20世纪80年代,尤其是宁波经济技术开发区在小港落户后,机械制造业获得长足发展,一批机械制造企业在开发区建立。

表 7-2-1 戚家山街道部分机械制造企业情况表

企业名称	经营范围	建立时间	占地面积（平方米）	地 址
立兴电镀公司	电 镀	2003年1月	3127	联合工业园区
宁波华美达机械制造公司	机械制造	2002年	100000	青峙化工园区
宁波锦伟科技集团公司	机械制造	2003年11月	14087	青峙化工园区
宁波电工合金材料厂	五金材料	1991年1月	3446	联合工业园区
开发区中强工程机械公司	机械制造	1997年12月	7700	联合工业园区
德业金塑模具制品公司	模具制造	1998年6月	1540	联合工业园区
宁波通达塑料机械公司	塑机制造	1992年5月	248001	联合工业园区
宁波隆兴电信设备制造公司	电信设备	2003年6月	5085	联合工业园区
宁波安德鲁精铸公司	铸 造	2003年1月	6678	联合工业园区
中元机械钢管公司	钢管制造	1993年7月	19500	联合工业园区
恩希富消防器材制造公司	消防器材	1994年6月	2958	联合工业园区
宁波广利机械公司	塑机机械	1998年1月	2980	联合工业园区

电器电子业

1970年小港公社首办电讯器材厂。1981年，小港公社一大队创办家用电器厂、二大队兴建电器制件厂、永红大队办电器五金厂。产品有家用电器、胶木电料、蓄电池、电风扇、小功率日光灯管、镇流器与微动开关等10余种。

1982年有电器及电子仪表工业企业8家，职工549人。其中二轻工业1家，职工115人；社队工业7家，职工434人。工业总产值146.9万元，占社队工业总产值8.33%。

1991—1995年电器及电子仪表工业加快发展。主要企业上规模、上水平、产品上档次。宁波无线电十五厂微欧微伏表被列为市级新产品。

1996年，有电器及电子仪表工业企业25家，职工1777人。其中二轻企业1家，职工58人；镇工业企业24家（其中村办16家），职工1719人。工业总产值47461万元，占社队工业总产值37.43%，利税4046万元，固定资产原值8606万元。

宁波开发区建立后，电子电器工业继续发展。

表 7-2-2 戚家山街道部分电子电器企业情况表

企业名称	经营范围	建立时间	占地面积（平方米）	地 址
宁波华甬电器有限公司	建筑电器	1987年11月	3935	联合工业园区
宁波和本电子公司	电 器	1997年1月	6400	联合工业园区
宁波太力电子公司	电子产品	1997年4月	6400	联合工业园区
宁波电工合金材料厂	五金材料	1991年1月	3446	联合工业园区
宁波科宁达工业公司	机 电	2005年12月	6688	联合工业园区

企业名称	经营范围	建立时间	占地面积（平方米）	地　址
宁波隆兴电信设备制造公司	电信设备	2003年6月	5085	联合工业园区
宁波捷通电子公司	电子元件	1997年1月	3000	联合工业园区

建筑与房地产业

旧时，建筑工人散居农村各地，多为木、泥、石个体手工业者，规模稍大称作坊，雇用徒弟或客师，承接建筑业务。

新中国成立后，1956年组织手工业合作社；20世纪60年代中期，手工业合作社改称综合厂，为社办企业，从事建筑施工。

20世纪70年代后期，公社建立建筑工程队，始有建筑专业。至1985年全区域已有建筑工程队6家，职工440人，固定资产原值11.83万元，年产值266.66万元，利润5.56万元。

1996年，境内有国家二级建筑安装施工企业1家、三级施工企业2家、四级施工企业4家。7家建筑企业拥有职工3187人，产值2.39亿元，占境内工业总产值18%，利润239万元，固定资产原值2328万元。总产值比1990年增长19.38倍，利润增长8.2倍。

宁波开发区建立初期，冶金部十三冶金建设公司承担了1.3平方千米的"六通一平"基础工程，是当年最大的建筑企业。1985年4月，宁波开发区建筑工程公司建立，是开发区内第一家建筑企业，全部由被征地农民组成。该企业先后更名为中兴建筑、亿丰建设。于2008年获得施工企业2级资质。1993年建设的宁波保税区海关大楼是该企业的标志性工程。1993年成立东升建筑安装工程公司，同样由被征地农民组成，施工资质4级。

宁波开发区建立后，宁波开发区下属的建设开发公司、商业房地产公司、商品经营基地实业总公司、开发区房地产股份公司等专业从事房地产开发的企业应运而生。1987年起，从建设工业区标准厂房，逐步向商业房产、住宅房产过渡。至1998年，先后建设了万商城（伦敦、香港、纽约、巴黎、北京、上海等商业楼）、甬江楼商品一条街、金贸大厦、环球经贸大厦、皇冠大厦、甬晨商厦、环山路商业街、亚星大厦等商业用房；为满足投资人、企业经营管理人、外来创业或就业人员的居住需求，又先后建设了玫瑰花园、金港大楼、戚家山别墅、钓鱼台别墅及蔚斗一、二区等住宅建筑。

与此同时，民营房地产企业纷纷落户小港。其中有好而居建设公司、四方投资发展公司、宁波欣安房地产公司、远东房地产开发公司、金舟房产公司、宁波金利房地产公司、开发区东隆房产发展公司、开发区万兴房地产开发公司、华都房产公司等。这些企业先后开发建设了万兴公寓、阳光公寓、四方家园、港城嘉苑、华都公寓、戚家名庭、金港华庭、海悦公寓、峰景里等商品住宅小区。

近年来，大型房地产公司进入小港，建设纯高层住宅区。位于青峙岭旁的锦悦府住宅小区就是中南地产公司开发建设的。

金属制品业

旧时，金属制品工业仅为分布于乡村的铜匠、铁匠、锡（镴）匠、黑白铁匠等个体手工业户。

新中国成立后，部分按产品分类加入机械工业，部分转向其他金属制品。1956年前从事机械工业的手工业者有12户,主要产品为铁制农具、炊具、匠作工具、锡制用品、白铁水桶、水槽等生产生活用品。1956年以后,一些传统产品逐渐淘汰。20世纪70年代,社队工业兴起,除金属制品生产与机械、电器、塑料等交叉产品外,陆续发展金属延压、拉丝、工匠用具、量具刃具、医疗用具、弹簧、缝纫机零件、自行车零件、民用金属制品、紧固件与水暖零件等行业和产品。1982年有金属制品工业企业16家,其中二轻工业1家、社队办工业15家(队办7家),职工635人,总产值138.08万元。1985年以后金属制品工业兴盛,产品结构优化。1994年金属制品主要产品产量有梅花扳手427万支、绣花机配件185套、羊角锤4万只、金属门窗143吨、钢丝加工836吨、钢钉61吨、金属拉丝1093吨、合金铝319吨。1996年有金属制品乡镇工业企业53家(其中村办28家),职工1298人,固定资产原值1453万元,年产值5541万元,比1982年增长39.13倍,占乡镇工业总产值4.37%,利润112万元。

建材业

砖瓦窑与石灰窑 烧石灰和手工采石有悠久历史,产品有青砖、本瓦、石灰、块石等。小港黄瓦跟村就是因村旁有烧制黄瓦的瓦窑而得名。20世纪80年代始有水泥预制构件;青砖、本瓦经工艺改革,今为红砖、平瓦。1964年小港公社在孔墅创建砖瓦厂,在义成碶跟办石灰厂。石灰用牡蛎壳烧制,故称蛎壳灰。1975年小港公社淘汰土窑,改革工艺,以机械代替手工制坯,创办轮窑厂,产量大增。此后,新建青峙大队砖瓦厂。1981年红砖产量2568万块、平瓦199万张。1983年小港增建港口砖瓦厂(1985年因建开发区被征用停业)。至1996年共有轮窑砖瓦厂5家,拥有轮窑5座、118门制砖机7台,职工613人。年产红砖8351万块、平瓦193万张。总产值1945万元,总利润122万元,固定资产原值998万元。

采石业 历来为沿山农民的一项副业。20世纪60年代后期围塘造地促使采石业兴起。社队工业利用海运之便,向上海等地年供应石料近10万吨。20世纪70年代中期,镇海港口建设上马,小港公社棉花大队黄跟村、桥东村、青峙村、林唐村、李隘村等组织专业采石队,至今在金鸡山南侧、西侧留有当年采石的石塘。20世纪80年代,公路建设、住宅建设兴盛,石料需求量大增,推动社、队两级采石业迅速发展,水陆交通方便的社队普遍办起规模不等的采石场、轧石场和砂石场。1981年条块石产量0.92万吨、石子18.14万吨。1995年起,为了江南公路两侧安全和美化环境,有关采石场陆续停业;1996年尚有村办采石场13家,职工364人,固定资产原值807万元,年产石子97万吨,黄砂8万吨。产值1012万元,利润52万元。2000年前,青峙、林唐仍有采石作业。

水泥预制构件 20世纪六七十年代构件需求量剧增,乡镇预制构件厂应时兴办。80年代初,长山地区先后创办公社预制件厂5家和村办预制件厂16家,21家镇村办水泥预制件厂年产预制构件3932立方米。1996年,21家生产水泥预制件工业企业有职工260人,年产预制件12932立方米,主要产品有水泥瓦筒、空心板、水泥桁条、空心砖、桩尖等。年产值896万元,实现利润28万元。

1996年,全区域共有生产建材产品的工业企业39家(其中村办企业30家),职工1237人,固定资产原值2259万元,总产值3853万元,占镇村办工业总产值的3.04%,利润202万元。宁波开发区建立后,基建工程浩大,催生了一批建材生产企业。

表7-2-3　戚家山街道部分建筑材料企业情况表

企业名称	经营范围	建立时间	土地面积（平方米）	地　址
海港混凝土制造公司	商品混凝土	—	—	青峙化工园区
宁波高通新材料公司	材　料	2001年10月	20545.4	联合工业园区
开发区新型墙板开发公司	建　材	2005年6月	5334	联合工业园区
赛高建筑装潢材料公司	建　材	2000年10月	5243	联合工业园区
宁波四明新型材料公司	耐火材料	1992年8月	11296	联合工业园区
宁波锡峰混凝土公司	商品混凝土	2004年1月	—	青峙化工园区

纺织服装业

1958年小港公社四大队创办麻纺厂，生产麻线、麻绳、麻片和麻袋。1964年小港公社集中有缝纫手艺的社员26人，自带脚踏缝纫机建立缝纫组、鞋业组、绣花社，生产服装、鞋帽和绣花加工。

20世纪70年代中期，纺织、服装工业兴起，小港公社兴办绣品厂、针织厂。至1980年有针纺织、服装制作工厂6家，职工1276人。主要纺织全棉、纯涤纶化纤布和针织尼龙衫裤、卡普龙袜子、绣片及绣服等产品，年产值91.08万元。

20世纪80年代初，化纤织物普及。小港公社兴建丝织厂，职工41人。始置织机6台，生产被面。1980年4月办小港印染厂，职工43人，进行尼龙丝染色。20世纪80年代中期，人们衣着更新步伐加快，生产时装和出口服装企业增加，改化纤织品为毛针织品，羊毛衫厂增加。小港印染织厂集织造、漂染、成衣"一条龙"工艺，生产全棉T恤衫、弹力背心、文化衫、运动衫裤。1994年境内有针纺织、服装工业企业22家（其中村办13家），职工1080人，产值7663万元，利润465万元。丽佳绣服厂的丝绸绣服以其款式新、质量好之优势，畅销日本。云虹服装公司总产值3416万元，出口交货总额3012万元。至1996年，针织服装销售不畅、产量回落，纺织服装企业减为16家（其中村办9家），职工908人，固定资产原值1818万元，总产值6452万元，占全镇工业总产值5.09%，利润85万元。

宁波开发区建立后，引进了一批纺织服装企业，有宁波侨泰兴纺织公司、国成塑料服装公司、太平洋羽绒服装公司、宁波合泰纺织公司、星技达纺织公司、宁波世韩绢纺公司、甬大纺织公司、开发区伟伟染业公司等。这些企业大多生产出口纺织品和服装。

2003年3月，宁波中新腈纶有限公司在青峙化工园区丽阳路成立，投资19189万美元，年产腈纶5万吨。2018年产值59692万元。

2004年，飞佛特种纺织品（宁波）有限公司在青峙化工园区富山路18号建设，占地101亩，有200多位员工。公司主要产品有SHEERWEAVE室内阳光面料、经久耐用的家居面料等。2018公司年产值11638万元。

宁波健丰服饰公司2018年有职工80人，年产值6995.1万元，利润65.4万元，总资产2874.6万元。

塑料制造与轻化工业

20世纪70年代初，小港公社首办化工厂，职工80人。生产明胶、药用胶丸销住东北。70年代末有化工企业5家，职工164人，产值32.89万元。80年代初，化工企业发展至队办。1990年共有化工企业7家,其中镇办5家、村办2家,共有职工480人,年产值162.24万元。1996年共有化工企业13家,其中镇办5家、村办8家,职工446人,总产值3251万元,占镇村办工业总产值2.56%,利税188元,固定资产原值887万元。

1971年,小港公社首建日用塑料厂,职工30人。1973年办电讯塑料厂。1975年小港日用塑料厂升格为县办大集体企业,易名镇海县第三塑料厂,职工增至49人,年产值49.75万元(1985年建宁波开发区征用停业)。1978年有塑料制品企业4家,其中大集体1家,社办3家,有职工190人,年产值112.21万元。

20世纪80年代初,塑料制品广泛应用于生产生活各个领域,需求量剧增,促进社队塑料制品业迅速发展。为开发产品,企业纷纷更新设备,购置注塑机。1985年社队企业拥有塑料压制机16台、注塑机37台。至1988年有塑料橡胶制品企业17家,其中镇办企业7家,村办10家,共计职工704人,年产塑料制品239.78吨,橡胶制品7吨,产值222.94万元。至1996年,全镇从事塑料、橡胶制品企业26家(其中村办企业24家),共计职工606人,总产值2173万元,占镇村工业总产值1.71%,利润60万元,固定资产原值974万元。

宁波开发区建立后,引进了一批石化企业。早期引进的有伸春化学公司、宁波华旭化学公司、开发区麒灵化学公司、宁波新桥化工公司、德业化学材料公司、宁波和桥化工实业公司、伊立欧化学的(宁波)公司等(见第三编《开发　开放》)。

食品业

境内食品制造业历史较早,新中国成立前就有油厂、酱坊、酒坊。小港益康油酱店自设作坊,生产酱油、米醋、腐乳、酱菜,兼产黄酒、白酒;三阳泰、大东阳南货店设有糕点加工场,生产糖果、糕饼。

新中国成立后,1958年境内有食品企业11家,生产和经营糕饼、糖果、酒、盐、米及粉。20世纪60年代,办有长山供销社食品厂、长山淀粉厂、小港粮油厂、小港食品厂。60年代末有食品企业5家,职工130人,产值22.2万元。

20世纪80年代,沿江沿海兴建一批水产小冷库,并开发冷饮食品。小港化工厂建冷库,冷藏水产品,兼产棒冰。90年代江南新建光明饮料厂,生产汽水、果子露等冷饮食品。得利冻品公司生产速冻蔬菜和水产品。1996年全镇有食品企业7家(其中村办6家),职工137人,固定资产值628万元,总产值1531万元,占镇村办工业总产值1.21%,利润8万元。

宁波开发区建立后,引进一批食品生产、加工、冷藏企业。

表7-2-4　戚家山街道部分食品企业情况表

企业名称	经营范围	建立时间	占地面积(平方米)	地　址
宁波天宝利制冰公司	制　冰	1992年6月	3300	联合工业园区
萌天营养科技(宁波)公司	营养食品	1997年12月	4700	联合工业园区
开发区凤鹰冻品公司	冷藏食品	1993年6月	2525	联合工业园区
宁波新美心食品工业公司	食品制造	1992年6月	3965	联合工业园区
宁波佳必可食品公司	食品制造	2003年2月	13045	联合工业园区
天厨冻品公司	冷藏食品	1992年1月	3000	联合工业园区

续　表

企业名称	经营范围	建立时间	占地面积（平方米）	地　址
宁波远东冷藏公司	冷藏食品	2003年12月	58259.86	联合工业园区

车辆船舶制造业

1978年小港公社办船舶修理厂，经营小型船舶修理业务。1983年小港办拆船厂，有职工178人。至1986年拆解废船10只，实拆金属总量62676吨，三年累计完成销售4074万元，利润932万元。山下村办汽车分体厂，还有规模不等的汽车修理厂、小港船舶附件厂、车辆配件厂等。20世纪70年代，小港在浦山南麓建立东港汽车厂。产品有汽车制动器、曲轴、船舶附件、汽车附件、车辆软垫与自行车配件等。1996年全镇有车辆船舶工业企业10家（其中村办6家），职工160人，固定资产原值489万元；总产值2593万元，占镇村工业总产值2.04%，利税13万元。

宁波开发区建立后，韩国三星重工业株式会社在开发区建立三星重工业（宁波）公司，专业生产船舶，是小港唯一的现代造船企业。（见第三编《开发　开放》）

工艺绣品业

工艺绣品业始于20世纪60年代中期。1964年小港公社首建绣花社，从业人员9人。开办编织工艺厂，职工54人。1973年绣花社转为绣花厂，职工增至105人。绣花厂在各地段设加工收发点，外发给绣花女为宁波绣品厂、绣服厂加工绣片。绣花工艺从手刺到机绣，进而为电脑绣花。

宁波开发区建立后，引进了宁波帕洛玛工艺饰品公司、宁波清瑞工艺品公司等企业。

印刷与文体用品业

现代印刷工业始于1978年，至1996年有长山装潢印刷厂，主要承印信封、信笺、账册、簿本和包装招贴等产品。后扩为彩印。共有职工65人，固定资产原值10万元，总产值242万元，利税2万元。

信达羽毛球有限公司，年产羽毛球37.7万打。下邵广播音响厂，年产扬声器81.48万只。1996年文体用品企业2家，职工280人，固定资产原值183万元，总产值1371万元，占镇村工业总产值1.08%，利润59万元。

宁波开发区建立后，先后落户的有宁波录像带公司、开发区美的文具公司、小港彩印厂等企业。宁波赛龙文具公司2018年有职工373人，资产74632.3万元，产值2383.8万元，利润71.7万元。宁波品润文具公司2018年有职工91人，产值5579.3万元，利润21.3万元，总资产1513.1万元。

日用品与家具业

1996年境内有5家日用品企业，均属村办企业，职工52人。

宁波开发区建立初期，引进或建立的家具企业有新宇人造玛瑙有限公司、神鸽椅业公司等。宁波友利家日用品公司，专业生产日用塑料制品。2018年有职工131人，产值5088.4万元，总资产1796.1万元。

医药制造业

宁波开发区建立初期,引进医药和医疗设备生产企业。其中有亚太生物公司、宁波斯迈克制药有限公司、君安药业、开发区万联生化公司等。宁波斯迈克制药公司专业生产解热镇痛药,2018年有职工141人,产值9009.3万元,利润1399.8万元,企业总资产7733.5万元。宁波君安药业公司生产药物机械,2018年有职工51人,产值6358.2万元,利润770.4万元,企业总资产5169.9万元。

造纸与纸制品业

1992年8月,亚洲浆纸业有限公司落户宁波开发区青峙工业园区,占地1.87平方千米。这是戚家山区域纸业生产兴起的开始。

宁波亚洲浆纸业有限公司投资118亿元,一期年产白纸板100万吨,二期50万吨。现有职工1500余人,2018年产量100.5吨。公司主要生产高档涂布白卡、铜版卡、烟卡、食品卡纸等。

宁波亚洲纸管纸箱有限公司,1996年投产。占地7.1万平方米(107亩),建筑面积4.62万平方米。职工350人。主要生产工业纸管、瓦楞纸板、瓦楞纸箱。2018年产值41746万元。

宁波亚洲纸器纸品有限公司,1996年投产。占地10万平方米,建筑面积5.6万平方米。职工200人。主要生产美妆纸箱、单卡纸盒。2018年产值13703.6万元。

宁波亚洲绿色纸品有限公司,1998年成立。占地2.65万平方米,建筑面积1.43万平方米。职工110人。主要生产淋膜纸、纸杯、纸盘、纸碗等新型绿色包装材料及纸制品。2018年产值18858.6万元。

宁波金翔纸业有限公司,2011年成立。占地11.3万平方米,建筑面积7.1万平方米。职工60人。主要生产PET金银卡纸、铝箔金银卡纸、镭射卡纸、转移金银卡纸、全息定位镭射转移卡纸、珠光纸、贴合纸、黑芯卡、防油卡等高档特种纸。2018年产值4839.2万元。

宁波能旭纸业公司2018年有职工96人,产值13366.1万元,总资产4214.3万元。

宁波绿色纸品公司2018年有职工110人,产值18858.6万元,利润1676万元,总资产22343.9万元。

包装材料业

旧时境内没有包装材料业。宁波开发区成立后,随着商品经济的发展,产品包装需求旺盛,催生了包装材料制造业。境内陆续引进宁波佳谊涂塑包装公司、宁波恩必思包装公司、双宁达纸塑包装制造公司、林梅尔装饰公司、宁波旺美包装材料公司、宁波新力包装材料公司等企业。

宁波新力包装材料公司2018年有职工277人,产值7723万元,利润4214万元,总资产48039万元。

宁波飞龙印铁容器公司2018年有职工103人,产值5284.7万元,总资产6956.4万元。

第二节 规模以上企业

街道成立后,加大招商引资力度,着力培育企业做大做强,至2019年,年产值在2000万元以上企业达60家,总产值643亿元。

表7-2-5　戚家山街道2019年规模以上企业一览表

单　位	职工人数（人）	总产值（千元）	利润总额（千元）	资产总值（千元）	企业所得税（千元）	应交税费（千元）	主要产品
浙江逸盛石化	493	27672109	934854	13384893	242698	39232	精对苯二甲酸
宁波亚洲浆纸业	1527	10976454	923201	18973493	134501	32115	机制纸及纸板
宁波科元精化	689	9212106	691262	4256468	80225	3973	苯乙烯、丙烯等
宁波金发新材料	492	7889398	377118	5583498	0	45233	丙　烯
宁波龙利钜能新材料	29	1608202	15666	924604	3917	1840	工程塑料
三星重工（宁波）	1720	1157675	−45558	1359548	0	14606	造船修船拆船
宁波长鸿高分子	237	1129273	249081	1214723	38059	2345	合成橡胶
宁波科宁达工业	383	714277	50569	1362801	7585	2963	稀土钕铁硼合金
宁波裕民机械	488	667740	20042	767596	5010	2306	汽车侧窗导轨
宁波华美达机械	287	446090	24460	312972	2605	2382	注塑机制造
宁波科宁达日丰磁材	1040	638312	71055	642093	18049	4008	钕铁硼电子元件
宁波中新腈纶	224	577279	9613	628755	0	814	腈纶纤维原棉
宁波开发区热电	235	473227	126009	722461	31737	3345	发电供电
宁波永祥铸造	744	463696	12627	779238	3156	4246	黑色金属铸造
宁波佳必可食品	444	341144	37184	320292	9296	3641	水产品罐头
宁波赛龙文具	457	324066	11631	116513	988	828	文具用品
宁波亚洲纸管纸箱	343	315093	63409	4081510	975	2411	纸管纸箱
宁波侨泰兴纺织	550	310019	5878	241181	1469	2640	棉织造
宁波亚沛斯化学科技	52	286860	4396	134064	1119	1000	水煤浆
宁波新桥化工	108	245618	665	606913	1621	1441	可发性聚苯乙烯
宁波锡峰混凝土	65	241026	43593	148450	10898	2004	预拌商品混凝土
宁波国成塑料	530	225094	14912	100527	3781	1658	雨衣等塑料服装
宁波路通水泥制品	32	202045	4710	248442	1644	1956	商品混凝土
宁波亚洲绿色纸品	142	181141	28513	298784	7128	470	纸制品
欧诺法化学（宁波）	52	170153	12218	193524	2454	905	橡胶助剂
宁波海港混凝土	37	128860	34868	159462	8743	589	预拌商品混凝土
宁波丽泰制衣	93	21652	−1754	18694	0	380	服饰、针织服饰
宁波捷通电子	127	20720	1566	9205	106	259	电子元件
新安东密封保温系统	111	118161	13390	44959	3193	510	橡胶密封件制造
宁波甬港紧固件	94	113456	2453	49768	195	670	金属紧固件
飞佛特种纺织品	220	111780	25322	199411	3877	2207	高新技术纤维

单　位	职工人数 （人）	总产值 （千元）	利润总额 （千元）	资产总值 （千元）	企业所得税 （千元）	应交税费 （千元）	主要产品
宁波小港华润混凝土	32	105678	13884	107740	3482	1347	水泥制品
宁波斯迈克制药	145	96621	16516	67581	4129	995	解热镇痛药等
宁波能旭纸业	82	91470	−1444	44044	0	155	包装装潢及印刷
宁波亚洲纸器纸品	174	91189	−3474	339166	0	1211	包装装潢及印刷
宁波利广机械	129	90290	2945	74606	736	566	注塑机制造
宁波埃斯科光电	99	66656	−198	77274	0	541	电子元器件
宁波新安东橡塑制品	76	66276	−2743	94276	0	216	橡皮管制造
宁波君安药业科技	37	62422	3454	71656	979	1079	碘125籽源
宁波新力包装材料	229	61362	2549	46532	205	220	塑料薄膜制造
开发区希科新材料	29	77917	13770	38609	3442	309	化工原料\产品
宁波森泰新材料	78	76813	2114	64219	818	383	砂浆制造
宁波广源紧固件	94	75719	503	37488	25	469	螺帽制造
宁波健丰服饰	116	69388	1067	40782	67	221	服饰制造加工
宁波骏腾金属制品	130	48326	2454	29622	36	310	金属冲压件
宁波飞龙印铁容器	82	57765	690	72549	0	213	包装装潢及印刷
宁波安特弹性体	44	54900	−3693	79749	0	163	合成橡胶
宁波赫革丽高分子	41	53267	4073	37673	0	420	专用化学产品
宁波美格磁制品	103	50777	2640	22310	214	631	磁产品及设备
宁波德信紧固件	72	41076	1563	29526	0	193	金属紧固件
宁波华晨瑞兴汽车	41	39318	−1636	107916	0	10	汽车零部件
宁波友利家日用品	107	36983	−308	11298	0	193	日用塑料制品
日泰（宁波）陶瓷	98	35027	508	70871	0	810	瓷质砖
宁波汇永聚消防设备	61	34935	924	21302	46	444	消防器材
宁波志敏机械	70	34882	−682	32334	0	138	金属制品
宁波爱彼宠物用品	108	34686	1801	18875	130	341	宠物用品
宁波中元复合钢管	55	33218	1264	30010	76	161	无缝钢管
宁波北仑小港印染织	78	29655	−331	41816	0	290	染色布
宁波品润文具	90	27587	823	14584	41	105	文　具
开发区安德鲁精铸	66	22244	452	10831	0	155	气动控制阀门

第三节　中外合资、外商独资企业

宁波开发区建立后,优越的地理环境、便捷的交通条件、优厚的税收政策,吸引了一批中外合资、外商独资企业进驻戚家山街道境内的联合开发区域,外商或与中国企业合资设厂,或独立投资兴办工业或商贸企业。

表7-2-6　2019年戚家山街道中外合资、外商独资企业一览表

企业名称	投资方	总投资 (万美元)	合同利用外资 (万美元)	资产总值 (万元)	经营期限 (截止日期)	当年产值 (万元)	经营范围
宁波佳必可食品	中国-马来西亚合资	7000	3500 (665)	30165	2053年1月9日	34114.39	食品生产等
宁波国成塑料	泰国正泰集团独资	505	—	8855.54	2040年6月19日	22509.4	雨衣等塑料服装
欧诺法化学 (宁波)	美国全资独资	1200		18263	2053年7月1日	17013.25	助剂
飞佛特种纺织品 (宁波)	美国飞佛公司独资	1000		19398	2051年4月14日	11178.0	高新技术纤维、特种纺织品等
日泰 (宁波) 陶瓷	日本日泰东陶 (中国)	1850	—	8607	2052年9月3日	3502.7	瓷砖等墙体材料
三星重工 (宁波)	韩国三星重工独资	25000	—	18972	2045年12月21日	115767.5	造船

第四节　私营和小微企业

20世纪80年代起,尤其是宁波开发区建立后,戚家山街道境内各村的土地逐步被征用,农民脱离了土地和计划经济思想的束缚,开始投入自主创业的行列中,一大批私营企业、小微企业应运而生。这些企业,既为创业者创造了新的财富,也吸纳了大批脱离农业的农民和外地务工人员,成为戚家山街道经济发展的一支生力军。

表7-2-7　2019年戚家山街道私营企业和小微企业一览表

单位	注册地	土地面积 (亩)	厂房面积 (平方米)	当年产值 (万元)	税收 (万元)	经营范围
浙江丰泰环保科技	海曙	4.7	1000	300	0	泥浆处理
宁波北仑晶元企业管理	戚家山	0.1	60	3	0	公司运营管理
宁波佳必可食品 宁波佳必得贸易	戚家山	87.2	37141	38345.6	1130.4	鱼罐头加工及贸易
宁波开发区安德鲁精铸	戚家山	10	40 85	3309	148.1	不锈钢铸件
宁波新禾控股集团	鄞州	23.95	20000	0	0	宠物玩具
宁波城北绕城高速线建设	江北	37.53	25000	0	0	公路建筑
宁波市知客文化科技	高新区	2.1	1400	1000	0	文体文具
宁波永恒新材料科技	小港	4.2	2800	800	53	复合光学膜

单　位	注册地	土地面积（亩）	厂房面积（平方米）	当年产值（万元）	税收（万元）	经营范围
宁波甬空地毯基布制造	戚家山	43.45	11000	2000	133.5	地毯基布
宁波甬空投资	戚家山	—	—	5700	361.4	投　资
宁波瑞峰包装机械	戚家山	8	5500	2200	61.9	包装纸箱
宁波嘉仕达包装	戚家山	—	—	700	15.6	包装纸箱
宁波亨润塑机	戚家山	66.17	22885	14692.2	132.8	塑料制品
宁波富邦盛世科技	戚家山	10	—		4.03	转基因大豆
热力分公司	戚家山	—	—	6659.2	451.3	热力供应
水煤浆制造分公司	戚家山	—	—	5790	392.7	水煤浆
宁波市北仑广汇文体用品	小　港	2.55	1700	800	15	文具体育
宁波富广机械	戚家山	0.84	560	200	2.26	机械加工
宁波鑫天不锈钢制品	戚家山	1.5	1000	540	22.4	不锈钢水槽
宁波北仑春熙工贸	小　港	10	1300	500	6.66	木制品加工
宁波五立木业	小　港	—	—	1500	115	木　业
宁波豪盛椅业	江　北	1	1100	500	0	报告厅座椅
宁波开发区金兴家私	戚家山	1	700	100	4	椅　子
宁波开发区瑞旭纸箱	戚家山	0.5	333	83	1.4	纸板纸箱
宁波伟磁电子	戚家山	1	1200	11.3	2.57	磁性材料
宁波长桥工程塑料	戚家山	30.4	4902	36.7	37.3	聚苯乙烯产品
宁波君安药业	戚家山	0.8	2000	4929.6	815.6	放化疗靶向
浙江公铁建设工程	戚家山	11.54	7000	1390	177.5	爆破业务
宁波民福纺织	戚家山	2.51	4545.91	900	136	纺织品服装
宁波金仕达包装	戚家山	9.45	6220	1914.7	85.4	瓦楞纸板
宁波精通电子元件	戚家山	7.31	2678.5	38.4	28.1	开　关
宁波隆金佳五金制品	戚家山	2.25	1500	540	21.2	五金制品
宁波开发区吉曜机械	戚家山	5.25	3500	3108	203	导轨支架
宁波怡鑫机械	戚家山	0.75	500	80	1.86	机械配件
宁波铭帆机械	戚家山	0.6	400	630	6.22	机械配件
宁波金天水机电	戚家山	10.91	7276	880	18.6	饮水机
宁波侨福纺织	戚家山	—	—	340	51.3	纺织品服装
宁波开发区怀森汽车配件	戚家山	7	4676	550	0	汽车配件
宁波开发区银丰磁性材料	戚家山	0.45	300	30	0	磁性材料加工

单 位	注册地	土地面积（亩）	厂房面积（平方米）	当年产值（万元）	税收（万元）	经营范围
宁波开发区天明新型材料	戚家山	2	3707	415.6	57.9	变压器绝缘材料
宁波开发区技特电力电缆	戚家山	6	5100	1195.1	186.3	电力电缆附件
宁波开发区科元保温材料	戚家山	4.5	3000	883.5	65.1	保温材料制品
宁波开发区天灵互感器	戚家山	4.36	1500	500	62.3	低压电流互感器
宁波市小港印染厂	戚家山	12	5500	5462.1	339	织布印染
宁波诺琪贸易	霞浦	12.43	14000	1200	17	橡 胶
宁波杰伦木业	大碶	9	20000	8870	491	实木家具
宁波奇轩家具	戚家山	2.47	4000	1000	23.8	实木家具
海南丽汇新型材料	戚家山	4.5	3000	2000	45.4	包装木制品
宁波智翔机电设备	小港	4.1	3332	1300	132	钣金件
宁波北仑嘉伦家居制品	新碶	7.5	5000	800	1	家居制品
宁波开发区江乐印刷	戚家山	1.05	700	350	28.8	纸 箱
宁波华昇金属	戚家山	3.9	2600	300	2.77	游乐场支架
宁波世纪甬鑫泡沫制品	戚家山	3.9	2600	700	15	泡 沫
宁波巾帼洗涤	戚家山	12.1	5000	3401	112	医院洗涤服务
宁波纬树进出口	戚家山	1.5	1000	380	10.84	木材贸易
北仑小港华太汽车配件	戚家山	1.05	700	100	2.2	汽车配件
开发区赛高建筑装潢材料	戚家山	15.53	6129	1822	37.2	塑胶地板
宁波洛元服饰	戚家山	0.34	1000	1000	2	服装加工
宁波永力达动力设备	戚家山	21.26	3000	300	7.9	伺服电机
宁波友利家日用品	戚家山	7.93	18000	4500	71.6	日用品、梳子
宁波华锐橡胶	戚家山	6.6	2000	1700	60.9	塑料制品
宁波新新特力机械	戚家山	11.83	11486.5	300	21.4	生物质颗粒
宁波捷通电子	戚家山	8.59	6302	2587.3	94.6	电子开关
宁波市鹏涛洗涤	戚家山	5.77	3846	690	0.3	宾馆洗涤服务
宁波五立木业包装	小港	5.55	3700	2000	115	木制托盘
晋科自动化设备	戚家山	4.8	3200	645.9	84	磁性材料加工
宁波爱泰滑轨	小港	1.27	850	200	1	滑 轨
宁波捷万元五金	戚家山	1.65	1100	68.5	0.016	五金件、椅架
宁波六麦新材料	戚家山	3.6	2400	333.2	0.24	电子材料
宁波天地橡胶制品	戚家山	7.06	2340	800	38.5	橡胶制品

单　位	注册地	土地面积（亩）	厂房面积（平方米）	当年产值（万元）	税收（万元）	经营范围
宁波思诺雪服饰	戚家山	1.39	1119	1000	68.9	服装加工
宁波水星环保科技	鄞　州	1.39	1119	1000	0	灭火器
宁波开发区鲲鹏机械	戚家山	0.22	150	42	3.06	机械加工
北仑小港海鑫磁性材料厂	戚家山	3	2000	1150	164	磁材加工
北仑小港兴达机械配件厂	小　港	1.5	1000	200	7	机械配件
宁波雅布食品	戚家山	1.65	1100	3000	11	食品分装
宁波电工合金材料	戚家山	5.17	1954.5	29361.9	953.7	开关触件
宝威塑料包装（宁波）	戚家山	6.24	3815	1230	119.1	保鲜膜
柏菲尼橱柜加工	戚家山	3	2000	400	0	橱柜加工
北仑区小港金发五金厂	小　港	1.5	1000	600	32	五　金
宁波北仑腾兴包装	戚家山	0.6	400	560	10.32	包　装
宁波与时模塑制品	戚家山	0.42	280	0	0	塑料制品
宁波开发区召之模板厂	戚家山	1.5	1000	144.8	7.6	钢　板
宁波开发区蓝芳纺织品	戚家山	1.1	750	172	34	纺织品
宁波球源机械	戚家山	2.85	1900	161.5	18.8	电视机壁板
宁波注海精密机械	戚家山	1.2	800	300	13.2	液压元件
宁波海颂包装	戚家山	1.65	1100	350	8.6	印刷包装
宁波绿成液压元件	戚家山	10.2	6800	1000	73	液压元件
宁波开发区玖宝精密模具	戚家山	0.2	130	23.4	0.003	模具制造
宁波联鑫浩盛电子	戚家山	0.66	880	300	2.53	继电器
宁波市金盘自动化设备	小　港	0.445	300	200	2	自动化设备
宁波凯泽光电科技	戚家山	0.24	160	70	1.6	机电设备
宁波林梅尔装饰品	戚家山	11.7	3703	59	1.78	装饰品
宁波开发区妃暄工艺品	戚家山	1.5	1000	550	6.54	工艺品
宁波开发区众义达线业	戚家山	1.5	1000	150	2.4	线加工
宁波市北仑众美吸塑包装	柴　桥	1.42	950	120	0	吸塑包装
和兴模塑（宁波）	戚家山	1.98	1320	200	3.3	塑料壳
北仑区戚家山文春服装厂	戚家山	0.9	600	0	0	服装加工
宁波市森伟纸业	戚家山	2.24	1500	500	13.71	纸箱加工
宁波北仑宏甬服装印花	戚家山	1.2	800	60	3.67	印　花
宁波合生制动科技	戚家山	2.52	4864	3438	166	汽车制动

单　位	注册地	土地面积（亩）	厂房面积（平方米）	当年产值（万元）	税收（万元）	经营范围
宁波荣鑫智达文体用品	戚家山	1.8	1200	1000	17.75	文体用品
宁波锦鸿辅料工贸	鄞　州	1.68	1120	120	0	缝纫线
宁波依贝乐玩具	霞　浦	1.68	1120	50	1	木制玩具
宁波开发区腾俊工艺品厂	戚家山	0.31	500	100	5.95	儿童玩具
开发区扬顺塑料制品厂	戚家山	0.31	500	141	3.57	塑料制品
北仑梅山梅光五金厂	梅　山	0.6	400	150	16	接线盒
北仑肖凯再生资源回收	小　港	6	200	350	63	废品回收、加工
宁波开发区鑫琦文具	戚家山	1.7	1780	650	9.31	文　具
宁波赛龙进出口	戚家山	7.26	10082	24030	115.8	文具贸易
宁波赛龙礼品	戚家山	—	—	0	0.07	文具礼品
宁波开发区铸顺机械	戚家山	0.6	400	374	5.78	模具加工
宁波科兰环境科技	霞　浦	0.6	400	100	1	通风钢管
宁波市北仑安森消防工程	新　碶	5.4	800	300	4.17	消防工程
宁波市北仑海燕歌舞厅	戚家山	0.2	287	10	0	歌　厅
宁波市鑫科源机械	新　碶	0.3	200	60	1.68	五金加工
宁波国进建设	戚家山	0.46	1425.1	4700	152.1	建筑工程
开发区瑞旭汽车快修店	戚家山	0.3	200	71.6	0.5	机动车修理
宁波富磊金属制品	小　港	0.67	450	400	21	铝制品
宁波小港良波涂装厂	小　港	1.05	700	200	14	金属表面涂装
小港精工机械配件厂	小　港	0.45	300	20	9	童车配件
宁波开发区庆恩五金厂	戚家山	0.3	200	0	0	灯具配件
北仑区小港天奇塑涂厂	小　港	1.57	1050	200	16	电　泳
北仑区小港杨顺机械厂	小　港	1.05	700	80	2	机械配件
宁波北仑实精机械制造	戚家山	1.12	750	333.6	25.4	塑机配件
宁波市哲翰五金制品	小　港	3	2000	0	0	注塑机钣金
宁波腾泰机械	戚家山	4.65	3100	473.8	44.6	电　机
宁波迪特集成技术	戚家山	4.5	3000	633.6	31	铝产品
宁江东盛丰钢塑管制造厂	鄞　州	50.05	32000	15000	0	钢塑复合管
宁波市康欣机电	戚家山	3	6000	2000	8.75	电动工具
宁波开发区东方胶粘制品	戚家山	11.96	13320	48	2.26	胶　带
宁波互利贸易	小　港	0.9	600	50	2	机械加工

单 位	注册地	土地面积（亩）	厂房面积（平方米）	当年产值（万元）	税收（万元）	经营范围
宁波市东和纺织品	保税区	1.8	1120	230	0	纺织品
宁波开发区顺鹰文具包装	戚家山	6.58	19000	1436.7	94.8	印刷包装
开发区创绩五金制品厂	戚家山	0.67	450	100	0	磁性材料
北仑区小港金海机械厂	戚家山	0.15	100	60	3.46	包装机械
宁波开发区亿立机械设备	新碶	0.52	350	500	20	电器机械
牡丹（宁波）塑胶制品	戚家山	4.45	2200	137	31.3	汽车装饰件
宁波北仑泰成液压	小 港	1.2	800	800	8	液压产品
北京新婴之侣科技	北 京	1.5	1000	0	0	婴儿用品
宁波市北仑启顺塑胶工贸	戚家山	2.25	1500	560	11.51	包装材料
宁波市诚德医疗科技	戚家山	7.56	5044	1000	65	医疗器械
宁波开发区易禾家居用品	戚家山	4.45	2400	434.2	50.6	家居用品
威格斯（宁波）消防器材	戚家山	4.45	1409	140	4.6	消防器材
宁波北仑永德利展示器材	戚家山	5.41	6000	2010	59	展示器材
宁波开发区喜恩玩具	戚家山	0.75	500	50	0	玩 具
宁波柏廷精密机械	戚家山	1	800	55	0.51	机械配件
宁波北仑菲绮工艺品	戚家山	1	1020	116	15	酒店用品
宁波旭升塑胶	戚家山	1	1020	260	0	塑胶制品
宁波北仑博渝五金制品	戚家山	1.13	925	150	0.36	电动工具
宁波北仑煌锦机电	戚家山	0.26	900	200	0.5	灯 具
北仑小港晶格文教用品厂	小 港	0.32	1090	500	30	包装成品
宁波和成液压元件	戚家山	9.96	3000	0	0	液压元件
宁波北仑宝舜食品	戚家山	1.71	1140	400	0.04	腌制肉制品
宁波市仁捷纺织品	鄞 州	3.37	2250	500	0	针织坯布
宁波开发区大闸砂场	戚家山	2.88	0	170	42.2	沙 石
宁波开发区利国砂场	戚家山	4	0	100	24.9	沙 石
开发区岳建土建工程队	戚家山	10	700	200	8.85	土建工程
宁波北仑奥弗森仪器	戚家山	0.33	900	511	0.83	显微镜
宁波开发区宏业水产	戚家山	2.5	2000	500	0.14	水产品
小港兴达汽车仪表配件厂	小 港	0.67	450	400	30	压锻件
宁波科瑞五金制品	戚家山	1.95	1300	758	0.09	不锈钢紧固件
宁波科瑞工业紧固件	戚家山	—	—	123	0.13	紧固件

单　位	注册地	土地面积（亩）	厂房面积（平方米）	当年产值（万元）	税收（万元）	经营范围
宁波挺红机械	戚家山	3	2000	250	13	汽车紧固件
宁波广润厨卫	戚家山	7.6	4200	67	3	厨卫
宁波广润汽配	戚家山	—	—	890	3	汽配
宁波开发区缔美纸品厂	戚家山	7.26	700	50	0	废旧纸品加工
宁波雅可生物技术	戚家山	17.95	20000	0	0.13	生物技术研发
宁波祥丰进出口	戚家山	11.2	7500	15721.7	45.8	文具进出口
宁波品润文具	戚家山	3.37	4500	4400	15.3	文具
宁波众成文具	戚家山	4.5	3000	2500	78.4	文具
宁波乐亚美照明	小港	1.53	1020	1200	12	LED照明
宁波祥源包装	戚家山	0.75	500	25	0.00065	文具包装
宁波广日金属工贸	戚家山	2	2000	380	7.77	泡沫产品
宁波市浩顺电子	戚家山	1.53	1020	320	27.9	变压器
宁波开发区甬通设备租赁	戚家山	1.83	1000	200	0.52	设备租赁
宁波中舟水产	戚家山	11.63	1179.25	0	0	水产品
宁波北仑宁舟燃料	戚家山	—	—	10000	35	船舶运输用油
宁波北仑启欣工艺品	戚家山	3	5470.02	716	34.6	工艺品制造
北仑小港四方塑料厂	戚家山	—	—	250	7.87	塑料制品
开发区云达磁性材料厂	戚家山	6.94	1500	1268.3	101	磁材加工
宁波奇峰企业	奉化	4.78	3319	0	0	户外冰箱
远东冷藏	戚家山	88	7724	540	38.4	冷藏业务
宁波纬诚科技	高新区			5000	0	太阳能支架
宁波伟奇进出口	戚家山	18	15000	180	20	纯出口企业
宁波网桥机械设备制造	小港			384	72.3	电缆网桥
宁波昇乐太阳能科技	戚家山			1223.2	6.2	太阳能支架
宁波新天阳新材料科技	戚家山	30	20000	1227	19	铸造用砂
浙江安宝药业	戚家山	16.08	1274	1567	145.7	酚麻美软胶囊
宁波汇永聚消防设备	戚家山	11	7000	5837	108.8	消防器材
宁波市北仑海德塑料五金	小港	1.75	4500	700	13	钣金件加工
宁波市北仑区金文制笔厂	戚家山	2.54	1700	2000	98.96	制笔
宁波敏泰机械	戚家山	2.54	1700	200	9.95	汽车零配件
宁波北仑友益弹簧制造	小港	1.53	1020	200	0	弹簧五金

单 位	注册地	土地面积（亩）	厂房面积（平方米）	当年产值（万元）	税收（万元）	经营范围
宁波中智房地产发展	戚家山	6.33	0	0	6.25	房地产
港鑫驾驶员培训学校	戚家山	6.33	0	0	2	汽车驾驶培训
宁波美格磁制品	戚家山	5.06	5819.2	5190	113.2	工具条、检拾器
宁波高路家居用品	大 碶	6.57	2700	450	14	家居制造
宁波北仑青民磁材	小 港	1.05	900	20	1	磁铁加工
小港双飞工艺礼品厂	戚家山	8.5	5958.39	1337	53.6	塑胶玩具
宁波新阳工艺品	戚家山	—	—	120	6.2	塑胶玩具
宁波杰士兄弟工具	小 港	3.5	2800	408	16	磁 碗
宁波迈新房地产	新 碶	23.9	6800	100	22	土地房屋租赁
宁波开发区齐汇反光制品	戚家山	3	2000	92	0.42	塑料反光制品
开发区肖平服装印花厂	戚家山	0.7	470	20	0.11	服装印花
宁波开发区泽源服装	戚家山	3	2000	1891.5	33	服 装
北仑区信望爱纸塑制品	戚家山	0.6	400	120	4.66	加工纸制品
宁波精博至诚机械	小 港	2.25	1500	500	0	塑机配件
宁波市北仑区杰茂机械	小 港	1.5	1000	260	21	汽车配件
宁波开发区鸿杰机械厂	戚家山	—	—	500	51	汽车配件
宁波普瑞达液压科技	戚家山	4.5	3000	1400	27.2	液压机
开发区新型墙板材料厂	戚家山	8	3000	0	2.58	墙 板
开发区华甬汽车零配件	戚家山	5.2	2934.28	105.3	10.3	点火锁
宁波北仑侨美文具	小 港	1.8	1200	20	1	文 具
北仑区名扬休闲用品	戚家山	2.34	600	660	51.6	椅 架
宁波北仑三运物流	戚家山	1.91	1000	0	0	物 流
宁波科元塑胶	戚家山	5.1	2000	0	0	塑胶制品
小港监运站	戚家山	1.5	500	0	0	物 流
宁波戚家荣华汽车销售	戚家山	11	2000	723.8	4.8	汽车销售维修
开发区银星石油化工贸易	戚家山	3.35	2234	3920	191.6	汽柴油销售
宁波开发区顺博文具用品	戚家山	1	2100	65.6	0.84	文 具
余姚市卢强协升笔件厂	余 姚	0.37	500	120	0	文 具
宁波雅俊电子	戚家山	1.35	900	11.7	0.0017	电 子
宁波格林贝儿童用品	镇 海	1.35	2700	500	0	儿童用品
宁波嘉豪汽车零部件	戚家山	1.66	4444	950	89.7	汽车零部件

单　位	注册地	土地面积（亩）	厂房面积（平方米）	当年产值（万元）	税收（万元）	经营范围
宁波秋韵制衣	戚家山	1.28	855	180	5.5	服装加工
宁波金皖机械	新碶	1.65	1111	200	3	机　械
宁波开发区志旺缝纫线厂	戚家山	1.28	855	118	15.8	机　械
宁波开发区甬洁塑料	戚家山	1.28	855	300	4.38	塑料制品
宁波海峰救生设备制造	戚家山	1.38	3400	521.3	25.1	制　造
宁波开发区新中物资	戚家山	15.73	12000	6000	91.23	商　贸
宁波市鹏涛洗涤	戚家山	5.77	3846	690	0.3	宾馆洗涤服务
宁波五立木业包装	小港	5.55	3700	2000	115	木制托盘
晋科自动化设备	戚家山	4.8	3200	645.9	84	磁性材料加工
宁波爱泰滑轨	小港	1.27	850	200	1	滑　轨
福兴印染	戚家山	11.94	3000	2416.3	135.9	染　布
宁波奥鑫文体用品	小港	1.34	3200	1000	44	文　具
宁波志敏机械	戚家山	4.17	8617	2212.6	22.5	汽车配件
宁波成弘纺织	戚家山	1.65	1100	160	13	针织品
宁波镇海豪天纸箱	镇海	0.9	600	100	0	纸　箱
宁波北仑敏儿文具	小港	1	1200	100	0	文具、玩具
宁波开发区华敏制衣	戚家山	1.22	815.86	150	32.56	服　装
宁波开发区宇毛制衣	戚家山	1.22	815.86	260	8.9	服　装
宁波能旭纸业	戚家山	20	15000	12722	249.3	瓦楞纸箱
宁波开发区欧艺服装	戚家山	1.39	2400	1200	43.24	服装加工

第五节　部分企业简介

宁波亚洲浆纸业有限公司

　　宁波亚洲浆纸业有限公司位于青峙化工园区宏源路88号，占地面积218.58公顷，建筑面积68000平方米。由宁波中华纸业有限公司、宁波纸业发展投资有限公司、金光纸业（中国）投资有限公司、中策造纸工业集团有限公司共同出资设立，注册资本21亿元，投资总额200亿元。1992年征用土地，2004年12月建成一

宁波亚洲浆纸业有限公司厂区

期项目，年产白纸板100万吨。二期项目年产能50万吨，于2014年6月底投入生产。2019年有员工1527人。公司主要生产高档涂布白卡、铜版卡、烟卡、食品卡纸等。2019年产值109亿元。曾获得"浙江省绿色企业""宁波市'十一五'节能降耗先进单位""浙江省中外合资合作百强企业"等荣誉称号。

宁波亚洲纸管纸箱有限公司

位于青峙化工园区宏源路126号，1996年投产。占地7.1公顷，建筑面积4.62万平方米。职工350人。主要生产工业纸管、瓦楞纸板、瓦楞纸箱。2018年产值4.17亿元。

宁波亚洲纸器纸品有限公司

位于青峙化工园区宏源路128号，1996年投产。占地10公顷，建筑面积5.6万平方米。职工200人。主要生产美妆纸箱、单卡纸盒。2018年产值1.37亿元。

宁波亚洲绿色纸品有限公司

位于青峙化工园区宏源路130号，1998年成立。占地2.65公顷，建筑面积1.43万平方米。职工110人。主要生产淋膜纸、纸杯、纸盘、纸碗等新型绿色包装材料及纸制品。2018年产值1.89亿元。

宁波金翔纸业有限公司

位于宁波经济技术开发区公园路309号，2011年成立。占地11.3公顷，建筑面积7.1万平方米。职工60人。主要生产PET金银卡纸、铝箔金银卡纸、镭射卡纸、转移金银卡纸、全息定位镭射转移卡纸、珠光纸、贴合纸、黑芯卡、防油卡等高档特种纸。2018年产值0.48亿元。

宁波亚洲纸管纸箱公司　　　　宁波亚洲纸器纸品公司　　　　宁波金翔纸业公司

宁波海港混凝土有限公司

宁波海港混凝土有限公司位于北仑区戚家山街道林唐。公司注册资本2100万元，拥有总资产15414万元，主要经营范围为预拌商品混凝土、普通货运。2018年生产C60以下的各种规格预拌商品混凝土52万余方。实现产值1.1791亿元，利润总额1176万元，缴纳税收总额2717万元。2019年，公司拥有职工140余人，其中技术人员20人。

宁波海港混凝土公司

宁波华美达机械制造有限公司

宁波华美达机械制造有限公司成立于2002年，注册资金6280万元。华美达始终致力于节能型塑料注射成型机的产品研发、制造与市场推广，为颇具规模和雄厚竞争实力的注塑机械研发制造高新技术企业。

宁波华美达机械制造有限公司

华美达公司现有4个生产基地，超过10万平方米厂房设施，引进各种大型精密数控加工设备，具备年产3000台精密节能注塑机生产能力，团结了一支高素质的企业管理与技术创新团队。主要产品广泛应用于汽车、电子、医疗、包装、家电、化妆品等注塑生产行业，已成功推出伺服节能注塑机、二板注塑机、全电动注塑机、高速精密注塑机、双色注塑机等多个系列各种通用型以及多种行业专用定制型产品。2019年工业总产值4.46亿元。

宁波市路通水泥制品有限公司

宁波市路通水泥制品有限公司，占地3.67公顷，拥有3立方米全封闭搅拌楼3座，拥有9—12立方米混凝土搅拌运输车45辆，汽车泵5台（含56米、52米长臂架泵车)、车载泵4台，实力雄厚，拥有预拌混凝土专业承包不分等级资质，可生产各种强度等级混凝土和特种混凝土。2018年产值1.14亿元。

飞佛特种纺织品（宁波）有限公司

位于青峙化工园区富山路18号，是美国飞佛公司在华的独资企业，成立于2004年，占地6.73公顷，现有200多位员工。公司具有完善的产品设计、开发、检测和制造能力，使用的机器设备均购自德国、西班牙、美国等业内产品最先进的工厂。目前公司主要产品有SHEERWEAVE室内阳光面料、经久耐用的家居面料等。2019年产值1.12亿元。

日泰（宁波）陶瓷有限公司

位于青峙化工园区宏源路111号，创办于2002年，厂区占地2.67公顷，公司拥有固定资产10272万元人民币，在职员工100人左右。2010年与东陶（中国）有限公司合资生产轻质高强、高档环保型装饰、多功能墙体材料，2019年产值0.35亿元。

宁波科宁达工业公司

位于科苑路18—28号，占地面积4.89公顷。1986年成立，是上市公司"中科三环"的全资子公司，专业从事最新一代永磁材料——钕铁硼永磁的生产和技术的开发，是国家认定的高新技术企业。2019年产值7.67亿元。

宁波侨泰兴纺织有限公司

宁波侨泰兴纺织有限公司于1992年2月14日成立。经营范围包括：各种纤维（包括纺织及工业用）之染色纱线、高档纱线的染色加工，高仿真化纤及高档织物面料的织造、印染、印花及各种后整理加工，各类服装、纺织品及服装辅料生产、加工，并从事非配额许可证管理、非专营商品的收购出口和自产产品的出口配额招标。

宁波佳必可食品有限公司

宁波佳必可食品有限公司是由马来西亚南洋统一集团有限公司和中国公民林佩茂先生合资兴建的一家以水产类罐头及冻干水产加工为主的食品有限公司，于2003年1月10日注册成立。公司地处宁波经济技术开发区小港联合开发区内，占地6.31公顷。主要产品有金枪鱼、沙丁鱼、鲭鱼、蟹肉、贝壳类、虾肉、豆类等罐头和冷冻产品。2019年产值3.41亿元。

宁波国成塑料有限公司

宁波国成塑料有限公司于1990年6月20日成立，注册资金505万美元，由泰国正泰集团独资设立。公司位于宁波开发区联合区域义成路66号。经营范围包括：塑料制品制造；服装制造；箱包制造；皮革制品制造；服饰制造；母婴用品制造等。2019年产值2.25亿元。

欧诺法化学（宁波）有限公司

欧诺法化学（宁波）有限公司于2003年7月2日由美国公司全资成立，注册资金500万美元。公司经营范围包括助剂新产品（化学危险品除外）的开发和生产等。2019年产值1.7亿元。

宁波路通水泥制品公司

飞佛特种纺织品公司

日泰（宁波）陶瓷公司

科宁达和丰新材料公司

宁波侨泰兴纺织公司

第八编　商　贸

  戚家山街道地处甬江、小浃江入海口，上溯可达宁波、奉化、余姚等内陆腹地，出海能通舟山群岛、上海及东南沿海。地理位置的优越，使得此地商贸活动自古活跃。

  明清以来，戚家山区域的小港自然镇渐趋繁华。为此，清代中叶曾在小港设卡征税。至今，小港直街还遗留关卡建筑。

  民国初期，小港曾商铺林立，市面兴旺。民国二十六年（1937）后，日本侵略者入侵小港，烧光、杀光、抢光的"三光"政策使小港惨遭严重破坏。民国二十九年（1940）7月17日日寇从青峙老鼠山登陆，烧毁民房、学校、庙宇5370余间，杀害平民百姓166人。次年4月19日，小港沦陷，小港街成了瓦砾场，商业从此一蹶不振。抗战胜利后，由于国民党政府腐败，物价飞涨，金圆券贬值，商业一片颓势，经济完全崩溃。

  新中国成立后，生产力获得解放，商贸逐渐繁荣，小港形成以直街、横街、桥东街为中心的商圈，日日开市。

  真正让小港商贸获得飞跃发展的是宁波经济技术开发区的建立。

  1991年7月，开发区管委会成立商品经营基地办公室，制定并颁布《宁波开发区商品经营基地暂行规定》，制定优惠政策，在全国范围内招商。年底，一期规划2.5万平方米经营用房开始建设，二期10万平方米经营用房同时拟订规划。引进经营性企业74家，注册资金近1亿元。至1992年6月，商品经营基地引进经营性企业300余家，其中注册资金1000万元以上6家。在基地开设窗口的有中国化工进出口总公司、中国五金矿产进出口总公司、中国机械进出口总公司、第二汽车制造厂、中建总公司及省商业厅、省物资局、省二轻厅、宁波城乡建委、舟山建设开发总公司与诸暨供销联社等。商品经营基地又称"万商城"，共有商业用房建筑面积30万平方米。至1993年底，已有企业973家，注册资金12.6亿元，营业额41.2亿元。

  1993年始，建立宁波（开发区）物资交易所，该所是全国首家设立在国家级开发区的物交所。

  1997年宁波开发区批准经营性企业2011家，其中经营性"三资"企业有24家。至2019年，在戚家山街道常年经营的商业企业和个体工商户达千余家。

本编目录

第一章 私营商业及其改造

戚家山街道境内历史上商贸业兴旺,直街、横街、桥东街是商贸企业集中地。这些商贸企业都是私营或个体经营,大都为一间门面,前店后坊。中华人民共和国成立后,境内始有国营、集体商贸企业。20世纪70年代,境内以集体商贸企业为主体。80年代后,私营企业获得发展机遇;集体企业经过改制,成为民营的股份合作制企业。进入21世纪后,戚家山街道境内形成环山路、东海路、直街、桥东街等多条特色明显的商业街。

第一节 民国时期商业

明清以来,戚家山区域商业渐趋繁华。清代中叶曾在小港设卡征税。民国时期,小港形成居民集中点。房屋鳞次栉比,商铺林立,市面兴旺,沿河一带泊满了大小船只;但商店规模不大,雇佣职工二三名的店铺不多。比较有名望的有益康酱油店、恒生祥南货店、三阳泰南货店、大东阳南货店、泉昌酒坊、瑞号烟酒店、淦源当店、泰山堂、生生堂药店、裕丰米店、恒生米店与协茂山货蔬菜行、谢本和贳器店、万祥贳器店等。

民国十三年(1924)一场大火烧毁了小港街三分之二的房屋。后来,陆续建起了二层街面楼房,商业又呈兴旺。

民国时期小港镇曾创办了各类合作事业,为开展生产自救、振兴农业经济、维护农民利益起到了一定的作用。这些合作事业大都在1936年6月成立,主要有小港盐民生产合作社等。

民国二十六年(1937)抗战全面爆发,小港多次遭到日本侵略军的严重破坏。民国二十八年(1939)6月的一次大轰炸,日机炸毁和震倒房屋580间,炸死居民61人。小港李氏乾坤两房大屋及李家花园等建筑被夷为平地。民国二十九年(1940)7月17日日寇从青峙老鼠山登陆,烧毁民房、学校、庙宇5370余间,杀害平民百姓166人。民国三十年(1941)4月19日,小港沦陷,小港街成了瓦砾场,商业从此一蹶不振。

抗战胜利后,民国三十六年(1947)创立小港镇盐民产销合作社,并经宁波盐业机关批准,允许农盐就地过秤交税、自由运销,群众称为“公益盐店”。该社每年产盐7000—10000担,由盐务机关派员监秤收购后,归合作社经营,以批发为主,兼营零售。批发对象为宁波、镇海等地酱作坊、南货店以及盐贩。镇海解放前夕停办。同时,物价飞涨,“金圆券”贬值,商业一片颓势,经济完全崩溃。

第二节　新中国成立后的商业及改造

　　新中国成立之初,国民党不时飞机轰炸,物价波动,私商经营受挫,商业陷入困境。1950年3月后物价渐趋稳定,但群众购买力低,不少私营商业仍难以维持。是年,政府调整批零和地区差价,并在税收政策上适当予以照顾。1952年以后,政府又采取银行贷款、减轻税负、组织初级市场商品交流会、适当扩大日用工业品批发零售差价、减少供销社经营品种等一系列措施,鼓励私商经营积极性。1953年私商营业额有了回升。

　　1953年11月粮油实行统购统销政策,所有私营粮商停止营业,国家按原价收购存粮,并安排了有关经营人员。1954年8月长山区成立商改领导小组,采取以经销为主的改造形式,对私营棉布商店进行改造,有的改造为经销店,有的转为其他商业、农业或手工业。1955年8月进行商业普查。1956年1月,全国大中城市私商相继实行全行业公私合营,3月12日镇海县范围内私商亦向各级政府申请公私合营,批准后成为公私合营商店,并核定私方资金,规定资金定息为年息五厘,并妥善安排资方人员。对小商贩改造形式以组织合作小组为主,有的组织合作商店,个别仍为个体户。

第二章　商业体制

境内商贸企业体制经历由新中国成立初期以国营、集体商业企业为主，以私营企业为辅，到20世纪70年代全部为国营、集体商贸企业，再到80年代后以私营、股份合作企业为主三个发展阶段。

第一节　国营和集体商业

国营商业

新中国建立初期，国营商业采取高度集中统一的管理体制。1954年10月镇海中粮公司委托长山粮管所收购稻谷，销售大米、食油。随着商业体制改革的贯彻和深化，国营商业拓宽经营方式和范围。国营粮食系统把原以管理型为主的机制转变为管理、经营结合型，在小港设点经营。1957年镇海县食品公司建立，在长山区建立食品购销站，经营生猪、禽、蛋购销业务。

1978年改革开放以来，经营格局发生变化，猪、禽、蛋全面放开。街道境内已无国营商业。

供销合作社

1950年4—5月间由镇海县供销合作社在小港设供应组，以供应大米、肥料为主，兼营稻谷、棉花、茶叶收购。

1951年11月开始筹建、1952年4月成立小港供销社，经营品种只是油、盐、酱、烟、皂、火柴、火油、毛巾、牙膏及零星小百货。1953年开始增加棉布经营。

1954年全区各供销社统一合并为长山区供销合作社，社址设在小港原伏波小学及菜汤庵；共有职工44名，社员5060人，股金10123元，担负全区8552户、28068人的生活资料供应和52109亩耕田、1355亩棉地的生产资料供应。该年营业额801378元。区社下设枫林、下邵、长山桥、小港、衙前与谢墅6个分社。

1958年10月实行人民公社化，长山区供销社改称长山人民公社供销部，成为国营商业的基层单位。合作商店、合作小组全行业过渡进入供销部。当时，干部、职工达到260余人，商业网点遍布全公社各自然村。1961年6月，中央下达商业40条，同年10月撤销人民公社供销部，恢复长山区供销合作社。

1962年7月食品行业划归食品公司一条龙经营，人员、网点、设施、财产按原状移交食品公司，

成立长山食品购销站。

1963年5月，镇海城关日杂商店、农资商店、畜废商店、蔬菜代理行、清水浦供销社及渡驾桥供销社划归长山区社经营。1969年10月上述单位分别划给镇海县公司直属归口门市部。

1972年1月，根据省人民政府〔1971〕41号文件，财贸队伍展开全面整顿，开展"一打三反"，实行贫下中农管理，每一个供销分社派驻工作组5—8人不等。整顿后，由贫下中农推荐的42名工作人员，经培训补充到商业队伍之中。

1975年4月，长山区供销社由小港迁至江南红联里塘路供销楼办公。区社下设小港、江南（包括谢墅）、下邵与枫林4个分社和生产商店、生活商店、采购商店、生产生活资料调拨部、棉花收购站及商管组、行政组。

20世纪80年代供销社逐步进行改革。1983年主要是恢复供销社"三性"（群众性、民主性、集体性），由全民性质恢复为集体性质，发动社员再次入股；1984年政策上松绑放权，经过改革，使供销社由官办变民办，进一步办成农村生活、生产综合服务中心。

1984年8月，区供销社以商店、分社为单位普遍推行独立核算、自负盈亏、工商登记、银行开户、存贷合一、单独纳税，做到责权利紧密挂钩。

1988年10月长山区供销社社址再次由红联里塘路迁至红联渡口路，在江南购物中心三楼办公。

1993年撤销下邵、枫林、江南、谢墅分社原经营格局，推行生产资料集体承包、生活资料个人风险抵押承包，期限三年。1994年副食、日杂、百货、国药及五金实行社有个营；生产资料实行集体承包；小港中心商场实行集体风险承包。以后，又逐步完善了承包责任制。

集体商业

1956年4月长山区小商贩组建联营商店，计三家：江桥联营商店、小港水产联营商店及小港水作联营商店。

1958年实现人民公社化，是年10月联营商店并入供销社。1962年10月，联营商店退出供销社重建合作商店。"文化大革命"期间，合作商店经营受到种种限制。至1975年底，长山区内有合作店13家：小港综合合作商店、小港桥东合作商店、小港饮食合作商店、小港水作合作商店、青峙合作商店、林唐合作商店、长山桥合作商店、枫林合作商店、下邵合作商店、江桥合作商店、谢墅合作商店、衙前合作商店与江南合作商店，并在45个行政村设有分销店，共有职工107名，经营方式均为独立核算，自负盈亏、单独纳税。

1978年后，国家放宽对合作商业政策，允许多渠道进货，较困难的商店可以一业为主、兼营别样。供销社适当降低批发起点；计划商品和热门商品事先确定分配比例或适当照顾；烟酒商品由代销一律改为经销；资金确有困难的商店，供销社给予铺底或在联合公积金中酌情借支。

1981年8月开始，按不同类型的商店采取不同形式的经营责任制，即专业承包，按利计奖，营业定额，工资浮动，定率计酬，净利拆账；综合承包，费用分摊，定额到人。

1984年10月撤销了供销社商管组，单独建立长山合作商业公司（简称二商公司），与供销社彻底脱钩。

1989年以后，集体商业全面推行责任承包，资产租赁，包干上交。

1997年底，根据北仑区人民政府〔1997〕103号文件精神，进行企业清产核资，综合评估资产，明晰产权，分资到人，企业解体。55周岁以上男职工、45周岁以上女职工共82名职工给予办理一次性退休、退养手续；47名在职职工在自愿的基础上，重组新的股份合作制企业。

第二节　民营商业

新中国成立初期境内有私营商业87家，从业人员100余人，大多是夫妻老婆店，行业有烟酒、山杂、水产、水果、蔬菜、禽肉蛋、南货、棉布、纸贳、国药、酱什、点心、百货、水作及染坊等。

1956年私营商业改造后，个体商贩参加了合作商店或合作小组。1958年人民公社化后，个体商贩直接过渡到人民公社供销部，"文化大革命"期间倡导"割资本主义尾巴"，多数人转业，个体商业一度濒于绝迹。1979年以后，允许发展民营经济，民营商业逐渐恢复；1984年起民营经济迅速发展，到1996年底全镇已有民营工商户991家，从业人员2559人，资本额3658万元，营业零售额3690万元。

2019年街道有民营商铺950余家，从业人员2500余人。

表8-2-1　戚家山街道若干注册资本500万元以上民营商贸企业情况表

企业名称	核准时间	注册资本（万元）	经营范围	经营地址
宁波金光纸业贸易公司	2016年5月	1000	纸浆纸制品批发服务	宏源路88号
宁波永联沥青化工公司	2010年4月	1500	沥青和其他化工产品批发	江滨路18号
宁波一付食品公司	2011年12月	5000	食品批发	江滨支路100号
宁波雅昕国际贸易公司	2019年1月	500	贸易经纪与代理	公园路4号
宁波宝林达进出口公司	2005年6月	1000	体育用品及器材批发	公园路30号
宁波鲁鸢进出口公司	2017年8月	1000	贸易代理	五矿路69号
北仑科瑞五金制品公司	2004年8月	500	五金产品批发	公园路42号
宁波圣贤鲜源食品公司	2016年11月	2000	肉禽蛋奶及水产品批发	杨公山8号
宁波太平洋物资公司	2012年12月	3000	金属及金属矿物批发	江滨路圣港楼
宁波汇能贸易公司	2011年11月	500	机械设备及电子产品批发	唐家弄357号
北仑电力燃料公司	1999年2月	500	石油及制品批发	东海路15号
宁波源慧机电设备公司	2016年12月	500	机械电子产品批发	环球经贸大厦
宁波万能达有限公司	2014年8月	500	矿产品化工产品批发	公园路30号
北仑杭杭鲜肉摊	2020年3月	500	肉禽蛋奶水产品批发	北仑食品公司
宁波巨环工贸实业公司	1995年8月	800	化工产品批发	环球经贸大厦
宁波大汇国际贸易公司	2014年6月	1000	机械及电子产品批发	玫瑰花园
浙江神铭机械设备公司	2016年2月	1000	机械五金电器批发	东区1幢
六麦新材料投资公司	2016年6月	5000	新材料技术服务	江滨路289号
宁波光汇石油有限公司	2009年6月	600	石油及制品批发	港口路2-09

企业名称	核准时间	注册资本（万元）	经营范围	经营地址
甬石港口石油供应公司	2002年9月	3000	石油及制品批发	丽阳路8号
鼎泰丰富国际贸易公司	2011年8月	1000	贸易经纪与代理	环球经贸大厦
宁波华宇建筑材料公司	1994年9月	598	建筑机械机具租赁	北平路156号
宁波开润电器电缆公司	2006年3月	1260	日用家电批发	北京大厦A幢
宁波卓泽防火材料公司	2019年9月	500	五金电器批发零售	五矿路75
宁波安东新材料有限公司	2010年6月	1000	建材批发	丽阳路9号
宁波索科纺织股份公司	2006年1月	1043	纺织品针织品批发	东区1幢
宁波天添润油品公司	2017年3月	500	石油及制品批发	环球经贸大厦
润博波特汽车零部件公司	2019年1月	1000	汽车零部件批发	丽阳路9号
宁波开发区盛隆物资公司	1994年3月	1200	化工产品批发	江滨路156号
宁波安特弹性体公司	2006年9月	1000	化工产品批发	丽阳路9号
宁波通融物流公司	1993年12月	2000	金属及金属矿批发	伦敦楼C座
宁波三捷进出口公司	2005年9月	500	五金产品批发	东区3幢
宁波锦盛化工发展公司	2001年2月	1100	化工产品批发	公园路25号
宁波浩程进出口公司	2013年2月	1890	贸易与代理	浃江路8号
宁波聚兴轻工物资公司	2004年8月	500	五金产品批发	公园路42号
宁波圣贤鲜源食品公司	2002年8月	680	金属及金属矿批发	巴黎大厦B座
宁波中天顺达物流公司	2017年6月	1500	建材批发	小港直街83号
宁波新宇晟物流有限公司	2010年3月	1000	机械及电子产品批发	商品经营基地
宁波开发区亚光发展公司	1994年4月	1000	化工产品批发	公园路50号
宁波祥宏能源有限公司	2009年8月	1000	化工产品批发	港口路4号
宁波昌冶钢铁有限公司	2006年1月	500	金属及金属矿批发	笠山路7号
浙江鸿溢贸易有限公司	2009年7月	5000	石油及制品批发	港口路4号
宁波浙舟燃料油公司	2019年12月	1000	石油及制品批发	江滨路210号
宁波一副食品发展有限公司	2011年12月	500	食品零售批发	江滨支路100号
宁波北仑茗都酒店公司	2014年9月	1680	酒店服务、会议服务	桥东街5号
宁波凤凰杰伦木业公司	2010年1月	1875.45	木制品	江滨路288号

第三章 商业经营

20世纪80年代前,全国实行计划经济,生产资料、生活资料、农副产品及饮食服务的经营全部由国家计划安排。生产生活资料由国营商店、供销社专营,实行凭票限量供应;农副产品皆由当地供销社购销经营。一段时间,粮食、棉布、棉花、食用油、香烟、食糖、肥皂等日用品和电视机、缝纫机、自行车、手表等耐用商品,需要凭票凭证购买。党的十一届三中全会后,国家实行改革开放,激发了各种所有制商业企业的发展。1984年10月20日,中共十二届三中全会通过了《中共中央关于经济体制改革的决定》,计划经济逐渐向市场经济转轨,生产资料、生活资料和农副产品购销逐步放开。随着居民收入的迅速增长,购买力迅速提高,商业经营空前繁荣。

宁波经济技术开发区的建立,为戚家山区域内商业经营发展提供了新的契机。

第一节 生产资料经营

农业生产资料

民国时期,农业生产资料由私商经营。1952年建立供销合作社起,由供销合作社经营。供销合作社是农村生产资料经营主体,从1953年至1963年,小港供销社销售农业生产资料总额292.21万元;供应化肥43442担、农药4432担、木材420.21立方米、柴油364158千克、竹簟10922片、谷箩520担及毛竹121616支。20世纪60年代后期,农业机械、农药、化肥销售逐年增加。

随着农业生产减退,至2019年,街道内仅剩农业生产资料商店1家(北平路14-3号的戚家山亚荣农资店)。

工业生产资料

20世纪40年代,境内只有个别店家经营铜、铁、锡业务。新中国成立后,金属材料均由镇海县计委计划分配,物资部门负责供应。手工业所需金属材料,早期多由供销社回收废旧金属安排供应。1978年后,贯彻"计划分配为主,市场调节为辅"方针,供应量逐年增加。机电设备、化工原料由供销社经营。1985年后,随着乡镇企业的兴起,工业生产资料需求旺盛,民营、个体五金建材商店不断增加,工业生产资料发展到多渠道、多门类、多品种供应。

宁波经济技术开发区建立后,戚家山区域内工业生产发展迅速,生产资料需求量大增,各类工

业生产资料供销企业应运而生。

建筑材料

20世纪40年代，境内居民购买建筑材料，除砖瓦、石灰能在当地购买外，如木材、玻璃等都得到镇海、宁波、温州、福建等地采购。

木材 新中国成立后，木材列入国家计划，由供销社供应，1963年镇海县木材公司成立。20世纪70年代起向全国各地采购计划外木材，并列入县计划分配供应。改革开放以后，居民、单位房屋由土木结构改为砖混结构，使用钢窗、钢门。90年代起采用铝合金门窗，建筑用木量减少；同时木材市场开放，致使木材货源充足。随着商品住宅兴起，装饰装潢用材增加，木材多采用复合板材，实木需求减少。

砖瓦 旧时，用土窑烧砖，居民建房用青砖、龙骨砖、本瓦。20世纪70年代，小港港口、林唐砖瓦厂建立，用轮窑生产红砖、平瓦。由于农村建房需求量大，砖瓦供应一度紧张，供不应求。20世纪90年代后，随着宁波经济技术开发区的建立，农村居民住宅拆迁，农民建房业退潮，当地的砖瓦厂逐步停办。

水泥 新中国成立后，水泥属统配物资，由外地调入。1977年1月镇海水泥厂投产，产品由县计委统一分配，供应仍比较紧张。农村建房粉墙多用石灰，用河泥、黄泥作刀口泥。20世纪80年代，水泥货源丰富，实行多渠道供应。90年代后，水泥敞开供应。

砂石 由于钢筋混凝土材料在建筑中的大量应用，催生了砂石生产和供应。20世纪70年代，戚家山区域涌现较多的石矿、采石场，生产混凝土用的碎石（石子）。各村利用集体拥有的山岭开办石子厂，较大的有金鸡山石场、林家山石场、乌岩山石场、青峙石场，专业生产和销售各类规格的石子。淡水大闸外办有海砂场，销售海砂。

第二节　生活资料经营

棉　布

1952年底小港供销社开始经营棉布。1954年9月棉布实行统购统销，是年凭布票按国家规定价格销售，确定城乡居民每人每年定量为20.5尺，结婚者每人补助25—35尺，生育一胎补助15—25尺，死亡一人补助25—35尺。工业、劳保、公共等三项用布按上级主管部门审批供应。1955—1956年干部、工人、教职员、大中学生、医务人员、文艺工作者发布票28尺，出海渔民25尺，其他城市居民21尺。1967年棉农每投售皮棉1担，发给优待布票5尺。1960年9月起，针织品的汗衫、汗衫背心、棉毛与卫生衫裤、童装和毛巾等也凭布票供应。1961—1962年困难时期，居民与农民所发布票分别减至6.2尺和3.1尺。1983年5月起针棉织品免收布票，1984年布票停发，棉布及针织品一律免票供应，统销政策结束。进入20世纪90年代后，民众已很少自己制作衣服，多数购买成衣，棉布市场萎缩。至2019年，戚家山街道有布店（含缝纫店）15家。

百　货

1952年底,供销社经营毛巾、被子、火柴、肥皂、手帕、电筒、电池、火油等日常生活必需品。1954年开始扩大供应各种胶鞋、香皂、花色热水瓶、床上用品、搪瓷制品、铝制品、玻璃制品、化妆品及毛线等。1958年扩大到钟表、缝纫机、皮鞋等。1959年5月起,肥皂凭证定量供应。1960年11月起,胶鞋、香皂实行凭票供应。1960年10月起,由于货源不足,热水瓶、搪瓷制品、菜刀及雨伞等百货,由供销社发票供应。1962年1月起,26种百货商品需凭购货券选购。1963年,随着货源逐步增加,凭证、凭票、凭券供应商品由原来的43种减至13种。1978年4月除肥皂、火柴仍凭证定量供应外,其余均敞开供应。1985年肥皂、火柴也敞开供应。改革开放后,民营、个私百货商店、百货摊贩剧增,商品琳琅满目,购买方便。

五金交电

五金　小港街原有私营五金店及铜锡店。1952年供销社设立五金门市部,但仅是一些大众化的元钉、铁丝、合页、木螺丝、螺丝刀、力车及内外胎等商品。1962年1月起,元钉、铁丝、修配用具凭购货券供应,到9月份敞开供应;1972年3月又凭证供应,1979年4月再次敞开。1981年后农村经济不断发展,农民生活水平日益提高,掀起了建房热,五金商品销量也随之增加。

交电　小港供销社1972年开始经营电灯泡、胶质线、花线和自行车。至1985年自行车销量高达2243辆。1981年开始供应黑白电视机,以14—17吋为主,1984—1987年为销售高峰期。电冰箱1984—1987年3年销量最佳,其中1987年销532台。洗衣机、电风扇1988年销量最旺,分别年销530台和2028台。

随着改革开放和人民生活日益改善,消费品市场趋向高档化。1985年以后,家用电器陆续普及农村。至2019年,戚家山街道有五金交电店5家。

燃　料

境内城镇及农村居民历来以烧柴草为主。小户人家有二眼灶,大户人家砌有三眼灶,单身汉用缸灶,较大的机关、单位烧砻糠灶,饮食店用木炭。1957年镇海建立煤球厂,居民凭票购买煤球,开始使用煤球炉。机关、单位则用煤灶。1960年起小港供销社在小港建立煤球供应站。1964年封山育林,以煤代柴;又因县办工业及农村砖瓦业发展,煤炭供不应求。1966年"文化大革命"开始,运输困难,影响煤炭调入。1967年对饮食业和城镇机关、单位、居民用煤实行定量供应,不少城镇、农村居民用以火油、柴油为燃料的经济炉烧饭。1975年后煤炭供应量成倍增加。1985年后,协作煤大量调入。随着国家煤炭业的发展、交通设施的改善,煤炭供应矛盾缓和,开始敞开供应。同时,镇海建立煤气公司,城镇居民用煤气作燃料。至1996年底,小港城镇、农村居民约90%用上了煤气(液化气)。北仑发电厂于1988年建成,发电量显著增加,城镇、农村不少居民用电饭煲烧饭、电炒锅烧菜、电茶壶烧茶。城乡居民生活用燃料逐步实现多样化、现代化。至2019年,戚家山区域内新建商品住宅和部分安置房使用管道液化气,老旧住宅使用瓶装液化气。煤饼仅见于小型饮食店内使用。

日用杂货

小港街旧有日杂店经营铁锅、碗、碟、纸伞、油布伞、草席、草帽、蒲扇、芭蕉扇及甑、甏等商品。1952年供销社建立,设有日杂商店,经营范围更广,品种更多。小港供销社还经营缸、煤球(煤饼)炉子、绳索等商品。20世纪80年代后,又增加塑料制品;同时,经营日杂品的个体商店和摊贩增加较快,适应日益增长的人民生活需要。2019年,戚家山街道有日杂店(小百货、小超市)84家。

药 品

民国时期及新中国成立初期,小港镇有中西药店8家,从业人员18名,其中小港生生堂、泰山堂较有名气,职工和从业人员均在3名以上,且经营品种较为齐全。1958年10月统一过渡进入长山人民公社供销部,设中西药店,只供一般常用药品,如红紫药水、十滴水、退热片、止痛片、消化片、橡皮胶和伤膏等。1961年10月改称长山供销社中西药商店。

20世纪50年代后期,部分中药材供应紧张。1961年起部分补酒、补药实行凭证限购,次年补汁、补丸也凭券选购,同年12月敞开供应。

改革开放后,民营药店快速发展。2019年戚家山街道有药店32家。

第三节 农副产品和副食品经营

棉 花

境内种植棉花的主要有盐场、黄跟、二村(曙光)等村。棉花收购最高年份为1968年,小港镇达到7539担。

1954年实行统购政策,棉农除交农业税和自留部分外,其余均交售国家。翌年实行预购合同,超售部分增供大米与棉布。1962年实行奖售化肥、布票政策。后奖售商品之品种、标准有所变动。1985年取消奖售粮食,但收购棉花100斤仍奖售化肥70斤,1985年取消棉花统购,实行合同定购。

茶 叶

戚家山区域农民在周边山上零星种有茶树,仅够自家饮用。市场上多为周边农村自产自销的茶叶。

瓜 果

西瓜 西瓜是夏季主要瓜果。解放前农民有种植习惯,除自食外,供应市场。解放后,由于贯彻"以粮为纲"的方针,经济作物种植面积受到控制。1983年农村实行联产承包后,种植面积逐渐扩大。20世纪90年代种田大户增多,西瓜大量种植,品种不断优化,价格平稳。戚家山区域内销售的大部分是外地产西瓜。

橘子 解放前都由外地运入。20世纪50年代末,各村山林队有少量种植,60年代开始收摘,由供销社收购,供应市场。20世纪80年代起大发展,产量大增,至1996年小港种植面积达2418亩,最高年产量达62940担。戚家山东麓曾种有大批橘子。20世纪90年代建设环山路商业街时被毁。

其他水果　其他水果发展较快,品种早期以梨、桃为主。1994年梨曾达274亩。1990年桃曾达1583亩。以后随着市场需求变化,品种不断增多,但种植面积有增有减。至1996年统计全镇有桃子1583亩、杨梅255亩、梨230亩、柿子172亩、李子167亩、葡萄151亩、枇杷78亩,还有草莓等。戚家山区域内,各村都曾少量种植上述水果,始终未成规模。市场上水果大都来自外地。

猪　禽　蛋

生猪　1956年对个体屠宰行业实行社会主义改造,由供销社经营,同年7月生猪实行派养政策。1957年镇海县食品公司建立,各区相继建立食品站,归属食品公司。1958年10月实行人民公社化,食品仍划归供销社经营管理。同年供销社派员去江西等地组织购进苗猪近万头,发展生猪生产。

1963年11月重建县食品公司,长山食品站重新建立,业务划归食品站一条龙经营。1966年2月县供销社和县商业局合并,同年猪禽蛋又一次归供销社统一经营。1976年12月1日,再次划给县食品公司长山食品站经营。

1979—1984年底生猪实行派购任务,由区对各乡镇下达指令性计划,并实施牧工一体化,对养猪专业户以20头为一户,由乡镇政府每头补贴21.60元,区里每头补贴15元,饲料票50斤。20世纪80年代后,经营格局发生变化。1985年4月全面放开,取消生猪派购任务,实行合同收购和市场化经营。1991年1月25日,开始实行生猪定点屠宰、集中检疫、统一纳税、分散经营。戚家山街道境内猪肉全部由北仑食品公司供应。

禽蛋　1954年起供销社收购鲜蛋,1956年7月长山食品站经营鲜蛋购销。1959年禁止任意收购,1961年鲜蛋列入派购物资,供应紧张。1964年逐步好转。1971年后,有部分生产队开始养鸭。进入80年代后,养鸡、鸭业获得发展,禽蛋供应充足,价格稳定。戚家山区域内供应的鸡鸭多为周边农民散养,鲜蛋则多为外地批发供应。

烟　酒　糖　水产品　蔬菜

卷烟　1953年1月卷烟实行统一包销政策。1959年卷烟调入量减少,7月起分区包干销售。1960年5月定量凭票供应。1965年7月改为敞开供应。1974年1月以后货源不足,又恢复定量凭票供应。1985年后敞开供应。

酒　新中国成立前小港有私营酿酒坊,农家在逢年过节时自酿黄酒。1949年9月起实行专卖政策,对私营酿酒坊和私营酒商办理登记发证工作。1952年12月实行白酒统购政策。1953年因酿酒原料不足,试制大麦黄酒和茹干白酒。11月粮食统购统销后,酒类由国家统购统销。1960—1983年酒类定量或凭票证供应。1979年9月起白酒敞开供应。1984年起黄酒敞开供应。

食糖　新中国成立前,小港的食糖多来自义乌、台湾、福建等地,由南货店销售。小港桥东大东阳南货店、横街的三阳泰南货店、直街的恒生祥南货店均销售义乌红糖及少量白砂糖。1953年起,由于货源偏紧,采取限量凭票供应。1965年敞开,"文化大革命"期间又凭证供应,居民每人每月0.15斤。1983年又重新敞开供应。至2019年,戚家山街道有烟酒糖经营店26家。

水产品　民国时期和新中国成立初,小港有私营鲜咸鱼店(胡明德咸货店、王明德咸货店、谢阿

棠咸货店）和鱼贩经营水产品店。1956年镇海县水产供销公司建立。同年8月长山区供销社水产部建立，水产品由供销社水产部统一经营。1959—1961年水产品货源短缺，供应紧张，部分品种实行凭票供应。1963—1975年收购增加，供应充足，停止凭票供应。1976—1982年，收购量下降，供应趋紧，鱼价上浮，又实行凭票定量供应。1985年将水产品列为三类产品，取消派购，购销放开。

蔬菜　新中国成立前，小港街上有一家协茂山货行，经营山货和各种蔬菜。解放初，农户零星种植蔬菜，自给有余时到市场出售。"文化大革命"期间"割资本主义尾巴"，收回自留地，由生产队集体种植蔬菜，市场蔬菜供应一度偏紧。以后，随着蔬菜生产的丰歉，时紧时松。20世纪80年代起农村实行联产承包，蔬菜种植面积增加。政府重视菜篮子工程建设，在小港渡头村建立蔬菜基地，推行科技栽培，从地膜覆盖到大棚种植，提早、延长供应季节，增加花色品种。马铃薯、茄子、番茄、黄瓜等多种蔬菜长年有供应。由于戚家山街道农村土地征收，除少数居民利用山角地边种植少量蔬菜外，蔬菜基本靠外地输入。

第四节　饮食服务业

旅馆业

境内原无旅馆业。进入20世纪70年代，随着乡镇企业的兴起，人员跨地区流动频繁，旅馆业出现。尤其是宁波开发区的建立，催生了一批旅馆企业的诞生。1985年，蔚斗宾馆首先在环山路建立，随后有了三星级（后升为四星级）的戚家山宾馆。一批个体旅社、宾馆陆续建立。至2019年，戚家山街道有宾馆、旅社、客栈24家。

理发业

小港旧有剃头店和走街串巷的剃头担，如小港有生发油、阿通、根夫、桂圆等剃头店。1956年起，私营剃头店改造为供销社的理发店。进入20世纪80年代后，单纯的理发发展成美发（理发的同时兼顾烫、染、吹、焗），理发业成为一个新兴行业。至2019年，有理发、美发、美容店71家。

洗染业

旧时人民生活清苦，一件衣服"新三年、旧三年、缝缝补补又三年"，衣服褪色需要染色，于是有了染衣业。小港专门有从事染衣的人（项福根染坊），走村串户收集需染的衣服，送去镇海染坊染色，染成后再送回主人。随着人民生活水平的提高，染衣业退出市场。进入20世纪80年代后，洗衣业诞生，人们把贵重的、皮质的、丝质的衣服送到专业的干洗店去洗或整烫。至2019年，戚家山街道有干洗店5家。

照相业

小港原无照相业。人们只有在结婚前、毕业时才去镇海照相馆拍照。20世纪80年代，小港出现第一家"光与影"照相馆。但是，随着手机的拍照功能产生和私人持有自动（傻瓜）相机、单反相机增加，单纯照相业退出区域。至2019年有婚纱摄影（兼营婚礼录像）店2家。

修理业

20世纪40年代，小港有铜匠、镴匠、铅皮匠（黑白铁）业，除制作铜器、白铁器外，兼作修理。如小港直街的小裕龙白铁店。进入80年代后，人民生产生活水平提高，家庭拥有的家电、交通工具增加，催生了家电修理业。至2019年，有家电维修、手机维修、电动车维修、电脑维修店共25家。

饮食业

小港的饮食店多为夫妻老婆店，供应大饼、油条、米粥等早点。1956年公私合营后，小港成立合作饮食店。1959年5月至1985年，粢饭、年糕、淡包、大饼凭粮票供应。1978年改革开放后，饮食业迅速发展，至2019年，戚家山区域有饮食店300余家。

表8-3-1　2017—2019年戚家山街道部分饮食业情况表

企业名称	法人代表	成立时间	行　业	经营地址
元娥包子店	龚本祥	2018年4月26日	小吃服务	五矿路100号4幢100号
黄喻小吃店	喻国美	2018年5月7日	小吃服务	半路洋30-1号2幢1号
涮鲜火锅店	燕　芳	2019年12月24日	未列明餐饮业	环山路3号A幢6室
幸食小吃店	李星洪	2018年8月13日	小吃服务	桥北街13号7幢13号1层
景恩面馆	宋景恩	2018年8月8日	小吃服务	联合路286号9幢286号
周锐面馆	周朝林	2018年6月1日	小吃服务	桥东街34号1幢34号1层
诗菊奶茶店	肖青青	2018年4月17日	冷饮服务	桥东街54号7幢2号1层
能昌小吃店	章能昌	2019年4月28日	小吃服务	中机路19号21幢19号
神彩小吃店	姚大会	2019年7月18日	小吃服务	环山路10号1幢2号1层-8
嘉晶小吃店	胡嘉麒	2019年8月27日	小吃服务	环山路151号1层
诺璇念小吃店	宋楠楠	2019年3月20日	小吃服务	环山路165号
湘琬餐馆	彭智立	2017年9月20日	正餐服务	半路洋31号2幢13号
鸿阳饭店	王　强	2018年6月13日	正餐服务	环山路1-20号A幢1-20号
渭潼餐馆	杨福红	2019年8月1日	正餐服务	桥东街48号6幢5号1层
程阳饭店	程　阳	2018年10月25日	正餐服务	环山路1-15号A幢1-15号
川助火锅店	陈发安	2019年3月5日	正餐服务	东海路85号1幢101室
阿蒙饭店	乐加仁	2017年10月20日	正餐服务	北平路10号4幢6号
李珍饭店	蔡明翠	2018年4月12日	正餐服务	伦敦楼C座101室-143室
祥杰饭店	赵土祥	2018年3月20日	正餐服务	公园路4号1幢A214室
巴旺饭店	赵　波	2018年5月17日	正餐服务	长河新村1幢104室
谯记川菜馆	莫　刚	2018年8月10日	正餐服务	环山路261号1-2层

续　表

企业名称	法人代表	成立时间	行　业	经营地址
渲怡餐馆	李　俊	2019年4月28日	正餐服务	桥东街1号
胖府餐馆	王德高	2018年5月16日	正餐服务	环路路10号1幢1号B-16号
孙项面馆	项剑萍	2019年9月29日	小吃服务	环山路295号1层
佳鹏小吃店	罗裕民	2017年9月19日	小吃服务	直街51号4幢10号
仕琪小吃店	曲仕琪	2019年9月29日	小吃服务	环山路55号5幢7号
鑫倩微小吃店	杨洪伟	2018年8月1日	小吃服务	中机路67号-1
张语小吃店	张科成	2018年9月18日	小吃服务	环山路8-22号
铭舟小吃店	周乐波	2019年10月21日	小吃服务	环山路53号5幢8号
牵绊小吃店	冯寒飞	2019年7月26日	小吃服务	环山路6号3幢3号
翠晴小吃店	侯　翠	2019年11月1日	小吃服务	环山路1-19号
锡国馄饨店	汪锡国	2019年7月22日	小吃服务	桥东街36号1幢1号
千玺小吃店	周华菊	2019年5月16日	小吃服务	环山路155号1-2层
徐娜君小吃店	徐娜君	2019年12月3日	小吃服务	五矿路92号
朦小朦小吃店	赵点点	2019年11月20日	小吃服务	环山路235号1幢1-2层
良火早餐店	王良火	2019年12月3日	小吃服务	东海路202巷1幢14号
二娟小吃店	王青松	2019年10月23日	小吃服务	环山路225号2幢21号
成然小吃店	张春龙	2019年7月29日	小吃服务	环山路1号5室6幢1号
湘食荟湘菜馆	靳　浩	2017年5月15日	其他餐饮	公园路47-53号
焱凤早餐店	张云普	2018年8月24日	小吃服务	桥东街51-31号
王袁小吃店	王　袁	2018年11月23日	小吃服务	中机路57号
兴良小吃店	邱兴良	2017年9月20日	小吃服务	半路洋12号5幢11-12号
冯中祥火锅店	付道乾	2017年10月24日	小吃服务	公园路38-3号
卢婆早餐店	王　成	2018年6月5日	小吃服务	五矿路98号
守敏餐馆	江逸飞	2018年1月31日	其他饮业	东海路26-3号
甜芯面馆	李友鑫	2019年7月24日	小吃服务	半路洋30号2幢7号1层
莱洁家小吃店	李木祥	2019年6月27日	小吃服务	环山路255号1层
鹏倩面馆	孙鹏超	2019年5月10日	小吃服务	环山路285号1幢6号
强梅小吃店	田继强	2019年3月18日	小吃服务	环山路71号1层
锦蓉小吃店	郭　艳	2018年1月2日	小吃服务	公园路24-1号

第五节 对外贸易

20世纪60年代后期，小港出现与对外贸易相关的企业。戚家山街道区域内的小港拆船厂、轧钢厂、电解锰厂开始生产出口钢板及工业原料。1986年，位于小港孔墅村的小港镇羽毛球厂与香港信泰行合作设立的镇信羽毛球公司生产的羽毛球出口日本、香港、印度尼西亚，创汇21.4万美元。这是北仑区第一家自营出口的企业。

宁波开发区建立初期，通过"三来一补"形式，吸引外商外资在开发区建立生产企业，产品外销。1986年9月，成立开发区进出口公司，至年底，销售金额1580.82万元，次年达65.95万美元。1988年，开发区各工业公司、工商实业公司获得外贸权，是年，贸易金额达到24792.81万元，出口总值655.71万美元。1990年工业类企业出口总值1618.5万美元，非工业类企业出口总值985万美元。其中，开发区进出口公司2488.5万元，开发区工业公司2688.4万元，卡迪拜公司1419万元，埃美柯公司1160万元，录像带公司623.36万元，合立紧固件公司602.49万元。

戚家山街道成立后，辖区企业外贸取得新的发展。

表8-3-2 戚家山街道注册资本500万元以上外贸企业情况表

企业名称	核准时间	注册资本（万元）	经营范围	经营地址
宁波新锋锁业	2017年8月08日	1280	货物与技术进出口	宏源路68号
宁波长颈鹿机械设备租赁	2018年11月14日	669	货物与技术进出口	五矿路21号
宁波雅肯集团	2016年4月19日	5000	货物与技术进出口	振兴路8-2号
宁波万华石化投资	2011年3月30日	10900	货物与技术进出口	宏源路168号
宁波鲁鸢进出口	2017年8月29日	500	货物与技术进出口	五矿路69号
宁波仁禾机电设备	2018年3月20日	500	货物与技术进出口	富山南路58号
宁波科瑞五金制品	2004年8月30日	500	货物与技术进出口	金鸡路58号
宁波义龙国际物流	2020年4月20日	800	货物与技术进出口	公园路42号
宁波金翔纸业	2007年4月28日	1200	货物与技术进出口	宏源路88号
宁波汇能贸易	2011年11月28日	500	货物与技术进出口	新唐家弄357号
开发区北仑电力燃料	1999年2月12日	8000	货物与技术进出口	东海路15号
宁波远东进出口	2004年4月14日	1000	货物与技术进出口	环球经贸大厦
宁波盛源贸易	1995年12月28日	1000	货物与技术进出口	甬江楼1-A207
宁波锦鸿辅料工贸	2015年8月18日	500	货物与技术进出口	联合区域G3-1幢
宁波新安东橡塑	2000年11月08日	1080	货物与技术进出口	丽阳路9-2号
宁波久洋能源	2011年11月18日	1100	货物与技术进出口	东海路15号1幢
宁波汇永聚消防设备	2013年7月22日	500	货物与技术进出口	金鸡路158号
开发区巨环工贸实业	1995年8月30日	800	货物与技术进出口	环球经贸大厦
宁波大汇国际贸易	2004年6月17日	1000	货物与技术进出口	玫瑰花园6幢

企业名称	核准时间	注册资本（万元）	经营范围	经营地址
宁波前程家居股份	2005年12月08日	8000	货物与技术进出口	浃江路8号
宁波顺鹰包装材料	1997年8月28日	1000	货物与技术进出口	戚家山西麓
宁波科元精化	2007年4月26日	72534	货物与技术进出口	港口路98号
宁波金发新材料	2011年4月21日	137000	货物与技术进出口	宏源路168号
宁波炬鑫环保制品	2017年7月28日	500	货物与技术进出口	丽阳路9号2幢4-2
宁波安东新材料	2010年6月03日	1000	货物与技术进出口	丽阳路9号2幢1号
宁波科宁达鑫丰精密	2020年3月06日	80000	货物与技术进出口	江滨路318号
宁波润博波特汽车	2019年1月09日	1000	货物与技术进出口	丽阳路9号2幢
宁波华锐橡塑	2011年7月06日	500	货物与技术进出口	兴中路58幢101室
开发区盛隆物资	1994年9月18日	1200	货物与技术进出口	江滨路156号309室
宁波索科有限公司	2006年1月18日	1043	货物与技术进出口	东区1幢1-101号
宁波安特弹性	2006年9月18日	1000	货物与技术进出口	丽阳路9号2幢
宁波三捷进出口	2005年9月29日	500	货物与技术进出口	东区3幢H108B室
宁波永阳精密科技	2018年9月28日	2000	货物与技术进出口	富山南路8号
宁波意业汽车零部件	2013年6月18日	1000	货物与技术进出口	公园路96号
宁波浩程进出口	2013年3月14日	1890	货物与技术进出口	浃江路8号4幢
宁波广跃进出口	2019年6月07日	1000	货物与技术进出口	兴中路78-4号
宁波雅川自动化科技	2019年1月24日	600	货物与技术进出口	振兴路8-2号
宁波圣鼎贸易	2009年11月13日	500	货物与技术进出口	炮台山办公楼
宁波长鸿高分子科技	2012年6月15日	41284	货物与技术进出口	港口路108号
富邦盛世农业科技	2016年9月22日	5000	货物与技术进出口	笠山路8号3-1号
宁波祥丰进出口	2007年11月14日	500	货物与技术进出口	金鸡路50号5-1号
宁波生态园艺基地	2012年5月16日	500	货物与技术进出口	杨公山8号7幢
开发区亚光发展	1994年4月12日	1000	货物与技术进出口	公园路50号A715室
宁波北仑食品	2000年10月17日	3800	货物与技术进出口	杨公山8号
浙江云鼎展示器材	2018年12月19日	1000	货物与技术进出口	港口路4号208室
宁波赛龙文具	2006年4月25日	800	货物与技术进出口	花圃路29-2号
宁波祥宏能源	2009年8月17日	1000	货物与技术进出口	港口路4-208号

第四章　粮油购销

新中国成立初期,粮食自由购销。1953年11月国家实行粮食统购统销,历时39年。1993年1月1日起,取消粮食统购统销政策,放开粮油购销价格,取消定量供应,粮油票停止使用。

第一节　粮食购销

新中国成立初期,由中粮公司镇海办事处委托供销社代收稻谷、代供大米。1954年长山区粮库改建为长山区粮管所,是年10月起稻米等粮食统一由粮管所经营。

1956年一度在小港开放粮食市场,1957年8月接省通知关闭。1963年8月重建小港粮食市场,11月又关闭。"文化大革命"期间,粮食经营管理机构多次撤并调整。

1965年起粮食征购实行"一定三年不变",超购粮食加价奖励,执行至1970年。以后实行"五年不变",超购继续实行加价奖励。

1979年对棉区实行粮食"五定一奖"政策。

1982年实行粮食购销"一定三年"大包干政策。

1985年取消粮食统购统销政策,实行合同定购。

表8-4-1　1979—1996年戚家山街道境内粮食征购统销情况表

单位:百市斤

年　份	征购实绩	农业人口口粮	定　销
1979	268205	270364	5719
1980	219986	249833	6265
1981	200753	229318	5669
1982	234396	272418	4425
1983	229488	229462	4424
1984	445768	279476	4773
1985	228274	266845	1446
1986	197406	258248	1392

年　份	征购实绩	农业人口口粮	定　销
1987	199008	268596	3314
1988	198736	275360	3334
1989	193504	270830	4676
1990	193316	280346	4678
1991	189820	252954	—
1992	172424	246968	1702
1993	145536	234188	—
1994	95866	205026	—
1995	151800	199824	—
1996	151800	193904	—

第二节　食油购销

食油购销

　　新中国成立初期,食油由供销社供应。1953年11月实行统购统销,1956年起划归粮食部门经销。1962年贯彻食油包干政策和全购留油办法,即统购食油百斤,返油15斤、菜饼5斤;超售百斤菜籽,换食油32斤、菜饼45斤。

　　1954年城镇居民月人均定量0.25斤,凭票供应。以后供油定量多次调整,1956年11月发放购油证,凭证限量供应每月人均0.4斤。1957年8月开始实行凭票供应,每月人均0.3斤。1958年定量调整为每月人均0.4斤,同年4月25日起改凭证记录不限量供应。1961年油菜籽减产,食油供应降至每月人均0.1斤,1964年6月开始增至每月人均0.2斤,12月份增至0.3斤。1965年10月起,每月人均增至0.4斤,并在国庆、春节人均各增供0.5斤。1967年节日油降为人均0.2斤。1977年4月起居民定量降为每月人均0.2斤,行业用油减少供应,其他用油停止供应。1978年居民定量先是每月人均0.3斤,后改为每月人均0.4斤,直至1985年。1986年以后敞开供应。

第五章 商业街

小港自古商贸繁荣。以义成桥为中心，自然形成直街、横街、桥东街商圈。1984年，宁波经济技术开发区建立后，随着人口的急剧增加，新的商业网点迅猛发展，形成环山路、公园路、五矿路商业街。各个商业街在发展过程中形成各自的特色。

第一节 小商品市场

小港直街

传统老街。南起渡头路，北至宋家弄口，全长约600米。直街上有清朝时期的税务机关，至今还遗存"关里"地名，且"关"的房屋尚在。民国时期，有益康油酱店、恒生祥南货店、泉昌酒坊、瑞号烟酒店、生生堂药店、谢本和箍器店、万祥箍器店等老字号。由于周边为居民集中居住区，直街商铺主要为饮食、服装、小百货、超市等网点。2019年有商铺150余家，其中食品、饮食店32家；小百货、小超市19家。服务对象主要是沿街居民。小港第一家金融企业小港信用社就设立于直街。

小港横街

传统老街。东起义成桥，西至直街。长约50米。有三阳泰南货店、淦源当店、裕丰米店、恒生米店、协茂山货蔬菜行，与直街一样曾是小港繁华街区。20世纪60年代，小港供销合作社就成立于这里，至今还有供销社系统的小港中心商场。

环山路商业街

1985年后兴建的新商业街。北起东海路，南至开发区医院（街道卫生服务中心），长约1500米。1985年，宁波开发区在戚家山东麓建设职工生活区，为开辟生活区至工业区的交通，沿戚家山东麓建成环山路。路的东侧为职工生活区与居民区，西侧为戚家山山体。1990年前后，为增加居民就业渠道，陆续在西侧山体边搭建临时店铺供居民租用。1995年，在西侧建设两层商住房。自此形成商业街。

据调查，2019年有商铺210家。主要经营中档服装、皮鞋、金银饰品等，服务对象为收入较高的当地居民和有固定收入的职工群体。

桥东街

义成桥东堍,故名桥东街。西起义成桥,折北至东海路。长300米。新中国成立前有泰山堂药店、大东阳南货店、泉生肉店、谢阿棠咸货店等老字号和制伞、染布作坊,以及张记贳器店、谢阿昆邮政代办。原街不长,1985年,原小港镇政府在街上建设两层商住房和农贸市场,形成现在的规模。据调查,2019年有商铺60余家。主要是饮食、服装、超市,有惠百佳农贸市场、三江超市,服务对象主要为外来务工人员和当地居民。

公园路商业街

1985年后形成的餐饮特色街。南起东海路,北至蛟山公园,长约500米。西侧为宁波开发区建设的商务区(万商城)。由于此路是进入联合区域工业区的主干道,员工就餐需求和企业商务需求催生了许多餐饮网点,逐渐形成餐饮一条街。至2019年,有阿祥饭店、阿香饭店、阿素饭店等餐饮店20余家。

五矿路

1992年10月,宁波开发区扩建,征收原黄跟村、桥东村土地。1993年起在原桥东村土地上建设五矿路。北起东海路,南至老鹰山,长约600米。路东侧逐渐建成蔚斗小学、联合实验中学、开发区幼儿园。为适应学生、儿童学习游戏的需求,一批学习用品、儿童游戏玩具商店、校外培训机构相继兴办。至2019年,文化学习商店和培训机构达28家,形成学习用品特色街。

第二节　集贸市场

境内集市贸易自古发达,每天有集市。古时,每日有从舟山等地进港渔船货船在小港停泊,当地涂民每日有小海鲜捕捞,因此每日有交易,形成日日市。早年的集市大多交易的是农副产品、海产品。1978年改革开放后,集市贸易日益兴旺,小港出现小商品市场。1994年,小港环山路建成小商品市场,小港桥东街建成蔬菜农副产品交易市场(菜场),集市由马路市场转入专业市场经营。1998年建设惠百嘉农贸市场,每天上午营业;1996年建成好而居农贸市场,每天下午营业。2010年,因青峙、李隘、林唐村拆迁,李隘菜场、林唐菜场随之拆除。

第九编　交通　邮电

　　旧时，境内民间行旅多为步行或乘船，官吏、名医、富户以及民间急病求医，多乘坐轿子、元宝篮（竹或藤编的元宝形篮）。20世纪30年代江南、小港一带始有人力车营运，但数量不多。民国二十五年（1936）1月，由小港人唐爱陆倡议修建的镇（海）大（碶）公路通车。1988年5月，宁波至小港江南公路开通。1987年2月，宁波至上海芦潮港高速客轮航线开通。1989年11月改从金鸡山侧甬兴轮码头始发。自此，小港有通往上海、乍浦、舟山客运航线。1996年甬兴高速客轮客运量达241602人次。

　　20世纪80年代始见摩托车，90年代助力动车、三轮车等交通工具日益增多。进入21世纪，家庭用轿车数量迅速增加，民间行旅方式随之改变。越来越多的人开始走出家门，远赴海内外旅游。

　　小浃江在街道境内自古无桥，居民过江皆用纤渡。旧时小港有小浃渡、蚶岙渡等。清康熙五十八年（1719）在小浃渡原址建义成桥；清道光九年（1829）在蚶岙渡原址建义成碶后，小浃渡、蚶岙渡相继废止。此后，小港陆续建成多座桥梁，过江交通大为改善。

　　1985年起，宁波经济技术开发区联合区域、青峙工业园区建成多条工业区内道路；2001年，招宝山大桥的建成通车，把戚家山区域与镇海区连接起来，小港交通走上了快速发展之路。

　　中华人民共和国成立前，境内无邮电事业，居民通信汇兑有民间信客代传代兑。中华人民共和国成立后，境内始有邮电局。宁波经济技术开发区成立后，邮政与电讯事业获得长足发展。

本编目录

第一章 水 运

甬江（大浃江）从西北侧入海，小浃江贯穿全境，通江达海，使得戚家山区域有了得天独厚的水运条件。自明清以来，明州、鄞州的船舶从这里入海，舟山、台州的船舶从这里进港。20世纪80年代后，宁波经济技术开发区的建立，人流、物流需求增加，促进了水运的发展。

第一节 海 运

小浃江自南向北纵贯戚家山街道境内，大浃江（甬江）在其境西。自古以来，小港即是海运重要节点。自唐元和置望海镇后，有从明州港起航商船在此放洋、收帆。宋时，海运兴盛。元开辟北洋航线。明朝长期海禁，万历中（1596年前后）始复赴福建航路。清初又严海禁，康熙二十三年（1684）开禁，海运复苏。18世纪初，航路远达吕宋等南洋群岛；国内通河北、山东及省内定、杭、绍、嘉、台、温等地，小港均是进出船舶的停泊码头。港口李家、渡头郑圣裔、桥东高家、青崎吴家、黄瓦跟杨家、林家都有"南船"走福州、厦门，直至南洋。

20世纪70年代中后期，镇海港口开展大规模建设；80年代宁波至小港江南公路开通后，1989年11月宁波经济技术开发区始在金鸡山西侧开辟定海客轮航线。

小港—镇海—芦潮港线全程56海里。1989年11月，由宁波花港高速客运公司320客位甬兴高速客轮通航，日往返2个航次。每航次2小时到上海南汇县芦潮港码头，乘联运客车2小时到达上海。甬兴高速客轮1986年6月30日首航，1987年2月12日航线正式开通，始泊甬江北招宝山侧镇海港区零号泊位。1989年11月20日改泊甬江南金鸡山侧宁波花港公司客运码头。

小港—定海—普陀线全程51海里。1991年始由舟山海运公司经营的明珠湖客轮通航，日来回2次，途泊定海至普陀。1994年3月停航。1995年5月由宁波花港高速客运公司180客位甬旺高速客轮续航，小港均泊宁波花港公司客运码头。1996年甬兴高速客轮客运量达241602人次。2000年后上述两航线停航。

第二节 渡 运

宋《宝庆四明志》载，镇海津渡有大渡、小浃渡、东江渡、朱家渡、湖江渡与芦浦渡等6处。清《光

绪志》载,小浃江纤渡有10处。其中属戚家山街道区域的有以下几个渡口。

泥湾渡 崇邱一都,与拦江浦对渡,为里人李光裕所筑。南岸有须友亭,张锡路为之记。道光辛丑年(1841)毁于兵燹。光裕孙承模募资重建,邑人郑贤坊记。

青墩渡 崇邱二都。两岸用方舟作纤渡。

小浃渡 崇邱二都。康熙五十八年(1719)义成桥筑后遂废。

蚶岙渡 崇邱三都。道光九年(1829)建义成碶后此渡亦废。

另,小港渡头亦有纤渡,1954年建渡头桥后废。20世纪50年代初,小港—五乡碶—宁波市区咸河码头有航船。

第三节 码 头

戚家山街道小港自然镇的小浃江码头旧称埠头。沿江有朱家埠头,停靠出海和进江货船。为检查走私和收缴关税,埠头上的直街设有缉私营和海关口。有航船埠头,专营小港到五乡、宁波航线。有粮站埠头,专停运粮船舶。

随着宁波经济技术开发区的建立,大中型海运码头相继出现。

成品码头 1976年4月建成,位于金鸡山下,高桩板梁结构,靠泊标准1000吨。属交通部三航四处预制厂,专运上梁、下梁、石板梁、T形梁、靠船构件、方桩、高桩等预制件。流向上海金山县、杭州湾、舟山马积山和岙山。

热电厂煤码头 1990年3月建成,位于金鸡山下,高桩板梁结构,靠泊标准500吨。有煤场2372平方米,年从镇海驳煤7万吨。

石化码头 1996年6月建成,位于杨公山东侧,桩结构,靠泊标准50000吨。年吞吐能力成品油、液化气270万吨。可同时停靠1万—5万吨级油轮。由中国化工进出口总公司、埃索石化(宁波)石油化工储配有限公司和开发区石油公司共同建设的项目。

杨公山杂货码头 位于杨公山西北侧。

青峙化工码头 2003年9月建成,位于青峙化工园区富山路8号,由香港发展投资有限公司(40%)、宁波港股份有限公司(35%)、宁波联合集团股份有限公司(25%)合资经营。注册资本1710万美元。岸线长650米。主要经营液体化工产品的装卸、储存、管道输送、分装等配套服务。

青峙化工码头

甬兴轮码头 位于金鸡山下,为宁波花港公司高速客轮甬兴轮专用码头,经营宁波—小港—上海芦潮港和宁波—小港—舟山定海航线。

第二章　道　路

境内民间素有修桥铺路造凉亭的传统,民间道路桥梁常由居民捐资建造。清康熙五十八年(1719),乐君显等人捐资建设义成桥;民国二十五年(1936),李氏族人李北平捐资建设北平路,青峙人吴吉三捐资建设镇大路青峙段。

1985年起,宁波经济技术开发区实施基本建设,联合工业区专用道路作为"六通一平"基础设施全面铺开,至1988年全面建成路网。2004年起,青峙化工园区建设路网,2年内完成。至此,戚家山街道建成完善的工业区路网。

第一节　公　路

民国时期公路

境内有镇大路、五长路,计31.8千米。

镇大路　起于江南道头,经小港、青峙越嘉(江)门岭,过高塘至大碶新庙,全长14.3千米。路基宽6.5米,路面宽3米,桥梁3座。民国二十一年(1932)由小港唐爱陆等发起,唐爱陆、吴吉三、李树青负责筹资,新碶顾宗瑞等出资兴建。民国二十五年(1936)建成通车。民国二十七年(1938)路毁。民国三十五年(1946)由小港胡英、大碶顾宗瑞等重组镇大汽车公司复路。民国三十七年(1948)江南至高塘段通车。

五长路　国防公路,起于宁穿路五乡站,经下邵、东岗碶至青峙长跳嘴,全长17.5千米,其中境内16.1千米,路基7米,筑有永久性桥梁。民国二十五年(1936)由宁波防守司令部陆军工兵修筑,抗战时废。

新中国成立后的公路

1956年6月镇海县制订道路网规划,按照"民工建勤""民办公助"方针修筑公路,镇大路1957年1月恢复通车,1981年骆霞线青峙至林大段建成,并拓建镇大路汽渡口至青峙段与骆霞线衔接。1985年3月江南公路建成。1994年新建隧道南岸至青峙太平桥段公路与骆霞线接通。1996年有境内公路4条,越境公路2条,里程54.5千米。

骆霞省道　北起329国道骆驼站至张鑑碶越甬江入境,续向东讫霞浦复接329国道,全程34.06

千米。1992年命名,统一编号79。穿越境内红联、小港(宁波经济技术开发区联合区域)、林唐、李隘、青峙等村9.8千米。路基宽8—12米,路面宽6—9米。桥梁3座,68延米,设计荷载汽—15—20,挂—80—100,属三级公路。全线甬江以北自骆驼至张鑑碶,系镇骆线拓建,甬江以南自江南车站至青峙太平桥段,系原镇大线拓建。太平桥至林大段为开发北仑港于1981年兴建,全长11千米。林大至霞浦段于1978年9月建成。1982年沙蟹岭段和林大段公路接线完工,始全线贯通。

1994年8月与甬江隧道同时新建的、自隧道南岸出口处衙前盐司后接青峙太平桥的骆霞线路段,经前进、红联、建设、孔墅至境内林唐、李隘、青峙等村,属二级公路。

江南公路　东起沙蟹岭,经东海路与招宝山大桥相连。西南与宁波市中兴路相连,全程16.9千米。路基宽15米,起点段2.7千米,宽40米,水泥路面。主车道宽9米、桥梁14座、214延米,涵洞5道,设计荷载汽—超20,挂—120,属二级公路。1984年11月至1985年3月由宁波经济技术开发区投资建成。1988年由沙石路面改建水泥路面。

第二节　工业区道路

1985年起,宁波经济技术开发区实施基本建设,联合工业区专用道路作为"六通一平"基础设施全面铺开,至1988年全面建成路网。2004年起,青峙化工园区建设路网,2年内完成。至此,戚家山街道建成完善的工业区路网。

宏源路　东起青峙村,与骆霞公路连接,西讫青峙岭,与东海路相连。长2600米,宽35.5米,混凝土路面。原是骆霞公路过境段,现是青峙化工园区主要的物流通道。路北侧有亚洲浆纸业、金发(海越)新材料等大型企业。

笠山路　东起公园路,西讫兴中路。长650米,宽15米。因路西有笠山而得名。1988年兴建。

科苑路　东起公园路,西讫东海路。长650米,宽15米,混凝土路面。因路西有高科技园区,故名。2009年建设,2010年竣工。

东海路　东南起青峙岭,与宏源路相接;西北至科苑路。长1074米,宽45米,混凝土路面。因与公园路、环山路交叉的十字路心建有"东海明珠"雕塑,故名。路侧有金贸大楼、邮政大厦、皇冠大厦、甬晨商厦等。

振兴南路　南起科苑路,北讫金鸡路。始建于1988年,同年竣工。

振兴中路　南起金鸡路,北讫义成路。始建于1988年,同年竣工。

振兴北路　南起义成路,北讫花圃路。与振兴南路、振兴中路合计长710米,宽15米,混凝土路面。始建于1988年,同年竣工。

兴中路　东北起四号桥,南讫东海路。长1660米,宽40米,混凝土路面。路名含振兴中华之意。

义成路　东讫公园路,西北至江滨路。长1045米,宽20米,混凝土路面。因附近有义成碶而得名。路侧有科宁达公司等。

金鸡路　东讫公园路,南至江滨路。长1810米,宽20米,混凝土路面。路之西南端傍金鸡山,故名。路侧有新桥化工等企业。

公园路　南起东海路,北讫兴中路。长1840米,宽25米,混凝土路面。因路侧有蛟山公园,故名。

路侧有侨泰兴纺织、市政园林工程公司等企业。1985年兴建。

　　花圃路　又名花浦路。东起公园路,西讫兴中路。长600米,宽20米,混凝土路面。1986年兴建。该地原有爱国人士李善祥之庭院,人称李家花圃,故名。

　　江滨路　东南起兴中路,西讫江南公路。长2590米,宽20米,混凝土路面。路濒甬江,故名。1992年建设,1993年竣工。

　　江滨支路　东南起金鸡路,西北讫江滨路。长2500米,宽20米,混凝土路面。路侧有斯迈克制药、新桥化工、远东冷藏、佳必可食品、帆港冷藏等企业。

　　港口路　东起富山路,西讫四号桥。长3000米,宽20米。混凝土路面。路侧有逸盛石化、三星重工、亚洲浆纸业、科元特种橡胶等重要企业,是通向北仑港的重要物流通道。

　　富山路（原青峙一号路）　南起宏源路,北讫青峙塘。长1450米,宽10米。1992年兴建,1995年竣工。沿途有青峙化工码头有限公司。

　　金塘港路（原青峙二号路）　南起丽阳路,北讫杨公山码头。长500米,宽10米,混凝土路面,系工业区道路,沿途有海能仓储有限公司。始建于1992年,1995年竣工。

　　丽阳路（原青峙三号路）　东起金塘港路,西讫港口路。全长700米,宽8米,系混凝土路面。始建于1992年,1995年竣工。因路旁有丽阳化纤公司而得名。

　　晋安路（原青峙四号路）　南起骆霞公路,北讫宏源路。全长307米,宽8米,混凝土路面,沿途多为民房。始建于1992年,1995年竣工。

　　丽亚路（原青峙六号路）　东起京甬路,西讫港口路。全长900米,宽12米,系混凝土路面。沿途有科元精化。始建于1992年,1995年竣工。因路旁有丽阳化纤与亚沛斯化学企业而得名。

　　京甬路（原青峙五号路）　南起宏源路,北至杨公山码头。全长1400米,宽10米,混凝土路面。1992年兴建,1995年建成。沿途有金发新材料有限公司,路北端为杨公山码头。

表9-2-1　戚家山街道工业区道路情况表

道路名称	起讫点	长度（千米）	宽度（米）	建成年份	投资、建设单位
丽亚路	港口路—京甬路	0.9	12	1995	青峙化工园区
晋安路	宏源路—骆霞线	0.3	8	1995	青峙化工园区
丽阳路	港口路—金塘港路	0.7	8	1995	青峙化工园区
金塘港路	杨公山—丽阳路	0.5	10	1995	青峙化工园区
富山路	青峙塘—宏源路	1.45	10	1995	青峙化工园区
宏源路	青峙岭—骆霞线	0.98	40	1995	青峙化工园区
京甬路	宏源路—杨公山码头	1.4	10	1995	青峙化工园区
江滨支路	江滨路—金鸡路	2.5	20	1993	联合集团公司
江滨路	兴中路—江南公路	2.59	20	1988	联合集团公司
花圃路	兴中路—公园路	0.6	20	1988	联合集团公司
公园路	兴中路—东海路	1.84	25	1988	联合集团公司
金鸡路	江滨路—公园路	1.81	20	1988	联合集团公司

续 表

道路名称	起讫点	长度（千米）	宽度（米）	建成年份	投资、建设单位
义成路	江滨路—公园路	1.045	20	1988	联合集团公司
兴中路	四号桥—科苑路	1.66	40	1988	联合集团公司
振兴北路	科苑路—花圃路				
振兴南路	科苑路—金鸡路	0.71	15	1988	联合集团公司
振兴中路	金鸡路—义成路				
东海路	科苑路—青峙岭	1.074	45	1993	联合集团公司
科苑路	兴中路—公园路	0.65	15	2010	联合集团公司
笠山路	兴中路—公园路	0.65	15	1988	联合集团公司
港口路	兴中路—富山路	3.0	20	1990	青峙化工园区

第三节　民间道路

明清时期，以驿道为基干形成县际、县乡际、乡村际道路网络。境内主干路有长山桥经方前至小港的北平路，沙蟹岭经港口至黄瓦跟和青峙至蒋家等路。路面多为石板、砂土、卵石间隔，山岙为卵石砂土路面。

民国时期，主要大道石板路面重铺加宽，新建不多。抗日战争初期，为阻滞日军进攻，主要道路多被掘成"S"形窟窿，桥梁仅留独块梁板。战后虽经修复，路况不及战前。

新中国建立后，古道路仍为民间行旅主体。1963年调查，小港境内宽度1米以上民间各类主要道路134条，总长228.5千米。按路面结构分有石板路95条、130.75千米，卵石路1条、3.5千米，土路23条、49千米，砂石路15条、45.25千米。20世纪60年代后拖拉机、汽车迅速发展，古道多被改建。至20世纪70年代沿河干道逐段废弃。

20世纪60年代前，境内有自江南道头经小港越青峙岭，过李隘出境往袁家、三眼至新碶头的道路，石板路面，宽1.5—2米，长16.5千米。自青峙越嘉门岭，经高塘、石柱潭至大碶，石板路面，宽1.5米，长8.3千米。

手拉车路　20世纪30年代初，利用古道拓宽改建人力车路，多起自江南道头通向港口、小港、长山桥、东岗碶、下邵、衙前等村集。

民国二十五年（1936）境内有北平路（小港义成桥至方前）、小港路（江南道头至港口），均为砂石路面，宽1—2米。

20世纪60年代起，手拉车代替人力肩挑背驮运输，各村陆续兴建手拉车路及改建古道、弯道、桥梁接坡，拓宽路面。至60年代，境内新建和改建能行驶手拉车的主要道路有小港至五乡路，砂石路面，宽度2—3米。70年代后，多被改建为机耕路和公路。

机耕路　20世纪70年代人民公社兴建机耕路，80年代后，机耕路已成为民间交通主体，同时部分机耕路又陆续拓宽加固，改善路面结构或为车行道。

北平路　北起外邵路,南讫小浃江路（全路至长山桥）,长3千米。境内长1000米,宽6米,混凝土路面。1932年,爱国人士唐爱陆倡议筹建,小港李家人李北平出资建造砂石路。1989—1992年由小港镇政府出资拓宽、拉直改为混凝土路。为纪念李北平义举,故名北平路。路旁建有纪念李北平的凉亭,名北平亭。移址改建后称爱陆亭,几经修缮尚存,为镇级文保点。

益成路　东起小浃江,西讫小港直街。长20米,宽3米,混凝土路面。

环山路　北起东海路,西讫季景路。1985年建设。长1000米,宽18米,其中车行道12米,混凝土路面。路侧有戚家山街道卫生服务中心,蔚斗新村一、二区,好而居农贸市场等。

新建路　西北接环山路,向东南至蔚斗新村长河头,折向东与小港直街相连。全长360米,宽18米,其中车行道12米,混凝土路面。1988年兴建蔚斗新村,1992年兴建蔚斗新村长河头小区,该路为进出小区之主干道,故名。路侧有蔚斗宾馆、建设银行营业网点、幼儿园等。

外邵路　西起桥东街,东讫五矿路。长300米,宽3米,混凝土路面。该地原名外邵,故得名。1985年前,是骆霞公路的一段。

高塘路　曾名大寨路。南起冯家桥头,北讫外邵路（麦高桥头）。长200米,宽2.5米,混凝土路面。路东侧有戚家名庭、东升新村等住宅小区。

山下塘路　北起冯家桥头,与高塘路相接,南折西与北平路相连。长580米,宽2.5米,混凝土路面。因该地原称山下塘得名。

五矿路　北起东海路,南接小浃江路。长495米,宽32米,混凝土路面。由宁波联合集团公司于1993年建设,因中国五金矿业集团公司是其股东之一,故名。路侧有港城嘉苑、四方家园、万兴茗苑、戚家名庭、东升新村、蔚斗小学、宁波经济开发区幼儿园等。

中机路　北起东海路,南至鹰山路。长503米,宽25米,混凝土路面。路西侧有宁波联合实验中学,由宁波联合集团公司于1999年建设,因中国机电进出口集团公司是其股东之一,故名。

联合路　西起五矿路,东至鹰山路。长536米,宽30米,混凝土路面。由宁波联合集团公司于1994年建设,故名。2018年,联合路延伸段（五矿路至桥东街）开建。

鹰山路　西起五矿路,沿老鹰山向东折向北接东海路。长960米,宽25米,混凝土路面。1994年建,因老鹰山而得名。

小浃江路　北与五矿路相接,西南与北平路相交,通往小港街道高河塘。境内长370米,宽27.75米,混凝土路面。

外环路　西北起公园路,东南至东海路。长650米,宽12米,混凝土路面。

东昇路　北起新建路,南讫蔚斗新村居民区。长306米,宽16.5米,混凝土路面。1988年兴建。

渡头路　东起小港直街（原小港中学,现戚家山街道中心幼儿园）,折南至渡头桥。长500米,宽5米。原为石板路,1987年改建混凝土路。1932年取名民族路,1950年改称人民路。1988年因南端新建渡头桥,更名为渡头路。

光明路　东起渡头桥,西北讫蔚斗新村。长520米,宽4米,混凝土路面。1932年取名民生路,"文化大革命"期间改称光明路至今。

大树下路　西北起渡头路中段,折西南再转西北讫严家弄与渡头路交接。长420米,宽3米,混凝土路面。民国时称民族路,"文化大革命"期间一度改名红卫路。因该地原有大树下之称,1988年定今名。

罗家塘路 东北起小港直街,西南迄大树下路。长2000米,宽3米,混凝土路面。昔日为海滩涂地,筑有海塘。居民主姓罗,故称罗家塘。路以塘得名。

长河新路 西起新建路,东迄渡头路。1998年兴建。长800米,宽5米,混凝土路面。因地处长河头而得名。

浦山路 东南起小浃江路,西迄渡头桥。长540米,宽6米,混凝土路面。因北侧有浦山得名。

浃江路 北起外环路,南至邮电大厦。长150米,宽6米,混凝土路面。因与小浃江相邻,故名。东侧为蔚斗社区居委会驻地,西侧为皇冠大厦。

小港直街 历史老街。南起渡头路,北至宋家弄口,长约600米,宽8米。原为石板路面,1976年改为砂石路面,现为柏油路面。街旁曾有清政府设立的税关及小港最早的消防建筑"望火楼"。

小港横街 历史老街。东起义成桥,西接直街。约长150米,宽12米。原为石板路面,1976年改为砂石路面,现为柏油路面。

桥东街 历史老街。西起义成桥,折北与东海路相接。长约300米。

恒生弄 东起小港直街,折南迄大堂前北弄。长150米,宽1.5米。原为石板路面,1989年由当地村民集资改建混凝土路,由小地名恒生里得名。

宋家弄 东起小港直街,西南迄好而居农贸市场。长310米,宽3.5米。原为村间泥路,1987年改建混凝土路面。周边居民多宋姓,故名。

曙光弄 东起曙光亭,西迄好而居农贸市场。长320米,宽2.5米。原为曙光村小路及排水阴沟,1988年改建混凝土路面。因曙光亭得名。

沿江弄 北起外邵路,东南迄北平路。长50米,宽2.5米,混凝土路面。清朝时已有此弄。

东海路202弄 北起东海路,南迄外邵路。长100米,宽5米,混凝土路面。一侧有惠百嘉农贸市场、三江超市。

东海路368弄 为1994年建的商品房内道路。因位于东海路南侧,故名。

严家弄 东起大树下路,西迄渡头路交叉口。长150米,宽3米。曾名博爱路、红卫路,因居民主姓严,1988年定名严家弄。

仁爱弄 西起渡头路,东迄大树下路。长70米,宽2米,石板路面。1932年由唐爱陆先生定名,沿称至今。

大堂前南弄 曾名人民路。东起小港直街,西迄长河头新村。建于民国时期。长250米,宽2.5米,混凝土路面。弄在乐家大堂前南首,故名。

大堂前北弄 东起小港直街,西迄蔚斗新村长河头。建于民国时期。长270米,宽2米,混凝土路面。弄在乐家大堂前北面,故名。

连理巷 东起直街,西迄好而居菜场。长280米,宽2米。曾用名里大路,旧为石板路,1988年改为混凝土路面。路端曾有红世塑料厂。

利民巷 东起直街,西迄好而居菜场。长300米,宽2米。原为村间小道,1988年改为混凝土路面。因路端有利民小店而得名。

蔚斗巷 东起直街,西迄好而居菜场。长250米,宽2米,1988年改为混凝土路面。因路端有蔚斗小学旧址而得名。

表9-2-2 戚家山街道新旧路名对照表

1932年路名（旧）	2019年路名（新）	1932年路名（旧）	2019年路名（新）
小港路、同心街	小港直街	进化路	小港横街
学校巷	蔚斗巷	义成桥	义成桥
公德巷	新建路	东 街	桥东街
自由路	大堂前北弄	沿塘路	沿江弄
平等路	大堂前南弄	高塘路	北平路
忠孝路	渡头路	山下塘路	山下塘路
仁爱路	仁爱弄	小港站	联合车站

第四节 桥 梁

公路桥

半路洋桥 原名新小港桥，为骆霞线改道于1980年12月建设。位于小港半路洋小浃江上。钻孔灌注柱承台，钢砼桩排架，钢筋混凝土空心矩形梁桥面。跨径总长60.5米、5孔，桥长66.5米，车行道宽9米，人行道各宽1.5米。设计荷载汽-20，挂-100，中型桥梁。

联合大桥 位于小港联合开发区境内，小浃江上。与原镇大路小港新桥同位，1993年12月建成。钢筋混凝土空心板梁，钻孔灌注桩承台，跨径总长66米，桥长66米、3孔。桥面车行道宽20米，人行道宽各3米。与车行道间各设宽1.5米箱式水泥台墩隔离带，两边钢管格栏式桥栏（现改为石雕护栏），四角有桥亭。设计荷载汽-20，挂-100，中型桥梁。因由宁波联合集团有限公司投资建设而得名。

联合大桥

招宝山大桥 位于甬江口，招宝山与金鸡山之间。全长2482米，包括主桥、招宝山隧道、东引桥、西引桥4个部分。设计时速60千米，日通过机动车能力4.5万—5万辆。通航主孔净高32米，桥下能通过5000吨级的客货轮船。主桥为单塔双索面不对称预应力混凝土斜拉桥，长568米，宽29.5米，设6车道；主航道孔宽258米，边孔宽18.5米，主塔高148.4米；两侧各有25对斜拉钢索吊起整个桥梁。主塔桥墩用20根直径为2.5米的钻孔灌注桩。招宝山隧道长168米，来往车辆分流有平行的两个隧洞，洞身各宽12.75米，高8.26米。隧道两头紧接主桥和西引桥，两洞间隔仅4米。东西引桥（含匝道）分别长847米和898米，宽27.5米，均设6车道，上下两条匝道宽8—8.5米。大桥工程于1995年5月30日开工，2001年6月8日建成通车。

李隘桥 位于李隘村所在的骆霞线上，长21米，混凝土桥，1993年建造。

民间桥梁 小浃江戚家山街道境内段历史上长久无桥，两岸来往全凭舟渡。清康熙五十八年（1719）始有小港人乐君显等人出资建设义成桥，境内才有民间桥梁。民国十九年（1930）吴正闾开浚青峙新河建太平桥。

小浃江自南向北从渡头社区进入戚家山街道境内，至2019年，依次有桥梁11座。

浪扑桥 位于渡头社区段的小浃江上。

浦山大桥 位于小港渡头村，1979年小浃江改道新建。桥长57米，钢砼圆洞拱片梁桥，单跨径45米，桥面宽5.5米，高2.8米，块石沉井基础桥台。设计荷载汽-10，属中型桥梁。

新浦山桥 为适应周边交通和生活环境的需要，2017年至2019年在原浦山大桥向南约50米的小浃江上新建浦山桥，混凝土双曲拱桥，向西200米连接环山路，向东300米连接小浃江路。

渡头桥 位于渡头村小浃江上，1987年10月建成。桥长40米，跨径3孔12×3米，宽6米。设计荷载汽-15，属中型桥梁。

义成桥（曾用名小港大桥）

位于小港横街口小浃江上。此处原无桥，人以小舟渡江，风浪不测，屡遭覆溺。里人乐君显倡议，灵岩虞乐氏和石匠张起泉资助建桥，历时6年，于清康熙五十八年（1719）建成，名义成桥（桥名由县宰田长文题写）。道光七年（1827）重建3孔半圆拱桥，桥长51.5米，跨径中孔11.7米，边孔各10米，桥面宽4米，桥高7.6米，纵联分节并列砌筑，条石栏板莲蓬头望柱。后因拱圈变位，拱顶下沉成危桥，1963年利用旧桥基改建成条石重力式墩台，钢筋混凝土组合梁。桥长54米，跨径中孔12.6米，边孔10.6米，宽4米，高5.2米，设栏杆。1981年改换钢砼空心板梁，桥面拓宽为6米，设计荷载汽-10，属中型桥。

人行桥 位于益成弄与桥东老菜场间的小浃江上。长50米，宽3米。

浪扑桥

浦山大桥

新浦山大桥

渡头桥

义成碶桥　位于戚家山东北，小浃江上。原为碶闸，15孔石梁结构。清道光九年（1829）由乡人胡钧、乐涵等筹资所建。1934年和1962年两次修理。1968年浃水大闸建成初期仍有作用，1978年起停用。现作为碶桥使用。长26米，最大载重量3吨，钢筋混凝土空心板桥，高2米，最大跨2.25米。

坝桥　位于义成碶东侧。长25米，宽3.5米，高2.5米，跨径22米，载重3吨，混凝土拱桥。原为过船堰坝，1979年6月改建为桥，故名坝桥。

金翔桥　位于小浃江上，始建于2009年6月，2010年建成。长78米，宽6米，最大载重20吨，为钢筋混凝土桥。为钢筋混凝土空心板桥，高2.3米，最大跨15米。因由金光集团投资建设而得名。

四号桥（港口路桥）　位于浃水大闸东100米的小浃江上，南北走向，南接兴中路，北接港口路。长115米，宽18米，高3.2米，跨径15米，最大载重量20吨。1989年6月兴建，同年建成。

义成桥

人行桥

义成碶桥

坝　桥

金翔桥

四号桥

表9-2-3　戚家山街道桥梁一览表

桥　名	所处地点	长（米）×宽（米）	建设时间	载重（吨）
义成桥	横街与桥东街之间的小浃江上	54×4	1719年	汽-10
浪扑桥	渡头社区的小浃江上	50×12	2018年	—
人行桥	益成巷与桥东街之间的小浃江上	50×3	1995年	—
联合大桥	东海路的小浃江上	66×26	1993年12月	汽-20，挂-100
半路洋桥	外环路的小浃江上	66.5×13	1980年12月	汽-20，挂-100
义成碶桥	原小浃江义成碶	26×12	1815—1829年	3
坝桥	义成碶与半路洋间小浃江上	25×3.5	1979年	—
金翔桥	公园路与金翔纸业公司间小浃江上	78×6	2009年	—
四号桥	中兴路与港口路之间的小浃江上	115×18	1989年	—
太平桥	青峙河上	—	—	—
浦山大桥	渡头社区与东升社区间小浃江上	57×5.5	1976年	—
新浦山大桥	东接小浃江路西连季景路	102×21	2019年	—

第五节　公交线路

公共交通在20世纪末开始在戚家山街道境内发展。20世纪80年代前，小港仅有镇（海）大（碶）公路通行公共汽车，每天4班。80年代末，随着宁波经济技术开发区的建立，大批务工、经商人员入住小港，促进了公共交通的发展。至2019年，经小港联合车站始发和经停的公交线路达12条。

表9-2-4　戚家山街道境内公交线路一览表

线路编号	起讫站	经停站
701路	红联渡口—剡岙村	戚家山、公园路、小港联合车站、四方家园、蔚斗小学、小岭头、小浃江路黄山西路口
713路	小港联合车站—山下	小港联合车站、公园路、戚家山
717路	小港联合车站—立信路	小港联合车站、公园路、戚家山
720路	白峰码头—红联渡口	蒋家、青峙、李隘、林唐、小港联合车站、戚家山
736路	小港联合车站—红联渡口	小港联合车站、四方家园、蔚斗小学、小岭头、小浃江学校
753路	宁波火车站北广场—北仑客运站	林唐村、紧固件园、青峙、杨公山
754路	汽车东站南—小港联合车站	戚家山、公园路、小港联合车站
755路	小港联合车站—公交东环南路站	小港联合车站、戚家山
778路	长江路站—招宝山站	蒋家、青峙、李隘、林唐、小港联合实验中学、小港联合车站、戚家山
784路	大碶客运站—红联渡口	蒋家、青峙、李隘、林唐、小港联合实验中学、小港联合车站、戚家山
785路	小港联合车站—渡头董	小港联合车站、公园路、戚家山

线路编号	起讫站	经停站
871路	凤凰山主题乐园—宁波火车站北广场	林唐、小港联合车站、戚家山
783路	北仑客运中心—清水浦	林唐、小港联合车站、戚家山
397路	北仑客运中心—骆驼	戚家山

第六节　加油站和油库

20世纪80年代前，戚家山街道境内少有汽车，企业单位一般自行购买汽油、柴油为汽车、拖拉机加油。80年代后，为适应日益增加的汽车运输企业和家庭小汽车需求，境内出现加油站和油库。

表9-2-2　戚家山街道加油站和油库一览表

名　称	地　址	建设时间	占地面积（平方米）	建筑面积（平方米）	投资	所属单位	2018年 职工数（人）	2018年 供油量（吨）
银　星	江南东路67号	1998年7月	2234.21	222.63	100万元	银星石化贸易公司	21	7695.1
海　能	丽阳路8号	2004年10月	92000	6301	2980万美元	海能调和油公司	51	—
长　青	蒋家村136号	2009年	260000	77234.5	40000万元	中石油东北销售分公司	36	1100000
戚家山	联合区域S7N地块	2002年8月	1680	715	—	开发区加油站公司	7	5015
算　山	320国道算山段	2003年3月	3185	133	457万元	保税区镇海炼化油站投资公司	8	7545

第三章 凉亭 牌坊

戚家山人历来以修桥铺路造凉亭为美德。一般在大道要隘、市场或街面、山路岭巅、津渡岸上、寺观院前建造凉亭、街亭、山亭。亭内多树碑，亭柱多镌楹联。更有行善者施茶、施草鞋、施灯笼供路人方便。

第一节 凉 亭

旧时，沙蟹岭有亭3座，青岠岭有亭1座，小岭头有亭1座，茶漕岭有亭1座。因道路修建，沙蟹岭、青岠岭凉亭被毁。据原《小港镇志》记载，1963年有凉亭23座53间，1991年有凉亭14座32间，1996年有凉亭11座25间，建筑面积469平方米。20世纪80年代起在乡村间要道、景点，重点修建一些凉亭。其中，为纪念李北平出资7000大洋修建北平路，北平路胡家塔段曾建有北平亭。因建设工程需要，北平亭拆除。1987年移地重修，更名爱陆亭，以纪念修路者唐爱陆。亭在北平路中段小港水利服务站边上，坐北朝南，三面砖墙，上为水泥平顶，比较简陋，左右有楹联："北平路，板桥碶，古迹犹存；驾渡桥，建凉亭，造福人民。"为纪念小港李氏家庭，由李氏家族出资并设计建造乾坤亭、养正亭。

表9-3-1 戚家山街道凉亭情况一览表

亭 名	地 址	建造时间	结 构	建筑面积（平方米）	坐 落	间数（间）
仰正亭	戚家山	2009年4日	石	12	南 麓	1
揽胜亭	戚家山	2009年4月	石	12	山 顶	1
海晏亭	戚家山	2009年4月	石	12	西 侧	1
葵 亭	蛟 山	1996年4月	石	12	山 顶	1
乾坤亭	蛟山公园	1994年4月	钢 混	30	小浃江边	2
养正亭	蛟山公园	2009年4月	砖 混	20	公园西侧	1
莲花亭	蛟山公园	2009年4月	石	12	荷花池中	1
爱陆亭	北平路	20世纪80年代	砖 瓦	12	小浃江边	1
飞鹰亭	老鹰山	2011年5月	石	12	西 麓	1
蛟山阁	义成碶西	清 代	木	12	蛟山东麓	1
永和亭	青岠南山	2012年4月	石	12	南山西麓	1
康乐亭	甬江东侧	2017年8月	石	12	浃水塘	1

亭　名	地　址	建造时间	结　构	建筑面积（平方米）	坐　落	间数（间）
宝山亭	甬江东侧	2017年8月	石	12	浃水塘	1
浃江亭	浃江路8号	1996年4月	石	12	小浃江畔	1
无名亭	蛟山公园	1996年4月	石	10	小浃江畔	1
无名亭	蛟山公园	1996年4月	石	10	小浃江畔	1

乾坤亭（1994年建于蛟山公园）

养正亭（2009年建于蛟山公园）

第二节　牌　坊

牌坊是中国特色传统建筑物，多为表彰功勋、德政、忠孝节义所立的建筑物。戚家山街道境内旧时无牌坊，20世纪80年代后才有牌坊建筑。

戚家山坊　20世纪90年代，为纪念戚继光和戚家军抗击倭寇功勋，戚家山巅建设戚继光广场，在戚家山东麓上山步道口建戚家山坊，坊名由张爱萍将军题写。

鹰飞鹏举坊　2014年，为给居民提供健身和休闲场所，戚家山街道建设老鹰山公园和游步绿道，鹰飞鹏举坊建在山北麓，是公园入口的山门。

蛟山坊　20世纪90年代建蛟山公园时建，与山顶的葵亭同为公园一景。

鹰飞鹏举坊

戚家山坊

蛟山坊

第四章　物流和快递

　　小港旧时有通达宁波的航船承运旅客和货物，一天一班。由于航船都是木质船，用人力划桨，承载力有限，每船只能乘客20人左右及少量货物。20世纪80年代前，小港邮政局承担民间邮包运输业务，民间无专业的货物承运企业，缴公粮等大批量货物多由生产大队自行运输；村民上镇海城关或宁波买卖农产品都由自己用手拉车（后来用拖拉机）运输。80年代后，生产大队或由农民组建运输队。随着宁波经济技术开发区与青峙化工园区的发展，专业物流企业开始出现。

　　21世纪，互联网上出现购物网站，催生了快递业的发展。

第一节　商贸物流

旧时物流

　　旧时，戚家山街道境内有小浃江航船通鄞州五乡、宁波，运载客货，一天一班。木质航船，船工手摇木橹或撑篙前行；逢义成碶开闸放水，水流太急，船工须拉纤上行。每次载客15—20人及少量行李货物。民国二十五年（1936），境内始建公路镇大路（镇海江南道头至大碶）和北平路（小港义成桥至长山桥），出现公路运输。

现代物流

　　20世纪80年代，宁波经济技术开发区得以建立，为适应物流需求，始建江南公路（宁波至小港）和甬兴轮码头（开通小港至上海芦潮港、小港至嵊泗、小港至定海等3条客运航线）。随着青峙化工园区的日益壮大，物流企业增加迅速。至2019年，戚家山街道有物流企业13家。

表9-4-1　戚家山街道物流企业一览表

企业名称	成立时间	注册资本（万元）	经营范围	地　址
宁波恒逸物流有限公司	2011年7月	5000	仓储与危化工产品运输	富山路8号
宁波诚储物流有限公司	2004年8月26日	1000	普通货物运输	公园路25号
宁波鸿铭道路运输有限公司	2019年5月7日	100	普通货物运输	公园路25号1幢
宁波巨裕物流有限公司	2017年3月8日	1000	普通货物运输	公园路30号1幢

续 表

企业名称	成立时间	注册资本（万元）	经营范围	地 址
宁波义龙国际物流有限公司	2020年4月20日	800	集装箱货运	公园路42号
宁波甬弘国际物流有限公司	2020年4月22日	800	集装箱货运	公园路42号
小浃江散货码头有限公司	2014年10月8日	300	货运港口	江滨支路100-2号
宁波潜欣集装箱有限公司	2017年11月	200	仓储	江滨支路88-2号
宁波赢波物流有限公司	2009年4月17日	200	普通货物运输	骆霞线528号
宁波杰晟物流有限公司	2018年12月	800	道路运输	联合路314号
宁波欣宸冷链物流有限公司	2019年9月20日	500	冷藏车道路运输	渡头路25号
宁波路东吊装有限公司	2019年5月20日	288	装运	东海路368号3幢
宁波宇安吊装有限公司	2015年10月8日	2080	多式联运	联合路280-1号

第二节 快递物流

快递亦称快件，即快递企业通过陆路、水路与空中航线，为寄件人快速运送公函、商业信函、小件包裹物品。快递企业通常实行门到门（上门收件送件到门）的服务方式。一般快递企业自行设立短途投送人员和运输车辆，长途投送则委托给运输企业。大型快递企业则有自营的长途运输或航空运输企业。

21世纪初，戚家山街道境内始出现快递，均为快递企业在境内设立的营业网点，至2019年有网点5个。

表9-4-2 戚家山街道快递网点一览表

网点名称	经营地址	成立时间
圆通速递	新建路20号	2018年5月
申通快递	东昇路3-43号	2013年6月
	五矿路9号	2012年
韵达快递	蔚斗新村2-43号	2018年10月
中通快递	外环路83号	2012年

第五章　邮　电

境内宋时起建有驿馆,清光绪年间改为邮站,民国时出现民信局和信客,青峙、小港有中华邮政代办所。中华人民共和国成立后,设邮电局(小港直街)。20世纪80年代,宁波经济技术开发区成立后,在东海路联合大桥西侧新建邮电大楼,引进程控电话,邮电业务获得迅猛发展。进入21世纪后,邮政快递与民营快递业发展迅速。

第一节　邮政机构

驿站　铺递

宋时定海(今镇海)县境有驿铺5处。原称"站赤",即"邮驿",蒙语译。明天顺年间有驿馆1处,铺舍(邮舍)22处。嘉靖《定海县志》记邮舍有县前总铺,境内置浃江(今戚家山域)、孔墅、长山、辛岙4铺。清雍正八年(1730)四明驿署由宁波月湖徙镇海。光绪年间改称邮站,全县有26站。宣统三年(1911)撤驿站,衙署公文由邮局传递。1912—1913年驿铺邮制裁撤无遗。

宋邮驿人员由兵卒充任。元每铺配铺丁5名,人员由民户及漏籍户内抽签拉夫。清四明驿署配驿丞1名,驿皂2名,水驿夫25名;各驿铺施行铺司兵制。全县铺司兵68名。历代邮驿传递各县往来公文。

民信局

民信局,又称民局,为传递民间书信、物品和办理汇款的私营商业组织,始创于明永乐年间(1403—1424)。以宁波为中枢,下伸各城邑。清道光后渐趋兴盛,至光绪时鼎盛。民局多设于隘巷小街,高悬招牌。信物由脚夫或民船投送。急件烧其一角,或插鸡毛片,以示火速。各埠民局有相互传递关系,商民、侨眷称便。清咸丰二年(1852)县境有全盛分局,同治七年(1868)设永义昶等分局。1934年取消民信局组织。

信　客

信客系专业代带信、物的个体经营者。自清道光二十二年(1842)上海开埠后,乡人陆续赴沪经商,两地传信运物终岁不绝,信客业遂起,境内有经营者,运递对象多为乡亲熟人,定期临门收货，按时送货至户，生意兴隆。20世纪50年代初信客业务仍较繁忙。小港桥东、黄瓦跟曾驻有信客。1950年7月省邮政管理局指令取缔信客，尔后逐渐消失。

邮电局

清咸丰十一年（1861）镇海县境始有海关邮政，实权由外国人操纵。光绪二十二年（1896）在县城南门永安街创设镇海邮政局，称大清邮政。辛亥革命后称中华邮政，清末在境内置衙前、小港、青峙3处邮政代办所。民国期间，镇海邮政局仍设衙前、小港、青峙3个代办所。新中国成立初期，人民政府接管邮局，改称人民邮政。1951年11月实行邮政、电信合并，建县邮电局，时境内有小港、青峙邮政代办所。1956年小港邮政代办所改称邮电支局（设在小港直街曙光楼，又称防火楼，今直街17号）。1958年12月县局并入宁波市邮电局，小港邮电支局复改邮电所。1963年1月县局恢复，1969年12月邮电再次分设，建立县电信局和邮局。1973年11月重新合并，复建县邮电局。1981年2月成立县农村邮电联营管理站，统一管理各邮电代办所。1982年调整县局管理体制，由二级改为局、股、支局班组的三级管理制。1984年2月小港邮电所升为支局。1985年撤镇海县，建立镇海、滨海（后改称北仑）两区，县局撤销，镇海、滨海两局同时设立。

东海路上的电信大楼

1985年宁波经济技术开发区从瑞典引进2000门程控电讯设备，在开发区境内建造电讯楼，成立开发区电话分局（设在江心岛）。1993年2月移交北仑区局经营管理，改称小港电信营业处；1993年4月1日正式营业。

第二节　网　路

驿　道

明清时代，县前总铺出南薰门渡浃江经戚家山街道境内，设有浃江铺、孔墅铺、兴岙铺与长山铺出境至穿山铺，再涉海抵定海铺，合190里。

古代邮驿有步驿、马驿及急递铺之分。步马驿仅传递一般文书，军事文书由急递铺传送。急递规定每昼夜500里以上，风雨无阻，铺骑疾驰，白天鸣铃，晚间举火。

邮　路

清光绪三十三年（1907）镇海至宁波、定海由水道运邮。民国初期，镇海至宁波邮件大都委托内江轮船代邮，至定海、岱山段则由外海轮船送邮。民国二十二年（1933）后，公路相继建成，邮件委托汽车代邮；至戚家山街道境内邮件均以步班投递为主。

新中国建立后，邮政网络不断拓展，投递区域逐步扩大，至1956年底实行村村通邮，邮运从步行

到自行车。1985年境内有邮路4条，总长120千米，25个投递点，均以自行车送邮。

1986年11月开辟宁波至红联、小港汽车邮路1条，长21千米，结束了从镇海三轮车渡江送邮之历史。至1993年红联支局境内邮路2条，总长62.8千米，有29个投递点；小港支局邮路4条，投递路线96.4千米、669点户。1994年开发区联合集团总公司从红联徙址小港，新增开发段邮路1条，总长15.3千米、220点户。至1996年全镇共有自办邮路7条，投递线总长174.5千米，均以自行车送邮。

函件　包裹　汇票

戚家山街道居民旅外经商众多，又是宁波开发区和青峙化工园区所在地，外来经商、就业人员众多，商贸往来频繁，来往信函、包裹量大，邮政业务稳步发展。2019年函件出境10758件，包裹660464件，汇票1079万元。

报刊发行

1950年接受报刊发行，订销各种报纸、杂志，发行量逐年增加。2019年订各种报纸、期刊832584份。

表9-5-1　2007—2019年戚家山街道邮政经营情况表

年　份	报刊订阅数（份）	包裹投递数（件）	快件投递数（件）	信函投递数（封）	汇票（万元）
2007	3201759	30172	642	19012	1743
2008	3194237	31423	653	186932	1358
2009	3184247	32196	667	185742	1437
2010	3165432	33108	675	183548	1542
2011	3124718	34327	688	185679	1823
2012	3136496	35483	692	183542	1611
2013	1327695	36542	712	184728	1327
2014	3124705	37293	753	183217	1738
2015	3207849	39217	796	180439	1436
2016	3137369	41124	880	170423	1078
2017	1423657	107842	1003	103276	1358
2018	936600	173076	1262	48253	2524
2019	832584	660464	84307	10758	1079

第三节　电　信

电　报

清光绪九年（1883）在招宝山创设镇海炮台营官报房，时值中法战争镇海口之役。光绪十二年（1886）守备吴杰增置军用电线，总线设在南栏江炮台，南北分线连接诸炮台。宣统三年（1911）开办镇海电报局，由炮台营官房改组，设在木行街，为三等甲级局，兼对民间营业。

新中国成立初至1956年11月底，电报通讯至县局去各地仍利用话机在营业处报码传递。1985年镇海县局开辟电传电路，为电报自动化之始，然戚家山街道境内至镇海县局电报用话传递形式持续至20世纪80年代末。

1990年电报传递始用传真机，电报直投。收发报时间缩减，电报显著增加，仅小港邮局1993年传电报11798份，比1990年6666份增加近1倍。1994年以后，因长途电话用户自有传真机增加，电报量逐年下降。1995年小港、红联两支局电报业务量达1.05万份，至1996年仅0.68万份。

电话与电信

民国二十年（1931）5月设镇海电话代办所，民国二十三年（1934）5月改称镇海电话支局，南乡话线始通境内江南、衙前、江桥头、小港、港口与青峙等处。民国三十年（1941）镇海沦陷，长话停办，人员也相应撤退。抗战胜利后，民国三十六年（1947）重架招宝山至金鸡山越江电线3300英尺，境内复通乡镇公所和少数商号之电话。新中国成立后，长途电话逐步发展，国家、集体一起开发建设农村电话。1951年11月邮电合并，1956年5月架设江南、小港乡镇电话，次年镇南乡通话。1963年小港、衙前、下邵邮电代办所始装共电交换机3台300门，装机用户134户。1985年开发区从瑞典引进2000门程控电讯装置，建造电讯楼，成立开发区电话分局。1986年6月，程控电话并入全国长途自动拨号网络（1993年2月27日划归北仑邮政局经营管理，为电信营业处）。1986年10月，建立红联邮电支局，是年小港支局101磁石交换机并入红联共电总机，通200门共电交换机，小港即成为纯邮政局。后又开通红联至大碶3路、24路载波设备。1988年2月开通500门共电总机。1990年7月开通小港至红联电缆PCM设备。12月31日开通1280爱立信程控设备，与之配套引入光纤传输设备，架设新碶至红联4芯光缆13杆千米，同时停开相应载波设备。1993年12月开通新碶至小港、红联与下邵的武汉产GD/MF—34MB/S光电合架设备光路。最后一个代办所——下邵所程控联网成功，戚家山街道全部实现电话程控化。

1993年2月宁波开发区2000门程控电信装置划归北仑区局设电信营业处后，扩容8568门爱立信程控装置。1996年11月并归小港邮局，小港改称邮电支局。1996年戚家山街道境内共有程控交换机总容量12664门，实装8500户，48%住户装了电话。

由于移动通信的快速发展，戚家山街道境内固定电话的用户数量正在减少。2017年为8019部，2018年减至7396部，2019年又减至6999部。

第四节　移动通信

20世纪90年代起，中国移动、中国联通、中国电信相继在戚家山街道境内开设营业厅。据调查，境内有移动电话（手机）营业门店近40家。除在校学生外，基本实现人人有手机。2018年戚家山境内有手机13519部，2019年增至17628部。

使用手机，不仅仅是打电话，移动支付已成为近半居民生活习惯，支付宝、微信扫描支付是当前最常用的支付方式。

第十编　财政金融

　　近代税收大致分关税、盐税、田税(农业税)、货物税、营业税、所得税、地方税和杂捐杂税等8类。清同治元年(1862),浙江开办厘金,民国初期又称统捐,择交通要道设卡征收,镇海县境内设北门卡镇海分卡、宁波船货卡小港分卡。民国二十年(1931)裁厘后,省财政厅设鄞县统税总局,另设宁镇船货总局,下设江东、后海与小港3个分局。民国三十四年(1945)12月成立浙江区货物税局鄞县分局镇海办公处。次年3月成立浙江区直接税鄞县分局镇海查征所。民国三十七年(1948)7月,处、所合并为浙江区国税管理局鄞县国税稽征局镇海稽征所,9月改称镇海国税稽征局,小港派驻稽征员,征收营业税、契税等业务,直至解放。

　　1949年6月县人民政府财粮科接管原镇海国税稽征局镇海县税捐稽征处。1949年10月各区建立税务所,所址设在大碶。1950年4月成立县税务局,同年6月长山区分为长山、大碶2个区。分区后的长山税务所设在长山区公所内。1957年财粮科改为财政科,1958年4月财政科、税务局、保险公司合并成立镇海县财政局。是年10月县市合并,县财政局并入宁波市财政局。1963年1月市、县分设,成立县财政税务局;长山区设财政税务所。1985年10月撤县分区,北仑区成立财税局,长山仍为财税所;下设小港、江南、枫林、下邵与红联

5个征收点,每征收点配备2—3名税务专管员。1992年5月扩镇并乡后,小港财税所在红联振兴西路建造新址,1994年6月落成,撤销征收点,集中征税。1995年2月,北仑区分设国税局和地税局。小港镇也分设小港国税所和小港地税所。国税所另建新址在振兴东路。戚家山街道成立后设财政所(街道办事处内)。

本编目录

第一章　财政税收

中华人民共和国成立初期，乡镇财政收支主要由县财政根据定编人员按计划拨款，乡镇财政按规定记好收支账，定期向上级结报、审讫。1958年初，建立简易乡级财政，未几即废，由县财政直管。1986年，根据财政部《关于颁发乡镇财政政策办法通知》精神，正式建立乡镇级财政，总揽全乡镇财政收支，乡镇级财政渐趋规范管理。戚家山街道成立后，街道设财政所。街道财政收支由北仑区政府全额按预算拨付、结算。

第一节　工商税收

新中国成立前工商税收

盐税　民国二年（1913）12月公布《盐税条例》，盐税不列入地丁征收，次年春改为按担征收。民国三十年（1941）年盐税改以量征收为以价征收。

厘金和统捐　清同治元年（1862）浙江开办厘金，分牙帖捐、百货捐、丝捐、茧捐、茶厘捐、洋土药厘捐及茶糖烟酒加成厘捐等7项。百货税率正捐9%，附捐1%，茶糖烟酒加2—5成不等，其余各项厘金均实行按量定额征收，另有善举附加捐等11种，民国初期称统捐。民国二十年（1931）1月裁撤，开征货物税和营业税。

统税和货物税　民国十七年（1928）试办卷烟统税。民国二十年（1931）2月开征棉纱、火柴、水泥和麦粉统税。次年7月增熏烟叶、洋酒、啤酒和火酒税4种。民国二十九年（1940）7月增饮料品、糖类税2种。民国三十一年（1942）3月增茶叶税1种，次年3月又增竹木、皮毛、陶瓷与纸箔税4种。由于物价上涨，民国三十年（1941）9月由原以量定额税率改为2.5%—80%不等的以价比例税率。民国三十五年（1946）8月增化妆品税、国产烟酒税和矿产税，合称货物税。棉纱和黄酒税为主要税源。

所得税和利得税　民国二十五年（1936）7月国民政府公布《所得税暂行条例》。次年征收营利事业、薪给报酬和证券存款3类所得税。民国三十五年（1946）4月又公布《修正所得税法》，分为营利事业所得税、薪给报酬所得税等5类。个人所得除课征以上分类所得税外，其所得总额（可减除已交分类所得税）超过60万元者加征综合所得税。民国三十七年（1948）行政院颁布《整理财政补充办法》，对所得税作分级归并，税率有所降低。

民国三十二年（1943）1月将财产租赁所得税分为4级，税率10%—80%，财产出卖所得税为10级，税率14%—50%。

印花税　始于清光绪三十三年（1907），但未认真实行。民国二年（1913）3月起执行《印花税法》，由邮电、银行、商会代售。民国十六年（1927）11月规定印花税税目分4类78种，按件、按比例、按金额分级贴花。后几经修订，对税目税率做过多次调整。

遗产税　民国二十七年（1938）国民政府首次公布《遗产税暂行条例》，次年公布施行细则，规定遗产总额在5000元以下者免税，5000—50000元者征1%，50000元以上按超额累进税率征收。民国三十五年（1946）4月改为未满100万元者免税，100万—200万元征1%，200万元以上者分17级征税。民国三十七年（1948）8月又修改为未满2万元（金圆券）者免税，2万—4万元者税1%，4万元以上者分10级征税。此税收入甚微。

营业税　民国二十年（1931）6月国民政府颁布《营业税法》，将原有的牙帖捐税、当帖捐税及屠宰税改征为营业税，税率提高至0.2%—10%，此后略有调整。民国二十年（1931）1月开办箔类营业税，税率15%；民国二十七年（1938）3月调整为25%；次年又调整为35%。1947年5月国民政府颁布《特种营业税法》，将银行、信托、保险等7个行业之税率按营业收入额征1.5%，营业收益额征4%，制造业征0.75%。

地方捐税　民国时期开始有国家税、地方税之分，按此镇内征税7种。民国四年（1915）1月开征屠宰税，猪每头收大洋3角，羊每头收大洋2角，牛每头收大洋1块。民国二年（1913）还开征烟酒营业牌照税；民国十七年（1928）3月改半年一征为按季征收；同年7月按营业额计算改征普通营业牌照税。次年征收范围扩大至所有行业，民国三十三年（1944）2月按资本额分等级按年课征定额税，从10元至4万元不等，牌照按年换发。民国三十年（1941）凡使用公共道路、河流之车船、肩舆、驮兽均须申领牌照并交纳使用牌照税，按人力、畜力、机器品名数量课征定额税。

新中国成立后工商税收

新中国成立初，中央对新解放区税收原则为"暂时沿用旧税法，部分废除，在征收中逐步整理"。当时，县内征收税种有货物税、所得税、遗产税、印花税、营业税、屠宰税、房捐、营业牌照税、使用牌照税、筵席税与娱乐税等11种，同时废除解放前的各种苛捐杂税。1950年1月政务院确定全国统一开征14种税，7月又作调整。县内开征货物税、工商业税（营业税、所得税、临时商业税）、盐税、存款利息所得税、印花税、屠宰税、特种消费行为税、车船使用牌照税8种。1953年合并货物税、营业税、印花税、改征商品流通税；取消特种消费行为税，改征文化娱乐税；缩小交易税征税范围，改为牲畜交易税。税制修正后开征的工商税收有商品流通税、货物税、工商业税、印花税、屠宰税、牲畜交易税、文化娱乐税、车船使用牌税和利息所得税9种。1958年9月，商品流通、货物、营业、印花等税合并为工商统一税，单独设立工商所得税，下半年接办盐税。1959年停征利息所得税和牲畜交易税。1962年开征集市交易税，1965年9月停征。1966年11月停征文化娱乐税。1973年全面试行工商税，将原工商统一税及其附加、城市房地产税、车船使用牌照税、屠宰税和盐税合并。此时，国营企业只缴工商税1种，集体企业缴纳工商税和工商所得税2种，个人缴纳车船使用牌照税和屠宰税2种，盐税仍照原办法征收。1974年7月停征车船使用牌照税，税制进一步简化。1982年起为适应"搞活、开放"方针，对工商税收制度作重大改革，开征部分新税种。1984年划设产品税和增值税。

1985年末，征收的工商税种有产品税、增值税、营业税、国营企业所得税、集体企业所得税、国营企业奖金税、国营企业工资调节税、集体企业奖金税、事业单位奖金税、城市维护建设税、屠宰税、牲畜交易税、建筑税、盐税、契税、渔业税及农业税等17种。

盐税　1950年1月政务院颁发《关于全国盐务工作的决定》，规定盐税征收原则、税额和缉私管理等事项。当时盐税由盐务部门管理。1958年下半年起，盐税由税务机关接办。集体盐场生产盐由公收单位在出仓（坨）或销售时纳税。食盐全额征税，农牧用盐解放初期免税。1956年5月用盐实行减税；渔业用盐一直实行减税；工业用盐解放初期免税。1971年7月只限酸碱等8类工业用盐免税；1984年5月对酸碱、制革、肥皂工业采取减税，冶金、染料、制冰冷藏、陶瓷玻璃、医药工业用盐一概全额征税。盐民自食盐限每人每年18斤，免税照顾。1973年盐税并入工商税。1984年9月国务院发布《盐税条例（草案）》，10月1日起恢复盐税单立税种。

烧油特别税　1982年7月开征，供油单位代收代缴。

增值税　1983年1月起，对工业企业生产的农机具及其零件、机器机械及其零配件、缝纫机、自行车及电风扇等5类产品全面试行增值税。1984年10月起，根据《中华人民共和国增值税条例（草案）》，扩大税目，调整税率，改进征收方法。

牲畜交易税　1953年12月开始征收，1959年9月停征。1983年恢复征收，税率5%，以购买牲畜者为纳税义务人。

建筑税　1983年10月1日起施行国务院发布的《建筑税征收暂行办法》，对国营企事业单位，机关团体、部队、地方政府，以及所属城镇集体企业，按投资总额10%征收建筑税。自筹基本建设全年投资超过国家计划部分，税率为20%，未列入国家计划的楼堂馆所，税率为30%。

渔业税　1956年4月实施省颁发的《浙江省渔业征收暂行办法》，征税范围为鱼、虾、蟹、海蜇，按渔（农）业生产单位销售收入8%征收，个体渔（农）民征收9%。同年11月内河养殖淡水鱼停征渔业税，改征农业税。同年12月对淡水产品一律免税。1966年8月起，凡投售给国营水产公司及其水产交易所者征收5%；1972年减为3%；1979年4月起一律按3%征收。1985年5月起，对投售者暂免征渔业税。

表10-1-1　1985—1996年小港税务所工商税征收实绩一览表

年　份	征收实绩（元）	备　注
1985	4227551	
1986	5809387	
1987	6887985	
1988	10715606	
1989	12241822	
1990	13025400	
1991	13549264	
1992	14838075	
1993	23012000	

年　份	征收实绩（元）	备　注
1994	27709856	
1995	28364930	国税、地税两所分开，其中国税所征收1830万元
1996	33416757	其中国税所征收2089万元

第二节　田赋　农业税

民国时期田赋

清末田赋有地丁、南米与租课3项。民国后南米改称抵补金。民国十六年（1927）租课亦改称地丁。民国时期地丁、抵补金的赋额变化大致分为3个时期。

民国元年至二十年（1912—1931）沿清旧制。按照田、地、山、荡征收科则，地丁折征银两，再按银两折合银圆；抵补金以米石计征，按米石折算银圆。地丁每两银折银圆1.50元，粮捐0.30元，共1.80元，外加9%征收费用。民国十六年（1927）前，地丁为民国北京政府正税，粮捐为省税。次年南京政府成立，田赋划归省，地丁正税与粮捐合并仍称正税。地丁项下附征税有建设特捐、建设附捐等。民国十九年（1930）开征整理土地事业费，地丁每两带征银圆0.30元，一年为限。其他地方附加税名目繁多，民国二十年（1931）县地丁项下每两银圆税有县税、征收费、自治附捐、建设特捐、教育附捐、治虫费及连正税合计银圆4.512元，附加超过正税1.5倍多。抵补金实征每石米折银圆3元，年最高每石5元，民国三年至五年（1914—1916）减为4元，民国十年（1921）减为3.80元，民国十二年（1923）减为3.60元，民国十三年（1924）起年递减0.10元，至民国十五年（1926）每石折征3.30元，其中正税3元，省附税0.30元。民国十七年（1928）正附税合称正税，归地方（省）。抵补金项下附征税有建设特捐，每石米带征1元；建设附捐每石米带征一成计0.30元。民国十九年（1930）整理土地事业费每石米带征0.30元，一年为限。县地方其他附加税名目繁多，连同正税3.30元，合计6.10元，附加税占正税之84.8%。

民国二十一年至二十九年（1932—1940）废除银米改征银圆。地丁银每两折征银圆1.80元，称上期田赋；抵补金米每石折征银圆3.30元，称下期田赋。所有附税亦均分别依折率折征银圆。遂废地丁，抵补金之名。

民国三十年至三十七年（1941—1948）废除银圆改征实物。民国三十年（1941）4月，国民政府改订财政收支系统，省级财政划入国家财政，田赋归中央接管。下半年起全国田赋均改征实物。按省、县正附税总额每元折征稻谷2市斗，各种杂捐杂税、临时附加均并为正税。民国三十一年（1942）每元折征3斗，另加公粮1斗，次年又加征1.5斗，人民负担骤增。民国三十四年（1945）抗战胜利，田赋全数豁免。民国三十五年至三十七年（1946—1948）照1944年赋额5成计征。民国三十六年（1947）起加征借0.5斗，另加按原赋额每元带征乡镇经费8斤、自卫特捐6斤；民国三十七年（1948）每元赋额再加征借0.75斗、省"绥靖"经费0.75斗、教育经费10斤，乡镇经费改为7斤。

新中国成立后农业税

税制　新中国成立初，浙江省人民政府颁布《1949年征收农业税暂行办法》，规定以每户占有土地数分16级，以土地好坏分甲、乙、丙、丁四等，分别制订每亩应纳税额。

1950年9月，政务院颁布《新解放区农业税暂行条例》，正式废除民国时期田赋制度。根据当时土地占有情况，采取差额较大的全额累进税制，税率分40级。农业收入计算以土地常年产量为标准，地方附加不得超过正税15%，农业税征收以实物为主，实物以粮食为主，并制订减免和优待照顾等有关政策。1952年土地改革后，农村土地占有情况发生根本变化。1952年和1953年，政务院修改《新解放区农业税暂行条例》，实行差额较小的全额累进税制，税率分24级。

1958年6月，国家颁布《中华人民共和国农业税条例》，同时制订《农业税条例施行细则》，废除累进税制，实行比例税制。根据土地自然条件、当地耕作水平和正常年景产量情况，评定计税产量，依照规定税率计征。

征收方法　农业税以稻谷为统一计算标准，市斤为单位，水稻地区征收稻谷为主，棉花及缺粮地区征收代物或代金。现粮由粮食部门根据"先征后购"原则接收稻谷，价款根据标准价格按期向财税部门缴款，棉花由供销社代征，代金由财税部门自行征收。对主产粮食、棉花或其他作物的土地实行评产计征，其税占农业税总额95%以上。征收依据为计税土地面积、计税产量（常年产量）、税率和税额。农业合作化后，单位面积产量不断提高，而计税产量未作同步调整，对农林特产如原木、原竹、茶叶、桐柏籽、药材及花卉等，自1954年以后随售随征。零星自售或自用的产品，采取查账征收或由纳税人向当地财税机关报缴税款，其税额约占农业税总额的4.8%。淡水养殖鱼、菱的农业税，采取估产征收或查账征收。

农业税征收年度1949—1958年为"四月制"，即自当年4月1日起至次年3月底止；1959年改为"三月制"，1960年起改为"二月制"，1971年起改为与会计年度相一致的"历年制"。

地方附加　随同农业税征收，带征比例1950年为正税的15%，1951年为20%，1953—1954年停征，1955年为正税的5%，1956年为7.5%，1957—1963年为10%，1964年至后为15%。

征收价格　1955年以前农业税征收价格，现粮以国营贸易公司收购稻谷（每百斤）中等价格为准；代物（棉花）、代金（缺粮代金）价格，1953年前为7.5元（新人民币），1954年为7.90元，1955年为7.60元。1956年、1957年现粮、代物7.6元，代金7.5元。1963年起随粮食和棉花收购价格的调整，1966—1978年，现粮早籼谷9.70元，晚粳谷11.3元，山区杂粮（薯干）9.20元。代物按种植面积比例计价征收。种植面积50%以上的8.10元，20%—50%的8.80元，20%以下的9.25元。代金9.25元，1979—1983年，调整为早稻谷11.70元、晚粳谷13.40元、薯干11.00元。代物1980—1983年不分种植面积比例调整为10.50元，1984年起农业税改为"实物征收，货币结算"；1984—1985年不分现粮、代物、代金统一折征人民币，1985年10月底前为11.70元，1985年11月1日起为13.40元，后改15.50元。1987年、1988年金稻谷标准价每百斤17.00元，1989年22.10元，1990年、1991年22.20元，1992年24.60元，1993年28.20元，1994年46.00元，1995年56.26元，1996年64.26元。

表10-1-2 1973—1996年小港财税所农业税征收稻谷情况表

年　份	计税面积（亩）	计征任务（千克）	减免数（千克）		实征数（千克）	农林特产税
			合　计	其中灾情减免		
1973	51413	1752041	1074	—	1750967	未征
1974	51467	1817782	—	—	1817782	未征
1975	51467	1831016	—	—	1831016	未征
1976	51451	1820016	—	—	1820016	未征
1977	51399	1792045	7450	6500	1784595	未征
1978	51521	1802248	—	—	1802240	未征
1979	51245	1813378	7519	—	1805859	未征
1980	51552	1822615	2646	2300	1819969	未征
1981	51518	1842159	5667	5667	1785482	未征
1982	50969	1818693	—	—	1818693	未征
1983	51508	1827427	—	—	1827427	19624千克
1984	51453	1841151	208	—	1840943	37312千克
1985	45885	1804369	3976	—	1800393	38857千克
1986	49740	1924072	2166	—	1921906	6674千克
1987	49540	1918745	2152	—	1916593	35732千克
1988	49427	1914574	4530	—	1910044	40982千克
1989	49410	1914030	4984	—	1909046	34375千克
1990	49332	1902051	3669	—	1898382	21803千克
1991	49375	1910308	3673	—	1906635	20871千克
1992	48852	1892045	4938	—	1887107	16891千克
1993	46615	1822960	5884	—	1807076	23137千克
1994	45731	1781725	7868	—	1773257	249763元
1995	44687	1742638	7457	—	1735181	280059元
1996	43693	1705095	7450	—	1697645	144636元

围垦征税和征用免税

优待与减免　包括社会减免和灾情减免，1973—1996年期间，全镇社会减免为68844千克（稻谷），灾情减免为14467千克。

20世纪60年代始，按照政策对所围涂地从种植有收入之年起免征农业税5年。以后计税产量"一次定产，三年加足"，第一年计产50%，第二年加25%，第三年加足。税率与纳税单位所在地区同。1975年起重点建设工程，三航四处、宁波经济技术开发区及公路建设所征用土地，根据政策免征农业税。

农业税的取消 中国作为传统的农业国，从公元前594年鲁国实行的"初税亩"，汉代的"租赋"，唐朝的"租庸调"，国民政府时期的"田赋"，到1949年中华人民共和国成立后，农业税收一直是国家统治的基础，国库收入主要来自农业税收。从现代意义来看，农业税一直被农民称为"皇粮国税"，农民一直认为纳税是一种义务，对农业税从未有过对抗心理。到2005年农业税共计实行了整整2600年。

2000年起，从安徽开始试点推行农村税费改革，并逐步扩大范围，到2003年在中国内地全境铺开。取消乡统筹、农村教育集资等专

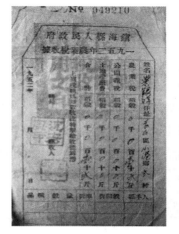

原镇海县1952年农业税和水利费收据

门向农民征收的行政事业性收费和政府性基金、集资，取消屠宰税，取消统一规定的劳动义务工；调整农业税和农业特产税政策；改革村提留征收使用办法。

2004年开始，取消牧业税和除烟叶外的农业特产税；实行取消农业税试点并逐步扩大试点范围，对种粮农户实行直接补贴、对粮食主产区的农户实行良种补贴和对购买大型农机具的农户给予补贴；吉林、黑龙江等8个省份全部或部分免征农业税，河北等11个粮食主产省区降低农业税税率3个百分点，其他地方降低农业税税率1个百分点。

2005年上半年，中国22个省免征农业税；2005年年底28个省区市及河北、山东、云南3省的210个县（市）全部免征了农业税。

自新中国成立至2005年的50多年里，我国财政收入结构发生了重大变化，农业税所占比例已大幅下降。1950年，农业税占当时财政收入的39%，可以说是财政的重要支柱。1979年，这一比例降至5.5%。从2004年开始，中央决定免征除烟叶税以外的农业特产税，同时进行免征农业税改革试点工作。2004年，农业税占各项税收的比例进一步降至1%。

2005年12月，第十届全国人大常委会第十九次会议通过决定，自2006年1月1日起废止《农业税条例》。自此，征收了2600年的农业税被取消了。据《北仑区志》记载，北仑区于2004年起取消农业税。

第三节　其他税种

民国时期

契税 民国三十年（1941）国民政府修订1914年颁布的《契税条例》，增加交换和赠与2个税目，税率定卖契10%，典契6%，交换契4%，赠与契10%，另加契纸费2元。民国三十一年（1942）5月财政部颁布《契税条例》，又增分割和占有2个税目，税率提高为卖契15%，典契10%，交换契6%，赠与契15%，分割契6%。

筵席及娱乐税 民国三十一年（1942）4月国民政府公布《筵席及娱乐税法》。浙江省规定筵席在起点［民国二十一年（1932）为3元］以上者征收筵席税10%。电影、戏剧、书场、球房与溜冰场等征收娱乐税20%。

房捐和警捐 房捐始于清朝，民国十七年（1928）6月公布《浙江省店屋捐、住房捐章程》，营业用房店捐按租价征收15%，房主房客各半负担，充警察经费。民国三十年（1941）5月行政院公布《房捐征收通则》，税率规定出租房按租价征收5%，自用房按房价征收0.5%。民国三十二年（1943）3月税率调整为出租营业用房按租价征收20%，自有营业用房按房价征收2%，出租住房征收10%，自有住房征收1%。

警捐 为浙江省单行税种，税率征收与房捐同。

山地收益捐 民国三十二年（1943）开征，以山地产品为征税对象，税率5%。

杂税 民国时期杂税主要有牙帖和当帖捐税、战时消费税和消费特税、钱业捐、迷信捐、广告捐、交易税、证券交易税、棉麻营业专税、货物附加税、蚕业专款捐等。

新中国成立后

契税 1950年3月政务院公布《契税暂行条例》，1952年公布《修正浙江省契税暂行条例施行细则》，税率为卖契按价征收6%，典契按典价征收3%，赠与契按现值征收6%，交换契按交换差价征收6%，由房屋买主、承典人及差价付款人分别完纳契税。

特种消费行为税 1950年开征，1953年取消，改征文化娱乐税，1966年11月停征。

奖金税 1985年，企事业单位发放各种奖金和实物等超过全年发放奖金免税限额的，分别采用超额累进税率征收奖金税。国营企业当年增发工资总额超过国家核定的上年工资总额7%的部分，计征工资调节税。

国家能源交通重点建设基金 1983年起征集范围为一切国营企事业单位、机关团体、部队和地方政府各项预算外资金及部分城镇集体企业缴纳所得税后的税后利润。征集比例为当年收入的10%，1983年7月起改为15%，按季或按月缴纳。

第四节 街道历年税收情况

戚家山街道成立后，设街道财政所。由于工商企业逐年增加和壮大，企业经营规模扩大，经营收入增加，税收收入也逐年增长。

表10-1-3 2010年戚家山街道税收情况表

单位：万元

税　目	正常性企业税收（不含新增三产）	新增三产企业税收	
		区域收入	街道收入
增值税	28462.57	341.84	1699.50
营业税	4794.79	22.70	620.53
消费税	−1.15	0	0

税　　目	正常性企业税收（不含新增三产）	新增三产企业税收	
		区域收入	街道收入
企业所得税	24292.37	962.07	1380.53
个人所得税	9993.76	16.15	217.51
营改增	0	0	0
车船使用税	−0.04	0	9.60
印花税	1117.76	39.29	74.26
资源税	0	0	0
城市维护建设税	1539.12	25.70	140.42
房产税	2125.44	0.07	20.32
教育附加费	662.28	8.81	59.09
地方教育附加费	813.97	5.87	46.39
合　　计	73800.87	1422.50	4268.15

表10-1-4　2011年戚家山街道税收情况表

单位：万元

税　　目	正常性企业税收（不含新增三产）	新增三产企业税收	
		区域收入	街道收入
增值税	30084.88	618.59	2785.05
营业税	4912.34	14.40	628.81
消费税	0.33	0	0
企业所得税	48920.06	1082.21	1988.48
个人所得税	7689.87	0.48	258.25
营改增	0	0	0
印花税	1354.21	24.61	101.98
资源税	0	0	0
城市维护建设税	2760.09	44.31	238.40
房产税	2335.06	0.11	34.74
教育附加费	1251.17	15.19	100.28
地方教育附加费	840.26	10.13	66.88
车船使用税	0.01	0	9.60
合　　计	100148.27	1810.03	6212.46

表10-1-5 2012年戚家山街道税收情况表

单位：万元

税　目	正常性企业税收（不含新增三产）	新增三产企业税收	
		区域收入	街道收入
增值税	38244.21	593.56	2221.75
营业税	6323.02	91.78	833.21
消费税	0.33	0	0
企业所得税	45818.78	489.26	1776.16
个人所得税	6618.54	8.61	403.87
城市维护建设税	3818.89	47.95	206.89
资源税	0	0	0
车船使用税	0	0	21.08
印花税	1418.14	98.97	161.12
房产税	2200.30	0.11	32.74
教育附加费	1610.25	16.44	86.61
地方教育附加费	1071.94	10.96	57.73
营改增	0	0	0
合　计	107124.40	1357.65	5801.16

表10-1-6 2013年戚家山街道税收情况表

单位：万元

税　目	正常性企业税收（不含新增三产）	新增三产企业税收	
		区域收入	街道收入
增值税	37683.57	223.89	2884.81
营业税	4603.57	2.41	299.28
消费税	0.34	0	0.05
企业所得税	28544.92	389.89	1685.40
个人所得税	6058.21	2.15	362.84
营改增	2086.59	22.67	494.10
车船使用税	0	0	19.44
印花税	1159.54	32.52	150.82
资源税	0	0	0
城市维护建设税	3940.49	17.43	262.16
房产税	2929.68	0.05	46.81

税　目	正常性企业税收 （不含新增三产）	新增三产企业税收	
		区域收入	街道收入
教育附加费	1672.97	5.98	111.59
地方教育附加费	1145.37	3.98	74.39
合　计	89825.24	700.96	6391.70

表10-1-7　2014年戚家山街道税收情况表

单位：万元

税　目	正常性企业税收 （不含新增三产）	新增三产企业税收	
		区域收入	街道收入
增值税	31740.52	58.70	1362.18
营业税	4711.81	0.68	321.97
消费税	0.34	0	0
企业所得税	26637.68	26.42	1951.70
个人所得税	8192.58	0.06	220.59
车船使用税	0	0	0
印花税	1274.28	5.82	155.80
营改增	2762.42	0	42.65
资源税	0	0	0
城市维护建设税	3534.75	4.16	121.79
房产税	3016.89	0	35.07
教育附加费	1511.61	1.42	51.97
地方教育附加费	1007.57	0.95	34.64
合　计	84390.54	98.20	4298.35

表10-1-8　2015年戚家山街道税收情况表

单位：万元

税　目	正常性企业税收 （不含新增三产）	新增三产企业税收	
		区域收入	街道收入
增值税	35272.82	7.11	1519.83
营业税	3605.98	0	92.35
消费税	2.10	0	0
企业所得税	29039.45	0.38	1630.39

税　目	正常性企业税收 （不含新增三产）	新增三产企业税收	
		区域收入	街道收入
个人所得税	7818.42	0.00	231.32
营改增	2866.48	0.00	431.33
印花税	1196.40	27.47	99.19
资源税	0	0	0
城市维护建设税	3820.76	0.50	142.25
房产税	3319.19	0	67.67
教育附加费	1633.17	0.17	60.90
地方教育附加费	1088.17	0.11	40.60
车船使用税	22.20	0	2.09
合　计	89685.15	35.74	4317.94

表10-1-9　2016年戚家山街道税收情况表

单位：万元

税　目	正常性企业税收 （不含新增三产）	新增三产企业税收	
		区域收入	街道收入
增值税	38469.85	81.67	2013.28
营业税	2089.62	0	25.45
消费税	2.91	0	0
企业所得税	26652.24	0.12	831.21
个人所得税	8147.33	0.07	181.02
营改增	4247.65	0	120.51
印花税	1140.45	0.45	64.24
资源税	0	0	0
城市维护建设税	4052.64	5.72	150.61
房产税	2915.32	0	32.41
教育附加费	1689.44	1.96	62.63
地方教育附加费	1126.60	1.31	41.74
车船使用税	0	0	0
合　计	90534.05	91.32	3523.08

表10-1-10 2017年戚家山街道税收情况表

单位:万元

| 税 目 | 正常性企业税收
(不含新增三产) | 新增三产企业税收 | |
		区域收入	街道收入
增值税	39765.70	0.67	1870.00
营业税	352.13	0	0.08
消费税	3.85	0	0
企业所得税	29473.33	0.10	455.17
个人所得税	9146.00	0	227.93
营改增	5554.54	0	181.65
印花税	1447.88	0.29	85.59
资源税	0	0	0
城市维护建设税	4139.78	0.05	146.05
房产税	1517.17	0	0
教育附加费	1753.99	0	59.77
地方教育附加费	1168.86	0	39.84
车船使用税	0	0	0
合 计	94383.25	1.21	3066.08

表10-1-11 2018年戚家山街道税收情况表

单位:万元

| 税 目 | 正常性企业税收
(不含新增三产) | 新增三产企业税收 | |
		区域收入	街道收入
增值税	38834.08	626.74	3026.19
营业税	214.98	0	0
消费税	5.30	0	0
企业所得税	33300.77	1069.11	802.61
个人所得税	12138.31	6.87	318.29
营改增	10208.70	1.68	257.27
车船使用税	0	0	0
印花税	1708.41	97.93	109.33
资源税	0	0	0
城市维护建设税	4198.37	43.99	227.08
房产税	3136.30	0	0

续　表

税　目	正常性企业税收（不含新增三产）	新增三产企业税收	
		区域收入	街道收入
教育附加费	1777.67	15.07	92.06
地方教育附加费	1185.30	10.05	61.37
合　计	106708.20	1871.43	4894.21

表10-1-12　2019年戚家山街道税收情况表

单位：万元

税　目	正常性企业税收（不含新增三产）	新增三产企业税收	
		区域收入	街道收入
增值税	52371.98	1004.27	2660.15
营业税	1588.11	0	0
消费税	5.45	0	0
企业所得税	54499.86	988.05	1245.58
个人所得税	6825.31	10.14	1022.05
营改增	0	0	0
车船使用税	0	0	0
印花税	1628.54	54.37	143.60
资源税	0	0	0
城市维护建设税	5133.71	69.91	209.27
房产税	1807.05	0	2.00
教育附加费	2111.99	23.96	83.31
地方教育附加费	1407.31	15.97	55.58
合　计	127379.31	2166.67	5421.54

第五节　街道（乡镇）财政

　　民国前期，地方财政无正规体制。民国十七年（1928）第一次全国财政会议后，划分国家及地方（省）财政收支标准，县财政归辖于省，乡镇财政归辖于县。民国二十六年（1937）省改专款制度为统收、统支，县、乡镇财政仍依赖苛捐杂税和省款补助。直至新中国成立。

　　新中国成立后，1949—1952年实行统收统支体制，收入全额上缴，县财政支出按批准预算列支报专署财政科审核结算，乡镇开支由县财粮科核拨。1953年起编制县级财政，各区设财粮干事，乡镇财政由区财粮干事报县财粮科核拨。1958年改革管理体制，下放财权，曾建立乡镇财政，后停止。

1980年试行"分灶收支、分级包干"新体制,称"分灶吃饭"。行政单位定项包干,公务费节约部分40%转为单位福利费,60%结转下年使用。

1985年起全面复建乡镇级财政。1985年12月长山地区各乡镇财政部门成立,每乡、镇由3个人组成乡镇财政组,组长由乡镇长兼任,专设财政总会计、农业税征收员、财政出纳。财政体制实行"收支包干、超收分成"。

1992年5月扩镇并乡后,财政机构由原来的财政组改称为财政所,所长由镇长兼任,下设财政业务副所长、总会计、财政出纳、农业税征收员等9人。1994年镇实行人员分流,财政所原有9人,缩减为5人。

戚家山街道成立后,街道设立财政所。

表10-1-13　2007—2019年戚家山街道财政收支情况表

单位:万元

年份	财政收入			支出合计	预算支出						预算外及自筹支出
	合计	体制结算收入	预算外及自筹资金		小计	文教卫生	社会福利	行政管理	支农资金	其他支出	
2007	6257	5116	1141	5545	4950	1611	0	821	58	2460	595
2008	7014	6683	331	6285	6206	2375	10	1044	247	2530	79
2009	6551.5	6411	140.5	6593	6523	2460	10	1480	256	2317	70
2010	9852	9482	370	9683	8448	3071	10	1556	290	3521	1235
2011	12735	11424	1311	10406	10322	3159	67	1870	295	4931	84
2012	9628	9497	131	10068	10068	3311	67	2384	369	3937	0
2013	10283	9830	453	10369	10343	3614	35	1935	271	4488	26
2014	9820	9759	64	11413	11322	4180	36	1866	303	4937	91
2015	9567	9485	82	10916	9634	3776	45	1337	272	4214	1282
2016	11913	10409	1504	10898	9956	4210	61	1652	211	3822	942
2017	12595	12011	584	12502	11190	4490	44	2500	153	4003	1312
2018	15338	14807	531	12513	12259	4569	62	2508	324	4796	254
2019	17834	17340	494	14379	13254	5334	21	3277	283	4339	1125

第二章 金 融

　　中华人民共和国成立前,境内的小港直街有典当行(淦元当店)。1954年,小港信用社成立,是境内第一家金融机构。1955年起,始有银行分支机构入驻境内。20世纪80年代后,宁波经济技术开发区得以建立,为适应工业和商贸企业的金融需求,银行业在境内获得发展。

第一节 新中国成立前金融机构

典 当

　　典当,俗称当店或当铺,分座当和代当。民国二十二年(1933)镇海县有典当9家,资本额均在2万—4万银元之间,总资本额为27.4万银圆。其中清光绪年间开设5家,资本额为18万银圆。

　　原小港镇有一家淦元当店,开设于清光绪二十年(1894),资本额2万银圆,地址在今戚家山街道渡头社区小港横街24号。当店原址解放后曾建小港小学。原址与原粮站间有弄堂,叫当典弄。典押物主要为衣物首饰、古玩等。质押期限一般为18个月,利率为月息2分,质物逾期没当。至今群众中还流传这样一句顺口溜:"西风割历历,棉袄还在当店里。"抗日战争中此当店关闭。

钱 庄

　　清光绪二十一年(1895),镇海县城始设同豫钱庄。民国二十四年(1935)增至12家,大多设于城区,抗战起仅存镇祥1家,民国三十五年(1946)有勤丰、镇康、福康(后改复康)和镇祥4家。解放前夕先后歇业。小港没有开设过钱庄,借贷关系均在城区。小港港口李家在上海开有慎余、崇余、立余等6家钱庄,投资航运业、房地产业,和行业间拆借。郑圣裔在宁波江厦街设有祥康钱庄,为木材、杂粮行业作借贷担保。

　　当时钱庄多为合资经营,以股份制形式设董事会;聘请经理,另设协理(副手);余为账房、跑街、学徒等8—10人。一般经营存、放、汇业务及买卖公债、证券等。存款分活期、定期、同业存款等3种;放款分活放、定放(6个月)、同业拆入与往来透支4种。

银 行

　　民国时期镇海曾先后设置6家银行机构,其中国、省行分支机构2家,县级行库2家。日寇侵占期间汪伪政府开设银行分支机构2家。行址多设在县城南大街。

交通银行镇海办事处，民国二十三年（1934）设立。浙江省银行镇海办事处，民国二十五年（1936）设立。镇海县合作金库，民国二十八年（1939）6月设立。中央储蓄银行镇海办事处，民国三十二年（1943）11月设立，抗战胜利后被撤销。

镇海企业银公司，成立于汪伪统治时期，抗战胜利后被撤销。

解放前镇海县的有关银行都没有在小港设分支机构。

镇海县银行，民国三十六年（1947）1月筹备，11月正式成立，新中国成立后由人民政府接管。

第二节　新中国成立后金融机构

中国人民银行镇海县支行长山营业所

中国人民银行镇海县支行长山营业所于1957年在小港设立。此前长山成立3个流动服务小组。营业所初期主要办理存款、个人贷款、农业贷款、耕牛保险及少量机关团体结算业务。1958年10月县市合并，11月县支行改为办事处，长山营业所改为分理处。1963年初恢复人民银行长山营业所。1979年11月，划归农行长山分支机构。

中国农业银行镇海县支行长山营业所

中国农业银行镇海县支行长山营业所于1955年底成立。1958年12月长山营业所与长山人民公社信用部合并，实行两块牌子、一套班子。1960年镇海城关信用社划归长山信用部代管；同年5月，县支行更名为办事处，长山营业所更名为长山分理处。1963年1月长山分理处改名为长山办事处。1985年撤县扩区，办事处划归北仑区支行管辖。1995年2月办事处下设红联储蓄所等4个营业机构。长山办事处成立初，设在原小港镇二村（今戚家山街道蔚斗社区），1957年迁到小港镇三村（今戚家山街道渡头社区），1982年12月迁到江南红联新建大楼办公。

中国农业银行宁波经济技术开发区支行

为适应宁波经济技术开发区对金融业日益增长的需求，1989年5月在小港横街23号开设开发区支行。1991年1月改建为中国农业银行股份有限公司宁波经济技术开发区支行，1993年迁入东海路15号金贸大楼裙房。2019年末支行存款余额为6.1亿元。

中国银行宁波经济技术开发区支行

1989年8月1日，为适应宁波经济技术开发区对金融业日益增长的需求，中国银行宁波经济技术开发区支行与宁波经济技术开发区联合集团总公司下属中机公司、五矿公司联合开办储蓄所，地点设在开发区管委会大院旁，现驻东海路金贸大楼。2019年末支行存款余额为22亿元。

中国工商银行股份有限公司宁波经济技术开发区支行

为适应宁波经济技术开发区对金融业日益增长的需求，1990年9月10日建立中国工商银行股份有限公司宁波经济技术开发区支行。开设地址为东海路17号金贸大楼裙房。2019年末存款余额为8.21亿元。

北仑农商银行（小港信用社）

北仑农商银行（小港信用社）创建于1954年。农村信用社作为农村金融体系中的基层金融机构，由农民自愿入股，由社员民主管理。1995年被评为十佳（全国级）储蓄所，1993年、1994年、1995年先后被评为省级先选集体、储蓄先进、百强信用社。

信用社原址在小港直街与横街交会处（直街78号）。2000年迁入东海路与环山路交会处的甬晨大厦。2018年改制为北仑农商银行。2019年末北仑农商银行存款余额为10亿元。

宁波银行经济技术开发区支行

宁波银行经济技术开发区支行是一家民营股份制银行，成立于1998年12月。营业地址开设初期为公园路皇冠大厦，2000年迁至东海路159—165号。2019年末支行存款余额为16.5亿元。

中国邮政储蓄银行北仑（小港）支行

中国邮政储蓄银行北仑（小港）支行于2008年7月设立。营业地址为东海路121号。2019年末支行存款余额为1.9亿元。

中国建设银行股份有限公司

为适应宁波经济技术开发区对金融业日益增长的需求，中国建设银行股份有限公司于1996年8月成立。营业地址为环山路10—15号。2019年末建行存款余额2.78亿元。

表10-2-1　2019年戚家山街道金融机构一览表

机构名称	设立时间	地　址	2019年末存款余额（亿元）	2019年末贷款余额（亿元）
中国农业银行股份有限公司宁波经济技术开发区支行	1991年1月16日	东海路15号	6.1	9.1
宁波银行股份有限公司经济技术开发区支行	1998年12月23日	东海路159—165号	16.5	6
中国工商银行宁波经济技术开发区支行	1990年9月10日	东海路17号	8.2116	14.77
中国银行宁波经济技术开发区支行	1987年12月26日	东海路21号	22	30
中国建设银行股份有限公司宁波北仑蔚斗支行	1988年10月8日	环山路10—15号	2.78	0.29
宁波北仑农村商业银行股份有限公司戚家山支行	2005年6月23日	环山路与东海路交叉口	10	9.8
中国邮政储蓄银行北仑（小港）支行	2008年7月3日	东海路121号	1.9	0

第三节　货币流通

历史上小港镇内曾流通过银两、银币、铜币、镍币和纸币。民国时期流通货币以法币、金圆券为代表。抗日民主政府曾发行"兑换券"和"抗币"。新中国成立后,人民币为唯一流通货币。

银　两

银两分元宝、银锭与碎银。清末和民国初期铸造银圆后,银两逐渐消失。民国二十二年(1933)4月国民政府明令"废两改元",禁止银两流通。

银　圆

银圆,俗称大洋、洋钱或番饼。由国外流入最多为墨西哥"鹰洋"。清末、民国初流通清铸"龙洋"与北京政府铸"孙洋"(开国纪念币,铸有孙中山头像)、"袁洋"(铸有袁世凯头像)。银铸辅币称银角子,面额有壹角、贰角2种。宣统二年(1910)清政府定银圆为国币;民国三年(1914)北京政府又公布银圆为国币。民国二十二年(1933)南京政府确立"银本位"货币制度,并流通"船洋"(铸有孙中山头像)。民国二十四年(1935)宣布"法币政策",废止银圆。民国三十七年(1948)国民政府又铸制一批银圆流通市场。新中国成立后,禁止银圆投机贩卖。

铜钱　铜元

铜钱又称铜钿,历代均有制造。清及民国初沿用清代制钱。铜元出现后,铜钱逐渐淘汰。铜元又称铜板,始于清光绪年间;县内流通货币以当十为主。3枚为1分,10分折1银角。抗日战争开始后铜元多被销熔。民国二十九年(1940)后,铜元逐渐消失。

铝币　镍币

民国初年曾流通铸有袁世凯头像的镍币,面值5分。民国二十四年(1935)实行法币政策后,一度以镍币为辅币,有五分、十分、二十分3种。镍币正面为孙中山头像,背面为古代布币图案。民国二十八年至三十三年(1939—1944)间尚流通有一分、五分、十分铝币。抗战始均逐渐停止使用。

法　币

民国二十四年(1935)11月,国民政府规定以中央、中国、交通(后加中国农民)等国家银行所发行的纸币为法币,面额有壹分、伍分、壹角、贰角、壹圆、伍圆、拾圆等。当时流通的还有四明、实业、浙江地方等银行发行的纸币。民国二十七年(1938)8月,公布中国交通银行发行纸币按票面以9折计算。民国三十一年(1942)起由中央银行独家发行法币。法币发行始与银圆等值,面额最高为10圆。民国三十六年(1947)12月,浙江省银行镇海办事处奉令宣布8种新币上市,法币面额迅速增大,币值猛跌,后法币发行最高面额达伍佰万圆,贬值为600万法币相等于1个银圆。

关金券

关金券即海关金单位兑换券,民国三十一年（1942）国民政府在内地发行。抗战胜利后流入小港,1元关金券折法币20元。

金圆券

民国三十七年（1948）8月,国民政府改革币制,由中央银行发行金圆券,停止法币流通。以1：300万元限期收兑;同时强制收兑民间金银、外币。金圆券标榜为金本位货币,原定含金量0.22217公分。初期最高面额为拾圆,2元等于1银圆。民国三十八年（1949）4月,面额最高为100万圆,贬值至24万元等于1银圆。

附:汪伪储备券　1941年汪伪政府强制推行中央储备银行兑换券简称储备券。1942年储备券流入境内,收兑法币比价为1：2。初期最高面额为拾圆,1945年上升至拾万圆,物价飞涨,市场混乱。抗战胜利后,汪伪储备券由国民政府以法币1：200比价收兑。

民国镇海县政府发行的抗日纸币和兑换券

人民币

人民币是目前流通的法定货币,1949年5月29日,宁波市军事管制委员会布告统一使用人民币,禁用金圆券。即日起发行第一套人民币,人民币面额为壹圆、贰圆、伍圆、拾圆、贰拾圆、伍拾圆、壹佰圆、伍佰圆、壹仟圆等9种。并于6月2日—3日收兑金圆券,收兑比价为1：25.6万。1950年发行伍仟圆、壹万圆、伍万圆等3种。

1955年3月1日发行第二套人民币,即新人民币,主币面额为壹圆、贰圆、叁圆、伍圆、拾圆等5种,辅币为壹分、贰分、伍分、壹角、贰角、伍角等6种。新币壹圆折合旧币壹万圆,并于4月1日起停止老版币流通。1957年12月1日发行壹分、贰分、伍分3种铝合金硬币。1961年3月,发行蓝黑版壹圆券1种。

1962年4月15日,开始发行第三套人民币,主辅币共7种,比价未变,在市场上混合流通。1963年11月,人民银行限期收回原苏联代印的1953年版叁圆、伍圆、拾圆三种,至次年5月14日结束。1985年1月发行面额壹圆的金属主币及壹角、贰角、伍角3种辅币。

1987年4月27日,人民银行发行第四套人民币,主币面额有壹圆、贰圆、伍圆、拾圆、伍拾圆等5种,币有壹角、贰角、伍角3种,1988年5月增发面额壹佰圆券。

第四节　保险业

1951年1月成立镇海保险代理处,开展社会保险业务。1954年成立中国人民保险公司镇海县支公司。

1985年组建小港镇保险委员会。

戚家山街道成立前,小港镇有以下2家保险公司的分支机构:

中保财产保险有限公司宁波市北仑区支公司小港镇保险服务公司。1991年6月开设在红联振兴西路,1996年6月前称中国人民保险公司宁波市北仑区支公司小港镇保险服务所。承保险种解放初期办理耕牛保险、海塘与船舶保险。后增加企业财产、普通火险、人寿险、货物运输保险及家庭机动车辆(汽车、摩托车、拖拉机)保险等。

中国太平洋保险公司宁波分公司北仑办事处小港服务所,1996年4月2日开设在红联渡口路140号。

第十一编　党政　群团

　　民国十六年（1927），小港人唐爱陆创办（私立）蔚斗小学。一批具有新文化、新思想的青年学子在学校中传播爱国思想。五四运动后，一批共产党人在学校宣传共产主义，领导学生中的进步青年参加抗日斗争，为中共镇海县工委在蔚斗小学诞生和发展奠定了思想基础和群众基础。

　　新中国成立后，中国共产党的组织在戚家山区域获得迅速发展。在各级党组织的领导下，土地改革、抗美援朝、合作化运动、农田基本建设、家庭联产承包、社队办企业等各条战线都取得重大成果。

　　改革开放以后，党的工作重心转移到经济建设上来，中国共产党各级党组织带领群众在宁波经济技术开发区的建设中不断取得新的成绩，一批社会主义建设者、知识分子成为党组织的新鲜血液，增添了党的活力。

　　与此同时，工会、共青团、妇联等群众组织也得到了长足的发展。

本编目录

第一章 中国共产党

境内是中国共产党地方党组织发展较早的地方。民国十四年（1925），中共宁波支部发展小港养正小学教师曹静渊为党员；民国二十七年（1938）3月，中国共产党蔚斗小学党支部成立，成为当时镇海县较早的基层党组织。是年8月，中共镇海县工委在蔚斗小学成立。自此，党组织在戚家山街道区域蓬勃发展。

第一节 新中国成立前境内的党组织及领导人

民国十四年（1925），中共宁波支部发展小港养正小学教师曹静渊为党员。民国二十一年（1932）2月，中共早期党员吴沛宁、阎季平、周鸣宇（周朴农）在失去组织关系的情况下，积极利用在蔚斗小学的教师身份，组织学生举行抗日宣传活动，举行宣讲会，放学沿途呼喊抗日口号，发动学生向社会募捐支援第十九路军。

是年秋冬，周鸣宇在蔚斗小学组织读书会，吸收进步青年师生学习《大众哲学》《政治经济学》等进步书刊。

民国二十二年（1933）4月4日，吴沛宁等组织蔚斗等7校学生游行集会，一致要求团结抗日，收复失地，决不做亡国奴。

民国二十五年（1936）春，在周鸣宇领导下，读书会成为蔚斗、新民、良才3校进步教师学习传播马克思主义和抗日救国宣传的组织。

连续几年的宣传教育，为以后中国共产党的基层组织在小港的发展奠定了思想基础和群众基础。

民国二十七年（1938）春节前后，中共浙江临时特别委员会委员竺扬到小港蔚斗小学，恢复大革命时期失去党组织关系的卓子英、施若愚的党籍。3月，在蔚斗小学内建立了中共镇海蔚斗小学支部，先后属浙东临时特委、宁绍特委领导。

民国二十七年（1938）8月，中共镇海县工委在蔚斗小学成立。民国二十八年（1939）8月，县工委书记卓子英调新碶工作；张起达从定海调到镇海接任镇海县工委书记，县工委机关先设在小港蔚斗小学，后移至青峙七星延陵学校，先后属宁绍特委和宁波中心县委领导。

民国二十九年（1940）5月，张起达因病免职，调陈志达到镇海任县工委书记。县工委机关迁设在大碶山沿陈，隶属中共宁属特委。翌年1月归宁属特派员领导，1942年11月后属中共三东地委领导。

民国三十二年（1943）3月，镇海县工委改为特派员制，直至北撤。解放战争时期，仍实行单线领导的特派员制。小港的基层党组织受特派员领导。

民国三十二年（1943）3月，县工委书记陈志达调奉化县任敌伪军工作特派员。因新任县特派员罗德生尚在浙东区党委干部训练班学习，陈志达仍兼任镇海县特派员。同年7月，罗德生学习结束后到镇海接任特派员工作。抗日战争胜利后，民国三十四年（1945）9月下旬，浙东区党委部署北撤后的坚持工作时，仍指定罗德生为镇海县特派员；民国三十七年（1948）2月，罗德生随同江南武工队去舟山活动。

表11-1-1　新中国成立前戚家山街道境内党组织负责人名录

组织名称	职务	姓名	任职时间	说明
蔚斗小学支部	书记	施若愚	1938年3月—1938年7月	1938年3月建立蔚斗小学支部
镇海县工委	书记	卓子英	1938年8月—1939年8月	1938年8月建立镇海县工委
		张起达（张谦德）	1939年8月—1940年5月	
		陈志达	1940年5月—1943年3月	
	委员	贺灏群	1938年8月—1940年5月	
		贾德裕	1938年19月—1941年4月	
		乐济猛	1940年5月—1941年4月	
		李健民	1941年4月—1941年6月	
		杨志行（女）	1941年6月—1941年10月	
	特派员	陈志达（兼）	1943年3月—1943年7月	1943年3月建立特派员制度
		罗德生（陆汉英）	1943年7月—1948年2月	
七星延陵学校支部	书记	张起达	1940年1月—1940年7月	1940年1月成立七星延陵学校支部
养正第二小学支部	书记	李偶民	1940年11月—1941年1月	1940年11月成立养正第二小学支部
		王德士	1941年1月—1941年4月	

第二节　新中国成立后境内乡镇党组织的沿革

境内的区、乡党组织按其变动和组织沿革，可分为中共长山区委、划区分小乡、撤区并乡、以区建立人民公社和以乡建立人民公社5段。此后为"文化大革命"时期与社会主义现代化建设新时期。

中共长山区委（1949年6月—1950年5月）

1949年6月建立，区委机关设在大碶杨家桥。下辖大碶镇和大碶、金泉、高塘、浃水、江南、镇南6个乡（戚家山街道在浃水乡境内）。乡镇只有分散的几个党员，没有建立党组织。书记刘法（1949年6月—1950年5月），副书记张玉田（1949年6月—1950年5月）。

划区分乡后的区、乡党组织（1950年5月—1955年）

为了便利开展土地改革运动和民主建政，在省、地、县委的统一部署下，1950年5月至7月进行了划区分乡工作。长山区划分为长山、大碶2个区。划区后的长山区（其行政区域即为现在小港街道、戚家山街道）。下辖小港镇和青峙、长山、江南、衙前、谢墅、枫林、下邵与江桥8个乡。当时城关镇也划归长山区。1952年11月，城关镇划出，单独建区。1953年至1955年，乡、镇先后建立党支部。

并乡撤区后的区、乡党组织（1956年—1957年1月）

为了适应农村合作化和社会主义建设发展的需要，1956年春实行并乡撤区，扩大乡的行政区域，直属县领导，长山区委撤销。1957年1月复建长山区委。并乡后，乡建立党总支。

人民公社时期的党组织（1958—1966年）

根据1958年8月中共中央《关于在农村建立人民公社的决定》和浙江省委《关于发展人民公社的意见》，基本以区为基础建立政社合一的人民公社（俗称"大公社"）。长山区建立长山人民公社，设公社党委，下设9个生产大队（管理区），大队设党总支。同年10月，镇海县建制撤销，刚建立的人民公社及其所辖大队（管理区），改归宁波市领导。

1961年3月22日和6月15日，中共中央先后发布了《农村人民公社工作条例（草案）》（即"六十条"）和《关于讨论和试行农村人民公社工作条例修正草案的指示》。中共宁波市委根据中央指示和浙江省委、宁波地委的部署，决定调整公社规模。在原长山人民公社范围内建立小港、江南、枫林与下邵4个公社，长山人民公社撤销后没有恢复长山区委，新建的4个公社归镇海区委领导。1963年1月，镇海县建制恢复，区和公社由隶宁波市改归镇海县。同年5月，撤销镇海区，恢复长山区，小港、江南、枫林及下邵4个公社复归长山区，建立长山区委和4个公社党委，其中小港公社党委成立于1961年10月，由原小港镇、长山大队党组织合并组建。

"文化大革命"时期的党组织（1966年5月—1976年10月）

1966年5月至1968年，区委和公社党委组织仍在，但实际停止活动，由人民武装部长主持工作。1968年，陆续建立区革命领导小组和公社（镇）革命委员会，实行"一元化"领导。1970年春逐步恢复党的组织活动，开展整党建党。是年5月和6月，公社（镇）先后召开党员大会，进行选举，复建党委会。1972年5月，复建长山区委。至此，区、公社党委和基层党支部的组织活动复归正常。

社会主义现代化建设新时期的党组织（1976年10月至今）

1976年10月"文化大革命"结束，转入社会主义现代化建设新时期。这一时期，区、乡镇（公社）行政区划、体制和隶属关系几经变动，党组织也相应地做了变动。长山区委辖小港、江南、下邵3个公社党委。1981年11月，下邵公社分设枫林公社，12月建立枫林公社党委。1983年以后，公社党委先后改为乡党委。1985年10月镇海县建制撤销后，长山区委由镇海县委领导改归宁波市滨海区委领导，11月改名为滨海区长山工委，1987年1月工委撤销。

1983年下半年取消公社体制，恢复乡、镇名称，公社党委改为乡、镇党委。

1984年1月,小港乡的部分村划归新建的宁波市滨海区。同年10月,从小港乡和滨海区青峙乡划出3.9平方千米建立宁波经济技术开发区;同年7月,建立中共青峙乡委员会。

1985年5月,经省民政厅批准,原镇海县小港乡与滨海区的青峙乡合并建立小港镇,归滨海区管辖;同年6月,小港乡与青峙乡合并后建立小港镇党委(第六届)。1985年10月,撤销镇海县建制,原镇海县的行政区域并入宁波市,建立宁波市镇海区,扩大宁波市滨海区,以甬江为界,甬江以北为镇海区,甬江以南为滨海区(1987年7月改名为宁波市北仑区)。同年11月,滨海区委所属的长山区委改为滨海区长山工作委员会。

1987年1月,长山工委撤销。1992年5月,实行扩镇并乡,撤销小港镇和江南、下邵、枫林3个乡建制,合并建立小港镇,重新任命扩大后的小港镇党委。

表11-1-2 新中国成立后的长山区、小港镇党组织历任主要领导人名录

组织名称	职务	姓名	任职时间
长山区委	书记	刘 法	1949年6月—1950年5月
		朱品礼	1950年11月—1951年3月
		荆云峰(兼)	1951年12月—1952年2月
		吕士莱(负责人)	1952年2月—1952年12月
		徐荣卿	1954年12月—1956年4月
	副书记	张玉田	1949年6月—1951年8月
		秦纪胜(第一副书记)	1951年6月—1951年12月
		徐荣卿	1952年12月—1954年12月
		史性怀	1954年2月—1954年9月
		杨如涨	1954年9月—1954年11月
		张文莲(女)	1954年11月—1956年4月
小港镇党支部	书记	王渭云	1954年4月—1954年10月
		柯才法	1954年10月—1956年3月
青峙乡党支部	书记	叶阿存	1954年6月—1955年1月
		何文玉	1955年1月—1956年2月
长山区委	书记	蔡良兴	1957年8月—1958年9月
	副书记	柯寿康	1957年1月—1958年9月
		刘根法	1957年1月—1958年5月
小港乡党总支	书记	赖其贝	1956年3月—1957年2月
		张章伦	1957年2月—1958年9月
	副书记	林连法	1956年3月—1958年9月
		张米青	1956年3月—1956年11月
		赖其贝	1957年2月—1958年9月

组织名称	职 务	姓 名	任职时间
长山公社党委	书 记	蔡良兴	1958年10月—1961年9月
	副书记	刘根法	1958年10月—1961年9月
		张章伦	1958年10月—1961年9月
		史性怀	1958年10月—1961年9月
		袁文根	1958年10月—1961年9月
		钱惟增	1958年10月—1961年4月
		马树德	1959年5月—1960年9月
		周财富	1960年4月—1961年9月
		华信安	1960年5月—1961年9月
小港镇党总支	书 记	张章伦（兼）	1958年10月—1961年9月
		沈宝裕（负责人）	1960年10月—1961年9月
	副书记	陈富宽	1958年10月—1959年5月
		林连法	1959年5月—1961年9月
		杨伟忠	1959年5月—1960年4月
		丁富仁	1959年7月—1960年9月
青峙大队总支	书 记	林连法	1958年10月—1960年9月
	副书记	林裕生	1958年10月—1959年5月
长山区委	书 记	蔡良兴	1963年5月—1965年5月
	副书记	刘根法	1963年5月—1965年2月
		李镛康	1963年5月—1965年5月
小港公社党委	书 记	张章伦	1961年10月—1968年10月
	副书记	张昌盛	1961年10月—1965年3月
		林连法	1962年6月—1966年12月
		郑德周	1963年9月—1964年4月
		周财富	1965年3月—1968年10月
长山区委	书 记	韩涨来	1972年10月—1976年10月
	副书记	王烈虎	1972年10月—1974年3月
小港公社党委	书 记	韩涨来	1970年6月—1972年10月
		张玉恒	1972年10月—1975年12月
		张文南	1975年12月—1976年10月
	副书记	张吉表	1970年6月—1976年10月

组织名称	职 务	姓 名	任职时间
小港公社党委	副书记	张文南	1971年9月—1975年12月
		朱明高	1972年1月—1976年10月
		杨伟忠	1976年2月—1976年10月
长山区委（工委）	书 记	韩涨来	1976年10月—1978年7月
		张圣耀	1978年7月—1979年4月
		杨良法	1979年4月—1980年10月
		沈宝裕	1980年10月—1984年3月
		郑瑞法	1984年3月—1985年1月
		胡祖昭	1985年3月—1986年5月
	副书记	杨良法	1978年7月—1979年4月
		沈宝裕	1979年10月—1980年10月
		王通根	1979年10月—1981年1月
		华绍良	1982年6月—1984年2月
		胡祖昭	1984年5月—1985年3月
		周源明	1985年6月—1985年10月
		夏祖兴	1986年5月—1987年1月
小港乡党委	书 记	张文南	1976年10月—1978年3月
		杨伟忠	1978年3月—1980年6月
		沈天高	1980年6月—1983年8月
		夏祖兴	1983年8月—1985年5月
	副书记	张吉表	1976年10月—1976年12月
		朱明高	1976年10月—1979年3月
		杨伟忠	1976年10月—1978年3月
		夏祖兴	1978年3月—1983年8月
		华绍良	1979年3月—1982年6月
		虞先明	1983年2月—1985年5月
		邵小毛	1983年8月—1984年4月
		姚微琴（女）	1984年5月—1984年10月
青峙乡党委	书 记	邵小毛	1984年7月—1985年6月
	副书记	陈希忠	1984年7月—1985年6月
小港镇党委	书 记	夏祖兴	1985年6月—1986年5月
		陈聪芳	1986年5月—1990年2月

组织名称	职　务	姓　名	任职时间
小港镇党委	副书记	虞先明	1985年6月—1987年3月
		陈希忠	1985年6月—1990年2月
		陈聪芳	1985年6月—1986年5月
		袁利芳	1986年5月—1990年2月
第七届小港镇党委	书　记	陈聪芳	1990年2月—1992年5月
	副书记	陈希忠	1990年2月—1992年3月
		袁利芳	1990年2月—1992年3月
		冯万群	1992年2月—1992年5月
		陈国仙（女）	1992年2月—1992年5月
	纪委书记	袁利芳	1992年1月—1992年6月
	书　记	沈天高	1992年5月—1993年1月
	副书记	冯万群	1992年5月—1993年1月
		张声光	1992年5月—1993年1月
第八届小港镇党委	书　记	沈天高	1993年1月—1995年11月2日
	副书记	冯万群	1993年1月—1995年9月29日
		张声光	1993年1月—1995年11月2日
		俞一雄	1995年9月2日—1995年11月2日
第九届小港镇党委	书　记	沈天高	1995年1月12日—1977年1月3日
		俞一雄	1997年1月3日—1998年11月6日
	副书记	俞一雄	1995年11月2日—1997年1月3日
		张声光	1995年1月3日—1998年9月24日
		杨红斌（女）	1996年10月8日—1998年1月20日
		周善康	1997年4月3日—1981年11月.06
		沈恩东	1998年9月24日—1998年11月6日
第十届小港镇党委	书　记	俞一雄	1998年11月—2001年10月25日
		孙义为	2001年10月25日—2002年5月10日
	副书记	周善康	1998年11月6日—2000年1月
		沈恩东	1998年11月6日—2001年10月
		严友根	1999年1月—2001年10月
		孙义为	1999年1月—2001年10月
		陈旭光	1999年1月—2001年10月
		张国平	1999年1月—2001年10月

组织名称	职　务	姓　名	任职时间
第十届小港镇党委	副书记	王建波	1999年1月—2001年10月
		刘明国	1999年1月—2001年10月
十一届小港镇党委	书　记	孙义为	2001年12月—2002年5月
		顾文良	2002年5月—2003年8月
	副书记	王建波	2001年12月—2003年8月
		张国平	2001年12月—2003年8月
		陈旭光	2001年12月—2003年8月
		刘明国	2001年12月—2003年8月
		黎　群（挂职）	2002年9月—2003年8月
		章文夫	2002年11月—2003年8月
小港街道党工委	书　记	顾文良	2003年8月—2004年2月
		王建波	2004年3月—2006年12月
		颜　力	2006年12月—2008年12月
	副书记	王建波	2003年8月—2004年3月
		章文夫	2003年8月—2006年5月
		刘明国	2003年8月—2007年3月
		陈旭光	2003年8月—2004年2月
		刘亚飞	2004年1月—2006年5月
		刘建赫（女）	2006年5月—2008年12月
		王　道	2007年3月—2008年12月
		金仁杰	2007年3月—2008年12月

第三节　党员代表大会

中共小港镇第七次代表大会

中共小港镇第七次代表大会于1990年2月26日至27日在镇政府召开，出席代表120名，大会设主席团（9人组成）、代表资格审查委员会（3人组成）和秘书长。会议审议和通过中共小港镇第六届委员会工作报告；选举产生中共小港镇第七届委员会委员6名和出席北仑区第二次党代会代表12名。镇七届一次全委会选举产生书记1名、副书记2名。

1992年5月，实行扩镇并乡，原小港镇、江南乡、下邵乡、枫林乡撤销，合并建立小港镇。5月13日和6月13日北仑区委先后任命了扩并后的小港镇党委组成人员和镇纪委书记（与原小港镇党委同届）。1993年1月进行换届选举。

中共小港镇第八次代表大会

中共小港镇第八次代表大会于1993年1月9日至10日在小港镇召开，出席代表165名，大会设主席团（15人组成）、代表资格审查委员会（3人组成）和秘书长。会议审议和通过中共小港镇第七届委员会工作报告；大会选举产生中共小港镇第八届委员会委员8名、镇纪律检查委员会委员5名和出席中共北仑区第三次党代会代表20名。八届一次全委会选出书记1名、副书记2名。

中共小港镇第九次代表大会

中共小港镇第九次代表大会于1995年1月1日至2日在镇政府大会堂召开，代表150名，占全镇1674名党员的8.9%，列席29名。大会设主席团（16人组成）、代表资格审查小组（3人组成）和秘书长。会议审查、通过了中共小港镇第八届委员会的工作报告和纪检工作报告；大会选举产生中共小港镇第九届委员会委员9名、镇纪委委员5名。九届一次全委会选出书记1名、副书记2名。

中共小港镇第十次代表大会

中共小港镇第十次代表大会于1998年11月5日至6日在镇政府会堂召开，代表135名，占全镇党员总数的7.3%，列席48名。俞一雄代表九届镇党委作工作报告，吴抗美作镇纪委工作报告。大会选举产生了中共小港镇第十届委员会委员9名和镇纪委委员5名。

11月6日十届镇党委和镇纪委分别举行第一次全体会议，分别选出镇党委书记、副书记和镇纪委书记、副书记。

第四节　街道（含青峙化工园区）党工委

2007年3月，戚家山街道成立。中共北仑区委戚家山街道工作委员会（以下简称街道党工委）同时成立。2016年7月，成立青峙化工园区党工委。2019年5月28日，北仑区委、宁波经济技术开发区党工委决定撤销青峙化工园区党工委，建立青峙化工园区管理服务中心党组。

表11-1-3　戚家山街道党工委主要领导人名录

组织名称	职　务	姓　名	任职时间
街道党工委	书　记	贾伟善	2007年3月—2011年9月
		金　艳（女）	2011年9月—2015年11月
		胡敏波	2016年1月—2019年1月
		李声波	2019年1月—2019年12月
	副书记	戴荣圣	2007年3月—2008年11月
		邬世雄	2007年3月—2009年6月

组织名称	职　务	姓　名	任职时间
街道党工委	副书记	陆浩杰	2007年3月—2010年1月
		徐广英	2009年6月—2010年1月
		胡　斌	2009年3月—2011年11月
		夏建光	2010年1月—2013年10月
		郑加和	2010年3月—2011年6月
		谢志伟	2011年6月—2016年5月
		沈建亚（女）	2011年11月—2016年11月
		张　平	2011年11月—2013年5月
		张志龙	2013年5月—2016年7月
		胡敏波	2013年10月—2016年1月
		张旭波	2016年1月—2020年4月
		孙旭辉	2016年7月—2018年2月
		邱益君	2017年8月—2019年12月
		曹正令	2018年2月—2019年12月

表11-1-4　青峙化工园区管理服务中心党工委主要领导人名录

组织名称	职　务	姓　名	任职时间
青峙化工园区党工委	书　记	胡敏波	2016年7月—2019年1月
		李声波	2019年1月—2019年5月
	副书记	张旭波	2016年7月—2019年5月
		张志龙	2016年7月—2016年11月

注：青峙化工园区党工委成立于2016年7月。

表11-1-5　青峙化工园区管理服务中心党组主要领导人名录

组织名称	职　务	姓　名	任职时间
青峙化工园区党组	书　记	李声波	2019年5月—2019年12月
	副书记	张旭波	2019年5月—2020年4月
		李国东	2020年4月—2019年12月
	党组成员	周幼娟（女）	2019年5月—2019年12月

注：2019年5月成立北仑区青峙化工园区管理服务中心党组。撤销原青峙化工园区党工委。

第五节 社区（村）党组织

新中国成立初期，农村只有解放前留下来的个别党员，没有建立村一级的党支部。

20世纪50年代中期，随着农业合作化运动的发展，农村开始逐步建立村党支部，以后农村行政体制几经改变，农村党组织的名称也相应地发生了改变。公社化前称村党支部，大公社时期称生产队党支部，小公社时期称大队党支部，撤销公社建制后，恢复村党支部名称。

表 11-1-6 戚家山街道社区（村）党委（总支、支部）书记名录

支部所在社区（村）	姓 名	任职时间
黄跟村（生产队、大队）	杨伟忠	1961年4月—1967年4月
	林祖培	1967年4月—1968年4月
	杨伟忠	1968年4月—1975年12月
	林祖培	1975年12月—1984年4月
	杨国成	1984年4月—1989年11月
	林国章	1989年11月—1992年5月
桥东村（生产队、大队）	柯才法	1955年12月—1958年10月
	杨伟忠	1958年10月—1962年12月
	冯阿康	1962年12月—1970年1月
	李光启	1970年1月—1984年2月
	邵再如	1984年2月—1992年5月
东升社区	林国章	1989年11月—1992年10月
	杨伟忠	1992年10月—1995年11月
	杨国成	1995年11月—2009年6月
	王善康	2009年6月—2016年2月
	吴绍民	2016年3月—2018年11月
	林 平	2018年11月—2019年12月
棉花村（生产队、大队）	潘朝法	1961年7月—1966年12月
	乐加龙	1966年1月—1972年11月
	乐献忠	1972年11月—1976年4月
	杨伟员	1976年4月—1984年4月
小港盐场	张信华	1983年10月—1984年4月
曙光村（生产队、大队）	潘朝法	1956年4月—1966年6月
	乐南良	1966年4月—1983年12月
	王仁服	1983年12月—1984年4月

支部所在社区（村）	姓 名	任职时间
蔚斗社区	张信华	1984年4月—2003年5月
	苏承达	2003年6月—2016年8月
	唐永良	2016年9月—2019年12月
蒋家村（生产队、大队）	江德成	1966年12月—1972年5月
	杨厚忠	1972年5月—1980年6月
	杨孝康	1980年6月—1984年9月
	蒋文龙	1984年9月—1992年9月
	蒋如宝	1992年9月—2004年8月
	向坚芳（女，下派）	2004年9月—2007年3月
	冯意龙	2007年4月—2008年4月
	张海佩（女） 章春华（女） 王宁宁（下派）	2008年5月—2019年10月
沙头村（生产队、大队）	吴福庆	1956年4月—1977年4月
	李贤嗣	1977年4月—1980年12月
	朱志广	1980年12月—1984年3月
	胡宝伟	1984年3月—1989年1月
	林永康	1989年1月—1990年12月
	林金良	1990年12月—1998年6月
	陈爱良	1998年6月—1999年12月
	乐加全	2000年3月—2018年11月
李隘村（生产队、大队）	吴连青	1961年1月—1970年5月
	唐银友	1970年5月—1975年9月
	吴连青	1975年9月—1977年10月
	吴兴宏	1977年10月—1981年11月
	虞信才	1981年11月—1984年11月
	李承汉	1984年11月—1990年12月
	应连章	1990年12月—1998年6月
	吴士振	1998年6月—2010年2月
	李植安	2010年2月—2019年10月

支部所在社区（村）	姓　名	任职时间
青崎村（生产队、大队）	何文玉	1955年12月—1958年12月
	吴福庆	1958年12月—1961年5月
	何文玉	1961年5月—1964年6月
	徐明章	1964年6月—1966年7月
	吴绍伦	1966年7月—1967年9月
	徐明国	1967年9月—1972年8月
	贺善良	1972年8月—1981年1月
	孙炳尧	1981年1月—1985年9月
	胡君良	1985年9月—1998年12月
	张小君	1998年12月—2006年3月
	贺世云	2006年3月—2015年3月
林唐村（生产队、大队）	林冬生	1964年1月—1966年12月
	林瑞根	1966年12月—1969年7月
	吴惠民	1969年7月—1983年10月
	陆明龙	1983年10月—1991年5月
	吴定法	1991年5月—1993年12月
	吴惠民	1993年1月—1996年7月
	林惠安	1999年7月—2001年9月
	唐裕龙	2001年9月—2002年8月
	唐英杰	2002年9月—2005年8月
	林国庆	2005年9月—2007年8月
	唐永良	2007年9月—2008年6月
	林甫君	2008年7月—2011年4月
	唐永良	2011年4月—2016年8月
	贺世云	2016年9月—2019年12月
渡头村（大队）支部	乐定法	1962年12月—1970年1月
	陈玉头	1970年1月—1972年6月
	乐根土	1972年6月—1980年10月
	乐安庆	1980年10月—1981年4月
	乐根土	1981年4月—1984年9月
	李康年	1984年9月—1986年10月

续　表

支部所在社区（村）	姓　名	任职时间
渡头社区	苏承达	1986年10月—2003年5月
	瞿毛宁	2003年6月—2015年11月
	应冬菲（女）	2015年11月—2019年12月
小港居委会	郑如玉	1984年10月—1985年9月
	顾夫堂	1985年10月—1991年3月
	郑如玉	1991年3月—1994年4月
	王炳滔	1994年4月—1998年9月
	林淑芬	1998年9月—2004年12月
	瞿毛宁	2004年12月—2010年6月
青峙工业社区	李　明（女）	2009年3月—2015年7月
	洪　波	2015年8月—2016年12月
	李　明（女）	2017年1月—2019年12月

第六节　党务工作

党建工作

戚家山街道区域内党的组织工作早在20世纪40年代已经开始了。1938年3月，在蔚斗小学成立第一个基层党支部，1938年8月成立镇海县工委。县工委在蔚斗小学培养与吸收教师中的爱国抗日积极分子入党，涌现了以李敏、林勃、郑世庚、李又兰等为代表的优秀党员。

中华人民共和国成立初期，在"土改""镇反"运动中，吸收了一批在土地改革、镇压反革命斗争中成长起来的贫雇农积极分子加入中共党组织，他们中的很多人成长为党的基层组织负责人。

1964年至1966年7月，在"小四清""大四清"运动中，又有一批积极分子加入。

"文化大革命"初期，各级党组织的活动一度停止。1974年，在"批林批孔"运动中，党内不同程度地出现"突击入党、突击提干"的现象。1975年，按照中共中央有关文件精神，境内各人民公社着手整顿党组织，纠正"双突"中发生的个别错误。1978年冬至1985年，各乡（公社）党委对组织进行了多次整顿，全面纠正"文化大革命"中及其以前"左"的错误。

从1985年起，党的中心工作转移到经济工作上来，戚家山区域建立了宁波经济技术开发区，大批农民转变为产业工人，或自主创业成为新时期社会主义建设者。改革开放中涌现出来的先进分子入党，成为这个阶段的主要对象。为加强党对民营企业的领导，街道党工委注重企业党建工作，至2018年，已有2个企业党委，下辖16个支部，24个企业党支部。

2008年，在渡头社区成立流动党员支部。街道党员为汶川地震捐特殊党费12.7万元。

2012年，推进党建工作信息化、社会化建设，在党员培育、组织培育、典型培育、作风发挥方面，党组织与社会组织实现双向培育和交叉发展。

2013年，开展"转作风、强服务、促发展"主体活动。通过走村入户进企业，增强服务企业、服务群众、服务发展的能力。

2014年，积极创新"民情快递站"和党代表会议制度，通过畅通"民情直通车"、构建"服务同心圆"、推进"点亮微心愿"等具体措施，狠抓党员干部"四支队伍"建设，切实解决好联系服务群众"最后一公里"问题。

2015年，建立全省首个社交型智慧党建App"先锋戚家山"，把党员信息、党组织日常活动管理、党员网上组织生活、活动项目有效整合。

2018年，组织开展村社组织换届"回头看"，开展以流动党员示范区、示范街、示范楼、示范站、示范店、示范岗为内容的建设，在青峙化工园区成立北仑区首个企业联合党校，通过全员式、互动式、体验式、流动式等4种党课形式开展党课教育，做到园区企业党员全覆盖。

2019年，在街道党员群众中进一步开展"不忘初心，牢记使命"主题教育，通过学习习近平新时代中国特色社会主义思想，学习党章，重温入党誓言，参观红色历史遗址和开发开放展览馆、红廉蔚斗陈列馆等一系列活动，打造红色戚家山主题教育基地，推出使命、逐浪、传习、追梦等4四条主题教育红色路线，建立"红映峡江"党建联盟，使全体党员进一步确立为人民服务的宗旨。

2019年底，街道党工委下属各类基层党组织有89个（7个基层党委、1个党总支、83个党支部），共有党员1310名。

表11-1-7　2018年戚家山街道社区、村党组织情况表

党委名称	下属党支部（个）	党员人数（人）	党支部名称	党员人数（人）
蔚斗社区	29	433	青峙村	0
东升社区	8	152	蒋家村	8
渡头社区	5	108	沙头村	0
青峙工业社区	15	230	李隘村	36
			林唐村	69

表11-1-8　2018年戚家山街道教育文化卫生系统党组织情况表

党支部名称	支部个数（个）	党员人数（人）
街道社区卫生服务中心	1	20
联合实验中学	1	30
蔚斗小学	1	28
宁波开发区幼儿园	1	13

表11-1-9　2018年戚家山街道企业、商业单位党组织情况表

党委名称	下属党支部（个）	党员数（人）	党支部名称	党员数（人）
逸盛石化党委	3	62	东升金属型材支部	3
联合集团党委	13	144	街道企业综合支部	84

表11-1-10　2018年戚家山街道企业党员人数一览表

企　业	党员人数（人）	企　业	党员人数（人）
宁波裕民机械工业	11	宁波开发区联合物业	15
宁波新桥化工	12	海尔施生物医药	9
宁波侨泰兴纺织	8	浙江新美心食品工业	9
宁波万兴房地产	7	宁波神鸽实业	7
宁波国成塑料	14	宁波石源矿泉水开发	4
宁波大汇建设	7	浙江腾龙精线	14
浙江公铁建设工程	5	宁波远东进出口	8
宁波金仕达包装	7	宁波北仑新港冶金机械	15
宁波斯迈克制药	5	宁波捷通电子	4
宁波中元复合钢管	4	三星重工（宁波）	66
宁波纬诚科技	5	宁波科元精化	21
宁波开发区顺鹰包装	3	宁波新安东橡胶	9
浙江安宝药业	4	宁波中新腈纶	7
宁波长鸿高分子科技	6	宁波亚洲纸业	6
飞佛（宁波）特种纺织品	5	宁波金发新材料	47
青峙化工园区紧固件协会	4	宁波路通水泥	9
北仑食品公司	7	宁波青峙码头联合支部	21
宁波永祥铸造	6		

表11-1-11　2018年戚家山街道党员学历情况表

单位：人

	总　数	研究生	大学本科	大学专科	中　专	高中中技	初中及以下
党政机关	25	3	14	8	—	—	—
工　人	626	15	288	202	24	59	38
农牧渔民	51	—	—	1	2	3	45

表11-1-12　2018年戚家山街道党员年龄及入党时间构成情况表

年龄段	人数（人）	入党时间	人数（人）
35岁以下	394	1949年10月—1966年4月	31
36—45岁	316	1966年5月—1976年10月	98
46—54岁	267	1976年11月—1978年12月	26
55—59岁	84	1979年1月—2002年10月	451
60岁以上	284	2002年11月以后	739
合　计	1345	合　计	1345

宣传教育工作

1950—1952年，多次组织"抗美援朝、保家卫国"形势报告。1953年，县委提出"以生产为中心，互助合作为基础，抗美援朝，爱国增产竞赛为动力"口号，开展学习宣传党在社会主义过渡时期总路线、总任务，并组织"共产主义与共产党"教育活动。

1954年，组织各界群众学习、宣传第一部《中华人民共和国宪法》。

1955年秋，组织学习毛泽东《关于农业合作化问题》，各乡在春节后相继建立农业生产合作社，到冬季扩社、并社，办起高级农业生产合作社，掀起农业合作化高潮。

1956年3月，宣传管理制度的改革，在农业生产合作社中推行包工、包产、包成本与超产奖的"三包一奖"制度。是年夏秋，加强对工商业和手工业的宣传工作，完成对私营工商业的社会主义改造。

1957年，境内各级党组织组织中共党员和干部学习毛泽东《关于正确处理人民内部矛盾的问题》；利用电话线建立有线广播站，每天早、中、晚转播县广播站的节目。

1958年，宣传"鼓足干劲，力争上游，多快好省地建设社会主义"总路线、大跃进和人民公社。受"左"的思潮影响，在宣传工作中也出现一些脱离实际的倾向，对"一平二调"（在人民公社内部所实行的平均主义的供给制、食堂制，对生产队的劳力、财物无偿调拨）的"共产风、浮夸风、强迫命令风、生产瞎指挥风和干部特殊化风"起了推波助澜的作用。

1959年10月，宣传中共中央"反右倾、鼓干劲"的指示精神；12月，配合中共镇海县委组织的整社检查团做好整风整社的宣传工作。

1960年，开展社会主义教育运动，宣传坚持"总路线、大跃进、人民公社""三面红旗"，掀起"以粮为纲"的竞赛活动。

1961年，宣传发展国民经济"调整、巩固、充实、提高"的八字方针和中共中央《农村人民公社工作条例（草案）》（即"六十条"）等文件精神，落实三级所有（原公社、大队两级改为公社、生产大队、生产队三级）、队（生产队）为基础的基本核算制度。是年10月起，宣传、落实国家为克服困难采取的一系列政策，强调为国家分担困难。

1962年2月，宣传中共中央"以生产队为核算单位，至少30年不变"的批示精神；4月，宣传改进干部领导作风，落实"干部定工劳动、定额补贴"等相关规定。

1963年，宣传计划生育政策。

1964年，宣传和学习解放军、大庆的政治工作经验，开展"四好生产队""六好社员"群众运动。是年底，宣传以"清账目、清工分、清物资、清仓库"（简称"小四清"）为主要内容的社会主义教育运动的意义。

1965年5月，开展"清政治、清经济、清组织、清思想"的"四清"运动，至1966年7月结束。

1964—1965年，组织公社干部、群众学习《毛泽东选集》，结合社会主义教育运动进行"反修防修"的宣传教育，同时开展"农业学大寨""工业学大庆""全国学人民解放军"宣传活动。

1966年，掀起宣传学习"县委书记的好榜样——焦裕禄"热潮。8月，开始"大破四旧、大立四新"。"文化大革命"开始后，宣传部门的正常工作受到干扰，党的宣传工作被严重扭曲，大鸣、大放、大字报、大辩论盛行一时，形形色色的"学习班"遍及各条战线，"无产阶级专政下继续革命"的理论混淆了敌我界限和是非界限。

1976年10月6日，中共中央一举粉碎江青反革命集团。境内掀起"揭、批、查"（深揭狠批"四人帮"，认真搞好清查工作）运动，联系实际揭露江青反革命集团及其追随者的罪行。

1977年，随着"揭、批、查"斗争的深入，宣传、贯彻、落实中国共产党的政策，着手为遭受江青反革命集团迫害的干部和群众平反。

1978年10月，组织党员开展"关于真理标准问题"大讨论，宣传贯彻实事求是的思想路线。

1979年，开展对中共十一届三中全会公报精神学习和宣传，充分认识中共十一届三中全会是中国共产党历史上的一个伟大转折点，深刻理解"解放思想，实事求是，团结一致向前看"的思想路线的精神实质。是年10月，宣传《中华人民共和国刑法》《中华人民共和国刑事诉讼法》等法律文本。

1981年7月，组织全体党员和各级干部学习《关于建国以来党的若干历史问题的决议》，以决议精神统一干部群众的思想。

1982年10月，以"五讲、四美、三热爱"（讲文明、讲礼貌、讲卫生、讲秩序、讲纪律，心灵美、语言美、行为美、环境美，热爱党、热爱祖国、热爱社会主义）为主要内容，开展创建文明村、文明单位活动。

1983年1月，开展"计划生育宣传月"活动，大力提倡一对夫妇只生一个孩子。2月起，传达学习中共中央《当前农村经济政策的若干问题》的文件精神，组织干部深入生产队，落实家庭联产承包责任制。7月起，组织学习《邓小平文选》，为全面整党做准备。年底，开展维护妇女、儿童合法权益的法律宣传月活动。

1985年，宣传、贯彻落实中共中央《关于进一步活跃农村经济的10项政策》，进一步完善和发展家庭联产承包责任制，强化农业服务体系，改善生产条件，积极调整农业生产结构。

1986年，学习、宣传中共中央《关于社会主义精神文明建设指导方针的决议》，并开展整党教育。

1987年，各级党组织向广大党员进行坚持"四项基本原则"的正面教育，巩固和发展安定团结的政治局面。11月起，组织广大党员、干部学习领会中共十三大文件精神，分期、分批举办读书班。年底，在各村进行以刹赌博风、刹封建迷信风、刹婚丧大操大办风为重点的移风易俗的宣传教育活动。

1989年，开展坚持"四项基本原则"、反对资产阶级自由化的教育。8月后，开办学习中共十三届四中全会精神培训班。

1990年3月，开展"讲文明、树新风、促稳定"主题宣传教育活动。4月，开展"学雷锋、树新风"

和"送温暖、献爱心"活动。6月,掀起延长土地承包期的宣传热潮。

1992年,学习、宣传邓小平南方谈话精神。

1994年10月,传达贯彻中国共产党十四届四中全会精神。

1996年,各级干部学习江泽民在中共十四届六中全会闭幕式上的讲话精神,掀起学习、宣传中共十四届六中全会精神的热潮。

1997年9月,组织学习中共第十五次全国代表大会精神。开展庆祝香港回归的爱国主义宣传活动。

1998年,宣传弘扬"万众一心,众志成城,不怕困难,顽强拼搏,坚忍不拔,敢于胜利"的抗洪精神。

2003年,宣传贯彻党的"十六大"精神,动员全民抗击"非典"。

2004年,围绕思想工作"三贴近"(贴近实际、贴近生活、贴近群众)工作要求,通过党员民主生活会、村民大会等形式宣传贯彻中共十六大精神和市第十次党代会精神。

2006年初,开展"正确树立社会主义荣辱观"主题教育。

2008年,推进党的十七大主题宣传教育工作。

2009年,开展科学发展观教育,通过举办文艺晚会、图片展、知识竞赛、讲座、参观学习等方式,让科学发展观在党员心中扎根并化作实际行动。

2010年,启动"五大提升促发展,共建和谐戚家山"为目标的创先争优活动。

2012年,推进党建工作信息化、社会化建设,在党员培育、组织培育、典型培育、作风发挥方面,党组织与社会组织实现双向培育和交叉发展。

2013年,开展"转作风、强服务、促发展"主体活动。通过走村入户进企业,增强服务企业、服务群众、服务发展的能力。

2014年,开展党的群众路线教育实践活动,全体党员干部对照要求深刻剖析自身存在的"四风"(形式主义、官僚主义、享乐主义和奢靡之风)问题,展开批评与自我批评,实现自我净化、自我提升。

2016年,高标准、高质量开展"两学一做"教育活动,实现统筹指导有序、学教上下联动、意见征集全面客观、结合实际落地生根。搭建"微平台"、夯实"微组织"、打通"微距离"、重视"微传播",推进学习教育落地生根。

2017年,开展"不忘初心、牢记使命"主题教育活动,深入学习党的十九大精神。

2018年,组织开展村社组织换届"回头看",开展流动党员示范区、示范街、示范楼、示范站、示范店、示范岗为内容的建设,在青峙化工园区成立北仑区首个企业联合党校,通过全员式、互动式、体验式、流动式等4种党课形式开展党课教育,做到园区企业党员全覆盖。

2019年,开展"不忘初心、牢记使命"主题教育活动,通过学习习近平新时代中国特色社会主义思想,学习党章,重温入党誓言,参观红色历史遗址和开发开放展览馆、红廉蔚斗陈列馆等一系列活动,打造红色戚家山主题教育基地,推出使命、逐浪、传习、追梦等4条主题教育红色路线,建立"红映浃江"党建联盟,使全体党员进一步确立为人民服务的宗旨。

街道党校

戚家山街道党校成立于2008年。根据党建工作的实际需求,多次举办入党积极分子培训班;通

过党史讲座、实践活动、考试等形式,加强入党积极分子队伍建设,为党组织输送新鲜血液;通过政策宣讲、时事形势教育,让当地党员和居民群众及时知晓国家政策。

表11-1-13　2008—2018年戚家山街道党校教学情况表

年　份	期(班)数	课时数	学员数(人)	年　份	期(班)数	课时数	学员数(人)
2008	2	8	120	2014	14	56	1489
2009	3	12	190	2015	8	32	514
2010	16	64	1370	2016	6	24	437
2011	11	44	903	2017	10	40	754
2012	11	44	774	2018	7	28	583
2013	7	28	887	合　计	95	423	8021

纪检工作

1992年6月,建立中共小港镇纪律检查委员会(以下简称纪委)。戚家山街道纪工委于2007年成立。

表11-1-14　戚家山街道历届纪律检查委员会负责人名录

纪委名称	届　别	职　务	姓　名	任职时间
小港镇纪委	第七届	书　记	张声光	1992年6月—1993年1月
		副书记	张根隆	1992年6月—1992年10月
			袁利芳	1992年6月—1993年1月
	第八届	书　记	张声光	1993年1月—1995年11月
		副书记	袁利芳	1993年1月—1995年11月
		委　员	朱夫良　杨晚霞　王佩丽	1993年1月—1995年11月
	第九届	书　记	袁利芳	1995年11月—1998年11月
		副书记	吴兆楚	1995年11月—1998年11月
		委　员	夏兴良　朱夫良　杨晚霞	1995年11月—1998年11月
	第十届	书　记	吴抗美	1998年11月—2007年3月
		副书记	朱夫良	1998年11月—2007年3月
		委　员	刘明良　夏兴良	1998年11月—2007年3月
小港街道纪工委		书　记	章文夫	2003年8月—2004年12月
			陆浩杰	2004年12月—2007年3月
			王　道	2007年3月—2008年12月
		副书记	邬世雄	2003年8月—2007年3月
			钟　磊	2007年3月—2008年12月

纪委名称	届 别	职 务	姓 名	任职时间
戚家山街道纪工委		书 记	戴荣圣	2007年3月—2008年11月
			胡 斌	2009年3月—2011年11月
			沈建亚（女）	2011年11月—2015年4月
			邱君江	2015年4月—2019年8月
			贺军辉	2019年12月—2019年12月

党风党纪教育

1950年"整风"中，开展走群众路线、遵纪守法教育活动，以纠正党内违法乱纪现象。1954—1960年，配合统购统销、互助合作、农村整党，查处抢购套购、私分粮食、强迫命令、破坏互助合作、投机倒把、贪污腐化等典型案件。组织党员参观县、市监委举办的教育图片展，以深入开展党风党纪教育工作。

1979年，党的组织生活恢复正常，党风、党性、党纪教育得到加强。20世纪80年代，组织党员干部学习中共中央《关于党内政治生活的若干准则》；组织党员观看《警钟》《权钱交易警示录》等党纪教育片，举办党纪知识竞赛。20世纪90年代，着重进行党的基本路线、市场经济理论、组织纪律、廉政建设等教育；以支部为单位进行两个月一次的电化教育，运用正反典型做好党员思想工作。20世纪末至21世纪初，对全体党员干部进行以"讲学习、讲政治、讲正气"为主要内容的党纪党风教育，制定《党员、干部廉洁自律规定》《"艰苦奋斗、廉洁从政"主题教育实施意见》，对街道机关中层以上干部及社区、村、企事业单位主要领导开展一系列党风廉政教育。同时，组织学习邓小平党风廉政建设理论及《廉政准则》《中国共产党党内监督条例》《中国共产党纪律处分条例》等文件，开办学习培训班，观看教育片、展览等。街道纪委抓好党员干部的提醒教育、渗透性教育和警示教育。

2012年，在全体机关干部中对照《廉政准则》开展自查自纠，组织干部旁听区组织的违法案例审理，实施现实警示教育。

2013年，组织全体机关干部认真学习贯彻中央"八项规定""六条禁令"，组织机关干部开展"夜学"提素质、"夜访"解民忧、"夜谈"促沟通、"夜议"谋发展活动。

2014年，强化机关效能建设和干部队伍作风建设，严格执行中央"八项规定"。

2016年，开展《党章》《中国共产党纪律处分条例》《中国共产党廉洁自律准则》《中国共产党问责条例》学习，完善街道《违反机关效能建设处理办法》，推进廉政文化建设。

2017年，履行全面从严治党主体责任，严格执行中央"八项规定"。打造"戚书记来了""青崎360"等党建品牌，打造蔚斗小学旧址红廉教育基地。

2018年，全面落实"两个责任"，建立责任清单、廉政函告、巡检工作等机制，狠抓正风肃纪，严格执行党章党规党纪和作风建设。在蔚斗小学旧址建设"红廉蔚斗"主题展馆，开展红色廉政文化教育。

2019年，集中开展教育警示月系列活动，推动主体责任细化、量化、具体化，狠抓作风建设，加

大日常监督、执纪审查力度。

纪检工作

中华人民共和国成立初期,由镇海县纪(监)委处理各类违纪案件。1955—1958年,查处党员丧失立场、道德败坏、贪污公款以及工作中违法乱纪等案件多起,保证了党的路线和任务的贯彻执行。

纪委在查处违纪案件中,重点追究贪污受贿、弄权渎职等党内腐败分子。对于用公款请客送礼事件的责任者、组织者,责令赔偿国家、集体的经济损失,并给予相应的党纪处分以促进党风廉政建设。

2016年,开展"正风肃纪"检查32次,对1名违反会议纪律的村干部进行约谈。

2017年,开展专项检查35次,查处2人,党纪处分4人。

2018年,开展针对性廉情谈话38人次,发现并上报问题线索2件,受理纪检、问题线索6件,处分党员1人。

2019年,开展针对性廉情谈话43人次,重点部署落实检查2批50人次,明察暗访30次,发现并上报问题线索2件,受理各类纪检信访、问题线索6件,处分党员2人。

第二章 小港镇人民代表大会和戚家山街道人大工委

乡镇人民代表大会是基层的地方国家权力机关,在区(县)人大常委会指导下开展工作。乡镇人民代表大会代表由选民直接选举产生。1953年,乡镇人民政府成立选举委员会,筹备并实施普选工作。1954年,乡镇召开第一次人民代表大会,并于7月间通过普选,建立乡镇人民代表大会制度,履行乡镇一级的地方权力机关职权。1966年至1976年的"文化大革命"期间,人民代表大会制度被迫中断。1980年恢复人民代表大会制度,县、公社镇两级人民代表大会代表均由选民直接选举产生,并实行差额选举。1990年以后,按照《浙江省乡镇人民代表大会组织条例》的规定,乡镇人民代表大会设主席团,主持本级人民代表大会会议,在闭会期间履行宪法、法律、法规所赋予的职权。

2007年3月戚家山街道成立,成为北仑区政府的派出机构,开始选举产生区人大代表。

第一节 小港镇人民代表大会

新中国成立后,乡镇人民代表大会代表由选民直接选举产生。1953年,乡镇人民政府成立选举委员会,筹备并实施普选工作。1954年,乡镇召开第一次人民代表大会,并于7月间通过普选,建立乡镇人民代表大会制度,履行乡镇一级的地方权力机关职权,依法选举产生乡(镇)人民政府乡(镇)长和副乡(镇)长及县人民代表大会的代表。

1966年至1976年的"文化大革命"期间,人民代表大会制度被迫中断。1980年恢复人民代表大会制度,县、公社(镇)两级人民代表大会代表均由选民直接选举产生,并实行差额选举。在选举中充分注意代表结构的广泛性和先进性。1990年以前的历届乡镇人民代表大会的代表选举和大会召开,都由乡镇人民政府筹办和主持,人民代表大会闭会期间的有关事项由同级人民政府办理。1990年以后,按照《浙江省乡镇人民代表大会组织条例》的规定,乡镇人民代表大会设主席团,主持本级人民代表大会会议,在闭会期间履行宪法、法律、法规所赋予的职权。主席团设常务主席1人,由主席团提名,本级人民代表大会通过。常务主席负责处理主席团日常工作。

1954年至1998年,乡镇先后共召开十四届人民代表大会。

2007年3月戚家山街道成立,成为北仑区政府的派出机构,开始选举产生区人大代表。

小港镇第十一届人民代表大会

1990年3月2日至3日，小港镇第十一届人大一次会议在小港召开，出席代表105名。会议审议和通过《政府工作报告》《1989年财政决算和1990年财政预算（草案）报告》；选举产生镇人民代表大会主席团常务主席和镇人民政府镇长、副镇长。

常务主席：陈聪芳（1990年3月—1992年5月）

小港镇第十一届人大四次会议

1992年5月，因扩镇并乡和人事变动，扩大后的小港镇召开第十一届人大四次会议，选举人大主席团常务主席和镇人民政府镇长、副镇长。

常务主席：沈天高（1992年5月—1993年1月）

小港镇第十二届人民代表大会

1993年1月13至14日，在宁波经济开发区管委会会议厅召开小港镇第十二届人民代表大会第一次会议，出席代表180名。会议审议和通过《政府工作报告》《1992年财政决算和1993年财政预算（草案）报告》；选举产生镇第十二届人民代表大会主席团常务主席1名和镇人民政府镇长、副镇长。

常务主席：沈天高（1993年1月—1995年11月）

小港镇第十三届人民代表大会

1995年11月28日至29日，在镇政府新大楼大会堂召开小港镇第十三届人民代表大会第一次会议，出席代表75名。会议审议和通过《政府工作报告》《1995年财政决算和1996年财政预算（草案）报告》；选举产生镇第十三届人民代表大会主席团常务主席1名、副主席2名和镇人民政府镇长、副镇长。

常务主席：张声光（1995年11月—1998年11月）

副　主　席：吴兆楚（1995年1月—1998年11月）

　　　　　　周永康（1995年11月—1998年11月）

小港镇第十四届人民代表大会

1998年11月26日至27日召开镇第十四届人民代表大会第一次会议，正式代表75名，出席74名，列席37名。会议审议和通过《政府工作报告》《人大主席团工作报告》《1998年财政决算和1999年财政预算（草案）报告》；选举产生镇第十四届人大主席团常务主席1名、副主席2名和镇长、副镇长。

主　　席：俞一雄（1998年11月27日—2002年1月）

副主席：严友根（1998年11月27日—2002年1月）

　　　　吴兆楚（1998年11月27日—2002年1月）

2000年1月26日，召开镇第十四届第二次会议，选举孙义为为镇长。

小港镇第十五届人民代表大会

2002年1月22日至23日召开镇第十五届人民代表大会第一次会议。会议审议和通过了《政府工作报告》《人大主席团工作报告》《2001年财政决算和2002年财政预算（草案）报告》；选举产生镇第十五届人大主席团常务主席1名、副主席2名和镇长、副镇长。

主　　席：孙义为（2002年1月22日—2002年12月17日）

　　　　　顾文良（2002年12月17日—2003年1月16日）

副主席：吴抗美（女，2002年1月22日—2003年1月16日）

2003年1月16日召开镇第十五届人民代表大会第二次会议。会议选举产生人大主席1名、副主席1名。

主　　席：顾文良（2003年1月16日—2007年3月）

副主席：张亚元（女，2003年1月16日—2006年12月）

小港镇人大工委

副主任：张亚元（女，2004年1月—2008年12月）

　　　　向坚芳（女，2008年12月—2008年12月）

第二节　北仑区人大常委会戚家山街道人大工委

戚家山街道建立后，北仑区人大常委会在街道成立人大工作委员会，行使区人大赋予的工作职责，组织实施街道内区级人大代表的选举，组织代表履行代表职责，民主监督街道办事处履职情况，听取辖区居民意见建议，反映民意。

历届区人大常委会戚家山街道工委领导

主　　任：刘明国（2007年3月—2011年6月）

　　　　　郑加和（2011年6月—2016年12月）

　　　　　张亚元（女，2016年12月—2020年6月）

副主任：陈子非（2019年1月—2019年12月）

表11-2-1　戚家山街道选举区人大代表情况

届　别	选举时间	选民人数	投票人数	投票率（%）	投票站（个）	选出代表（人）
区八届人大	2012年1月9日	15536	14868	95.67	23	10
区九届人大	2016年12月6日	15573	14933	95.90	23	10
区九届代表（补选）	2019年6月18日	3132	3029	99.86	22	1

戚家山街道选出的历届北仑区人大代表名录

北仑区第七届人民代表大会代表

刘明国　杨国华　王继莲　钱　放　李建民　陈佩君　苏承达　汤黎明
黄伟善　严利江　林贵祥　马述鹏

北仑区第八届人民代表大会代表

杨国华　林贵祥　苏承达　金　艳　王继莲　汤黎明　邬志刚　陈佩君
李建民　郑加和　陈国锋

北仑区第九届人民代表大会代表

张亚元　林贵祥　叶园平　李建民　康小华　应冬菲　陈佩君　陆利明
吴绍民　段业明（2019年1月因部队体制调整，调离北仑）　胡敏波（2019年6月因工作调动辞职）
李声波（2019年6月18日补选）

第三节　戚家山街道人大工委和人大代表活动

　　自戚家山街道成立至2019年，戚家山街道人大工委共经历北仑区第七、八、九届人大。街道人大工委在履职中坚持以人民为中心，密切联系辖区选民，切实反映广大居民的需求，做好居民与各级政府的桥梁与纽带；切实履行对政府的监督职责。在实际工作中，团结辖区人大代表，创新工作方法，务求取得实效。

　　创新设立人大代表工作室和人大代表联络站。街道先后在蔚斗社区、渡头社区、三星重工设立联络站，广泛接待辖区居民，听取居民意见和建议。创新设立逢双月20日的人大代表接待日制度。届时，由人大代表接受居民代表的质询，听取居民代表的意见和建议。创新设立民情联络员和政情咨询员。每逢重要工作节点，必先向政情咨询员和民情联络员通报，听取两员的意见和建议。

　　组织辖区人大代表开展调研考察活动，建立人大代表与辖区企业联系制度，为人大代表履职创造良好的工作条件。创新设立人大代表年度述职评议制度。每个人大代表必须每年向选民代表报告履职情况，接受选民代表评议，让人大代表接受选民监督，对推动人大代表履行代表职责起到良好的作用。完善工作机制，制定工作规范。2017年以来，建立或完善制定了《人大工委工作例会制度》《街道民生实事项目合议制》《代表建议提出商议制》等13项制度，使得人大工委工作有章可循，进一步规范化、制度化。

第四节　建议与履职

　　戚家山街道人大代表在任职期间，认真学习党中央的方针政策；密切联系辖区选民，切实听取选民意见和建议,积极向人大会议和人大常委会反映选民意见,提出建议;向辖区选民传达、宣传人大会议决议、政府的重大工作方针,做好政府与民众的桥梁和纽带。

建 议

戚家山街道的区人大代表在代表大会期间及闭会期间,积极履行代表职责,通过认真调研,听取选民意见,结合自身工作特点,向代表大会提出建议。

表11-2-2 北仑区第七至九届人大代表建议一览表

次 别	序 号	建议名称	建议人
区七届人大一次会议	1	关于要求落实企业职工待遇的建议	苏承达
	2	关于关心外来务工人员身心健康减少不安全隐患的建议	王继莲
区七届人大二次会议	1	关于部分人群社会保障缴费问题的建议	李建民
	2	关于服务临港大工业尽快改善青峙道路的建议	杨国华
	3	关于要求对联合区域老小区进行改造的建议	苏承达
	4	关于妥善处置联合区域早期征用人员诉求,适当提高生活费发放标准的建议	苏承达
区七届人大三次会议	1	关于建立戚家山中心幼儿园的建议	苏承达
	2	关于要求拆迁化工园区居民住宅的建议	杨国华
	3	关于建立青峙工业区化工管道安全预警机制建议	王继莲
区七届人大四次会议	1	关于扩大针对外来人员廉租房的建议	王继莲
	2	关于要求规范和调整部分拆迁政策的建议	杨国华
	3	尽快启动街道卫生服务中心公共卫生楼建设建议	杨国华
	4	关于加大偷盗矿产资源现象查处和打击力度建议	苏承达
	5	关于改善联合区域居民出行乘车难的建议	苏承达
	6	关于扩建蔚斗小学解决儿童就学难问题的建议	苏承达
区七届人大五次会议	1	关于对西部城区建设高起点规划的建议	杨国华
	2	关于在滨海路通行公交车的建议	王继莲
	3	关于发展北仑融资租赁的建议	马述鹏
	4	关于尽快实施环山路西延工程的建议	苏承达
	5	关于滨海路增设红绿灯与禁示牌的建议	苏承达
区八届人大一次会议	1	关于在戚家山区域建设公益性公墓的建议	杨国华
	2	关于尽快建设李隘、青峙拆迁安置房的建议	杨国华
	3	关于对戚家山街道城区进行部分改造的建议	苏承达
	4	关于建立青峙化工园区PM2.5监测点的提案	王继莲
	5	关于改善小港区域交通状况的提案	王继莲
	6	关于将林唐村拆迁列入"十三五"规划的建议	林贵祥
	7	关于扩建蔚斗小学解决儿童就学难问题的提案	苏承达
	8	关于加大投入推动基层文化发展的建议	苏承达
	9	关于搬迁宁波汽车考试场地的建议	苏承达
区八届人大二次会议	1	关于青峙工业区新增一条高压线路的建议	郑加和

次　别	序　号	建议名称	建议人
区八届人大二次会议	2	关于要求恢复蔚斗派出所的建议	杨国华
	3	关于加大困难企业养老保险帮扶力度的建议	王继莲
	4	关于在戚家山区域修建大型停车场的建议	苏承达
	5	关于整治戚家山街道惠百佳菜场的建议	苏承达
区八届人大三次会议	1	关于加强戚家山老旧小区排水管网建设的建议	杨国华
	2	关于迅速开展青峙工业区地下管线普查的建议	郑加和
	3	关于整治戚家山街道惠百佳菜场的建议	苏承达
	4	关于建设戚家山区域集卡停车场的建议	王继莲
	5	关于改善戚家山区域交通状况的建议	李建民
	6	关于强化危化品运输监管提升园区安全环境建议	王继莲
区八届人大四次会议	1	关于在戚家山街道建设公共自行车网点的建议	王继莲
	2	关于解决甬江口沿岸企业码头回淤严重的建议	王继莲
	3	关于恢复蔚斗派出所、建立交警中队的建议	杨国华
	4	关于新北仑人子女享受九年义务教育权的建议	李建民
	5	关于加强区内畜禽产品食品安全监管的建议	李建民
	6	关于惠百佳菜场收归国有经营的建议	苏承达
	7	关于方便大中专毕业生集体户口子女就学的建议	苏承达
区八届人大五次会议	1	关于加强滨江新城公共文化体育设施建设的建议	苏承达
	2	关于要求修建青峙工业园区第二生命通道的建议	李建民
	3	关于允许户籍人口自愿参与积分入学的建议	林贵祥
	4	关于在戚家山街道建设公共自行车网点的建议	王继莲
	5	关于抓好安全措施落实提升园区安全环境的建议	王继莲
	6	关于统筹安排滨江新城小学教育资源的建议	郑加和
	7	关于理顺部分居民小区电力设施维保体系的建议	苏承达
	8	关于清理小浃江青墩地段老河道淤泥的建议	苏承达
区九届人大一次会议	1	关于解决惠百佳菜场存在问题的建议	吴绍民
	2	关于加快推进招宝山大桥主车道延伸的建议	李建民
	3	关于建设镇海石化区至青峙化工区物料管线建议	康小华
	4	关于建立区口岸查验单位联席会议制度的建议	段业民
	5	关于加快推进基层卫生服务中心信息化建设建议	应冬菲
	6	关于加快新建青墩地块小学的建议	应冬菲
	7	关于合理布局戚家山至宁波南站公交线路的建议	应冬菲

次　别	序　号	建议名称	建议人
区九届人大三次会议	1	关于将社区组织骨干纳入流动人口量化积分建议	应冬菲
	2	关于加快推进联合区域工业转型升级的建议	张亚元
	3	关于理顺部分居民小区电力设施维保体系的建议	吴绍民
	4	关于优化工业区域公共自行车租用网点的建议	康小华
	5	关于启动港口路非机动车道建设的建议	康小华
	6	关于协调落实蔚斗新村一、二区物业用房的建议	应冬菲
	7	关于继续加强对小浃江江岸整治的建议	吴绍民
	8	关于整治联合区域地质灾害点的建议	李建民
	9	关于尽快规划黄山路西延的建议	应冬菲
区人大九届四次会议	1	关于在滨江新城新建一所高中学校的建议	应冬菲
	2	关于加强对老工业企业扶持力度的建议	康小华

区人大代表履职情况

2016年初，区人大代表吴绍民在任东升社区党总支书记工作期间，听取辖区居民对改造外邵路的强烈呼声，通过认真的调研发现，每天早晚高峰期，外邵路北平路口交通拥堵，安全隐患严重。一段不足300米的道路，历经十年无法改变，群众怨声载道。吴绍民根据调研情况，提出代表建议，要求政府重启改造工程。区政府与街道接到建议后，把外邵路改造工程列入2016年民生实事工程。

2017年，由于宁波市地铁1号线开通，2号线开建，北仑区部分公交线路做出重大调整，原由戚家山始发（经停）至宁波火车南站的线路停运，而地铁1号线、2号线均不经过戚家山区域，由此造成戚家山街道区域居民的出行困难。群众反映说"戚家山是个被遗忘的角落"。区人大代表应冬菲代表街道工委向区人大常委会提出《关于合理布局戚家山至宁波南站公交线路的建议》，区交通输运局作为建议主办单位，听取街道人大工委、人大代表、民情联络员意见，提出公交线路改善措施，于2018年，在戚家山区域内增开736路公交车，专门接驳出行去宁波的居民和外来务工人员。

2018年，736路公交车开通后，小浃江路小岭经停站设在绿化带上。周边居民只能在快车道上候车与上下车，安全隐患严重。人大代表吴绍民提出建议，要求建设停靠站。街道办事处听取意见，把停靠站建设列为2019年民生实事工程。

2018年，针对港口路大型集装箱运输车来往密集，道路两侧没有人行道，给沿线企业职工上下班造成严重安全隐患的情况，人大代表、三星重工（宁波）有限公司财务部部长康小华向人大提出《关于启动港口路非机动车道建设的建议》，获得区政府和街道重视，非机动车道建设工程于次年开工建设。

2019年，区人大代表应冬菲通过走访调研，在九届四次会议期间提出《关于在滨江新城新建一所高中学校的建议》，区教育局会同生态湿地建设管理委员会、区发展和改革局等单位接受了该建议，规划在滨江片区建设一所普通高中，拟建高中规模36班，列入2020年区政府投资项目前期研究计划。

第三章　人民政府　街道办事处

1949年5月25日小港解放。6月，原镇海县政府派员接管乡旧政权，相继建立区、乡人民政府。此后，由于行政区划、组织体制几经变动，镇（乡、公社）政府名称及隶属关系几经变更。2007年3月，从小港街道析出5个村和3个社区成立戚家山街道。

第一节　机构沿革

新中国成立初期的区、乡政府

1949年5月25日，小港解放。6月，县人民政府派员接管国民党区乡旧政权。在人民解放军工作队的支援下，建立区、乡人民政府；区、乡行政机构负责人由县人民政府任命，大都由部队干部担任。

1950年6月前后，调整区乡规模，长山区划分为长山、大碶2个区，分区后的长山区辖原浃水、镇南与江南3个乡，并进一步划分为小港、青峙、长山、江南、衙前、谢墅、枫林、下邵、江桥等9个小乡。区政府改称区公所；增配民政、公安、财政、粮政、生产、文教6个助理员，各乡镇增设农会主任1人。

1954年3月普选完成后，召开了乡镇人民代表大会，选举产生乡镇人民委员会，委员27—33人。

1956年2月至4月，为适应农业合作化和经济建设发展的形势，撤区并乡；同时召开第二届乡人民代表大会，选举乡镇人民委员会，委员11—13人，设乡镇长1人、副乡镇长1—2人；各乡镇组建民政、治安、武装、生产合作、财粮、文教、调解7个工作委员会；另设监察委员会，有委员5人。

人民公社时期的管理委员会

1958年10月，以原长山区为基础建立长山人民公社，实行"政社合一"；公社成立管理委员会，委员15—25人；设常委5—7人，主任1人，副主任3—5人。下设工业、农业、渔业、水电、财政经济、人民武装、文化卫生、生活福利、科学研究、计划统计等10个工作委员会和办公室。公社下辖9个大队（管理区）；大队设大队长（管理区主任）1人，副大队长（副主任）若干人。

1961年10月，撤销长山人民公社和大队（管理区），复建长山区（设区委，没有复建区公所）。下辖以原大乡为基础组建的小港、江南、枫林和下邵4个人民公社；公社设管理委员会，委员15—21人，设主任1人、副主任1—3人，委员分兼民政、治安、调解、武装、工业、文教、财粮、妇女等职；另设公社监察委员会，委员5人。

"文化大革命"时期的革命委员会

1968年建立区革命领导小组,公社成立革命委员会,代替公社管理委员会,并实行"一元化"领导。1980年秋冬,废除公社革命委员会,复建公社管理委员会,设委员9—13人。

乡镇人民政府

1983年下半年政社分设,恢复乡镇人民政府,取消公社建制,设乡镇长1人、副乡镇长2—3人;同时设乡镇经济联合社,配主任1人、副主任1—2人,分管工业、农业和财务。以后,随着经济建设和各项事业的发展,乡镇人民政府相继下设民政、工业、农业、文教卫生、计划生育等办公室,并由正、副乡镇长分别兼任办公室主任。

戚家山街道办事处

2006年11月18日,宁波市政府批复从小港镇划蔚斗、东升、渡头3个社区与青峙、蒋家、李隘、沙头、林唐5个村设立戚家山街道。2007年3月16日,北仑区戚家山街道挂牌成立,区域面积18.6平方千米,常住人口1.3万,下辖上述3个社区、5个村。街道办事处是北仑区人民政府的派出机构,街道办事处主任由区政府任命。

第二节　街道成立前小港镇（乡）政府历任主要领导

1949年5月25日,小港解放。6月,县人民政府派员接管国民党区乡旧政权。在人民解放军工作队的支援下,建立区、乡人民政府;区、乡行政机构负责人由县人民政府任命,大都由部队干部担任。1954年开始,乡镇建立人民代表大会制度,乡镇长即由人民代表大会选举产生。(2007年3月前,戚家山街道区域属小港镇管辖。)

表11-3-1　1949年6月—1998年长山区小港镇（乡、公社、街道）领导人名录

机构名称	职　务	姓　名	任职时间	说　明
长山区人民政府	区　长	李子哲	1949年6月—1950年5月	1949年6月建立
	副区长	景金升	1949年6月—1949年8月	
浃水乡人民政府	乡　长	于正中	1949年6月—1950年5月	1949年6月建立
	指导员	高继中	1949年6月—1950年1月	
		周可能	1950年1月—1950年5月	
	副乡长	乐　敏	1949年10月—1950年2月	
	副指导员	朱书文	1949年6月—1950年5月	
小港镇人民政府	镇　长	张长刚	1950年7月—1950年8月	1950年7月,原浃水乡划分为小港镇和青峙乡、长山乡
		钱宁康	1950年9月—1952年9月	
		韩　良	1954年3月—1956年2月	

机构名称	职 务	姓 名	任职时间	说 明
小港镇人民政府	副镇长	岑保才	1950年7月—1950年8月	1950年7月,原淡水乡划分为小港镇和青岙乡、长山乡
		杨良法	1951年12月—1952年8月	
		韩 良	1952年9月—1954年3月	
		虞杏菊(女)	1953年8月—1964年3月	
		乐 远(女)	1954年3月—1956年2月	
	农会主任	朱正棠	1950年10月—1951年4月	
		赖其贝	1951年4月—1951年12月	
青岙乡人民政府	乡 长	林安宝	1950年7月—1954年2月	1950年7月从原淡水乡分建
		庄竹青	1954年3月—1956年2月	
	副乡长	胡占梅	1950年8月—1951年3月	
		庄竹青	1951年4月—1954年2月	
		施长寿	1953年10月—1954年2月	
		叶阿存	1954年3月—1955年1月	
		张月莉(女)	1954年3月—1954年10月	
		乐锡章	1955年1月—1955年6月	
		邵光岳	1955年7月—1956年2月	
		顾留福	1955年10月—1956年2月	
		徐安心	1950年8月—1951年3月	
	农会主任	朱小虎	1951年3月—1953年2月	
小港乡人民政府	乡 长	韩 良	1956年3月—1957年5月	1956年3月,由原小港镇和青岙乡、长山乡合并建立
		张昌盛	1957年5月—1958年9月	
	副乡长	庄竹青	1956年3月—1958年2月	
		乐 远(女)	1956年3月—1958年2月	
		何定基	1956年3月—1958年9月	
		韩 良	1957年5月—1958年2月	
		乐加法	1958年3月—1958年9月	
小港大队(管理区)	大队长	冯阿康	1958年10月—1959年5月	
		丁富仁	1959年5月—1959年7月	
	副大队长	何定基	1958年10月—1959年5月	
		乐定法	1958年10月—1959年5月	

机构名称	职　务	姓　名	任职时间	说　明
青峙大队（管理区）	大队长	鲍忠鋆	1958年10月—1959年5月	1958年10月，撤销区和乡镇建制，建立政社合一的人民公社制度。公社和大队均设管理委员会
	副大队长	吴兴宏	1958年10月—1959年3月	
		何文玉	1958年10月—1959年3月	
		林福大	1958年10月—1959年2月	
小港镇人民政府	镇长（主任）	张昌盛	1959年7月—1961年2月	1958年10月建立
	副镇长（副主任）	郑邹卿	1959年7月—1961年9月	
		陈菊英（女）	1959年7月—1961年9月	
小港人民公社	主　任	莫国猷	1961年10月—1968年10月	1961年9月，以原大乡为基础建立人民公社（俗称"小公社"），公社设管理委员会
	副主任	林连法	1961年10月—1962年6月	
		王国强	1961年10月—1962年6月	
		陈菊英（女）	1962年1月—1968年10月	
		刘玉书	1962年6月—1963年2月	
		王爱芳	1962年6月—1963年9月	
		赖其贝	1962年冬—1968年10月	
		周春芳	1965年3月—1968年10月	
		王祖耀	1965年3月—1968年10月	
小港公社革命委员会	主　任	孔永泉	1968年10月—1969年7月	1968年10月成立
		韩涨来	1969年7月—1972年10月	
		张玉恒	1972年10月—1975年12月	
		张文南	1975年12月—1978年3月	
		杨伟忠	1978年3月—1980年6月	
		华绍良	1980年7月—1982年6月	
	副主任	莫国猷	1968年10月—1969年7月	
		余宗周	1968年10月—1970年12月	
		孔永泉	1969年7月—1972年7月	
		朱明高	1970年5月—1979年3月	
		张吉表	1970年5月—1976年10月	
		华绍良	1979年3月—1980年7月	
		陈友福	1980年7月—1983年2月	
		王静珠（女）	1980年7月—1983年5月	

机构名称	职　务	姓　名	任职时间	说　明
小港乡人民政府	乡　长	虞先明	1983年5月－1985年6月	1983年5月至11月实行政社分设,废除人民公社名称,恢复乡人民政府名称
	副乡长	严友根	1983年5月—1985年6月	
		王良才	1983年5月—1984年7月	
		袁利芳	1983年5月—1985年6月	
		胡炳裕	1984年7月—1985年6月	
青峙乡人民政府	乡　长	陈希忠	1984年7月—1985年6月	1984年1月省批准,4月正式由小港乡7个村和盐场新建滨海区青峙乡
	副乡长	王良才	1984年7月—1985年6月	
		张敬朝	1984年7月—1985年6月	
小港镇人民政府	乡　长	虞先明	1985年6月—1986年4月	1985年6月,滨海区青峙乡与镇海县小港乡合并建立小港镇,两乡原任正、副乡长不变
		陈希忠	1985年6月—1986年4月	
	副乡长	严友根	1985年6月—1986年4月	
		胡炳裕	1985年6月—1986年4月	
		张敬朝	1985年6月—1986年4月	
	镇　长	陈希忠	1986年4月—1990年3月	小港镇第九届人民代表大会选举产生
	副镇长	严友根	1986年4月—1990年3月	
		胡炳裕	1986年4月—1987年5月	
		虞先明	1986年4月—1987年5月	
		朱永和	1987年5月—1990年3月	
	镇　长	陈希忠	1990年3月—1992年3月	小港镇第十一届人民代表大会选举产生
		冯万群	1992年3月—1992年5月	
	副镇长	严友根	1990年3月—1992年5月	
		贺旭光	1990年3月—1992年5月	
		王定海	1990年3月—1992年5月	
		陈景波	1991年4月—1992年3月	
		乐安庆	1992年3月—1992年5月	
	镇　长	冯万群	1992年5月—1993年1月	1992年5月扩镇并乡。小港镇第十一届人民代表大会第四次会议选举产生
	副镇长	贺富祥	1992年5月—1993年1月	
		严友根	1992年5月—1993年1月	
		吴抗美（女）	1992年5月—1993年1月	
		乐安庆	1992年5月—1993年1月	
		陈友福	1992年5月—1993年1月	

机构名称	职　务	姓　名	任职时间	说　明
小港镇人民政府	镇　长	冯万群	1993年1月—1995年11月29日	小港镇第十二届人民代表大会选举产生
	副镇长	贺富祥	1993年1月—1995年11月29日	
		陈友福	1993年1月—1995年11月29日	
		严友根	1993年1月—1995年11月29日	
		王金浩	1993年1月—1995年11月29日	
		李　晶	1993年1月—1995年11月29日	
		胡培良	1995年1月17日—1995年11月29日	
	镇　长	俞一雄	1995年11月29日—1997年5月13日	小港镇第十三届人民代表大会选举产生
		周善康	1997年5月13日—1998年11月27日	
		游道华（挂职）	2007年8月—2008年4月	
	副镇长	严友根	1995年11月13日—1998年11月27日	
		李国昌	1995年11月29日—1998年11月27日	
		吴抗美（女）	1995年11月29日—1998年11月27日	
		胡培良	1995年11月29日—1997年10月23日	
		贺富祥	1995年11月29日—1998年11月27日	
	镇　长	周善康	1999年1月—2000年1月	小港镇第十四届人民代表大会选举产生
		孙义为	2000年1月—2002年1月	
	副镇长	王伟珍（女）	1999年1月—2001年10月	
		刘明国	1999年1月—2001年10月	
		张科杰	1999年1月—2001年10月	
		贺天培	1999年1月—2001年10月	
小港街道办事处	镇　长	王建波	2002年1月—2003年8月	2002年1月第十五届人民代表大会选举产生
	副镇长	刘亚飞	2002年1月—2003年8月	
		王　皓	2002年1月—2003年8月	
		吴明国	2002年1月—2003年8月	
		虞鸿浩	2002年1月—2003年8月	
	镇长助理	周立新	2002年11月—2003年8月	
	主　任	王建波	2003年8月27日—2004年3月9日	2003年8月成立街道办事处
		章文夫	2004年3月9日—2006年5月30日	
		刘建赫（女）	2006年5月30日—2008年12月	

机构名称	职 务	姓 名	任职时间	说 明
小港街道办事处	副主任	刘亚飞	2003年8月—2006年5月	
		吴明国	2003年8月—2009年7月	
		王 皓	2003年8月—2007年7月	
		黎旭东	2003年8月—2007年7月	
		张友均	2006年5月—2009年	
		杨世业	2007年7月—2008年12月	
		顾江峰	2007年7月—2008年12月	
		李小国	2008年10月—2008年12月	
	主任助理	杨文文（女，挂职）	2005年8月—2005年12月	
		游道华（挂职）	2007年8月—2008年4月	
宁波开发区联合开发区域办事处	主 任	彭孝忠	1997年4月9日—1999年2月11日	1997年4月9日设立
		陈希忠	1999年2月11日—2003年3月	

第三节 戚家山街道办事处（含青峙化工园区）

2007年3月16日戚家山街道成立，同时建立戚家山街道办事处。2016年8月成立青峙化工园区管理委员会。

表11-3-2 戚家山街道办事处（含青峙化工园区）主要领导人名录

机构名称	职 务	姓 名	任职时间	说 明
戚家山街道办事处	主 任	陆浩杰	2007年3月—2010年2月	戚家山街道办事处于2007年3月18日成立
		夏建光	2010年2月—2013年11月	
		胡敏波	2013年11月—2016年3月	
		张旭波	2016年3月—2020年5月	
	副主任	沈建亚（女）	2007年3月—2011年12月	
		周 杰	2007年3月—2012年3月	
		曹正令	2010年2月—2011年12月	
		吴士振	2010年2月—2011年12月	
		李 颖（女）	2011年12月—2014年10月	
		孙旭辉	2013年3月—2013年11月	
		吴飞龙	2013年11月—2016年8月	
		张幼芬（女）	2015年12月—2017年9月	

机构名称	职　务	姓　名	任职时间	说　明
戚家山街道办事处	副主任	王洪伟	2015年12月—2019年9月	
		袁飞波	2016年8月—2020年1月	
		王国芳	2016年8月—2017年9月	
		段华超	2019年8月—2019年12月	
戚家山青峙化工园区管理委员会	主　任	张旭波（兼）	2016年8月—2019年6月	戚家山青峙化工园区管理委员会于2016年8月成立
	常务副主任	张志龙	2016年8月—2016年12月	
		王国芳	2017年9月—2019年6月	
	副主任	王国芳	2016年7月—2017年9月	
戚家山青峙化工园区管理服务中心	主　任	张旭波（兼）	2019年6月—2020年5月	戚家山青峙化工园区管理服务中心于2019年6月成立
		李国东	2020年5月—2019年12月	
	常务副主任	王国芳	2019年6月—2019年8月	
	副主任	周幼娟（女）	2019年6月—2019年12月	

第四节　街道施政纪略

促进工业经济发展

戚家山区域是个纯工业街道。自街道成立起,促进工业经济的协调发展就成了施政的主要任务。街道把改革开放、服务经济作为工作重点,确保工业经济平稳有序发展。

表11-3-3　戚家山街道2007—2019年规上企业产值一览表

年　份	年产值（亿元）	年　份	年产值（亿元）	年　份	年产值（亿元）
2007	244.57	2012	199.80	2017	539.00
2008	107.60	2013	416.80	2018	643.55
2009	100.82	2014	494.80	2019	518.70
2010	141.67	2015	532.90		
2011	166.00	2016	411.40		

扩大招商引资

街道围绕重点项目,完善产业配套对接,发挥辖区石化、物流产业集聚的磁吸效应,吸引国内外资金不断注入。

表11-3-4　2008—2019年戚家山街道引进企业情况表

年　份	引进企业（家）	累计注册资金（万元）	其　中	
			工业企业（家）	注册资金（万元）
2008	88	26000	29	2005
2009	116	21600	32	2888
2010	124	23000	25	3598
2012	82	—	26	—
2013	13	34700	39	1893
2015	56	16500	23	—
2016	128	38800	—	—
2017	106	—	—	—
2018	93	29175	25	9850
2019	124	其中1000万元以上12家	124	—

支持重大工业项目

街道自成立起，就把征地拆迁、支持重大工业项目建设作为街道的主要工作之一。自2007年至2015年李隘、青峙、沙头、蒋家、林唐整村拆迁工作基本完成，共计征地8856.14亩，拆迁房屋264289平方米，拆迁户数1689户，迁移2827人。拆迁工作顺利推进，使亚洲浆纸业有限公司、逸盛石化有限公司、海越新材料有限公司等大型企业顺利落户。

表11-3-5　戚家山街道所辖村拆迁情况表

村　名	拆迁时间	拆迁户数（户）	拆迁房屋面积（平方米）	征地面积（亩）	迁移人口（人）
沙　头	2007年5月—2007年8月	325	56000	806	670
青　峙	2010年4月—2010年7月	387	83501	1797.79	957
李　隘	2010年5月—2010年8月	389	89788	1663.79	850
蒋　家	2007年11月—2007年12月	108	35000	620.53	350
林　唐	1992年10月—	480	—	3968.03	—
合　计		1689	264289	8856.14	2827

推进城镇建设

2007年，投入50万元完成城区破损路面维修和工业区路灯线路铺设、金鸡山围坡工程、五矿路延伸工程完工并通过验收。建起一支强有力的城管队伍，狠抓城区综合管理，加强对人行道乱设摊、马路菜场、农村违章搭建等执法力度。

加强城区卫生管理，实行重点路段24小时保洁，引进专业保洁公司，解决社区保洁区域互相穿插、空白点多的问题。

2008年，投入近1000万元，加快对市政基础设施的改造和建设。完成了桥东街路面拓宽改造、小浃江一、四号桥梁改造，宏源路、东海路、公园路路面修复及绿化隔离带改造等36项建设项目。

2009年，启动老小区改造工程，投入800余万元实施老安置小区改造工程。

利用区政府投资实施老骆霞线青峙岭拓宽工程；投入159.8万元完成浦山大桥改造工程；投入22万元建设的滨海快速路无名小桥改造工程。投入110万元建设戚家山山顶公园及绿化附属工程，完成桥东街拓宽项目工程房屋拆迁。投入800多万元完成笠山路污水管、小港大桥西侧道路修复、路灯安装工程等市政建设项目。

2010年，城市建设不断推进，街道形象进一步美化。基本完成东升新村、长河新村、新堰头、医院南侧小区改造。全长760米的京甬路一期工程、青峙6号路东延工程顺利完工，大大改善了青峙化工园区的交通环境。市政建设项目稳步实施，群众生活质量得到改善。

积极开展爱国卫生工作，促进人民群众身体健康。在各村、社区、企业组织健康教育活动培训12次，参加人员1300多人次。5月份在蔚斗社区成立宁波市第一个红十字志愿者社区基地。印发流行疾病健康教育宣传资料5000份，学校开展健康教育5课时。

2012年，坚持民生导向，共享发展成果。投入约4000万元"拔高提质"，全力打造美好家园建设"升级版"。以园林绿化标准实施骆霞线戚家山段沿线绿化和青峙岭、宏源路及1号路交岔口对称地块绿化，初步构建了贯穿戚家山辖区东西走向的绿色管廊。

2013年，坚持美化家园，人文提升，全力打造宜居戚家山。街道以"三改一拆"（旧住宅区、旧厂房、城中村改造和拆除违法建筑）专项整治、背街小巷治理、国家级生态街道创建等工作为抓手，立足于改造城区环境，提升人文氛围，营造环境美化、管理强化、秩序优化的宜居环境。

城乡建设方面，街道投入837万元，在全区率先启动首批老小区改造。

2014年，投入约3200万元用于辖区城市基础设施建设，其中投入1395万元，实施蔚斗二区A区、长河头、长河新路等37幢居民楼合计5.27万平方米老居民楼实施改造。

推进"三改一拆"工作走在全区前列，合计拆除各类"深水区"违建16.2万平方米。

2018年，投入经费1.37亿元，完成建设项目38个，通过省小城镇环境综合整治样板创建考核验收。

推动青峙化工园区智慧化发展，建立入境车辆信息采集系统和视频监控系统，进一步降低园区整体安全风险。园区应急管理平台已经有9家企业数据接入中心，高空高清摄像头投入使用。新建消防取水点4处，过境的中水管消防取水点已按前期计划预留。园区内道路维修工作已结束，各路段通行顺畅。

实施"小微企业整合"攻坚行动，完成联合区域263家工业企业的调查摸底工作。盘活闲置土地3.6公顷、盘活闲置厂房6万多平方米。投入1200万元开展联合区域环境提升工作。"河道水质提标"攻坚行动，实施民生实事工程，发放各类救助、慰问和优抚金43.92万元，募集善款111万元。通过培训，搭建企业用工招聘平台，新提供就业岗位648个。

举办庆祝建党97周年文艺晚会、"醉美浃江"长跑比赛、城市围棋联赛宁波主场赛等30余次文化体育活动，促进了群众文化繁荣发展。配合推进北仑开发开放展览馆建设，目前已对外开放。

2019年，举办庆祝新中国成立70周年文艺晚会，新建蛟山阁城市书房，开展"文化走亲"4次，"送

戏下乡"20场,放映电影30场,狠抓全民健身活动,组织各类比赛活动11场;做好靖远炮台考古挖掘工作和海防遗址抢救修缮工程。街道各展馆接待来客32000人次。

开展"五水共治""三改一拆"

自2014年起,街道在改善生态环境中,以"五水共治"(治污水、防洪水、排涝水、保供水、抓节水)为抓手,以小浃江流域水环境治理为主阵地,全面治理区域水环境。一是建立河长制,把境内大小水系纳入河长管理范围,实行严格的责任制度;二是抓好小浃江、青峙河的清淤排污工程,改善主要水系水质;三是做好截污纳管,实现全街道零直排。街道投资70万元实施宏源路南侧排洪沟改造工程,完成宏源路排洪沟应急清淤和王家溪口大排道开挖拓宽等项目,全面贯通青峙河水。渡头社区的书记加油项目"护美浃江"工程项目完工。逸盛石化和亚洲浆纸"中水回用"项目建成投用。逸盛、亚浆和海越3家重点企业环保监督进入正轨。

街道借力全区"三改一拆"(旧住宅区、旧厂房、城中村改造和拆除违法建筑)整治东风,突出快出手、出重手,从网格化预防、时效性查处、多部门联动、柔性化推进等方面,构建拆违立体工作格局。自2007年起,拆除违法违章建筑工作力度逐年增强。

表11-3-6　2007—2017年戚家山街道拆迁违章建筑情况表

年　份	拆违面积（平方米）	年　份	拆违面积（平方米）
2007	2125	2013	113000
2008	11256	2014	162000
2009	4049	2015	130700
2010	162000	2016	146800
2011	2000	2017	130600
2012	8000		

注:2017年,街道建成无违章建筑街道。

2016年起,街道推进垃圾分类工作。首先在四方家园、港城嘉园住宅小区实施垃圾分类试点,逐步向有物业管理的住宅小区推开。

2018年,对街道14座公共厕所按二星到三星标准实施综合提升工程,受到居民群众普遍欢迎。

2019年已在全社区推行,垃圾分类体系初具雏形。

第四章 人民团体

20世纪50年代初,境内始建农民协会、共青团、妇女联合会等群众团体。20世纪80年代,宁波经济技术开发区建立后,企业建立工会;为联络世界各地的小港祖籍华侨侨眷,建立侨胞组织。各类群众团体在乡镇(街道)党委(党工委)、政府的领导下,围绕党在各个时期的中心工作,根据各团体章程开展活动,在精神文明建设、劳动竞赛、维护工人和妇女合法权益、扶贫济困、宣传教育、志愿者活动等领域,成为党和政府联系、团结各界群众的桥梁和纽带,为该地政治、经济、文化、社会和生态建设贡献各自的力量。

第一节 工 会

2007年4月9日,戚家山街道工会工作委员会成立。

2009年7月27日成立戚家山街道总工会。企业工会达到137家。2010年6月,韩资三星重工(宁波)有限公司工会成立,是三星重工在中国成立的首家工会。

2010年,宁波新桥化工的"职工书屋"被评为浙江省示范"职工书屋"、宁波市模范职工之家。

2011年,在全区率先实现工会组建全覆盖。企业工会达到219家。

是年,街道总工会被评为市级"强保障促和谐"先进组织单位。宁波新桥化工有限公司被评为"强保障促和谐"市级示范单位,浙江逸盛石化被评为市级学习型企业、省级"职工书屋""文化共享工程进企业示范点"。

2012年,浙江逸盛石化获浙江省五一劳动奖状、市级和谐企业。

2013年,三星重工业(宁波)有限公司的高原被评为市级"首席工人"。

2014年,三星重工业(宁波)有限公司被评为浙江省五星级职工体育俱乐部。

2015年,三星重工、逸盛石化、新桥化工、海越新材料(后更名金发新材料)4家企业工会被评为五星级工会。浙江逸盛石化有限公司被评为全国模范职工之家。宁波新桥化工被评为市级厂务公开民主管理工作示范单位。

2016年,在三星重工成立北仑首家街道工匠学堂。侨泰兴纺织、凯越国际、永祥铸造等3家公司工会被评为五星级工会。逸盛石化职工马翔仪被评为区级劳模,万众物流公司职工李磊被评为市级技术能手。在青峙社区成立北仑首家社区工匠学堂。

2017年,逸盛石化、亚洲纸管纸箱2家企业向周边企业职工开放企业文体资源,发放职工健身卡

200余张。三星重工高原船舶机电创新工作室被评为区级劳模（工匠）创新工作室。海越新材料（后更名为金发新材料）生产运行部丙烷脱氢运行团队被评为市级工人先锋号。

2018年，街道工匠学堂成立由20余名中高级职称技术骨干组成的讲师团。恒逸物流、隆兴电信2家企业工会被评为五星级工会，裕民机械职工朱辉力被评为区级"青年工匠"，赛龙文具职工华献春被评为"港城工匠"。

表 11-4-1　戚家山街道总工会组成人员名录

机构名称	职务	姓名	性别	任职时间	说明
戚家山街道工会工作委员会	主任	戴荣圣	男	2007年4月—2009年7月	
	副主任	梅卫国	男	2007年4月—2009年7月	
	委员	章春华	女	2007年4月—2009年7月	
		吴伟栋	男		
		张海佩	女		
		林惠安	男		
		吴士振	男		
戚家山街道第一届总工会	主席	胡斌	男	2009年7月—2015年11月	
	副主席	梅卫国	男	2009年7月—2012年11月	
		严玲玲	女	2012年11月—2015年11月	2012年11月替补
	委员	李颖	女	2009年7月—2015年11月	
		张海佩	女		
		陈笛	男		
		邬钱伟	男		
		吴伟栋	男		
		苏承达	男		
		贺世云	男		
		张小红	女		
		杨存雄	男		
		胡雪峰	男		
		陈友国	男		
		袁文华	男		
		周冠群	男		
戚家山街道总工会第一届经费审查委员会	主任	李颖	女	2007年4月—2012年11月	
		曹炯波	女		
	委员	郑巧蓉	女		
		沈文辉	女		

机构名称	职 务	姓 名	性 别	任职时间	说 明
戚家山街道第二届总工会	主 席	沈建亚	女	2015年11月—2017年12月	
		邱益君	男	2017年12月—2019年12月	2017年12月补选
	副主席	邬学军	男		
		沈文辉	女		
		余开林	男		
		傅建立	男		
		朱彩艳	女		2019年11月增补
	委 员	余强根	男	2015年11月—2019年12月	
		郑巧蓉	女		
		袁文华	男		
		郑拥君	男		
		胡雪峰	男		
		洪 波	男		
		苏承达	男		
		肖建华	男		
		段华超	男		
		叶方琼	女		
		刘惠君	女		
		陈 笛	男		
		杨开岩	男		
		徐陈聪	女	2017年12月—2019年12月	2017年12月补选
		李 明	女		
		唐永良	男		
		于 丽	女		
		吴海定	男		
		彭永强	男		
		楼广治	男		
		周冠群	男		

机构名称	职　务	姓　名	性别	任职时间	说　明
戚家山街道第二届总工会	委　员	王　鹏	男	2017年12月—2019年12月	
		唐　丹	女		
		王正波	男		
		瞿　滨	男		
		林　肯	男	2019年11月—2019年12月	2019年11月增补
戚家山街道总工会第二届经费审查委员会	主　任	刘惠君	女	2015年11月—2019年12月	
	委　员	励　红	女		
		周善儿	女		
		郑巧蓉	女		
		梁　菲	女		
戚家山街道总工会第二届女职工委员会	主　任	叶方琼	女	2015年11月—2019年12月	
	委　员	袁文华	男		
		程　宇	男		
		杨　芳	女		
		张小波	男		
		陶莉莉	女		
		洪　敏	男		

第二节　中国共产主义青年团

　　1950年和1951年,农村在民主建政和土地改革中开始发展青年团员,以后逐步建立乡镇团支部,团支部书记都为不脱产干部或由乡镇脱产干部兼任。1956年撤区并大乡,设乡镇团总支,一般配备专职或兼职团总支书记。1958年以区建公社时,公社管辖的大队(即管理区,相当于小乡),也设团总支。1961年10月以乡建公社,建立公社团委,配专职团委书记。20世纪80年代恢复乡镇建制后,均建乡镇团委,设专职书记。共青团组织主要任务是在党委领导下开展青少年工作,发动青年在生产建设和社会活动中起积极和突击作用,并作为党的助手,为党组织培养和输送后备力量。

　　街道成立后,街道团委配合党工委的中心任务开展青年工作。在企业单位开展建功立业争做新时代新工匠活动,在居民社区开展学雷锋争做志愿者活动。

表11-4-2　戚家山街道(含小港镇)共青团主要领导名录

机构名称	职　务	姓　名	性别	任职时间
小港镇(乡、公社)共青团	总支书记	顾留福	男	1956年3月—1956年8月
		沈宝裕	男	1956年8月—1961年10月

机构名称	职　务	姓　名	性　别	任职时间
小港镇（乡、公社）共青团	团委书记	曹信穆	男	1961年10月—1963年9月
		严宝仁	男	1963年9月—1963年12月
		王爱芳	男	1963年12月—1966年10月
		徐尚绍	男	1966年10月—1976年6月
		陈国仙	女	1976年6月—1978年10月
		洪夫云	男	1978年10月—1979年10月
		陈国仙	女	1979年10月—1983年4月
		周岳仙	女	1983年4月—1986年10月
		赵凯乐	男	1986年10月—1992年5月
		徐孟杰	男	1992年6月—1995年6月
		胡敏波	男	1995年6月—1997年10月
		沈建亚	女	1997年10月—1998年10月
		林静芬	女	1998年10月—2001年9月
		乐　峰	男	2001年9月—2005年8月
		钟　磊	男	2005年8月—2009年8月
戚家山街道共青团工作委员会	团工委书记	章春华	女	2007年12月—2011年3月
		严玲玲	女	2011年3月—2012年11月
		段华超	男	2014年1月—2015年1月
		余欣遥	女	2017年10月—2019年12月
	副书记	章春华	女	2007年3月—2007年12月
		张一傲	男	2012年10月—2014年1月
		余欣遥	女	2015年1月—2017年10月

注：戚家山街道共青团工作委员会成立于2007年3月。

第三节　妇女联合会

　　新中国成立初期，农村在镇压反革命、土地改革、抗美援朝三大运动中，各村逐步建立妇女组织，设村妇女主任。乡镇有1名干部分兼妇女工作，但没有专职妇女干部。1956年撤区并乡，正式建立乡镇妇联（妇代会）组织，配备了专职妇女主任。20世纪50年代，乡、村妇女组织发动广大妇女积极投入互助合作运动和农业生产，以后又发动农村妇女投身经济建设，参加各项社会活动，有效增强了妇女的自强意识和自立能力，提高了妇女在家庭和社会生活中的地位，使农村妇女在思想、文化、经济、政治各个领域都得到进一步解放。

街道成立后,街道、社区妇联积极组织妇女开展巾帼创建活动,引导妇女在各类岗位上建功立业,自强自立。街道、社区妇联关爱妇女群体,维护妇女权益,建立维权和调解组织。2019年,蔚斗社区零距离文明岗被评为区级巾帼文明岗。

表11-4-3 戚家山街道(含小港镇)妇联主要领导人名录

机构名称	职务	姓名	性别	任职时间	说明
小港镇(乡、公社)妇联	主任	史爱梅	女	1956年4月—1957年5月	1956年4月建立乡妇联,1989年8月改为镇妇联
		陈菊英	女	1961年7月—1970年6月	
		王根姑	女	1970年6月—1972年12月	
		王静珠	女	1972年12月—1983年5月	
		陈国仙	女	1983年5月—1989年8月	
		顾毛凌	女	1989年8月—1992年5月	
	副主任	竺永娥	女	1957年5月—1958年7月	
		陈菊英	女	1958年7月—1961年7月	
	主任	胡亚芬	女	1992年5月—1995年11月	1992年5月扩镇并乡后建立新的小港镇妇联
		张亚元	女	1995年11月—2002年7月	
		丁芬玲	女	2002年8月—2007年3月	
戚家山街道妇联	主席	张海佩	女	2007年12月—2011年12月	2007年12月建立戚家山街道妇联
		章春华	女	2011年12月—2012年10月	
		叶方琼	女	2015年1月—2016年2月	
		朱彩艳	女	2019年6月—2019年10月	
		徐陈聪	女	2019年10月—2019年12月	
	副主席	张海佩	女	2007年3月—2007年12月	
		叶方琼	女	2012年10月—2015年1月	
		徐陈聪	女	2017年10月—2019年10月	
		徐敏华	女	2016年3月—2017年10月	

第四节　其他群众团体

戚家山街道侨、台、留联

戚家山街道归国华侨联合会、台胞台属联谊会戚家山街道分会、留学人员和家属联谊会戚家山街道分会成立于2008年5月。2019年，街道辖区内有侨胞84人，其中在美国30人、英国3人、法国1人、加拿大4人、德国1人、澳大利亚6人、日本10人、韩国1人，在中国香港28人；中国台胞12人；在外留学人员18人。

2017年，街道台联被评为北仑区先进集体，李氏家族纪念馆被评为宁波市华侨文化交流基地。

2018年街道留联被评为北仑区先进集体。

表11-4-4　戚家山街道历届侨、台、留联领导人名录

届　别	职　务	姓　名	性　别	任职时间	说　明
第一届	名誉主席	沈建亚	女	2008年5月—2011年12月	2008年5月召开第一次代表大会
		郑　勇	男	2011年12月—2013年5月	
	主　席	张德娣	女	2008年5月—2013年5月	
	副主席	李秀英	女		
	秘书长	李秀英	女		
	委　员	毛玉琴	女		
		李信根	男		
		蔡美菊	女		
第二届	名誉主席	郑　勇	男	2013年6月—2013年10月	2013年6月召开第二次代表大会
		李飞红	女	2013年10月—2016年6月	
		谢翠丰	女	2016年7月—2018年12月	
	主　席	张德娣	女	2013年6月—2014年12月	
		吴满芬	女	2015年1月—2018年12月	
	副主席	李秀英	女	2013年6月—2018年12月	
	秘书长	李秀英	女		
	委　员	毛玉琴	女		
		李信根	男		
		蔡美菊	女		

续 表

届 别	职 务	姓 名	性 别	任职时间	说 明
第三届	名誉主席	谢翠丰	女	2019年1月—2019年12月	2019年1月召开第三次代表大会
	主 席	吴满芬	女		
	秘书长	李秀英	女		
	委 员	毛玉琴	女		
		谢雅定	女		
		蔡美菊	女		

街道文学艺术界联合会

2017年成立街道文化艺术界联合会（文联），下辖舞蹈、书画、戏剧、音乐等协会，有会员160余人。2018年参加宁波市文联举办的聚元杯基层文艺社团风采大展示活动舞蹈展演，获得银奖。2019年3月，与街道妇联、文化站共同举办"春之约"诗会与旗袍秀。同年6月举办"古韵蛟山，潮起涨江"端午文化主题游园活动。2019年国庆期间在联合中学广场举办中华人民共和国成立70周年大型庆祝活动。

文联主席：张幼芬；副主席：朱锦刚、赵宇红；秘书长：童军飞。

街道计划生育协会

街道计划生育协会成立于2007年12月26日。第一次会员代表大会选举产生第一届常务理事会。

表11-4-5 戚家山街道计划生育协会组成人员表

职 务	姓 名	性 别	任职时间	说 明
会 长	沈建亚	女	2007年12月—2016年3月	第一届代表大会选举产生
	张旭波	男	2016年3月—2019年12月	第二届代表大会选举产生
常务副会长	张德娣	女	2007年12月—2016年3月	第一届代表大会选举产生
	张幼芳	女	2016年3月—2019年12月	第二届代表大会选举产生
秘书长	邹国英	女	2007年12月—2016年3月	第一届代表大会选举产生
	林 肯	男	2016年3月—2019年12月	第二届代表大会选举产生
理 事	孙六禄（常务）	男	2007年12月—2016年3月	第一届代表大会选举产生
	沈建亚	女		
	杨国成	男		
	苏承达	男		
	张德娣	女		
	邹国英	女		
	卓亚君	女		

职　务	姓　名	性　别	任职时间	说　明
理　事	余强根（常务）	男	2016年3月—2019年12月	第二届代表大会选举产生
	吴绍民	男		
	张幼芬	女		
	张旭波	男		
	林　肯	男		
	郑其二	男		
	徐敏华	女		
	瞿月明	男		

街道计划生育协会在宣传贯彻党和政府的计生工作方针政策，开展计生特殊家庭帮扶活动中做了大量有益的工作。2015年成立"椿萱计生特殊家庭帮扶志愿者团队"，为特殊家庭提供生活、精神、健康、养老、再生育等关怀。2015年开展青春健康教育，培训60余课次500多人；校外及假日学校40余课次1200余人；校内学生120余课次5000余人。

2017年戚家山街道计生协会被评为北仑区计生协会工作先进单位。

北仑区新四军历史研究会戚家山分会

北仑区新四军历史研究会戚家山分会于2013年8月成立。成立初期称研究小组，有会员20人。戚家山分会在研究、挖掘戚家山区域革命历史史实、历代抗击外敌入侵斗争遗迹、尤其是"七一七"戚家山保卫战史实方面做了大量工作。戚家山分会坚持用革命史迹向群众开展爱国主义教育，结集出版了《热土》等乡土教材和分会会刊。

会长：沈建亚（女）、邱益君。

常务副会长：杨国成。

戚家山街道老龄工作委员会

为切实做好老龄工作，加强对老龄人群的关爱、帮扶，街道办事处设立老龄工作委员会，下设老龄工作委员会办公室。

2018年，为加强党对老龄工作的领导，街道党工委设立老龄工作领导小组。

组长：邱益君。

副组长：曹正令、方向华。

第十二编 军事 公安 司法

　　戚家山街道地处甬江入海口，金鸡、招宝两山隔江相峙，虎蹲山遥扼江口，游山、七里屿分峙于外，潮汐汹涌，天然形胜。

　　烽火中，甬江南北炮台星罗棋布，扼甬江、卫宁绍，守护浙东门户。历代屯兵戍守，为海防要地。

　　历史上，凡浙东兵事与海战有关者，小港均首当其冲。明时倭寇骚掠，清代英、法先后侵犯，20世纪40年代日军两次侵占蹂躏，小港深受战乱之苦。在抵御外侮中，戚家山人英雄辈出，杨一以平民之身战倭寇，壮烈牺牲；王师真以一介书生驾小舟夜袭英船，使侵略者丧胆；裕谦亮节，抗战宁为玉碎；吴杰神炮，御敌威震欧洲；"七一七"军民勇逐日本侵略军，抗日军民屡袭日伪军……小港军民抗暴御侮、爱国卫乡的英雄业绩与抗争精神，浩然长存。

　　1949年6月镇海县设公安局。1953年4月设城关派出所，长山区（戚家山街道所在地）由城关派出所管辖。1978年设城南派出所，驻戚家山街道蔚斗新村。1992年扩镇并乡后改称小港派出所，移驻红联，在戚家山街道各社区设警务室。

　　2007年3月，戚家山街道设司法所，在普法教育、法律援助、社区矫正等方面开展工作，为街道长治久安服务。

本编目录

第一章 军 事

　　戚家山街道地处我国东南沿海,素有浙东门户之称,历来是兵家必争之地。为此,明清以来,境内驻有重兵,并多次修筑海防设施。戚家山人民在抗击外敌的斗争中,不怕牺牲,英勇杀敌,为保家卫国做出了极大贡献。

第一节 兵役制度

世兵制 征兵制

　　古代兵役制度 西汉以前基本实行征兵制,东汉后期曾实行过募兵制,三国、两晋、南北朝和后来的元代主要实行世袭兵役制,把士兵之家列为军户,世代服兵役。

　　隋、唐时期实行均田制基础上的府兵制 (世袭兵役制),平时散居务农,战时奉命出征。

　　宋代实行募兵制,分级募集管理,其中保卫乡土的乡兵,由各地按户籍抽调的壮丁组成。

　　明朝前期,建立卫所军户制,也是世袭兵役制。明朝后期,改行募兵制。

　　清代兵役制度,世兵制和募兵制并行,八旗兵为世袭,绿营兵是招募的常备兵,也是世兵性质。

　　民国兵役制度 民国初期,一般采用募兵制。民国二十二年 (1933),国民政府曾颁布《兵役法》,规定每年3月、8月、12月上旬分期抽壮丁。各乡镇、保调查壮丁,登记入册;然后编号抽签,中签体检合格者即征为兵丁。1946年重新颁布《兵役法》,规定男年满18岁服役,45岁退役。当时适龄青年大都不愿应征去打内战,纷纷逃役。县及乡镇则采取强制手段,或封产变卖,或施以罚款,或强行捆绑,或出钱买丁代征,使征兵制变为"抓兵制""买兵制"。

志愿兵制 义务兵役制

　　志愿兵制 在抗日战争和解放战争期间,小港人民在抵制国民党抓壮丁的同时,也有不少爱国青年踊跃参加八路军、新四军及地方武装,为民族的解放而英勇战斗。1944—1945年春,长山区曾掀起2次参军热潮。1951年"抗美援朝,保家卫国"的宣传教育,激发了人民特别是青年农民和学生的参军热情,出现兄弟争参军、同参军,父母送子上战场的动人景象。是年,长山区青年参加志愿军的有31人。

　　义务兵役制 1955年7月颁布《中华人民共和国兵役法》,开始实行义务兵役制。同年10月,成

立县兵役委员会（1966年10月改称征兵领导委员会）。下分设3个征兵站，大碶、长山（小港）、城关各一个站。各乡镇设征兵领导小组。

1956年起，在在校学生中招收飞行员和专业技术兵。至1985年戚家山街道域共招收飞行员3名，专业技术兵12名。

1955—1996年的41年间征兵38次，小港镇域向部队共输送兵员871名。

2011—2018年，戚家山街道应征入伍56人。

预备役 《中华人民共和国兵役法》第十二条规定，我国实行预备役制度。预备役分一、二两类，军士和士兵服役期满后转为一类预备役；18—40岁的公民编为二类预备役。预备役登记工作自1956年1月开始摸底排队，训练干部，6月底登记结束。

1957年9月，中央军委规定停止二类预备役登记。

1958年1月，吸收预备役军人编入基干民兵。

1962年，根据中央军委指示，对1950年1月至1954年12月31日期间转业、复员的副排级以上干部和1955年1月1日至1958年期间授予准尉以上军衔的转业、复员干部，进行预备役军官登记。

1968—1979年登记工作停止。1980年12月恢复退伍军人预备役登记。

1984年后，实行民兵、预备役相结合的制度，预备役人员包括退出现役的军官、士兵、民兵，年龄均为18—35岁；其中基干民兵为一类预备役，普通民兵为二类预备役，经过登记的公民除应服现役者外，编入民兵组织，服预备役。预备役士兵的训练在民兵组织中进行，军官在服预备役期间安排一定时间的军事训练。

第二节 驻 军

明清以前军事建置和驻军

望海镇 唐元和四年（809）设于浃口，置镇将、镇遏使守御，隶明州望海军。后梁开平三年（909）钱镠将该镇名改为静海镇。

定海卫指挥司 明洪武二十年（1387），信国公汤和拓城，建定海卫。卫辖9000户，其中长山、甬东（1387年自府甬东隅徙竺山海口）在小港镇境；明嘉靖年间又辖高山、竺山、小山、鸬鹚、侯涛山、打鼓山、张师浦、大尖网、大鱼湾、长山、季屿、汪家路等13处烽堠，多数在小港镇（戚家山街道）境。

水师定海（镇海）营 清顺治三年（1646）改原5000户所为定海营。清顺治十五年（1658）改为定海城守营，汛守定海城并甬江北沿海所城、台、寨，隶属台州总兵统辖。康熙八年（1669）改隶定海总兵。康熙二十五年（1686）改称镇海营，辖县城、关口汛、招宝山、笠山汛、镇海营水汛，设马步战兵。雍正二年（1724）改称水师营。该营主要防守镇海沿海及甬江两岸。

抗倭参战部队 明嘉靖二十七年（1548）倭寇骚扰浙东沿海，福建都指挥卢镗军至定海平倭。明嘉靖三十五年（1556）都督金事俞大猷向四川、贵州省调麻寮、大剌、镇溪、桑植兵6000名至定海参战。同年，调参将戚继光守扎定海，乃向金华、义乌募兵3000人。

抗英参战部队 清道光二十一年（1841），中英鸦片战争镇海之役，赴镇参战清军不下2万，分守四郊,其中有狼山镇、衢州镇等部标兵3600余名。

抗法参战部队 清光绪十年（1884），中法战争镇海口战役前夕，驻镇守兵有浙江提标营，练兵1000名，楚勇2500名，淮军2500名，衢标处标练军及淮勇等3000人。

浙省陆军标统 宣统二年（1910）标统张载阳统兵2营，兵卒1080名，分驻江南中营（小港卢家）和西门外蕹园。

民国时期军事建置和驻军

驻镇陆军 辛亥革命后，属标统张载阳统率之新军一个营驻江南卢家村，兵额540人。清宣统三年（1911）11月下旬参加江浙联军攻克南京战役。

镇海炮台总台（镇海要塞区，含小港） 民国初置司令官、教练官、副官各1员，辖宏远、威远、安远、平远与绥远5炮台，各设台长、教习1名。民国十六年（1927）改为镇海要塞区。民国二十一年（1932）8月设总台于小港，隶属宁波防守司令部。总台置官佐16名，士兵64名；直辖5个地台，置官佐8名，士兵240名。弹药库、观察所、探照灯台及修械所置官佐5名，士兵36名。民国二十六年（1937）撤安远、平远、绥远3座炮台，另建新镇远炮台于青峙，减少官佐3名、士兵81名。

表12-1-1 镇海要塞炮台总台官（要塞司令）员表

官 职	姓 名	任职时间	官 职	姓 名	任职时间
镇海炮台总台官	张北辰	民国元年（1912）6月	镇海要塞司令	卢承恩	民国十六年（1927）2月
	张伯岐	民国元年（1912）10月		陈其蔚	民国十六年（1927）7月4日
	陈步棠	民国三年（1914）5月		王蕚	民国十八年（1929）10月25日
	金富有	民国四年（1915）3月		孙星环	民国十九年（1930）3月
	张伯岐	民国六年（1917）1月		俞隐民	民国二十四年（1935）
				王皞南	民国二十六年（1937）4月
				王进甫	民国二十八年（1939）

镇海炮台掩护团（守备步兵第一团） 民国十六年（1927）置。民国二十一年（1932）改为宁波防守司令部守备步兵第一团，有官佐106名，士兵1579名。团部驻宁波。2个营分驻镇海要塞区及青峙、小港、李隘等处。1个营驻鄞县望春桥。

第十集团军一九四师 民国二十四年（1935）10月，国民革命军独立第三十七旅由厦门调宁波。1938年春改编为第十集团军一九四师，师长陈德法，实际兵力4000余名。辖一一二五、一一二六、一一二七等团，轮流驻防镇海江北、江南、鄞东、慈东一线。至民国三十年（1941）4月19日沦陷时撤离。

一九四师在镇海等地驻防分布：甬江以北一个团，团部设保国寺，民国二十九年（1940）冬移驻甬江以南地区；甬江以南一个团，团部驻宝幢（后驻净居寺）。

国民革命军十六师（番号玉门） 四十八团由团长罗鹏瀛率领自上虞启程赴镇海参战，四十六团三营驻白沙压塞堰一线，至1940年7月22日，日军败退后撤离镇海，分驻鄞西一带。至1949年5月下旬镇海解放，撤逃至舟山群岛。

国民革命军第八十七军（番号长江，前身系青年军） 民国三十七年（1948）10月间，从华北战场败退撤至宁波地区，其六六一团守防镇海，以江南前袁、道头和江北龙山、骆驼、县城为据点，至1949年5月下旬镇海解放，撤至舟山群岛。

中华人民共和国成立后驻军

人民解放军第二十二军 1949年5月下旬镇海解放后，部队分驻县城及江南、穿山一带。所属一九〇、一九一、一九三、一九七、一九八各团及军直山炮团参加解放大榭、梅山、金塘三战役。1950年5月移防舟山。

第二十军六十师（0080部队） 1955年驻城关、江南衙前、道头、小港与青峙。1956年参加青峙海、陆、空三军大演习。1957年驻地转移。

3860部队 原系公安厅边防保卫局镇海分局。建制有局、股和镇海边防检查站与龙山、郭巨、三山等边防派出所及1个边防连。1952年6月，边防局改为边防军。隶属公安第十七师，亦称"710"部队。1955年4月间，710部队改称边防第十八团，亦称"3860"部队，驻招宝山营房，辖3个营及穿山、郭巨、三山、龙山等边防哨所，1962年撤离镇海（北仑）。

91724部队 驻杨公山。

舟嵊警备区油库部 驻杨公山。

83372部队 1982年驻小港青峙。

宁波经济技术开发区消防中队 队址原位于戚家山街道金鸡路1号。2000年12月，经省公安厅批准，在宁波经济技术开发区消防中队基础上增设宁波市消防特勤二中队（小港中队）。其管理教育、后勤保障、防火业务由北仑区消防大队负责，战勤业务由宁波市消防特勤大队负责指导。

2008年7月，位于戚家山街道宏源路105号的青峙消防站建成投用，开发区中队成建制搬迁进驻。

2018年11月9日，中共中央总书记习近平向改制后的国家消防应急总队授旗，标志消防队伍的改制完成，消防队伍不再属于武警系统，改由应急管理部领导。

第三节 地方武装

地方武装

县保安团 民国二十一年（1932）建立，又称保卫团。县设总团部，县长兼任团长；区设区团部，区长兼团长。各乡镇配8—10名乡丁。

县国民兵团部 民国二十七年（1938）4月建立，县长兼团长；各乡成立乡队，乡长兼任队长，主要任务是训练壮丁。

沦陷期间的敌后游击队 民国三十二年（1943）4月，县长李经民在江南组建自卫大队，始编2个中队。次年春雷霆就任县长后，人数扩至200余名，下编3个中队，其中一个中队驻江家山，后移至东岗碶山区。沦陷时国民党镇海县政府控制区内尚有柴桥、长山、庄市3个区设3个自卫中队，长山区自卫中队人员40余名，常驻东岗碶；庄市自卫中队60余名，常驻江南夏度岙一带。

独立中队 民国三十年（1941）6月，中共镇海县工委在大碶王贺乡组建抗日武装巡夜队，由王博平任队长，武装人员20余名。9月初，慈东游击队奉宁属特委之命并入巡夜队。为坚持隐蔽，取定海国民兵团番号，称独立中队。队长仍为王博平，指导员林勃，队内建立中共支部。10月初由中共党员谢仁安、王忠孝领导的浙东青年突击队也奉命编入。至此，独立中队已有人员70余名，活动于江南抗击日军。10月28日部队流动在青峙时，突遭国民党鄞东霍中柱部偷袭，旋又遭盘踞县城的日军夹击，指导员林勃和胡班长牺牲。11月奉命转移甬江北，编为浙东游击纵队第五支队第四大队之新四中队。

镇海县大队（镇海独立营） 1949年7月组建，下属龙山、庄市、长山、柴桥4个区中队。1950年12月改编为独立第五营，下设3个连，分驻县城及长山、穿山等地。

人民武装部 1950年3月建立镇海县人民武装部，属军队建制。1962年设区、公社人民武装部，区配部长、干事各1名。公社（后改乡、镇、街道）配专职武装部长1名。

表12-1-2 戚家山街道（含小港镇）人民武装部部长名录

所在地	姓名	任职时间	所在地	姓名	任职时间
小港镇	邵忠义	1962年—1967年4月	戚家山街道	张平	2008年7月—2011年11月
	俞宗久	1962年—1969年3月		曹正令	2011年11月—2018年3月
	陈熙龙	1969年3月—1972年6月		朱献飞	2019年8月—2019年12月
	朱明高	1968年4月—1978年6月			
	陈志启	1978年6月—1983年9月			
	胡炳裕	1983年9月—1989年7月			
	严文南	1989年8月—1992年5月			
	李国昌	1992年5月—1995年5月			
	刘国民	1995年5月—1998年10月			
	贝祖宏	1998年10月—			

民 兵

民兵是我国在中国共产党领导下的一支重要民间武装。在抗日战争、解放战争中，民兵组织是一支重要的参战力量。在社会主义建设时期，民兵在战备执勤、抢险救灾、维护社会治安、参加重要建设任务中发挥带头作用，并随时准备参军抗敌保卫祖国。

民兵组织 1949年10月底，各村建立民兵组织，每村十来人不等。1950年土改前民兵占总人口1.65%。通过土改，1951年4月长山区民兵占总人口3.3%；5月后，民兵队伍继续扩大，各村民兵分为基干民兵和普通民兵，基干民兵选自17—25周岁男性公民和18—35周岁复员退伍军人；普通民兵为17—45周岁的男性公民。

1958年9月建立人民公社，提出"大办民兵师"。长山公社建基干民兵团（营）、管理区（大队）建民兵营；下为连、排，并组建尖兵班、基干班、普通班等。

1981年6月,调整民兵组织,取消公社民兵团编制。主要在公社和工厂中建立战斗组织,并确定在18—35岁青壮年中发展民兵,仍分基干民兵和普通民兵两种。

戚家山街道成立后,民兵组织得到加强。先后成立了区应急班、街道应急排、危化分队、警戒分队、社区普通民兵连。有民兵1200余人。

民兵活动 民兵军事训练,新中国成立初限于中队长以上干部,每年冬天由乡组织3—4天;1955年增加到7—8天,全区基干民兵由单一训练转向多兵科训练。1962年公社设人民武装部,配专职干部,组织民兵训练。1964年11月底,举行为期6天的单兵步枪,轻、重机枪、迫击炮,手榴弹投掷,地雷爆破,喷火射击等内容的郭兴福教学训练(表演)。

基干民兵训练时间,1981年前每年为15—20天,后改为两年一个周期,每一个周期30天,以后又改为每年训练20天。

1949年镇海解放初期,各村民兵积极配合区、乡政府、县大队和当地驻军进行剿匪反特、征借公粮、修建公路、支援前线等工作。

1950年5月为配合人民解放军解放舟山群岛,长山区民兵先后出动2000余人次参加修筑宁穿公路和运炮简易公路,撑船、搬运粮食、出动担架、运送军用物资等。

土地改革和镇压反革命运动中,放哨巡查、管制地主及反革命分子、维护土改运动的社会秩序;抗美援朝中,众多民兵率先报名参军。

进入改革开放以后,民兵在完成各项突击工作、抢险救灾、抗台、抗洪、抗旱等任务中起突击作用。

2013年10月,街道5位民兵远赴余姚抗击"菲特"台风。

2017年,戚家山街道评为市征兵先进单位。

2018年6月,戚家山街道民兵获区水上民兵比武第二名。

2019年5月,戚家山街道民兵获区水上民兵比武第三名。

第四节　海防设施

城寨　烽堠

宋代寨堠 宋时,在沿海筑屯兵城寨。南宋时以招宝山为总台在甬江南北沿海设置烽堠,并与邻县沿海各烽堠连续呼应。

明代卫所城堡 明时为防倭寇先后建立卫城1座、所城3座、城寨6座、烽堠37台,其中甬东寨城洪武二十年(1387)筑于竺山(笠山)海口,周围141丈,驻甬东巡检司。

陆汛镇海关口 驻大浃江口。

陆汛笠山城 驻小港笠山,辖口址1、台4、汛地5。小港口址,驻小浃江内。笠山台驻小港

青峙岭围卡遗址

港口；张师山台驻小港港口；打鼓山台驻青峙；路石山台驻路石山。东岗碶汛驻枫林；石门汛驻大石门；墓孝陈汛驻江南；长跳嘴汛驻小港长跳嘴；青峙汛驻青峙。

围卡 清光绪十年（1884），为防止外敌入侵，清政府浙江巡抚刘秉璋、提督欧阳利见在招宝山、卧（乌）龙冈、青泉（峙）岭、蚶岙岭、梯子岭一线建筑围卡。围卡朝海方向建有射击掩体，围卡后方挖有屯兵坑。2020年5月在青峙岭、门城山、蚶岙岭、梯子岭发现围卡遗址约1000米，高约1米，宽约0.8米。

表12-1-3 镇海海防戚家山区域营垒、石垒设施一览表

名 称	建造年份	地 点	备 注
戚家山营垒	光绪六年（1880）	戚家山巅	建石垒周围66丈，营房35间
金鸡山营垒	光绪十年（1884）	金鸡山巅	旧有炮台，欧阳利见督战于此
沙蟹岭营垒	光绪十年（1884）	沙蟹岭东西两侧	各建营房10余间，环以石垣
葫芦桥石垒	光绪十年（1884）	小港港口龙首山西垄	明嘉靖筑桥，后重建石垒
梯子岭石堡	光绪十年（1884）	小港蚶岙山上	
青峙山营垒	光绪十年（1884）	青峙岭前山上	营垒建于前后山顶，环绕雉堞800丈，西侧安置炮台

炮 台

乾隆《镇海县志》载，全县城汛计配置红衣12尊，炮55尊（县城上周围34尊、招宝山5尊、沿江汛12尊、笠山城4尊），劈山炮20尊（招宝山6尊、笠山城6尊、配巡船8尊）。

清道光以来至光绪十三年（1887），陆续在镇海口岸两侧营建炮台12座，营垒、石垒21处。

道光二十年（1840）8月，筑北栏江炮台于县城税关东首，后废；筑南栏江炮台于江南泥湾（今小港街道红联村北）。

清光绪三年至十年（1877—1884）中法战争前，在甬江口新建威远、靖远、镇远、天然、自然、定远和南栏江等7座炮台，以及临时炮位旧台10余处，共置大小炮70余尊。

1936年建设的宏远炮台遗址

清光绪十一年（1885）中法战争镇海口战役后，发现旧炮台位置偏内，旧炮射程不远，遂于光绪十三年（1887）增筑宏远、平远、绥远、安远炮台4座。耗银15.5万两，购置克虏伯21厘米口径后膛炮5尊，24厘米口径2尊，分置于各炮台。

抗日战争前，国民政府鉴于安远、平远、绥远3炮台位置偏内，光绪年间所筑三合土炮台不耐大炮和炸弹轰击，遂于民国二十五年（1936）改造调整，撤安远、平远、绥远3台，另在青峙钳口门炮台山建新镇远炮台。各台改为钢筋混凝土炮台。弹药库、观察所、探照灯台亦作更新补充，并配高射炮排。调整后要塞炮台为威远、宏远、新镇远3座，抗日战争时遭日军破坏。

表12-1-4　镇海要塞戚家山区域炮台一览表

炮台名称	建台年份	所在地点	配置大炮
靖远炮台	光绪六年（1880）	金鸡山东沙湾头	1884年置瓦瓦司80磅前膛炮4门，瓦瓦司80磅后膛炮1门
镇远炮台	光绪六年（1880）	小浃江口	1884年置瓦瓦司80磅前膛炮1门，瓦瓦司46磅前膛炮2门，英国土炮2门，后增克房伯12厘米后膛炮2门，17厘米1门，1937年移宏远炮台
天然炮台	光绪九年（1883）	金鸡山东北	前膛铁炮3门
自然炮台	光绪九年（1883）	金鸡山西北	前膛铁炮4门
绥远炮台	光绪十三年（1887）	小金鸡山	1888年置克房伯21厘米后膛炮1门，1937年移至镇远炮
平远炮台	光绪十三年（1887）	金鸡山腰	1888年置台克房伯21厘米后膛炮1门，1937年移至镇远炮台
宏远炮台	光绪十三年（1887）	小港笠山	1888年置台克房伯21厘米后膛炮1门，1937年移至镇远炮台，克房伯17厘米后膛炮1门
新镇远炮台	民国二十六年（1937）	青峙钳口门	1937年移入克房伯17厘米、21厘米后膛炮
南栏江炮台	道光二十年（1840）	泥　湾	—

宏远炮台

镇远炮台

平远炮台

靖远炮台

战时设防

　　鸦片战争时，清道光二十年（1840）7月2日英军侵占定海县城后，英船封锁江口。清政府在镇海关口两岸构筑防御工事。首先在甬江口内建南栏江和北栏江2座炮台,并征募渔船数百艘分布海口。裕谦到任后,在招宝、金鸡两山上密排炮位,在甬江用巨舟载石凿沉,以堵江口;水面以铁索拦江。甬江南排泊小舟,以备火攻。县城及威远城垛皆堆沙包,雉堞周围排列十字木架,以资抗御。筹建炮厂,制4吨重大铁炮,又研制磨盘四轮炮架车以运载大炮。

清同治二十二年(1884)中法战争镇海口之役的前一年,浙江巡抚刘秉璋、提督欧阳利见等到镇海布置防务,令超武、元凯两兵轮和红单水师军船五六艘泊港口内侧,检查防守;小港、五乡碶泊炮船;江口两旁钉木桩、沉石船,虚其中流以通出入。另购钓船5只,轮船1艘,储石以待;口外敷设水雷数十枚,各要隘均密布地雷;自宁波至镇海架设电线,以通有线电报;七里屿等处灯塔、航标、浮筒尽行撤去。在招宝山、金鸡山添筑定远、安远、天然、自然等4座炮台;又在出海口两岸增修长墙,山冈显露处以伪装虚设疑营,在金鸡山巅建营房,设瞭望台。光绪十年(1885)2月15日援台兵轮南琛、南瑞、开济3船入镇海口避敌,共辅海防。

民国二十三年(1934)抗日战争前夕,民国政府国防部请德国军事顾问佛采尔拟订《宁波海防设备实施计划》,预测日军企图在浙东沿海登陆,而以姚北至象山百余里海岸线中之3处最为危险,其最主要危险区将在甬江两岸及长跳嘴、老鼠山一带。根据上述设想,在三地区沿海各要点构筑永久工事,并通道路,架设有线电话,建成机枪、指挥所等钢骨水泥掩体60余座。

民国二十五年(1936)镇海要塞炮台在调整改造时储存弹药:每门大炮备炮弹200发,水雷300千克59枚,500千克12枚,漂雷8枚,地雷120枚。又修建从五乡碶至长跳嘴军用公路,连接宁穿公路。

民国二十六年(1937)"七七卢沟桥事变"后,宁波防守司令部守备团陆军独立三十七旅(翌年春改编为一九四师)和新三十四师在甬江口增建木结构防御工事,在海塘内侧挖步兵立射掩体、战壕,在小港口打篱笆桩,构筑铁丝网等障碍物,以防御日军登陆。在小港笠山和青峙清凉山巅建探照灯台及防空监视哨。是年底,杭州沦陷,浙东告急,为阻止日军从陆路进攻,在镇海县境内将宁穿路、镇大路、五长路等公路掘毁,把主要大道掘成"S"形沟,桥板仅留石梁1条。12月31日宁波防守司令部将3640总吨的新江天轮凿沉于甬江口堵江。民国二十八年(1939)再次下令将2800吨太平轮、1208吨福安轮、1000吨大通轮和200余总吨的4艘小轮船以及3艘小兵舰、8艘大帆船共18艘,凿沉于招宝山至金鸡山一带,作为第二道堵江线。1940年7月又一次将1500总吨的凯司登轮和海绥轮凿沉于拗猛江,作为第三道堵江线。10月初海军布雷队在甬江口增布水雷25枚。

新中国成立后,1975年在招宝山、金鸡山建筑战备防空洞(坑道),至1986年竣工。

1936年修建的青峙岭海防设施遗址

第二章 抗击外侮

自元末明初的500年间,倭寇、英军、法军、日军均从戚家山街道沿海登陆侵犯我国。戚家山人民英勇抗击外侮,屡获胜利。

第一节 抗击倭寇、英军

抗击倭寇

倭患始于元代(14世纪),明嘉靖时(16世纪中叶)最剧。定海(即今镇海)地处沿海,遂成抗倭要地。

元大德八年(1304),朝廷调乃颜蒙古军300名驻定海,设千户所分镇定海防倭。

明洪武二年(1369),倭寇扰山东后转掠明州(今宁波)等地,朝廷设沿海守备防倭。洪武五年(1372),倭寇骚扰明州等处,被靖海侯吴桢逐走。明廷命浙江福建濒海9卫造海船游弋海上防倭。洪武十七年(1384),倭寇扰浙东,宁波屯兵设守,副千户万锺奉命追倭,守御定海。洪武二十年(1387),信国公汤和在定海展城立卫,徙大榭、小榭海岛居民至穿山等地。

永乐二年(1404)四月,倭船18艘登劫穿山所,百户马兴迎战阵亡。五月,总兵官王友出海讨捕。

嘉靖二年(1523)五月,日本使者因争贡作乱,攻定海城。定海卫指挥李震与知县郑余庆同心济变,坚守县城。倭寇窜犯育王岭至小山浦,杀百户胡源,夺海遁逃。都指挥刘锦追击至东、西霍洋面,与倭激战,力竭落水身殁。

嘉靖十九年(1540),海盗李光头、许栋勾引葡萄牙人与倭寇,盘踞双屿港,出没海上剽掠。嘉靖二十七年(1548)都御史朱纨巡检浙江,委福建都指挥卢镗等率兵船进攻双屿港,歼倭数百人,捣毁其军事设施,擒李光头,追俘许栋。王直率余众窜,此后勾结倭寇,屡掠浙东。

嘉靖三十一年(1552)二月,王直杀死广东走私集团头目陈思盼后,叩定海关献捷,并求通商,官方不允,王直怀恨益深,入关夺船,被福建捕盗王端士率兵击退,转移至沥港,再度勾结倭寇,骚掠沿海。六月,倭寇乘夜半雷雨攻郭巨所城,先以草人用竹竿试探,后蜂拥入城,指挥樊懋率兵力战阵亡。指挥魏英督兵夜战至晓,倭寇从北门遁逃。

嘉靖三十二年(1553)闰三月,王直勾集各岛倭寇大举进犯沿海各地,陷象山,焚掠慈溪、昌国乡镇,参将俞大猷等追捣沥港倭巢,把总张四维驻龙山,黎秀驻郭巨,遥相呼应。王直败走。四月,倭寇分犯定海,都司刘恩至破敌于芦花港口(今属普陀)。五月犯郭巨,居民未及避者惨遭杀害,郭巨城内被夷为平地,朝廷命张经总督剿倭军务。

嘉靖三十三年(1554)三月,刘恩至等击败倭寇于定海洋之三岳山,倭寇奔逸至定海王家团(贵驷),是年夏,又登劫三北金家岙。乡人杨一手执长矛,召唤青年10余人迎战于海涂,刺杀数寇。因寇鸣角聚战,众溃,杨一独战,又刺杀二倭后被害。是年三月,另一股倭寇萧显被官兵挫败于龙山,围击于定海,窜逃至慈溪后为官军追擒。

嘉靖三十四年(1555)五月,倭寇由甬东窜定海劫掠崇邱(今戚家山街道一带),百户刘梦祥领兵船出海时与倭遭遇,登陆应战,奋勇冲杀,斩倭数名,力乏寡援而死。倭寇转窜鄞江桥、樟村,定海卫百户韩纲领兵阻击,兵败,韩身独战,亦被害。慈溪鸣鹤人杜槐率兵抗击倭寇于定海白沙,一日数战,斩倭寇30余人,杜亦受创坠马阵亡。

一日清晨,百户刘梦祥从笠山(今戚家山街道)甬东巡检司领兵出发,在笠山海口乘船巡视金塘港向穿山驶去,船到钳口门,听到岸上警声,急忙命船靠岸,不顾身无战马及只有几十兵勇就疾追倭寇,在剡岙口斩倭兵数名,后因力乏寡援,与10个兵勇在剡岙阵亡。刘梦祥等殉难后安葬在剡岙上青山中。后来戚家军上都尉登州守备张君漠也墓葬于此,今遗迹仍存。

嘉靖三十五年(1556)四月,倭寇攻龙山所城,生员李良民率兵抗击。五月,复攻龙山所,官兵奋歼倭寇数十人,倭乃败退。八月,倭寇据邱王为巢,灵绪生员戎良翰领乡兵奋战,良翰中流矢身亡。提督阮鹗与俞大猷、卢镗合兵围剿,寇连夜溃逃。阮鹗领兵出海,水战于邱家洋,歼灭倭寇殆尽。另一支倭寇登伏龙山,亦被官兵消灭。余姚生员倪泰员募兵400人由守备杨缙统率抗击倭寇于龙山,三战三捷。九月,倭寇复据邱王雁门岭,参将卢镗、戚继光抵御不支,泰员率家兵42人,直捣倭巢,倭歼甚众,倭寇乘夜拥出死斗,泰员与家兵俱阵亡。提督阮鹗督兵抗击,乃破之。

嘉靖三十六年(1557)四月,倭船漂至沈家门,副司王洵、总兵俞大猷命把总张四维诱降倭寇53人,解至定海关。适逢另一股倭寇犯定海关,杀应袭百户俞宪章,王洵、俞大猷恐降者有变,尽斩杀之。十一月,总督胡宗宪诱降王直,擒于定海关;两年后,王直在杭州斩首。同月,官兵击败据金家岙及邱家洋之倭寇。

嘉靖三十八年(1559)三月,倭寇从邱家洋入扰定海,参将戚继光率兵迎战击败之。

嘉靖四十年(1561)大批倭船频频登陆劫掠象山、奉化诸县及大嵩、郭巨等地数十处。总制胡宗宪督诸军抗击。六月,倭寇200余人乘船3艘,突入梅山山径。指挥艾升等追击,斩杀数十人,倭寇夜溃。

万历四年(1576),倭寇又劫掠定海江南一带。

倭寇骚扰劫掠定海前后200余年,倭寇所至,焚劫官仓民舍,掠少壮,掘坟墓,缚婴儿于竹竿浇以沸水,剖孕妇肚腹卜算男女以取乐。倭乱使沿海人口大减,明洪武二十四年(1391)33756户、98805口,至嘉靖四十一年(1562)减至14017户、38748口。

为纪念戚家军在小港抗倭斗争中做出的贡献,戚家军营地所在的七家山被更名为戚家山。现在的戚家山公园筑有戚继光纪念广场和戚继光雕像。

戚继光雕像

抗击英军

道光二十年（1840）2月，英政府发动侵华战争。6月21日—23日，侵华英军总司令懿律及海军司令伯麦率英舰40余艘及士兵4000名，到达广东海面。6月30日英舰队至浙江沈家门。7月2日英舰26艘驶入定海道头江面，5日炮击定海县城，登陆夺据东岳宫炮台，次日侵占定海县城。

7月10日，英舰封锁甬江口。浙江巡抚乌尔恭额至镇海。提督祝廷彪扼守招宝山，募渔船数百艘，分布隘口。次日英舰直窥镇海，被守军击退。16日英舰再窥镇海，小股英军登陆，被乡勇击退，英军下船开炮还击，乡勇被击死200余人。

8月，清廷罢乌尔恭额、祝廷彪职，派伊里布为钦差大臣，巡视浙江，刘韵珂为浙江巡抚，并调余步云为浙江提督。9月16日定海人包祖才等诱擒英炮兵司令安突德，后余姚等处亦俘英兵20余名。10月英对华交涉副全权代表义律登岸见伊里布，要求释放英俘安突德等20余人，未果。伊里布请宴于东岳宫。25日伊里布遣人携米面肉酒，赴英舰馈赠义律，义律报以呢、哔叽、洋布、千里镜等。11月6日伊里布私自与英军签订浙江停战协议，16日遣散乡勇，撤海防军3000余名，并撤招宝山守军，激起民愤，爆发1000余人参加的请愿运动，张贴知单，反对撤防，向官府投递呈词，要求收复定海。

是年，在甬江口内建南拦江、北拦江炮台。

道光二十一年（1841）1月27日，道光帝得悉英军乘琦善在广东撤防而发动进攻，下旨对英宣战。2月10日以裕谦代伊里布为钦差大臣，赴浙办理防务。裕谦于2月27日驰抵镇海，布置防务，并调各路官兵不下2万，分守四郊。其时英军已于24日撤离定海，裕谦命总兵葛云飞、王锡朋、郑国鸿率兵4800余名，拨炮50尊，火药数万斤，渡海接驻定海守卫。

3月20日，英兵轮"佩斯汤基·伯曼基"号船长威林士得在峙头盛岙洋面被乡民严鹤林、李永扬等诱捕，解送镇海大营，裕谦下令斩杀。23日裕谦在镇海县城召集文武官员、乡勇、商民、船户、水手等动员抗击英军，悬赏格捉英兵英将，严禁以淡水、茶叶、食物供给英军。4月清廷命浙抚刘韵珂坐镇镇海，严事防守。

5月3日，林则徐离粤赴浙，以四品卿衔效力镇海军营。6月10日下午抵镇海。次日登招宝山，观山海形势，察看新旧炮位。16日与刘韵珂相度金鸡山炮台地形，观看演放钢炮。21日观闽浙炮匠通力合作，首铸4000千克重大铁炮，后又参与研制运载大炮之四轮磨盘炮架车。是月，清廷革除林则徐四品卿衔，与邓廷桢从重发往伊犁。7月13日兵部咨文送镇海。14日林则徐由镇海启程赴杭州。林莅镇34天，登高涉险，谋筹方略，殚精竭力，兵民共敬。

7月，道光帝心存侥幸，命沿海各省督抚裁撤调防官兵。31日裕谦探知英军将再度北犯，奏请缓撤防兵，道光帝斥谓："不必为浮言所惑，以致縻饷劳师。"裕谦不得已，将外省调来的军队陆续撤走，并撤去镇海西北乡防兵400名，尚留防兵3600名。

8月，英政府改派璞鼎查来华。率兵舰20艘，载炮668门，武装轮船14艘，载炮56门，病院船9艘，测量船、运输船多艘，除炮兵外，陆战兵1万余名，大举北犯。9月12日，英船赖拉号大副温里等在郭巨盛岙上岸侦察，被乡民俘获。16日英舰轰击盛岙、双岙，登岸焚毁沿海民居甚多。经守备黄梦贵率兵击退。23日，英轮1艘、兵舰9艘驶抵镇海黄牛礁洋面。镇海城乡按户出丁，协同防御。26日，英舰船20余艘，士兵3000余进犯定海。经六昼夜浴血奋战，死难惨烈，三总兵力战殉国。10月1日，定海再陷于英军。裕谦据实驰奏，并请已调离之江西兵星夜来浙应援，恐或不及，乃广募水勇、团练、乡民协同防御。部署狼山镇总兵谢朝恩、江苏候补知府黄冕统兵1000余守金鸡山;委游击张从龙率兵驻招宝山威远城;命提督余步云率兵1000余驻招宝山下东岳宫;命衢州镇总兵李廷扬守东岳宫西侧拦江炮台;移左营游击驻穿山;沿江两岸密泊火攻船只,伏水勇;凡可登陆处皆挖掘暗沟,密布蒺藜,分驻兵勇以备。裕谦及宁绍台道鹿泽长、知县叶堃率兵1000人守县城。时镇海防兵加上定海陷后三镇退兵,仅4000余人。

10月4日,义民徐保兄弟自定海冒险负葛、郑两总兵忠骸来镇海,裕谦盛殓哭祭。继登东城,见招宝山张白旗,知余步云心怀贰志,乃于7日召集将士至关帝庙,祭神誓师,与众誓约:"毋以退为词,离城一步;毋以保全民命为词,受洋人片纸。不用命者,明正典刑,幽遭神殛。"提督余步云托词足疾,不参与盟誓。后余又请派外委陈志刚赴英舰暂示羁縻,裕谦不准。

10月8日,英舰始集泊于黄牛礁一带,其水陆两司令及璞鼎查乘汽船驰近笠山、虎蹲一带侦察军情。9日,英舰船30余艘载兵2000余名,集结外游山东。10日黎明,英舰发炮向镇海口猛轰,继以复仇神号军舰载第二纵队(亦称"中央纵队"),由陆军中校马利斯率第49团步炮兵440人、榴弹炮2门、野战炮2门,在巡洋号军舰掩护下,于笠山前抢渡登陆;弗莱吉森号军舰载第一纵队(亦称"左纵队"),由陆军少将司令卧乌古率第55团、第18团步炮兵1040人、山炮4门、臼炮2门,从钳口门登陆,越小浃江经义成桥到达沙蟹岭,向金鸡山营垒夹击。

守御金鸡山之狼山总兵谢朝恩麾兵猛烈阻击,与敌短兵接战,毙敌兵一部。谢落海牺牲。副将钟祥、游击托云保率全营士兵与英军力战,终因腹背受敌,伤亡过半,金鸡山遂陷。11时,英舰"威里士厘""伯兰汉"发炮猛轰招宝山炮台及威远城防御工事。英军第三纵队(亦称"右纵队"),由上尉舰长荷伯达率700余人、臼炮2门,在巾子山侧钩金塘登陆,另一路在招宝山东侧登陆,沿仙人洞小径向山巅仰攻威远城。守军抗击时,招宝山南侧之火药库突然爆炸,士兵惊散,衢州镇标游击林亮光投海殉难。驻守东岳宫之余步云一早登东城,向裕谦诉告家中有30余口,不便以身殉难。战斗开始,不登山督战,又不令士卒开炮支援金鸡山守军。待英军由后山登陆,即弃炮台而逃,守兵溃散。

战起时,裕谦登东城督战。金鸡、招宝两山失守,英军从山巅炮轰县城,掩护步兵从东门攻入,守城兵溃退,兵民由西门退出。裕谦见势不可为,嘱副将丰申泰携钦差大臣印送巡抚刘韵珂,并将预立之遗嘱交亲兵送家属,至文庙整衣拜阙,投泮池尽节。亲兵救起,舆至宁波尚有微息,由幕友乘小舟护送去余姚,途中裕谦乘人不备仰药而卒。城破时镇海县丞李向阳自缢殉职。此役殉难者尚有守备王万隆、把总汪宗宾、解天培、外委林庚、吴廷江。知县叶堃逃离。余步云逃甬,与知府邓廷彩、鄞知县王鼎勋同奔上虞。

英军入城,焚毁县衙、水师营、参将署、演武厅、军器局及大批民房、寺观,搜刮白银、文物及其他财物,至近乡奸淫掳掠。

10月13日,英战舰4艘、汽船4艘、舢板数十只,载英军700余名,直犯宁波城。下午2时,抵灵桥门下,文武官员弃城而逃,英军长驱入城。

10月18日,清廷命吏部尚书奕经为扬威将军;20日,又命文蔚、特依顺为参赞大臣,赴浙办理军务,规复三城。

道光二十二年(1842)2月,苏皖豫鄂川陕等省调赴浙江官兵1万余人陆续到达。10日,奕经经杭州,曾去吴山关帝庙求签,签文有"虎头人"之句。当年为"壬寅年",奕经制定"五虎制羊(洋)"作战计划,以"肖虎"之安义镇总兵段永福为前军大将,决定寅月寅日寅时(阴历正月二十九日四更)

三路进兵，报奏朝廷，竟获道光帝朱批"伫待捷音"。3月10日凌晨（即正月二十九日寅时），奕经兵分三路，由段永福会余步云率川兵900人、本省兵700人，由余姚东南大隐山攻宁波，游击张富率兵800人为后备；海州知州王用宾率甘、陕兵1000人、乡勇2000人，由批验大使郑鼎臣为先锋攻定海；副将朱贵率陕甘兵800人、河南兵500人、本省兵100人，从大宝山攻镇海；并以都司刘天保为先锋，游击黄泰第率兵500人为后备，游击谢天贵率兵900人、乡勇3000人余驻骆驼桥为南路策应；另由张应云督陆路乡勇驻梅墟。时奕经轻信英谍慈溪人陆心兰。陆向英军尽泄清军机密，又向奕经谎言宁镇二城英军守备虚弱，潜师可袭。奕经信之。官兵冒雨出发，段永福先遣都司李燕标率兵攻入宁波南门，自率大队于天色将明始猛攻西门，爬城而入，战不利，相拒至8时左右，撤奔绍兴东关，余步云率兵2000人自奉化赴援，中途闻败即折返溃退。刘天保率先锋队500人至镇海，部将吴祥跃登城楼，望见英军排列大街左右，戒备森严。刘天保命300人回取大炮，自率200人抬千斤石撞西门。门开，英军排枪齐发，天保且战且走，移炮至据点，发炮击毙英军20余人，英军不敢追击。刘天保率军三次进出镇海城，终以后援未到败退。朱贵闻讯，即退守慈溪大宝山营地。

4月，镇海人民奋勇抗敌。生员王师真乘夜划小船，载引火物焚烧英船。乡勇郭延龄、王日豫等在金塘山、蛟门洋等处袭击英船。军功刘朝元、朝安、朝用兄弟等潜入金鸡山、招宝山英军营，破坏其军械。二道头、五里牌等处，均有袭杀侵略军之事。同时黑水党联络船户，备八桨小艇，游弋甬江中，四散隐伏，狙击英侵略军。英人大恐。英军遭当地人民和黑水党的不断袭击，惶然不安。5月7日撤离宁波，9日弃镇海县城，留其将罗卜丹驻招宝山，外系船数艘为后盾。6月，伊里布遣人至招宝山英营送还战俘16名。8月29日，丧权辱国的《南京条约》签订。10月11日，盘踞在招宝山英军撤往舟山。

道光二十三年（1843）1月，前浙江提督余步云因临阵脱逃及诬告裕谦"大营先自溃散"罪，在京被斩决。

咸丰四年（1854）10月，道光帝前旨敕建之昭忠祠，在东岳宫侧落成，祀总督裕谦、总兵谢朝恩、县丞李向阳等11人，附祀以本营、外营将士同时阵亡者，并勒碑以记。

光绪年间镇海关炮台布防图（1985年3月严水彩绘）

第二节　中法战争镇海之役

清光绪九年（1883），侵略越南的法军悍然进攻中国军队，蓄意扩大战争。法军舰队游弋中国东南海域，侵占沿海部分岛屿，企图挥舰北上，威胁清廷。

光绪十年（1884）春，浙江巡抚刘秉璋、提督欧阳利见相继抵达镇海筹划防务。自金鸡山至育王岭一线驻兵六营，由提督欧阳利见统率；北岸驻兵五营，由记名提督杨岐珍统率。招宝山、泥湾、港口各炮台由守备吴杰统率。命同知杜冠英领海防营务处，宁绍台道薛福成领宁防营务处，宁波知府宗源翰为营务处提调，游击钱玉兴驻梅墟为后路策应。

光绪十一年正月十四日（1885年2月28日）夜，法军舰队司令孤拔率纽回利号、答纳克号、巴夏尔号、德利用芳号4舰抵七里屿洋面。欧阳利见函告杨岐珍、杜冠英、钱玉兴与援台被法舰中途追截退至镇海的南洋水师3舰统领吴安康以及地方官员，进行临战部署，并亲驻金鸡山督师。

正月十五日9时30分，法舰驶向游山，午后以一小轮驶入虎蹲测量水道。下午3时，纽回利号等4法舰向招宝山炮台发炮狂轰。招宝山炮台炮长周茂训奉命还击，首发命中纽回利号舰首，纽回利号用舷炮排击，被炮台守军击折头桅。法炮击中威远炮台门楣，弹片飞入炮房，周茂训被炸折右胫，山后炮台炮兵2名、勇丁1名丧身。杨岐珍至炮台，激励炮兵奋勇轰击，南洋兵轮亦发炮接应，连中纽回利号两弹，招宝山炮台又击伤纽回利号船尾。南、北炮台及水师各兵轮俱向法舰轰击，法舰巴夏尔号等拼死还击。清军奋力发炮，激战两小时，法舰败退，施放烟幕向外海退撤。晚7时许，法军派小船两艘靠岸偷袭，被守军击退。次日晨，受重创之法舰纽回利号被拖离镇海口，余3舰仍泊金塘山下。晚8时，法军2艘鱼雷艇暗袭桩船，被炮台、兵轮击退。十七日晨，法军又增2舰。9时许，法军答纳克号等舰直驶虎蹲山下，轰击招宝山炮台。杨岐珍、杜冠英督吴杰开炮，击中法舰烟筒，再发，击折头桅，横木下坠，压伤兵头及护从多人，传兵头系孤拔。清军南琛、南瑞两兵轮复从旁击中法舰3炮，法舰受重创倒轮转道，于次日向外海驶离，仅以一舰泊游山。十七日夜，法军乘风雨晦暗，以小船2艘驶抵馒头山下，抄袭小港炮台。欧阳利见遣副将费金组率兵勇待机击沉之，法兵皆毙。次日晨，法军小轮掩袭虎蹲山，又被炮台守军击退。此后，法舰或三四艘，或八九艘，来往无定，然不敢再逼口门。二十六日，法舰图架炮于顶层，登桅索断，坠压死伤20余人。其后两日，法舰遥轰小港口炮台，弹重360磅，炮台受弹数十，因炮已移至乌龙岗，无损。二月初三日，孤拔乘兵轮离镇海口。初四日，薛福成至镇海劳军，建议总兵钱玉兴夜袭抛泊游山外法舰。副将王立堂夜率敢死队，潜运后膛车轮炮8尊，伏青峙岭下。次日四更（初五凌晨），突击法舰，连中5弹，伤法兵多名。待敌惊起以巨炮回击，清军已收队回营。其后，如镇晦雾或见人众，法舰辄开试探射击以壮胆，因清军严阵以待，不敢再犯。

二月十九日，清政府与法国政府在巴黎签订议和草案。二十八日，镇海口外法舰传告：法提督准于8时乘舢板悬白旗来镇海拜会中国提督，谓有急要公事面商，请派员中途接引进口。二月二十九日，法远东舰队副司令利士比从加臣尔亚号致函欧阳利见，告奉巴黎命令，中法于三月初一日停战。

四月十五日晨，利士比乘力加利桑尼亚号铁甲舰离开镇海，李怀义接代副司令职。四月二十九日，孤拔死于澎湖。五月十四日，法舰撤离，仅留李怀义座船。十七日夜晚，最后一艘法舰撤离，镇海口启关通航。中法甬江口之役以中方胜利而结束。

光绪十一年（1885）五月，欧阳利见手书"督师御敌处"，立碑于金鸡山顶。碑高4米，碑后筑指

挥战斗的瞭台,并建营房,以资防守。

表12-2-1　中法战争镇海口之役清军兵轮简况表

舰　名	舰　种	排水量（吨）	马力（匹）	时速（海里）	船员（人）	火炮（口径×门）	备　注
元　凯	木质兵轮	1358	580	10	98	（口径不详）9	1875年船政局造
超　武	木壳兵轮	1268	750	12	84	（口径不详）7	1878年建成
开　济	快碰船	2200	2400	15	183	（口径不详）8	1883年船政局造
南　琛	次三等巡洋舰	—	2800	—	217	—	1884年向德国购得
南　瑞	次三等巡洋舰	—	2800	—	217	—	1884年向德国购得
澄　庆	通讯舰	1268	750	12	84	16×1+12×6 共计7门	在石浦被法军鱼雷击中后自沉
驭　远	木壳帆舰	3400（一说2800）	1800	10		21×1+15×8+12×12 共计21门	在石浦被法军鱼雷击中后自沉

表12-2-2　侵犯镇海口法舰简况表

舰　名	舰　种	排水量（吨）	马力（匹）	时速（海里）	船员（人）	装备 炮（合）	装备 装甲（台）	备　注
巴　雅	铁甲巡洋舰	5881	4000	14	480	14	—	法远东舰队司令孤拔的旗舰
德利用芳	铁甲巡洋舰	4176	4000	13	470	15	15	
纽回利	木桅巡洋舰	2200	2465	14		15		
答纳克	三等兵船	800	400		90	5		
力加利桑尔亚	铁甲巡洋舰	6700	4500		485	20	15	法军舰队副司令利士比座舰
都伦号	铁甲船	—	—					李怀义座舰
爱克雷	木　身	1617	1874	15		8		

注：（1）1885年2月28日夜孤拔率巴夏尔号、德利用芳号、纽回利号和答纳克号4艘军舰到达镇口,战斗打响后,法舰时有增援和离去。据记载,3月10日法舰7艘泊金塘洋面,15日减至4艘,25日增至5艘,4月5日有6艘。总之,是在4—7艘之间,舰名及舰种除上列外,均不详。

（2）表12-2-2所列各项数据是据《申报》、法·罗亚尔《孤拔舰队》、法E·CaYnot《法军侵台始末》、美·罗《马尾江观战记》、美杜默能撰,美罗享利等译的《法国水师考》等资料综合而得出的。

附录　刘中丞（秉璋）咨送浙江镇海口布置及战守情形图分说（清）

添设电线

浙省至宁波郡城,向有电报。由宁波至镇海四十里,乘潮往返,文报稽延。刘秉璋本拟有事时,亲临宁郡,就近调度。薛福成以巡抚出省,则调兵筹饷转多隔阂,因禀请由宁至镇,添设电线。一切机宜,电饬营务处薛福成、杜冠英传谕各营。虽相距数百里,而号令迅捷如在一室。十年冬,法船游弋浙洋,迨十一年春接仗后,与法船相持数月,电报往来日十数起,军机无误。

海口筑墙

镇海海口散漫,南岸育王岭、布阵岭、孔墅岭、清泉(青峙)岭、沙蟹岭;北岸瀣浦、湾塘、沙头堰等处,均系登岸要区。招宝山至梅墟,关系尤重。欧阳利见、杨岐珍、钱玉兴将南北营垒布置后,各率所部修筑堤卡,绵亘四五十里,声势连接,脉络贯通。

注:2020年4月,戚家山街道新四军历史研究会副会长、文保员杨国成等人在调查历史遗迹时,发现青峙岭北侧,沿林家山巅向西至蚶岙山巅至今仍留有当年修建的堤卡,残堤长约100米,高约0.5米。

钉桩沉船

镇海口门,宽约二百余丈。马江告急后,刘秉璋以南北两岸虽有炮台,仅二百磅子大炮一尊,若不于海口设拦阻船路之物,恐敌以一二兵船羁绊炮台,余船直驶入口,两岸营勇力无所施。

檄饬营务处薛福成督同杜冠英及宁波府宗源瀚买桩木三千余支,用机器排钉海口。或七八十支,或四五支,或两三支各为一丛,自南至北,横列二十二丛;自内至外,直列十丛。经营数月始竣。又购大船三十六艘,督令二岸防勇满装石块排沉桩缝之内,仍留口门二十丈,以便商船出入。另备大船五艘、三杠网三重,并借宁商宝顺轮一艘,为封塞口门之用。后五船虽沉,宝顺尚留,商旅仍通,饷源不匮。而宁镇居民,安堵如常,盖恃桩船之力也。

水陆藏雷

海口设防,刘秉璋咨调北洋水雷匠目四名,到杭设局制造,并购置水旱电线。欧阳利见、杨岐珍选择兵勇之精细伶俐者,俾习沉埋演放之法。杜冠英督同吴杰于海口沉船排柱之外,沉放水雷六排,每排八雷,纵横相距十丈,共沉四十八雷。

又于小港口滨海最要之处,埋伏地雷六十枚。欧阳利见饬所部于布阵岭、孔墅岭、清泉(青峙)岭、沙蟹岭、梯子岭等处长墙卡门之外,各埋地雷三四十枚。敌知有备,不敢登岸。

迁置教士

法船在马江开仗,宁波绅民指目教堂,皆言法人藏匿大炮将为内变。薛福成照会英国领事官固威林,俾转告法国主教赵保禄速迁往江北居住。赵保禄请查勘教堂果有大炮与否。薛福成谓此说本非确实,但众怒难犯,如不速迁,日后断难保护。郡城团练夜过教堂,或以矛撞其门,争詈法人。法教士不自安,乃率男女

徙居江北岸。薛福成允拨兵代守教堂,亦隐以稽察奸宄。俄尔,定海讹言又起。定海民入教者二千人,分班赴教堂操演,枪声颇闻于外。薛福成谓徙其教士,则教民无所附举。刘秉璋亦严格督促薛福成致书定海守将密商机要,而明告法教士以不能保护。往返驳辩甚坚,赵保禄语多恫吓,薛福成严折之。一日教堂中阒然,则教士已尽室迁回宁波之江北岸矣。薛福成禀调衢军右哨,及派卫安勇五十人驻江北岸,名为保护教士,实拘守之。又令新关稽查洋船,凡法国商民、教士,但准出口,不准进口,以清间谍,故海口鏖战,而内地晏然。

杜绝引水

法事日棘，刘秉璋函饬薛福成遵照北洋大臣电传密谕，设法暗阻敌船引水。宁波向有引水洋人必得生、师密士两人领新关执照。驾小船在镇海口外受雇领港。薛福成与约月给厚费俾敛船入口，交杜冠英差用。是时，师密士适接法船密信雇为引水。薛福成使拒绝法人，另给重资以酬之。既又函会税务司葛显礼，派洋人随同杜冠英拆去新关向设之七里屿、虎蹲山等处塔灯、标干、浮筒，以迷敌轮之路。迨开战后，薛福成侦知孤拔在上海以重资募英人赫尔、德人贝伦为入浙向导。因亟电禀南洋大臣，饬江海关道邵友濂派员禁阻，如不听，则撤销其执照，永不许在中国引水，仍各酬以千金而罢。薛福成函告各国领事，如有洋人为法人引水，宁郡民情强悍，必相率而攻毁洋房，此一无业之莠民累及合埠安分之富商也；且难保非法人诡计，欲故坏各国声名。诸领事以为然，密致书驻沪领事，禁约洋人。后闻孤拔欲募引水以攻镇海，悬价六万金而莫之应云。

上元奏捷

法船四艘驶入蛟门，薛福成电请刘秉璋电饬各营要约赏罚，并饬南洋三轮同力协助，如再逃溃则当先诛其统领、管驾，使钱玉兴持令箭以怵之；电饬杜冠英传谕各炮台，镇静以待。正月十五日未刻，法将孤拔乘一小船亲入虎蹲山北测量水道。我炮台开炮击之几中，乃遁去。旋一大黑船名纽回利扑招宝山炮台，杜冠英饬炮目周茂训开炮迎击，中其船头。敌势遑迫，掉头用排炮轰击，又被我炮台轰折头桅。我炮台亦被击中十数弹，弹重二三百磅，陷入三合土内。后一弹着我炮洞门楣，铁炸入洞，击伤周茂训右胫。杜冠英令吴杰亲自开炮，杨岐珍亦自威远城驰入炮台，亦开排炮御之。自未至申，轰声不绝。法船连受五炮，伤亡颇多。我炮兵勇丁只阵亡三人。

再坏法船

正月十五日之战，法轮败退，泊金塘山下。十七日黎明，又添二船。巳刻，复以一大黑轮驶入虎蹲北，攻我招宝山炮台。杨岐珍、杜冠英督率吴杰开炮。敌船甫近，即被我弹中其烟筒，再中船桅，横木下坠，压伤兵头及护从多人。南洋兵船，复从旁击中二炮，法船创甚，收旗转轮，仅获出险遁去。厥后闽浙总督杨昌浚接探员禀报，有法船运到一兵头之柩，葬于马祖澳，送葬者数百人。据传即将军迷禄——正月十七日在镇海伤亡者也。（注：迷禄在1884年9月因健康恶化从越南奉调回国，没有到过镇海口。）

潜师放哨

法船再败之后，不敢再近招宝山口门。正月十八日夜，乘风雨晦暝，用小船潜登南岸，突袭我江口炮台。欧阳利见先已饬拨营勇，每夜轮流放哨。副将费金组瞥见小船，戒营勇屏息以待，及其渐近，突放排枪尽力截击，沉其二舢，余悉惊遁。

小港炮台旧置炮位五尊，内光膛生铁炮三尊未能及远，钢炮击远两尊，弹仅重四十磅，早经移置沙蟹岭、乌龙岗，但留空台为疑敌之计。

正月二十七日，法船遥击小港炮台，弹重三百六十磅，而台无大损。法人复驾炮登桅顶，绳索忽断，坠压死伤者多人，法人由是夺气。

夜袭法船

法船屡挫之后,退泊金塘,唯以一船向前抛泊,倚游山为屏障。适薛福成赴镇海劳军,觇知地形,密告钱玉兴谓:乘夜袭击,可以得志。二月初四夜,钱玉兴亲督副将王立堂,选敢死士潜运后车轮炮八尊,伏南岸清泉(青峙)岭下,四更后突击之。敌船连受五炮,伤人颇多。传闻孤拔亦受伤云。法船闻炮回击,弹落水田;我军一无所损,旋即收队。

(据天一阁藏抄本整理)

第三节　抗日战争镇海保卫战

民国二十六年(1937)"八一三"上海抗战爆发后,同年9月日本侵略军兵舰即炮击镇海、小港要塞。自民国三十年(1941)4月19日日军攻占镇海、小港,至民国三十四年(1945)9月16日日军撤镇海县城,集中慈城待降。其间,镇海、小港人民的抗日斗争始终不息。

战前形势与战役目的

民国二十六年(1937)全面抗战开始后,日舰、日机屡袭镇海要塞,要塞炮台迭予还击。9月20日,日舰首次来犯,向威远、宏远炮台发炮25发,要塞炮台以21厘米口径大炮还击25发。1938年3月21日,日舰向要塞炮台发炮30余发,要塞炮台以21厘米口径大炮还击25发,24厘米口径大炮还击3发,命中2发。9月22日,日巡洋舰1艘,炮舰1艘,向炮台发炮百余发,炮台还击,击伤巡洋舰1艘,击沉小艇数艘。1939年4月22日、26日,日军水上轰炸机12架次轰炸威远、宏远炮台,要塞防空部队发射炮弹338发,高射机枪弹926发。日机不敢俯冲,在3000米高空匆促投弹后逸去。1939年6月7日12时40分,日军八九式水上轰炸机6架,空袭宏远炮台,其中1架被要塞高射炮击坠于甬江口距岸800米处。其飞行员获原中尉跳伞后自杀。

镇海战役发生前,东南沿海的各个港口相继被日军攻陷,唯宁波港仍存。大量抗战物资海运从镇海口入宁波,输入内地。据浙海关档案,民国二十八年(1939)经常进出宁波港轮船约30艘,38059总吨,日运货量1万吨以上,最多日运货量达3万余吨。日军大本营多次强调要切断中国对外联络线,特别是输入武器的路线。镇海成为日军进攻的主要目标。我国军民意识到,镇海口保卫战关系到全国抗日战争大局,只能胜利不能失败。战役就是在这样的背景下展开的。

"七一七"戚家山争夺战

民国二十九年(1940)7月上旬起,金塘港海面日舰出没频繁,不时炮击镇海、小港沿海村落。16日,镇海口外日舰增至14艘,并于当日凌晨5时许炮击镇海要塞各炮台,日机12架轮番投弹。我炮台守军发炮还击。是日,镇海沿海一带参战日舰继续增至30艘左右,其中镇海口外有日舰19艘,向小港连续发炮500余发,飞机投弹80余枚。清凉山的探照灯、宏远炮台的弹药库被炸毁。

17日4时30分,日舰30余艘轮番驶近小港海防要塞,向要塞炮台和附近村庄狂轰滥炸。与此同时,日军500余人乘装甲艇在蒋家老鼠山登陆。

17日拂晓，日机三五架掩护日军进攻，向守军阵地攻击。我守备步兵第一团二营五连2个排于嘉门岭附近与日军接战，伤亡惨重。日军一股自清凉山经蒋家、沙头、钳口门至港口，袭击各炮台守军。守备狮子山军队奋勇抵抗，一少尉连副阵亡。日军增至300余人向镇远、宏远炮台急进。日军另一股从李隘、林唐越青峙岭到小港，抢占金鸡山、戚家山。我军增援部队受敌机轰炸影响，进展缓慢，李隘、林唐相继失守。10时许，日军经林唐向青峙岭猛攻，遭守备步兵一团守军阻击，日机低飞侦察并以机枪向守军反复扫射，八连连长与五连连副阵亡，青峙岭失守。

日军除一部向小港攻击前进外，大部越徐家岭侧攻宏远炮台。炮台守军改携步、机枪转移至沙蟹岭堵击，守备步兵第一团抽集兵力阻击。终因寡不敌众，宏远、镇远两台陷落。

中午，守备步兵一团二营余部撤至王家溪口附近集结，日军占领江南镇（今红联）。下午，日军另一股400余人于江北后海塘、大道头、招宝山紫竹林等处登陆。时原驻县城守备步兵一团八连已调江南阻击，威远炮台已被日机炸坏，不能发炮。台长率步兵突围撤离，招宝山失守，17时后县城陷落。

当时，江南守军一九四师一一二七团第一营及迫击炮连由团长率领与守备团团长、炮台总长和守备团第一营余部均集结于王家溪口、长山桥附近。江南、江北前线各部队由一九四师师长陈德法统一指挥，将登陆日军阻堵在青峙、小港、江南及城关一隅。

18日晨，日军登陆部队合计已达2000余人，在各处抢筑工事；镇海口外有兵舰23艘，汽艇40余艘。7时30分，我守军反攻，一一二七团第二营克老鼠山、嘉门岭、狮子山、青峙；一一二七团第一营克茶漕岭。守备团第二营在小港、戚家山一带与敌接触多有伤亡。19时，一一二六团推进至长山桥、衙前、陈山一线。同日7时，一一二五团一营一连推进至县城西郊。19日1时半，抗战部队全线出击。一一二七团攻克马嘴山、长跳嘴、唐家弄，逼近黄瓦跟。一一二六团攻占戚家山。一一二五团进攻县城小西门。11时，日军借兵舰、飞机助战，全线反扑；又以汽艇8艘，载兵百余人窜至东山（今前进村）附近企图登陆，遭一一二六团第七连抗御击退。16时半，各线日军不支退却。是日，各线抗日官兵伤亡自营长以下300余人。入夜，一一二七团进攻小港，日军凭小浃江固守，仅克黄瓦跟和小港河岸部分民房。第十六师四十八团归一九四师师长陈德法指挥，接替一一二六团防务，于20日拂晓前进入戚家山、东山、陈山阵地。

21日晨，日军兵舰、飞机、步兵重迫击炮向黄瓦跟、戚家山猛烈轰击。8时许，日军以2个中队进攻一一二七团黄瓦跟阵地，战斗3小时，日军未能得逞，放弃进攻。日军又以七八百人攻四十八团戚家山阵地，双方肉搏冲杀十余次，阵地得失三四次。14时，日军增三四百人再次进攻。一一二六团第三营从茶漕岭、赵家赶赴增援。17时许，日军不支败退。至18时，我军全线出击。20时开始，日舰发炮掩护被击败日军登舰撤离。22时，四十八团克金鸡山，一一二七团克港口。

日军在老鼠山登陆

日军占领大黄蟒礁

日军攻占青峙岭

22日1时许,四十八团二营克泥湾。3时,一一二七团克宏远炮台。2时半至3时半,一一二五团收复县城,克招宝山威远炮台。至此,镇海保卫战获得完全胜利。

"七一七"战役,进犯镇海日军、伪军共3000余人,出动军舰30余艘。被击毙400余人,伤六七百人,击落日侦察机1架。我军阵亡官佐14名、士兵585名,受伤官佐44名、士兵536名。22日晨后,卫生队清理戚家山战场时,见到古营垒背阴处停放着21具阵亡将士遗体等待处理,军衣上的血迹尚未干涸,他们有的怒目圆睁,有的大张着嘴。没有白布,卫生队员们就用一些树枝、野草覆盖在他们脸上,墙边倚立起一块门板,上面用木炭写上"英勇的弟兄们,你们的血肉,已筑就了新的长城。可以瞑目了,安息吧!",爱国官兵为国捐躯的场面极为壮烈。阵亡官兵大部分被掩埋在布阵岭西向路南缓坡上。

"七一七"戚家山抗日纪念碑(位于戚家山巅)

在"七一七"战役过程中,小港人民积极支援抗日将士,送饭送水送弹药上阵地,抬担架抢救伤员。唐爱陆、李善祥等爱国人士组成的志愿队,在战役中出生入死,送弹药、抬担架,做出了重大贡献。

为纪念这场战役的胜利,2005年7月,蔚斗小学校友会与小港街道办事处、北仑区文物管理委员会在戚家山顶建立了"七一七戚家山抗日纪念碑",参加这一战役的老战士任根德撰写了碑记。

2015年,小港街道办事处将"七一七"战役阵亡将士遗骨迁葬于江家山福寿公墓,并建立阵亡将士纪念碑。

第四节 "四一九"失守

民国三十年(1941)春,侵华日军再次发动对中国东南沿海登陆作战。3月15日,日军大本营命令第五师团参加浙东登陆作战。驻沪日军第十三军司令官泽田茂奉命从陆上策应,4月14日设指挥所于杭州。抽调第二十二师团、第十五师团、独立混成第十一旅团及伪军一部共约3万人,先于4月16日进攻绍兴、诸暨。驻南京日空军抽调一、三两飞行团飞机100余架,配合浙东作战。日海军中国方面舰队抽调军舰30余艘及海军横世贺第四特别陆战队近3000人,护卫第五师团登陆浙东。

是年4月15日起,镇海口外日舰增至10余艘,炮击小港、镇海城区、澥浦等守军阵地,日机轮番轰炸。当时,甬江口两岸守军为一九四师、暂编三十四师第一团和宁波防守司令部守备团及县自卫大(中)队等。4月19日拂晓,日军以大批汽艇分载1万余人向镇海江南、江北多点同时登陆。登陆招宝山日军遭守军暂编三十四师一团一营猛烈反击,双方伤亡惨重。拂晓,日军千余人在俞范双跟塘及石塘头间强行登陆。9时40分县城陷落。

是年4月19日拂晓,在小港黄瓦跟登陆日军已达700余人,上午增至千余,与金鸡山登陆日军会

合后续向西进犯。一九四师五八一团刁军岳连在竺山头阻击,全连牺牲。10时许,日军炮艇沿镇海口封锁线溯江而上,11时在王家洋登陆,是日小港沦陷。

第五节　抗战期间日寇在小港的暴行

民国二十八年(1939)6月23日—25日,日机51架次向小港狂轰滥炸,投弹304枚,炸死居民61人,炸伤25人,炸毁和震倒房屋580间。港口李氏乾坤两房大屋及李家花园等建筑被夷为平地。28日,又在江南镇投弹117枚,炸毁房屋160间。

民国二十九年(1940)7月17日凌晨,日军在老鼠山偷袭登陆,沿途纵火烧毁蒋家、青峙、沙头、李隘、黄瓦跟、小港碶跟、港口、沙湾头、泥湾、浦前、江南道头、陈家塘、后袁、双板桥与东山庵等近20个村镇,被烧民房、店铺、庙宇、学校等建筑5370间。惨遭日军枪杀、烧死以及强奸后又被杀死的有166人。另外,日军将关在竺山庙的民夫30余人全部杀死。

日机两次在小港被击落经过

民国二十八年(1939)6月7日午后12时40分,6架日机飞临镇海上空,在城区投下数枚小型炸弹,佯作轰炸县城,然后迅速分散成2架一组,突然向宏远炮台俯冲。第一组2架下降至1800米高空时,高射炮连连副张树瀛向第一架日机连发弹8发,日机被击中机尾冒黑烟坠落。机上的飞行员跳伞后,被宁波防守司令部守备战士包围而自杀。

民国二十九年(1940)7月17日,日军进攻镇海,侵占青峙、小港、江南道头及县城等地。日军为了压制中国军队进攻,并阻滞中国的增援部队,派飞机反复轰炸,扫射青峙地段,掠着山头低飞,用机枪进行耘田式扫射。驻守青峙岭的三连连长张宣忍命令全连机、步枪在日机飞进对空射击有效圈时一齐开火,日机被击中,坠于四顾山北坡山腰下,其上的飞行员跳伞逃命,落在沙头海涂,被敌艇救去。

表12-2-3　戚家山街道境内遭受日机轰炸统计一览表

年	月	日	时分	架次(架)	投弹数(枚)	轰炸地点	房屋损失(间)		伤亡人数(人)		说　明
							炸毁	震倒	死	伤	
1939	6	8	7:20	6	8	港口	—	—	—	—	
1939	6	10	9:10	7	17	小港	22	40	1	5	
1939	6	23	7:25	24	154	小港	300	200	60	22	
1939	6	24	8:00	18	100	小港	20	20	—	—	
1939	6	25	8:30	9	50	港口	30	10	1	3	分2批炸
1939	6	28	12:36	12	117	江南	160	90			分4批炸
1939	6	29	7:19	12	80	港口	—	—	—	—	

年	月	日	时分	架次(架)	投弹数(枚)	轰炸地点	房屋损失（间）		伤亡人数（人）		说 明
							炸毁	震倒	死	伤	
1940	7	16	4：18	26	42	港口	—	—	—	—	
1940	8	19	12：20	4	12	青峙	—	—	—	—	投燃烧弹

第六节　小港解放

　　1949年5月24日上年，人民解放军二十二军六十六师进抵镇海县境。25日，六十六师一九七团从镇海清水浦渡江至梅墟；下午，小港解放。26日人民解放军从小港继续追歼国民党残部，推进至大碶、柴桥。

　　7月9日8时，国民党残部五十四军一〇二师三〇四团两个营在小港青峙长跳嘴登陆，遭人民解放军阻击，毙伤其百余人，俘20余人，缴获轻机枪3挺，步枪20余支。下午2时许，溃退逸去。

第三章 公 安

中华人民共和国成立前，境内社会治安由镇海县警察局崇邱分所管辖。1949年6月在镇海建立公安局，境内属城关派出所管辖，历经建制变革。2007年3月，戚家山街道成立后，小港派出所在各社区设警务室，在打击刑事犯罪分子、管理社会治安、维护公共秩序、保障人民合法权益等领域做出了积极贡献。

第一节 机 构

民国元年至二年（1912—1913）先后设澥浦、庄市、崇邱及柴桥4个警察分所，有所长5名、巡长12名、巡士132名。1929年改称县公安局，各乡警察所改称公安分局，设局长、分局长、巡长。1939年复改县警察局，下设庄市、龙山、大碶（属长山区）及柴桥4个警察所。

按照南京国民政府关于户口调查的通令，民国十七年（1928）6—8月进行人口调查。民国二十四年（1935）后，户口调查内容为是否蓄辫、种痘、思想倾向、有无异动、生计状态、素行善恶、家庭感情、交际之人、人们舆论等项目。民国三十六年（1947）召开县户政会议2次，代办户政讲习会，集训乡镇公所户籍干事，建立户口登记簿，进行户口总校正。民国三十七年（1948）制发国民身份证。

民国三十四年（1945）后，县警察局下设刑警队和侦缉队，并将原警察队和自卫队组建为保警中队，专司境内"清乡、剿共"事宜。民国三十五年（1946）后，户籍管理主要为"抽丁"和"防共"服务，并多次突击抽查户口。民国三十六年（1947）11月，县警察局制订旅店管理规则，除禁止奸宿、聚赌、吸毒外，特别强调发现可疑人员（指中共党员）必须立即报告。刑警队、侦缉队等四处收集中共地方组织和武装人员活动情况，进行搜捕迫害。

镇海县于1949年6月成立公安局。是年，各区设公安特派员。

1953年4月建城关派出所，长山区（含戚家山区域）属城关派出所管辖。1978年9月建城南派出所（驻大道头，今红联）。

1985年7月城南派出所改称小港派出所（驻蔚斗新村），1992年5月扩镇并乡后，小港派出所移址红联村。

2007年3月戚家山街道成立后，小港派出所在蔚斗社区、东升社区、渡头社区派驻警务室，负责街道境内治安管理和流动人口管理。

第二节　镇压反革命

中华人民共和国成立后,公安的一项重要任务是镇压反革命。根据中央人民政府公布的《惩治反革命条例》和县委统一部署,于1950年底结合土改、抗美援朝开展镇压反革命运动,实行镇压与宽大相结合的政策,杀、判了一批罪大恶极的反革命分子。运动至1953年秋结束。曾任国民党政府长山、庄市两区区长兼自卫中队队长邱友三,占据枫林下蓬庵李氏山庄及下邵的陈家湾,残害人民;1949年新中国成立后其潜逃上海,1952年9月被逮捕归案,12月被处决。股匪何芳部桂小毛,1949年7月纠合4名匪徒枪杀路过下邵候船的人民解放军指导员1名、战士1名、家属2名,还捕杀无辜群众4人,镇压反革命运动中与匪首何芳同时被依法处决。

第三节　打击刑事犯罪活动

新中国成立初期,打击刑事犯罪活动与剿匪肃特镇压反革命运动结合进行。随着干警业务素质的提高、技术装备的改善,破案率自1954年的65%增至1963年的73%。1973年、1975年、1977年和1981年4次开展集中打击刑事犯罪活动,打击流窜犯活动及社会治安大清查,取得了明显效果。

1983年8月,根据全国人大常委会《关于严惩严重危害社会治安的犯罪分子的决定》,长山区迅速开展严厉打击严重刑事犯罪分子的专项斗争,依法从重从严从快惩治一批严重危害社会治安和人民生命财产安全的罪犯,摧毁一批犯罪团伙。是年,抓捕犯罪分子27名,其中3人判处死刑。1985年后,随着宁波经济技术开发区的发展,辖区内流动人口增加,一度刑事犯罪事件增多。1998年查处治安案件489件。

第四节　社会治安管理

社会治安组织始建于1951年,至1954年长山区各乡、镇相继成立治保组织,设治保主任1人、委员2人。"文化大革命"期间废除治保组织,改称"群众专政指挥部"(组),1974年复建治保组织并建联防组织。1980年建治安联防队,1998年初撤销,1984年各乡、镇建立政法办公室,由1名副乡(镇)长负责,治保组织归政法办公室领导。2007年街道成立后,街道组建综合治理办公室,开展群防群治,实施"法治、自治、德治"三治方针。社区组织居民治安巡逻队开展节假日巡逻活动。

取缔反动会道门

新中国成立初,境内有一贯道、同善社、无为道和中教道义会等反动会道门头子利用封建迷信造谣惑众,煽动闹事,破坏社会治安。1952年9月全面取缔反动会道门;至1953年8月,全区大小坛、堂全部封闭,道徒退道,对1名罪大恶极的一贯道道首(乔俞村人)处以极刑。

禁 毒

1952年7月县成立禁毒委员会,严禁吸毒、贩毒,采取逮捕、管训、收缴、罚没等措施。长山区境内当时查获吸毒者9名。1997—1998年小港境内又查处吸毒人员1名、非法种植罂粟4人,收缴罂粟1千克。

禁 赌

中华人民共和国成立后,经过二十余年的禁赌,赌博基本禁绝。1974年后,赌风又逐渐蔓延。1982年1月开展禁赌工作,举办禁赌学习班,开群众大会,抓赌头、赌棍,收缴赌具、罚没赌资等。但以后赌博活动仍有发生,据不完全统计,自1985—1998年的14年间,抓获各类赌博3102次,没收赌资105万元。

特种行业管理

1950年10月调查,长山区有特种行业3家,其中说书、旧货摊、饭摊各1家。1979年特种行业发展到11家。1985年对特种行业特别是旅社业进行清理整治,使特种行业有序地发展。1998年底有特种行业164家,其中理发、美容、娱乐场所74家,主要分布在渡头、红联、前进、衙前等地。2019年7月统计,戚家山街道有旅馆24家,娱乐场所8家,网吧4家,美容美发71家。

爆炸物品管理

1972年长山区内使用爆炸物品的单位有4个。1984年,随着宁波经济技术开发区在小港的建立和江南公路的建成,使用爆炸物品的单位增至41家。1987年9月,全面整顿、验收使用爆炸物品的单位,取缔不合格石场9个,停业整顿3个,对准许作业的石场、炮工换发新证,1998年底留存石场19家。现戚家山境内已关停全部采石场。

第五节 户口管理

新中国成立后开始办理户籍登记,1950年完成户口调查。1953年第一次全国人口普查。1954年5月县公安局制订《户口管理办法》,对出生、死亡、结婚、离婚、迁移的户口申报做出规定。1956年核对长山全区户口,建立出生、死亡、迁入、迁出等4项变动登记制度。1964年训练户口管理员,各公社、大队设兼职管理员,配合完成第二次全国人口普查。1981年5月由公安、粮食、商业、计划生育等部门组成工作组对原小港公社户口逐户调查。1982年全国第三次人口普查时,各公社、镇设人口普查办公室,1989年原小港镇的户口管理属小港派出所;江南、枫林、下邵三乡户口管理于1992年5月归属小港派出所。戚家山街道成立后,户口管理仍属小港派出所,各社区、村设兼职户口管理员。

外来(流动)人口管理

1985年后,随着宁波经济技术开发区的建设,外来人口大批进入戚家山区域,他们或在开发区企业打工,或自行创业。最多时,区域内有5万多外来人口。除少数企业为员工设立集中的居住场所,大多数人租住在当地居民用房里。他们来自除港澳台以外的30个省(市、自治区),十几个少数民族,在上百家企业从事不同工作,居住零星分散,且流动频繁。这些特点决定了对外来流动人口管理的复杂性与难度。街道与驻地警务室共同组建了外来人口管理办公室,实行流动人口居住证制度和出租房登记管理制度,使外来(流动)人口管理走上制度化道路。

第六节　消　防

清光绪年间,崇邱乡有小港水龙局、衙前救火会、小港卫梓局、港口太平会、江桥久安会、道头南安局6处,小港直街至今仍保留有民国年间建的望火楼。中华人民共和国成立后,农村消防组织由村、社管理。1965年后,小港、江南、枫林、下邵四公社(镇)拥有水龙13台(其中手撤水龙2台,余均为四马力汽油机水龙)。1992年后,镇政府、海天公司、东方集团公司等单位及集镇街道配置了机器水龙和消火栓。为了山林灭火,镇政府添置了风力灭火机6台。

1986年宁波经济技术开发区建立后,经浙江省公安厅批准,设立了专业消防中队,配有40人,执勤车辆14辆。戚家山街道成立后,加强对辖区消防工作的领导,成立了青峙化工园区安全生产领导小组;各社区建立了义务消防队,配备了小型灭火机与车辆。

第四章　司　法

1950年10月建立了镇海县人民法庭，长山区由县人民法庭直管。1979年成立镇海县人民法院城关法庭，长山区由城关法庭管辖。1984年成立长山法庭。1992年长山法庭改称小港法庭。

新中国成立初，司法行政工作由人民法院兼管。1981年2月建县司法局，长山区4个公社陆续配设司法助理员各1名。1987年3月建小港法律服务所。1993年4月改称小港镇律师事务所。1997年5月改为小港法律事务所。

戚家山街道成立后，组建北仑区戚家山司法所。

第一节　普法教育

1981年以来，法制宣传从抓"禁赌"开始，继而对《宪法修改草案》和《中华人民共和国刑法》《中华人民共和国民事诉讼法（试行）》《中华人民共和国婚姻法》《中华人民共和国治安管理处罚条例》等国家基本法律进行宣传。1986年配合全民文明礼貌月活动，开展"法制宣传日"活动。1984年1月开展以"保护妇女儿童合法权益"为中心内容的法制宣传。1985年重点宣传《中华人民共和国合同法》，并设立乡镇普法办公室，使普法教育正常化。

2007年以来，戚家山司法所依据第五、第六、第七个普法教育规划，深入开展法治教育，开展法治文化"季风行动""宪法宣传日""平安宣传月"等活动；在老鹰山公园设立"法治游步道"，在蛟山公园设立"戚家山街道法治公园"，运用各种创新形式开展宣传教育活动，建立各种宣传阵地，开展法治宣传教育活动。东升社区法治教育基地2015年被市委宣传部、市司法局命名为市级法治宣传教育基地。戚家山街道获得2011—2015年市级法治宣传先进单位称号，受到市普法领导小组表彰，司法所获得区级法治宣传教育先进集体称号，受到区普法办的通报表彰。

第二节　法律服务

戚家山司法所坚持以人为本、服务群众的原则，完善法律服务体系。街道聘请了常年法律顾问，在街道和社区设立公共法律服务窗口，安排律师定期值班，引导法律服务组织和法律工作者入驻街道，为群众提供法律咨询。2014年，东升社区被命名为市级民主法治示范社区；2016年，蔚斗社区被命名为省级民主法治示范社区,渡头社区被命名为市级民主法治示范社区。

戚家山司法所在所辖社区、村建立与健全人民调解委员会,积极参与、指导"戚家大阿嫂"等民间调解组织,在"三改一拆""五水共治""小城镇环境整治"等工作中,主动化解民间纠纷,维护社会稳定。2013—2018年,街道调解委员会共调解案件643件,3000余人次,涉案金额4760余万元。其中劳资纠纷409件,工伤赔偿514件,群体性事件48件,调解成功率达到98%以上。

第三节　社区矫正

1979年开始,对社会治安采取综合治理方法。加强对青少年法纪、道德教育,特别是对违法青年的帮教,动员全社会力量,因人施教。1983年起长山区4个乡镇,陆续建立帮教小组。1994—1998年,全镇共有"两劳"回籍人员99人,其中刑满释放89人、解除劳教5人、监外执行(求医)5人。通过帮助教育,表现好的有94人,重新犯罪1人。

按照"依法规范、严格管理"的要求,戚家山司法所在辖区内加强对社区服刑人员的日常教育与监管。各社区、村建立矫正工作站,对每一个回到社区的服刑人员确定矫正小组,落实相关矫正方案,组织他们参加法律知识学习,参加社区志愿者活动,帮助他们落实就业岗位,重新融入社会。2007—2019年,共接收社区矫正人员169人,解除矫正157人,无重新犯罪情况发生。

第十三编　科教文卫

旧时境内科技发展落后，生产力水平低下。

中华人民共和国成立后，1956年，长山区建立农业技术推广站。1971年，建立小港农科站，各大队设立植保员、农科组，开展农业科技实验。1993年，建立小港镇科委、科协，农业科技活动广泛开展起来，改变耕作制度，引进推广良种，发展农耕机械，提高粮食产量。戚家山街道成立后，在区域内倡导"大众创业、万众创新"，在工业企业提倡科技创新，支持技改项目，扶持高科技企业。

境内古有义塾、私塾等教育场所。清光绪年间，李氏家族创办养正学堂，吴正闾、吴吉三创办青峙七星延陵学堂。民国初期，唐爱陆创办蔚斗小学，现代教育兴起。

中华人民共和国成立后，镇海县人民政府根据"维持现状、逐步改造"的方针，接管境内所有学校。1949年9月3日，蔚斗、养正、伏波三校合并为养正学校，后即改称为小港小学、蔚斗小学；1951年又更名为长山区中心小学；1987年5月18日复名为蔚斗小学。1951年，全部私立学校改为公立学校。1956年，创立小港中学（镇海县第四初级中学）。1985年后，随着宁波经济技术开发区的建设，大批务工人员入住小港，为满足随迁子女的入学需要，开发区红星小学建立。义务教育阶段的入学率达到100%。戚家山街道成立后，加大教育投入，改善办学条件，教育事业进入了有序发展的快车道。

境内历来没有专业文化机构，民间只有唱新闻、说书的艺人。中华人民共和国成立后，戚家山街道境内始出现文化站、广播站、电影放映队等文化企事业单位。

境内过去没有专业卫生医疗机构，民间有游方郎中为人诊脉开方，街上有药店按方抓药，偶有中医坐堂看病。中华人民共和国成立后始出现联合诊所等医疗机构。

戚家山街道成立后，文化、卫生事业得到长足发展。

戚继光

本编目录

第一章 科 技

中华人民共和国成立前,戚家山街道境内科技发展落后,农、渔、林、盐业生产采用传统作业方式,生产力水平低下。虽然社会上有石匠、木匠、箍匠、白铁匠等能工巧匠,但人数稀少,更缺乏现代科技工作者。中华人民共和国成立后,戚家山街道境内始出现科技单位。20世纪80年代后,随着大中型企业在境内建立,对高科技的需求,催生了科研活动,取得了良好业绩。

第一节 科技机构

1956年长山区建立农业技术推广站。"文化大革命"期间,区农技站撤销,1970年7月建立区农技工作组。1971年,建立小港农科站。各大队普遍配置植保员,测报病虫害,指导群众防治病虫害;部分大队成立农科组,进行农业科学实验。1992年扩镇并乡后,建立小港镇农技站。

农村实行联产承包制后,小港建立科普协会,举办科技讲座,编发科普资料,开展科技培训,交流科普经验,推广优良品种和先进栽培技术。扩镇并乡后,科普组织、科技推广应用得到进一步重视和加强,1993年4月,建立小港镇科委、科协。戚家山街道成立后,2008年组建了街道科技协会,动员和组织企业开展科研活动和技术攻关,申请发明和实用新型专利。

第二节 高科技企业

宁波经济技术开发区建立后,尤其是戚家山街道成立后的十几年间,境内引进和创立了一批高科技企业。

表13-1-1 戚家山街道高科技企业情况表

企业名称	注册资本	科技类别	2019年产值（亿元）	经营地址	高新技术企业证书编号
宁波长鸿高分子科技	41284.32万元	新材料	11.29	港口路108号	GR201633100102
宁波华美达机械	6280万元	装备制造	4.45	新唐家弄336号	GR201733100034
宁波科元精化	75035.09万元	石油化工	92.12	港口路98号	GR201733100550
宁波安宝药业	5178万元	生物医药	0.46	联合区域C1区	GR201733100601

企业名称	注册资本	科技类别	2019年产值（亿元）	经营地址	高新技术企业证书编号
宁波东方电缆	68771.54万元	装备制造	—	江南东路968号	—
宁波亚洲浆纸业	119220.75万美元	造纸	109	宏源路88号	GR201733100509
宁波金发新材料	343145.54万元	石油化工	78.89	宏源路168号	GR201833100193
宁波合生制动科技	400万元	汽车制造	0.28	金鸡路132号	GR201833100233
宁波君安药业科技	124.11万元	生物医药	0.624	义成路28号	GR201833100450
宁波富技精工汽车	340万元	汽车制造	0.40	富山南路16号	GR201833100474
飞佛特种纺织品	1000万美元	纺织	1.12	富山路18号	GR201833100518
宁波盛丰钢塑管制造厂	10000万元	装备制造	—	金鸡路102巷15号	GR201933100062

第三节　科技改造与科技成果

街道成立后，积极推进辖区企业和职工的创造发明，鼓励企业投入资金实施技术改造，引进高科技企业，走创新发展的道路。

2008年，三星重工（宁波）三期补充技改工程进入试用阶段。宁波东方电缆股份有限公司220千伏光电复合海底电缆及550千伏海底交联电缆生产项目完成设计论证。宁波科元塑胶公司开工建设。

2009年，投资2.1亿元的开发区热电改扩建工程竣工投运。总投资4.14亿元的东方电缆集团的海底电缆生产项目完成投资1.02亿元。三星重工（宁波）公司四期工程完成投资1.70亿元。中油宁波油库改扩建工程完成投资2.1亿元。科元塑胶项目完成投资2亿元。

2010年，宁波东方电缆股份有限公司"额定电压35千伏三芯大截面光电复合海底电缆关键技术研发与产业化"项目获得省科技进步二等奖。科宁达工业有限公司"应用于风力发电机高品质钕铁硼永磁材料项目"获得市科技进步二等奖。宁波隆兴电信制造有限公司建成省专利示范企业。

2011年，科宁达工业有限公司"应用于风力发电机高品质钕铁硼永磁材料项目"获得省科技进步三等奖、区级二等奖。宁波隆兴电信设备制造有限公司"NPX06-H型户外机柜项目"获得区科技进步三等奖。全年33项节能技改项目和42.8亿元技改投资均居全区第一位。企业完成专利授权73项。

2012年，实现技改36.1亿元，完成专利授权147项，新增区级工程技术中心7家。

2013年，企业完成专利授权103项，淘汰落后产能企业28家。

2014年，完成科技技改投入39.05亿元，总量列全区第一位。新增国家级高新技术企业1家。

2015年，完成专利授权96项，实现机器换人1072人。

2016年，青峙化工园区管理委员会成立。同年4月26日，成立北仑区首家职工技能培训基地，实行企业与职工需求的订单式培训，为企业输送具有科技能力的职工，提高原有职工的科技能力。

2017年，在青峙化工园区实施工业污水第三方治理的国家试点项目，获得国家3000万元补贴资金。

2018年，街道新增高新企业1家，省级企业技术中心1家，区级工程技术中心2家。

2019年，投资1.37亿元，在青峙化工园区实施数字化工程，推进园区智能化管理，建立企业数据接入中心。

第二章　教　育

戚家山街道境内居民历来重视教育。明清时期,小港港口李氏家族、青峙吴氏家族都开办私塾,供族内子弟读书。民国年间,李氏、吴氏家族率先将私塾、学堂改为学校,向非族内学子开放。中华人民共和国成立后,教育事业发展迅速。戚家山街道成立后,加大教育投入,重视全民教育,教育事业取得较大的发展。

第一节　学前教育

民国期间,小港蔚斗、七星延陵等小学于每年春季不固定地开设学前班。

中华人民共和国建立后,幼儿教育纳入国家基础教育计划,幼儿教育事业逐步发展。1958年,“大跃进”高潮中,长山人民公社为解放妇女劳动力,各大队都办起了托儿所(班),但只重管不重教。“文化大革命”期间,托儿所(班)逐渐缩减。

改革开放以来,街道内学前教育得到长足发展。20世纪80年代,宁波经济技术开发区建立,大批农民走出家门,成为企业工人,或自主创业,幼托事业成为迫切需要。1984、1987年小港镇中心幼儿园、开发区幼儿园相继建立。随着大批务工人员进入小港,随迁子女的入园需求迅速增长,民间私营幼儿园随之兴起。2019年,有公办幼儿园2家,在园幼儿894人;民办幼儿园5家,在园幼儿共1321人。

表13-2-1　2019年戚家山街道幼儿园情况表

园　名	园　址	班级数(个)	教职工数(人)	学生数(人)	备　注
开发区幼儿园	联合路239弄8-1	18	81	539	六星级
戚家山中心幼儿园	小港直街100号	12	51	355	四星级
春苗幼儿园	长河新路30号	5	10	100	一星级
兴港幼儿园	小港直街19号	3	9	44	一星级
阳光幼儿园	公园路42号	6	21	182	一星级
东风幼儿园	外邵路19号	3	6	54	过渡园
启蒙幼儿园	蔚斗新村2-23	3	7	47	过渡园

第二节　小学教育

光绪二十九年（1903），李善祥首创小港港口务实女子学堂、李氏养正学堂。光绪三十二年（1906），清政府废科举，小港纷纷兴办学堂，由义学、义塾、私塾改设或新办。至宣统元年（1909），共开办小学堂9所。

民国元年（1912），学堂改称学校，监督、堂长改称校长。实行男女同校，废除读经。民国五年（1916），改初等小学校为国民学校，提出"崇经、尊孔、复古"，恢复读经，强调"各学校均应崇奉圣贤以为师法"。至民国十四年（1925），小学已增至21所，集镇和大的村落都办了学校。民国十六年（1927），唐爱陆创办蔚斗初级小学。为实施第一期义务教育，全日制小学还附设短期小学班。

民国二十九年（1940）推行国民教育制度，乡镇设中心学校，保设国民学校，部分私立小学指定为代用中心和代用保国民学校。

表13-2-2　民国十六年（1927）前戚家山街道区域办学助学一览表

学校名称	创建年份	校　址	始创与续办人	备　注
李氏养正国民学校	光绪二十九年（1903）	港口李氏义庄内	李氏义庄	原名李氏养正学堂，由李氏义塾改办，经费由李氏义庄拨付，附设高小。解放后，养正、伏波、蔚斗三校合并为养正学校，后改小港小学、长山区中心小学，1987年复名为蔚斗小学
务实女子学堂	光绪二十九年（1903）	港　口	李善祥	抗战期间停办
区立灵杰国民学校	光绪三十一年（1905）	义成碶跟	李镜第、李厚培	原名灵杰丙等学堂，民国十一年（1922）李芸青捐建校舍11间
青崎学堂	光绪三十三年（1907）	青崎村	吴正闾、吴正钜捐资，委吴吉三创办	初创经费有田49亩，又存通久源纱厂股票银四千两，原名七星延陵学堂。解放后改为青崎小学，1989年复名为七星延陵学校
李氏宗善国民学校	宣统元年（1909）	港口村	乐俊鸿创办，乐嗣基等捐资	原名李氏宗善学堂，解放后为港口小学，后撤并至小港小学
发蒙学堂	宣统元年（1909）	黄瓦跟	经费由林久钦负担	后并入养正小学
李氏养正第二国民学校	民国元年（1912）	小港新堰头	李善祥	原为李氏私塾，经费由李氏义庄拨付
蔚斗初级小学	民国十六年（1927）	小港倪家桥	唐爱陆等	解放后为长山中心小学分部，1987年复名为蔚斗小学。2003年8月，学校迁址到老鹰山西北麓新校址，原址现为"红廉蔚斗"主题展馆

至民国二十五年（1936），戚家山区域有小学9所，分别为私立蔚斗小学、养正小学、养正女子小学、伏波小学、养正第二初级小学、宗善初级小学、发蒙学堂、延陵小学、培本初级小学。

民国三十年（1941）4月小港沦陷。日寇烧杀掠夺，学校一度全部停课。由原镇海县抗日自卫委员会成员秘密串联，民国三十一年（1942）3月成立长山区（后改江南）教育会，区内各小学相继复课。民国三十二年（1943）国民党县政府由宁海迁回柴桥河头，继续推行国民教育。民国三十四年（1945），入学儿童仅占学龄儿童总数44%。

民国三十五年（1946）实施第二期国民教育计划。

中华人民共和国成立后，人民政府着手整顿和改造小学教育，贯彻"学校向工农开门，教育为生产服务"的办学方针；实行教导制，开设政治课、班队课，建立少年儿童队（后改少年先锋队）和学生会等组织。对学生进行以"爱祖国、爱人民、爱劳动、爱科学、爱护公共财物"为主要内容的思想品德教育,开展"三好"(身体好、学习好、工作好)活动。随着农村土地改革完成和国民经济恢复发展,小学教育也得到发展,失学的大龄儿童进校读书。学校、学生、教职员工数比1949年均有所增长。

1953年贯彻"整顿巩固,重点发展,提高质量,稳步前进"的方针,停止春季招生;调整学校和班级,充实学额,暂停1952年推行的五年一贯制。1955年9月起,施行部颁《小学教育计划》,强调基本生产技术教育、劳动教育和体育教育,减轻过重的课业负担,提高质量。全学年上课总周数从38周减到34周。生产劳动列入课外活动内容。1956年所有小学改为公办。1960年施行省教育厅颁发的《全日制小学教育计划》,减少小学生参加生产劳动时间,全学年上课时间农村小学36周,城镇小学37周。

1963年,执行《全日制中、小学教学计划(草案)》。全日制小学以教学为主,保证全年有九个半月教学时间,教学质量有了提高,但也出现考试多、作业多、活动少、片面追求升学率的现象。

1966年下半年"文化大革命"开始。"停课闹革命",教师外出串联,耕读小学停办或并入全日制小学,正常教学秩序被打乱。1967年3月后,学校陆续"复课闹革命",学制缩短为五年;强调"以阶级斗争为主课",取消历史、地理、音乐、美术等课;一度以"毛主席语录"代替语文、政治课,以唱"语录歌"代替音乐课,并以劳动代替教学。1968年公办小学下放到生产大队,并组成"贫管会"和"贫下中农毛泽东思想宣传队""工人毛泽东思想宣传队",进驻和管理学校;大批公办教师按祖籍"回队任教",工资实行"劳动工分加补贴"。教育质量降低,教育事业受到严重破坏。

1976年后,经过拨乱反正,教育事业得到恢复和发展。长山区有中心学校4所,完小12所,村校20所,学龄儿童入学率达99%。1978年,小学学制统一为五年。1983年秋,又恢复六年制。1984年,镇海县规定各乡镇"四率"(学龄儿童入学率、在校学生巩固率、毕业班学生毕业率、小学毕业生升学率)指标。要求各校控制流生,控制不足龄儿童入学,控制留级,控制毕业生"回炉"。

1985年4月,实行分级办学,分级管理;并重视优化课堂教学结构改革,调动学生非智力因素,开展评教评学活动。

20世纪90年代起,逐步把应试教育转化为素质教育。调整学校布局,优化教育结构,减少学校设置网点,减少统考,强调学生德、智、体、美、劳的全面发展。1996年,戚家山区域仅有蔚斗小学(渡头村)、七星延陵学校(青峙村)、林唐小学(林唐村)3所学校。

表13-2-3　1996年戚家山区域内小学情况表

校　名	班级数(个)	学生数(人)	教职员工数(人)	任教教师数(人)	校　址
蔚斗小学	22	1020	51	40	渡头村
七星延陵学校	6	208	9	9	青峙村
林唐小学	5	123	6	6	林唐村

注:由于所在村拆迁,七星延陵学校、林唐小学也已随之拆迁。

随着宁波经济技术开发区的建设发展,大批外省市务工人员进驻戚家山区域,随迁子女的入学问题被提上议程。为了满足随迁子女读书需求,在联合区域公园路,利用企业厂房设立红星小学。红星小学由程大勇、程玉本出资10万元组建。学校设立26个班,招生1400人。校长由北仑区教育

局任命,实行九年制义务教育。2012年8月改制为蔚斗小学的一个教学点。2013年,北仑区教育局批准设立小浃江学校,该校为九年一贯制义务教育公立学校,其中设小学12个班,2014年9月招生开学。小浃江学校建成后,红星小学并入小浃江学校。

2019年,蔚斗小学有班级38个,学生1647人,教职工128人,专任教师82人。

表13-2-4　2019年蔚斗小学课程设置一览表

科　目	各年级每周课时数(个)					
	一年级	二年级	三年级	四年级	五年级	六年级
思想品德	2	2	2	2	2	2
语　文	9	9	7	7	6	6
数　学	5	5	4	4	4	4
英　语	—	—	3	3	3	3
科　学	1	1	2	2	2	2
综　合	1	1	1	1	1	1
体　育	4	4	3	3	3	3
美　术	2	2	2	2	2	2
音　乐	2	2	2	2	2	2
信息技术	—	—	1	1	1	1
地　方	—	—	1	1	1	1
拓　展	—	—	2	2	2	2
每周总课时	26	26	30	30	30	30

第三节　中学教育

中华人民共和国成立前,境内没有中学。1956年秋,在小港创办镇海县第四初级中学,招生1个班,附设在小港镇中心小学内。一年后并入镇海中学。1958年复办,改称镇海县小港初级中学,设2个班,学生近百人。

1968年秋,青峙小学附设初中班。

1973年后,发展高中教育。镇海县小港初级中学改称镇海县小港中学,增设高中班。

1978年后,小港中学逐步贯彻"调整和整顿初中,控制和改革高中"的方针。小学附设初中班先后撤销;小港中学也于1984年秋停招普高班,改设职业高中班。1985年,镇海县小港中学更名为北仑区小港中学。

2000年8月,宁波联合集团出资2300万元在老鹰山北麓建成小港中学新校区,学校更名为宁波联合实验中学。学校规模为24个班,学生1200人。是年,职高班停办,学生并入北仑职高与大碶成人学校。

表13-2-5　1984—1996年小港中学职高班情况表

学年度	班级数（个）	学生数（个）	开设专业
1984	1	51	电工、电器
1985	1	53	乡镇企业财会
1986	1	64	机械
1987	2	123	文书、统计、机械
1988	2	99	电工、电器、商业、经营
1989	2	108	机械、中英文打字
1990	2	111	电工、电器、美工
1991	1	37	机械
1992	2	75	美工、电工、电器
1993	2	85	机械、文秘
1994	2	64	美工、电工、电器
1995	2	71	机械、美工
1996	1	33	汽修

表13-2-6　2019年联合实验中学每周课程设置一览表

科　目	每周各科课时数（个）											
	道德与法治	语文	数学	英语	科学	历史与社会	美术	音乐	信息技术	综合实践	体育	校本
一年级	2	5	5	5	5	2	1	1	2	2	3	1
二年级	2	5	5	5	5	2	1	1	2	2	3	1
三年级	2	5	5	5	5	2	1	1	0	2	3	1

第四节　成人教育

中华人民共和国成立前民众识字教育

五四运动时期，曾兴起平民教育运动。民国十四年（1925），唐爱陆在小港创办平民夜校，组织青少年失学者及20—40岁成人文盲、半文盲学文化、学政治。

抗日战争初期，蔚斗、七星延陵等学校，在中共镇海县工委领导下，组织抗日宣传队，并开展民众识字教育，辅导夜校民众，组织午间墙门识字小组，推行"小先生制"，发动在校学生开展一日一字民众识字运动。

抗战胜利后，养正等学校也曾开设民教班，进行成人文化补习教育。

中华人民共和国成立后农民业余教育

1950年初,长山乡在土改工作队帮助下,设立冬学委员会,戚家山区域各乡开办了冬学,组织农民学政治、学文化,由当地小学老师担任文化教员。1951年,县里集中知识青年和民校教师进行速成识字教学法培训,开展扫盲运动。长山区中心小学配备专职扫盲干部1人,负责辅导民师,指导办学和扫盲。通过冬学和民校学习,不少村干部、青年农民脱了盲。"文化大革命"期间,扫盲教育机构撤销,农民扫盲教育陷于停顿。

1979年恢复县工农业余教育委员会,各公社建立工农业余教育领导小组,公社中心配备业余教育专职干部,进行群众性文化普查。各大队选拔民师进行培训,开展多种形式的扫盲教育:有办文化夜校的,有包教包学的,由高年级学生包教1名文盲、半文盲识字。1980年第一期扫盲验收,长山区4个公社少、青、壮年非文盲率达85%以上,达到国务院提出的基本无文盲单位标准。

1980年后,工农教育改称成人教育。农民教育重点向实用技术培训转移,因地制宜开展柑橘、葡萄、养猪、养鸡、农机与缝纫等各种短期培训班。同时,继续巩固扫盲成果,进一步提高非文盲率。1985年,县对各乡镇扫盲验收,小港4乡镇少、青、壮年非文盲率比例95%以上,达到省定基本扫除文盲单位指标。

1986年1月,小港成立成人教育中心学校,镇政府设立成人教育办公室。在办实用技术培训班中,提出"以短训班为主,长班和短班相结合",继续扫除青壮年文盲、半文盲。1991年11月,原小港镇成人教育中心学校升格为成人中等文化技术学校。同时,镇党校归于成人学校,实行一套班子、两块牌子。

1992年5月扩镇并乡后,原4个乡镇4名成教干部全部集中到小港镇政府内办公,主要开展培训党员、继续扫盲、实用技术培训。另外开设了家长学校。组织初中毕业生进行爱国主义教育、乡土教育、军训和实用技术培训。根据市场需求,1995年9月首次开设"财会与电脑"业余中专班,学员56人,1996年9月又招收了1个班。1991年11月至1996年底的5年间,小港成人中等文化技术学校共举办党员理论、业务培训班96期,培训党员、干部31500人次;扫除文盲、半文盲750人,使全镇的非文盲率达到97.4%;举办以种粮大户、专业户为对象的实用技术培训(班)158期,培训54640人次。

戚家山街道成人教育学校

2008年,街道成立社区教育协调委员会,统筹街道社区教育发展工作,沈建亚为主任;成立戚家山街道成人学校校务委员会,沈建亚为主任委员;建立戚家山成人中等文化技术学校,北仑区教育局任命严雯雯为负责人。建成4个社区市民学校和9个企业职工学校。

2010年11月起,戚家山街道成人文化技术学校升格为省级成人文化技术学校。

成人学校自成立起,致力于提高社区居民文化技术素质,赋予居民生产经营技能,每期培训都受到居民普遍欢迎,参与人数众多。

表13-2-7　戚家山街道成人教育情况表

年　份	开设班数（个）	学生人数（人）	教师人数（人）	年　份	开设班数（个）	学生人数（个）	教师人数（个）
2008	10	337	3	2014	28	2169	4
2009	15	839	3	2015	27	2889	4
2010	22	959	3	2016	28	2210	4
2011	24	1096	3	2017	36	2258	4
2012	32	1653	3	2018	38	3302	4
2013	25	1862	3				

表13-2-8　戚家山街道社区教育获奖情况表

年　份	作品或项目内容	获奖情况	获奖单位或个人
2008	依托社区大平台撑起一片蓝天	市社区教育论坛一等奖	李　明
2009	摄影作品《读》	市三等奖	曹琛玲
2012	学习型社区评选	市优秀社区	蔚斗社区
2013	道德讲堂：崇尚孝德，学会感恩	市最佳作品奖	东升社区
2013	线描课堂进行时	市最佳制作奖	青峙社区
2014	看云识天气	全国社区教育优秀微课程	渡头社区
2015	不落时代后才是老少年	市老年教育征文二等奖	乐国平
2016	互联网+开启农村妇女创业新模式	市成人学校电商专题论文三等奖	屠德武
2016	青峙社区工匠学堂	市优秀社区学习共同体	青峙社区
2019	创设工匠学堂建设实验	市社区教育实验项目一等奖	青峙社区

第五节　教　师

教师素质

中华人民共和国成立前，教师队伍不稳定，当教师被认为是"文人末途"，多数教师社会经济地位低下。

中华人民共和国成立初，原有教师基本留用。1951—1952年，学校增加，师资不敷，吸收一批失业知识分子补入。小学教师学历：初中及初中以下文化程度占总数63.3%，高中文化程度和普师仅占13.8%。针对这一情况，县教育局采取举办培训班、组织函授、调干学习及选送去师范院校深造等措施提高教师文化水平。20世纪60年代初，中、小学教师制订个人红专规划，学校保证教师业务文化学习时间，教师整体素质有了较大提高。"文化大革命"期间，师范院校停办，农村学校从生产队聘请知识青年当教师，教师文化素质参差不齐。1978年民办教师通过招工、报考师范院校培训，教

师文化素质又逐年提高。1981年中师、高中毕业生及以上学历者占教师总数的44%。1982年整顿民办教师队伍，长山区4公社辞退民办教师9人，由当地公社另行安置。1984年，未达到初中毕业要求的小学教师参加以区为单位组织的中师函授预备班，设立辅导站，定期受训，年底进行统一考试。中学教师参加高师函授学习。1985年，县教师进修学校组织教师中1967届前的高中毕业生，参加《浙江教育》主办的《教育学》《心理学》刊授学习，提高专业知识水平。

20世纪90年代，师范院校毕业生不断充实中小学教师队伍。同时，在教师中进行职称评定，加强在职进修，教师合格学历有了明显提高。

戚家山街道成立后，重视对教师素质的培养，专任教师的学历水平和职称大幅度提高。

表13-2-9　2019年戚家山街道专任教师学历情况表

单位：人

学　校	专任教师总数	高校本科及以上	高校专科	中专高中	中专高中以下
联合实验中学	71	66	5	—	—
蔚斗小学	82	65	14	3	—
开发区幼儿园	66	58	8	—	—
戚家山中心幼儿园	28	11	17	—	—

表13-2-10　2019年戚家山街道专任教师职称情况表

单位：人

学　校	专任教师总数	特级教师	高级教师	中级教师	初级教师	未定级教师
联合实验中学	71	—	16	30	25	—
蔚斗小学	82	—	4	43	28	7
开发区幼儿园	66	—	1	18	47	—
戚家山中心幼儿园	28	—	1	4	16	7

教师待遇

工资　民国二十八年（1939），《浙江省小学教职员待遇暂行规程（草案）》规定，小学教职的待遇由本俸、职俸、年功加俸与特别加俸4项组成。中师毕业者俸金23元，简师毕业经鉴定合格者俸金19元。1940年，县立小学教师最高月俸27.5元，最低16元，平均21.84元。

抗日战争期间，教师月俸按稻谷折算。

民国三十五年（1946），教育部规定"教师待遇得比照当地县市公务员薪给标准支给"，教师薪给有所提高，乡中心学校月均（谷）500斤，保国民学校月均470斤，私立学校随经济情况而定。这样的月薪，有的也未能如实兑现。由于地方经济拮据，县教育部门未能如实兑现教员薪给，因缺米断薪，教师罢教之事时有发生，长山区教师曾罢教停课达半月之久，迫使县政府发放3个月薪给。

中华人民共和国成立初，实行以"折实单位"为月工资计数单位。每"单位"折人民币5角左右，小学教师月折实工资一般为140斤大米。

1952年，以"工资分"为月工资计数单位。每"工资分"计2角2分。小学教师一般每月为110工资分，代课教师为75—95工资分。1952年折发现款，小学教师月工资一般为20余元。1954年调整工资，小学教师月平均工资增至近30元。

1956年4月，全国进行首次工资改革，实行货币工资制。小学教师月平均工资由30元增至39元，平均增长32%。

20世纪60年代初三年困难时期，教师生活艰苦。1963年调整部分教职员工资，升级面56%，月均工资40.7元，人均增资3.58元。

1971年，低工资调整，普调一级，对1966年前参加工作的民办教师按3—5元增加补助。1977—1979年又两次给40%教职员调高工资。1979年10月起实行班主任津贴，中学每人每月5—7元，小学4—6元。1981年，贯彻国务院"首先给中、小学教职工调整工资的决定"，教职工普加一级工资。工资调整后，中学教师月均工资为50.9元，小学教师47.8元，民师每人年补50元。1983年，对1966年底前大、中专毕业生补升一级工资。

1985年，全国改革中、小学教职工工资制度，实行以职务工资为主要内容的结构工资制（基础工资、职务工资、工龄津贴及奖励工资），并实行教龄津贴。1978年底以前的编内民办教职工与公办人员同等幅度增资。且自该年起，民办教师全部实行工资制。改革后中学教师月均工资93元，人均增24元；小学教师月均工资86元，人均增26元。1986年1月起，实行教师教龄津贴，按教龄长短分3元、5元、7元、10元4个等级，随月工资计发。1987年10月始，中、小学、幼儿园教师的基础职务工资增加10%。1989年起，中、小学班主任津贴从每班级4—7元增加到10—14元。从事教育工作30年以上的教师退休后发全额工资。1993年，根据国办发〔1993〕85号文件精神，实行职务等级工资制，教师工资较大幅度提高。并从同年10月起，以后每2年工资正常晋升一级，离退休教师待遇也有所增加。1995年起教龄津贴在原有基础上翻倍，变成6元、10元、14元、20元。1994年起女教师退休教龄放宽到满25年发全额工资。

表13-2-11　2007—2019年宁波联合实验中学教职工人均收入情况表

年 份	在职教职工			离退休教师		
	人数（人）	月支付总额（元）	月人均收入（元）	人数（人）	月支付总额（元）	月人均收入（元）
2007	75	328896	4385.28	17	39926	2348
2008	76	376430	4953	18	42508	2542
2009	75	378851	5051	22	70400	3200
2010	74	509340	6883	23	114590	4982
2011	75	543553	7247	23	125440	5454
2012	72	528210	7336	25	157020	6280
2013	73	532708	7297	25	160335	6413
2014	73	538539	7371	24	160450	6685
2015	68	631015	7809	26	178716	6873
2016	65	524773	8073	27	190915	7071

年　份	在职教职工			离退休教师		
	人数（人）	月支付总额（元）	月人均收入（元）	人数（人）	月支付总额（元）	月人均收入（元）
2017	63	512687	8138	27	192972	7147
2018	64	501184	7831	28	224321	8011
2019	73	577960	7917	28	232210	8293

表13-2-12　2007—2019年蔚斗小学教职工人均收入情况表

年　份	在职教职工			离退休教师		
	人数（人）	月支付总额（元）	月人均收入（元）	人数（人）	月支付总额（元）	月人均收入（元）
2007	72	282801.6	3927.80	48	101232	2109
2008	74	306175	4137.50	48	116064	2418
2009	74	356902	4823	49	148176	3024
2010	78	446050.80	5718.60	51	243220.10	4761.10
2011	78	481026	6167	50	265900	5318
2012	78	496650	6361.31	51	309381.30	6066.30
2013	74	526267.56	7111.70	50	312380	6247.60
2014	72	546574.50	7590.48	50	322605	6452.10
2015	73	521644.20	7145.81	51	328452.83	6636.33
2016	78	589282.70	7554.91	50	342423	6848.46
2017	76	559448.80	7361.17	51	399585	7835
2018	77	559551.49	7266.90	49	390187	7963
2019	82	612949.50	7474.99	50	406150	8125

劳保福利　中华人民共和国成立前，国民政府虽拟订过《学校职教员养老金及恤金条例》等有关教师劳保福利条文，但没有认真执行。中华人民共和国成立后，人民政府颁布并实施一系列关于教师劳保福利待遇的规定。

病产假、婚丧假和探亲假　1951年，县人民政府规定，教师患病和女教师生孩子享受病、产假待遇。1953年9月，教育部、财政部、卫生部联合颁发文件《关于适当解决小学、幼儿园教职工福利问题的几项原则的决定》，其中女教师产假由45天增至56天（1984年起增至90天，难产和双胞胎另加14天）。1958年起，公办教师享受探亲假。1985年7月，丧偶假扩大到死者女婿、媳妇。

公费医疗　1952年12月起，公办教师实行公费医疗制度。1964年，实行公立学校教职工子女统筹医疗制度，"文化大革命"时期一度停止，1978年恢复。1985年，全县公、民办教师首次进行健康检查。1989年，职称评定后，首批评上中、高级职称的教师进行健康检查。扩镇并乡后，镇政府在教师节期间给教师做不定期健康检查。

离退休制度 1956年1月起开始执行公办教职工退休、退职制度。1958年退休、退职教职工由民政部门统一管理和发放退休金。1978年6月起，由教育行政部门自行管理和发放退休工资、生活福利补贴。1979—1982年一度实行离退休教职工子女顶替招工制度。

从1953年起，对因公牺牲、致残及病故教职工，按国家规定标准发给丧葬费、遗属抚恤金。

从1954年起，公办教职工按规定享受困难补助。

从1984年起，教龄满20年以上的中学三级教师和小学二级教师，其家在农村的配偶和15周岁以下的子女，允许将户粮关系迁往学校所在地城镇落户，或就地转为非农业人口，供应商品粮。

附录 宁波联合实验中学一户教师家庭的收支增长情况

宁波联合实验中学的一对教师家庭，夫妻2人均是教师，从教40余年，育有2个儿子。自1986年起记录家庭每天的收支明细账，至2016年整整30年，正好涵盖了戚家山开发开放30年的历史征程。他们的账册真实反映了这一时期教师的收入增长情况。经教师本人整理，现将每年（缺1987年）的合计记录如下。

表13-2-13 宁波联合实验中学一户教师家庭收支一览表

单位：元

年 份	收 入			支 出			
	工资收入	奖金与其他收入	合 计	饮 食	服 饰	日 用	合 计
1986	2949	91	3040	1660	146	290	2096
1988	3060	380	3440	2157.9	815	339.5	3312.4
1989	4416	960	5376	4338	200	1500	6036
1990	4644	331	4975	3760	153	2000	5913
1991	6108	1500	7608	3936	673	2600	7209
1992	6880	1321	8201	6101	180	1920	8260
1993	9636	2132	11768	5455	526	1787	7768
1994	11544	1740	13284	7204	310	1770	9284
1995	15948	3493	19441	9548	332	1561	11411
1996	19248	7310	26558	14894	451	2115	17460
1997	21768	11000	32768	19133	467	3168	22768
1998	30000	18000	48000	25336	861	21000	47197
1999	32400	20000	52400	19632	543	20000	40176
2000	40200	18000	58200	13869	535	46000	60404
2001	41380	10000	51380	15583	1099	35000	51682
2002	41620	2000	43620	18788	481	3351	22620
2003	41620	2090	43710	17728	376	5606	23710
2004	41620	3200	44820	22024	453	2345	24822

年　份	收　入			支　出			
	工资收入	奖金与其他收入	合　计	饮　食	服　饰	日　用	合　计
2005	42400	5000	47400	33508	17.7	5003	38528.7
2006	43200	5000	48000	32400	270	5530	38200
2007	43600	6000	49600	31597	1063	940	33600
2008	44000	6000	50000	29992	748	4260	35000
2009	44100	6000	50100	35729	434	3937	40100
2010	50100	8000	58100	37230	1500	22988	61718
2011	56100	10000	66100	27741	4500	3859	36100
2012	62400	12000	74400	15655	1700	40000	57355
2013	62400	8000	70400	17243	2697	7435	27375
2014	63600	11100	74700	14365	3684	7375	25424
2015	134400	8600	143000	19850	4500	27021	51371
2016	141600	8415	150015	18572	4600	16843	40015

从表13-2-13中可以看到,该教师家庭的工资与奖金收入,2016年是30年前的1986年的近50倍,而支出仅比1986年增加20倍左右。

第六节　学校建设

科举时代,乡村学塾多利用民房、祠堂、寺庙。废科举、兴学堂后,学堂以私人或宗族筹募建设为主。民国时期,陆续兴建了少量校舍。

中华人民共和国成立后,学校基本建设以国家财政拨款为主,单位自筹为辅,20世纪50年代主要进行危房维修。

"文化大革命"期间,校舍被砸、被占严重,仪器损坏,图书盗失。1968年起,公办小学下放到生产大队,小港中学"下伸"农村,造成校舍紧缺。社、队利用国家少数补助,投工投料,陆续建起一批校舍,比较简陋。

20世纪80年代起,校舍建设纳入政府办学的正规渠道。教育部门拨款,地方政府投入,海外侨胞、港澳台胞捐资为家乡兴办教育事业。蔚斗小学、小港中学建成新校园,校容、校貌得到根本改观;学校教学设备、仪器、图书不断充实、更新。港商孙先德捐资建设联合实验中学体艺馆。台胞吴崇庆捐资设立七星延陵学校吴吉三奖学金。

宁波开发区建立后,大力投资学校建设,分别在老鹰山西北麓建设蔚斗小学新校园;宁波联合集团公司出资2300万元建设宁波联合实验中学;为满足外来务工人员子女入学需求,区政府在季景路新建小浃江学校。

表13-2-14　戚家山街道学校建设情况表

学校名称	投资金额（万元）	建筑面积（平方米）	占地面积（平方米）	建成年份
蔚斗小学	1974	13332	21497	2003
联合实验中学	2300	13954	25000	2000
开发区幼儿园	1949	8740.5	9380.8	1987
戚家山中心幼儿园	1700	3980.8	6059	2014

表13-2-15　2019年戚家山街道民办教育培训机构情况表

机构名称	地址	建筑面积（平方米）	班级（个）	招生人数（人）	招生对象	教师人数（人）	教师持证人数（人）	培训内容	举办人
北仑联合培训学校	东海路121号邮电大楼5楼	460	15	870	企业人员、学生	9	7	会计、统计、英语、阅读与写作	应蕲男
北仑学子教育培训学校	环山路8号5楼	514	24	150	小学至高中学生	8	6	英语、写作、书画	马　壮
尚书三点水培训学校	五矿路89-93号	356.73	10	50	学龄后学生	11	5	英语、思维拓展	吴敏艳
童心绘戚家山分校	环山路6号	260	30	260	3—16岁少年	5	3	少儿美术	沈赵敬
博嘉培训学校	北平路14-2号	360	3	62	3周岁以下儿童	3	1	文化教育	易丽清
无名培训机构	山下塘65号	15	1	5	小学生	1	—	文化教育	王　琛
草莓艺术培训中心	海悦公寓	800	6	50	幼儿园学生	8	4	艺术类、托管	王原飞
光与影摄影	罗家塘22-3号	150	1	2	幼儿园学生	2	—	托　管	李培辉
状元学府	环山路8号3楼	—	—		中学生	5	5	文化教育	鲍　成

第七节　教育经费

清光绪年间，小港开办的几所义塾、私塾由私人或氏族出资。小港李氏义庄置田2000亩，岁入谷4000石，除氏族内实施"生无以养，予以粟；死无以殓，予以棺"外，还为李源、李嘉昆弟创建的4所义塾、私塾提供教育经费，族中子弟及周围群众子弟能免费入学。清末，李氏义塾、私塾转为李氏养正国民学校及其附设的港口务实女子学堂，其办学经费均由李氏义庄拨付。光绪三十一年（1905）李镜第、李厚培及李芸青创办的灵杰国民学校，光绪三十三年（1907）吴正阊、吴正钜及儿子吴吉三创办的七星延陵学堂，宣统元年（1909）林久钦创办的发蒙学堂等，均由私人、氏族捐资或筹募作为教育经费。

民国时期，公立学校经费来源有学田田租、学校基金利息、各项迷信会产收入、学杂费、省教育补助费及捐税补助费等。抗战前后还增加田赋附加、教育特捐、验契捐等。民国二十九年（1940）推行国民教育后，增征学谷捐、置产附捐、店住屋捐及筵席捐，由田赋征收处代征。按规定教育经费百分率下达，约占教育经费的15％，不足部分由县财政补助。

抗战胜利后,民国三十六年(1947)成立乡中心小学基金筹集保管委员会,对经费使用进行监督管理,民办和私立学校经费由办学单位或学校自行筹措管理。由于当时物价飞涨,县款拖欠,户捐难收,教师生活难以为继,造成"学校经费东借西欠,吃了中饭愁晚饭,教师家庭没有看见一张红绿纸(按:指钞票),学校的伙食,亦不时断炊"(民国三十五年一月三日《镇海报》)。因此,校长辞职,教员改行,因欠薪而息教等情况时有发生。

中华人民共和国成立初,小港仅一所公办学校——枫林小学,经费全部由县府拨给;民办学校(包括部分无校董私立学校)经费主要由当地乡镇政府筹集,不足部分靠学费和勤工俭学收入抵充。1956年起,学校全部改为公立,教育经费由县统收统支。1958年,民办班迅速发展,其经费主要靠学费收入。

1962年,全部民办班与部分公立小学落实到生产大队,经费主要来源为学费收入、乡村负担和国家酌情补助。学杂费收费标准为:低年级3.2元,中年级4元,高年级4.8元。"文化大革命"期间,公办小学下放到大队,除公立教师工资和一部分办学经费由国家拨发外,其余均由社、队解决。1971年起,民办经费由乡镇统筹,形式有按田亩或人口征集,或由乡镇企业负担一部分。

1983年,教育经费由县政府专项拨款补助,乡镇也自筹部分。

1985年,采取多种渠道筹措教育经费:乡镇人民政府征收教育附加费;社会各方面和个人自愿资助办学;学生学杂费收入,全归学校使用,勤工俭学收入也归学校所有。各乡镇成立教育事业费管理委员会,做到专款专用。

表13-2-16　2007—2019年戚家山街道教育经费投入情况表(不含教师工资)

年　份	投入教育经费(万元)	年　份	投入教育经费(万元)
2007	564.08	2014	455.03
2008	923.84	2015	483.23
2009	793.8	2016	515.09
2010	519.57	2017	402.704
2011	608.66	2018	353.94
2012	607.4	2019	421.09
2013	719.33		

第八节　学校简介

蔚斗小学

位于鹰山路1号。

民国十六年(1927)秋,小港人唐爱陆将蔚斗庙庙产征收为办学基金,创办小学。因使用的是蔚斗庙庙产,故将学校定名为小港私立蔚斗初级小学。学校初创时借用碶跟"行宫"为临时校舍。民国二十年(1931)夏,在倪家桥(今直街45号)新建成4间校舍,学校移至新址,扩展为完全小学。

民国二十九年（1940）秋，日本侵略军在青峙、黄跟登陆，学生疏散，学校一度停办。

蔚斗小学具有光荣革命传统，历任教师中不少是中共党员，大部分教师倾向革命，业务水平也较高。如吴沛宁（思徽）、阎季平（式轮）、周鸣宇、王玉清、张起达、贺灏群等，左翼作家林淡秋亦曾任教于该校。民国二十七年（1938）3月建立中共蔚斗小学支部，同年秋成立中共镇海县工作委员会，工委机关设在蔚斗小学。

建校以来，学校一直重视学生德、智、体全面发展。解放前全县会考、学科竞赛、运动会，蔚斗小学均名列前茅。抗战前期，蔚斗师生进行抗日宣传。民国二十五年（1936）因编印"反内战，团结抗日"的油印刊物《镇海呼声》，6名爱国教师被捕，学生请愿，震惊县城，后经营救获释。抗战前后培养一大批青年学生投身革命。

解放后，蔚斗、伏波、养正3所小学合并为养正小学，后改为小港小学、蔚斗小学；1951年定为长山区中心小学；1956年2月改称小港镇中心小学；1961年9月改称小港公社中心小学；1963年5月改称长山区中心小学；1969年6月改称小港五七学校，分部改称解放路小学；1978年改称长山区中心学校；1985年更名为小港镇中心学校；1987年5月复名为蔚斗小学，并由时任国防部长张爱萍将军题写校名。复名后的蔚斗小学确立"励志、勤奋、创造、互爱"为校风。

2003年8月，位于老鹰山西北麓的新校园建成后，蔚斗小学旧址辟为蔚斗小学校史陈列室，成为宁波市爱国主义教育基地；现为"红廉蔚斗"主题展馆。

2019年该校有38个班级，学生1647人，教职工128人（其中专任教师82人）。学校占地面积21497平方米，建筑面积13839平方米。

1990年12月，蔚斗小学旧址被列为北仑区重点文物保护单位。1992年3月，被宁波市人民政府确立为宁波市首批中、小学德育教育基地。

表13-2-17　2017—2019年蔚斗小学获得荣誉奖励情况表

学年度	荣誉名称
2017	《想你的365天》在"童心向党"歌咏活动中被评为"十佳优秀展播作品"之一
	第十四届中国合唱节青年组合唱银奖
	2017全国中小学生网络虚拟机器人设计竞赛团体一等奖
	2017年度北仑区学校食堂餐饮服务食品安全监督量化分级管理A级单位
	2017—2018年度宁波市中小学校园艺术节合唱比赛一等奖
	宁波市首批象棋特色学校
	浙江省示范性教师发展学校建设学校
2018	新小杯2018宁波市青少年中国象棋锦标赛丙组团体第五名
	新小杯2018宁波市青少年中国象棋锦标赛丁组团体第六名
	浙江省中小学艺术节合唱比赛一等奖
	宁波市传统学校拳击比赛市第六名

学年度	荣誉名称
2018	浙江省校园足球联赛宁波赛区总决赛男子甲组三等奖
	浙江省校园足球联赛宁波赛区总决赛女子甲组三等奖
	全国综合实践成果评比特等奖
	宁波市体育传统学校
	宁波市首届全民运动会象棋总决赛少儿乙组团体第三名
	毛茜雯、郑啸天、张潇涵、招轶同学的活动成果《我是小小研究员》在2019年宁波市中小学生综合实践活动成果征集中荣获一等奖
2019	蔚斗小学合唱队表演的节目《渔歌子》《世界的约定》在宁波市教育系统第十七届艺术节中小学合唱比赛中荣获小学组一等奖
	市青少年陶艺大赛优秀组织奖
	2019年浙江省中小学艺术节音乐组一等奖

1931年的蔚斗小学

1946年蔚斗小学（时名第一中心国民学校）毕业生合影

2003年8月新建的蔚斗小学

七星延陵学校

位于青峙村。原在青峙村南，紧贴骆亚公路。校园外有林勃烈士墓，林勃烈士在此英勇牺牲。

学校前身为青峙学堂，始建于清光绪三十三年（1907），校舍先设在积泉庵。后由吴正钜、吴正阊合力捐资建造校舍，次年二月新校舍落成，定名为七星延陵学校。

七星延陵学校原貌

民国十七年（1928），黄竹君父子捐款添造前楼及充实基金。民国二十五年（1936），吴嵩庆将其父吴吉三殡仪礼金全数拨充学校义务教育基金，吴梦醒、张声和等均曾捐金助学。1990年5月，吴吉三之子吴嵩庆返乡探亲，捐资2万元设立吴吉三奖学金。

七星延陵学校开办后即确定"民为本，公为先，鼎新革故，为国排难，铮铮铁骨，视死如归，强盛家乡，角逐世界"的校训。长期以来树立民主办学校风，培养不少民族民主革命志士；许多师生在抗战期间投奔各个抗日根据地，其中参加新四军的有几十人。民国三十三年（1944）2月牺牲于鄞县樟村的李敏烈士，即为七星延陵学校学生。

民国二十九年（1940）2—5月，学校曾为中共镇海县工委机关所在地；民国三十六年（1947）改为浃水乡延陵代用中心学校；1949年9月改为青峙小学；1967—1988年曾附设初中班；1989年5月复名为七星延陵学校；1996年有6个班，208名学生，9名教师，学校占地面积2534平方米，校舍建筑面积714平方米。

因学校周边的青峙、李隘村逐步拆迁，居民外迁，学生减少，2010年学校停办，学生并入蔚斗小学。

宁波联合实验中学

位于中机路1号。

学校创办于1956年秋，原名镇海县第四初级中学，设在小港镇中心小学内，一年后并入镇海中学。1958年7月，新建校舍在小港直街80号落成，学校复办，改称镇海县小港初级中学；1960年春，更名为宁波市第六初级中学；1963年初，复称镇海县小港初级中学；1969年9月，学校下伸李隘、长

山两个教学点；1970年李隘点、1988年长山点先后撤回；1973年春，增设普通高中，改称镇海县小港中学；1984年7月，停招普高新生，改设职业高中班；1985年撤县设区后，改名为北仑区小港中学。

2000年8月，宁波联合集团投资2300万元在中机路1号建成新校舍，学校迁入后更名为宁波联合实验中学。学校占地25000平方米，建筑面积11234平方米。2019年底，共有班级22个，学生1012人，专任教师71人，其中有中高职称46人，市级学科骨干教师1人，区级学科骨干3人，区级骨干校长1人，市级教坛新秀6人，区级教坛新秀17人。

1990年5月，香港同胞孙先德捐资10万元建设孙家圆图书馆（工程总造价15万元，建筑面积600平方米）。至2006年，孙先德及其夫人孙胡球、儿子孙学诚共6次捐资250余万元。现校内建有孙先德体艺馆。

2006年，严信才捐资5万元，王明康捐资5万元。

宁波联合实验中学科技体育与艺术教育特色显著，多次在各级比赛中获得荣誉。

表13-2-18　2017—2019年联合实验中学获得荣誉奖励情况表

获奖单位或个人	荣誉或奖励	授予时间
二（4）班	2017年宁波市文明班级	2017年7月
朱天宇	2017年宁波市教师实验技能大赛三等奖	2017年9月
联合实验中学	2017年宁波市第九届科技运动会中学组综合团体第二名	2017年11月
	2017年关心下一代工作先进集体	2017年12月
	2017年宁波市五好关工委	2017年12月
陈富庚	省第九届中学生乒乓球联赛宁波赛区初中男子组第八名	2017年12月
游婷婷	2017年浙江省中小学美术优秀作品评比三等奖	2017年12月
吕玲	2018年宁波市第十八届中小学论文评选二等奖	2018年1月
蒋世杰	第十三届全国学生运动会体育科学论文浙江省级三等奖	2018年1月
游婷婷	2018年宁波市第二十四届少儿风筝比赛中学组团体一等奖	2018年4月
	2018年宁波市第二十四届少儿风筝优秀教练员	2018年4月
董琰	2018年教育系统第十六届艺术节中小学生合唱比赛二等奖	2018年5月
	2018年宁波市中小学音乐教学论文评比一等奖	2018年5月
王灵琦	2018年宁波市初中历史与社会科学论文评比一等奖	2018年5月
俞继妍	2017年"一师一优课、一课一名师"活动市级优课	2018年6月
蒋世杰	2018年宁波市体育与健康课堂教学活动评比一等奖	2018年6月
	2018年宁波市体育与健康课堂教学论文评比二等奖	2018年6月
朱天宇	2018年宁波市中小学实验教学优秀课例二等奖	2018年7月
瞿月明	2018年市优秀教育工作者	2018年8月
鲁传选、马子明	《力拔山兮气盖世》获宁波市教育改革40年摄影展二等奖	2018年10月
联合实验中学	第十届宁波市科技体育运动会中学综合团体第三名	2018年11月
	第十届宁波市科技体育运动会十周年杰出贡献奖	2018年11月

获奖单位或个人	荣誉或奖励	授予时间
朱天宇	2018年宁波市初中科学教师命题比赛一等奖	2018年12月
王灵琦	2018年浙江省历史与社会教学论文三等奖	2018年12月
王飞君	全国第十九届华人少年作文比赛指导奖	2019年1月
董琰	宁波市中小学艺术节合唱展演中学组三等奖	2019年5月
蒋世杰	2019年宁波市中小学体育教学论文二等奖	2019年6月
	"体育核心素养引导下初中课内外学练一体化研究"三等奖	2019年10月
	2019年宁波市教研课题三等奖	2019年12月
	2019年宁波市教研论文比赛二等奖	2019年12月
徐艳	国家关工委"我为祖国点赞"征文作文指导工作二等奖	2019年8月
张幼佩	国家关工委"我为祖国点赞"征文作文指导工作一等奖	2019年8月
石燕芬	国家关工委"我为祖国点赞"征文作文指导工作三等奖	2019年8月
游婷婷	宁波市第二十五届少儿风筝比赛优秀教练奖	2019年12月
蒋世杰、俞继妍	第十一届宁波市科技体育运动会团体第二名	2019年12月
联合实验中学	2019—2020年宁波市体育传统项目学校	2019年12月

小港中学第一届毕业生留影（1961年7月）

20世纪80年代的小港中学

宁波联合实验中学

宁波经济技术开发区幼儿园

位于戚家山街道五矿路。园区为一园两址,蔚斗分园在蔚斗小区二区内。

幼儿园开创初期由开发区管委会管辖,后改由联合集团管辖,又转开发区管委会。2003年成为北仑区公立幼儿园,直属北仑区教育局。

幼儿园创建于1987年,占地9380.8平方米,建筑面积8740.5平方米。至2019年秋,有班级18个,幼儿539名。蔚斗分园占地3261.8平方米,建筑面积1856.4平方米,有班级6个,幼儿176名。

幼儿园先后获得浙江省巾帼文明岗、浙江省卫生文明单位、宁波市园本教研示范学校、宁波市科研先进集体、宁波市绿色学校、宁波市卫生先进单位、宁波市5A平安学校、北仑区园本教研示范学校、北仑区现代化达纲学校、北仑区平安校园、北仑区食品安全示范学校、北仑区母亲素养工程先进单位、北仑区首批常规达标园、北仑区优秀辅导网、北仑区A级食堂、北仑区收费规范单位、北仑区教育通信信息报道先进单位等荣誉。

表13-2-19 宁波经济技术开发区幼儿园若干年份获奖情况表

获奖者	荣誉名称	授予部门	获得时间
幼儿园	宁波市六星级幼儿园	宁波市教育局	2013年12月
幼儿园	浙江省巾帼文明岗	浙江省巾帼建功活动协调小组	2014年2月
幼儿园	浙江省体育示范园	浙江省体育局	2015年3月
陆静芬	24届王宽诚育才奖	宁波市教育局	2012年8月
王水莲	宁波市四有好老师	宁波市教育局	2019年8月

宁波经济技术开发区幼儿园

戚家山中心幼儿园

位于小港直街100号。

宁波市北仑区戚家山中心幼儿园前身为小港中心幼儿园,1986年开办,原属小港街道,2007年划归戚家山街道。2010年9月由小港街道委托宁波经济技术开发区幼儿园管理,并更名为开发区幼儿园戚家山分园。2014年9月1日迁建新园并正式开园,解除托管关系,更名为戚家山中心幼儿园。是北仑区辖区中心幼儿园之一。

戚家山中心幼儿园总占地面积6059.6平方米,建筑面积3980.8平方米。至2019年秋,幼儿园有幼儿班级12个,幼儿350人。全园教职工53人,其中专任教师30人(正式在编教师6名)。所有教师均为学前教育专科毕业,持证率100%。高级教师1人,一级教师3人,区骨干教师1人。

戚家山中心幼儿园先后被评为市、区示范家长学校,宁波市AAAA平安校园,北仑区无烟学校,北仑区卫生先进单位,学校安全稳定工作优秀单位,北仑区区级巾帼文明岗,北仑区学校食堂A级单位,宁波市环保模范(绿色)单位等称号。2015年,通过浙江省二级(宁波市四星级)幼儿园的评估。

戚家山中心幼儿园

第三章 文化 体育

中华人民共和国成立前,戚家山街道境内没有专业的文化、体育机构。民间有自娱自乐的文化体育活动。20世纪40年代,蔚斗小学师生组织宣传队,上街演出活报剧,动员群众参加抗日救亡运动。蔚斗小学学生篮球队在镇海县学生运动会上获得第一名。

中华人民共和国成立后,文化、体育事业获得发展。20世纪70年代,随着知识青年下乡插队落户,农村出现业余演出队,自编自演歌舞说唱节目,也演出京剧、越剧等群众喜闻乐见的剧目。70年代起,小港公社(镇)建立电影放映队、广播站和文化站。

戚家山街道成立后,文体事业有了长足发展。

第一节 文 化

中华人民共和国成立前,戚家山境内民众文化生活多以自娱自乐为主。

中华人民共和国成立后,境内文化事业有了长足发展。20世纪60年代,小港公社各大队相继办起文艺宣传队,自编自演文艺节目,演出京剧样板戏。70年代,公社办起电影放映队。80年代后期,广播、电视、录像放映等新颖文化传播工具得到发展,小港镇成立文化站,群众文化生活更加丰富多彩。镇政府投入大量资金,新建、扩建一批文化机构和设施。

宁波开发区建立后,联合区域内有了第一家俱乐部。民间歌舞场所迅猛发展。

戚家山街道成立后,重视文化机构建设,先后建设李氏家族纪念馆、红廉蔚斗展示馆、开发开放纪念馆、城市书房等。社区文化活动丰富多彩。

群众文化组织

民国时期,小港蔚斗小学、青峙七星延陵学校曾建立民众夜校。除进行识字、读报外,学校还组织演剧队、歌咏队进行演出活动。

业余演出团队

土改期间,部分乡村组织农民业余剧团,配合"三大革命运动"自编自演节目。

1983年12月,原小港乡组织业余文艺队,后小港业余文艺队易名为小港乡文化中心业余艺术队,有20多名文艺爱好者参加。该队分成戏曲、歌曲、器乐三个组。

1987年建立小港镇越剧团，有演员20余名，两年后解散。1996年小港京剧联谊会成立，京剧爱好者经常自导、自演古今京剧节目。

戚家山街道成立后，文艺演出团队有所增加。各社区相继建立越剧爱好者联谊会（越联会）等艺术团队。蔚斗社区、渡头社区、东升社区文艺团队参加北仑海享大舞台演出，并在省、市、区的演艺比赛中获奖。

文化站

1958年建立长山区文化站，1985年撤销。1983年建立小港文化站。1992年建立小港镇文化站。1996年3月，小港镇文化站被浙江省文化厅授予特级文化站称号。

戚家山街道成立后，街道文化站广泛开展群众文化活动。2017年成立街道文化艺术界联合会（文联），下辖舞蹈、书画、戏剧、音乐等协会，有会员160余人。2018年参加宁波市文联举办的聚元杯基层文艺社团风采大展示活动舞蹈展演，获得银奖。2019年3月，与街道妇联、文化站共同举办"春之约"诗会与旗袍秀。同年6月，举办"古韵蛟山，潮起峡江"端午文化主题游园活动。2019年国庆期间举行大型庆祝活动。

表13-3-1　戚家山街道群众文化组织情况表

团队名称	会员人数（人）	成立时间	负责人
舞蹈协会	179	2017年3月	赵宇红
书画协会	14	2017年3月	蒋川龙
摄影协会	26	2017年3月	曾礼豪
音乐协会	124	2017年3月	朱锦刚
京剧联谊会	20	2017年3月	易　辉

2018年端午节龙舟竞渡

2019年东升社区元宵巡游活动

2014年6月东升社区邻里文化节

2019年10月蔚斗社区舞蹈队表演

2019年11月渡头社区门球队参加老年门球比赛

2015年10月蔚斗社区合唱队参加合唱比赛

民间文艺形式

器乐 清末民初，民间有业余器乐演奏组织，亦称"吹行"。逢庙会、灯会、节日和婚丧喜庆应邀参加演奏。主要有丝竹乐和吹打乐。曲牌有《梅花三弄》《细则》《将军会》《得胜调》《仪仗谱》《九连环》及《凤妆台》等10余首，丝竹乐演奏乐器有三弦、琵琶、箫、笛、笙、扬琴和二胡等，称"文乐"。逢迎神赛会等场合，增板胡等音量较大的乐器烘托气势，也有击打瓷碗、盆、杯等以增柔音色的；吹打乐演奏，以吹唢呐为主，加上锣、钹打击乐演奏；迎神赛会等较大场合，也加入丝竹乐演奏。为渲染气氛，常用尖号（目莲号）吹出引子，以壮声势。

小调 即俚曲。曲调多由外地传入，有《马灯调》《无锡景》《五更调》《孟姜女》《怨郎五更调》《杨柳青》《醒世曲》及《长工叹》等20余种。唱者多为农民、手工业者、渔民等，在新春佳节跟随各类花灯、马灯的演出挨户伴唱。词曲通俗，为群众喜闻乐见。

舞蹈 有龙舞，又称戏龙灯，随乐曲节奏盘腾翻滚回舞，小港、衙前、下邵常在行会时演出；大头舞，又称大头和尚，表演者戴面具、穿彩服、摇蒲扇，弄姿作态；莲花落，又称打连厢（莲湘）、打花棍，舞者手持竹制串铜钿花棍，配乐器或伴唱；马灯，又称跑马灯，多由儿童扮演，涂脂化装，表演马的跑跳动作，伴以乐器，边舞边唱。此外，还有纱船、车子舞、跳蚤舞、跳加官与着地盘等民间歌舞小戏。

戏剧 清和民国时期，曾有"聚庆丰""新聚庆丰"等戏班来镇内各庙演出。其曲调系高腔、昆曲、徽调、京调混糅，故呼"乱台班"。抗战前后，"的笃班"（后称嵊县越剧女子文明戏，简称"绍兴戏"）以及"滩簧班"传入。

木偶戏 俗称"杖头人案""下弄上""小戏文"，清末从定海传入。木偶头部如茶杯大小，用木杆做手脚，冠戏帽、套彩服以标志人物角色。每台宽1—2米，三面围以布缦，演出时将木偶上身伸出布缦，牵动木杆做举、舞、打、斗等动作，唱腔以京徽曲调为主，配以锣鼓、丝竹等乐器。旧时多于祠堂演出，中华人民共和国成立后进入会堂。剧目有《火焰山》《三盗芭蕉扇》《珍珠塔》《三打白骨精》《狸猫换太子》和《宝莲灯》等。另有一类小型木偶戏，舞台宽不足1米，仅由1人用手指套木偶演唱，并脚踩锣鼓，多为灾病者演还愿戏。

走书 由单档（一演员）或双档说唱表演。后场有扬琴、二胡伴奏与和唱，并将四明南词中词调、赋调、平调及一些民间曲调混为一体，寓以变化，并吸取评话、文书表演艺术。曲目多为历史演义，如《玉蜻蜓》《描金扇》《包公案》《大红袍》《隋唐演义》《杨家将》《七侠五义》与《平阳传》等。平日办寿庆、丧事时多请来演唱，中华人民共和国成立后，节日或农闲时来镇村演唱。

文书 雅称莲花文书，又称"阿拉哩调"。演唱者执醒木、骨扇，边说唱边表演，配以四弦胡琴伴奏和帮腔。亦有加入三弦、琵琶、月琴等乐器。曲牌有四平调、马头调、五顿、反二黄、赋调及还魂调等10余种。主要书目有《玉连环》《双狮球》《玉蜻蜓》《薛家将》与《金刀传》等。

唱新闻 唱新闻者多为盲人或半盲人。始以对新近发生的具有社会影响的人和事现编现唱，后逐渐趋向说唱民间轶事及大书。艺人常于中午休息及夏夜纳凉场所，边敲击边演唱。曲调有头调（基本调）、词调、哭调等，唱词以通俗、易懂、上口、连续押韵为特色。常唱的有《三县并审祝玉英》《顾鼎臣》《借红灯》《金生第》等10余部。

故事 民间故事大多为神话、历史传说、人物故事和笑话，富有地方特色。原小港文化站搜集、整理群众中流传的故事，1987年出版《小港镇民间故事集成》，收集民间故事、神话、传说等共46篇，其中乐涵先生传说多篇。

歌谣 主要有劳动歌(田歌、山歌、渔歌、行业歌)、时政歌、仪式歌、情歌、生活歌、儿歌、历史传说歌及杂歌。以农民田头山歌最为普遍。除劳动歌和儿歌无固定曲谱外,其余大多依附民间小调曲谱,即兴而作进行演唱。

广播 电影 电视 通信

广播 1958年长山人民公社始建广播站,线路通至各生产队,每队安装一只动圈喇叭。1969年、1970年,小港、江南、下邵相继建立广播站,开始自办节目,设新闻、文艺、农艺讲座等栏目,一星期播音两档,日播音三次。镇广播站有2—3名人员,主要设备有扩音机、录音机、控制桌。

扩镇并乡后,原乡镇广播站合并,建立小港镇广播站。1996年有人员9名。自办节目一期,播音四档:星期二、星期六播放10分钟左右本镇新闻节目;星期一为农业、计划生育等专题节目;星期五为生活之友等节目。日播音三次。全镇40个村装有高音喇叭。之后,随着传播媒体的增加,广播站失去传统优势停办。

电影 抗战初期,省电影教育巡回施教队曾在小港等地放映《台儿庄大捷》和《抗日必胜》等纪录片。1940年7月17日—22日,小港军民反击日寇第一次登陆取得了胜利,曾在戚家山一带拍摄新闻纪录片。纪录片胶片现保存在北京军事博物馆。

1953年,省电影教育工作队在小港放映16毫米《白毛女》等影片。1955年4月,宁波专区201电影小队在长山区小港、江南、枫林和下邵设立放映点,定期巡回放映。1956年组建县电影放映队后,常在长山区内流动放映。

1982年3月,小港镇建立电影队,除每月一次至各村流动放映外,还在大会堂设立固定放映点,售票放映。

20世纪90年代,由于电视普及,电影放映队随之解散。

电视 20世纪80年代初期,居民购置电视机以黑白为主,用室外天线进行接收,所接收频道也不多;90年代初,彩色电视机替代黑白电视机,屏幕也不断增大。

1995年6月,镇广播电视站试播本镇新闻电视节目,一星期一次,周五首播,周六重播。1995年10月正式播放。1996年普及有线电视网络。

通信报道 20世纪80年代,小港建立镇报道组,设专职报道员1名,多采写本镇新闻,除向各新闻单位发稿外,主要为本镇广播站提供稿源。扩镇并乡后,建立小港镇报道组。报道员队伍有所扩大,报道面也更广。成员主要来自乡镇企业与财税、工商各部门,以及村、海警支队与船艇学校等,形成了一支全镇通信报道网络。戚家山街道成立后,《北仑新区时刊》派有驻地记者,与街道业余通信员一起构成通信报道网络。

图书 中华人民共和国成立初期,镇内各小学有图书室。图书以连环画、科普读物、小说为主,每日午间开放,供师生借读。20世纪50年代末至60年代,部分农村俱乐部设立图书室。70年代,县文化馆下发给农村俱乐部流动图书箱及部分书籍,供农民借阅。

1980年5月,原小港公社文化中心建立图书室,藏书千余册。

扩镇并乡后,原小港图书室由个人承包经营,小港图书室在册登记的藏书有2784册。同时,镇机关、各部门及条件好的镇办企业也建立图书室或阅览室。1996年全镇除渡口路北仑新华书店外,有个体经营的图书室7家、报刊亭6家。

戚家山街道成立后,各社区均建有社区图书室和电子阅览室,每个图书室藏有图书上千册。2018年,原蛟山阁改建成城市书房。

第二节　文物胜迹

戚家山街道地处甬江口,历来是海防重地。明清以来,在戚家山街道境内构筑多重海防设施。在抗倭、抗英、抗法、抗日战争中留下的遗迹,内容丰富,数量多而集中,具有珍贵的历史价值。

海防遗址

布阵岭

位于街道南面与大碶镇北部交界处。相传为宋高宗赵构大将张浚御敌布阵于此,故名。清光绪九年(1883),提督欧阳利见设堡建营,以资守御。岭上有一亭,曰"揽云亭"。

戚家山营垒

位于小港(今戚家山街道)沙蟹岭南侧,相传明戚继光等抗倭将领曾扎营于此。清光绪七年(1881),总镇杨春和建营垒,浙江提督欧阳利见曾驻防于此。营垒平面呈椭圆形,周长600米左右,用块石垒成,高1—2米,墙厚2—2.5米。1981年被列为镇海县第一批重点文物,为全国重点文物保护单位。

戚家山营垒

堠

古代望敌方情况的土堡,多为明初建筑。烽堠面宽6米,底宽7米,高3.5米,乱石垒筑,台面中部内凹,小港(今戚家山街道)境内有3处。

大岙山烽堠　在小港青峙大岙山上,海拔110米。

张师山烽堠　在小港北面炮台山顶,海拔49.5米。

笠山烽堠　在小港西北海拔90米笠山山腰上。

金鸡山瞭望台

位于金鸡山顶,海拔101.4米。明时筑有炮台,清光绪十年(1884)扩建为营寨,用乱石砌筑成椭圆形城垣,中由条石砌建瞭台,高5.4米,底4.7米×4.8米,成宝塔形。

金鸡山瞭望台

为浙江提督欧阳利见抗击法国侵略者的指挥台。东侧立浙江提督欧阳利见所书"督师御敌处"石碑一方。为全国重点文物保护单位。

炮　台

靖远炮台　位于金鸡山东面港口沙湾头，建于清光绪六年（1880），三合土夯筑，平面呈凹形，长45米，宽9米，高4.4米，设2米×2.4米炮洞5孔。各炮室间有隔墙。现外形清楚，但顶部和表面毁坏严重。为全国重点文物保护单位。

靖远炮台

镇远炮台　位于小浃江与四号桥交汇处，建于清光绪六年（1880），三合土夯筑，长52.6米，宽9米，面宽1.2米，底宽2.7米，高4.8米。原设炮眼5孔，营房11间，毁坏严重。为全国重点文物保护单位。

平远炮台　位于金鸡山东北山腰部，建于清光绪十三年（1887），用三合土夯筑，平面呈曲尺形，总长20米，面宽1.6米，底宽2.5米，高5.3米。现存三合土残墙。为全国重点文物保护单位。

镇远炮台

宏远炮台　位于港口小笠山北垄坡顶，面向大海，建于清光绪十三年（1887），并建有官厅、营房、弹药库，现尚存三合土断垣残墙。抗战初期，在此重建混凝土浇制的要塞台。为全国重点文物保护单位。

新镇远炮台　1936年7月，民国政府撤安远、平远、绥远炮台，在青峙钳口门炮台山另建镇远新炮台4座，各置克虏伯21厘米口径大炮1门，曾在抗日战争中多次击退日舰，1940年7月17日军登陆后被毁。

平远炮台

探照灯遗址

位于小港（今戚家山街道）青峙清凉山，海拔92米。1937年抗战初期宁波防守司令部建，钢筋混凝土浇筑，长4.2米，宽3.9米，高4.9米。

戚家山街道发掘的文物

宏远炮台

20世纪70年代起，街道境内陆续发掘出众多文物，并被相关博物馆或文化单位收藏展览。1985年，小港居民在横山（亦称横水山、龙山）上发现新石器时期的长方形石锛、扁平型石铲、柳叶型石镞、单孔石刀、陶纺轮等文物，现保存在中国港口博物馆4号展厅。

表13-3-2　戚家山街道部分文物（火炮）一览表

发掘时间	文物名称	数量（门）	地点	说明
1970	平夷炮	1	笠山	调拨给中国人民军事博物馆
1974	平夷炮	1	金鸡山	另有炮弹2枚
1980	英国土炮	2	金鸡山	现存中国港口博物馆
1980	红衣炮	2	笠山	现置招宝山上
1991	平夷炮	1	笠山	现置镇海中学梓荫山上

古桥　古碶闸

义成桥　位于小港横街与桥东街之间的小浃江上。此处原无桥，人以小舟渡江，风浪不测，屡遭覆溺。清康熙五十八年（1719），里人乐君显倡议，灵岩虞乐氏和石匠张起泉资助建桥，故名义成桥（由时任镇海县知县田长文亲自题写桥名），为三孔石拱桥。1963年改建为三孔干砌条石重力式台墩、钢筋混凝土组合梁桥，并改名为小港大桥。1982年，因桥损，改换钢筋混凝土空心板梁，长54米，宽6米，荷载6吨。1987年复名为义成桥。

义成碶　位于戚家山街道蛟山阁东侧小浃江上。清道光九年（1829），由里人胡钧、乐涵等筹资初建。1937年、1962年先后加宽，全长32米，宽5.3米，孔距1.4—1.9米，以石柱并立为墩，以岩为基，上游两岸石砌为堤。碶桥柱上镌联云："三邑通其水，五乡碶、东岗碶、堰山碶，至此独障狂澜；万灶乐为民，灵岩乡、泰邱乡、清泉乡，惜不共沾美利。"

2011年，包括义成碶在内的小浃江碶闸群被确定为浙江省重点文物保护单位。

古碑刻

"督师御敌处"碑　位于戚家山街道金鸡山顶，浙江提督欧阳利见书，清光绪十一年（1885）立。高4米，宽1.31米，上端削角。上镌"督师御敌处"五个大字，行书，每字0.6米×0.6米。

保护军门遗迹告示碑　又名金鸡山国防林永禁碑，立于金鸡山瞭望台北侧。光绪十七年（1891）立。

第三节　体　育

群众体育

历史上国民传统体育，以习武活动较突出。明代群众就为防盗防倭而习武自卫。武术有"闹天堂""宋江拷""板凳十八""猴拳"等。练武器械有长矛、大刀、乌风棍、大流星等，民间偶有武术表演。

中华人民共和国成立后，小港、下邵、林唐等乡村设置篮球场，农闲时开展篮球活动，组织长山区农民篮球队，参加县农民篮球比赛，并通过长山区田径选拔赛，组队参加镇海县田径运动会。20世纪80年代，群众体育运动有了进一步发展，干部、职工在工余时间进行体育活动，并经常开展比赛。

扩镇并乡后,群众体育运动更普及、内容更丰富多彩。1994年成立小港镇体育运动委员会,下设镇农民体育协会、镇老年体育协会。成立田径协会、乒乓球协会、台球协会、象棋协会和太极拳协会等群众体育组织。镇体委经常组织各种单项体育比赛并组队参加区运动会,取得了良好成绩。镇老年体协于1993年、1996年召开全镇老年体育运动会,根据老年人特点量力而行地开展竞赛活动。

戚家山街道成立后,各社区建立了乒乓球协会、武术协会、象棋协会等多种体育组织,街道每年举办职工运动会、广场舞比赛、健身操比赛等赛事。街道老年体协每年举办趣味运动会、双十一健步走活动。在区老年运动会上获得多项奖励。各居民区的文化广场、小浃江公园、蛟山公园、戚家山公园、老鹰山公园,成为居民早登山、晚跳舞的健身锻炼重要场所。

表13-3-3　戚家山街道群众体育运动队伍一览表

所在社区、村	队伍名称	队员人数(人)	队　长
东升社区	九霄舞龙队	13	乐裕琴
	柔力球队	5	胡秀菊
	门球队	12	江裕芬
	龙舟队	13	郑南海
	广场舞队	24	沈金花
蔚斗社区	武术队	20	孟　腾
	篮球队	18	叶　麟
	乒乓球队	22	黄永国
	羽毛球队	24	乐亚娥
	广场舞队	57	杨佩珍
	门球队	28	张信法
渡头社区	乒乓球队	16	夏明球
	柔力球队	18	陈水琴
	武术队	18	陈水琴
	门球队	10	邱亚飞
	广场舞队	14	周珊美
林唐村	柔力球队	20	林亚君
	广场舞队	30	陈月珠
	女子鼓乐队	20	沙初凤

学校体育

民国初期,学校仅教普通体操和运动游戏。民国十二年(1923)始设体育课,设备简陋,教学内容由学校选择。民国二十五年(1936),蔚斗小学学生在镇海县第四区运动会上,获团体总分第一名。

中华人民共和国成立后,中小学开设体育课,每天安排课外活动或课间广播体操。1951年底推行第一套广播操。1956年5月,举办县首次少年田径赛,长山区小学生组队参加。"文化大革命"期间,

以劳动代替体育。1973年,推行第五套儿童广播操。1975年起,逐步开展达《国家体育锻炼标准》(简称"达标")活动。1981年,区、社中心小学平均达标率38.1%,中学达标率为42.84%。1979—1984年,开展"两课、两操、两活动"体育教学活动。1985年,中小学生平均达标率达到88.2%。20世纪90年代,强调学生德、智、体、美全面发展,体育成为一门重要课程,体育锻炼得到进一步加强。学校每年举办中、小学生体育运动会。

体育设施

抗日战争前,小港唐爱陆发起在港口沙湾头建造沙湾体育场。场内置有秋千、天桥、木马、篮球场与排球场等设施。县、区全民运动会和中小学生运动会曾在此举行。

中华人民共和国成立后,随着体育运动开展,体育设施也不断完善。20世纪50年代,小港建设篮球场、排球场。80年代,小港出现营利性质的溜冰场。90年代,机关、税务、工商、电力、邮电等部门及企事业单位设置乒乓球台、台球场。联合中学、蔚斗小学建设400米标准塑胶跑道和足球场、篮球场、羽毛球场、体艺馆。

戚家山街道成立后,戚家山、老鹰山先后建设游步道。蔚斗、东升、渡头3个社区均建有文体广场、篮球场、门球场;各个住宅小区建有健身公园,配置健身器材。居民15分钟步行区内必有健身活动场所。

表13-3-4 戚家山街道群众文化体育设施一览表

设施名称	建设年份	建筑面积（平方米）	设 施
街道文体中心	2017	1092	建有文艺演出厅、报告厅、文体组织办公室、非遗作品展示厅
蔚斗广场	1985	1500	篮球场1个,文艺舞台1座
蔚斗门球场	2012	500	塑胶门球场1个
东升文化广场	2010	1300	篮球场1个,文艺舞台1座
东升门球场	2014	500	塑胶门球场1个
渡头文化广场	2013	1000	篮球场1个
渡头门球场	2016	500	塑胶门球场1个

第四章 卫 生

中华人民共和国成立前,戚家山区域内无医疗机构。人们要去镇海、宁波等地求医治病。

中华人民共和国成立后,医疗卫生事业逐步发展,乡镇建立了卫生院,村建立了卫生室,医疗卫生不断改善,爱国卫生运动经常开展。镇、村环境卫生面貌逐渐变好,人民群众卫生意识日益增强。人民的健康水平提高,平均寿命由20世纪40年代的36岁提高到2018年的81.62岁。

第一节 医疗机构沿革

旧时,泰山堂、生生堂药店有坐堂中医给人看病。村中时有游方郎中巡诊。中华人民共和国成立后有如下医疗机构。

小港医院

原位于戚家山街道东升社区山下塘,现位于小港街道红联振兴东路988号。

沿革 1952年,由个体中西医生自愿组成小港联合诊所。1956年公立长山区卫生院成立,位于小港街道下邵乡下邵村。1959年迁入小港山下塘,与小港联合诊所合并。1959年改制为公立长山区中心卫生院。1963年精简机构,改为集体所有制。1977年改为长山区卫生院(全民),1984年改称小港乡卫生院。1992年小港扩镇并乡,小港乡卫生院拆分为小港镇卫生院(迁址江南红联村)和小港镇小港卫生院(仍留原址);1992年5月,分别易名为小港镇卫生院、小港医院。2001年5月,怡和医院建成,以上两院撤销,并入怡和医院。在北仑区政府协调下,怡和医院明确性质:由宁波华南创业公司、北仑区卫生局和小港镇政府三方合作创办的股份制医院。区卫生局以原小港镇卫生院和小港医院房产、医疗仪器设备作为股份,经评估后投入。经7个月筹办完善,冠名怡和医院。医院以非营利性运营。同年12月29日正式开业。2018年恢复公有制,复名小港医院。

规模 小港医院总占地面积3290平方米,建筑面积7000平方米,其中医疗用房面积5800平方米,辅助用房面积1200平方米,一期投资近3000万元。医院核定床位99张,开业后实际开放床位42张,设高级病房(床)5张。医院科室设置:大内科、外科、妇产科、中医科、小儿科、五官科、皮肤科、口腔科和儿保、妇保及防保中心。又特设心血管、糖尿病、消化内科、肝胆外科、男性科等专科。医院有手术室3间,具备24小时开展应急手术能力,常规开展普外科小切口胆道手术,胃、甲状腺、阑尾、各种疝气、大隐静脉等外科手术,以及妇产科剖腹产、子宫肌瘤、宫外孕、卵巢囊肿等手术项目。

医技队伍　建院时有职工132名,其中卫技人员109名,含高级职称3名,中级职称12名。2004年,职工总数147人,其中卫技人员129人(包括外聘人员5名),含高级职称5人,中级职称15人。

医疗设备　原小港卫生院有日本产岛津B超、国产全麻机、进口自动血球分析仪、半自动生化仪、惠普心电监护仪等。怡和医院建成后,新增国产500mAX光机、连续型高频电刀、WC-100型微波治疗仪、日本产全自动三分类血球计数仪、德国四通道血凝仪、进口电子胃镜、德国西门子B超、德国全自动心电监护仪等医疗仪器。2002年自筹资金购置Argute全自动心电监护仪、全自动生化分析仪、德国进口全麻机、Mdia动态血压机、全自动12导联心电图机、PI动态心电图机、牵引理疗仪等先进仪器,总价值160余万元。

医疗业务　2002年,年门诊量211893人次,日均580人次,年住院1501人次,开展各项手术95人次。2004年,年门诊量261955人次,日均718人次,年住院1158人次,开展各项手术1256人次。

戚家山街道社区卫生服务中心

位于环山路367号,原名宁波经济技术开发区医院,始建于1989年9月。是一所集预防、保健、医疗、康复、健康教育和计划生育于一体的现代化社区卫生服务机构,隶属北仑区卫生局。中心占地面积11 200平方米,建筑面积6300平方米,下设2个社区卫生服务站,即东升社区卫生服务站、直街(蔚斗)社区卫生服务站。总服务面积18.6平方千米,总服务人口5万余人。

沿革　戚家山街道社区卫生服务中心(宁波经济技术开发区医院)前身为宁波经济技术开发区卫生所。位于戚家山街道(小港)半路洋,建于1985年初,用房面积20多平方米,时有卫技人员6人,以门诊医疗为主,开设西医内外科、五官科、口腔科和妇科。服务对象是开发区域内工厂企业职工,未对外开放。所长陈立生。

1989年9月,在戚家山街道(小港)环山路367号建设宁波经济技术开发区医院(小港),占地面积3226平方米,其中医疗用房面积2654平方米,辅助用房面积572平方米,住院床位30张。在编职工32人,有中高级卫技人员12人,初级卫技人员10人。1992年,宁波开发区管委会由小港搬迁至新碶镇,该院转属开发区联合集团(小港),医疗业务向当地群众开放。2002年,宁波经济技术开发区和北仑区合并,宁波经济技术开发区医院(小港)划归北仑区卫生局管辖,性质仍为全民所有制事业单位。

2012年5月改称戚家山街道社区卫生服务中心。至2019年,卫生服务中心根据国家级示范社区卫生服务规范化建设标准实施整体布局,功能区域独立,标识清晰,布局合理,设有基本医疗部、公共卫生部、后勤保障部、综合办公室。具体开设全科、儿科(生长发育门诊)、中医科(含针灸理疗服务)、口腔科、妇科、五官科、检验科、特检科、妇保科、儿保科、防保科、护理部、药剂科、健康管理中心,并提供24小时急诊服务。

医技队伍　2000年,有职工43人,其中卫技人员35人,有中高级卫技人员19人,初级卫技人员16人。

2003年,有职工69人(包括外聘卫技人员7人),其中卫技人员16人,含副主任医师1人,主治医师(包括主管护师)13人。

2004年,有职工83人,其中卫技人员64人(包括外聘人员7人),含副主任医师2人,主治医师(包括主管技师)、主管护师25人。

2019年，在岗职工97人，具有本科及以上学历78人。有高级专业技术职称10人，含正高级职称2人，副高职称8人；有中级专业技术职称37人。

医疗设备　1996年后，医疗仪器设备逐年增加，有动态心电图及心电监护仪、半自动分析仪等10多件贵重仪器。2002年新购美国产500mA数字X线机、电动手术床、口腔综合治疗仪等贵重仪器共计22件（套）。

至2019年，戚家山街道社区卫生服务中心拥有彩超、X光机、DR机、全自动生化分析仪、全自动血球仪、残疾人康复设备等仪器。同时配备90余台电脑，实现整个中心微机网络化，引入数字化医疗服务系统。

医疗业务　1990年，设住院床位30张。2002年，年门诊量41598人次，日均114人次，年住院235人次，开展各项手术235人次。2004年，年门诊量68464人次，日均188人次，年住院1625人次。2019年，年门诊接诊207545人次。

表13-4-1　2005—2019年戚家山街道社区卫生服务中心门诊接诊人次一览表

年　份	门诊量（人次）	年　份	门诊量（人次）
2005	100094	2013	151654
2006	112827	2014	161858
2007	139155	2015	164525
2008	165397	2016	179939
2009	181540	2017	192732
2010	173406	2018	198707
2011	162821	2019	207545
2012	174883	合　计	2467083

村医疗站（室）

村卫生组织的建设，始于1953年镇海县培训农业生产合作社保健员。1968年起，保健员改称赤脚医生，各大队成立保健站。1972年改为合作医疗站。1978年后，赤脚医生改称乡村医生。1982年，由省卫生厅命题考试，考试合格者获得乡村医生证书。至1996年，全镇有村医疗站（室）41个，有乡村医生44名。

戚家山街道成立后，随着土地征用，村庄拆迁，现存村医疗站2个，为林唐、渡头医疗站，乡村医生2名；社区医务室2个，为蔚斗社区医务室和东升社区医务室。

表13-4-2　戚家山街道企业单位医务室一览表

机构名称	负责人	医务人数（人）
宁波开发区热电有限公司	陈建华	2
三星重工（宁波）有限公司	张炳福	3
宁波国成塑料有限公司	侯明杰	2
宁波亚洲浆纸业有限公司	江瑶娜	2

第二节　医疗队伍

中　医

中华人民共和国成立初，小港中医较有名望的是林仲言内科。1954年，镇海县召开第一次中医代表会议，贯彻中央关于中医工作的指示，贯彻中西医团结政策，重视发展中医。此后，在积极培养中医学徒的同时，又接收从中医学校分配来的毕业生。1985年经职称评定，小港有中医师6人，中医士1人。1996年底有中医师7人，中医士2人。小港镇卫生院、小港卫生院与江南卫生院、下邵卫生院均设有中医门诊和中药房。

西　医

中华人民共和国成立前，全镇仅有西医4名。中华人民共和国成立后，西医队伍不断扩大，主要来自医学院校毕业生。1985年全镇有西医卫技人员80人，管理人员5人。1996年全镇有西医卫技人员56人。

中华人民共和国成立初，医院只设内外科，医疗设备简陋，只能诊治一般常见病。外科只能作切开排脓、外伤缝合小手术，妇产科只能处理一般顺产。随着医学科学的发展，医疗设备更新，技术队伍结构变化，促进专科技术发展。现已设有血、尿、便、肝功能及X光检查等。

第三节　医技培训

旧时，以师傅带徒方式传授中西药学。1958年镇海县人民医院开设镇海卫校，培训妇幼保健员，学制2年。1974—1976年培训中级医士。1978年3月—1980年2月开办宁波卫生学校镇海分校护士班，培训护士。学员毕业后由国家统一分配到医院工作。

1970年8月—1972年4月，镇海县卫生局与教育局共同在柴桥中学附设"五七"工农兵学校，举办短期训练班，培训赤脚医生、中草药师资，提倡"西医学中医"。1976年4—10月在邬隘"五七"大学开办赤脚医生培训班。1978年6月，在贵驷举办退休职工顶替子女上岗培训班，时长1年。

1980年初，在小港镇江南红联村成立县卫生进修学校，与长山中心卫生院合设，有专职教师7人，兼职教师12人，先后举办各类培训班10期。培训对象为在职卫技人员、乡村医生（赤脚医生）。1985年10月撤县后停办。

第四节　医疗制度

公费医疗

1952年6月27日，中央人民政府政务院颁布《关于全国各级人民政府、党派、团体及所属事业单位的国家工作人员实行公费医疗预防的指示》。县成立公费医疗预防实施委员会，长山区成立公费医疗预防实施小组，行政机关、公教人员正式实行公费医疗制度，医疗费用定额开始为每人每月15000元（旧人民币），以后改为医疗费按比例报销。

合作医疗

1968年，生产大队逐步建立合作医疗。1975年各大队都实行合作医疗制度，享受者每年缴纳合作医疗基金，由大队（或全社）统筹使用。一般在本大队合作医疗站就诊报销60%—70%，转院至外地治疗报销30%—40%，因公受伤或重病而本人又无法负担者全报。也有少数大队全报医药费。1982年后，随着农村经济体制改革，合作医疗渐行解体，而大多数村仍设医疗站，看病付钱，方便就医。

第五节　医疗保险制度

新型农村合作医疗制度

新型农村合作医疗制度是由政府支持、引导、组织，农民自愿参加，个人、集体和政府多方筹资，以大病统筹为主的农民医疗互助共济制度。1968年，境内各生产大队建立合作医疗制度。1998年1月1日起实行农民大病医疗保险。参保对象为未参加城镇职工医疗保险、户口在境内的农业人口、城镇居民。参保时必须以户为单位，实行以户编号、一人一证的医疗保障制度。

自2004年以来，农村合作医疗保险费筹集标准不统一，一年一变，保费数额不断提高，筹集渠道不断拓宽。

城镇职工基本医疗保险

2001年1月起，境内城镇职工实行医疗保险。参加保险的主要对象是境内所有企业（国有、集体、合作制、外商投资、私营等各种所有制企业）、国家机关、事业单位、社会团体、民办非企业的事业单位的职工，参加医疗保险人员必须先参加基本养老保险。非公企业职工的医疗保险自2007年开始实行，保险费用由用人单位和职工个人共同缴纳。职工未办理退休手续时，应连续缴纳基本医疗保险费。缴费年限不足20年的，应按当年缴纳基数一次性补足20年，方可享受退休人员基本医疗保险待遇。基本医疗保险基金由统筹基金和个人账户构成。个人账户金额由基本医疗保险费的一部分和个人缴纳的基本医疗保险费组成。个人账户主要用于支付符合医疗保险开支范围内的普通门诊和急诊医疗费用，住院及特殊病种按规定应由个人负担的，也可以从个人账户中支出。统筹基金主要用于支付符合基本医疗保险开支范围的住院、特殊病种医疗费中按规定应由统筹基金负担的部分。基本医疗保险实行定点医疗机构和定点零售药店管理，参保人员在社会保险机构定点的医疗机构就医、购药，也可以凭定点医疗机构开具的处方到定点药店购药，上述发生的费用由个人账户支付，个人账户不足的，由个人自付。参保人员住院发生的费用，在起付标准以下的，由个人账户支付或个人承担。在起付标准以上的，至最高支付限额以内的医疗费用主要由统筹基金支付，个人也要

适当承担,参加城镇职工基本医疗保险的由区社保处统一办理。

城乡居民基本医疗保险

为完善本市基本医疗保险制度,维护城乡居民公平享受医疗保险权益,促进社会和谐发展,宁波市人大常委会于2015年通过《宁波市城乡居民基本医疗保险办法》,在全市实行城乡居民基本医疗保险,坚持全覆盖、保基本、多层次、可持续的方针,与社会经济发展水平相适应,并遵循"城乡统筹、兼顾平衡;双方筹资、合理分担;市级统筹、属地管理;机构整合、经办统一"的原则,实行个人缴费和政府补助相结合的筹资办法,合理设置个人和政府的筹资标准及保障水平。

戚家山街道已于2017年实现新农合与城镇职工医保合并为城乡居民医保。

第六节　卫生防疫

公共卫生

民间历来有春节"掸尘",端午节悬艾剑、喷雄黄酒辟邪除虫的传统卫生习惯。民国期间,常开展夏令卫生宣传活动。民国十八年(1929),浙江省新政视察员李炳恒报告称:"镇海县公共卫生事项,办理较有成功者以城区、庄市及大碶、龙山数处,暨江南小港、芦江各村;余未能积极进行,见道路污秽、垃圾成堆、粪缸罗列路旁、沟渠不通、死畜腐物浮沉其间,公安警察视若无见,对于妨碍公共卫生事项绝不过问……"民国二十三年(1934),小港唐爱陆先后修建北平路(小港至方前村)、栽树、办苗圃场、办"义冢"、修大同公墓(位于孔墅村王家溪口),卫生面貌有所改观。

1952年4月,县成立卫生防疫委员会(次年改为爱国卫生运动委员会),开展爱国卫生防疫群众运动,乡镇普遍发动大扫除,订立爱国卫生公约,扑灭"五毒"(鼠、蚊、蝇、虱、臭虫)。1956年《全国农业发展纲要(草案)》四十条公布,明确提出除"四害"(苍蝇、蚊子、老鼠、麻雀)的要求,作为爱国卫生运动的中心内容。1958年"大跃进"时期,掀起以除"四害"为中心的爱国卫生运动高潮。1960年3月18日,中共中央发布《关于卫生工作的指示》,强调卫生工作应有利于生产、工作、学习,注意表本兼治,突击与经常相结合,同时将"四害"中的"麻雀"以"臭虫"代之。1965年在农村结合积肥,开展"两管五改"(饮水与粪便管理,改良水源、厕所、畜圈、炉灶和环境)工作。1978年后,以治"脏、乱、差"、整治环境卫生为重点,恢复每年元旦、春节、"五一"、国庆节前突击搞卫生和检查制度。1982年开展"五讲、四美、三热爱"活动,把爱国卫生运动与创建文明单位结合起来,并建立门前"三包"(包卫生、绿化、秩序)责任制。乡镇建立"爱卫会"组织,在重大节日开展群众性大扫除和门前"三包"检查。

1986年7月,建立小港环卫站,环卫人员7名。扩镇并乡后,环卫站从小港迁至红联,环卫工人增至31人。添置吸粪车2辆、机动垃圾车和拖拉机各1辆、三轮车8辆、手拉车6辆等卫生设备。改造和新建公共厕所12座,农村推行三格式粪池,逐步开展消灭露天粪缸。同时新建207只垃圾箱(桶),配有9人打扫街道,并建立清运粪便垃圾、清扫街路的制度,改善集镇和农村的卫生面貌。

2019年12月初,武汉出现新型冠状病毒肺炎疫情,并蔓延至全国。浙江省启动公共卫生事件一级响应。戚家山街道防疫站参与街道严控严防，为"外防输入，内防扩散"，防疫人员会同干部、社工、志愿者在各卡口24小时检查进出人员，测量体温；对居家隔离人员实施上门测温问诊。

农村饮水改良

戚家山人民居住在靠海边和平原地区的先前多饮用"天落水"，居住在沿山一带的多饮用溪坑水。一遇天旱，改饮用河水。也有在村庄附近挖塘集水，立禁保护的。20世纪60年代开始，推行一村一塘（井）和打灶边井，70年代推广"瓦筒井"。

1985年宁波江东自来水公司向小港的宁波开发区供水。红联、小港、渡头、桥东几个村也受其益。

传染病防治

历史上传染病的危害由来已久，俗称"瘟疫""时疫"。据志载："（北宋）熙宁八年（1075），岁谷不登、疠疫大作，藉尸郊野。"明、清时期伴随天灾和饥饿，多次发生疫病流行。

民国期间，政府规定鼠疫、霍乱、天花、伤寒或类伤寒、斑疹伤寒、赤痢、白痢、流行性脑脊膜炎（流脑）及猩红热9种传染病属法定管理。民国五年（1916）、十七年（1928）先后颁布管理法令及《种痘条例》，在民间布种牛痘，预防天花，收到成效，但其他各类传染病连年不断发生和流行。民国期间，较大的霍乱流行7次（民国四年、二十二年、二十六年、二十九年、三十一年、三十五年、三十七年）。民国二十六年（1937）8月起，霍乱流行为时长达3个月。据志载和老人回忆，枫林金家斗自然村民众死亡30余人。疟疾、流行性脑脊膜炎、伤寒、痢疾、肺结核等传染病也曾连年流行。

1955年7月，中央卫生部公布《传染病管理办法》，法定管理传染病18种，后增加至25种。新中国成立后霍乱（古典生物型）绝迹。1950年以后天花被消灭。在镇境内曾经发生过的传染病有副霍乱、流行性脑脊膜炎、白喉、麻疹、百日咳、流行性感冒（流感）、伤寒、副伤寒、痢疾、脊髓灰质炎、病毒性肝炎、流行性乙型脑炎（乙脑）、疟疾、钩端螺旋体病、出血热、狂犬病、回归热、炭疽病与斑疹伤寒等19种。疟疾流行高峰分别发生在1954年、1958年、1963年。1964年镇海卫生院门诊镜检发现1例恶性疟疾（小港建设村幼儿沃云飞）。1959年钩端螺旋体病流行，枫林一带患者甚多。1966年曾发生流脑。20世纪七八十年代病毒性肝炎流行，发病率较高。

针对上述各类传染病，地方政府及时采取了防治和管理措施。后在实施预防接种和儿童计划免疫后，各类传染病的发病率大幅度下降。其中白喉、钩端螺旋体病自1982年以后，脊髓灰质炎自1984年以后再没有发生。疟疾防治从1959年开始坚持正规治疗和休止期抗复发治疗，发病率已由20世纪60年代的926.18/10万下降至90年代的7.06/10万。

2003年，全国发生非典型肺炎（非典），小港镇、联合区域办事处严格采取各项防治措施：（1）各社区、村成立防治领导小组，24小时值班；（2）实行"横向到边、纵向到底"的防控措施，发现来自疫区人员，立即报告上级领导小组；发现发热病人立即送开发区医院发热门诊；（3）执行日报告制度；（4）加强对医务人员的培训；（5）加强对区域内外来人员车辆的管控，确保不漏1人、不漏1车。由于防控得力，街道境内未发生一例感染。

其他传染病防治情况如下：

性病　中华人民共和国成立前性病流行，有的医疗诊所专设"花柳科"，发病者多为城镇居民和沿海渔民，多发生在人口流动频繁的地区。中华人民共和国成立后，政府颁布《婚烟法》，严禁娼妓，

对性病患者进行隔离治疗,使性病逐渐减少,至20世纪60年代初绝迹。80年代初,性病又有发生。

肺结核病 民国期间,此病流行,死亡率高,俗称"少年痨病,一百廿日"。新中国成立后,接种卡介苗,建立肺结核病报告制度,病人进行规范抗结核化学治疗,患者减少。

麻风病 此病在小港境内曾有发现,1970年下邵渔业队一何姓渔民患麻疯病,后送麻风病疗养院治疗。

血吸虫病 1953年成立镇海县血防工作组,于1957年、1964年、1970年3次在全县范围内开展查螺、查病工作,下邵公社为普查重点,但未发现疫情。

血丝虫病 俗称大脚疯,流行呈散发状,以山区、海岛为多。新中国成立后,结合农田建设,推行药物喷洒灭蚊。同时,随着人民生活水平改善、环境卫生改良,发病率显著下降。1984年经省验收,宣告基本消灭血丝虫病。

钩虫病 此病在农村普遍流行,以蔬菜、棉花产区为重。1958年普查,以青壮年患者为多。通过反复防治,加之农民生产条件改善,赤脚下田干活和使用新鲜人粪减少,钩虫病患者也逐年减少。

预防接种和儿童计划免疫 民国期间,推行普种牛痘和注射霍乱、伤寒疫苗。

新中国成立后,施行预防接种的生物制品:牛痘苗、伤寒菌苗、副伤寒菌苗、鼠疫活菌苗、卡介苗、白喉类毒素、百日咳菌苗(即百白二联菌苗)、流行性乙型脑炎疫苗、百白破三联疫苗、小儿麻痹糖丸减毒活疫苗、麻疹减毒活疫苗、副霍乱菌苗、钩端螺旋体菌苗、麻疹减毒活疫苗、流脑菌体菌苗(流脑多糖体菌苗)、破伤风菌类毒素、炭疽菌苗与斑疹伤寒疫菌等18种。通过预防接种,提高免疫成功率及人群免疫水平,有效控制了传染病的发生和流行。

表13-4-3 2005—2019年戚家山社区卫生服务中心预防接种情况表

年 份	受种人数(人)	接种针(剂/次)	年 份	受种人数(人)	接种针(剂/次)
2005	459	920	2013	4432	16909
2006	1864	8908	2014	4224	15870
2007	2292	11905	2015	4125	15013
2008	3015	14099	2016	3690	13335
2009	4055	15096	2017	4037	15442
2010	5273	15598	2018	4198	14620
2011	4305	15417	2019	4124	14430
2012	4640	17512			

妇幼保健

新中国成立前境内没有专设妇幼保健机构。1953年县成立妇幼保健站,培训农村接生员,乡镇逐步形成妇幼保健网络。

新法接生 新中国成立前,产妇分娩由产婆接生,也有自生自接,造成较多妇婴产期死亡。新法接生率不到2%,婴儿破伤风死亡率达10%左右。

新中国成立后,1951年开始,大力推行新法接生,培训旧产婆,实施"一躺三消毒"的操作要求。1957年小港原4乡镇都有接生员,新法接生率达65%。20世纪70年代,赤脚医生至县"五七"工农兵学校助产培训班学习,加强产科管理培训,乡镇卫生院增添产科设备,制定操作规程,分设分娩室和产妇休养床,至1996年住院接生率达99%。

孕产期系统管理 20世纪50年代城镇开始孕期检查,产后随访。70年代产前产后保健制度普及至农村。80年代起全面推行优生优育,致力于提高人口素质。1993年开始对孕产妇建立围产期保健卡,实行定期产科检查,掌握孕期、产时、产后情况等,采取相应措施,减少妊娠各期并发症,降低难产围产儿死亡率。

妇女劳动保护 1956年开始在农业生产合作社中推行妇女经期"三调三不调"(即工种调轻不调重,调干不调湿,调近不调远)的劳动保护制度,对妇女健康起到一定保护作用。1985年1月起,职工符合计划生育规定的,产假由56天延长到90天。

妇女病防治 1974年配合计划生育工作,逐年对育龄妇女进行妇科疾患检查。1981年以后在农村继续开展以子宫脱垂为重点的妇女病查治工作,使妇科疾患及时得到治疗。

计划生育技术指导

1956年,县妇幼保健站设避孕指导门诊,长山区卫生院也担负了避孕指导工作。1957年5月开展规模较大的避孕节育知识宣传,推行输精管、输卵管结扎手术和施行人工流产。1973年起推行综合性节育措施,包括男女结扎,放置宫内节育器,口服或注射避孕药品,使用避孕工具等,并辅以人工流产和引产。20世纪80年代医务人员手术队下乡,施行节育手术。90年代用多种形式宣传计划生育,采取多种措施,制定相应政策。人们的计划生育、优生优育观念进一步提高。2016年1月实施新修订的《人口与计划生育法》,街道计生部门和街道社区卫生服务中心开展生育二胎宣传教育,对二胎育龄妇女开展生育指导。

儿童保健

20世纪50年代,着重开展健康检查及疫苗注射,预防儿童传染病。60年代重点推行新法育儿知识宣传和幼托组织保健指导。1980年,贯彻《三岁前儿童保健教学大纲》,逐步推行儿童保健系统管理。1985年起,医疗单位设立儿童保健门诊,按儿童生长发育情况建立健康档案,进行管理。并对初生婴儿至7岁儿童定期进行健康检查。20世纪90年代起,重点防治脊髓灰质炎,定期检查,按时服用糖丸。使儿童保健工作向保健与教育、优生与优育相结合的方向发展。

专记 戚家山街道抗击新型冠状病毒肺炎情况

2019年12月8日,武汉市发现新型冠状病毒感染肺炎病例。由于正值春节前的返乡返城高峰时期,疫情迅速向全国蔓延。

中共中央于2020年1月25日召开政治局常委会,成立中央抗击新冠肺炎领导小组,并向武汉派出中央督导组。习近平总书记亲自领导、指挥这场战役。

据统计,至2020年3月21日,全国31省区市和新疆建设兵团累计有确诊病人81416人,累计治愈71876人,累计死亡3261人。在湖北、武汉疫情严重时期,全国支援湖北、武汉医疗队380支4.2万人,其中医生12000余人,护士2.86万人。全国19省对口支援湖北16个地区。浙江省于2020年1月25日派出第一支援鄂医疗队,至2月29日,已派出医务人员2000余人。宁波市先后派出了310名医

务和公共卫生人员,其中1月25日13人,1月27日6人,1月28日13人,2月9日268人,2月14日5人,2月22日医护人员2人、公共卫生人员3人。

根据《浙江省突发公共卫生事件应急预案》,浙江省于2020年1月23日进入公共突发卫生事件一级响应。春节假期一再延长,企业停工停产,商业停止经营,娱乐场所一律关闭,公共交通停止运营。

戚家山街道根据省、市、区一级响应的要求,实行以下防控措施。

一、基本情况

(一)2020年1月22日上午,街道召开新冠肺炎疫情防控工作布置会,街道党政领导、中层干部、村社区书记、社区卫生服务中心主任等参加会议。会上介绍了新型冠状病毒肺炎情况,成立了戚家山街道防控工作领导小组,建立了新型冠状病毒感染的肺炎疫情联防联控工作机制,通报了当前防控工作的主要任务。

会议结束后,村、社区及时排查武汉来甬人员。

(二)1月23日,严格限制集会等人员密集活动,对武汉来甬人员采取14天的隔离观察,加强车站码头等交通场所的管控。

(三)1月23日上午,浙江省将新冠肺炎疫情防控应急响应级别调整到一级响应。

(四)1月25日,排查对象扩大到湖北来甬人员,对两周内来自湖北(含武汉)人员或到过湖北(含武汉)人员进行全面排查。

(五)1月26日,全面开展防控宣传工作,挨家挨户发放告市民书,取消农村聚餐等。

(六)1月27日,街道全部干部、临聘人员和村、社区工作人员全部停止休假去上班。对湖北来人进行劝返,建议企业推迟开工时间。

(七)1月30日—31日,开展清楼行动,两天时间共排摸各类人员36000多人,其中湖北籍人员1489人,武汉籍人员101人。30日街道隔离点开设,设在逸宿轻居酒店,总房间数38间。

(八)1月31日,直街39号湖北籍人士陈××发热送医。2月1日杨×及儿子杨××,直街42号祁×、张×、张××、杨×、祁××、祁××等8人送区隔离点医学观察(2月3日,陈××、杨×确诊;2月4日,祁×、张×、张××确诊;2月6日,杨×确诊)。

(九)2月16日,实行红黄码管理,红码人员一律集中或居家隔离14天,黄码人员居家健康观察7天。

(十)2月25日,发热病人实行专车送医制度。

(十一)3月2日,实行小周期行动。

(十二)3月3日,发热病人实行院前登记、院中检验、院后跟踪管理,居家健康观察7天。

(十三)3月4日,强调境外人员排查管控。

二、主要工作(5月15日止)

(一)累计排查各类人员42000余人。

(二)16家社会组织、1100余名志愿者参加疫情防控。

(三)送区集中隔离120余人。

(四)街道集中隔离95人,解除95人。

（五）居家医学观察396人，解除396人。

（六）居家健康观察655人，解除623人。

（七）累计登记湖北来仑人员765人，武汉来仑人员64人。

（八）核酸检测后健康监测人员252人，其中武汉79人。

（九）排摸外籍人士及华人、华侨、归侨、侨眷、留学生、台胞等140余人，累计境外返仑人员42名，其中居家隔离观察26人，区集中隔离观察10人，其他地区集中隔离观察6人。

三、铁桶计划

街道从2020年2月4日开始设置进出卡口。一开始卡口有10个，分别是环山路（北）、环山路（南）、东海路（联合大桥）、东海路（公交车站）、北平路（浦山口）、渡头桥、义成桥、新建路与光明路口、五矿路（东升文化礼堂）、五矿路（鹰山路）。2月19日，改为6个卡口，为环山路（北）、环山路（南）、桥东街、北平路（浦山口）、渡头桥、五矿路（东升文化礼堂）。3月18日，改为4个卡口，为环山路（北）、环山路（南）、桥东街、北平路（浦山口）。3月24日，卡口全部撤销。上述所有卡口实施24小时值勤，居民必须凭甬行码绿码或甬行证进出卡口。全部值勤人员由街道干部、社区工作人员、防控志愿者担任。

第十四编 社 会

　　戚家山街道区域，三面环山一面临海，小浃江在这里流经全境，造就了肥沃的冲积平原和温暖湿润的小气候。小港是溯江而上的渔舟、货船的第一个停泊港，是渔船、商船出海前的最后一个补给港。因此，小港一度繁荣兴盛。但是，进入近代后，小港连年遭遇战乱，尤其是日本侵略者对小港的烧杀抢掠，狂轰滥炸，几乎把小港港口夷为平地。民国时期，由于农业生产力低下，苛捐杂税繁重，境内居民生活困苦，多有乞讨度日之人。

　　中华人民共和国成立后，经济和社会事业开始发展，通过土地改革和合作化运动，农业生产力提高，社队办企业兴旺，人民收入增加，生活逐步得到改善；进入20世纪80年代后，宁波经济技术开发区的建立和发展，极大改变了境内面貌与居民生活。居民人均年收入由1987年的858元，提高到2019年的59600余元。居民居住条件明显改善，文化生活日益丰富，生活质量和健康水平不断提高，已经实现小康生活，并在向更高水平的小康社会转变。

　　在经济发展的同时，各项社会工作也在稳步推进。

　　戚家山区域（小港）民风淳厚，人民勤劳朴实。

　　由于境内居民大多是各地移民，民情风俗带有各地的特色。地方土语常有台州、舟山口音。进入20世纪80年代以来，全国几乎所有省市都有居民入住戚家山街道，使当地人的饮食习惯、生活方式更加多元化。

　　佛教、基督教虽然很早传入戚家山街道境内，但居民在诵经传道中，更多崇尚的是为国捐躯的民族英雄。

本编目录

第一章　人民生活

　　戚家山街道境内居民历来以务农、捕鱼和煮盐为主业,间或从事副业生产;少数人(如黑白铁匠、石匠、木匠、泥水匠)以手工艺为生。真正经商、办实业的,除港口李氏家族外,只有寥寥数家富户。新中国成立前,由于土地私有制,土地集中在少数人手中,大多数农民少有土地,人民生活清苦。新中国成立后,实行土地改革,农民有了自己的土地,生活逐步得到改善。中国共产党第十一届三中全会以后,实行改革开放政策,农村实行家庭联产承包责任制,发展乡镇工业,农民收入显著增加。宁波经济技术开发区建立后,农村土地陆续被征用,农民从土地中解放出来,或自主创业,兴办工商企业,或成为企业职工,生活水平极大提高,普遍过上了小康生活。

第一节　收　入

　　中华人民共和国成立前,长期的封建土地私有制,导致两极分化严重,境内大部分土地集中在地主、富农手中。土地改革前,小港一般农民人均土地面积仅0.21亩,而地主家庭少则几十亩,多则上百亩。除少数农民家庭尚能自给自足外,多数家庭须向地主租用耕田;农闲时节,靠烧制石灰砖瓦、上山砍柴、下涂捉蟹、下海捕鱼等副业来增加收入。来自温州、台州、舟山的外来户,则基本没有土地,靠做长工、忙工维持生计。年幼的孩子,靠给富裕户养牛当"看牛郎"生活。每到春夏之交青黄不接的日子,多数农家靠野菜补贴口粮。

　　戚家山的居民,除少数店铺富裕外,多数人家只能度个温饱。一些拉黄包车的、剃头的市民生活清苦。

　　中华人民共和国成立后,经过土地改革,农民中的雇农、佃农、看牛郎有了自己的土地,全镇农民的人均土地增至2.1亩,农民收入逐年增加。随着农业合作化、改良土壤和种子、推广科学种地,粮食产量由新中国成立初期的每亩不足200千克到1958年实现亩产400千克。农民的温饱问题得以解决。

　　党的十一届三中全会后,通过经济体制改革,落实土地承包责任制,农民收入增长较快。进入20世纪70年代后,社队办企业兴起,农民有了工资收入。在社队企业工作的农民月工资从最初的20多元,到1990年前后达到100多元。企业承包人中出现了万元户。

　　戚家山的居民,经过合作化运动,个体工商户进入供销合作社,手工业者进入手工业合作社,经营范围扩大,收入逐年增加。1984年后,镇办企业兴起,居民就业人数增加,工资收入成为居民家庭

的主要生活来源。家庭年均收入达到1000元以上。

1984年10月,宁波经济技术开发区的建立,使戚家山农民彻底摆脱了对土地的依赖。曙光、棉花、盐场3个村的村民,在开发区企业就业,或者自主创业,年收入达到千元以上,1990年后达到万元以上。1992年10月,黄跟、桥东两村土地被征用,农民成为东升实业公司职工,有了固定的工资收入。自主创业的农民有了自己的个体企业或股份制企业,除了工资收入,还有股份分红,出现了千万元户和亿元户。居民人均收入从2007年的9110元,至2019年增加到59656元。

表14-1-1　2019年戚家山街道居民耐用消费品百户调查情况一览

品　名	数　量	户均占有	品　名	数　量	户均占有
彩电（台）	373	2.13	电瓶车或摩托车（辆）	115	0.66
电冰箱（台）	213	1.22	空调（台）	445	2.54
照相机（架）	65	0.37	家用轿车（辆）	140	0.80
洗衣机（台）	183	1.04	手机（只）	428	2.45
热水器（台）	192	1.09	电脑（含平板、笔记本)(台)	171	0.98

注:调查户数175户;调查人数481人。

第二节　饮　食

戚家山街道境内历来是移民社会,居民来自全国各地,所以饮食习惯各不相同,兼容并包。本地的原居民具有明显的宁波地方特色,其他地区来的居民带来了他们原籍地的特色饮食,从而使得境内居民饮食具有多元化的特征。

主　食

境内居民主食米饭,一日三餐或饭或粥,皆不离大米。青黄不接时掺食薯、麦,逢灾歉收则掺以菜、豆。如今,居民推崇健康饮食,杂粮如玉米、小米、番薯也成为主食之一。来自外地的居民中,北方籍居民多以面食为主食,如兰州的拉面、东北的馒头、山东的煎饼等;南方籍居民多以米饭为主食。

点　心

境内居民称两餐间加食为"吃点心"。待客、请工匠和农忙季节多吃点心;年轻人现在流行吃宵夜,当地人也叫吃点心。点心有年糕、麻糍、汤果、圆子、粽子、汤团、金团、米馒头、灰汁团、水沓糕等。近年来,由于外来居民的增加,点心中出现了拉面、麻辣烫、饺子、羊肉串等北方点心。

早餐也叫早点心。早点心中的面食有大饼、油条、馒头、包子、面条、饺子、馄饨等。旧时,尚有圆形穿孔的"甜光饼""咸光饼",相传为戚继光率军追击倭寇时创制的干粮。

20世纪90年代,各种快速面(方便面)盛行。现代人生活节奏快,为了节省时间,年轻人流行叫外卖,但主食依然是米饭。

菜 肴

境内居民将就饭的菜肴形象地称作"下饭"。

海鲜 戚家山街道居民喜食海鲜。有大小黄鱼、带鱼、鲳鱼、鳓鱼、弹涂、乌贼（墨鱼）、鳗、蟹、虾、蛤蜊、蛏子、泥螺及其风干腌制品黄鱼鲞、咸鳓鱼、糟鲳鱼、乌贼鲞、蟹酱、醉泥螺、海蜇、龙头鲓等。20世纪70年代海产捕捞过度，资源衰退，黄鱼、鲳鱼、带鱼、鳓鱼成餐桌珍肴。20世纪80年代后，实行禁渔期制度保护海洋渔业资源，加上发展人工养殖，海产品又逐渐增多。

小浃江盛产淡水鱼，有鲢鱼、鳙鱼（亦称白鲢、花鲢、胖头鱼）、鲤鱼、草鱼、青鱼、鳊鱼、鲫鱼、乌鳢鱼、鲶鱼、鳜鱼、鲌鱼、鳘鱼、哑子鱼、甲鱼，还有河虾、河蟹、蛳螺等。稻田里有泥鳅、黄鳝、田螺。20世纪80年代，提倡稻田养鱼；又从国外引进银鲫、白鲫等鱼种，各种鱼类进行人工养殖，产量不断提高，鱼成为市民餐桌上的家常菜。

蔬菜 有油菜、荠菜、苜蓿、菠菜、荠菜、芹菜、黄芽菜、大头菜、莴苣、茭白、茄子、萝卜、芋芳、豆、瓜、竹笋等。20世纪50年代后增加番茄、洋芋芳（马铃薯）、包心菜、花菜、蘑菇、芦笋。20世纪90年代后，出现了西芹、西蓝花等国外引进的蔬菜。

豆制品、酱制品

有豆腐、油豆腐、香干、素鸡、千层、麸、酱瓜、酱豆腐、霉麸、豆瓣酱等。雪里蕻咸菜家家喜吃，俗话"三日不吃咸菹汤，脚骨有点酸汪汪"。菜蕻干、臭冬瓜、苋菜股为当地特产。

酒

当地人习惯黄酒热饮，渔民更喜豪饮，请客吃饭多劝饮酒，否则就谓怠慢。旧时，民间以米和曲蘖酿酒，新酒叫米酒，陈者叫老酒。以酒糟、高粱、薯干或大麦蒸制白酒，称烧酒。20世纪70年代后饮酒者日多。90年代，用各种瓶装白酒馈赠亲友和招待客人。每逢宴请喝酒，必行酒令，当地人叫"划拳"。当今，酒文化正在改变，强劝强饮的已不多见，年轻一代已不见划拳之俗。

茶

境内居民喝茶、喝开水均称为"吃茶"。客来敬茶为传统礼节。新春时节，富裕人家有用桂圆汤、莲子汤代茶，或泡青皮橄榄茶，称"元宝茶"，以讨彩头。旧时农家客来燂茶，平时不备。20世纪80年代后，待客有的用汽水、可乐、雪碧、各种果汁和矿泉水等饮料代替茶水。

烟

20世纪40年代前有旱烟、水烟、香烟。吸旱烟者多为老年人，吸水烟者多为殷商、士绅。敬烟亦为待客礼俗。20世纪50—70年代吸香烟者日众，水烟、旱烟绝迹，80年代起年轻人吸烟渐多，应酬多用高价名烟。随着公共场所执行禁烟措施逐渐严格，居民健康生活习惯逐渐养成，敬烟习俗正在改变。

瓜 果

旧时视水果为珍品。金柑、橘子作为祀神品。本地金柑、橘子在20世纪50年代起种植，60年代

后水果品种增多,如梨、李、桃、杨梅、柿子、甘蔗、枇杷等,产量显著增加。苹果、香蕉为外地运入。80年代起,人们注意营养,讲究饭后吃水果,水果在食物中比重日增。瓜有西瓜、脆瓜、黄金瓜、梨头瓜、海冬青等。

表14-1-2　2007—2019年间戚家山街道居民年人均食品消费百户调查情况表

品　名	2007	2012	2019
粮　食	183斤	153.75斤	132.95斤
蔬　菜	413.22斤	401.85斤	408.27斤
肉　类	31.68斤	30.86斤	28.61斤
家　禽	17.44斤	16.14斤	16.08斤
食　油	24.77斤	25.89斤	24.71斤
水产品	111.47斤	114.27斤	118.40斤
食　糖	8.68斤	8.80斤	8.93斤
香　烟	1186元	1232.5元	1194.68元
酒　类	818.89元	902.36元	926.89元
牛　奶	428.57元	478.8元	750.72元
在外饮食	1448.28元	1227.67元	1542.86元

注:调查户数114户;调查人数272人。

第三节　服　饰

服　装

　　民国初,男子穿对襟短衫、短袄,着折叠犊鼻长裤,俗称叠腰裤,节日喜庆时改穿长袍。教师、职员、商绅等文人平日多着长衫,殷商、士绅出客或遇喜庆大事还罩马褂。渔民、鱼贩冬季套龙裤。农民、工匠加系布襕。城镇妇女多穿旗袍,乡间妇女着大襟袄、大襟背心、长裤或系长裙,劳动时围布襕。20世纪30年代后,公教人员中流行中山装,妇女旗袍改小而短。春秋服装以夹为主,夏着单,冬穿棉,内加背心,外套罩衫。50年代初,男女老幼竞穿"解放服"(即中山装和列宁装)。20世纪60年代盛行青年装。1966—1976年间青年男女以穿军装为荣。80年代起流行西装,系领带。当前服装趋向多样化、时尚化。

　　民国初面料多土布,20世纪30年代始用细布,20世纪60年代卡其布、灯芯绒等流行,70年代盛着涤卡、的确良等化纤及混纺品,80年代起,不少人选用毛纺、呢绒、丝绸、皮毛及新化纤混纺品等衣料。

帽　子

　　民国初,城镇居民还戴瓜皮帽,后改宽边呢帽,暑天戴草编大帽;公务人中曾流行铜盆帽;农民夏戴草帽,冬戴罗宋帽或毡帽,雨天戴笠帽;青年妇女不戴帽,或用头巾,老年妇女爱用"包头",冬天亦戴青绒帽；小孩戴熨斗帽、狗头帽、项圈帽。20世纪50年代流行"干部帽"（圆顶或八角有舌）。70年代盛行无徽军帽。80年代起有工人帽、无舌绒帽、绒线帽、旅游帽、竹编凉帽等。进入21世纪后，帽式多样化。当前不少青年注意发型美化，戴帽的少了，为配合时装，也有配戴帽子的，近年多流行棒球帽。

鞋　袜

民国时多穿自制布鞋；青年妇女着绣花鞋；幼儿穿虎头鞋；农民及小贩劳动、做生意、赶市时多穿草鞋、蒲鞋，雨天多穿木屐；少数人穿胶靴、套鞋；贫家有以草绳缚龙骨砖当雨鞋。20世纪40年代后，球鞋、套鞋着者渐多，皮鞋偶见。50年代兴穿胶鞋，俗称解放鞋，但仍以布鞋为主。70年代盛行塑料凉鞋。随着生活水平提高与劳动方式转变，80年代起穿皮鞋者渐多，皮鞋有猪、牛、羊皮做的，也有人造革制作的。青年男女一度兴高筒皮靴。90年代起流行旅游鞋，女青年多穿高跟皮鞋。

20世纪30年代前多着布袜，后着纱袜。抗日战争胜利后，城镇青年妇女争着美国产化纤长袜，俗称"玻璃丝袜"。20世纪60年代起国产化纤品尼龙袜、弹力尼龙袜、卡普隆袜等日渐取代纱袜。80年代又增丙纶袜。现崇尚纯棉袜、长筒丝袜、羊毛袜。

首　饰

民国时妇女多戴耳环，一般人家多有一两件金、银、玉质或其仿制品首饰，如戒指、手镯、钏、钗、簪等。男子也有戴金戒指的。少数人家给孩子戴银项圈或金银锁片，刻以"长命富贵"等吉祥语或寿星图案作为护身符。20世纪50年代后戴首饰的少见。六七十年代以手表为饰物。80年代以来戴金、银、玉首饰者又渐增多。

发　型

辛亥革命后，男子剪辫子剃光头，或留后脑发、剪平头。后，青少年渐行"西发头"，姑娘梳辫子、垂刘海，俗称"看发"，婚后盘髻插簪作"S"形，或为平肩发。20世纪50年代女子多留双辫，60年代改为短发，80年代初又流行披肩长发。烫发在20世纪30—40年代只在城镇女子中可见，80年代后广为流行，发型有蘑菇、沙爆等式。青年男子在80年代一度追求港式"长头发"和烫发，当前多"西式发"。旧时幼童多剃"桃子头"或"前刘海"，婴儿有留圈发的，称"项圈发"。

第四节　居　住

中华人民共和国成立前，民宅以砖木结构为主，沿海一带多平屋或"畚斗楼"，少数殷商巨富住红瓦"洋房"。大户望族数代共居，单独成牮。有三、五、七间之分。中堂间称"堂前"，婚丧喜事时作礼堂。旁留二弄堂，称几间几弄。屋前天井称"明堂"，可纳凉、晾晒。天井两旁厢房称"明轩"。正屋多坐北朝南，门额砖刻"居之安""竹苞松茂""紫气东来"等字样。正屋后再建二进房屋的称"连三进"。一般人家筑一二三间不等，有五七架之分。农家多在正屋旁辟小屋或草舍，作牛厩、猪舍或堆放农具杂物。

20世纪50年代起多建砖墙、石墙,人字形木架顶平屋。80年代兴建砖瓦和钢筋混凝土结构楼房。城镇新建公房多为四五层建筑,一户两三间不等,有阳台和卫生间。农村新建多二三层楼房,有围墙、院子,独门独户。宁波经济技术开发区建设初期,为职工建设多层住宅;后出现商住两用房;征地拆迁农民在规划范围内建设二层住宅,如蔚斗新村。

80年代初,戚家山东麓和小浃江边兴建别墅群。居住者多为先富起来的企业主。

90年代,拆迁户统一安置在为拆迁户专门建设的安置新村中。因此,境内出现蔚斗新村长河头、新堰头、医院南侧、东升新村等集中安置新村。进入21世纪后,对拆迁户多采用货币安置方式,拆迁户获得拆迁安置款后大多购买商品住房。街道专为拆迁户中的老年人建设集中居住的老年公寓。如青峙、李隘、沙头、蒋家、林唐等村都建有集中安置老年村民的老年公寓。

20世纪90年代初,戚家山区域出现由房地产开发企业建设的商品住宅小区。从最初的以五六层为主的多层住宅,如万兴公寓、万兴茗苑、华都公寓小区,发展到当今以高层为主的居住小区,如港城嘉苑、峰景里、锦悦府等。居民为改善居住环境购置商品房,且室内讲究装潢。外来务工人员为在戚家山安家落户,给子女就学创造条件,也是购买商品房的重要人群。

2019年,经蔚斗、东升、渡头3个社区144户居民调查,户均住房面积为134.57平方米,人均47.37平方米。从3个社区调查看,近一半家庭为自建住房,均为在近30年内新建、翻建的2层至5层住宅,建有完善的给排水系统;近一半家庭均在近20年内购有商品住宅。

旧俗砌屋要按阴阳、讲禁忌。如择吉日、上梁祭神放爆竹、抛馒头、屋梁悬红布条等。居民入住新居当日兴办酒席以示庆祝,称"进屋酒"。今当地仍存此习俗。

第五节 用 品

家 具

民国初,家具尚红色。新婚床红漆描金、雕花,联有踏床,上置小橱、马桶箱,称"大眠床"。后流行嵌骨雕花凉床,以其造型分三弯、七弯。房内有纱橱、幢箱橱、房里桌、方凳等。漆色由朱红渐行金黄。富裕人家用红木、花梨木制西式家具,配铜床、梳妆台。贫家多睡柜床(床柜两用)或板床。20世纪50年代,盛行木架棕棚床;60年代流行铁架床;70年代多木制高低床;80年代新婚房家具流行"24只脚"(即高低床、三门大橱、五斗橱、床头橱、写字台、房桌);90年代家具式样日新,组合式、折叠式家具流行,富裕人家用席梦思床、沙发。现在,新家装修大都现场制作成套家具或在家具商城定制成套家具。

厨房用具

20世纪60年代前烧柴草,一般有大小两灶,大灶烧饭、炒菜,小灶燂茶、热酒。多数大灶上另置汤锅,用以热水。灶房置灰缸,称"火缸",内贮灰火,用于热水、煨粥、烘尿布;也有家庭用灰缸烘制茶叶。另有水缸、菜橱。炊事用具有铁镬、镬盖、洗碗桶、挈当、拗斗、菜刀、砧板、勺子、镬铲等。20世纪60年代中期起,煤球(饼)炉子进入城镇及农村,厨房用具趋简化。80年代,压缩液化气进入城镇一般人家,家庭出现煤气瓶、煤气灶、铝锅、高压锅代替了传统炊具。90年代农村也普及煤气灶、电饭煲、电茶壶、不锈钢餐具和抽油烟机,柴灶已少见,家用冰箱已普遍使用。进入21世纪,多数家庭开始使用定制成套橱柜。炊具中,不少家庭开始使用电磁炉、电烘箱、电烤炉等现代炊具。

日用器物

有食用器皿、照明用具、计时用具、书写用具、迷信用品等。

食用器皿　如砂锅、饭碗、酒杯、茶杯、菜盆、汤碗、酱碟、调羹等,多是陶瓷制品,且有粗(自用)细(待客)之分。茶壶、酒壶以前为锡或紫铜制作,20世纪60年代后改用铝壶。茶盅比碗略小,上有盖,下有托盘。茶杯、酒杯原多瓷制,现多玻璃杯。80年代盛行保温杯,90年代又盛行不锈钢旅行杯、磁化杯、保温杯。旧时一般家庭多置有热水瓶,20世纪60年代前多用印花铁壳;60年代后出现竹编或铁边角料制的瓶壳。进入21世纪后,流行电热水器,年青人家庭不再配置热水瓶。

照明用具　民国时期照明多用火油(煤油)灯,俗称美孚灯。抗日战争时期一度复用菜油灯和蜡烛。20世纪70年代初开始用电灯,灯具有白炽灯、日光灯、节能灯等,以白炽灯为主。式样有台灯、吊灯、壁灯、吸顶灯等,并从单一照明功能趋向照明、装饰两用。20世纪末,节能环保的LED节能灯进入家庭,成为家庭的主要光源。

计时用具　清代晚期钟表开始进入城镇殷富人家。民国时期,一般人家有座钟或挂钟,稍微贫困人家用闹钟。怀表、手表尚稀。20世纪60年代推崇上海牌手表和三五牌台钟。80年代流行电子表,因其便宜,很快普及到工人、农民和中小学生。家庭多以石英钟或手表计时。随着电视与手机的普遍使用,手表的计时功能逐渐演变为装饰功能。

书写用具　古代视笔墨纸砚为"文房四宝"。20世纪30年代学生作业用铅笔、毛笔,钢笔少见。60年代出现圆珠笔。80年代后,普遍使用钢笔、圆珠笔,且式样众多。毛笔、砚台,除书画爱好者外,多已不备。进入20世纪后期,台式电脑进入普通家庭。当今,水笔、手机、平板电脑都是居民常见的书写工具。

铜火熜(手炉)

狮子饭盂

立桶(暖桶)

幢箱橱

三五牌台钟

床头橱

七弯凉床

帽筒

第二章　民情风俗

　　戚家山街道通江滨海,先民足迹遍布海内外,民情风俗带有浓厚的多姿多彩的特色。自1840年以来的100多年间,境内屡遭英、法、日帝国主义的侵略,先民们在抗击外侮中形成了崇尚英雄、艰苦奋斗的民俗。新中国成立后,党和政府提倡新风,革除陋俗,尤其是20世纪80年代以后,爱国、敬业、诚实、守信、勇于创新、敢为人先、尊老爱幼、助人为乐、见义勇为的社会主义新风尚成为境内社会的主旋律。

第一节　生活习俗

行旅习俗

　　旧时旅外以步行为主,远路乘船。凡可通航的小镇、大村和沿海主要岛屿,有固定航线和航班,叫航船。小港有通五乡、云龙、宁波的航船。小港人去上海等城市,得先从义成桥边的航船埠头坐船经五乡到宁波,再乘轮船去上海。轿子、元宝篮为官吏、名医和富人代步工具,一般人家急病送医才用元宝篮。

　　20世纪40年代建镇(江南)大(大碶)路。50年代重修镇大路。70年代乡乡通汽车。80年代,工厂、机关、公司自备有汽车。江南公路竣工后,从小港通往宁波有了直达班车,通往新碶、大碶、柴桥、五乡各城镇之间,个体客车、面包车、出租车往来穿梭,交通极为方便。20世纪60年代后期,自行车作为交通工具盛行,80年代初已普及到家家户户,成为职工上班、学生上学、农民上街必备工具。90年代初摩托车、电动车已不稀罕。

　　进入21世纪后,家用轿车已在大多数家庭普及。据2019年入户调查,户籍居民家庭家家拥有家用轿车。

卫生习俗

　　民国时期缺医少药,小病用土方土药,如用汤匙刮痧、用桑叶熬汤治眼病等,急病才求医。小港镇上有中医坐堂看病。农村有求神许愿消灾治病陋习,偶有游方郎中走村串户为人治病。妇女生育多由接生婆助产,用碎碗片割脐带,常有婴儿感染破伤风早夭,俗称"七日风""六日头"。村前屋后露天粪缸罗列;路倒药渣,任人践踏;猪粪、鸡屎满地,河浮死畜。有些人还喝生水。

新中国成立后,提倡讲究卫生,推行妇幼保健,普及新法接生,婴、幼儿免费接种防病疫苗。乡镇设卫生院,工厂、农村设保健所、站,培训赤脚医生(即乡村医生),城镇公厕有专人管理。20世纪70年代后,通自来水。新建住房均有卫生设备。农村也建设公共厕所,露天粪缸逐渐灭迹。

第二节 生产习俗

农业习俗

忙季慰劳 农民按时令耕作。春夏忙季,清明、立夏、端午、立秋、冬至等节日,用祭祖"羹饭"酒菜款待雇佣农工和家人,以慰辛劳或庆丰收。

调工换工 邻里亲友间习惯在农忙季节调工换工。20世纪50年代合作化后,已不需换工。20世纪80年代起实行家庭联产承包,调工换工互助传统又有恢复。

积肥兑肥 农户以削草皮、烧焦泥、拾狗屎、积猪牛粪、捻河泥、种秕花草籽等为传统积肥方式。也有向城镇居民兑换人粪便和草木灰以增加肥料。小港各村最远有去宁波市区兑肥的。20世纪50年代农田主要施农家土杂肥,之后化肥数量和品种增多。80年代前,小港人有冬天捻河泥作基肥的习惯,每到冬季,小浃江水位降低,各村各队均派人撑船捻河泥;也有拦住小河,排水捻泥的。80年代起主要用化肥,农民已很少用传统积肥方式积肥兑肥。

祈神求福 旧时农民种田、开沟动土,祭谷神、社神,祈求神佑人畜平安、五谷丰登。遇旱、涝、虫灾无力抗拒,往往求助神灵,请龙王行雨,求菩萨驱虫,烧灵峰戒牒消灾。20世纪50年代以后,水利建设、机械排灌、农药除虫逐年增添,开始科学种田,科教兴农,求神之俗遂废。

手工业习俗

尊师崇祖 木、石、泥匠等手工业者尊鲁班为祖师,城镇建鲁班殿,农村有鲁班亭。民间逢鲁班生日,常祀神演戏。学艺拜师先向鲁班行礼。学徒尊师为父,拜师入门送厚礼并叩首礼拜。三年学徒期间收入归师父,满师后多数留在师父作场劳动;如外出求业,师傅则赠工具,然后自谋出路。师徒亲如父子,俗称"一日为师,终身为父"。师傅家庭婚丧喜庆、砌屋造坟,徒弟多主动相助。1956年后,个体手工业者组合成社,师徒关系已不如过去严格,但师徒间仍有一种特殊情谊。至今鲁班殿堂虽不多见,但尊师崇祖习俗未改。

劳动习惯 手工业者一年四季除春节外,天天劳动,无固定休假日。合作社成立后,仿照工厂劳动制度,按法定假日休息。

商业习俗

讲吉利 重禁忌 旧俗商家正月初五五更祭财神,称"接财神"。天亮开排门叫"开市"。开口第一句话说"恭喜发财",晚上收业称"上排门"或"打烊"。祈神猪头叫"利市",猪舌头叫"赚头"。结账称"盘利"。年终在壁柜、货仓上用红纸写"招财进宝""黄金万两"连体字,门上贴"生意兴隆通四海,财源茂盛达三江"等楹联。

敬顾客 讲信誉 商人视顾客为衣食父母，俗谚"天下三主（国主、户主、买主），独大买主"。旧时交易重信义，老客户常用记账方式凭"经折"购物，代替现金交易，逢节收账。抗日战争爆发后，物价一日三涨，才一律改用现金交易。

渔业和航运业习俗

重船 旧尊船为"水龙"。造船讲究选木择料。开工拣日子，新船造就祭祀天地神祇，下水举行仪式。船头画鹢鸟，称"鹢首"，象征善翔而不畏风，新船下海前用红布蒙住鸟（船）眼，下海时揭布启眼，船上披红，岸上敲锣打鼓放爆竹，船主在船头抛馒头，叫"发福"。

重神佑 民国时木帆海船后舱设神龛，供奉男神或女神像。据旧志载，男人为晋陶渊明，后人以《桃花源记》中有"捕鱼为业"句，附会其说，故祀之。女神为福建莆田林姓女子，"生时神异，能救人患难"，北宋时封为夫人，元、清时加封天妃、天后。（民国《镇海县志·坛庙》）

海祭 渔船、运输船出海称"开洋"，要办"开洋酒"，用猪头等祭品供奉海龙王，或到娘娘宫拜祭娘娘。回洋时办"谢洋酒"。供祭时向海中洒一杯酒和少许碎肉祭品，称"酬游魂"。

船上忌讳

一忌惊动龙王得罪鬼神。如忌妇女跨越船头，忌有红、白事未满月者下船，忌在船靠岸时高喊等。开饭时，先向大海撒几粒米饭敬鬼神，称"结缘"。二忌不吉利。筷子不许搁碗上，讳搁船。酒杯、羹匙不准翻放，讳翻船。船民争吵最忌用"碰石岩""刮海底""浮尸""余长江"等骂人话。吃鱼先吃头，意为"一头顺风"。称筷子为"撑篙"，羹匙叫"掏篰"，猪耳为"顺风"，均含吉利之意。

遇险 救险 船在航行中不幸触礁或漏水，先在船头倒插扫帚，再在桅顶挂起破衣。若是晚上则点火把，敲打面盆、铁锅作为求救信号，以引起过往船只注意。海船都有抢险救人义务，如遇浮尸，捞尸时要用篷布蒙住船眼，以避邪气，捞尸体叫"捞元宝"，埋尸叫"藏宝"。

20世纪60年代后，渔民用机帆船捕鱼，用收音机听气象预报。随着渔民文化科学水平提高，迷信习俗和禁忌已渐减或废除。

第三节 礼仪习俗

婚 嫁

古时，男女婚嫁由父母包办，讲究门当户对，凭媒妁说合，并经术者推算男女生肖时辰八字，有无相克，是否相合。从议婚到迎娶要行"六礼"，纳彩、问名、纳吉、纳征、请期和迎亲。民国时本地只行纳彩（下定、过书）、纳征（发送、纳币）和迎亲三礼，且婿不迎亲。婚礼烦琐，有享献、迎亲、拜堂、待筵、敬酒、贺郎、吵房、会亲、回门等等。新郎新娘随人摆布，形同木偶。婚期延续三天，餐餐设宴。五服之内不送礼，亲友按亲疏关系送礼，名曰"人情"。

五四运动以后，知识界提倡"自由恋爱""文明结婚"，借公共场所为礼堂，正中挂大红"喜"字。亲友聚集一堂，新郎、新娘当众交换饰物，双方父辈主婚，媒氏为介绍人，请社会贤达证婚，均在婚书上盖章。行婚礼时伴以乐曲。但礼毕回家,仍有人拜天地设酒宴,旧俗与新礼并存。20世纪30年代,曾举办集体婚礼,仪式与"文明结婚"相同,证婚人改为地方长官,只在城镇中偶行。

新中国成立后,男女婚姻自由,结婚、离婚有《婚烟法》作为保障。未婚男女只需符合结婚条件,就可以到乡镇政府登记,即为合法婚姻;离婚先经调解,除有子女、财产纠葛需经法院判决外,一般也由当地政府发给离婚证书。离婚后再娶、再嫁并无限制和歧视。20世纪50年代后婚礼从简,彩礼一般为几套卡其或涤卡新服,一只上海牌手表,办一两桌酒席,请至亲团聚一下,并在亲友间分些糖果。迎新娘用自行车或黄包车(人力车)代步,农村也有用腰鼓队接送。80年代起索高价彩礼成风,穿婚纱礼服,拍照、录像,大办酒席,迎亲用摩托车或小汽车,讲排场比阔气之风有所滋长。享献、拜天地神祇、待筵、贺郎、吵房、回门等旧俗又有恢复。进入90年代后,流行将婚礼交给专业婚庆公司操办。

旧俗,以寡妇再嫁为不光彩。若带有子女,蔑称为"拖油瓶"。歧视赘婿,称"上门女婿",在女家地位卑下。抱养幼女,待成年时与其子结婚,称"养生媳妇"(童养媳),还有未婚夫婿有病,迫女至男家"冲喜",婿死,女子就成寡妇。富家子女早夭,移柩合葬为之冥配,称"阴配"。城镇富户有纳妾收婢(妾多外地人)。农村还有租妻、典妻等陋俗。自20世纪50年代贯彻《婚烟法》后,此类陋俗全废。

生 育

旧时因生产力水平低下,劳动人口成为家庭的主要财富来源,所以盛行多胎生育,以为"子孙满堂才是福",喜男厌女,且有溺死、丢弃女婴者。妇女从怀孕到生产,外婆家要送小孩衣服等谓"催生",产房称"红房",满月时设祭享神祭祀祖先,并向邻居分长面或红蛋,办"满月酒",宴请亲友。邻居、亲友送满月礼或贺以饰物、彩钱,满月日小儿剃头,所以也称"剃头酒"。一周岁时,外婆家更以衣饰鞋袜相赠;亲友间也有赠送饰物、金钱的。届时罗列百物,让孩子自取,以卜将来成就,名曰"拿周"。年长上学,外婆家又备衣物、书包、食品相送。若男孩就送"状元糕"以讨彩头,二产以后逐渐差减,若生女又差之。

现时,提倡优生优育。"多子多福"、重男轻女的旧观念已有改变。产前"催生"、产后"送产"、小孩满月、拿周、上学、外婆送衣食等习俗在20世纪50—70年代曾节减,近年来又盛行。

寿 庆

旧俗男子自30岁起逢十都要"做生"(日)。俗语"三十不做(寿),四十不发(达)","做生"时办酒席请客,亲友送礼祝贺。40岁提早一年庆祝,因"四"与"死"谐音,叫作"做九不做十"。50岁以后寿诞一般由子女为父母"做",亲友主动祝寿,不发请帖,俗语"请吃酒,掗拜生"。祝寿礼物有长(寿)面、油包和寿桃、寿烛等,也有送银钱的。高贵人家设寿堂,挂灯结彩,张挂寿屏、寿幛,鼓乐吹打,演戏作乐;死后家人还为其做冥寿。勤俭人家一般从简。劳苦人家则不庆寿,所谓"穷人呒生日"。有些人家将所收礼金再添些钱,用于修桥、铺路、造凉亭。民国时,小港港口李氏族人李北平将五十大寿所收的7000元大洋寿礼钱悉数捐出修建北平路就是一例。

民间还有66岁吃66块肉的习俗。肉(吃素者以烤麸代替)由已嫁女儿孝敬父母,说吃后可更望长寿。民谚曰:"人到六十六,阎罗大王请吃肉。"

20世纪50年代后，寿庆崇尚俭朴。80年代后，部分人家放一场电影为父母祝寿，以表庆贺；大款人家，则请剧团演戏让村人分享。90年代，电视普及，时有子女到电视台点一首歌为父母祝寿。近年来，各村（居委会）成立老年协会，出现老年人集体庆寿，社区领导到会祝贺；企业、单位为员工送生日蛋糕、礼品等新风尚。

丧　葬

送终　报讣　病人弥留之际，子女跪床前，喂粥汤或桂圆汤。人一咽气即一齐号哭，同时焚香、念经、烧灵峰戒牒（路引），称为"送终"。人死后，家人即往本庙拈香为亡人向阴司"报到"并祈祷。同时替死者沐浴、理发、剪指甲、更衣；将床席、褥草放路旁烧毁，名曰"烧苦包"。着人手提灯笼，倒挟雨伞，遍赴近亲家报讣音。

设灵　陪尸　料理停当后，尸体移入灵堂，点脚后灯，设灵牌，摆香烛供品。夜晚由家人陪尸或请人诵经，称"念摊尸经"。旧俗，不在家寿终者不得入堂，在屋外另搭帐篷停尸。

破孝　入殓　遗体移入棺材称"入殓"或"入木"，以白布制帽分送唁者称"破孝"，亲戚临吊俱送薄棉被，称送"重被"或"情被"。入木时由嫡系子孙分批罗拜，亲子捧头扛脚移尸入棺，放上随葬品，高呼品名及赠者，然后盖棺。

出丧　安葬　灵柩出门，奠酒于杠，称"醮杠"，出丧有引路幡、灵位牌，敲锣放烟花爆竹，灵柩后随持孝杖棒（哭丧棒）的孝子及宗亲、戚友等。旧时富家出丧，仪仗及送殡队伍长达数里，有开路神、引路幡、棺椁、魂桥、香亭、纸俑、冥器（明器）、乐队等，沿路放爆竹，撒纸钱，途中设祭，穷极奢华。送棺进穴前动土叫"开山"，安葬后祭过土地神叫"关山"，送神主牌于宗祠叫"进主"。逢七办羹饭叫"做七"，逢百日祭祀叫"做百"，一年后祭祀称"做周年"，至第三年才称满周（年）除（丧）服。

20世纪50年代后，丧葬礼节从简，亲属臂缠黑布，戴小白花致哀，吊唁者送花圈致哀。60年代起公益性公墓、经营性公墓增多，死者葬于公墓。1996年10月起，北仑区确定小港镇首批实行丧葬改革，推行火葬。家属和亲友在殡仪馆礼堂举行追悼会或告别仪式，骨灰盒送公墓安葬。

人际礼仪

亲属称呼

长辈　子女称父为阿爸、阿爹；称母为阿姆、姆妈。女婿称岳父母为丈人、丈姆或阿爸、姆妈。媳妇称公婆为公公、婆婆，有子女后按其子女称阿（a）爷、阿（a）娘。现时称父母、岳父母、公婆均为阿爸、爸爸和姆妈、妈妈。称曾祖父为太公，曾祖母叫太婆；外祖父母为外公、外婆。称外公的父母为太外公、太外婆。父之兄弟称伯伯、阿叔。父之姐妹称姑妈（mo）、阿姑。母之兄弟称阿（ao）舅、舅舅。母之姐妹称姨娘和阿（a）姨。姑妈之夫称姑丈。舅舅之妻称舅姆。在书面或论及亲缘关系时，宗亲长辈加一"堂"字，表亲长辈加上"表"字。

平辈　兄弟称阿哥、阿弟。姐妹呼阿姊、阿姐和阿妹。妻之兄弟称内兄、内弟或阿（a）舅，妻之姐妹为姨。现在统称哥、弟、姊、妹。叔伯之子女称堂兄弟、堂姊妹；姑妈、舅父、姨妈之子女均呼表兄弟、表姊妹。

下辈　父母对其子女，祖父母对其孙子女，外祖父母对外孙、外孙女，平时口头直呼小名或排行，只在写信或其他必须区分时才按辈分称呼。兄弟子女称侄子、侄女,姊妹子女称外甥、外甥女。姑丈称其妻之侄子、侄女为内侄子、囡。舅母称其夫外甥女与其夫同。现在对同辈亲友子女统称侄子侄女。

人际交往

招呼　遇熟人招呼,点头微笑。旧时说一句"饭吃过哦",现在盛行说"你好""你早""工作忙勿"等。年轻人相遇或作别,也有用英语"哈啰""拜拜"等外来语的。

相见　亲朋熟人相见或告辞,旧时互相打躬作揖,20世纪50年代后改握手。遇尊长、前辈,先让对方伸手,才能相握。如戴手套,则先脱下,握手时间越长越紧表示越亲热。

作客　作客进门,雨天放雨具在门外。主人不请不进卧室。客人众多时一一招呼。主人不请不坐;主人送茶、敬烟时起立相接;旁坐妇女时不抽烟;主人有事时约期再谈,不滞留。

接客　客人进门,主人起身相迎。敬茶、敬糖果都用双手。客人在场不打骂孩子,不看钟表,避免客人误会"下逐客令"。交谈时目光注视对方,点头响应;不随便打岔或插话,尤忌小孩多嘴。

问路　先打招呼,尊老年人为伯、叔、公、婆,同辈人呼大哥、大姐,孩子叫小妹妹、小弟弟。20世纪50年代初盛行称"同志";80年代称"师傅""老师傅",现仍通行;90年代有称"先生""小姐""老板""老板娘"的。先说"请"字再问路。忌猛喊声"喂"直接问路。也忌对姑娘叫嫂嫂。因"小姐"称呼多有不雅之义,今称年轻女子已不行此称呼。

指路　乡间对问路人会热心指路,详细告诉路程远近、走法;有些热心人还会亲自或叫下辈带路。近年来,有居民志愿者协助维持交通秩序,他们答复问路十分热心详尽。

让路　出门行路,先客后主,先长后幼,除非长辈指定带路,不能抢先。窄路相逢,少让老,大让小,男让女,健康人让残疾人。过桥时,轻担让重担,行人让车辆。

第四节　时令节日

时令习俗

春节　夏历正月初一称新年,辛亥革命后称春节,开门放爆竹,称"开门炮"。大户人家悬历代祖先画像于中堂,并设祭祀供品,谓"供帧子"。全家穿新衣,讲吉利话。先拜神祇、祖先,然后依次向家中长辈拜岁,长辈向下辈祝福,给儿童分发糖果、糕点。早饭素食,吃汤果、年糕或红枣赤豆粥,饭后向邻居互贺新年。是日一般不外出做客,在家娱乐休息。

旧俗大年初一不汲水、不洒扫、不动刀,让日用器物也休息一天。拜天地、拜宗祠、拜境庙、出拜祖墓等古风,在民国时已渐不行。未昏而眠,不点灯,睡前燃放爆竹。初二开始出门做客,称为"拜年",向亲戚中长辈拜岁。亲友间互请酒饭、闲话家常,祝贺新年。

中华人民共和国成立后,春节休假三天。除旧布新,送穷迎富,祝五谷丰登和吉祥如意等传统习俗仍存,惟拜祭神鬼活动基本不行。新增军民互相拜年、企业主向员工拜年、单位领导向职工拜年、地方领导向敬老院老人拜年等新风。

拜年时,盛行长辈给未成年下辈发送红包,称"压岁钱"。20世纪80年代后,也有企业向员工发

送春节红包的。

进入21世纪后，春节假期外出旅游成为人们的新时尚，称为"黄金周"。

立春　民间做春饼，饮春酒。民国后不行。

元宵节　夏历正月十五过元宵节，旧俗正月十三夜起悬彩、张灯供人观赏，叫"上灯"。至十八日"落灯"，故又称"灯节"。是时，各乡社庙多悬灯祀神，或用鼓乐，或唱南词，谓之灯祭，亦称"摆灯头"。十四夜，吃糯米圆子或菜汤果，称为"灯圆"，含合家团圆之意。是夜，农家用火照农田，谓可除害虫，名曰"烧蝗虫"。民国初期，县城经常举办大型灯会；抗战前兴起提灯会；新中国成立后多次在城关举行元宵灯会。现时，街道各社区均会举行元宵巡游或元宵灯谜会。

旧时，尚有正月十四夜"请屙缸姑娘"，妇女"行七条桥""烧十庙香"等迷信习俗。小港一带，正月十四流行喝菜汤，相传是为了纪念抗倭牺牲的戚家军将士戚志英（被民间奉为菜汤圣母）。

清明节　境内居民极重视清明祭扫祖墓，外出游子多及时回家，尽赤子思乡爱亲之情。亲人新亡，三年内"上新坟"，供青糍、黑饭、鱼肉酒菜。在清明正日到坟头除草、加土、插纸铜钱，男女老幼参拜，并在家设酒馔祭祀，称"做清明羹饭"。三年后上坟，一般不带酒菜，其余礼节如旧。古时尚有插柳、戴花、踏青之俗，有"清明插杨柳，来世有娘舅""清明插菜花，来世有姑嫲"之说。现时，清明扫墓之俗犹存，祭品因人而异，多用水果、糕饼等亲人生前喜食之物，纸钱多改花圈。近年提倡文明祭祀，使用鲜花祭祀的日增。新增祭扫烈士陵园，学校师生、机关团体代表向先烈献花圈，寄托哀思，重温先辈业绩，继承先辈遗志。

清明前数日，茶叶开新芽。此时采的茶称"明前茶"。

谷雨　清明后至谷雨前采的茶谓"雨前茶"。谷雨一过，农事忙了。俗谚曰："吃过谷雨饭，天晴天雨下田畈。"

立夏　习俗煮豇豆糯米饭，焐茶叶蛋，称立夏饭、立夏蛋。并以三四寸长小笋（称脚骨笋）、软菜（莙荙）、鱼、肉等祭祖；祭毕，家人团聚而食。相传蛋荫头，豆明目，笋健足，软菜如扇吃了夏日不怕热。饭后称体重，叫称人，谓可防疰夏。外婆家给外孙送立夏蛋，用彩色丝线编袋装蛋挂小孩脖前，手腕系丝织彩缲，叫"立夏须"，谓可防夏天疾病。农家以米粥、老酒滋补耕牛。

端午　夏历五月初五为端午节，旧俗裹粽子、做馒头祀祖先、送节礼。取菖蒲、艾条插门户，或削成人形染雄黄悬于床上，饮雄黄老酒辟邪禳灾。小孩挂绸布香囊。婴儿额、胸、手足、臀部涂雄黄，并用雄黄酒喷洒屋角。焚苍术、白芷以驱蚊。

入梅　芒种后逢丙日入梅，也作"入霉"，为期1个月左右，戚家山区域常年入梅时间为6月8日，出梅时间为7月8日。俗谓"九日一梅，十日一伏"。梅雨期多雨水，农家忙农事，居民防衣服发霉。

三伏　夏至后第三个庚日为初伏，立秋后第一个庚日为末伏。初伏、末伏各以10天为期，中伏时间较长。三伏期天气最热，盐民旺晒，中伏期农家忙割。各家曝晒衣服称"晾霉"。

立秋　立秋吃西瓜，儿童还吃炒萝卜籽或炒白药，称"被秋"。现只吃西瓜。

中秋　境内居民在农历八月十六过中秋节，比外地迟一天，缘由传说甚多。据《中国风俗辞典》"八月十六日"条目，说是南宋丞相史浩每年中秋必从京城（临安）回四明，与百姓共度佳节。有一年因骑马受伤，中途留宿绍兴，次日才赶到明州，百姓等史浩到后才过节。另有一说是南宋丞相史弥远（史浩之子）在某年将届中秋，忽起荣归之思，从临安出发，沿途官吏趋炎奉迎，盛宴接待，及抵鄞县已过十五之期，乃在次日补庆中秋。从此遂成定例，相沿至今。此外尚有众多说法。旧俗设酒馔祀祖,全家团聚吃汤果、月饼,亲友间以月饼相馈赠,或置酒赏月。江南地区盛行吃水沓糕和鸭子煮芋艿。现在,工厂、企业、学校、机关、居民社区等多组织中秋赏月等联欢活动。

重阳 夏历九月初九,也叫重九。古人登高宴赏,饮茱萸酒,做重阳糕。今做米馒头,登高、组织郊游等俗仍存。现法定九月初九为老年节,社区多有慰问老年人活动。

冬至 俗称"冬至大如年"。是日,制圆子或汤果,具香烛等祀神。大族、望族祭祖、续谱。

腊八 夏历十二月初八俗称腊八。境内时兴过腊八节。当天,社区居委会、慈善团体、庙宇都会煮腊八粥送给环卫工人、高龄老年人,以及在公共场所供路人享用。腊八粥多由糯米粳米混掺,内有红枣、莲子、蜜枣、桂圆、枸杞、花生、红豆、葡萄干等八种干果,所以也称八宝粥。民间有"过了腊八就是年"的说法。大意是过了这一天就该忙过年了。

除夕 夏历年末夜为除夕。前数日洒扫堂室庭院,清除牛厩、猪栏、鸡窝、路沟,"掸尘"迎新春。做年糕,捏年糕团如元宝状、如鱼状,置于米缸内,称"满米缸"。祀神祭祖叫"送年",也称"谢年"。除夕聚家人宴食谓之"分岁"。安灶神马于灶曰"祭灶"。点烛焚香,长幼坐以达旦叫"守岁"。长辈赐孩童"压岁钱",贴春联、易门神,称为"从新"。天未昏即点灯,谓之"接光"。入夜,燃放爆竹称"关门炮",认为可辟邪。是夜,妇女忙于搓汤果、备菜肴以免来日动用刀砧。置米馒头或搓糯米团于秤、磨、帚、刀、剪、筷、尺之上,以慰器物一岁之劳苦。也有用灯笼遍照家中角落、米缸或谷仓,口中念念有词,如"黄龙盘谷仓,青龙盘米缸""缸缸满,甏甏满"之类吉祥话。现时,迷信色彩较浓之习俗已减。节前大扫除、办年货,农村做年糕、米馒头、搓汤果,分"压岁钱",放花炮等俗仍存。20世纪80年代起,在电视机前看中央电视台"春节联欢晚会"守岁,成为新俗。

戚家山街道成立后,村、社区在除夕前举行文艺晚会,叫"村晚"。

民间旧俗

浴佛节 俗传夏历四月初八为释迦牟尼生日,是日,僧人以水洒洗佛像,称"浴佛"。招宝山上宝陀寺供奉观音,二月十九、六月十九、九月十九三期礼佛。四月初十俗传为葛仙翁(葛洪)生日,善男信女多往灵峰、茅洋参拜,谓"灵峰转茅洋,银子一千两"。20世纪50年代时曾禁绝,近年来拜佛烧香又盛。

中元鬼节 夏历七月十五,以新谷米、酒馔祀祖先,办"七月半羹饭";和尚、道士诵经供佛,放焰口超度亡魂,称盂兰盆会。今放焰口等迷信活动已废,办羹饭祀祖之俗仍有所见。

七夕乞巧节 传说七月初七晚上牛郎织女相会。旧时,妇女以槿叶水洗发,陈瓜果向织女乞巧,月光下穿针线比巧。今不行。近年来,乞巧节已演变成中国的情人节,越来越受到年轻一代的追捧,成为新的习俗。

插地藏香 七月晦日为地藏王诞辰。是夜,儿童插香于地,或陈果设茗祀地藏王。今少见。

送灶神 夏历十二月二十三夜,灶堂设果饵祭灶神,供清水、炒黄豆,用稻草扎草马一匹,送神上天奏本。俗传灶神食祭灶果、糯米团后粘口,只能讲好话。旧时,民家灶台大多砌有神龛供灶神,神龛贴楹联"上天言好事,下地保平安"。今灶具多改,灶神像已少见,但祭灶之俗仍存。

新节日 纪念日

元旦 1949年9月,全国政协通告将公历1月1日正式定为元旦。全国放假一天,组织文艺、体育、

展览等庆祝活动。

国际妇女节 3月8日为国际妇女节。妇女举行庆祝活动。妇联组织妇女开展体育比赛、各种竞赛；召开表彰会，褒奖先进个人、集体。

植树节 1979年2月，全国人大决定将3月12日设立为植树节。机关、学校、居民组织植树活动。是日又为孙中山逝世纪念日。

学雷锋纪念日 1963年3月5日，毛泽东主席题字"向雷锋同志学习"，因此把3月5日定为学雷锋纪念日。全国开展学雷锋活动，现在多举行志愿者活动。

国际劳动节 5月1日为国际劳动节。法定放假一天。工会组织职工文艺演出、体育比赛、展览等庆祝联欢活动；表彰劳动模范、先进集体和个人。

青年节 5月4日，学校、工厂、机关团体中青年举行庆祝活动。共青团表彰先进青年集体和个人。开展志愿者活动。

国际儿童节 6月1日为国际儿童节。节日前后，书店、公园、儿童游乐场所、儿童用品商店等优待儿童，免费或减价为儿童服务。工厂、企业、机关团体、村委会向学校、幼儿园送礼品。中小学、幼儿园组织文艺演出及游乐活动。

中国共产党诞生纪念日 7月1日为中国共产党诞生纪念日。届时各级党委组织庆祝活动，表彰优秀党员和先进党支部，举行新党员入党宣誓仪式。

建军节 8月1日为中国人民解放军建军纪念日。该日组织军民联欢，慰问军烈属，开展拥军爱民活动。

烈士纪念日 2018年4月27日，第十三届全国人民代表大会常务委员会第二次会议通过《中华人民共和国英雄烈士保护法》，决定每年9月30日为烈士纪念日。国家在首都北京天安门广场人民英雄纪念碑前举行纪念仪式，缅怀英雄烈士。县级及以上地方人民政府、军队有关部门在烈士纪念日举行纪念活动。

国庆节 10月1日为中华人民共和国成立纪念日。法定放假3天。机关、学校悬挂国旗。企事业单位扎彩悬灯，商店设节日窗，是日举行庆祝集会、文艺体育等活动。

此外，还有护士节（5月12日），全民健身节（8月8日）、教师节（9月10日）、老年节（阴历九月初九），均由有关部门组织庆祝活动。

近年，每年3月15日的消费者权益日成为消费者维护自身消费权益的新节日。由阿里巴巴兴办的双十一购物节也成为全民购物节。

第五节　心意习俗

民性民情

爱国爱乡 戚家山人重乡谊，俗语"远亲不如近邻"。平日邻居间互赠羹汤、糕点；有急难之需，出钱相助；出门相互帮衬。全国乃至欧美等地多设同乡会，乡亲有难，多方照顾。商店店主、工厂厂主多喜雇佣同乡人，认为知底细，信得过，久之成为一种集团势力，所谓"宁波帮"。游子身寄外域，心系故乡,常念"叶落归根"。由爱乡而爱国,有"国家兴亡,匹夫有责"之心。外侮起,乡人献钱献物,甚至捐躯报国。20世纪80年代起,旅外游子纷纷回乡探亲;有的学成归来,诉离情,叙乡谊,留纪念,为家乡经济建设和文教卫生、福利事业贡献力量。

开拓务实,爱乡而又不恋故土。外出就业者统称"出门人",孩子从小就受到出门就业、开拓事业的教育。如童谣:"宝宝你要啥人抱? 我要阿爸抱! 阿爸出门赚元宝……"上学读书特重书写和珠算(20世纪30年代后重英语),为日后外出就业打基础。男子到十四五岁,家中就挽亲谋眷找人介绍职业,到外地商店、工厂学徒就业;男子背井离乡,甚至远涉重洋,探索"新路"也绝无胆怯;父母也不因恋子之情而加以阻拦。学徒三年备尝艰苦,很少有人中途逃离回家,故在外经商、务工多有所成就。

擅商善谋 戚家山人遵旧制而不墨守成规,因时、因需而改变经营方向,改革内部机制:开拓国内外市场,从事外贸行业;认准城市发展前途,抓住房地产开发;有利发展国计民生,兴办银行、航运、工厂,走工商贸相结合的路子。并捐资兴学,培植人才。如小港李氏家族,享誉国内外。20世纪50年代后,工商业由国家和集体经营。改革开放以来,乡镇企业蓬勃发展,个体工商业、私营企业如雨后春笋,擅商善谋传统又得以发展。

勤劳俭朴 "滨大海,居斥卤之中,其土瘠而无灌溉之源,故耕者无终岁之给"(嘉靖《定海县志》),境内之民穷则思变,经几代辛劳,围塘造地,修闸浚河,开荒垦殖,绿化山林,使"山窝、海滩悉垦为田",竹、橘、桃、李、茶叶布满山冈。人民"啬而能勤,劳而能思"(同上志),懂得无农不稳,无工不富,无商不活。对游手好闲、浪吃浪用者,斥为"败家精""脱底沙锅"。深恶偷盗之辈,旧时曾有因盗被逐出宗族事例。教育孩童珍惜粮食,如有狼藉米饭,必遭大人呵责,剩菜剩饭舍不得倒掉,有留"冷饭娘"习惯,以节省粮食。不轻易抛弃旧衣服,留给弟妹穿着,俗谚"新阿大、旧阿二、破阿三"。破衣服拆洗后剪成条块,纳鞋底或作拖帚。户户备有咸菜、咸鱼、干菜等下饭菜,不需天天上街买。勤俭者为人所敬,誉之为"做人家"。近年来,人民生活水平有所提高,"好逸恶劳"和讲究享受之风在一部分人中有所滋长,但爱勤劳、讲俭朴的优良传统仍居主导地位。

道德风尚

敬老 民间认为老人经历多,见识广,值得信赖,尊称为老农、老师傅、老先生、老前辈。在家庭、家族中,家长、族长说话,一言九鼎。吃饭时首请长辈就坐、动筷。五四运动后爱国思想逐渐代替家族观念,家长制让位于当家人。家庭中多由有文化知识、办事能力最强者主持家政,但家长仍有仲裁权。20世纪50年代后,家庭从业人多,老人相继退休,经济权逐渐转到青年人手里,大家庭开始分化瓦解。至80年代,已少见三代、四代同堂大家庭。尊老之风也有所减弱。出现一种轻赡养父母,重死后安葬铺排的不良风气。

近年来提倡尊老,政府设立"老年节",颁布《中华人民共和国老年人权益保障法》,规定"子女有赡养父母的义务"。社区建立老年协会,保护老年人应得权益。社区建设居家养老服务中心,组建居家养老志愿者队伍,对孤寡老人、独居老人、空巢老人、病残老人和困难老人展开帮助。街道所有居民都已参加社会保险与医疗保险,老人生活有了保障。不少有一技之长、身体健康的老人,退而不休,继续工作,在各种岗位上为社会发挥积极作用。

爱幼 戚家山人爱幼,但不欲其恋家、恋土,而是教其出门、开拓,发家致富。虽贫穷之家,父母

也含辛茹苦送子女上学念书，俗称"放本钱"。儿子出门就业、上学，女儿出嫁外地，父母虽常惦念，却多自豪。20世纪50年代后，就业由国家安排，大学、中专毕业可当干部，于是父母省吃俭用培植子女读书之风更盛。对在乡务农、待业子女，父母（尤其在农村）也不歧视，尽力帮助，设法解决他们就业、婚姻和住房困难。为此，有的父母为子女劳累过度，过早衰老。70年代后，提倡只生一个孩子，对孩子爱护有加，糖果、糕点、衣服、玩具力求新颖、高档，逐渐出现一种溺爱孩子、重养轻教的倾向。

重文兴教　旧时乡镇多设有惜字炉，砖瓦结构，外书"敬惜字纸"。有字废纸和废旧簿籍多投入炉内焚烧，不得乱丢。认为今世惜字纸，来世可明目识字，知书达礼，为人所敬。

早在光绪末年，清廷颁布废科举办学堂之前，就有人开办学校。小港李氏家族将李氏义塾改办为李氏养正国民学校，附设高小，经费由李氏义庄拨付。光绪二十九年（1903），李善祥创办港口务实女子学堂。光绪三十四年（1907），吴正间、吴正钜、吴吉三创办青峙学堂。民国十六年（1927），唐爱陆创办蔚斗小学。至民国十六年（1927），小港已有学校9所。乡人以兴教办学为荣，通过劝募、集资、独资、合资等多种形式筹集资金。民国三十六年（1947），乡人因兴学而获部、省奖状。

中华人民共和国成立后，学校多由国家和地方兴办，近年来旅外游子继承和发扬重文兴教优良传统，纷纷出资兴学助教。

急公好义　戚家山人有勇于任事、乐于公益的传统风尚。清以来修海塘、浚河、建碶、造闸等大型水利，多由当地人民筹资兴建。平时，修桥、铺路、点天灯、造凉亭、施茶、挂草鞋、施药、掩埋路尸、散粮济贫、救荒和办学校等义举，历代志书多有记述。民国后，各地陆续组织民间义龙，俗呼"救火会"，队员不计报酬，以救火作为人人有责的社会义务。20世纪50年代后，大型水利由国家投资，救火有消防队，民间义龙任务有所减轻，但见义勇为、急公好义之风犹存。如人民踊跃购买建设公债、义务植树、捐资办学、扶贫济困，外地有灾，捐钱送物，等等。

信仰习俗

崇鬼神　民国期间，境内各地有土谷祠、乡厉坛、火神庙、龙王庙、海神庙、财神殿、关圣殿等，举凡天、地、风、雷、水、火、虫害、瘟疫等人力不可抗拒的自然物和天灾、虫灾，均设神像、神位顶礼膜拜，以求鬼神保佑。不论镇上还是农村，纪念祖先的迷信活动频繁，如"做七""冥寿"等超度亡灵，做羹饭，请和尚、尼姑、道士念虔、念经等。

神化崇拜人物　戚家山境内旧有庙宇、宗祠，绝大多数供奉神话人物，大致可分五类：一是为当地筑海塘、修河渠、轻徭役、平冤狱的贤明官吏，如王安石、牟大寅、王梦弼等；二是因抗击外侮在当地牺牲或保境有功的将士，如俞大猷、戚继光、卢镗、裕谦等；三是有功于当地之人，如蚶岙庙供马援为将军菩萨，菜汤庵供戚志英为菜汤圣母，灵泽庙供文天祥等；四是行业祖师，如手工业者供奉鲁班；五是为保境安民而修造庙宇，请卜占者随意请一位神明供奉，其中关羽庙特别多。庙神划地而治，百姓皆称"界下子民"，生死都受神庇护、管理。

拜菩萨　旧时，乡人视佛、道为一家，尤其妇女见佛就拜，见神就敬。有些家庭还供奉观音神像。念佛数珠几乎家家都有，不少老年妇女平时手捏数珠，口念弥陀，以念经为阴间积钱，保今生，修下世。上道观和上佛寺一样多为求财、求子、问病求医，且分不清宗教和迷信之别。

20世纪20年代前后，进步教师、学生提倡科学，破除迷信，得到社会响应，庙宇、祠堂多改为校舍。

50年代后,迷信活动渐止,近年来又有所抬头。

讲吉凶预兆 旧时,小儿有病,求神祀鬼,讨香灰,摆夜羹饭,招灵魂。小儿夜啼,书写"天皇皇,地皇皇,小儿啼哭在娘房,过路君子读一遍,一夜睡到大天光"之类招贴,现已少见。喜鹊叫有喜;乌鸦叫报凶;灯花爆有喜;蜘蛛悬丝挂和杯筷多置兆客到;路上遇出丧、见棺材有喜;梦中见财有凶;鸟粪污头、脏水污衣将不吉;耳鸣是背后有人骂;眼皮跳兆祸,男左女右;鸡上屋预示火灾;半夜闻犬悲吠要死人;等等。随着科教的发展和社会文明程度的提高,绝大多数人相信科学,不再信此类征兆,但少数人仍信。

文娱风俗

旧时,民间文娱活动一是与祭祀活动连在一起,在祭神、祀鬼、拜祖先、求龙王时,配以文娱活动,娱神同时娱己,如迎神行会、庙会戏、还愿戏等。二是节日文娱活动,如春节马灯、元宵灯会、端午划龙舟等。三是婚丧喜庆时演戏、奏乐等。四是平时纳凉、休息时有听新闻、讲故事等自娱自乐活动。

正月初一至十八日 马灯、车子灯、船灯、大头和尚、跳魁星。

二月至三月庙会 演戏为庙神祝寿。

四月青苗会 行会行列中有民间音乐、舞蹈、大旗、高跷、抬阁等,热闹非凡。

五月稻花会 端午节,在下邵、丁家山下、小浃江等江河上有龙舟盛会。五月二十五日,衙前都神殿菩萨出巡,行会直至小港建设、长山、陈山等一带,规模盛大,非常热闹。

七月盂兰盆会 僧道放焰口,做道场,唱小曲。

九月至十二月庙会 演戏(庙神诞辰庆寿戏、还愿戏)等。

冬至 祠堂祭宗谱,演戏。

大旱年求龙王行雨 从龙源(如布阵岭龙潭)出发,绕境区行会一周。

瘟疫流行时请五都神出巡行会 当地民间艺人有杖头木偶、蛟川走书、宁波滩簧、京剧班、唱新闻、演越剧。外来民间艺人有耍猴戏、卖梨膏糖、唱莲花落。常有职业剧团如徽班、京戏班来演庙会戏、还愿戏。

新中国成立后,迎神行会已不再进行。20世纪50年代,镇、村组织业余剧团演出现代戏。60年代农村建立俱乐部。70年代乡镇办起文化站、文化中心,活动趋向多样。60年代电影普及到农村,乡镇电影放映队至村巡回放映,在村中心晒谷场或学校操场露天放映。80年代,看电视、电影已成为城镇居民生活习惯。青年人喜爱快节奏、有刺激性的体育节目、武打片、言情片和译制片,中老年人则爱看地方戏曲和家庭生活片。90年代电视普及,村民多在家看电视,露天电影放映减少。

附录 民间陋俗及其革除

缠足 封建时代以妇女脚小为美,所谓"三寸金莲",强迫幼女包脚缠足,造成双足畸形,行走困难。民国初年,有识之士在各乡镇组织"天足会",劝导放足,曾受封建势力阻挠、恐吓和谩骂。经实例教育和妇女自身觉醒,此俗遂绝。

吸毒 鸦片烟在清末传入,吸食者多为官吏、殷商、士绅,以后逐渐增多,民国时期曾两次铲除当地烟苗,并勒令戒烟,但屡禁不止。日寇侵占期间,售毒合法,吸毒公开。抗战胜利后,吸毒者逐渐减少。中华人民共和国成立后禁绝。20世纪80年代后,社会上,尤其在娱乐场所又有吸毒出现。

各地公安机关加强了对制毒、贩毒、吸毒的打击力度。

赌博　旧社会赌博盛行，麻将、牌九、花牌、花会、押宝等种类繁多。一般人家也在节日或空闲时搓麻将，赌少量钱物作为消遣。赌头赌棍设赌场诱人入局，并与高利贷者相勾结，骗取钱财，嗜赌者往往为之倾家荡产，家破人亡。20世纪50年代严禁赌博，没收赌具，赌博禁绝。近年来死灰复燃，屡禁不止。

溺婴、弃婴　旧社会穷人无力抚养众多子女，将新生儿（多是女婴）塞入马桶或红脚桶中闷死、溺死，或弃于路旁、厕侧、育婴堂。也有非婚生子溺婴、弃婴。20世纪50年代后贯彻《婚姻法》，溺婴、弃婴犯法，且生活水平逐年提高，又推行计划生育，奖励独生子女，此陋俗乃止。

堕民　元称"怯怜户"，明称"丐户"，俗称"堕弁"（男）、"送娘子"或"送嫂"（女），历代视为贱民，受社会歧视。清雍正、光绪和民国时曾多次获准脱籍，倡导与平民同等待遇，但仍相沿不改。中华人民共和国成立后才打破历史偏见，现今"堕民"贬称已成历史陈迹。

赶天狗　旧俗每逢日食、月食，老太婆焚香跪拜，孩童敲打铜锣、面盆等铜铁响器，燃放爆竹，说是能吓退吃太阳、月亮的天狗。至日、月复明乃止。随着文化科学知识的提高，此俗在20世纪40年代已渐绝。

第三章 民 政

中华人民共和国成立前,境内虽无完善的民政机构和慈善组织,但民间乐善好施之风盛行。港口李氏家族设立义庄,置地2000亩,所获收成用于济困扶贫,"生无以养,予之粟;死无以殓,予之棺"。中华人民共和国成立后,民政工作本着"以人为本"的理念,在拥军优属、救济扶贫、社会福利、慈善事业、婚丧改革及其他民政服务等方面取得较好成绩。

第一节 优抚安置

拥军优属

1950年春节,长山区各乡、镇组织拜年团给军属挂光荣灯、光荣匾,贴春联,写慰问信。1952年2月开展"拥军优属月"活动。当年参加拥军优属群众达1万余人,拥军优属的物资非常丰富。此后每年元旦、春节和"八一"建军节均开展群众性拥军优属活动。驻军常开展"拥政爱民"活动,支援地方兴修水利,参加夏收夏种和农机具维修等。

1958年,公社组织节日慰问团,向当地驻军进行慰问,赠送礼品;商业部门向军烈属和伤残军人优惠供应副食品,群众帮助军烈属搞清洁卫生。1978年后,拥军优属以小型活动为主,坚持勤俭务实,强调办实事,为驻军安排营房基地、子女入学、家属工作,帮助优抚对象解决房屋维修资金、物资和子女就业、疾病防治等困难。20世纪80年代开始,戚家山街道团委、妇联、文化站等单位在每年春节、元旦、"三八"节、"五四"青年节、"八一"建军节运用多种形式与部队联欢,开展学雷锋树新风活动。逢年过节则由街道党委、办事处组织慰问驻军大型活动和文艺演出。

戚家山街道成立后,积极安置军队转业干部及其家属,帮助退伍军人就业创业,帮助现役军人家庭。节假日慰问驻军官兵。

评选优抚先进 1952年小港陈阿二被评为镇海县军属模范;小港王菊生被评为(县)代耕模范;1954年江桥乡杨善华被评为县转业军人模范;1982年小港二村乐南良被评为省级复退军人模范。

双拥共建 戚家山系军事要地,曾经驻军较多。1985年以来,军民共建、双拥工作扎实开展,多次被北仑区评为优抚安置、军警民共建先进单位。1993年至今一直被宁波市命名为双拥模范镇(街道)。武警学校、蔚斗小学于1992年被评为市双拥共建国防教育先进单位。

部队与地方相互开展办实事活动。部队与驻地的村、企事业单位共结对子9对,采用多种形式,

积极开展共建活动。当地政府为部队办实事方面的例子有：1956年4—5月和1959年4月，解放军先后2次在青峙四顾山一带进行大规模海、陆、空联合作战大演习。小港乡政府及时发动和疏散群众；演习结束后，组织民兵协助部队清理"战场"，并组织文艺宣传队进行慰问演出。1989年，驻地部队制氧厂在申报厂房土地权属登记时，因实际用地大于批准用地，经小港镇城建办协调，补办超计划部分用地的征地手续，使部队土地权属得以落实。部队为当地群众办实事方面的例子有：1990年以来，武警学校学员帮助蔚斗小学创办少年警校，先后派员辅导36人次，培训军训辅导员360多课时，训练少年警校学员280多名，使少年儿童受到良好的爱国爱军教育，该少年警校已被北仑区评为先进单位；开展军警民联防，1989年以来成立军警民应急小分队，配合协助地方搞好治安工作，参加256人次，动用车辆20辆，追捕逃犯13次，破获各种案件32次，追回赃物7万多元。每年冬末春初是山林火灾多发季节，多年来部队与地方群众共同扑灭山林火灾几十处，出动汽车几十辆，参加扑火兵力1000多人次。

支　前

1949年11月支援解放舟山战役：长山区完成借粮借柴草任务，其中大米200万斤、柴草300万斤、石子1000吨；出动民工5万余工，筹集物资木头、门板、船只；修理和保养主要道路20余千米，保证军需物资运输畅通无阻。

在支前工作中出现许多动人事迹。1949年解放金塘战斗中，育王岭内的船只全部投入支前仍不能满足战斗需要，要求岭外人民支援，当时镇南乡（下邵）乡村干部带头，硬是用肩把70余条船扛过2.5千米长的育王岭，送到前方。1950年6月发动广大妇女做军鞋500双送给部队。

抗美援朝

1950年6月，朝鲜战争爆发，全国人民在中国共产党领导下掀起抗美援朝运动。镇海县8000余名青年报名参加志愿军，1705人获得批准。小港参加志愿军的有青峙人吴立兴、张阿毛，沙头人陈吉清、乐俊福、乐俊态、张根青、张兴昌，林唐人林志文、林连清、陈定金，小港二村人乐德富、杨继刚、许友信、董永成，四村人翁根达、贺阿华，黄跟人郑海龙、纪德利，等等。

1950年12月全县开展抗美援朝运动，长山区农民踊跃捐献飞机大炮。1951年元旦，长山区有万余人参加抗美援朝和反对美国武装日本大游行。1951年3月，各界人民普遍订立爱国公约，并掀起青年报名参加志愿军热潮。1951年春节，为慰劳抗美援朝战士，救济朝鲜灾民，开展"千元（旧币）捐献运动"。长山区成立"抗美援朝慰劳救济委员会"，乡、村成立支会和小组。到5月底，长山区募得寒衣捐献款101万元，"千元捐献运动"中，共获捐60万元。

支援国防建设

1951年5—8月支援舟山海防工事建设，长山区出民工400人。1951年11月修建巨山海防设施，长山区出民工100人、石工10人，为时4个月。1952年7月为修建庄桥机场，长山区出民工两批，第一批400人，第二批90人。1951年6月长山区发动妇女群众做草鞋5000双给支前民工。1953年修筑萧穿铁路出民工160人，1956年出45人。1953年修筑穿山—白峰公路出民工200人。

"七二五"工程　1968年10月，按照"靠山、分散、隐蔽、机动"的要求，由部队和县粮食局牵头，在小港山区建造国家战备直属粮库：方前、王家溪口及姜桐岙3个仓库，用地6274平方米，场地4590平方米，1971年建成。原桥东、黄跟、渡头村村民参与建设。1972年2月24日由部队移交给地方，定名为"镇海县粮食局江南直属粮库"，1986年更名为"北仑粮食局江南直属粮库"。同时又建造一条沿山战备公路，从王家溪口到姜桐岙，全长4千米，宽7米。

姚墅岙军事后勤基地　1968年下半年，舟山部队后勤部在境内建立后勤基地，在大山里挖坑道、建仓库，作军事物资储藏之用，1975年全部建成。此后又建成战备公路一条，南从宁穿公路五乡站开始，北与"七二五"工程姜桐岙路连接，全长8千米。与此同时，帮助部队在附近一带建立油库、船只修理所、制氧厂等。1978年镇海县人武部征用小港山地10亩，建造军火库。1986年以后，又陆续征用山地5亩。其中，青峙征用水田1.5亩；蒋家征用水田10亩，旱地4.5亩，山地200亩。

烈士褒扬

在各个革命时期，戚家山境内涌现出许多用鲜血和生命谱写光辉历史的英雄儿女。从1927—1962年有烈士14名。

民国时期，国民党政府对抗日阵亡将士、伤残军人多次发布有关抚恤条例规定，但实行者少。

中华人民共和国成立后，为缅怀革命先烈，1950年11月25日中央人民政府政务院批准了《革命军人牺牲、病故褒恤暂行条例》。根据这一规定，对历次革命战争中牺牲的人员采取建墓树碑、发证列录、瞻悼祭扫以及发放恤金等办法进行褒扬、追恤。

1980年6月4日，国务院发布了《革命烈士褒扬条例》。这是我国专门为革命烈士褒扬制订的第一个重要法规，具体规定了革命烈士的范围、条件和审批机关。

建墓树碑　在抗日战争中牺牲的烈士大都葬在戚家山街道大岭山脚下和小港街道卢家里岙后山；沙蟹岭脚建有镇海要塞阵亡将士墓。1949年5月—1950年在解放舟山群岛战斗中有15位解放军战士牺牲，后葬在江南山上，1952年7月将这15位烈士安葬在乌鳢鱼山侧，重新建墓立碑。在解放金塘战斗中牺牲的12位烈士，1955年集中安葬在王家溪口公墓。1988年又重新立碑，以致纪念。还有散葬墓园：

青峙小山的林勃烈士墓，位于青峙延陵小学旁。2012年3月迁入王家溪口烈士墓园。

王家溪口公墓的汪波烈士墓，位于其父母墓旁。

鄞县四明山李敏烈士墓，位于樟村烈士墓园。2012年3月在王家溪口烈士墓园立碑纪念。

洪友富烈士墓原在黄跟村，2012年3月迁入王家溪口烈士墓园。

郑世庚烈士（黄瓦跟村人）墓在茶漕岭。

发证列录　1950年12月，中央内务部颁布《革命军人牺牲、病故褒恤暂行条例》，对革命军人参战因公牺牲、民工因战牺牲的均授予烈士光荣称号，并发给家属"光荣纪念证"。1983年3月向烈士直系亲属换发、补发革命烈士证明书。小港镇有5名烈士家属换发了证书。

抚恤优待

国家抚恤优待　民国政府对抗日军人家属曾采取过优待措施。

新中国成立后，抚恤优待分国家抚恤和群众优待。国家抚恤分牺牲、病故2种，抚恤标准在1979年前曾做过两次调整，1953年前发抚恤粮，后改发抚恤金。1980年6月又改革命烈士、因公牺牲

和病故3类,提高烈士抚恤金标准。小港镇范围继续享受烈士家属国家抚恤的有3户,优待金额从1985年的年平均330元,提高到1996年的1395元;享受病故军人家属优待的有4户,从1985年的年户均250元,提高到1996年的年户均930元;享受伤残革命军人优待有5户,1996年户均1100元。

群众优待 中华人民共和国成立后,人民政府对缺少劳动力的烈属、军属、工属和革命残废军人采取代耕、优待工分和发给现金等优待。1951年2月开始实行代耕,优待方式有固定代耕、包耕制、帮工队、轮工等。1951年,长山区有烈属5户,享受代耕2户,田3亩;军属132户,享受代耕66户,田254亩;工属89户,享受代耕22户,田83亩。1952年享受代耕2970亩,新军属254户,享受代耕192户,田1056亩。

农业合作化后,代耕改为优待劳动日,农村无劳力的烈军属、革命残废军人与带病复员退伍军人,由生产大队优待一部分劳动工分,保证其生活不低于一般社员实际水平。据1979年统计,户均享受优待工分61.8工,现金25元。1980年户均优待49工,现金54元,相当于当地一个整劳力集体收入1/4左右。1981年提高优待标准为当地整劳力收入1/2。1982年户均优待劳动日200个。

农村实行联产承包责任制后,优待工分转为现金,1983年户均231元,1984年起由村优待转为乡镇统筹优待,采取边定兵、边优待,实行征、优、退三位一体,并从对农业户单一优待改为普遍优待。是年享受优待户均289元。1985—1996年继续享受乡镇统筹优待,其中1988—1990年户均300—400元,1992年起统筹优待标准大大提高。

表14-3-1 1992—1996年戚家山街道境内乡镇统筹优待一览表

年 份	入伍人数(人)	享受金额(元/人·年)	
		农 村	城 镇
1992	18	720	500
1993	13	1200	600
1994	22	1350	720
1995	16	2000	720
1996	19	3100	5149

1989年,北仑区人民政府〔1989〕76号文件《关于进一步做好农村籍现役义务兵养老保险工作意见》中规定:每批新兵征集时进行一次性投保,在支付农村统筹费中扣除10%作为保险金。小港镇从1996年开始正式实行投保,当年投保46人,金额2300元。

复员退伍军人安置和定量补助

1952年4月,长山区第一批接收安置复退军人43人,绝大部分投入农业生产,个别有文化的安排其他工作,有2人当上乡干部。1958年接收72人,到此志愿兵复员工作基本结束。1956年后的义务兵退役,也做到妥善安置,各得其所。

1961—1978年,长山区共接收复退军人659人。1985年起改革安置办法,在征兵入伍同时即安置为乡镇企业职工。是年,85名农村义务兵入伍时即按此实行,发给招工通知书。1987—1992年,小港镇安置乡镇企业工作的复退军人就已达259人,推荐到外地单位工作的27人,占全镇退伍军人97%。对原国家供应户、社供户,由民政局安置在集体单位。1992年以后,复退军人原则上自谋出路,享受统筹费和保险优待。

1985年1月起复退军人享受定期定量补助月人均16.07元。1995年月人均90元。1996年月人均97元,小港镇定期定量补助的复退军人有111人,月支出10856元。

退役军人服务站

为维护军人与军属合法权益,加强退役军人服务保障体系建设,建立健全集中统一、职责清晰的退役军人管理保障体制,让军人成为全社会尊崇的职业,第十三届全国人大常委会批准设立退役军人事务部。2018年3月,退役军人事务部挂牌成立。各级地方政府相继成立退役军人事务管理机构。戚家山街道与各社区相继建立了退伍军人服务站,对退伍军人提供服务。至2019年,戚家山街道有退役军人423人。兹录部分荣获三等功及以上荣誉的退役军人如下:

李新安(二等功)

李春彬(二等功、三等功)

鲍剑峰(三等功)

陈金康(三等功)

储功地(三等功)

傅连根(三等功)

胡善海(三等功)

胡 勇(三等功)

金信贤(三等功)

乐加扬(三等功)

乐 平(三等功)

李长征(三等功)

李先国（三等功）

梁昌裕（三等功）

林　吉（三等功）

林金良（三等功）

林　平（三等功）

林启贤（三等功）

刘白才（三等功）

刘开火（三等功）

罗长庚（三等功）

阮军伟（三等功）

王益奇（三等功）

吴永才（三等功）

奚四海（三等功）

徐建峰（三等功）

叶祥荣（三等功）

叶忠富（三等功）

张仁国（三等功）　　　　　赵金海（三等功）　　　　　郑南海（三等功）

表14-3-2　2011—2018年戚家山街道退伍军人优抚金一览表

年　份	退伍人数（人）	金额（元/人·年）	年　份	退伍人数（人）	金额（元/人·年）
2011	7	27744	2015	9	42485
2012	7	31117	2016	6	44273
2013	9	33887	2017	8	46957
2014	6	36922	2018	4	51575

移民安置

1951年，宁波市安置部分失业码头工人和三轮车工人（共40户161人）来长山区，落实到农业生产，不仅每人分给一亩半田，还帮助解决住房和家具等困难。后随着国家形势好转，这批移民大部分回宁波。

1952年，因造庄桥机场，压塞堰有18户移至长山区农村。

支宁　为了解决边疆地区少数民族劳力不足的困难和加速这些地区的发展，宁波市于1959年动员男女青年支援宁夏。支宁分两批进行，原长山人民公社男女支宁青年（60名）属第二批，当年6月成行。后多返回。

第二节　救济扶贫

社会救济

民国时期社会救济以地方慈善团体为主，政府协助举办，有赈济、平粜、施医、施药、施衣、施粥、施棺收埋等项目。

新中国成立后，政府对缺乏或丧失劳动能力的孤、老、残、幼以及遭受意外事故的困难户，及时给予社会救济或扶持。对农村孤、老、残、幼和贫困户，采取春、夏荒急赈和发动生产自救、群众互助互济等办法予以扶持。农业合作化后，采取集体供养，辅以国家救济。社会救济分定期、临时两种，定期补助对象是城镇和农村的孤寡老人和孤儿，临时救济大多用于火灾和疾病之类。冬令救济是为

解决孤寡老人冬季御寒的困难。戚家山街道成立后,每年对因病、因残、因灾导致困难家庭给予救济补助。

孤寡老人供养

1956年各乡镇高级社对无依无靠、无劳力社员实行"五保"(保吃、保穿、保烧、保教、保养)。年供200千克稻谷和80把稻草,无劳力的还给零用钱。公社化时基本实行粮食供给制,"五保"老人生活全包。1961年实行以生产队为核算单位,"五保户"由大队平衡供应,人均年供给48元。1982年农村"五保户"标准相当于一般社员生活水平,年均132元。1983年农村实行联产承包到户之后,"五保户"生活由村负担,人均(年供养)标准151元。1987年后全镇相继办起4个敬老院。至1996年止,有77个"五保户"进入敬老院;此外尚有56个"五保户",村供给每人每年600元。

城镇社会救济城镇户口中的鳏、寡、孤、独老人,全镇有16—20人,生活无依无靠,其救济金完全由民政局下拨,1980年前后的标准为每人每月8—12元;1996年有15人,月标准是80—100元。2019年,戚家山街道有特困老人3人,补助标准为每人每月2800元。

精简退职人员补助

1980年,小港镇向民政局领取补助费的有5户。按照国务院〔1965〕224号文件规定:凡在1957年底前参加工作,1965年6月前下放到农村支农的老、残、病、弱人员,可享受其原工资40%,以后随物价提升而逐步提高;1990年前每月58元(含原工资的40%),到1995年每月185元(含原工资的40%)。戚家山街道成立后,区域内已无精简退职人员。

灾害救济

民国二十三年(1934)大旱灾,由宁波旅沪同乡会和旅港同乡会共同筹集资金救济灾民,给长山区赈灾救济金5700元。二十九年(1940)遭受战火,由政府拨给小港、江南、崇南、青峙及石门等乡赈灾款35172元。三十四年(1945)旱灾,省社会处拨给长山区1.5万元赈款。除政府少许救济外,凡遇自然灾害,大多靠社会慈善团体及群众互济救助。

1949—1985年间遭受各种自然灾害的有23年,政府均采取措施予以救助。1949年7月长山区遭强台风袭击;10月暴雨成灾,海塘倒塌(1070丈,土方2.1万方),海水倒灌、淹没棉田1372亩;又遭国民党飞机轰炸,全区受难群众216户,计千余人。1950年春、夏荒严重,人民政府提出以生产自救、节约度荒、互助互济、以工代赈为主,辅以必要救济的方针。是年春,县给长山区贫民急赈粮1237斤,救济户数60户,170人;同年7月,发放夏荒救济粮12000斤;为解决春夏荒救灾,发动县以下各级供给制人员每人节食捐献大米2斤,长山区捐出206斤大米;为修复海塘,以工代赈发放大米29380斤,款1500元。

1956年8月1日,长山区遭12级强台风影响,沿江、沿海受灾313户,房屋损坏568间,死1人,伤4人,受灾田478亩,因尚属轻灾区,因而由自己互助互济解决。1971年,晚稻遭虫害歉收,1972年上半年县拨给长山区各乡救灾款9600元,其中小港2100元。1981年8月31日受强台风影响,青峙海塘被冲垮,台风后灾民靠自己力量和政府补助5100元,修复冲垮的海塘。1998年发动群众向长江受灾区捐款27.83万元,捐衣8.87万件。1973—1996年,政府给予长山区各乡镇社会减免稻谷

68844千克,灾情减免稻谷65477千克。

2008年5月12日,四川汶川发生八级地震,人员伤亡和财产损失惨重。戚家山街道开展向灾区捐款活动,共募集资金45万元。以后,每年开展"慈善一日捐"活动,帮扶困难群体。

2010年4月,青海玉树地震,街道举行"大爱无疆"活动,戚家山居民夏新民捐赠T恤衫1000件。

其他救济

扶贫 1964年,县拨救济贷款、省低息贷款7726元,发放给6户烈军属、235户贫困户,用于饲养猪羊、发展副业。1979年,江南公社开展规划扶贫工作试点。1983年,全区开展扶贫工作,集体减免特困户的超支款,并减免学费、减免药费等。1987—1989年北仑区民政局对农村特困户发放扶贫化肥。其中,1987年长山区各乡镇补助化肥3100千克,1988年3100千克,1989年3600千克。1985年开始向优抚对象中有生产能力的贫困户发放扶贫无息贷款,该资金属周转性,收回后可再发放,回收期限2年。扶贫项目为种植业、养殖业。至1994年,小港镇扶贫户14户,累计贷款金额5000元。该款分减息和免息。

临时救济 1992年镇乡合并后,镇政府每年拨出2万元作为临时救济,解决特困群众生活问题;并有1.5万元专项资金作为补充救济款。

在乡"三老"补助 1985年起,国家规定对革命老根据地在乡老党员、老交通员、老游击队员按其对革命贡献和目前家庭情况进行补助。补助分定期和临时两种。临时的于年终一次性补助50—100元,定期的每月10—20元。小港镇棉花村有一位老交通员王渭云享受定期补助。小港镇居民委员会于1982年发现有一位四明山老游击队员(女性)有痴呆症,经镇海县民政局批准,送庄桥精神病院医治。其经费由市民政局全包,后终老于该院。

表14-3-3 2007—2018年戚家山街道长期民政救助统计一览表

| 年份 | 低保救助 | | 特困救助 | | 回乡救助 | | 孤儿救助 | | 困境儿童救助 | |
	人数（人）	金额（万元）	人数（人）	金额（万元）	人数（人）	金额（万元）	人数（人）	金额（万元）	人数（人）	金额（万元）
2007	45	9.89	—	—	—	—	—	—	—	—
2008	41	13.56	—	—	—	—	—	—	—	—
2009	46	20.04	—	—	2	0.48	—	—	—	—
2010	35	19.01	—	—	2	1.01	—	—	—	—
2011	34	18.02	—	—	2	0.63	—	—	—	—
2012	18	10.86	5	3.57	2	0.84	—	—	—	—
2013	18	10.36	5	3.76	2	1.34	1	0.74	—	—
2014	13	10.17	6	4.43	2	1.48	1	1.03	—	—
2015	14	10.25	6	4.03	2	1.62	2	1.57	—	—
2016	18	11.16	4	4.03	2	1.79	2	3.07	2	0.63
2017	20	17.60	5	4.47	2	1.79	2	3.12	2	0.79
2018	23	16.09	5	7.09	2	1.96	2	3.93	2	1.51

表14-3-4　2007—2018年戚家山街道短期民政救助统计一览表

年　份	医疗救助		临时救助		春节慰问		物价补贴	
	人数（人）	金额（万元）	人数（人）	金额（万元）	人数（人）	金额（万元）	人数（人）	金额（万元）
2007	—	—	1	0.15	—	—	48	1.70
2008	21	7.84	6	2.65	116	6.10	47	3.14
2009	20	10.03	—	—	191	12.97	48	0.28
2010	17	8.00	10	2.24	114	10.89	45	2.23
2011	21	14.80	4	0.79	174	16.44	132	3.00
2012	14	7.64	1	0.50	78	8.19	28	0.86
2013	18	9.98	1	0.50	218	27.05	38	0.43
2014	3	3.83	0	0	186	22.55	36	1.25
2015	3	0.53	0	0	195	27.65	34	1.25
2016	4	2.76	4	5.80	190	195	36	2.12
2017	6	9.35	6	2.67	160	23.39	36	0.53
2018	3	4.44	3	3.01	57	8.64	49	1.48

第三节　社会福利事业

新中国成立前慈善事业

民国时期，对社会上贫苦婴幼、孤寡、老残的收养，沿袭旧制，大部分由当地热心社会公益的绅商捐款修建育婴堂、孤儿院、养老院及办理施药、施棺、代葬等，堂院部分借办于庙堂寺院，部分由捐款修建，并置有房地产。据县志记载，长山区旧时有大岭山等16处义冢，收埋无主棺骸。

长山区难童教养所系抗日时期民间救济单位，于民国二十九年（1940）8月创办，收容对象为父母被日机炸死、炮击身亡及被日军杀害遗留下来的年5—9岁的难童，共八九十人。时因战争环境，教养所无固定地址，经费靠社会各界募捐。第一期开办在镇南乡隔河陈祠堂，生活比较艰苦，一天两餐。民国三十年（1941）4月，镇海、小港第二次沦陷后，当时负责人唐爱陆曾派人率难童去奉化泰清寺之国际灾童教养院，请求收容，但被院方认为镇海小港难童体质太差，只允收留10人。民国三十一年（1942）2月第二期迁至茅洋庵，难童生活略有改善，一天三餐略有荤菜，负责人改为汪忠财，总务为傅祝三。民国三十二年（1943）4月，第三期教养所迁到丁家山静严寺，负责人陈天民，总务林永茂，有教师4人。第一期唱歌、识字，第二期、第三期进行小学教育。1950年2月停办，一部分难童并入大碶网岙儿童教养院。

新中国成立前，乡镇慈善组织较多，有私人举办，有数人合办，也有宗族举办的。长山区首推港口李家养正义庄，据民国《镇海县志》记载，早在清代中期，小港港口李家昆弟李源、李嘉（梅塘）创建养正义庄，置田2000亩，岁入谷4000余石，专门救济族人，分给贫者，"生无以养，予之粟；死无以殓，予之棺"。并办义塾4所，教族人子弟读书，后改为李氏义庄。

新中国成立后福利事业

1958年，长山公社在（枫林）东岗碶普庆庵厢房试办"五保幸福院"，后改作敬老院。入院人数20人，1962年解散。1987年，小港镇在桥东村建造敬老院，入院人数32人，建筑面积为600平方米，投入资金13.8万元，其中北仑区民政局拨款2万元，镇投入11.8万元。第二年又建造一个凉亭及花园，绿化面积400平方米，环境幽雅清静。江南敬老院于同年建成，下邵敬老院、枫林敬老院亦相继建成，形成各乡都有一个敬老院的布局。

表14-3-5 1996年小港镇敬老院基本情况登记一览表

筹建年份	投资金额（万元）	占地面积（平方米）	建筑面积（平方米）	房屋间数（间）	床位数（个）	入院老人（人）	其 中			工作人员（人）	设 备		
							男	女	自费入院		电视机（台）	电冰箱（台）	洗衣机（台）
1987	13.8	1200	600	20	36	36	26	10	10	5	1	1	1

街道成立后的慈善工作

戚家山街道成立后，组建宁波市北仑区慈善总会戚家山街道分会，立足公益，面向社会，服务大众，不断拓宽慈善募捐渠道，广泛宣传慈善文化，开展慈善一日捐、赈灾募捐、项目募捐等活动，设立各类冠名基金；开展扶贫济困、爱心助学、助孤扶残、安老助医、帮困助疾等慈善活动。

表14-3-6 2007—2019年戚家山街道慈善资金捐款与资助情况表

年 份	捐款人		捐款金额（万元）			实际资助情况（万元）			
	单位（家）	个人（人）	单 位	个 人	小 计	资助非营利机构	临时救助	春节慰问	小 计
2007	1	—	10.00	—	10.00	—	—	—	—
2008	1	—	10.00	—	10.00	—	—	—	—
2009	2	1110	16.00	16.66	32.66	—	—	—	—
2010	2	—	16.00	11.97	27.97	0	8.63	2.70	11.33
2011	3	—	36.00	11.06	47.06	0	11.75	0	11.75
2012	4	—	22.65	11.34	33.99	0	18.4	3.60	22.00
2013	10	105	11.88	5.39	17.27	0	20.28	4.80	25.08
2014	7	114	18.30	2.19	20.49	0	16.79	6.00	22.79
2015	6	119	16.89	5.65	22.54	0	8.06	6.60	14.66
2016	6	351	40.80	5.57	46.37	20.00	12.65	6.48	39.13
2017	16	1347	50.90	13.72	64.62	27.00	14.30	6.12	47.42
2018	34	957	109.80	7.029	116.83	59.70	8.44	5.58	73.72
2019	19	186	147.18	6.28	153.46	16.00	5.90	5.1	27.00

第四节　残疾人保障

残疾人安置

新中国成立初期，社会上盲、聋、哑等残疾人员无正确统计，其生活除孤、老、残、幼由政府救济外，有些盲人以算命为生，其余的由亲属、亲友扶养救济。1958年长山人民公社曾办过安置残疾人就业的草绳、草包厂，但安置人员不多，残疾人仍需政府救济。1978年后逐步建立乡镇福利工厂，安排残疾人就业。

境内残疾人福利企业始办于1958年的长山公社草包厂，以后逐渐形成一定规模。镇海汽车附件厂，建于小浃江西侧，蛟山南侧（今2号桥西塅），为镇海民政局（后转为北仑区民政局）创办的残疾人免税企业。占地6700平方米，可提供120个残疾人工作岗位。1996年底，全镇有残疾人702人，共有福利企业10家，安排有劳动能力的残疾人163人，凡安排残疾人占职工总数40％以上的企业，国家给予税收返还发展再生产，并为残疾人购买养老保险。为了保障残疾人权益，小港镇于1993年成立残疾人联合会。1991年发动全民为残疾人捐款1元钱活动。当年捐款：小港5400元、枫林2900元、下邵4300元、江南4500元，加上城镇方面，共募得资金24100元。

福利厂办得比较好的有枫林五金厂、下邵压铸厂、江南草包厂、滨海电器厂、宁波球冠电线电缆制造公司等，其中宁波球冠电线电缆制造公司是镇上规模最大、效益最好的福利工厂。

戚家山街道成立后，重视残疾人保障工作。至2018年，街道有定期补助残疾人188人，每年发放各类补贴40万元。2008年7月，奚四海成为创办北仑区小港四海汽车货运的残疾人个体户。

表14-3-7　2019年戚家山街道各类残疾人人数一览表

单位：人

社区、村	小　计	一级残疾	二级残疾	三级残疾	四级残疾
蔚斗社区	54	10	11	11	22
东升社区	79	11	19	18	31
渡头社区	42	3	7	12	20
青峙村	12	3	2	5	2
蒋家村	7	1	2	2	2
李隘村	10	3	2	4	1
沙头村	13	1	1	1	10
林唐村	53	3	7	16	27
合　计	270	35	51	69	115

第五节　老龄工作

由于国家长治久安，人民安居乐业，生活质量提高，医疗条件改善，境内老龄人口比例急剧上升。至2018年底，60岁以上人口有3344人，占常住人口16030人的20.86％。戚家山街道已进入人口老龄化快速发展阶段。老龄工作已成为街道的重要工作。

机构设施

1988年,省政府发布《浙江省保护老年人合法权益的若干规定》,境内各社区、村相继建立老年人协会,2007年街道建立老龄工作委员会,至2019年,街道有老年人协会8个,各社区、村均建有老年人活动中心,建筑面积达到2000多平方米。

权益保障

农历九月初九重阳节也是老年节。在节日前后,街道老龄委会评选优秀老龄工作人员。每年评选区级优秀3名、街道级优秀3名。节日期间,各社区党委、居委会和老年人协会会慰问高龄老人,赠送慰问品、慰问金。并组织由老年人参与的庆祝晚会。

周年祝寿活动。每年,每位逢十生日的老人,都能获得社区老年人协会赠送的生日蛋糕或祝寿金。

金婚纪念活动。结婚50周年的夫妇都能免费拍摄金婚照。

60周岁以上老人在公立医院看病免收门诊挂号费。街道法律援助中心对符合法律援助条件的老年人及时提供法律援助,如其合法权益受到侵害,提起诉讼、缴纳诉讼费确有困难的,可以缓缴、减缴或免缴。

70周岁以上老人能享受在市区范围内免费乘坐公共交通的待遇,并且,在浙江省内各旅游景区免收门票费。

80周岁以上老人能享受高龄补贴。至2019年,街道80—89周岁老人429人,每人每月50元;90—99周岁以上老人51人,每人每月100元;100周岁以上老人2人,每人每月300元。

居家养老

居家养老是目前主要养老模式。街道组建居家养老服务中心3个,组建居家养老志愿者队伍4支,志愿者近300人,为高龄老人、独居老人、孤寡老人、残疾老人提供陪护聊天、送医送药、代买代购、烧饭送餐、打扫卫生等服务。

老年学校

为满足老年人精神生活需求,实现老有所学的愿望,街道办有老年电大教学点3个。学校针对老年人特点,开设政治时事、法律知识、电脑培训、养生保健、种花插花、社交礼仪、服饰美容等课程。常年参加学习的老人100多人,已累计毕业老年学员2000多人次。

文体生活

为满足老年人对文化体育生活的需求,街道、社区组建文体团队33个,建有标准门球场3个,老年体协有会员2400余人,每年组织老年六项趣味运动会及各类体育健身活动。

第六节　婚丧改革

婚姻制度

旧中国婚姻制度，一直沿用"父母之命、媒妁之言"的封建买卖包办婚姻制度，其中还夹杂着童养媳与寡妇不能改嫁等制度、陋习。中华人民共和国成立后，国家第一部法律就是《婚烟法》，彻底废除了封建婚姻，实行自由婚姻制度。

1950年5月1日，中央人民政府公布了《中华人民共和国婚烟法》。

1951年，省民政厅起草经省政府批准的《婚姻登记办法》，规定婚姻登记工作由民政部门办理。

1953年3月，开展宣传"贯彻《婚姻法》运动"。是年，各区公所开始办理婚姻登记。

1955年5月，内务部报经国务院批准，公布施行《婚姻登记办法》，婚姻登记改由各乡镇政府办理。

1980年9月，中华人民共和国第五届全国人民代表大会第三次会议修改了《中华人民共和国婚姻法》，1981年元旦正式施行。结婚年龄改为男不得早于22周岁，女不得早于20周岁，鼓励晚婚晚育。

1985年，国务院批准民政部起草的《婚姻登记办法》，制发了全国统一式样的婚姻状况证明书，明确了婚姻登记机关执法地位和违法婚姻处理办法。同时培训各乡镇婚姻登记员，颁发了婚姻登记员证书。

殡葬改革

戚家山街道境内一直以来实行土葬、厚葬及封建迷信的丧葬习俗。做坟要看"风水"，死后念经、做道场、披麻戴孝以及摆供祭灵等。

新中国成立后，政府提出逐步改革旧的殡葬习俗，20世纪50年代开始改革土葬，提倡火化。农业合作化时期，平原地区乡镇平毁大量旧坟，平整土地，扩大了耕地面积。60年代中期，干部病故后，开始实行火葬，但一般群众还是实行土葬。

"文化大革命"中，破旧立新，破除旧的丧葬习俗，提倡简朴节约办丧事；用追悼会代替发丧送葬，用献花圈代替焚香摆供，用戴黑纱代替披麻戴孝。

1978年，中央明确规定殡葬改革的方针是：坚决依靠群众，积极推行火葬，破除旧的丧葬习俗，节约办丧事，建设社会主义精神文明。

1983年，中央办公厅转发民政部党组关于共产党员丧事要简办，并带头实行火葬的报告，小港即要求共产党员、国家干部响应党中央号召带头实行火葬。

1996年10月，小港镇印发《小港镇殡葬管理若干规定》，规定从1996年11月1日零时起，在全镇范围内一律实行火化。应当火葬而擅自土葬的，镇政府责令死者家属在7日内土葬改为火葬。如拒不执行，镇政府即可采取强制措施，土葬改火葬的一切费用均由其家属负担，并处以500—5000元的罚款。经一段时间实践，此项改革已逐渐为镇民所接受。

火化场地　死者遗体火化场原在宁波江东白鹤桥，1994年2月迁址到小港镇钟家桥村龙山南麓，占地面积4.2万平方米，建筑面积4200平方米。馆内设有大、小礼堂，用于悼念、祭祀活动。

公墓　长山区最早的公墓属王家溪口公墓,成立于民国二十五年（1936）前后,早期名为小港四顾山公墓。创始人为小港人唐爱陆,抗日时期荒芜。抗战胜利后,于民国三十六年（1947）重新成立四顾山公墓整理委员会,主任虞述圣,委员郑圣裔、高振沛。新中国成立后,于1950年由镇海县民政局接管。1958年与江北神钟山公墓合并,改为大同公墓。1985年9月撤县设区,大同公墓所属小港王家溪口墓地划归镇海区民政局管理。

长山公墓成立于1958年,地点在竺山头,1961年转给小港公社泥业社承办,1964年给建设大队经营。

1990年,市民政局同意在小港镇增设陈山、下周隘村2个墓园。

宁波经济技术开发区建立后,原散葬在各村周边的土墓集中迁葬在指定的墓地。境内已严禁土葬。

第四章　社会保险

中华人民共和国成立前,劳动人民的生老病死无保障。中华人民共和国成立后,随着国家劳动制度改革的不断深化,社会保障制度逐步建立和完善,劳动人民的各种权益受到保护,得到保障。1984年始,境内着力构筑社会保障体系,分期实施养老保险、医疗保险、失业保险、工伤保险、生育保险。老有所养、病有所医,生育、失业、受工伤后生活得到保障,保险覆盖面逐年扩大。

第一节　养老保险

1997年12月,宁波市颁发《关于宁波市城镇、县以下集体企业职工基本养老保险实施办法(试行)》,境内乡镇办企业分两步在正副厂长、书记和中层干部中实施社会养老保险制度。2000年5月,对村支部(总支)书记实行社会养老保险,确定月投保额为227元,其中乡、村两级负担182元,个人负担45元。后社会养老保险覆盖面扩大至乡镇企业全体职工和各类工商企业职工、个体劳动者、自由职业者以及无社会保险的城乡居民,投保额也有所提高。2003年,实施被征地人员养老保险政策,采取个人、集体和政府按比例缴费的办法,解决了被征地人员的养老保障问题。

参保年龄,女16—50周岁,男16—60周岁。达到法定退休年龄(男满60周岁,女满50周岁),缴费满15年以上者,可以办理退休手续,享受养老保险待遇。参加社会养老保险的,由区社保处统一办理。至2018年底,街道有33205人参加社保,3546人已领取社保养老金。参加居家养老保险1981人,547人已享受养老保险。

第二节　医疗保险

城镇职工基本医疗保险

2001年1月起,境内城镇职工实行医疗保险,参加保险的主要对象是境内所有企业(国有、集体、合作制、外商投资、私营等各种所有制企业)、国家机关、事业单位、社会团体、民办非企业的事业单位及其职工。参加医疗保险人员必须先参加基本养老保险。非公企业职工的医疗保险自2007年开始实行。保险费用由用人单位和职工个人共同缴纳。职工未办理退休手续时,应连续缴纳基本医疗保险费。缴费年限不足20年的,应按当年缴纳基数一次性补足20年,方可享受退休人员基本医疗保险待遇。基本医疗保险基金由统筹基金和个人账户构成。个人账户金额由基本医疗保险费的一部分和个人缴纳的基本医疗保险费组成。个人账户主要用于支付符合医疗保险开支范围内的普通门诊和急诊医疗费用,住院及特殊病种按规定应由个人负担的,也可以从个人账户中支出。统筹基金主要用于支付符合基本医疗保险开支范围的住院、特殊病种医疗费中按规定应由统筹基金负担的部分。

基本医疗保险实行定点医疗机构和定点零售药店管理,参保人员在社会保险机构定点的医疗机构就医、购药,也可以凭定点医疗机构开具的处方到定点药店购药,上述发生的费用由个人账户支付,个人账户不足的,由个人自付。参保人员住院发生的费用,在起付标准以下的,由个人账户支付或个人承担。在起付标准以上的,至最高支付限额以下的医疗费用主要由统筹基金支付,个人也要适当承担。参加城镇职工基本医疗保险的由区社保处统一办理。

至2018年,街道参加职工医疗保险31 498人。

城镇居民医疗保险

城镇居民医疗保险是以没有参加城镇职工基本医疗保险的城镇未成年人和没有工作的居民为主要参保对象的医疗保险制度。它是继城镇职工基本医疗保险制度和新型农村合作医疗制度推行后,党中央、国务院进一步解决广大人民群众医疗保障问题,不断完善医疗保障制度的重大举措。它主要是对城镇非从业居民医疗保险做了制度安排。国务院决定,从2007年起开展城镇居民基本医疗保险试点。

2016年1月12日,国务院印发《关于整合城乡居民基本医疗保险制度的意见》,要求推进城镇居民医保和新农合制度整合,逐步在全国范围内建立起统一的城乡居民医保制度。2016年,城镇居民医保与新农合合并统一。

2018年,街道参加城乡居民基本医疗保险3094人。

第三节　工伤保险

为保障职工的人身安全,降低企业的工伤赔付风险,1995年1月,北仑区政府《关于印发〈宁波市北仑区职工工伤保险暂行办法〉的通知》(仑政〔1994〕113号)文件施行,办法实施范围和对象定为已参加离退休费社会统筹和养老保险的企业单位的全体职工(包括"三资"企业的中方人员)。1998年1月,《宁波市企业职工工伤保险暂行办法》(市政府第6号令)施行,境内的城镇国有、集体、私营、外商投资等各类企业被纳入工伤保险范围,工伤保险费用实行社会统筹,设立工伤保险基金。2002年8月,区劳动局设立社保科,承担区内职工劳动能力鉴定、工伤认定的职责。2004年,农民工参加工伤保险及工伤保险市统筹工作开始启动,统一由区社保处办理。

第四节　失业保险

失业保险制度是在职职工由于非本人自愿原因失去职业，在规定的失业期间内，由社会给予物质帮助的制度。对于失业职工本人来说，在一段时间内，可以通过领取失业救济金，使基本生活有所保证，从而安心参加转业培训，获得重新就业所需要的技能条件。对政府部门来说，通过把失业保险基金用于组织失业职工开展转业训练和扶持失业职工进行生产自救，支付帮助失业职工再就业确需支付的其他费用，从而促进和实现失业职工再就业。失业保险基金实行统筹，并由社会保险机构支付失业保险，境内企事业单位在参保中都含有失业保险，保障了职工权益。

1986年10月1日起，境内开始实施失业保险（当时称为职工待业保险），参保对象为国有、集体企业中的固定职工和劳动合同制工人，机关、团体、事业单位中的合同制工人，内联企业中劳动关系在境内的职工，基金比例为每月按工资总额的1%缴纳。1996年1月1日起，参保对象扩大为国有、集体、股份制、合作、私营、外商合资、独资企业等合同制工人。基金缴纳由单位和个人两部分组成，其中单位按月工资总额的1%缴纳，个人按月平均工资的0.5%缴纳。1999年1月1日后，失业保险再次调整，事业单位职工亦纳入保险对象，缴纳标准调整为单位按月工资总额的2%，个人按月平均工资的1%缴纳，农民工本人不缴纳失业保险基金。

根据《浙江省失业保险条例》（2004年1月1日起施行）的规定，实施失业保险征缴范围：境内所有企业、事业单位、社会团体、民办企事业、有雇工的城镇个体工商户及其形成劳动关系的职工、雇员均应参加失业保险，由区社保处统一办理。

第五节　生育保险

生育保险制度是妇女劳动者由于生育子女而暂时丧失劳动能力，失去正常工资收入来源时，由社会给予参加保险的女职工必要的物质帮助的制度。其目的是维护处在生育期的女职工的身心健康，补偿因繁衍后代中断劳动而失去或减少的收入，保证她们产前产后的基本生活，保护女职工的劳动力和保证劳动力再生产。1994年12月14日，劳动部颁布《关于企业职工生育保险试行办法》。

1995年1月1日起，北仑区政府按《关于印发〈宁波市北仑区女职工生育基金统筹暂行办法〉的通知》文件施行，实施范围和对象定为已参加离退休费社会统等和养老保险的企事业单位的全体职工（包括"三资"企业的中方人员）。2003年5月1日，《宁波市城镇企业职工生育保险暂行办法》施行，把城镇各类企业、民办企业单位及其职工纳入生育保险范畴，生育保险费用按照"以支定收，收支基本平衡"的原则实行社会统筹，建立生育保险基金。

第五章　宗　教

　　新中国成立前,境内群众主要信仰佛教。亦有信仰道教的,但为数不多。基督教在光绪年间传入小港、江桥等地,信徒不足200人。"文化大革命"后期基督教有较大发展,目前已有教徒千余人。新中国成立前还有一贯道、同善社与无为道等迷信团体,已于1953年取缔反动道会门时灭绝。

　　改革开放后,已批准举行正常宗教活动。

第一节　佛　教

　　据旧志记载,佛教在东汉时已传入境内。李昌裔《山寺形胜记》曾提及:从瓶壶山麓九曲而上,独吐平原,周围约里许,东汉明帝时即称该处为佛国道场。唐、五代时佛教传播更盛,境内有3个寺院都建于唐代。新中国成立时,长山区实有寺院5座、庵40座、庙41座,各种殿、堂、观共11座,有僧尼111人。

　　1950年后僧、尼部分还俗。1958年"大跃进"中动员佛教界献法器,献寺、庵,并在灵峰山下先锋村集中全县有劳动能力的僧、尼参加集体生产劳动。"文化大革命"时寺、庵多被挤占,佛像被捣毁,经藏、法器遭"横扫"。僧、尼除年老集中留养在数处庵内,多数自谋职业或参加佛教团体的生产劳动。1978年开始落实宗教政策,恢复重点寺院。1995—1997年先后批准广济庵、下蓬庵(今蓬莱寺)正式恢复佛事活动。

寺、庵简介

　　永义堂　又名守节堂,在原小港曙光村(今戚家山街道蔚斗社区宋家弄口)。始建于民国五年(1916),创建人为沈门唐氏忠福居士,初建规模有大殿一进加厢房后院,建筑面积在1000平方米以上。唐氏有祖业田180亩,将140亩捐给永义堂,其每年收益作两部分开支:一是在山脚下建"根来亭"(以其父名命名),常年施茶、送草鞋;二是行善举,抗日前收养孤儿、赡养孤老,并施棺瘗埋。唐氏虔诚信奉佛教,心地宽厚,乐善好施,积功累德,取名永义堂,意谓永久节义。永义堂在抗日战争期间和新中国成立前夕两度毁于战火,1997年重建。

　　最乐庵　建于清同治年间,是小港有特色的庵堂。庵址在小港老义成桥下南堍,每年正月十四信徒有喝菜汤祛病习俗,故又名菜汤庵。今旧址已废,信众在浦山西麓重修菜汤庵。一说菜汤庵内供奉戚家军女将戚志英。戚志英在与倭寇作战时被困金塘岛,仅用菜汤充饥,最后英勇牺牲。后人

为纪念她,在菜汤庵内供奉,并在每年正月十四普施菜汤以示怀念。菜汤庵因此得名。至今,戚志英将军的塑像前香火不绝,正月十四喝菜汤习俗仍在。

灵泽老庙　原坐落在沙头村老沙头海边,供奉著名将领文天祥,是沙头、青崎、李隘三村共同祭祀的地方。因沙头村整体拆迁,迁建至林唐乌岩山东麓。

境内现另有蔚斗庙、蚶岙庙等。

表14-5-1　戚家山境内寺庙庵殿堂一览表

名　称	所在地	建造年份	备　注
蒋家庙	蒋家村	—	已毁
灵泽老庙	沙头村	—	2009年迁至林唐
老湖潭庙	林唐村	—	已毁
新湖潭庙	林唐村	—	已毁
蔚斗庙	渡头村	清康熙八年（1669）重建	位于今大岭山东侧
竺山庙	港　口	—	已毁
蚶岙庙	桥东村	—	位于今浦山西侧
关圣殿	义成碶跟	清同治五年（1866）	位于今文化站
文昌阁	江心岛	—	开发开放展览馆
积泉庵	沙头村	—	已毁
永义堂	曙光村	民国五年（1916）	位于今宋家弄口
天医殿	梯子岭上	—	今迁至浦山西麓
天后宫	笠山下	清光绪三十二年（1906）	已毁
都神行宫	黄　跟	清光绪四年（1878）	已毁
文昌阁	青崎碶上	清光绪二十五年（1899）	已毁
新　庵	桥东村	—	已毁
最乐庵（菜汤庵）	桥东村	—	位于今浦山西侧
青崎岭庵	青崎岭上	清康熙十五年（1676）	已毁
慧日庵	曙光村	清康熙五十九年（1720）重建	已毁

第二节　道　教

境内道教最早传入人为葛洪。灵峰山建有葛仙翁殿。民国时观舍多失,中华人民共和国成立时尚有3个道观,有道士12人,后均转业。

群仙观　在戚家山,又名长春观。民国时有大殿二进,有道士5人,香火兴旺,供奉玉皇大帝,每年正月初九为活动日。1958年道观被拆除,拆卸的建筑材料用于建设小港中学。

第三节　基督教

小港教堂在渡头村,光绪年间已有教会活动,属自立派。在建立教堂之前是借个人房屋作为教会活动场所,位于石水缸。1934年由小港乐嗣才发起建造小港教堂,由历届长老坐堂传教。1958年停办,1988年重新开始活动,1993年正式开堂。2019年,因房屋已成危房被拆。

第四节　宗教活动与管理

中华人民共和国成立初期,尚有寺、庙、庵的僧、尼在活动。土地改革时僧、尼分到土地,参加劳动,有些年轻僧、尼参军、参干,还俗婚配。1958年全县170多名僧、尼集中在灵峰山下先锋村建立促进社(合作社),长山区青年僧、尼亦编入该社。1962年合作社解散,僧、尼分散。"文化大革命"期间,僧、尼还俗,寺、庙、庵移作他用。

1978年开始,政府重申宗教信仰自由政策。1981年县人民政府设宗教科,同年拨款修建重点寺、庙,作为宗教活动场所。1987年北仑区政府设宗教科,加强对宗教工作领导,对佛教、基督教、天主教等的活动场地,实行审批制度。凡经批准的寺、庙、庵可以公开活动。

第六章　地方语言

　　戚家山境内通行宁波话，与新碶、大碶方言有区别，通称岭里岭外有别。由于历史上长期属镇海县管辖，因此跟镇海方言相近。近代多有舟山、台州移民，故语言中带有舟山、台州方言。中华人民共和国成立以来，随着普通话推广、文化教育普及、外地人口进入和新传播媒介等因素的影响，宁波话逐渐向普通话靠拢。特别是青少年一代所说的方言中，一些较古的读音和词语逐渐消失，接近普通话的读音和大批表示新事物的词语则普遍流行。本章记录世居境内老年人所说的部分方言土语、谚语、歇后语和童谣四类。

第一节　方　言

名　词

小娘	女孩，小姑娘。	人客	客人。
十三点	比喻说话做事出格的人，神经病人。	小人	小孩，指子女。
小官人	未婚男青年。	三脚猫	一知半解并不内行的人。
大人	"大"音"驮"。成年人，指父母。	小气坯	吝啬之人。
大姑娘	未婚女青年。	大好佬	有财势的人。
小圆	小男孩。	大糊	疯子，精神病患者。
半雌雄	两性人。	老成人	上了年纪的人。
作头	泥工等手工业的工头。	呆大	呆子，傻瓜。
奶花	"花"音"欢"。婴儿。	生头人	陌生人。
饭桶	形容只会吃饭不会做事的人。	肚仙	巫婆。
团荡	举止失当，没有分寸的人。	花癫	想异性而精神失常的人。
花佬	妓女。	贼骨头	贼，小偷。
郎中	医生。	泥水	泥瓦匠。
笨贼佬	笨蛋。	瞎眼	瞎子。
绿壳	强盗。	聋彭	聋子。
蛇卵	行为不正常的人。	鞋蒲芥	低能儿，痴傻的人。

剃头师傅	理发师。	厨工师傅	厨师。
大脚胖	大腿。	手骨	手，手臂。
奶奶脯	乳房。	头颈骨	头颈，脖子。
尼朵皮	耳朵。	汗毛管	汗毛孔。
牙须	胡须。	屁股脚	胯骨。
肚脐眼	肚脐。	指末头	手指。
顺手	右手。	背脊	人的背部。
借手	左手。	脚娘肚	小腿肚。
脚后跟	脚跟。	老酒	黄酒。
下半日	下午。	今密	今天。
贴亮头	早晨。	上敞	上一段时间。
半夜过	半夜。	早半晌	上午九十点钟。
头起家	起先，刚才。	后头来	后来。
夜快	傍晚。	明朝	明天。
夜到	晚上。	辰光	时候。
昼过	中午。	点心时	下午两三点钟。
上半日	上午。	贴娘饭	早饭。
山粉	番薯粉，勾芡用的淀粉。	六谷	玉米。
汤果	糯米粉做的无馅圆子。	半夜餐	夜宵。
灰蛋	用黄泥与盐腌制的咸鸭蛋。	张网货	用张网捕捉的海鲜。
利市头	猪头。	芦稷	高粱。
纯米饭	不加杂粮的米饭。	蛤皮	蛤。
地作头货	田地上出产的农副产品。	秕花	紫云英。
点心饭	下午三点左右吃的点心。	胖脯	爆米花。
饭瓜	南瓜。	虾屏	龙头鱼。
夜饭	晚饭。	料理	调味。
呛蟹	腌制过的梭子蟹。	外鹅	大雁。
草子	黄花苜蓿。	叫连	蝉。
油包	用猪油、白糖等为馅的包子。	香瓜子	葵花籽。
炒毛粉	米炒熟后加配料磨成的粉末。	香乌笋	莴苣。
金团	外裹松花、用米粉做的甜饼状团子。	倭豆	蚕豆。
浆板	糯米饭加甜酒曲酿制的食品。	臭冬瓜	腌制的臭味冬瓜。
索面	一种产妇吃的面条。	昼饭	中饭。
洋番薯	马铃薯。	弹路	跳鱼。
辣茄	辣椒。	辣火酱	辣酱。
鲜白蟹	新鲜的梭子蟹。	燥烤饭	干米饭。
霜缸酱	蚕豆发酵后制作的豆豉。	烤头	小海鱼干的总称。

麻饼	一种撒有籽麻的烤面饼。	草鸡	母鸡。
毛柴病	疟疾。	快口药	消炎药。
小肠气	疝气。	乌青	皮肤内淤血。
腰子病	肾炎。	蓝药水	紫药水。
拗斗	舀水的木器,有柄和"嘴"。	帐子	蚊帐。
米筛	用来筛谷、米等的竹器具。	火叉	烧火用的铁制通条。
火柜	冬天内置热灰可取暖的木床。	泥刀	泥瓦工工具。
火熜	冬天取暖用的铜手炉（也有陶制的）。	电光灯	手电筒。
汤锅	两个灶眼之间的小水锅。	家生	工具,器具。
板筛	用来筛糠等的密孔竹器具。	沙尖	带锯齿的割稻弯刀。
白篮	用篾编成的圆形平底大容器。	扳锄	狭长厚实的重型锄头。
夹箩	一种编制细密的双层竹箩。	红毛瓶	玻璃瓶。
花絮	棉絮。	夜桶	马桶。
荡口杯	用于漱口、刷牙的带柄的杯子。	凉床	旧式大木床。
食罩	用来罩饭菜的圆形竹编罩子。	桌凳	桌子。
家计	家产,家具。	料勺	舀粪用的长柄勺。
畚箕	用来盛土、盛畜禽粪等的竹器。	矮凳	凳子。
箬壳	笋长成竹子后蜕下的壳。	筷箸笼	盛筷子的笼子。
眠床	床。	被柜	放被子的大木柜。
排销	用来连接木板的竹钉。	被头	被子。
稻桶	脱粒用的四方形大木桶。	排刷	洗衣服的刷子。
洗帚	洗锅碗等用的小竹帚。	猪槽	盛猪食的槽子。
甂	陶制的食品盛器。	罋	瓮。
篰	竹篾条等编成的篓子。	薄刀	菜刀。
揩桌布	抹布。	后抢袋	裤子后侧口袋。
木屐	木拖鞋。	领头	领子。
阁登	阁楼。	灶跟	厨房。
边沿头	边上,边缘。	灶头	灶,灶台。
乌探	地方。	上登	上面。
牛犍间	牛圈。	坑跟间	厕所。
别采	别的地方。	当中央	当中。
近横	附近。	砖皮	椽上的薄砖片。
屋山尖头	屋脊的两端。	楼登	楼上。
天家	天气。	日头	太阳。
风水	台风。亦指易学中的"风水"。	龙光闪	闪电。
连底冰	结到底的冰。	雾露	雾。
牛娘	母牛。		

动词 形容词

刁登	赌气,刁难。	劝上桥	耐心诱导。
扎面子	争光,露脸。	出蹩脚	暗中中伤,私下暴露。
对百筋	伤劳筋骨,极不容易。	发心	下决心。
打横	干零活,中途做别的事。	失眼	走眼,看错。
扭	用手指使劲拧一小块皮肉。	呒设法	没办法。
纠作	整理,收拾;纠缠,整治。	打汅	游泳。
抾	手伸入洞孔等摸取东西。	犯勿着	不值得。
走人家	串门。	刻忤	厌恶,憎恶。
尚怕	生怕,恐怕,担心。	轧	挤,卡住。
会钞	出钱付款。	自晓得	自己心里明白。
传	念叨。	担饭	带饭菜,送饭菜。
吃夹饼	两头受指责。	担双身	怀孕。
吃小苦	受苦。	拆乱话	说谎。
吃闷棍	受了说不出的暗亏。	拎勿清	弄不清楚。
吃赔账	赔偿工作疏忽造成的经济损失。	爬起	起床。
直过	收支相等。	话	讲;批评,指责。
吃牌头	吃批评,受指责。	削	用巴掌打(耳光)。
好日	结婚。	冒	呕吐。
当值	照顾,服侍。	肌心热	发热。
肉痛	心疼,舍不得。	受委气	受气,委屈。
百债	形容纠缠不清、啰嗦。	哄闹热	挤热闹。
挡	扶。	讲大道	聊天。
浇身	用毛巾擦洗上身。	讲夜话	说梦话。
烂腐	烂掉;形容差、不好。	駃	拿。
相	看。	伤阴骘	暗中伤人。
看相	看中而希望得到。	背包袱	承担后果。
罚愿	赌咒,发誓;叫苦,讨饶。	串阵	串来串去。
扯木人	糊弄人,当别人是傻子。	背夜	熬夜。
背耙	上当。	但被其	随便其(他)。
伸懒势	"势"音"四",伸懒腰。	退皮	两相抵消。
晏一尚	等一下。	冻进	着凉。
屯点	等一下,停一下。	听张	听见。
呛翁	食物误入气管而咳嗽。	减年成	失色;削弱效果。
值钿	疼爱。	应嘴	回嘴,顶嘴。
套绕	走迂回的远路。	恶奈话	开恶玩笑。

弄送	欺侮，戏弄。	张	窥看。
恶弄送	恶作剧。	大度	心胸宽广。
倒大	夫妻或恋爱对象女比男大。	小结结	身材小。
干驳驳	干硬，缺少水分。	勿落直	行为不端正。
勿长毛	"长"音"涨"。指人品行不良。	捣鲠	反对，阻绕。
积落	积攒，积存。	脑算	因疏忽而错算。
巴结	勤快，主动地干。	心焦	寂寞。
起风	刮风。	顾野	注意力不集中。
火热炯	"炯"音"同"。比较热。	造孽	吵架。
做初一	出首，做出头鸟。	长孟孟	长长的。
做无赖	小孩肆意哭闹。	乐胃	舒服。
乱梦	做梦。	石钝	很钝。
做对手	做帮手。	旧那那	陈旧，不新。
做生活	干活。	正够	完全足够。
犯关	糟透、完蛋，有忧愁之意。	做队	做伴。
勒牢其	拦住他。	扣扣好	刚刚好。
得知	"得"音"笃"。知道。	婆柴	捆柴。
老扣	不多。	掼	扔，用棍棒等打。
在行	"行"音"杭"。机灵，聪明。	距倒	跪倒。
游四门	四处游荡。	好相量	不多，有限。
困失觉	睡过了头。	红希希	有点儿红。
落雨	下雨。	老实头	老实巴交。
落霜	结霜，霜冻。	肉痛	心疼，舍不得。
两隔生	黏合不紧，有隔阂。	落轧	上当，中圈套。
落棺材	走绝路，做无可奈何的事。	冷刮刮	冷，很凉。
解板	锯板；两人一起串通做事。	呒结果	没有好的结局。
触霉头	运气不好，得没趣。	屁轻	很轻。
撒烂屙	拉稀；马虎，不负责。	撮	拾，捡。
净多没少	"少"音"小"。过分地多。	撮纸头	抓阄。
单头重	担子一头重，一头轻。	马虎	不负责。
蹩	音"别"。脚腕扭伤。	实惠	朴实，实在。
拉倒	算了，作罢。	油挪挪	油腻。
一眼眼	一点儿。	泡汤	落空，消失
泡冲	过度嬉闹，过度活跃。	斯文	文气，文雅。
直利利	说话直率，不加修饰。	湿扎扎	有点湿；数量不多。
滏滏滴	很湿，水往下滴；很穷。	空省	宽；空闲。
直拔头	笔直；也引申为心直，说话及考虑问题不周到。		

硬伤	本不该搞坏而搞坏。	落直	品德端正；安帖。
细相细巧	好看。	落位	舒适。
闹热	热闹。	锋快	很锋利。
厚层层	厚厚的。	黑嫩	很嫩。
活络	机灵，敏捷，灵活。	勤力	勤快。
笃定	心绪安定，做事有把握。	煞辣	言行泼辣；过瘾。
结棍	结实强壮；厉害；吃重。	退板	差，不好。
退过	算了。	蓝结结	蓝蓝的。
煞清爽	很干净，很清楚。	倒爷笨	越长越笨。
错拼	错开；对不齐。	息息介	安分；听话。
雷大	很大。	恶尖尖	凶狠的样子。
慢拖拖	运作缓慢。	笔尖	很尖。
热拆	小孩手脚不停，常弄坏东西。	调直	安帖。
赖呵呵	懒惰，不勤快。	调大	空闲，不忙。
贼老	很老。	难熬	难过，悲伤。
停当	稳重可靠。	做人家	节省，节约。
混滚	含混。	眼孔浅	气量小，妒忌心强。
甜口	有点儿甜。	粘胶胶	"胶"音"高"。黏的。
甜嫩嫩	有点儿甜。	脚椪脚	能力差不多，不相上下。
领径	方便，不复杂。	随势	毫不费力，足以胜任。

代　词

介管	这么些。	老底子	从前。
自家	自己。	别人家	别人。
别样告	"样"音"娘"。其他。	阿拉	我们。
阿里	哪里，什么地方。	侬	你。
其	他（她）。	和总	全部。
该面	那里。	该向	那边。
荡头	这里。	格貌	这样，那样。
啥人	"啥"音"束"或"嗦"。谁。	榜早	提前，趁早。
赖花头	有时候，偶尔。	堂眼	这里。
堂向	这边。	聚头	一道。
道忙	这次。	暴生	起初；初次。

虚　词

大笔头	"大"音"驮"。大大地。	门门账	理该，理当。
仍规	"仍"音"成"。依旧。	反使	反而。

区煞	幸亏；亏得交关很；非常；形容很多。	当忙	随即，立刻。
有两遭	有时候。	老老	经常。
弄勿好	也许，可能。	时眼	相当，形容许多。
时格	老是，一直。	来该	正在。
每遭	经常。	定规	坚决；硬是。
恨性命	拼命，竭尽全力。	放命	特别。
是会	真的；果然。	是话	如果。
差眼眼	差一点点。	活节	刚才。
派来	原来。	省勒	免得。
统整	全部，都。	格勒	所以；怪不得。
煞口	着力地；不停地。	稍势	稍微。
蓝扮	偶然。		

俗 语

一手落脚	一人干到底。	三弄四弄	居然，竟然。
大面大德	大面盘，并有大器之感。	千定万定	千万，务必。
大头壳子	形如弥勒佛的手套面具。	大糊塔气	傻里傻气。
大头和尚	戴面具、拿破扇逗乐的人。	小货铜钿	私房钱。
乌风猛暴	强冷空气来时，突然乌云密布、北风呼啸的态势。		
心急慌忙	慌乱，慌忙。	水出烂糟	瓜果饮食等湿且烂。
心塞眼闭	无指望了；死心。	要紧得慢	紧要；紧要处。
出膊出乱	赤身露体，裸体。	半生里熟	半生半熟。
半死烂活	半死不活。	可怜可相	可怜巴巴。
头痛膨胀	头痛并昏沉发涨的感觉。	对半夹起	各一半。
白白力力	徒然；没有效果和意义。	生头陌脚	陌生不熟悉。
目察洞暗	一片赤黑，毫无一丝光亮。	石骨铁硬	坚硬；人品刚正。
伤心不拉	遭受不幸，使人悲哀。	冰冷气出	食物冷了；很冷清。
冰骨尸冷	形容物体冷；喻心寒失望。	壮壮鱼头	小梅鱼。
吃饭家生	指以养家口的工具。	咋西娘格	怎么回事。
刮刮煞煞	全部；一总，一并。	多嘴活狲	多嘴的人。
咋急煞	（心情焦急）怎么办。	好模好样	好端端。
和落三亩	全部，所有。	杂七格勒	花样繁多无序。
异样骨得	言行与平常不同，令人反感。	和家老少	全家人。
死蟹一只	事已定局，毫无办法。	汗毛懔懔	非常害怕。
和白烂滩	事或物一塌糊涂，无法收拾。	红粉细白	白嫩。
旺兴夹脚	骄傲浮夸，做事莽撞。	候心老命	竭尽全力。
汗毛伶仃	寒冷或恐惧时汗毛竖起。	的角四方	很方正。

灰尘膨蓬	灰尘积累或灰尘飞扬。	老三骨气	好摆老资格。
油头铁脑	不合情理，行为不检。	老木叮冻	年老，反应迟钝。
明当响亮	说话办事不隐讳，可以公开。	血得斯红	很红。
泥腥不拉	食物不够新鲜和干净。	是介光景	一定的时候。
红猛日头	灿烂而灼热的太阳。	西样怪气	阴阳怪气。
老三老四	说话口气大，做人不虚心。	洋巡无道	不礼貌，不规矩。
顶头摸脚	认认真真，专心一意。	牵丝板凳	参差不一，不统一。
哈答糊涂	马马虎虎，糊里糊涂。	歪嘴匹脚	五官生得不够端正。
行情行市	"行"音"杭"。形容很多。	活狲手脚	手脚好动，闲不住。
讲勿落直	双方意见始终不一。	绞七廿三	胡搅蛮缠，不在理。
烂腐塔气	货物质量不好；事情做得不够完善。	耐心耐相	性情温和，有耐心。
呆大刮气	傻里傻气。	背时背搭	指人老过时、讲话啰嗦。
呒规蹈矩	没有礼貌，没有规矩。	呒爹娘监训	没有教养。
呒数莫账	心中无数。	轻身翻气	做事不稳重，举止轻浮。
顺埭过便	顺便。	呒账得算	算不出价值；不必细算。
呒清白头	无缘无故。	呒角锄头	说话没有分寸的人。
翻青倒白	被折腾得很厉害。	娘西娘倒	骂人的程度深而厉害。
围身布襕	干活时用的围裙。	拿话东西	"拿"音"奶"。玩具。
寿头骨气	傻里傻气。	爹头娘脚	讲话不真实，乱讲。
离爹离娘	骂人不孝顺父母。	灶口地坑	灶背后放柴垛和烧火的地方。
透骨新鲜	食物很新鲜。	犟头倔脑	固执己见，听不进忠告。
铁色无里	完全一样。	滑里滑达	物体易滑、不易抓牢。
铁丝客篓	小气，一毛不拔。	稀里罕楼	言行出格，出乎常规。
断断落甩	摆放东西很随便。	黑七得八	说话不着边际，胡编乱讲。
痒麻色喽	发痒的感觉。	新出花样	喜欢玩弄花样。
眼壳子高	看不起人。	眼屙结格	粘着眼屎的邋遢相。
暗力薄胧	光线暗淡。	粒粒瘰瘰	不光滑，有颗粒。
脚脚末头	脚趾。	滚天黑地	烟雾、沙尘等遮天飞扬。
精光的滑	光滑；空无所有。	脚高脚低	办事没准；高低不平地走。
糊朝糊落	糊涂，乱来。	像煞是介	自以为是，装模作样。
雪白粉嫩	肤色白皙细嫩。	擂倒牌子	不要面子，破罐破摔的人。
乱话三千	谎话连篇。		

第二节　谚　语

农事谚

豆朗多荚，麦朗多叶。

人要桂圆枣子，田要河泥草子。

人误地一时，地误人一年。

儿好要靠娘，稻好要靠秧。

十年针松一根柱，十年檫树好打船。

种田人不离田头，捕鱼人不离船头。

大铜钿赚不来，小铜钿眼勿开。

夏至杨梅满山红，小暑杨梅要出虫。

勿到霜降先落霜，晚稻糯谷变砻糠。

廿亩棉花廿亩稻，晴也好雨（落）也好。

田荒穷一年，山荒穷一世。

立春种树树成荫，谷雨种树枉费心。

芒种芒种忙忙种，早上勿调晚上工。

若要牛出力，夜草喂巴结。

养鸡要勤，养鸭要腥，养鹅要青。

种田勿留种，饿煞吭人拥。

种树造林，莫过清明。

大麦浇芽，油菜浇花。

草子种三年，坏田变良田。

清明前后，种瓜点豆。

棉花勿打权，光长柴火梗。

冬麦要压，越压越发。

冬牛要捂，春牛要露。

吃过谷雨饭，发风落雨要出畈。

芒种芒种，百样要种。

生活谚

一寸光阴一寸金，寸金难买寸光阴。

一个和尚挑水吃，两个和尚抬水吃，三个和尚吭水吃。

人多好用力，人少好吃食。

出门阿里，不及屋里。

只要老公好，苦苦也吭告。

只有看中意，吭纳做中意。

只有眼荒，吭纳肚慌。

十二月廿八，吭纳办法。

立夏吃只蛋，气力大一万。

三日勿吃鲜，蛳螺带壳咽。

先算后用，一世勿穷。

三年饭讨过，官都勿想做。

站着勿如坐着，坐着不如困着。

上磨肩胛，下磨脚底。

吃勿穷，穿勿穷，算计勿好一世穷。

大难不死，必有后福。

小头勿去，大头勿来。

人怕老来穷，麦怕胎里空。

人老露筋，船老露钉。

人吭章程，苦勒伤心。

人心齐，泰山移。

人心隔肚皮，三爹六主意。

儿子像阿娘，银子好打墙。

宁可买勿值，勿可买吃食。

儿子好，勿算好；媳妇好，才算好。

生意做勿着一时，老婆抬勿着一世。

三日勿吃咸齑汤，脚骨有眼酸汪汪。

光棍做人活神仙，生起病来叫皇天。

三岁打娘娘会笑，廿岁打娘娘上吊。

上山怕虎，落海怕雾，吃饭防噎，走路防跌。

后生怕激，老头怕逼。

好心犯恶意，石板压脚面。

有吃吭吃，莫屯朝西朝北。

有愁吭愁，愁六月吭日头。

小洞勿补，大洞叫苦。

小头耿耿响，大头勿管账。

死人臭一塌臭，活人臭塌塌臭。

六十岁学跌打，腰婆贼骨硬。

勿听老人言，吃亏在眼前。

勿到黄河心勿死，到了黄河出眼泪（睏）。

自家做做来勿及，人家做做勿中意。

天亮要吃饱，昼过要吃好，夜到要吃少。

讲讲话话散散心，闷声勿响要生病。

讲讲神仙阿伯，做做死蟹一只。

廿年新妇廿年婆，再过廿年做太婆。

听过勿如看过，看过勿如做过。

志气要争，门面要绷。

木匠走进三日烧，泥水走进三日挑。

灶沿地坑看老婆，越看越动火。

穷呒穷到底，富呒富到根。

鸡鹅鸭脚板，冻冻会冻惯。

卖柴老侬烧柴叶，卖菜老侬吃黄叶。

冬吃萝卜夏吃姜，从来勿用看医生。

狗生狗值钿，猫生猫值钿，癞头儿子自中意。

贪吃懒做，挨冻受饿。

贪小失大，贪嘴落夜。

屋里烧缸灶，外头充好佬。

树高千丈，叶落归根。

要好看红绿，要好吃鱼肉。

家勿和被人欺，邻不和被贼欺。

海蜇勿上矶，只好沙滩掼。

爹娘缺半边，儿女苦如楝。

调样生活，换副筋骨。

菜萁炒年糕，越吃越馋痨。

清官难断家务事。

遇事勿恼，长生勿老。

新三年，旧三年，缝缝补补又三年。

蔬菜三分粮，咸齑当长羹。

有钱勿买疙瘩菜。

死要面子活受罪。

门后拉屙天要亮。

年轻人靠脚劲，老成人靠饭劲。

老酒糯米做，吃仔闲话多。

老人勿讲古，后生会失谱。

天晴带伞，肚饱带饭。

自家笨，还要怪刀钝。

天怕雪后风，人怕老来穷。

少壮不努力，老大徒悲伤。

冷冷勒风里，穷穷勒铜里。

手痛要络，脚痛要搁。

木勿凿勿通，人勿学勿懂。

快活身体，难为肚皮。

牛怕上轭，人怕落轧。

长子不得力，苦到脚骨直。

冬天进补，夏天打虎。

养儿防老，积谷防饥。

败子回头金不换。

肩胛头当栈房，脚娘肚当米缸。

贪贱买老牛，一年倒两头。

金窠银窠，勿如自家草窠。

树大分权，子大分家。

种田要好秧，养儿要好娘。

要紧勿得慢，尿瓶掣只环。

铜油奋斗，滴水勿漏。

笑脏笑破不笑补，笑馋笑懒不笑苦。

绣花枕头烂草包，聪明面孔笨肚肠。

教子有方，门庭兴旺；教子无方，家计荡光。

造孽劝开，夫妻劝拢。

越屯越懒，越吃越馋。

隔夜饭好吃，隔壁气难受。

慢慢来，廿岁抬。

嘴上无毛，办事勿牢。

气象谚

九字歌

一九二九，下水勿流；三九四九，绞开捣臼；
五九四十五，穷人怕动步；六九五十四，笆头出嫩枝；
七九六十三，破衣两头掼；八九七十二，黄狗寻荫地；
九九八十一，穷人好出脚。

蜻蜓飞得低，眍没（今日）好天气。
五月端午晴，烂草刮田塍。
日脚好拣，天时难拣。
冬冷不算冷，春冷冻煞犊。
吃过端午粽，还要冻三冻。
春雾雨，夏雾热，秋雾凉风，冬雾雪。
重阳一朝雾，晚稻要烂腐。
雷响惊蛰前，七七四十九日不见天。

天起鱼鳞斑，晒谷勿用翻。
五月端午落，烂田割燥谷。
冬雪宝，春雪草。
立春落雨到清明。
泥鳅水上泡，大雨即将到。
蚂蚁上桌面，大雨在眼前。
热热三伏，冷冷三九。
雷雨隔田塍。

社交谚

一日两日是人客，三日四日是便客。
一只碗不会响，二只碗叮当响。
人要好话听，佛要香火敬。
丈母一声哎，蛋壳一畚斗。
小来外婆家，中年丈母家，老来姐妹家。
为人勿做亏心事，不怕半夜鬼敲门。
认理勿认人，帮理勿帮亲。
只好欠恶霸，勿好欠众家。
宁可给乖人背包袱，勿可给笨人出主意。
会赚铜钿多背债，会讲闲话多招怪。
各人自扫门前雪，不管他人瓦上霜。
有理走遍天下，无理寸步难行。
老凑老，讲讲有味道。
过头饭好吃，过头话勿讲。
良药苦口利于病，忠言逆耳利于行。
画龙画虎难画骨，知人知面不知心。
亲帮亲，邻帮邻，打断骨头连勒筋。

一句话把人讲笑，一句话把人讲跳。
人情做到底，送佛到西天。
人无千日好，花无百日红。
上半夜忖忖自家，下半夜忖忖人家。
大人不见小人过。
勿讲一肚气，讲讲两肚气。
只好救急，勿好救穷。
对折拦腰掼，零头拢拢翻。
生头熟人客，装勒勿认得。
吃了人家嘴软，拿了人家手软。
好汉勿吃眼前亏。
有借有还，再借勿难。
舌头眍骨，随人嚼法。
和气生财，生意会来。
朋友热络，脱勒出膊。
亲兄弟，明算账。
带鱼吃肚皮，闲话讲道理。

种田人讲节气,生意人讲和气。

娘舅大石头,闲话独句头。

请吃酒,挜拜生。

隔壁做官,大家喜欢;隔壁做贼,大家吓煞。

鲁班师傅造凉亭,还要拨小讨饭来批评。

树老根多,人老话多。

病从口入,祸从口出。

做做做勿煞,气气要气煞。

嘴巴快,多招怪。

摆着和尚骂贼秃。

其他谚

三兄四弟一条心,后山烂泥变黄金。

三百六十行,行行出状元。

千年海底松,万年燥搁枫。

中药店里揩桌布,揩来揩去总是苦。

勿怕别人看不起,只怕自家勿争气。

勿怕勿识货,只怕货比货。

天高勿算高,人心节节高。

心急吃勿来热粥,火猛点勿着蜡烛。

外行生意勿可做,内行生意勿可错。

头一主意是主意,第二主意是狗屁。

好省勿省,念佛送羞。

戏法人人会变,各有巧妙不同。

师傅徒弟,推板三年;老板伙计,差眼本钿。

羊毛出在羊身上。

扫地只扫地中央,汏面只汏鼻头梁。

讲讲勿相信,自家去打听。

呒没杀猪屠,也勿会吃带毛猪。

疔疮破头,力大如牛。

秀才不出门,能知天下事。

夜做夜,豆腐慢慢卖。

远来和尚会念佛。

偷鸡勿着蚀把米。

眼大无光,屋大无窗。

笨贼偷捣臼,乖人遮亮头。

狗肉香,佛来张。

铜钿也要,面孔也要。

屋怕勿稳,人怕忘本。

麻雀虽小,五脏俱全。

恶人告状,先喊冤枉。

新造茅坑三日香。

三分相貌七分扮,癞头扮来像小旦。

三个臭皮匠,抵个诸葛亮。

勿贪财,祸勿来。

勿是侬财,勿落侬袋。

勿怕一万,只怕万一。

天上斑鸠,地下泥鳅。

开一头门,多一路风。

日里讲勒夜里,菩萨还在庙里。

头夜忖忖千条路,第二天亮摸老路。

各庙各菩萨,各人忏念法。

好马勿吃回头草。

好记性勿及烂笔头。

有眼不识泰山,灰堆垒出鸭蛋。

老蟹还是小蟹乖,小蟹打洞会转弯。

自家无用,还要埋怨祖宗。

呒事勿可胆大,有事勿可胆小。

呆大自有呆大福,烂泥菩萨屯瓦屋。

捉漏趁天晴,读书趁年轻。

捉奸捉双,捉贼捉赃。

鸭肉骨头水塌糕,八月十六等勿到。

清明螺,壮如鹅;八月蛏,一根筋。

奔奔前头,驮驮零头。

怕痛怕痒,做勿来外科医生。

船到桥门自会直,勿是碰就是蹩。

虱多勿痒,债多勿愁。

倒贴工钿白吃饭,生活拨侬学学惯。

铜锣响,脚底痒。

裁缝靠熨斗,鞋匠靠楦头。

恶人自有恶人磨,杨辣自有蛤蚆拖。

第三节　歇后语

一滴水落勒油瓶里——碰巧

一跤跌进干河里——勿识（湿）

一分铜细一分货——货真价实

一篮梅子鲓——纯是头

人家棺材抬到自己屋里来——多管闲事

六月里做亲——勿要面皮（棉被）

文不像读书人，武不像救火兵——派弗来用场

木匠拉锯——有来有往

九月里菱白——灰心

火烧眉毛——急在眼前

半斤八两——差不多

只响雷勿落雨——虚张声势

叫花子吃死蟹——只只鲜

打破砂锅——问（纹）到底

大姑娘上轿——头一遭

下巴骨弹落——呒话可说

母鸡守鸭蛋——枉费心机

白米饭喂狗——反咬一口

牛身上拔根毛——不在乎

烂田翻捣臼——越陷越深

皇帝勿急急太监——自作多情

江西人钉碗——自顾自

宰相肚里好撑船——肚量大

屙缸石头——臭犟硬

桥倒压勿煞差鱼——呒心事

老鸦嘴巴——勿吉利

肉包子打狗——有去无回

过河拆桥——不留后路

阴沟里泥鳅——掀不起大浪

弄堂里背毛竹——直来直去

快刀斩乱麻——一刀两断（段）

沙滩上走路——一步一个脚印

阿黄春年糕——吃力勿讨好

鸡蛋碰石头——不自量力

小和尚念经——有口无心

飞蛾扑火——自取灭亡

乌鳢鱼扮河桩——装死

井里插竹竿——光棍一条

八仙过海——各显神通

八十岁学吹打——上气不接下气

八只瓶，七只盖——弄勿落直

水中捞月——一场空

十五只吊桶打水——七上八落

王小二过年——一年不如一年

十节尾巴九节黄——来日不多

半天芦花彭彭扬——夸夸其谈

十只指末头连排梢——笨手笨脚

丈母娘看女婿——越看越欢喜

三只指头撮田螺——十拿九稳

三十夜等月亮——白费工夫

打落牙齿肚里咽——有苦说不出

打了阿婆，还要跳河——恶人做上前

石头上掼乌龟——硬碰硬

死马当活马医——试试看

眉毛胡子一把抓——主次勿分

老鼠跳进白米缸——白吃白拿

老虎头上拍苍蝇——送死

老鹰拖小鸡——勿费力

桥管桥，路管路——两勿搭界

烟囱管里挂摘钩——吊心火

眠床底下放鹞子——高勿起来

奢糠搓绳——起头难

贼出关门——迟了

铁秤砣落水——沉到底

猪八戒照镜子——里外不是人

脚底里抹油——溜得快

脚娘肚当米缸——做一日，吃一日

脚娘肚弹琵琶——吓煞

鸡蛋里挑骨头——故意找毛病

依葫芦画瓢——照样

兔子尾巴——长不了

和尚头上搁虱子——明摆着

黄鼠狼看蒲样——吊煞

强盗扮书生——假装斯文

湿手遭米粉——甩勿掉

猢狲戴帽子——像煞有介事

蛳螺壳里做道场——地方小

裤脚筒敛仔等蛇咬——寻死作孽

裤带头打结——记得牢靠

跑龙套出场——摇旗呐喊

鹅眼看人——把人看小了

摆勒和尚骂贼秃——指桑骂槐

擀面杖吹火——一窍不通

癞蛤蟆想吃天鹅肉——痴心妄想

翻转石头压脚面——自作自受

脱裤子放屁——多此一举

船头上跑马——走投无路

黄婆卖瓜——自卖自夸

黄鼠狼给鸡拜年——不怀好意

泥菩萨过河——自身难保

狗眼看穷人——势利

狗逮耗子——多管闲事

狗嘴里吐勿出象牙——呒啥好话

空口讲白话——呒证呒据

苦竹根头出苦笋——苦到头

咸鱼放酱油——好省

哑子吃黄连——有苦说不出

姜太公钓鱼——愿者上钩

屋山尖头开门——断六亲

挂羊头卖狗肉——有名无实

既要当婊子，又要立牌坊——不知廉耻

第四节　民　谣

阿囡宝侬要啥人抱

阿囡啊！侬要啥人抱？我要爷爷抱。爷爷腰骨弯勿倒。

阿囡啊！侬要啥人抱？我要阿娘抱。阿娘小脚站勿牢。

阿囡啊！侬要啥人抱？我要外公抱。外公要去田里割夜稻。

阿囡啊！侬要啥人抱？我要外婆抱。外婆要到河埠头洗袄袄。

阿囡啊！侬要啥人抱？我要阿爸抱。阿爸出门要去赚元宝。

阿囡啊！侬要啥人抱？我要阿姆抱。阿姆正在纺纱织布袄。

阿囡啊！侬要啥人抱？我要哥哥抱。哥哥正在读书做文章。

阿囡啊！侬要啥人抱？我要阿姊抱。阿姊正在绣花描凤凰。

摇啊摇，摇到外婆桥

摇啊摇，摇到外婆桥。外婆正在纺棉花，舅舅刚好摘枇杷，枇杷树上一朵花，舅妈摘了翘格翘格走人家。走到东家啃西瓜，还讲人家勿写茶。昭拉昭拉还要骂人家，你讲好笑勿好笑。外婆是介话：介坏人，要其啥！还是斩斩喂大蛇，大蛇勿肯吃，小蛇囫囵吞，鲤鱼跳龙门，一跳跳到水缸登，倾令咥唧做戏文。

猜拳歌

一定公,两相好,三元中,四喜红,五魁首,六六顺,七个巧,八匹马,九快利,包大对,全家福。

数星

七簇扁担稻桶星,念过七遍会聪明。

十二月歌（一）

正月剥瓜子,二月放鹞子,三月下秧子,四月拾蛏子,五月割麦子,六月扇扇子,七月多蚊子,八月吃鸭子,九月吃粽子,十月买栗子,十一月生炉子,十二月杀鸡子。

十二月歌（二）

正月啰嗦过,二月芥菜大,三月拔茅针,四月拗乌笋,五月满街香,六月乘风凉,七月会牛郎,八月桂花黄,九月九重阳,十月煨鸡娘,十一月兑钱粮,十二月送年放炮仗。

火萤头

火萤头,夜夜来,陈家门口搭灯台。灯台破,上宁波,宁波行里坐一坐。拿出铜钿买苹果,苹果糊奇奇,宁可买荸荠;荸荠扁柞柞,宁可买甘蔗;甘蔗节打节,宁可买广橘;广橘裥打裥,宁可买橄榄;橄榄两头尖,宁可买金柑;金柑粒头小,宁可买豆芽;豆芽有得根,宁可买老菱;老菱像元宝,春槐春年糕。

第十五编　人　物

　　戚家山街道，千年古镇，地灵人杰。

　　在漫漫历史长河中，名人、英才辈出，他们为抗击外侮、振兴中华、建设祖国，不惜抛头颅、洒热血，把青春和生命奉献给了这块红色土地。

　　在建设中国特色社会主义的过程中，戚家山人充分发挥聪明才智，不畏艰难，锐意改革，开拓创新，涌现了一大批先进集体和先进个人。

　　他们创造的业绩将永远被历史和人民铭记。

本编目录

第一章　小港李氏家族

"参天之树必有其根，怀山之水必有其源。"

小港李氏的先祖是唐朝右散骑常侍、节度淮西军事、光州刺史李杞，因避朱温之难，由东都迁居福建。宋初，李杞长孙李直清从福建迁居到奉化，居住在同山旁。小港李氏最早来到明州的就是这位世祖。他的曾孙李珂，再迁至奉化江口，传到第十世祖李信之，则举家搬往镇海崇邱（今戚家山街道）新堰头，择地建屋，就此入籍。这样过了6代，后裔又陆续迁到小浃江口（俗称港口）聚族而居，繁衍生息。到李弼庵（乾房）与李也亭（坤房）兄弟这一辈，已经是李氏家族在宁波的第27代了，此即乾、坤两房之由来。

李氏家族重视创新发展，早年投身现代工业，在小港建设发电站、米厂；在上海开拓航海运输，在东北开垦土地、发展农庄，为实业救国做出了不朽业绩。

李氏家族重视教育，重视人才培养，善于学习吸收西方先进科技文化知识。在小港率先创办现代教育，成立义塾，开办养正小学、养正女校，为小港的现代教育开了先河。李氏家族历代子孙多是专家、学者、教授、医生、工程师、建筑师、艺术家等。

李氏家族成员积极投身民族解放斗争，族中长辈早年投身辛亥革命；在抗日战争的"七一七"镇海保卫战中，冒着枪林弹雨，抢救伤员；李氏家族中多人参加由中国共产党领导的抗日队伍，为创建中华人民共和国做出了杰出贡献。

李氏家族爱国爱乡，乐善好施，热心救助贫困乡亲，赈灾济民，深得乡民拥戴。

近代，李氏家族闯荡海外，在各行各业中多有建树。

为纪念李氏家族为国家、为家乡做出的杰出贡献，戚家山东麓建有"李氏家族纪念馆"，蛟山公园建有李又兰题名的养正亭和张爱萍题名的乾坤亭，供后人瞻仰学习。

第一节　李也亭

李也亭（1808—1868），又名容，小港港口（今戚家山街道）人。15岁至沪，在南市曹德大糟坊学商，后被荐上沙船工作。船工清苦，但按例许带运私货。几度贩销，渐有积资。数年后独资设久大沙船号，置沙船10余艘，往来南北洋。继又购进黄浦江一码头，亦名"久大"。又以沙船为清廷运漕粮，叙功由六品衔擢升盐运司，赏花翎。与同乡赵朴斋等合伙投资开设了慎余、崇余、立余等三家钱庄，遂成豪富。遗嘱逝后事业应在子侄中不拘一格，择能而传（根据他的遗愿，由大侄子听涛执掌家

族经商大权,管理家族产权)。子梅塘借遗业出奇制胜,积资至数百万,与众兄弟等合资建养正义庄。在沪、甬、镇海等地输饷、赈灾、浚河、铺路及捐助其他公益,前后达数十万金。此后,小港李家逐渐发展为"宁波帮"中有名的家族企业集团。

第二节　张太夫人

张太夫人(1843—1918),名讳不详。女,原籍鄞县。18岁嫁小港富室李嘉(梅塘)为妻。夫人持家有方,酬接周全,临事从容,乐善好施。

光绪十三年(1887)镇海大饥,1898年、1902年、1908年又三年灾荒。张太夫人十分忧心,她不忍村民饥寒交迫,毅然决定打开自家粮仓,散发给村民。十年之内,四次赈灾济民,使数万名村民度过荒年。为让出海船舶避免触礁风险,她在普陀洛伽山建造灯塔。民众感念她的善举,赠送"乐善"匾额,她坚辞不受,说"此先人志也",命人将匾立于李氏宗祠内。

有一年,一个奸民从宁波各地买来400多名良家子弟,贩往南洋。当贩卖船途经镇海时,张太夫人闻讯,十分焦急。她决定拦下船舶,不能让数百个家庭妻离子散、家破人亡。于是当即派儿子李征五去镇海海关,阻止贩船出海。但海关办事拖拉,未等关员设卡,船已出关。张太夫人又急忙派儿子李云书连夜直奔上海,找到红十字会,携带赎金去南洋,把400余人全数赎回。

张太夫人严于课读,教育有方。她说:"科学宜择其利济者为之,兵学、法学未始非御侮之才、治世之具,究之兵凶战危,如杀机何? 舞文弄墨,如作奸何? 汝曹其谨志之! 至于农、工、贾、矿、理化、医药,或裨实用,或利群生,肄而习之,积久自寤。"在她的倡导下,李氏家族办义塾、建学校,在小港教育史上多有建树。在她的教导下,历代族中子弟学者、专家、教授辈出。

张太夫人宅心渊厚,惇崇信义,难人之所难,为人所不为,仁可以肉白骨,义可以薄重霄,智可以击豪强,才可以亭毒群类。

第三节　辛亥革命中的李氏兄弟

坤房厚字辈李云书与其四弟李薇庄、五弟李征五等多位同胞兄弟一起,追随孙中山先生,参加同盟会,投身辛亥革命,并以巨额家产资助革命。

李厚祐(1867—1935),字云书,坤房李梅塘的长子。20世纪初,小港李家在坤房李云书和乾房李咏裳的推动下,完成了从旧式商人到近代新兴资本主义工商企业家的转型。光绪三十二年(1906)12月,上海商务总会改选,年届不惑的李云书荣登总理宝座。李云书在商会总理任上最大的贡献,是集海内外各埠商会代表,共同讨论拟定了《商法草案》。它是中国历史上第一部比较完整的近代资本主义性质的经济法规文献。

当时的预备立宪公会吁请清廷实行新政,实际上也是期望利用皇权来发展资本主义,为此他们发动了三次轰动朝野的签名大请愿。然而腐朽而傲慢的清政府竟然不予理睬。这就导致许多人在失望中转向革命党,支持孙中山领导的辛亥革命。李云书就是其中代表。

介绍李云书加入同盟会的是他年轻的知交王一亭。辛亥革命前夕,王一亭是同盟会在上海筹饷的负责人,到处为起义军筹款。李云书不但自己屡捐巨款,还出头张罗,想尽办法为孙中山领导的辛亥革命集资。上海光复后,江浙联军攻打南京时,李云书又出任兵站总监,负责为前方供应武器、保障军需事宜。辛亥革命成功后,遵孙中山之命成立了中华银行,行址设在李家的南市久大码头。不仅如此,连沈缦云的沪军都督财政事务所也设在那里。李云书主管的李家久大码头不仅代发过最早的中华民国公债票、军用钞,还代收过各界为辛亥革命的助饷捐款。李云书还请堂弟李咏裳在吉祥弄镇康新记公司代设了中华银行经理发行处。民国元年(1912)初南京临时政府得以迅速组建,李云书功不可没。

李厚初(1873—1913),字薇庄,坤房李梅塘四子,他本是个读书进学之人,由举人而放官做过候补知府、江苏糖捐总办。清朝末年,各省督抚纷纷设官钱局发行纸币敛财。当时,李薇庄正好升任江苏裕苏官钱局总办。官钱局借商害民,使他内心极为痛苦。一则他出身钱庄世家,切身利害有其一份;二则清廷腐朽早使他积愤于胸,只碍着头上的顶子不便发泄。

光绪三十四年(1908),他奉命到日本考察银行,住在东京佐佐木寓舍里。门房通报有客来访。延见之下,不料竟是老世交宁波慈溪赵立诚的儿子赵家艺,家艺一不愿做官,二不肯经商,在日本留学时信从孙中山的学说,加入了同盟会。之后便走南闯北,不是为起义筹款,就是联络各路人马。他听说李薇庄到了日本,专程前来密访。那时节,这些已沐欧风美雨的商家子弟,对清王朝的认识趋向一致,只看是否狠得下心来投身一搏。经家艺一番鼓吹,李薇庄便额首应允。于是,李薇庄在起身赴日时还是大清四品花翎衔江苏候补知府,回国之际却已是一名革命党人了。

武昌一声炮响,革命党人群起响应。陈其美急欲在上海起事,苦的是没有经费。他先找来虞洽卿、李征五等人,由李征五出面,让李家老七李屑清的同余钱庄作保,从宁波同乡会借到湖州水灾捐款4000元。但这点钱顶什么用?陈其美双手一摊,那几位便都面面相觑。李征五问:"你看要多少数?"陈其美报出需购枪械子弹等一长串数字,说着双手一比划,起码要先搞到10万元。这让众人倒吸了一口冷气。李征五沉思片刻、心想:"除了官钱局。谁能搬出这么多银圆?看来只有动四哥的脑筋了。"于是,便和洽卿、孙泉标等人一同去寻李薇庄。李薇庄早料到有这么一天。几经周折,终于借到了钱,成了上海起事的第一笔大宗经费。当初议定由附和起事的宁、绍、杭、湖等埠商号同出借据以为捐饷,待事定后归还官库。不料事隔几日,便有人向江苏巡抚程德全密告,说官钱局有人舞弊。程派人来查,钱局果然空空如也。李薇庄一时亦无法道出真相,因而被拘押于苏州知府。可叹经战火涂炭,起义虽告成功,原议定认捐还款的商号却多因亏耗或歇业而无力偿付。于是有人对这笔钱的去向恶意揣测。李薇庄一怒之下,便把借据全部焚毁,以示独力承担。其实陈其美、于右任等党国要人都明白他的冤屈,民国元年(1912),同盟会总部上海机关部改选时,他仍当选为评议员。然而,这种令人百口莫辩的中伤对他的精神摧残太大,他于民国二年(1913)去世,年仅41岁。

李征五(1875—1933),李梅塘的五子。15岁开始在宁波经商。光绪十九年(1893)宁波大饥,遵父李梅塘和母张氏之命,办粮万担济灾民。甲午之战,曾与镇海统兵将领力谋保卫。光绪二十五年(1899)2月,又遵母命在上海发动同乡筹银4万两,助400余名被拐至南洋的(宁波)人返国。在家乡还创办益智学堂,为一郡之冠。光绪二年(1904)北上,捐道员,分发湖北,得张之洞欣赏,与梁启超、陈宝箴等人共事,后与中国同盟会的孙中山、黄兴、陈其美等人交友,参与策划东南起义之大计。宣统元年(1909)赴南洋欲办华商银行,旨在联络华侨集款支持革命。

李征五是晚清军机大臣王文韶的女婿。丈人是清廷重臣，他却不屑与官府打交道，在封建仕途上本当大有前程，然而他不为所动。李征五愤慨于清廷的腐朽不堪，外丧国权、内失民心，在家张口便骂"死老太婆"(指慈禧)，对孙中山先生倡导的革命运动非常向往。

李征五参加同盟会，是由老革命党人谭人凤亲自主持仪式入盟的。监督的是居正、杨谱笙。入盟后，他在邻近北火车站的上海爱尔近路(今上海安庆路)上开了一家木柴公司，作为秘密联络点。内有深宅大院，以木柴公司为幌子，掩护革命党人。陈其美也在那里隐藏过。由于是租界，又因李家为上海富豪，故不为租界当局所注意。同盟会中部总会成立后，确定了首先在湖北省城发动起义，四方各省立即响应的方针。宣统三年(1911)(农历辛亥年)10月10日，武昌起义爆发。消息传到上海，更加鼓舞了革命党人的斗志。同盟会中部总会、光复会上海支部和商团工会准备组织起义，响应武昌起义。起义前，光复会上海支部已先后在闸北策动巡警总局骑巡队官陈汉卿，在吴淞策动巡警局黄汉湘响应起义。另外，李征五作为闸北会党领袖(后任闸北光复军司令)，也在闸北组织了敢死队响应起义。

宣统三年(1911)11月3日(农历辛亥年九月十三日)，陈其美等革命党人发动了上海起义。当日吴淞、闸北首先顺利光复。城厢方面，各路起义军也分别占领目标。黄昏后，北半城商团会同闸北光复会派来的李征五、陈汉卿率领的敢死队进攻上海道署。晚上8点，上海城厢全部光复；但清军的重要据点江南制造局还未攻下。该制造局里面藏有大量军火枪炮，而且江面停有五艘军舰，准备装载弹药枪支，运往南京支援清军。形势十分紧急，能否攻下江南制造局成为上海起义过程中的一场硬仗。光复会首领李燮和等听说后，决定联合已经起义诸营，会师猛攻江南制造局。11月4日凌晨2点，各路起义军警会集龙华镇，其中有李征五率领的敢死队，一路冲杀，奋勇当前，终于在11月4日上午9点攻克江南制造局。

武昌起义后，各省纷纷响应，上海公推陈其美为沪军都督。上海方面决定添练新军以备调遣，李征五组建光复军，并被推为统领(即司令员)。孙中山先生授以少将军衔。当时蒋介石也仅在其下任营长一职。上海光复后，成立了军政府(后称沪军都督府)。当时沪军都督府下共统有五军，除吴绍璘一师、黄郛二师外，李征五的光复军便是最强的主力之一。

民国元年(1912)后，战事甫定。李征五即首解兵权，以为之倡。民国二年(1913)"二次革命"，李征五又部署黎天才部会师淮上，战功颇著。袁世凯称帝，李征五反对尤力，与陈其美密谋，欲遣兵兴师，后事泄。此役其捐资尤多。其间，革命党人多群集沪上，生计为难，李征五慷慨解囊，或贷于亲友间以资救济，或援救被捕人员，被推为首任宁波旅沪同乡会会长。后又与陈布雷一起办《商报》，担任总经理。一时被奉为革命先驱，宾客盈门，声名卓著。民国十一年(1922)8月9日，主持工作的中共中央总书记陈独秀在上海被法租界当局逮捕，消息传出，社会各界纷纷投入到营救之中。画家刘海粟找到当时上海滩的头面人物李征五，请其出手营救，李征五一口答应，随即赶赴法国巡捕房保释陈独秀。8月18日下午，陈独秀终被交保释放。

民国二十二年(1933)3月15日，李征五病逝于沪，享年58岁。李征五的灵柩回乡，载他灵柩的轮船驶进镇海口，汽笛长鸣；船靠码头，甬江两岸招宝山、金鸡山下炮台鸣礼炮21响。李征五的灵柩先停厝小港李家花园内，坟建在清水桥。

第四节　李咏裳

李咏裳（1871—1954），李家乾房李弼庵次子李濂水的二子。因父亲李濂水进士及第，赴京做官，五岁即随父来到京城。16岁那年，父亲派他到上海自家的钱庄去做学徒，跟从伯父李听涛学做生意。李家自李也亭起，定下规矩："不论子侄，能者为继。"李咏裳自小随伯父听涛在商界摸爬滚打，熟悉业务，结交朋友，到了而立之年，李听涛将李家偌大的产业交给侄子李咏裳来管理，成为李家第三代的掌门人。李咏裳不负众望，在激烈的商界竞争中驰骋纵横，运筹帷幄，不断创造辉煌。

20世纪初，在"实业救国"的浪潮下，市场需要商品，企业更需要资金。此时，融通资金就是关键。李咏裳不仅自己开设了同余钱庄，还联合了坤房堂兄弟的另两家钱庄，加上祖上留下的"慎余""崇余""立余"三家钱庄，一时李家在上海滩上拥有六家钱庄，联合出手，共进共退，极大地提高了市场竞争力，真正成为执上海滩钱业之牛耳的家族集团。民国八年（1919）后，李咏裳又接连投资设立了"同余""会余""仓余"三家钱庄。随着社会的发展，民国二十年（1931），李咏裳顺应时代潮流，相继创立了现代化的中华劝工银行和恒利银行等。这些银行经营稳健，信誉良好，其宗旨为"作各小工业之补助机关"，受到社会一致推崇。

李氏发家最早起于经营沙船业。到了李听涛这一代，沙船业已风光不再，日渐衰落。为了防止风险，李听涛开始收缩沙船业。李咏裳接班后审时度势，在投资方面自然不敢疏怠。他清醒地意识到，将资金移往金融、房地产才是上策。19世纪末上海滩出现过两次金融风险，李咏裳牢记伯父嘱咐，做生意不可投机。他凭借着稳健的经营方法，躲过了这两次劫难，牢牢地守住了李家的产业。

光绪二十七年（1901），李咏裳30岁开始，就当上久大沙船号经理，又谋划扩建久大码头，招揽更多商船、火轮靠泊。20世纪初，上海租界相对比较安定，大量人口涌入城市，地价、房价飞涨。李咏裳一方面投资钱庄，另一方面与坤房李云书等组建了"天丰""地丰""玄丰""黄丰"四家地产公司。不出数年，这些地块与地块上建造的房屋价格都翻了数倍以上。尤为人称道的是，当时公共租界工部局竟无理地想无偿征用李家土地，李氏家族据理抗争，经过谈判，最后工部局只得同意李家自筑马路。如今在上海的陕西北路有一段马路，当年李家就以自家的堂名命名为"李诵清堂路"。

李咏裳在金融、房地产方面取得成功之后，逐渐开始转向新兴的现代工业。他创办的上海华商电气公司、大达轮船公司、大德新榨油厂、新华薄荷厂等均为与民生有关的实业。

第五节　李善祥

李厚坊（1880—1959），字善祥，李家乾仲房李濂水之子。

光绪二十五年（1899），19岁的李善祥抛弃科举之路，来到上海李氏"慎余"钱庄做学徒。25岁那年，回到镇海小港故乡，在他父亲李濂水的书房里读到了许多新学书籍。书中革命者为变法图强、救中华不惜肝脑涂地、血荐轩辕的精神，使他茅塞顿开，如梦初醒。他决心开始新的生活。

他意识到，要为国家效力，自己新旧杂糅的那点零碎知识是远远不够的。于是他进入宁波府中学堂，以旁听生的身份学习新知识。一年时间就读完了中学数理化的全部课程，还会操英、日两国

外语。后来，他继续刻苦自学，在学习过程中深感民智不开，尤其是妇女不能接受教育、不能独立生活，终难逃脱封建势力的迫害。于是，不顾亲友、家族的非议和指责，他自筹经费，于光绪三十二年（1906）在小港港口村（今戚家山街道）开办了"务实女子学堂"，号召妇女识字求学，自立自强，冲破封建牢笼。这是中国最早创办的女子学校之一，也是李善祥振兴民族教育的开端。此外，他还担任了崇邱乡总董、镇海教育会会计干事等职。在乡间号召废除女子缠足的恶习，号召男子剪辫，并且亲自拿着剪刀上街去剪辫子。李善祥因这些鼎革之举，被一些人看成是"不识时务的怪人"，因为他在家排行老六，所以被人送了一个"六大糊"的诨号。

李善祥在小港期间，积极参加进步组织。他与小港革命党人唐爱陆相交甚厚，对唐先生抨击满清政府的进步言论甚为钦佩。经唐爱陆介绍，他加入了辛亥革命地方组织"新浙江革命同志会"，毅然投身孙中山领导的推翻满清政府的民主革命运动。宣统三年（1911）10月，革命党人举行武昌起义，消息传来，李善祥欣喜若狂，积极回应这一席卷全国的革命浪潮。他当即联络了会党同志，组织发动了镇海县的起义。起义成功后，因他在民众中有威望，有文化，见过世面，被一致推举为镇海县革命政府的首任民事长（县长）。是年秋季，镇海县城内艳阳普照，在"大教场"举行了镇海县军政府成立暨民事长就职大会，李善祥发表了激昂的就职演说。李善祥执政镇海县以后，建立了新的各级行政、财务、教育体制，对镇海海口的要塞炮台进行了修缮。他锐意改革，颇有建树，但他所接受的民主思想往往不被理解。面对这重重的压力，李善祥深感困惑。他认识到，剪掉了辫子，并不意味民主已经实现，官场依旧黑暗。从政仅两个月，清廉自律的李善祥愤而辞官。

民国元年（1912）冬，辞官后的李善祥抛弃了居家赋闲的优越生活，走上了一条实业救国的道路。在其堂兄李云书的支持下，来到了东北的辽西走廊，在锦州开始实践他实业救国的远大抱负。他从垦荒种地开始，经过三年努力，他经营的"天一垦务公司"已收获熟地万余亩。不久，他在锦州创办了恒康农场，自任农场经理。他充分运用自己的聪明才干，在这片土地上进行了一系列的改良试验，推广大面积水稻栽培，引进国外先进农业机械；开办酱园，生产南式酱油。这些过去人们连想也不敢想的事，李善祥把它们一一变成了事实。最令人称道的是，李善祥实施了在东北大面积栽培优良苹果的试验，他创办的"生生果园"收获的锦州苹果香甜可口，在市场上广受欢迎。

李善祥重视教育，曾说："中国要富强，没有教育不行。"他以陶行知先生为榜样，积极兴办教育事业，为国家培养合格的人才。民国十七年（1928），"耕余果艺专门学院"正式开学，办学宗旨是：培养专业型、知识型、劳动型的园艺学人才。学校培养出来的学生都成了农业果艺方面的人才。

民国二十年（1931）"九一八"事变后，日本侵略者占领了东北大部分土地。国难当头，李善祥保持了中国人的民族气节，拒绝日本人邀其担任锦州农会会长的聘请。民国二十六年（1937），经过一番努力，他终于摆脱日本人的监视，只身回到上海。不久，抗战全面爆发，李善祥决意回到自己家乡镇海小港参加抗日救亡运动。在老家镇海，他不顾已年近六旬，毅然发起组织镇海县小港镇抗敌后援会，组建救护担架队，自任队长。长子李祖平任宣传队长。同时，捐资万余大洋购买药品、医械，聘请医生，领导救护队，抢救被炸乡民，办难民收容所。李鼓励子女及小港青年十余人投奔新四军。他的八个子女全部参加了抗日救亡运动，其中五个子女参加了新四军。

民国三十年（1941）皖南事变，李善祥当众痛斥蒋介石政府是民族败类。同年4月，日军侵占镇海，李善祥避往昆明、四川，辗转湘、赣、闽，途中曾冒险赴上饶集中营，佯以远房伯父名义探望被囚的三女儿，鼓励其坚持斗争。流亡途中还出资设立多处难民收容所。

民国三十四年（1945）日本投降,李善祥欣然回乡。次年,偕同被囚获释的四女儿去苏北,在陈毅等同志的关怀下重回锦州"生生果园",利用其声望与实业家身份,协助中共党组织活动,使果园成为中共锦州党组织的秘密据点。辽沈战役前夕,掩护解放军侦察员完成侦察锦州任务,协助解放军攻打锦州。1948年锦州解放,坚持将"生生果园"和"耕余学院"献给人民政府,留聘为顾问。

民国三十八年（1949）9月,李善祥被选为锦州市第一届人民代表大会代表。1951年6月,李善祥被选为辽西省各界人民代表会议协商委员会委员。1959年5月19日病逝于上海,享年80岁。

李善祥历经清王朝、辛亥革命、军阀混战、抗日战争、解放战争、中华人民共和国诞生的一生,极具传奇色彩。为了怀念这位爱国爱民的革命老人,锦州市人们在当地特意建立了两座四米高的石像。

第六节 李又兰与张爱萍

李又兰（1919—2012）,又名李幼兰,女。李善祥次女,原国防部长张爱萍的夫人。少年时在家乡小港蔚斗小学就读,中学到上海读书,高中学历。民国二十六年（1937）"七七"抗战开始,8月即自沪返归小港,参加小港镇抗日救亡宣传队和救护队,积极投入抗日救亡活动。同年11月,与汪波、林晖、金涛、李祖宁及李锦等青年报考设在丽水的"浙江省战时青年训练团"学习。民国二十七年（1938）3月,辗转至武汉后到南昌参加新四军战地服务团,任团员、民运工作组长。同年6月加入中国共产党。此后的抗日战争期间,历任新四军军部速记班学员班长、新四军政治部巡视员、华中局党校组织干事、新四军三师

李又兰

政治部组织股长、四师抗大四分校组织干事与师部秘书等职。解放战争时期,任华中局秘书、华东海军司令部秘书。中华人民共和国成立后,历任华东军区司令部秘书、艺师预科部主任、党组副书记、民航总局政治部组织科长等职。"文化大革命"期间遭迫害。1975年任国防科委办公室副主任。1985年任军委办公厅办公室主任。离休时为副军级。2012年2月2日去世。

张爱萍（1910—2003）,李善祥次女又兰夫婿。四川省达县人。民国十五年（1926）加入中国共产主义青年团,十七年（1928）转入中国共产党。十八年（1929）参加中国工农红军。土地革命战争时期,任红三军团第四师政治部主任,第十一、十三团政治委员,军委骑兵团政治委员、代团长,参加过长征。抗日战争时期,任中共江浙省委军委书记、豫皖苏省委书记、八路军苏皖纵队政治委员、八路军第五纵队三支队司令员、新四军三师九旅旅长、三师副师长兼苏北军区副司令员、新四军第四师师长兼淮北军区司令员。解放战争时期,任华中军区副司令员、第三野战军前敌委员会委员、华东军区海军司令员兼政治委员。中华人民共和国成立后,历任第七兵团司令员兼浙江军区司令员、华东军区兼第三野战军参谋长、中国人民解放军副总参谋长兼国务院国防工业办公室副主任、国防科委主任、国家科委第一副主任、军委科技装备委员会主任、国务院副总理、中共中央军委副秘书长、国务委员兼国防部部长。1955年被授予上将军衔。是第一、二、三届国防委员会委员,第五届全国人民代表大会常务委员会委员,中国共产党第八届候补中央委员,第十一、十二届中央委员。2003年去世。

第七节　李氏家族其他主要成员简介

李弼庵（1796—1872），小港港口（今戚家山街道）李家人。诰封中宪大夫户部员外郎加三级晋封通封大夫运同衔，江苏试用同知加四级。

李源（1838—1909），字听涛，李也亭侄。16岁到其叔创立不久的久大沙船号当学徒。后受叔重托，继任经理。时逢洋轮竞争，传统沙船业危机重重，听涛审时度势，收缩船队，扩建码头，建内、外两栈房，延伸仓储业，加强码头经营。又扩伸钱庄，将"慎余""崇余"迁往上海租界内北市，加入北市钱业会馆。成立汇划钱庄，使李家在资金周转数额和信誉度都上了新台阶，为李氏家族发展奠定基石。与也亭子梅塘在家乡创办"养正义庄"，置田2000亩，其收入全部用于救济穷困者。

李濂（1842—1912），字濂水。李弼庵次子，李善祥父亲，李又兰祖父。《镇海县志》记载他"生而左足微跛"，颖悟好读书。清同治丁卯（1867）科举人。清光绪二年丙子（1876）中第三甲二十四名进士，后升迁为户部山西司员外郎，为官清正，县志称他"生平虽席丰履厚，而绝无侈靡豪华之习"。

李祖贤（1894—1981），11岁去上海民立中学读书，民国元年（1912）考入清华学堂。民国三年（1914）由清华保送出国深造，入美国纽约丹特洛伊城兰思勤工学院攻读土木工程。民国七年（1918）始在美国桥梁公司实习两年，民国十年（1921）回国，在上海创办六合贸易工程公司，是我国第一位留学归国从事建筑事业的营造家。他在上海承建了上海海关大楼、图书馆等不少著名建筑物。继又向外发展，承建了南京故宫博物馆及武汉大学图书馆、工学院、体育馆等一批重大工程。抗战军兴，六合公司迁至重庆，承建了包括英美大使馆防空洞等一大批重要工程。时国共两党政治协商会议在渝召开，为解决中共代表团住所问题，李祖贤深明大义，毅然将自己置于上清寺两路口三益村的两幢楼房无偿提供给中共代表团使用。中华人民共和国成立初期，李祖贤积极投身新中国建设事业，在不少国家重点建设项目中负责技术工作，被评为国家一级工程师。先后担任六合公司总经理、武汉冶金建设公司总工程师、武汉冶金建筑所总工程师，当选为湖北省人大代表，湖北省、广东省政协委员，湖北省黄石市政协主席。于1966年73岁高龄时，才以健康原因退休回到上海，又被选为上海市静安区政协委员。

李祖夔（1894—1949），幼随父厚祈居上海。曾从叔征五（同盟会会员）参加辛亥革命。民国十三年（1924）第二次直奉战争时，奉孙中山之命，在驱逐军阀齐燮元之战中出大力，得孙中山当面嘉许并合影留念。次年2月出任上海县知事兼沪海道尹。北伐后弃政从商。生平好收藏文物字画，特别是缂丝和田黄印章，被称为"千黄百缂"。上海沦陷后，日本商人劝其将藏品献于日方，被严词拒绝。民国三十六年（1947）加入中国民主建国会，任民建财务处长，为民建组织的创建和经济筹划尽其心力。民国三十八年（1949）5月上海解放前夕，拒赴台湾或香港之劝。同年11月下旬，遭国民党潜伏特务劫财杀害，时称"上海康平路一号凶杀案"。

李祖范（1897—1992），民国四年（1915）毕业于清华大学，旋去美留学。毕业于美国麻省理工学院土木工程系。回国后，先后担任汉冶萍公司煤业制造厂工程师、上海中易信托公司经理、上海中华烟草公司经理、上海六合贸易公司经理及上海招商局董事会秘书长等职。民国十九年（1930）起，长期担任上海化学工业社经理，为中国化学工业社的发展、民族工业的振兴做出了贡献。新中国成立后，他为建设社会主义积极工作。晚年呕心沥血，历时两年著成《中国化学工业社和日用工学品工业》，为国家发展化学品工业留下可贵资料。

李祖范是中国民主建国会成员、上海市第六届工商联执委、上海静安区政协委员。

李祖法（1897—1994），早年毕业于北京清华学堂，获奖学金赴美留学，入耶鲁大学，毕业后获博士学位。民国八年（1919）回国，初在上海海关服务，后转而从商，任永亨保险公司董事长。民国三十六年（1947）离沪赴港，除续本业外，致力于发展教育事业，尤在高等教育方面，不遗余力。历任新亚书院董事会主席、清华大学毕业同学会首届主席、中国雅体协会主席及新亚教育文化会董事长等职。直至90高龄时方始退休，在香港社会享有很高声誉。

李秋君（1899—1971），女，字祖云，别署欧湘馆主、欧湘馆女。民国十一年（1922）毕业于上海务本女子中学。初从长兄习书作画，后师从女画家吴淑娟。因其兄与名画家张大千为至交，秋君因与之结识，两人志理相投，情如兄妹，常论书议画，切磋琢磨，张多予指点，秋君视之为良师益友。秋君在20世纪30年代即为沪上著名女画家。民国二十二年（1933）在沪创设书画会，何香凝、经普椿等均为该会画友。抗战时在上海发起组织灾童教养所，收容灾童。民国三十七年（1948），李、张同届五秩，金石大师陈巨来刻治"百岁千秋"印一方祝贺，集二人之名，供合作书画时盖用，为艺坛佳话。不久，大千夫妇离沪去台。

中华人民共和国成立后，李秋君曾任中国美术家协会上海分会理事、上海中国画院画师、上海市文史馆馆员、上海市妇联执委及中国民主同盟上海市委委员等职。

李秋君一生与丹青结缘，终身未婚。其临摹古画，得董北苑、董其昌法，风格颇似大千，而古拙凝重；新画仕女端庄沉丽，具唐人风格。传世作品有《假日》《渔舟待发》《向东海要鱼》等，现藏上海中国画院。

1971年3月，李秋君病逝于上海，张大千在台闻讯，极表痛悼，致书在香港的秋君之弟祖莱，谓"惊痛之余，精神恍惚，若有所失""兄（大千）将心丧报吾秋君也"，其情之深，可见一斑。

李祖平（1917—2005），又名李光言。民国三十一年（1942）国立西南联合大学化学系毕业。解放前，曾在四川五通桥永利化学公司、重庆中国化学工业社重庆分厂任技术员、工程师。解放初，参加上海军管会轻工业处接管工作，之后历任上海益民制革二厂与上海益民食品厂厂长、轻工部上海食品工业设计院院长、上海轻工业设计院副院长、中国食品科技学会理事及上海市食品学会副理事长等职。

民国二十六年（1937）"八一三"淞沪抗战后，李祖平由上海返回小港从事抗日宣传工作，与林圣纬等十多个青年组建抗日救亡宣传队，并被推选为队长。1939年在大学读书时参加地下党领导的进步学生社团"群社"和党的外围组织"社会科学研究会"，学习革命理论，下乡宣传抗日救亡。民国三十年（1941）3月加入中国共产党。中华人民共和国成立后，一直从事食品工业的生产、科研和工程设计工作，完成不少食品罐头、乳品、发酵食品、淀粉产品、速冻食品、芳香和烟草企业的工程设计和设备设计，使我国食品工业生产技术水平大大提高，其中一些设计得到国家有关方面和越南、几内亚、马里及阿尔巴尼亚等受援国的好评，曾受到国家和上海市有关部门的表彰和奖励。1982年9月离休。

李志光（1918—2005），又名李祖宁。民国二十七年（1938）春与其姐李又兰在南昌参加新四军，历任战地服务团团员、教导总队（抗大分校）学员、军事教育干事、教导大队副大队长、军事科长、中队长、作战参谋等职，转战于敌后。抗战胜利后去东北，历任公安局长、海关科长、警官学校教育科

长与东北公安部研究室副主任。中华人民共和国成立后，任师作战科长、志愿军师参谋长、东北公安军边防处长。转地方后任中央人民广播电台对台湾广播部主任、驻香港记者，中共中央党史资料征集委员会常委与办公室主任。离休后继续从事历史研究。

李维贤（1921—?），小学就读于宁波旅沪同乡会第二小学和小港港口养正小学。初中就读于杭州宗文中学。民国二十六年（1937）升入省立杭州高中。抗日战争全面爆发后，学校迁至金华，是年底学校将沦陷区学生移交给位于丽水碧湖的浙江省战时青年训练团。民国二十七年（1938）3月初，与同班的汪孝泉等10位小港籍青年逃离青训团，经金华、九江，到武汉找八路军办事处，要求去延安，经周恩来接见并动员介绍，于3月18日至南昌参加新四军战地服务团。6月1日与林晖等被分配至一支队陈毅司令处。民国三十年（1941）皖南事变前，历任新四军连文化教员、营政治干事、团宣教干事与连政治指导员。皖南事变时因脚伤被捕，关上饶集中营，参加抗暴斗争。民国三十一年（1942）5月25日在茅家岭监狱夺枪暴动出狱。后与陈子谷等9人登武夷山，同后来赤石暴动出狱的同志会合组成游击队，后分散化装回新四军继续抗日。解放战争时期，先后任七师的营副教导员、教导员，三野特种纵队特科学校组织股长。新中国成立后，先后任特纵高炮8团、12团政治处主任；参加宁波栎社机场防空及解放舟山、解放福建战斗。1951年回师上海，任高炮63师607团政委，同年3月入朝参加抗美援朝。在1953年的金城反击战中完成对空作战，击落敌机22架，受志愿军司令部通电表扬。1954年入沈阳高级炮校学习。1956年毕业后，历任沈阳高炮基地副司令兼训练部长、炮兵67师第一副师长、参谋长与高炮65师副师长。1966年10月入越援越抗美，同年12月5日在越南安沛击落美机10架，受总参通报表扬。1978年8月升任云南省军区副参谋长。1981年5月离休。

李爱维（1932—?），女，侨居瑞士日内瓦的中国画家。她初随陆抑非习画，后受教于林风眠。1958年离沪去瑞士定居。在国外又问艺于张大千，曾先后在欧洲、美国及远东各地举办过50多次画展。其作品已为巴黎塞鲁西尔美术馆永久典藏。日本广岛某寺为纪念原子弹受害者，选用了爱维作品为外墙装饰。

李名强（1936—?），出生于上海。他师从德国著名音乐家卫顿堡（三重奏小提琴家）及世界著名的俄国钢琴家、圣彼得堡音乐学院钢琴教授克拉芙琴柯学琴，是世界闻名的钢琴演奏家、教师及国际钢琴比赛评委。曾任上海音乐学院副院长、钢琴教授与上海钢琴协会主席。曾应邀在世界30多个国家和地区举行钢琴独奏会，并与其主要交响乐团一起演出。曾获得1957年捷克"布拉格之春"第三届斯美塔那国际钢琴比赛第三名，1958年罗马尼亚布加勒斯特第一届乔治·埃纳斯库国际钢琴比赛第一名，1960年波兰华沙第六届肖邦国际钢琴比赛第四名。他还录有国际、国内一些著名作曲家如贝多芬、贺绿汀等的钢琴作品唱片。多年来，李名强一直在世界各地讲课和主持钢琴大师班，并任中国香港"乐府"国际音乐基金会的理事及音乐委员会副主席。

第八节　李氏家族部分族人学历情况

李氏家族历来重视教育，早年创办养正义塾，出资供族人子弟读书识字；进而创办养正学校、养正女校，开小港现代教育之先河，为戚家山区域的教育事业发展做出杰出贡献。

李氏族人大多学业有成，历代多有著名学者和高学历人才。据《小港李氏家族谱》记载，李氏家族中有大学学历者270余人，其中有博士19人、硕士33人。因人数众多，下表从李氏族谱中摘录有高级学历或高级职称的李氏族人。

表15-1-1　李氏家族部分族人学历学位职称一览表

姓　名	父/母名	排　行	出生年月	毕业学校	专　业	学位或职称
李名标	李祖达	长子	1921年3月	上海复旦大学	—	博士
李名扬	李祖香	长子	1931年3月	大连医学院	生物系	教授
李名生		三子	1936年8月	新疆语文学院	俄语系	副教授
李晓莲		四女	1935年6月	复旦大学	数学系	教授
李名立	李祖恒	长子	1932年2月	美国麻省理工学院	核工程	博士
李名远		次子	1934年2月	上海交通大学	蒸汽动力	教授
李名弘	李祖泰	长子	1935年5月	美国纽约州立大学	医学	博士
李维元	李名立	子	1964年4月	美国哈佛大学	应用物理	博士
李　贻		女儿	1961年9月	美国耶鲁大学	—	博士
李慧真	李祖椿	三女	1932年5月	北京大学	—	教授
李慧珠		四女	1938年1月	复旦大学	—	高工
李名纲	李祖楠	长子	1929年5月	上海音乐学院	声学系	高工
李名纶		三子	1935年4月	上海交通大学	机械系	教授
李苏眉		女儿	1924年11月	上海音乐学院	—	教授
李名尧	李祖平	三子	1954年1月	上海交通大学	—	教授
李名宪	李祖怀	三子	1932年7月	南京大学	物理系	教授
李维安	李名忠	次女	不详	美国斯坦福大学	电脑	教授
李祖白	李云书	十子	1907年10月	德国柏林大学	医学	博士
凌真如	李精圆	三女	不详	清华大学	—	教授
巫漪丽	李慧英	长女	1931年9月	—	—	钢琴艺术家
巫漪云		次女	1933年12月	上海复旦大学外文系	—	教授
李名觉	李祖法	子	1930年10	美国加州大学	—	教授博士
李名复	李祖煊	子	1949年10	美国芝加哥大学	医学院	博士
李名均	李祖薰	子	1942年3月	上海工业大学	—	高工
李名栋	李祖农	子	1949年1月	黑龙江中医药大学	中医系	博士
李维祺	李名礼	子	1975年12月	美国加州伯克利大学	—	博士
李维君	李名升	女	1984年4月	美国加州伯克利大学	法学	律师
宋瑞卿	李宝薰	三女	1929年2月	上海圣约翰大学	—	高工
李名凯	李祖桀	子	1940年9月	北京铁道学院	—	高工

姓　名	父/母名	排　行	出生年月	毕业学校	专　业	学位或职称
李名非	李祖平	长子	1947年12月	安徽农学院	—	副研究员
李名尧		三子	1954年1月	上海交通大学	—	教授
李名宪	李祖怀	三子	1932年7月	南京大学	物理系	教授
李名强	李祖彝	长子	1936年9月	上海音乐学院	—	教授
李名复		次子	1937年9月	上海复旦大学	物理系	教授
李　竞	李名强	女	1969年11月	美国辛辛那提音乐学院	钢琴	博士
李维旦	李名懿	子	1956年1月	中国科学院	物理	博士
李维华	李名复	子	1970年10月	美国德克萨斯州立大学	电机系	高工
李祖薰	李如山	四子	1901年7月	德国柏林大学	化学	博士
王绍坊	李瑶红	次子	1919年5月	清华大学、英国牛津大学	—	博士
王绍埥		四子	1925年3月	美国贝克大学	法学	博士
胡树声	李婵娟	次子	1926年2月	沪江大学、美国旧金山大学	化学	教授
李维经	李民汉	子	1941年7月	上海同济大学	—	高工
李文琦		长女	1940年2月	华东纺织工学院	—	高工
李维绥	李名球	长子	1941年5月	北京航空工业专校	—	高工
李维统		次子	1943年12月	乌鲁木齐钢铁学校	—	高工
李汝浩	李维统	子	1968年10月	中国科技大学、美国德克萨斯理工大学	应用化学	博士
李名玉	李祖韩	长女	1913年8月	上海光华大学	—	教授
李名慈	李祖夔	次子	1946年10月	上海师范大学	化学系	教授
李维良	李名璜	子	1983年10月	上海交通大学、香港中文大学	—	博士
李祖超	李征五	四子	1908年3月	日本帝国大学	水产部鱼捞科	教授
李名章	李祖望	长子	1931年8月	北京燕京大学	—	高工
李名准		三子	1935年6月	北京石油学院	—	高工
李名平		四子	1937年10月	教师进修学院	—	高教
李名隼		五子	1943年7月	北京师范学院	中文系	高教
李名仪		长女	1933年8月	清华大学	土木系	高工
李名倩		次女	1941年7月	北京师范大学	数学系	高教
李维谦	李名章	子	1957年1月	甘肃工业大学	机械制造	高工
李祖燕	李屑清	三子	1919年9月	美国印第安纳大学法学院	法理	博士

第二章 人物传略

  戚家山街道所在地小港古镇历史悠久,地理位置优越,里人勤劳勇敢,重视教育,人才辈出,历史上不乏造福人民、爱国御侮、开拓进取、革命奋斗的志士仁人。本章记述人物遵循"生不立传"的原则,选录历史人物以本籍为主,兼录在本地做过贡献的客籍人士,基本上按生年排序;当代小港籍的领导干部和教授专家学者、社会名人、先进模范,亦列表以存史。计立传略47人,名表76人(含烈士14人、古代文化人物4人、抗日阵亡将士1人、当代寓外党政军(含企事业)领导干部10人、寓外高级专业人员34人、著名文化人士13人)。

第一节 古代人物

  沈焕(1138—1191),字叔晦,号定川,崇邱乡顾家桥村沈家山下人。初学即专攻经史,成年后更勤奋自强。每作文总持之有据。文字清远雄丽。24岁获乡试第二名。入太学,学业超人。师事陆九渊之兄陆九龄,探究心学大要,讲立身之道,倡"务本趋实"。南宋乾道五年(1169)试于南宫,名列第二,授迪功郎。敢于直陈朝政。出任上虞县尉,在任3年,砥砺名节,无一私念;增葺学舍,训导有方;管理属下,约束严明。后调任扬州教授,继奉诏为太学录事,早晚接见诸生,孜孜诲诱。众心悦服,师道大尊。因受同僚妒忌,在职仅80天,调高邮军教授,坦然语友人:"吾岂不知诡随苟容以取光宠,朝夕兢兢,沦胥是忧,故不为也。不愧友朋,去无所恨。"父亡丁忧回家。服满,充浙东安抚司干办公事,不以职务闲冷而自求安逸,陈规宿弊,尽行革除,由此被荐为从政郎。

  高宗陵墓守护官员繁多,酒食之需,供给浩大。沈焕迭次对安抚使郑汝谐说:"国有大丧,为臣子者宴乐自如,岂能安心!"后被委为检察。于是励精图治,宴乐收敛,支费顿减。逢岁旱,受派至上虞、余姚两县赈恤,安抚灾民,查核户口,按实救济,两县再无逃荒与饿殍。诸司交荐,淳熙十五年(1188),以常格改宣教郎,任婺源县令。

  沈焕多年来"滞于铨调",公论认为不合理,多人向朝廷推荐,但终以小人合谋阻梗未果。久之,始调升舒州通判。光宗时转奉议郎。晚年迁鄞,住竹州,奉母谨,与弟友爱,抚养孤侄,轻财辞受,资用屡竭,口不言贫。

  沈焕一度讲学于定海南山书院,倡全县诗礼之训,朱熹曾来与之问辩探讨理学。沈焕人品高明,文信国说他学问如"秋霜肃凝",而焕仍自感不足。时人称袁燮、杨简、舒璘与沈焕为"明州四先生",誉焕为"浙中之梁木",又尊称为南山先生。理宗即位,追赠朝奉大夫,直文华阁,谥端宪。著有《定

川集》5卷。

张子忠（生卒年不详），字野先，先辈为江左定远人（今安徽定远县）。因识蒙文被荐为译馆进士。元至顺年间（1330—1332），奉诏赈济浙西饥荒。以才略警敏，授定海（今镇海）盐运长山司令。子忠体恤民情，惠及盐户。百姓感德，为立生祠。至元四年（1338）转任清泉司令。当时百姓苦于盐课，子忠据实将所存弊端及绝灶欠税情况上报，乃得革除豁免，盐民称颂。至正六年（1346）县内发生大饥荒，子忠率先捐助俸禄、米粮。鉴于定海民风习俗淳美，遂在盐司衙署（署址在今衙前村）近侧筑屋定居，子孙繁衍成村，其地遂名衙前。

戚继光（1528—1587），字元敬，山东登州人。明嘉靖中嗣职登州卫指挥佥事，后署都指挥佥事，备倭山东。嘉靖三十四年（1555）调浙江，补授参将，驻守定海（今镇海），次年战倭寇于雁门岭。见旧军素质不良，建议曰："用义乌人一旅，可胜过三军。"经允准，遂召募三千人，教以长短兵器互用，名鸳鸯阵。又因地制阵法，改进战具，号称"戚家军"。三十八年（1559）败倭于定海。后转战台州、闽广一带，与俞大猷等剿除倭寇，解除东南倭患。累官至少保左都督。

戚继光

继光善于练兵，对治械、阵图均有创见。著有《纪效新书》《练兵纪实》等。后人缅怀其功绩，改平倭要塞小港境内之七家山为"戚家山"。今戚家山顶建有戚继光广场，戚继光雕像持剑挺胸，威武雄壮。

宋继祖（生卒年不详），字汝孝，汉州人。进士。明嘉靖三十五年（1556）为定海（后改为镇海）县令。时倭寇充斥，邑大绎骚，总制胡宗宪提兵至定关，继祖供给军储无阙，兼娴韬略。尝被甲戴鍪，率先戎行，金塘、舟山之捷，宋皆有绩焉。在任三年，茸公署、廓学宫、筑湖塘，为士民兴利。先是崇邱乡田引鄞东钱湖水以资播艺，旧有蛇堰逼小浃江，一泄则水势若建瓴，尽注于江，故河渠与湖水未旱而先涸，农人病之。继祖躬履其地，去旧堰二十里所地名东岗，筑堰其下，又去堰二十余步筑堰以蓄水，碶以泄水。于是东岗以上江尽为河，潴淳益巨，不惟崇邱无旱患，鄞之七乡亦被其利。后升兵部主事改御史。

王元士（生卒年不详），字九山，湖北麻城人，清顺治十六年（1659）进士。康熙六年（1667）任定海（今镇海）知县。常巡视全县，察看山川田土。浚深城河及南北两乡河渠，修梅、前两堰，改筑坨埭石堰，重建长山、大有两桥；修茸学宫、县署、粮仓、忠烈祠庙。断狱力主和平，说："争平，讼则自息。"暇时，至学宫教导学子，勉励众生恪守"卧碑"规定的禁例条款。镇海县志自明嘉靖后未修，元士设局主修，采访增辑成稿，以升琼州同知未及时刻印，而存于署中。存稿中有元士所撰《河渠》一篇，论述水利甚详。今尚存残稿2册，藏于浙江图书馆。

黄宫柱（生卒年不详），字擎庵，福建南平人。清康熙二十九年（1690）由进士为邑令，持己清廉，断事明决。县南崇邱乡与鄞界，鄞豪民筑塘堰截塞水道，宫柱言于府，立命毁之，崇邱有秋获焉。有船值飓风覆于境，涂民不知为官舰，众拆之。镇帅诉于督抚，欲置之法。宫柱以风水漂泊，小民无知，具复，事遂寝。又关税多重敛，有驾盗税名欲陷监生贺某者，宫柱力辨其冤，民咸德之，置肖像于钟楼，与前明邑令龚彝合祀焉。后升吏部主事。

乐涵（生卒年不详），谱名容涵，字晴岚，号海门。居小浃江畔坟头乐。清嘉庆三年（1798）举人，曾任景宁县学教谕。幼刻苦好学，熟读诸经，昏晨寒暑，手不释卷。涵生性耿直，常仗义执言，为小民申冤,是镇海有名讼师,有"镇海徐文长"之称。涵面黑齿白,音如洪钟,曾言:"人畏用心,我畏心不用。"嘉庆二十年(1815),和里人胡钧等在小港北龙头山(土名锅盖山,现名蛟山)东麓小浃江上倡建义成碶,至道光九年(1829)建成,在碶桥柱上镌刻对联:"傍蚶岙以奠基风波永息,并蛟门而划界泾渭攸兮。"他修学宫及鲲池书院,皆力任其难。晚年构思园于宅西,祀高祖以下。且戒后嗣居此读书,毋驰思于外也。著有《望杏楼诗稿》等。卒年68岁。

胡钧(生卒年不详),原小港渡头村(现戚家山街道渡头社区)人。嘉庆十一年(1806)举人,嘉庆二十五年(1820)进士。有文誉。历任湖南安仁、邵阳、长沙与武岗知县,补授湘乡。与隐居东台山的高士萧心壮最投契,定为金石文字交。随后,补善化,迁郴州知州,署长沙知府。胡钧性明哲,善析狱,尤爱才。尝为省试同考官,得李星沅文,力荐于主者。星沅后入词林官总督,为名臣。钧居湖南久,声气甚广。宦囊所入,多赠游士与同僚之困乏者。及卒,行李萧然,唯书画琴砚一箧而已。

谢朝恩(生卒年不详),四川资阳人,移居华阳,家贫从戎,累任至都司、副将等职。清道光十四年(1834)升任为狼山镇总兵。后驻防镇海。道光二十一年(1841)10月,英军犯镇海,朝恩奉檄率千余兵卒扼守甬江口南岸金鸡山营垒。英军乘船潜入钳口门岸登陆,抄沙蟹岭,攻金鸡山营。朝恩统所部拼死抗击,入敌阵搏杀,不幸中弹,落海殉国(一说不愿被俘受侮,投海自殉)。左右从死者数十人。

谢朝恩

金鼍(一作噩,生卒年不详),鄞县人。由行伍官至镇海营把总。清道光二十一年(1841)中英鸦片战争时,随狼山总兵谢朝恩扼守金鸡山。是年10月,英军进犯镇海,从钳口门登岸,渡小港桥,绕道义成碶抵沙蟹岭,夹攻金鸡山营垒。清军开始抵抗,然见英军仗炮火蜂拥而至,惊惶欲退。金鼍奋臂拔刀大呼:"此正吾辈报国之日,男儿汉见敌宁有走者乎!有走者,鼍必手刃之!"率先冲前拼杀,众人紧从。谢朝恩总兵亦统所部奋勇抗击。激战时,谢朝恩中炮落海。金指挥部众,竭力抵抗,血濡衣襟,创痕遍体,终以腹背受敌,力战殉国。

欧阳利见(1825—1895),字赓堂,号健飞。湖南祁阳县人。出生农家,清咸丰四年(1854)投军入伍,后以军功多次提升。光绪七年(1881)任浙江提督。次年,巡视浙江沿海防御工事,亲赴镇海,督修增建招宝山、金鸡山炮台。中法战争镇海之役前夕,利见以薛福成为谋主,量形势,设防御,搜军实,申纪律,布利器。迨战事起,布防甬江口南岸金鸡山前线,与将弁共甘苦,指挥诸军,击败来犯法舰,取得镇海战役之大捷。清廷以其"督率有方,偿给头品顶戴"。1889年因病去职。今镇海口海防遗址,犹多存欧阳利见政绩遗迹。金鸡山顶瞭台前竖有欧阳利见手书"督师御敌处"碑。著有《金鸡谈荟》一书。

吴杰(1837—1910),字吉人,安徽歙县人。幼随父迁浙江龙游县。13岁丧父,为富豪姜某收养。太平军攻占龙游,愤姜氏多次以团勇杀害士卒,诛其一家。吴杰感恩,救其幼子突围。后应募入左宗棠军,以"功"加都司衔,署常山千总。清光绪四年(1878),镇海口设炮台,奉调任镇海营炮台守备,管辖镇海口招宝山、金鸡山南北诸炮台。平日队伍整肃,炮具整洁,演放灵便。统带士兵,恩威兼施,深得人心。

光绪十年(1884)中法战起。法舰闯入中国沿海,镇海口形势骤紧,宁绍台道薛福成受命总理营务,提督欧阳利见驻金鸡山,兵勇万余,扼险守御。次年3

吴杰

月1日,法海军中将孤拔率舰队进犯镇海口,被击退。3日,法一装甲舰闯入,轰击招宝山炮台,吴杰督战,亲手开炮,中敌舰烟囱,再击中其船桅,桅上横木炸溅,击伤敌舰指挥官孤拔(败退途中死亡)。守军备战,再次击退法舰。数日后又击退其第三次进犯,取得镇海口之役胜利。杰论功升为候补参将。后被误参,受革待处。原浙江抚臣刘秉璋、宁绍台道薛福成竭力为其奏功申述。薛奏云:"前参将吴杰,管理南北炮台,击中敌船两次,浙防幸获全保。""熟谙西法,操练精勤,非特毫无虚额,抑且力顾大局。"刘称其为"忠勇有功之将"。最后清廷以补用游击调去江苏。1894年中日甲午战争前,应调返镇海,遂举家定居。平日保护商船渔民,追歼海盗,县人尊称"吴大佬"。后三次署理总兵,一次代理浙江提督职务。殁后,葬镇海崇邱东岗碶黄梅堰南侧。现镇海城关胜利路口有吴杰故居。

第二节　近现代人物

林望九(1848—1917),字际春,号子皋。小港青峙村(今戚家山街道)人。少有大志,喜读书,父母早逝,家贫,弃文习医,往来行医于甬江南北,名闻一时,家业渐丰厚。逢灾年,常输粟助赈。青峙村少河道,遇风雨失调,即发生旱涝。虽欲疏浚,而费巨工艰,无人发起。望九慨然自承,多方劝谕组织,并短衣草履巡视河工。经费不足,卖田补充。地方当局赞其高义,以公款相助。提督欧阳利见亦派兵勇往助,工程得竣,乡人赞佩。由此,凡多乡里公益大事皆委之,望九亦不避劳怨,见义勇为。

吴正阆(生卒年不详),字鞠九,小港青峙(今戚家山街道)人。家业航海,有积资。为人端谨,热心地方公益。捐资开浚自灵岩水径桥至崇邱虎口桥长150余丈的崇岩河,耗银超万元。又参与创办七星延陵学校,培植族中及邻村子弟。余如修路、给药、施棺等善事都乐于解囊。清政府以"乐善好施"匾额褒奖。

唐爱陆(1872—1944),字哀陆,小港曙光村(今戚家山街道蔚斗社区)人,前清秀才。因不满清政府之腐败,弃举业,入同盟会,参加辛亥革命。武昌起义,任民军后勤工作。民国元年(1912)在汉口筹办宁波同乡会旅汉公学,次年筹设爱国公司,专售国货。力主男女平等,提倡妇女就业,任用女职员,开设女子生活社;两年后,创女子务本社,经理、职员全由妇女担任;已则奔走街头,到处宣讲,提倡女子不缠足,夫死可再嫁。遭人讪笑辱骂而不挠。与进步律师施洋为知交,积极支持"二七"大罢工。施洋被害后,其家属由爱国公司发给生活抚恤费。北伐开始,任国民党汉口特别市党部常务委员、劳工部长,与湖北省财政厅长詹大悲友谊甚笃,"清党"时詹被捕遇害,唐亦于民国十七年(1928)被迫携眷离汉。初在沪蛰居,后回小港任乡长。

唐爱陆

回乡后致力乡村建设,办小学,修公路,育苗造林,提倡卫生,破除迷信,宣传男女平等;还兼任县清丈处主任,组织丈量全县山岭、河流、地形与地貌,绘成完整的乡镇线图。在小港至县城大道两座路亭亭壁上,手书"我为人人,人人为我",表达施政与教育主张。倡筑镇大公路和北平路时,阻力极大,讨债的、辱骂的常挤满一堂,爱陆则说:"我没有一天不被人骂,要没有人骂,除非不做事。"20世纪20年代后期,筹资创办蔚斗小学,延请进步教师任教,对学生加强爱国主义教育,积极营救因宣传抗日被国民党当局逮捕的教师。

抗日战争爆发,与李善祥共同组织小港抗日后援会、救护队等救亡团体,又任镇海抗日自卫委员会副主任。支持联合各乡救亡团体开展对汉奸傅筱庵的斗争,迫使国民党当局没收傅在镇海的财产,并公开拍卖,以所得充抗日经费。经常在公开场合抨击国民政府腐败,言惊群座,被称为"唐大炮"。民国二十九年(1940)7月,日军第一次在镇海登陆,大肆烧杀。爱陆在东岗碶一带设立难民救济所。日军撤退后,又在茅洋山寺组设难童教养所,收

唐爱陆故居

养孤儿百余名。是年大旱歉收,粮价飞涨,爱陆坚请发仓平粜,施赈救济;复联系宁波旅沪同乡会运粮接济,又请得李氏义庄发放良种,安排生产自救。时爱陆年已70,子女自重庆、衡阳等地迭劝其父去内地。唐复函云:"今当民族生死关头,每个国民均应致力于神圣的抗战救亡事业,我亦愿尽自己之力,不愿为个人安危打算。"次年4月,日军再次登陆镇海,爱陆先退至小白,派人将全部难童护送至奉化国际灾童教养院安置,然后离乡,由衡阳至桂林,辗转奔波,积劳成疾,1944年病故于重庆。

吴吉三(1874—1936),又名企唐,别号梅香,小港青峙(今戚家山街道)人。光绪十八年(1892)应府试不第,遂无意功名。热心公益,尤重教育,主张办新学堂培育人才。辟家屋西轩为教室,招族内及邻近子弟就读。清光绪三十二年(1906)呈准县署,以积泉庵之产为办学经费,次年在该处办青峙学堂,自任校长。清光绪三十四年(1908),又得族叔正闾等资助,在村东石子滩新建楼屋、平房各五间作校舍,命名为七星延陵学校。后毁于战火。抗战胜利后,校舍由其子嵩庆重建,改为青峙学校。1989年5月经批准复名七星延陵学校。办学十余年,耗资巨万,家境日困,但其志弥坚,临终犹嘱家人承其遗志。又与唐爱陆于民国二十五年(1936)兴建镇大公路,其中青峙岭至太平桥段由其筹资。

卓子英(1896—1953),又名卓颜,奉化松岙人。毕业于宁波市立第四师范学校。毕业后,在奉化、镇海、上虞等县教育局任职,抗战开始,任奉化中学吴江分校教师。大革命时期在汉口宁波旅汉公学任教时,由汪子望介绍加入中国共产党。民国十六年(1927)7月,宁汉合流,卓与汪子望、庞来青三人同时被捕,被关押两个月后保释出狱,失去党的组织关系。1938年春节前后,中共浙东临时特委会委员竺扬来镇海小港蔚斗小学恢复卓子英、施若愚的党籍。当时,卓子英任蔚斗小学校务主任。同年8月,中共镇海县工委建立,卓子英任县工委书记。县工委机关设在蔚斗小学内,卓子英以教师职业为掩护,经常奔走于城区、江南、横河等地,积极宣传抗日,发展党的组织,团结进步教师,做好统战工作,培养学生干部,在危难环境中,稳步地开展抗日救亡和革命活动。民国二十八年(1939)8月,卓子英调新碶

卓子英

工作，县工委书记由张起达接替。中华人民共和国成立后，卓子英任奉化县教育局长。1953年，患脑溢血病故，年仅57岁。

庞来青（1898—1978），又名费青，小港二村（今戚家山街道蔚斗社区）人。民国九年（1920）毕业于宁波省立第四师范学校，毕业后在镇海从事教育工作。民国十三年（1924）任宁波旅汉公学教师。两年后（1926）加入中国共产党。民国二十五年（1936）6月任蔚斗小学校务主任，推荐中共早期党员卓子英、施若愚来校任教。民国三十七年（1948）5月重新入党。新中国成立后，历任上海出版局办公厅主任、上海教育出版社社长等职。1978年病逝于上海。

庞来青

施若愚（1898—1986），慈溪周塘东村人。1925年8月参加共青团，1926年8月加入中国共产党。1938年初到蔚斗小学任教。同年3月，由竺扬恢复其党籍。中共蔚斗小学支部成立后，任第一任支部书记。新中国成立后，曾任慈溪图书馆馆长。

陈德法（1900—1975），黄埔军校毕业后参加北伐。民国二十六年（1937）参加了上海"八一三"淞沪抗战，后部队调防宁波，任194师师长，民国二十九年（1940）7月17日，在镇海保卫战中指挥对日作战，取得胜利。民国三十八年（1949）随陶峙岳在新疆起义。历任中国人民解放军第9军副军长、22兵团副参谋长、新疆生产建设兵团副参谋长。

施若愚

郑圣裔（1901—1972），戚家山街道渡头村人。民国十七年（1928）任蔚斗小学校董，协助唐爱陆在上海筹措建新校舍资金。民国十九年（1930）在宁波经营祥康钱庄，在上海经营恒丰布厂、永和木行。热心公益事业，参与集资修缮义成碶。

吴嵩庆（1902—1991），小港青峙（今戚家山街道）人。延陵学校创办者吴吉三之子。毕业于上海沪江大学、法国巴黎大学，后在国民党中央训练团党政高级班第一期受训。北伐时任国民革命军总司令部秘书。民国十九年（1930）任铁道部科员。次年任国民党军事委员会机要秘书。民国二十八年（1939）任航空委员会经理处处长。民国三十二年（1943）3月任国民党军政部军需粮司军需监与少将司长、参谋。民国三十四年（1945）3月任国民党兵役部经理处处长。同年4月任湖北省政府委员兼财政厅厅长。民国三十五年（1946）后任国民党联合勤务总司令部经理署军需监、少将副署长、财务预算署军需监、中将署长。去台湾后，先后任"国际部"财务预算署署长、"国际部"联合勤务总司令部副总司令。1964年任台湾省唐荣铁工厂股份有限公司董事长。之后又筹建钢铁贸易股份有限公司。1991年返乡探亲，捐资2万元设立七星延陵学校奖学金。同年在台湾逝世。

陈德法

顾瑞宝（1902—1974），高塘大同村人。出身木工，好钻研。1955年参加小港王家溪口翻水站工程施工，随后参与镇海人民剧院工程设计、施工。1957年被聘为长山区水利会水利员。踏遍全区山岙溪坑，设计了不少山塘

郑圣裔

水库。由于选址适当，灌溉方便，至今仍发挥效益。1961年负责义成碶碶门改造施工，改木板碶门为螺旋杆式钢筋水泥板碶门，抗旱排涝效益显著。后查勘区内所有河道，改建碶、桥40余座，为建造浃水大闸辛勤劳动。长山区属钱湖水系，大旱之年上游常淤塞，瑞宝脚穿草鞋，身带饭包，溯河而上，直至东钱湖、三溪浦等地察看水情；协调邻县排灌区关系，并督建大石门翻水站，解决江南地区万余亩易旱农田的翻水抗旱问题。人称水利"土工程师"。

周朴农（1903—1982），原名周才康，又名鸣宇、雨亭，鄞县人。小学三年级时因贫辍学。民国八年（1919）赴沪谋生，结识陈望道等革命知识分子，阅读《向导》《新青年》等进步刊物。民国十四年（1925）"五卅"反帝爱国运动中，组织后援团体。不久，加入中国共产主义青年团，历任共青团上海浦东、沪西等区委书记及共青团江苏、浙江省委常委、上海总工会青工部长等职。民国十五年（1926）秋上海工人第一次武装起义前，组织工人纠察队，指挥收缴上海警察局枪支，参加袭击北洋军阀军车等战斗。民国十八年（1929）11月17日被捕入狱，受酷刑拷打，经党组织营救出狱。曾因反对立三路线受批判，被错误地撤销领导职务和中断组织关系。民国二十年（1931）恢复组织关系，负责筹建党历史上第一所安置烈士遗孤和受难同志子弟的上海普育小学，悉心救护澎湃、朱琳等烈士的遗孤。

民国二十一年（1932）春，任小港蔚斗小学训育主任，组织抗日宣讲会，发动学生向社会募捐，支援十九路军抗战。组织进步师生参加读书会，学习《大众哲学》《政治经济学》等进步书刊，宣讲时事形势。同时开办农盐民、路工和妇女夜校、识字班，推行小先生制；开展社会调查，启发群众革命意识，通过演戏等方式揭露时弊。

民国二十五年（1936）4月主编《镇海呼声》，以"反对内战、团结抗日"为主题，密寄县内外学校、团体。后因刊物被查封受通缉而避沪。继赴陕北苏区工作。

民国二十九年至三十八年（1940—1949），辗转武汉、浙江、上海、山东等地。几经曲折，曾化名雨亭，和张培文一起创办抗大式的新登简师，传播革命思想，引导一批青年走上革命道路。

新中国成立后，历任浙江省教育厅视导员、省政府办公厅行政科长等职。"文化大革命"中遭迫害，康生批示诬陷朴农"不是叛徒就是特务嫌疑"。1981年9月浙江省人民政府党组为其彻底平反，恢复了他1925年入党的全部党龄。1982年1月18日病逝于杭州。

乐少华（1903—1952），原名魁光。小港渡头（今戚家山街道渡头社区）人。中国著名的工人运动活动家，红军高级指挥官。民国十六年（1927）3月，在上海加入中国共产党。

幼年时，家境贫寒，只读了几年私塾。后去上海谋生，在一家五金工厂做工。在上海，他勤奋好学，既学技术，又学文化，踏实能干。民国十四年（1925），参加上海"五卅"运动，任上海市南市区机器工会宣传委员，从事工人运动，开始走上革命道路。民国十五年至十六年（1926—1927）3月，参加上海工人三次武装起义，任上海金属业总工会宣传委员。民国十六年（1927）春，受党指派赴苏联，入莫斯科中山大学学习，在此期间，他成了有名的"二十八个半"布尔什维克之一。民国十九年（1930）春回国，在上海中共中央秘密机关负责无线电部门工作。

民国二十一年（1932）3月到中央苏区，任军委直属队党总支书记。5月，任红五军团十五军副政治委员，不久任政治委员。同年秋，出任红三军团七

乐少华

军政治委员，率部参加中央苏区第四次反"围剿"作战，正式成为一位红军高级指挥官。民国十七年（1933）6月，全军整编，任红三军团五师政治委员。根据党中央的指示，红三军团四、五两个师和红五军三十四师组成东方军，执行收复闽西连城、新泉苏区和开辟闽北新苏区的任务。是年9月18日，红五师在师长寻淮洲、政委乐少华的带领下，以一个团的兵力，全歼国民党十九路军精锐"铁军团"第61师166团，并击溃敌两个营的增援，创造了战斗奇迹。民国二十二年（1933）11月，乐少华任红七军团政治委员。民国二十三年（1934）1月，在红都瑞金召开的中华苏维埃第二次全国代表大会上当选为中央执行委员会委员。同年8月1日，荣获中央革命军事委员会授予的二等红星奖章。

由于王明"左"倾机会主义路线的影响，红军在军事上处于被动的局面。同时，蒋介石调集重兵，疯狂发动对根据地的第五次"围剿"。党中央开始考虑实施战略大转移。为牵制国民党兵力，减弱蒋军对中央苏区的包围，红军长征之前，中央曾派出3支部队突围远征。红七军团组成的中国工农红军北上抗日先遣队就是其中之一。民国二十三年（1934）7月，中央最高"三人团"李德、周恩来、博古召见了红七军团领导寻淮洲、乐少华、粟裕（军团参谋长），命令以红七军团组成抗日先遣队，部署抗日先遣队经福建、浙江、江西最终挺进皖南抗日前线的任务。7月7日，抗日先遣队6000余人，由瑞金出发进入福建。沿途散发抗日宣传资料，发动民众，推动抗日民族运动。军事上，一路攻关拔城，兵临福州城下，给蒋介石和国民政府很大震动。但由于共产国际代表李德主持的中央军委在军事上的左倾冒险，命令部队强攻福州，当时部队长期运动作战，攻城准备不足，攻城未果。抗日先遣队转而向闽东、闽北挺进，相继转战闽、浙、皖等国民党统治心脏地带，曾一度攻占罗源、穆阳、庆元、清湖、常山等县城，在国民党心脏插上了一把尖刀，并且宣传了我党的抗日主张，扩大了红军和共产党的影响。

民国二十三年（1934）1月初，抗日先遣队转入方志敏领导的闽浙革命根据地，与红十军会合，奉命编为第十军团先遣队，刘畴西为军团长，乐少华为军团政委，粟裕为参谋长，刘英为政治部主任。红十军团下设3个师，共约1万人，继续担负抗日先遣队的任务。之后，抗日先遣队以原红七军团主力整编的十九师，在刘畴西、乐少华、方志敏等率领下进入浙江开化、遂安等地活动，创建了皖浙边新苏区。

是年12月4日，部队在皖南谭家桥战斗中失利，乐少华、刘英受伤，红军优秀指挥官、十九师师长寻淮洲英勇牺牲，损失惨重。民国二十四年（1935）1月，抗日先遣队在向闽浙赣根据地转移时，在江西德兴县遭敌伏击，被截为两段。先头部队千余人（包括受伤的乐少华）在粟裕的指挥下，突破封锁，进入根据地。主力2000余人，被20个团的优势兵力合围于怀玉山区。经过7昼夜激战，指战员大部牺牲，刘畴西、方志敏被俘。乐少华回到根据地不久，由于伤势严重，被转送到上海治疗。抗日先遣队余部在粟裕、刘英的领导下组成红军挺进师，开展艰苦的游击斗争。

民国二十五年（1936）8月，伤愈后的乐少华被调到陕北保安，任军委直属政治处主任。1937年1月，入红军大学第二期学习，后任中央组织部干部科副科长，在陈云、李富春领导下工作。1942年，任陕甘宁边区兵工厂厂长，从此走上了我军军工业的领导岗位，是我军早期军工业的主要领导人之一。

民国三十四年（1945）4月23日至6月11日，中国共产党第七次代表大会在延安召开，乐少华是参加大会的正式代表。

抗战胜利后，根据中央关于建立巩固东北根据地的指示，我党、我军的一批高级干部、高级指挥官,比如陈云、高岗、李富春、林彪、罗荣桓等,都来到了东北,乐少华也是其中之一。为了创建东北军事工业,支援解放战争,乐少华奉命带领一批军工干部赴东北。民国三十五年(1946)9月,乐少华来到鸡西,任鸡西第三军工办事处主任,负责东北鸡西的军工生产。新中国成立后,美国又在朝鲜挑起侵朝战争,1950年任东北工业部副部长兼军工局局长的乐少华更加忙碌,领导下属的八一、五二等大型军工企业,研制新的武器装备,生产各种枪支、火炮、弹药,支援志愿军的抗美援朝战争。其中八一厂成功研制生产了90毫米反坦克火箭弹,在朝鲜战场上发挥了重要作用。

乐嘉煊

　　乐嘉煊(1907—1950),中国世界语运动开拓者之一。小港港口(今戚家山街道蔚斗社区)人。早年求学于上海立达中学、上海政法大学。民国十八年(1929)6月,与友人发起组织汉口世界语同志会,开办世界语星期学习班。次年,改为汉口世界语学会,出版《希望》月刊。民国二十年(1931),与两个同道徒步南下广州,又沿闽浙至沪,一路宣传世界语。同年底,参加中国左翼世界语联盟。先后开办世界语函授学校、世界语讲习班;创办世界语刊物《世界》。民国二十二年(1933)1月成立上海世界语者协会。许多青年在讲习班上受到进步思想影响,投身革命。又开办国内第一个世界语书店。后赴武汉,在郭沫若主持的政治部第三厅国际宣传科从事世界语工作。武汉失守后,随第三厅辗转至重庆,创办世界语杂志《中国报导》,宣传抗日战争的正义性;恢复出版《中国怒吼》。并建立中国第一个世界语印刷厂。郭沫若曾赠诗一首:"大礼天同节,典型数所生。槁枯终不舍,情谊见精诚。"

　　民国三十五年(1946)随军调小组由重庆抵南京转苏北淮阳解放区,9月至山东,在山东新华书店编辑部工作。边养病边将毛泽东《论人民民主专政》及报刊重要社论译成世界语,向国外宣传中国共产党主张、人民解放战争胜利形势和解放区成就。民国三十八年(1949)因心脏病入住山东军区卫生部第三医院。次年3月5日病逝,葬于潍县坊子革命烈士公墓。著有《世界语初级讲义》《世界语初级班读本》及《天文学》(汉世对照"世界语科学小丛书"之一)等。

　　张起达(1907—1965),原名允康,又名谦德,霞浦象头张村人。曾就读于柴桥小学、慈溪承裕小学及定海公学。后任教于高塘、钟灵、公德等小学。民国十五年(1926)加入国民党。"四一二"反共政变后,以"江望川"笔名抨击国民党右派,被开除国民党党籍,并受通缉。民国二十年(1931)在上海化学工业社总厂任职,因参与领导工人罢工被解雇。后参加社会科学家联盟(简称"社联")、上海新生后援会、上海职业界救国会等革命组织,为"社联"沪东区负责人。民国二十五年(1936)初,任教镇海小港蔚斗小学。参加中共党员周鸣宇等组织的教师联谊会,与进步教师一起宣传抗日救国。是年6月,与贺灏群、王玉清、乐培文、许文钦及韩家骥等被镇海县政府逮捕,移解杭州陆军监狱,经多方营救获释。

张起达

　　1937年抗战全面爆发,在定海县小学任教,开展抗日救亡工作,被选为定海县抗敌后援会(次年改称抗日自卫委员会)委员和定海县教育委员。是年,加入中国共产党,并为中共定海县党组织负责人。10月任中共定海县工委书记,积极发展党员,为定海党组织建设奠定基础。后调任中共镇海县工委书记,以蔚斗校务主任及延陵小学校长名义进行活动,推动抗日救亡运动。1941年复任定海县工委书记，通过与定海县东区区长诸公良"旧谊"开展统战工作。以帮助诸"保卫税收"名义，建立一支党所掌握的合法武装。1944年8月，调中共杭甬工作委员会工作。抗战胜利后，奉命留守四明。不久去苏北中共华中局负责交通工作，随转山东，任惠民县委秘书。1949年随军进入杭州，历任浙江省人民政府文教厅秘书科长、办公室副主任。1954年调任浙江师范学院图书馆馆长，继任杭州大学图书馆副馆长。1965年7月病逝。

林仲言（1908—1976），又名杏初、子镐、林庚。北仑大碶王隘人。1930年前后在大碶地区的石湫、灵山、时敏等小学教书，土地革命战争时期参加中国共产党。1931年10月至1932年4月，曾任中共镇海特别支部书记。特支被破坏后脱党。1938年学医于王仲生，1946年悬壶行医，1948年行医于上海，新中国成立后长期在小港联合诊所任主治医师，擅长内科诊脉，在长山地区颇有名气。

贺灏群（1909—1967），峙头中宅人。民国十四年至十六年（1925—1927）曾就读于定海中学、民海中学，因参加学潮先后两次被校方开除。后在慈溪、镇海等地任小学教师。民国二十五年（1936）任教蔚斗小学，因参与抗日救亡运动被国民党镇海当局逮捕关押42天。两年后任延陵小学校长，并加入中国共产党。民国二十七年（1938）8月至民国二十九年（1940）5月任中共镇海县工委委员。民国三十年（1941）由党指派任峙头乡乡长、党支部书记。两年后形势恶化，与党组织失去联系。民国三十四年（1945）任定象办事处主任2个月。民国三十五年（1946）年7月重新入党。民国三十八年（1949）5月镇海解放后，历任上阳乡指导员、郭巨区副区长、镇海县文教

贺灏群

科长、县人民法院副院长、县人民法院院长、县委文教部副部长与副县长等职。办事严谨，执法公正，亲属犯法，秉公判刑。一生保持俭朴作风，子女多，妻子无工作，经济负担重，但始终节俭自奉。1962年底，市、县划分，负责镇海县复建的搬迁安置工作，为许多住房有困难的干部做了妥善安排，而自己仍住无电灯装置的旧房。1965年患癌症病休治疗。1966年冬至1967年上半年"文化大革命"初期，县政府主要领导受冲击，贺不顾虚弱病体，承担接待工作，处事坚持原则，敢于挑担，终以劳累过度，病重而逝。

竺扬（1910—1994），奉化江口人。民国二十六年（1927）年参加南昌起义。民国十九年（1930）加入中国共产党。民国二十六年（1937）任中共浙东临时特委委员、奉化县工委书记、鄞县中心县委书记、中共宁属特委委员兼组织部长。民国二十七年（1938）年春，到蔚斗小学，恢复中共早期党员卓子英、施若愚的党籍，并秘密成立中共蔚斗小学支部。同年8月，在蔚斗小学成立中共镇海县工委。中华人民共和国成立后，曾任上海海运局基建科科长、海员技术学校副校长、海运局业余大学副校长。

竺扬

朱纪英（1917—1989），女，原名连珍，镇海城关人。与谢氏结婚后三载夫亡。抗战起，朱纪英冲破封建礼教束缚，排除世俗偏见与邻里蜚语，教唱抗日歌曲，演出抗日话剧。民国二十七年（1938）7月加入中国共产党，受派至小港青峙延陵小学任教，积极向学生宣传抗日救亡，进行爱国主义教育。不久离镇赴沪，办工人夜校，动员输送进步青年到苏北根据地参加革命。镇海沦陷后，其公公叛国投敌，出任镇海维持会长（伪县长），朱纪英闻讯后与夫家决裂。从此奔走大江南北，参加抗日战争和解放战争，历任文教

辅导员、政治指导员、宣传科长、妇女部长。中华人民共和国成立后,任浙江省委党校处长、江苏省宜兴农校校长、南京市二中校长、安徽省邮电学校副政委等职。

乐　群

乐群(1918—1996),女,小港渡头(今戚家山街道渡头社区)人。民国七年(1918)5月出生于上海。抗日战争爆发前后,还处于学生时代的她,就主动接受进步思想,积极参加抗日救亡运动。民国二十七年(1938)初,她毅然放弃优越的家庭生活,投身革命,参加新四军,先后在南昌新四军战地服务团、新四军教导总队、新四军后方政治部、中共苏中如皋县委、中共苏中第四地委、新四军浙东游击纵队司令部和敌工部等处工作。历任团员、政治指导员、干事、秘书、联络员及政治交通员等职,转战南北,深入敌占区,出生入死,为浙东和苏北等地的抗日战争做了大量卓有成效的工作。民国三十五年(1946)1月起,乐群受中共华中局指派回到上海,专司我党的地下联络工作。她置家庭和个人安危于不顾,在白色恐怖区内与国民党特务进行机智的斗争,多次冒着生命危险,为苏北解放区和浙东游击队筹集、输送了大量急需物资。为此,她和她的家庭、亲友也都做出了无私奉献,付出了沉重代价。民国三十八年(1949)5月上海解放,乐群调华东军政大学工作,任组织股副股长、三总队女生大队党委书记兼政治指导员。1952年转地方,参与上海市监察委员会筹建工作,后任上海市监察局秘书、第三处科长与公民控诉处副处长等职。1959年9月调上海市民政局,历任局办公室副主任、社会处处长、局党组成员与组织处处长等职。在20多年的民政工作生涯中,她工作认真,作风踏实严谨,深入调查研究,善于倾听民政对象的意见,关心他们的疾苦,深得人们的好评。她严于律己,平易近人,关心下属,勤政廉政,品德高尚,深受同事崇敬。

乐群于1984年4月离休,享受局级干部待遇。1996年4月11日病逝于上海华东医院。

林平(1920—?),原名林昌全,小港林唐(今戚家山街道)人。在家乡和湖北宜昌读完小学和中学后,在上海学生意。民国二十六年(1937)抗日战争全面爆发,回乡参加小港抗日救亡宣传队。民国二十七年(1938)初,与宣传队的汪波、乐群、李幼兰等9人去丽水碧湖参加浙江省战时青年训练团,在青训团近两个月生活中,深感青训团没有一点国共合作、共同抗日的气氛,绝非抗日救国理想之地。9人经慎重思量,与在青训团认识的同乡李维贤一起秘密离开碧湖,于民国二十七年(1938)3月辗转至南昌参加新四军。同年7月加入中国共产党。抗日战争期间,历任新四军军部战地服务团团员、军部教导总队学员、新四军一支队政治干事、苏北指挥部政治部秘书。在新四军与八路军会合后,任华中总指挥部直属队总支书记。皖南事变后,任重新成立的新四军第一师政治部秘书和师直教导队政治指导员、苏中军区四分区政治部组织科长、一师三旅政治部组织科长、三旅七团政治教导员、党总支书记及苏浙军区三纵队政治部组织科长等职。抗日战争胜利后,历任华中野战军八纵队六六团政治处副主任、华东野战军四纵队十一师政治部组织科长、纵队特务团政治处主任及纵队后勤部政委等职。1949年2月起,历任中国人民解放军廿三军炮团政委、六十八师政治部副主任和主任。1953年1月起,任第十三航校政治部主任。

1953年底调国务院外交部,以后一直在外交战线工作。1954年1月任外交部美澳司专员、司长。1965年4月任中国国际贸易促进委员会驻智利共和国商务代表。1971年4月任中华人民共和国驻智利共和国特命全权大使。1973年3月任外交部美大司司长。1978年9月任驻澳大利亚特命全权大使,并于1980年4月兼任巴布亚新几内亚大使。1983年8月奉调回国。在从事外交工作期间,先后于1955年和1964年在瑞士日内瓦和波兰华沙参加"中美大使级会谈"。1960年4月,作为"中国艺术团"副团长率团访问哥伦比亚、委内瑞拉、古巴、加拿大等国。1972年4月,作为中国政府代表团副团长出席在智利圣地亚哥召开的联合国第三届世界贸易和发展会议。在任智利大使期间,为促进中智两国人民友谊和建立与发展两国外交关系做出了重大贡献,智利政府两次授予其智利功勋勋章和智利大十字荣誉勋章。

1984年底离休后,继续在外交战线辛勤工作,任中国拉丁美洲友好协会副会长、中华人民共和国外交史学会常务理事、中国人民外交学会理事及中国国际公共关系协会理事等职。

乐宇声(1920—1993),小港人,出生于上海。民国二十九年(1940)11月参加革命,民国三十二年(1943)5月加入中国共产党。抗日战争时期,历任盐城县盐阜区财政股长、盐城县合作总社主任。新中国成立后,历任无锡中国银行军代表、松江中心支行副行长,南京市机电局、重工业局经济计划科科长、办公室主任与人民银行南京市支行副行长等职。1983年离休,享司局级待遇。1993年7月6日病故。

虞亦博(1921—1992),又名李沉,曾名方里、里昂。小港人。民国二十六年(1937)8月参加小港抗日救亡宣传队,次年3月参加新四军。民国二十九年(1940)加入中国共产党。先后任新四军教导总队干事、抗大五分校教员、参谋处参谋、榴弹厂副厂长与化学研究室研究员等职。虞亦博在民国三十年(1941)1月皖南事变时英勇突围,历尽艰险,发着高烧,仍顽强地辗转半个多月,终于渡过长江,回到新四军部队。他是解放区记者中第一个进入上海的记者,写了许多很有价值的通讯报道和文章,是一位成绩卓著的新闻工作者。民国三十四年(1945)年任《渤海日报》编辑、特派记者。民国三十七年(1948)任济南《新民主报》、新华社济南分社采访科科长。1950年任新华社华东总分社上海分社编委兼工业组长、采访部副主任;1954年起历任鞍山分社副社长、社长;1979年任辽宁分社党组副书记、副社长。1985年4月离休,1992年8月15日病逝。

林晖(1922—?),原名林圣纬,小港桥东村(今戚家山街道东升社区)人。少年时在小港镇伏波、蔚斗小学读书。民国二十六年(1937)8月参加小港抗日救亡宣传队。次年3月参加新四军,同年加入中国共产党。曾任新四军战地服务团团员、第一支队一团连文化教员、团旅青年干事、第一师政治部青年科科长及浙东游击纵队第三支队宣传股长。解放战争时期历任华东野战军第一纵队二师政治部宣传科长、第二十军五十九师一七七团政治处主任、军政治部宣传部副部长及华东军政大学第二总队教育科科长。先后参加了皖南、苏南、苏中、浙东的抗日武装斗争和莱芜、孟良崮、淮海、渡江与解放上海等战役。中华人民共和国成立后,历任华东军区兼第三野战军政治部宣传科科长兼青年科科长,总政治部青年部科长、处长,江苏生产建设兵团政治部副主任,江苏省军区政治部副主任,《人民装甲兵》杂志社社长兼总编辑,解放军装甲兵政治工作研究室主任。1964年晋为大校军衔。曾荣获三级独立自由勋章、二级解放勋章和中国人民解放军功勋荣誉章。离休后享受副军级待遇。

林 晖

乐秀良(1924—2016),小港渡头村(今戚家山街道渡头社区)人。民国三十一年(1942)6月在苏北如(皋)西县参加革命,民国三十六年(1947)7月加入中国共产党。长期在党报、杂志社和江苏省委机关工作。1983年12月在江苏省委机关刊物《群众》杂志副总编岗位上离休。曾任江苏省新闻学会科学社会主义学会副会长、江苏省新闻出版局报刊审读员、江苏省哲学社会科学联合会理事、江苏省人大工作理论研究会特约研究员与江苏省杂文学会名誉会长等职。

著有《日记何罪》一书。1979年在《人民日报》发表的《日记何罪》和《再谈日记何罪》两篇杂文，被誉为"杂文史上的佳话""新时期法制杂文第一篇"。曾多次获上海《大江南北》杂志年度优秀作品奖、《南京日报》"金陵论坛"评论一等奖。为新闻出版事业做出了突出贡献，国务院决定从1992年10月起发给政府特殊津贴。

李艺（1926—1994），女，原名李采荷，又名黎艺。小港港口（今戚家山街道蔚斗社区）人，出生于辽宁锦州。民国三十一年（1942）6月参加革命，民国三十七年（1948）10月加入中国共产党。曾在浙东三北地区三五支队、华中军区及华东野战军等部队担任过电台缮写员、文化教员及图书管理员。1949年至1953年，先后在上海市军管会文艺处、南京市军管会文艺处、华东军区政治部文化部、解放军文艺社和总政青年部等单位从事编辑工作。1956年在中国人民大学法律系肄业，同年调入中央广播事业局，历任编辑、干部科副科长、中唱公司办公室主任兼人事处长等职。1983年离休时为司局级干部。1994年8月26日病逝。

孙家鼐（1928—?），小港港口（今戚家山街道蔚斗社区）人。抗日战争时期在家乡小港镇蔚斗小学读书。后去上海澄衷中学和乐群中学求学。民国三十六年（1947）考入南开大学机械工程系，1951年毕业留校任助教。1952年院系调整，随南开大学工学院并入天津大学，任天津大学精密仪器系教授和精密仪器及机械专业博士生导师，并兼任计时仪器专业教材编审委员会副主任委员、国家科技进步奖轻工组评委、中国钟表标准化技术委员会委员、天津市科协委员、天津市计时学会理事长与天津宁波经济建设促进协会顾问等职。

孙家鼐长期从事"精密仪器及机械""计时仪器"和"检测技术和仪器"方面的教学科研工作，主讲过"仪器制造刀具和机床""精密机械仪器""仪器概论"等9门课程，翻译有《机械原理》等4本书。

乐嘉禾（1930—?），小港曙光村（今戚家山街道蔚斗社区）人。民国三十五年（1946）参加工作，1956年于上海交通大学毕业。先后在一机部、二机部、核工业部及中国工程物理研究院工作，先后担任西南流体物理研究所主管科研生产的副所长、中国工程物理研究院调整指挥部副指挥长等职。1982年获高级工程师职称。

乐嘉禾长期从事核工业建设，1984年、1985年和1988年先后被核工业部授予为我国第一颗原子弹爆炸成功做出贡献的荣誉证书、长期从事核工业建设并做出贡献的荣誉证书及从事国防科技工业30年的"献身国防科技事业荣誉证书"。1992年10月享受国务院政府特殊津贴。

吴祖泽（1935—?），小港二村（今戚家山街道蔚斗社区）人。1957年毕业于山东大学，1973年赴英国帕脱森肿瘤研究所进修实验血液学。1993年当选为中科院院士。历任军事医学科学院放射医学研究所实习研究员、助理研究员、副研究员、研究员、所长，军事医学科学院副院长与院长（少将军衔）。历任中科院生物学部常委、国务院学位委员会第四届学科评议组成员、《中国科学》《科学通报》副主编、中国病理生理学会实验血液学专业委员会主任、中华医学会常务理事、全军医学科学技术委员会副主任、全军实验血液学重点实验室主任。

吴祖泽长期致力于放射生物学与造血细胞动力学研究，取得了学术界公认的系列成就。1975年在我国引入和传播造血干细胞的基础理论和实验技术，在国内外杂志上发表250篇论文。他撰写的《造血细胞动力学概论》一书，成为我国第一本介绍血细胞生成动力学与造血干细胞研究的专著。他主编的《造血干细胞移植基础》一书，对于普及和推进我国造血干细胞移植做出了有益贡献。他还主编了《血液生理》《造血调控》等专著，是全国实验血液学的主要创始人和学术带头人之一。先后培养博士生20名、硕士生9名和进修生近百名。

吴祖泽领导的科研工作曾多次获得国家和军队的奖励，其中获国家自然科学奖二等奖1项，国家科学技术进步奖二等奖和三等奖各1项，军队科学技术进步奖20项。先后荣立二等功、三等功，获第一批政府特殊津贴和人事部授予的"中青年有突出贡献专家"荣誉。

第三节　革命烈士

在抗日战争和解放战争期间，戚家山街道境内的许多共产党员在党的领导下，或从事地下斗争，或投身抗敌前线，为中国革命献出宝贵生命。

汪　波

汪波（1914—1941），原名汪小泉，小港港口（今戚家山街道蔚斗社区）人，出生在一个贫苦农民的家庭。父亲早年亡故，他读完小学，就经亲友介绍到上海一家木行当学徒，深受生活折磨，对旧社会埋下了强烈的反抗情绪。当时的上海已是抗日怒潮的中心，汪在进步人士的帮助下，进入"救国会"主办的"蚁社"。在蚁社的夜校里，努力攻读进步书籍，认真学习马列主义理论，思想逐步升华。

民国二十六年（1937）"七七事变"后，抗日战争全面爆发，汪波失业回乡，全身心投入抗日救国运动，与李祖平等10多位进步青年组建了"镇海县小港镇抗日救亡宣传队"。宣传队得到当地爱国人士唐爱陆、李善祥的支持，活跃在方圆几十里的山村水乡。除在小港镇上宣传外，先后到江南道头、青峙、黄梅堰和鄞县东乡陶公山一带开展抗日救国的宣传活动。次年初，汪波等青年报考设在丽水碧湖镇的浙江省战时青年训练团。在青训团的半个月中，汪察觉到这里是国民党、共产党争夺青年的政治场所，便设法逃出训练团。同年3月初，汪波、乐群、李幼兰（李又兰）、李祖宁（李志光）、李采芝（李锦）、林昌全、虞亦博（李沉）、金贤樟（金涛）、林圣纬（林晖）和在青训团认识的小港同乡李维贤等共10人，经丽水、金华、九江到达武汉，汪波以救国会的关系，通过新华日报社，找到八路军办事处，后来受到周恩来同志亲自接待，被介绍到南昌参加新四军，先编在新四军战地服务团。5月，被分配到张鼎丞司令、粟裕副司令所统率的二支队。这年八一建军节，汪波加入中国共产党。不久，团长黄火星把他调到三团司令部当见习侦察参谋。横山之战，汪波初经战火，沉着勇敢，领导喊话，瓦解日军，配合坚守阵地，成为全团典范，并被正式任命为侦察参谋。

民国三十年（1941）1月，皖南新四军军部率直属部队9000余人，在开赴皖北敌后抗日的行军途中，遭有预谋的国民党军突袭，发生震惊中外的皖南事变。汪波在皖南事变的突围战斗中，英勇顽强，奋不顾身，为抢救不幸负伤倒在青弋江激流中的周桂生司令，被敌人机枪子弹击中，两人同时壮烈牺牲在青弋江。

郑世庚（1914—1943），又名世赓。小港黄瓦跟（今戚家山街道东升社区）人。家贫寒，14岁辍学,经亲友介绍到上海外轮当侍者。第三年升任三副。后受革命同志影响,民国十九年(1930)辞去外轮工作。有一天,在旅社访晤方、叶两位革命同志时,突遭国民党警察搜捕,郑世庚为掩护两人出逃,动手打死了一名警察。方脱险,叶、郑被捕。叶被判刑7年,郑被判无期徒刑。后经组织营救和进步大学生代为辩护,以未满18周岁而改判徒刑12年。民国二十六年(1937)"八一三"淞沪抗战爆发,在监犯人转移,途经松江时,世庚乘隙逃脱潜回小港。同年底,由共产党员施若愚、卓子英指点,到鄞西洞桥天王寺参加由中共浙东临委领导的"飞鹰团"民众抗日游击干部训练班。民国二十七年(1938)3月训练班结束。此后,"飞鹰团"转入地下,世庚回到小港,由唐爱陆先生安排,在蔚斗小学创办世界语学习班,团结进步青年,进行抗日救亡

郑世庚

工作,并在蔚斗小学参加共产党。民国二十八年(1939)夏,参加浙江省第六区抗敌自卫纵队政工队(有中共秘密支部)。是年冬,政工队解散,郑世庚转入镇海县国民兵团。在镇海县国民兵团任职期间,郑世庚认真执行上级党组织关于隐蔽在国民党部队的共产党员要"埋头苦干、积累力量、推动其进步"的指示精神,努力工作,搞好各方关系。民国三十二年(1943)初,被提升为国民兵团自卫一大队少校大队长。同年3月,镇海县长李经民奉命从宁海迁返镇海,军政人员分批出发,由于行动失密,日军在奉化白杜设伏截击,放过了先头部队邵光淇中队,郑世庚在后被日军包围,在突围战斗中牺牲。邵光淇闻讯回救,亦在战斗中牺牲。郑、邵两人尸体由邵光淇的妹妹邵绥娟冒险去奉化白杜检认运回。今葬于戚家山街道茶漕岭(夹山)。

李默君(1916—1949),小港二村(今戚家山街道蔚斗社区)人。曾在蔚斗小学任教。民国二十六年(1937)抗战全面爆发后投入抗日救亡运动。民国二十八年(1939)到浙江省政工队工作,加入中国共产党,担任党组织的组织委员。民国三十二年(1943)任中共慈镇县秘密系统特派员和慈北区委书记。民国三十四年(1945)10月随三五支队北撤至山东,在胶南县沙河区任区委书记。民国三十六年(1947)4月任中共山东胶南县宣传部副部长。民国三十八年(1949)2月,在护送解放军先遣队家属赴合肥纵队驻地途中,遭遇车祸,不幸牺牲。

李默君

林勃(1918—1941),原名林圣楣,小港黄瓦跟(今戚家山街道东升社区)人。幼年亡父,家庭贫困。抗日战争全面爆发后,镇海与全国各地一样,掀起了轰轰烈烈的抗日救亡运动。林勃义愤填膺,激起了强烈的救国之情,于民国三十七年(1938)3月参加镇海县战时政治工作队(简称"政工队")。政工队队员大多是失业、失学的进步青年,有的是中共党员和青年团员。林勃在政工队的抗日宣传活动中得到了锻炼,特别是在中共党员的帮助和教育下,思想进步很快,同年加入了中国共产党。民国二十九年(1940)7月,日本侵略军在镇海第一次登陆,林勃被派到活动在柴桥地区的定海国民兵团随军服务队工作。该队建有中共支部,实际上是共产党领导的一个宣传团结抗日的政治工作团体。林勃在队内担任小组长。是年冬,林勃被中共镇海县工委调派到镇海县民众教育馆"流动施教团"工作,在镇北澥浦、龙

林 勃

山一带宣传抗日救亡。次年4月19日,日军第二次在镇海登陆,林勃与原流动施教团的李平、沈帮棋、沈一飞和余也萍等党员调到龙山,与中共龙山思敬小学支部负责人戚铭渠联系,研究组织敌后游击队问题。后因在运枪途中遭国民党慈溪县国民兵团截劫,李平、沈帮棋、沈一飞不幸牺牲。林勃、余也萍等奉调到镇海江南工作。不久,林勃调任宁属特委江南独立中队(简称"独中")政治指导员,在大碶、长山等地开展抗日武装斗争。10月28日(农历重阳节),独中移驻青峙村,凌晨遭驻鄞东的国民党土顽霍中柱部偷袭,林勃和另一位共产党员胡班长,为掩护部队撤退,弹尽被捕。霍部把他们绑在青峙大庙(今青峙延陵小学)门前的一棵大树上,受尽折磨。后镇海县城日军闻声赶到,霍部逃窜。林勃又被日军连刺17刀,壮烈牺牲。

乐静(1922—1961),原名乐秀禾,曾用名乐静波,小港曙光村(今戚家山街道蔚斗社区)人。小学就读于蔚斗小学,毕业后去上海。民国二十六年(1937)参加革命,次年参加中国共产党。民国二十七年(1938)2月,在地下党领导下,上海成立"益友社",乐静由党指派至该社的"家庭消费合作社"工作,以营业员的名义,从事地下联络和组织、吸收进步青年参加革命。民国二十八年(1939)初夏,乐静调离上海赴苏中南地区参加新四军,与日寇、汪伪作战。同年底,调往苏北及山东地区从事党的新闻工作,任新华社潍坊分社社长,后又担任华东新华社副社长。

乐 静

1949年5月上海解放,乐静代表中国人民解放军上海军管会接管上海《申报》,并迅速出版《解放日报》,担任副总编辑。1956年任上海《新闻日报》党组书记,积极贯彻中共上海市委指示改组《新闻日报》,并与《解放日报》合并。1960年调华东局宣传部工作。1961年,为调查"三年困难时期"情况,向党中央报告,与上海市委副书记石西民一起组织调查组赴苏中南地区进行调查考察,在调查工作行将结束时,乐静因突发急性出血性胰腺炎而逝世,年仅39岁。乐静安葬在上海龙华革命烈士陵园。

李敏(1924—1944),女,原名李雅琴,小港李隘(今戚家山街道)人。幼时家贫,无钱上学,从母认字写字。后随父去沪入小学念书,三年级时因父失业而辍学。12岁随母进日商纱厂当童工。后回乡,入青峙延陵小学继续读书。在校期间,受共产党员、进步教师熏陶,热情参加学校组织的抗日救国活动。民国二十九年(1940)夏,李敏小学毕业。不久,日军从青峙老鼠山登陆,到处烧杀,延陵小学也遭大火之灾。民国三十年(1941)4月19日,日军第二次侵占镇海。同年,镇海建立了党的敌后抗日武装江南独立中队,活动在青峙一带。李敏积极帮助部队借物、带路、提供情报。同年10月28日,独立中队为敌顽夹击,李敏目睹指导员林勃被日军刺杀惨状,激起更强烈的阶级仇、民族恨。民国三十一年(1942)春,任教长山桥方前小学,得中共党员帮助,阅读许多进步书籍,认清了革命方向。同年7月,经党组织介绍,去鄞县梅园乡参加中共鄞奉县委举办的"鄞西小学教师暑期训练班"学习。这时,她的名字由李雅琴改为李敏。8月间,由王甸介绍,加入了中国共产党。随后,到鄞西樟水区崔夹岙村启明小学以教书为掩护,从事群众工作,向学生讲抗日故事,教唱抗日歌曲,有时还带着学生随同抗日宣传队到附近的村子进行抗日宣传;并开办农民夜校和妇女识字班。1943年春,任中共樟水区委书记,转移到许家村,以毓英小学教师身份为掩护,奔走各

李 敏

村，动员群众抗日。在樟水两岸的崔岙、许家、岩下、密岩、梅岙等村相继成立自卫队，配合游击队开展抗日、反顽战斗。同年秋，调任鄞江区委书记，带着工作组深入敌占区活动，在日伪顽错综复杂的环境中翻山越岭、昼伏夜出，频繁转移宿营地，深入各村宣传和组织群众，成立农协会、妇女会、儿童团与判山会。实行减租减息，共同对敌。还以猎户为骨干，组成一支10余人的区小队，捣毁了国民党的税卡和情报站。1944年2月21日，国民党浙江保安二团从杜锡李家坑翻山偷袭其住地后隆村，李敏与袁春妍、胡公民同时被捕。面对浙保营长的软硬兼施，始终不屈。当天下午4时许，天气阴沉，寒风刺骨，三人被褪去外衣，押至樟村十字路口，绑于房柱上，敌人以刺刀威逼其说出全区共产党组织及武装情况，李敏厉声回答："要杀就杀，要刺就刺，要我说出来办不到！""杀了我一个，会有千千万万个站出来！"敌遂从小腿往上连刺20余刀，李敏遍体鲜血，仍怒斥敌人，直至最后一息。被胁围观群众，莫不义愤填膺，掩面哭泣。

李敏等被害后，被群众安葬在樟村的史家山。新中国成立后，人们纷纷传颂李敏烈士的英勇事迹，誉之为"浙东人民的好女儿"。1951年，李敏遗骨移于樟村革命烈士陵园。

烈士英名录

在争取民族解放、抗击外敌入侵和保卫祖国海疆的斗争中，中国人民前仆后继、浴血奋战，做出了卓越的贡献。许多共产党员和革命战士牺牲在戚家山街道的土地上。

表15-2-1收录未入传的1949—1954年间牺牲的烈士，共14人。

表15-2-1 烈士英名录

姓 名	性 别	出生年	籍 贯	牺牲时间	牺牲地点	牺牲时单位及职务
江德生	男	1916	浙江小港	1954年11月	舟山普陀	0080部队二支队二分队战士
辛同卫	男	1920	山东金乡	1949年5月	小港乡	22军65师193团一连战士
洪有富	男	1926	安徽泗县	1950年3月	小港乡	22军65师193团三营八连战士
周景文	男	1930	广东琼山	1949年5月	小港乡	22军65师193团一连文书
乐富昌	男	1938	浙江小港	1955年	哈尔滨	2537部队五支队干部党员
冯仲树	男	—	四 川	1949年11月	小港乡	23军207团一营一连战士
胡鸿昌	男	—	江苏南京	1949年11月	小港乡	23军207团一营一连副班长
冉云安	男	—	贵州沼河	1950年	小港乡	22军65师195团卫生队运输员
丁善祥	男	—	—	—	小港乡	—
李厚红	男	—	—	—	小港乡	—
林风祥	男	—	—	—	小港乡	—
刘 文	男	—	—	1950年	小港乡	—
林风章	男	—	—	—	小港乡	—
周光青	男	1940	三山良丰	1962年	小港乡	3860部队炮连战士

第三章　人物表

本章收录未入传人物,分别为街道境内古代文化名人、抗日阵亡将士、当代寓外党政军(含企事业)领导干部、当代寓外高级专业人员、当代寓外著名文化人士,共62人。

第一节　境内古代文人

戚家山街道境内古代人文荟萃,文人众多。本节仅收录获得举人以上资历的人物4人。

表15-3-1　戚家山街道区域内古代文人名录

姓　名	字/号	祖　籍	资　历
乐人炳	号振武	里　乐	清同治丁卯(1867)举人
李　藩	—	港　口	清光绪五年(1879)贡生
乐文斌	字惕轩	里　乐	清同治丁卯(1867)副贡
乐嗣歆	字景湖	里　乐	清同治丁卯(1867)举人

第二节　抗日阵亡将士

戚家山街道境内曾是抗日战争的战场之一,无数爱国将士在此浴血奋战,光是1940年的"七一七"戚家山保卫战就牺牲爱国将士599人。因这些将士的姓名已无从查考,本志只录入本地籍将士1人。

表15-3-2　戚家山街道区域内抗日阵亡将士名录

姓　名	性　别	出生年月	籍　贯	牺牲年月	牺牲地点	牺牲时单位及职务
邵光淇	男	不详	宁波小港	1943年4月	奉化白杜	镇海县自卫队中尉队长

第三节　当代寓外党政军（含企事业）领导干部

本节所列领导干部（含企事业）系祖籍在本地的人士和在本地有过工作经历又赴外地任职的非本地籍人士。共计10人。

表15-3-3　戚家山街道区域内当代寓外党政军（含企事业）领导干部名录

姓　名	性别	出生时间	家乡地址	寓外地	主要经历及业绩
王玉清	男	1912年	江苏	北京	20世纪30年代在蔚斗小学教书。1945—1950年、1975—1981年，任陈云秘书。历任冶金部副部长，中央研究室第一副主任、顾问，全国政协第七届常委，政协经济委员会委员，武汉钢铁学院名誉院长，中国金属学会常务理事，中国旅游协会常务理事
乐圣法	男	1919年8月	小港曙光	上海	原名乐秀章，1936年6月入党。1937年参加抗日游击队，同年底回上海。先后任地下党上海煤气公司和上海海员党支部书记。新中国成立后，历任上海海员工会和中国海员工会华东区委员会副主席兼组织部长，上海国际俱乐部主任，上海港务局6局工会主席等职。1981年离休，享司局级待遇
林　辉	女	1920年	小港桥东村	北京	1938—1940年在镇海县、浙江省、嘉兴县政工队从事抗日宣传工作。1939年入党，进行党的地下工作，后任江苏丹阳等县区委书记、县委秘书。解放战争时期，任第三野战军前委秘书。1949年转入地方工作，历任上海商检局副主任、中央监察部编研室副主任、商业部办公室副主任、商业部基层局办公室副主任等职。1982年离休，享司局级待遇
赵庆祥	男	1921年7月	小港曙光	宁波	1940年参加新四军，一直在部队做医疗卫生保健工作，历任医务员、医务所长、卫生队长。新中国成立后入上海第二军医大学，毕业后到浙江军区医院任医务处主任、院长。中校军衔，副师职。曾被授予三级解放勋章、独立自由勋章、功勋荣誉证书、独立功勋荣誉章
唐友清	女	1922年3月	小港二村	杭州	1938年参加革命，同年入党。先后在萧山流施教团工作，曾任萧山县委妇委会委员。1940年进入苏中根据地，任泰州县委秘书、靖江县长安区委书记。1945年北撤山东，先后任邳县和苍山县委秘书。新中国成立后，历任金华地委民运科长，浙江省妇联金华办事处主任，省妇联生产部长，省人民法院婚姻庭庭长，省妇联副主任、党组副书记等职。1989年3月8日全国妇联颁给荣誉证书
顾定祥	男	1923年6月	小港渡头	南京	1940年秋参加新四军，先后在江苏江南西路战地工作队战地服务团和新四军六师十八旅政治部战地服务团工作。1942年转地方搞财政工作，任高邮财政局长。新中国成立后，历任扬州市财政局长，华中银行二分行行长，人民银行扬州、南通、南京市行长和江苏省副行长。1968年后，先后任江苏省计委和经委副主任、省委省府对外开放领导小组副组长。1994年离休
李　锦	女	1923年5月	小港李家	北京	又名李采芝。1938年3月参加新四军，不久入党。1941年皖南事变时被捕关入国民党上饶集中营，后经父李善祥活动，由地下党通过关系保释。1944年年底回浙东四明山新四军三五支队，先后在鲁迅学院学习和浙东日报社工作。1945年北撤时奉命隐蔽到辽宁锦州父亲处，与地下党保持联系。1948年东北解放后在锦州妇联工作。1953年调北京全国妇联工作。1982年离休，享司局级待遇
邵西章	男	1929年	小港黄跟	南京	曾名邵光泞。新中国成立后，历任南京下关区财贸副部长，南京船厂总支书记，下关区工业副部长、区委副书记，南京毛纺厂厂长、代书记。"文化大革命"后，先后任轻工部南京烷基苯厂厂长、党委书记和金陵石化公司党委书记。期间，曾被派往北也门共和国江海洗衣粉厂任副董事长、总经理。1989年10月退休
庄晓天	男	1932年	林唐	上海	历任上海禽蛋公司经理、党委书记，上海市商业二局副局长、局长，上海市商业一局局长，上海市财贸办公室党委书记，上海市副市长，上海市浦发银行董事长
林太旻	男	1937年1月	林唐	广东湛江	1956年应征入伍，1959年11月入党。1958年考入海军潜艇学院航海系，1963年毕业后在北海舰队任潜艇航海长。1970年调南海舰队司令部工作，历任作战参谋、作战科长、作战副处长、作战处长等职，授大校衔。1990年调任海军榆林基地司令部副参谋长，在执行作战、演习、战备值勤任务中曾荣记三等功2次，受嘉奖多次

第四节　当代寓外高级专业人员

本节所列高级专业人员系在外地任职的本地籍人士，共计34人。

表15-3-4　戚家山街道区域内当代寓外高级专业人员名录

姓　名	性　别	出生时间	家乡地址	寓外地	主要职务及业绩
陈家伟	男	1930年12月	小港	南京	南京医学院医学系教授
吴望一	男	1933年6月	青峙	北京	北京大学力学系教授、博士生导师、生物力学研究室主任
吴望名	男	1936年12月	青峙	上海	上海师范大学数学系教授、副主任，美国《数学理论》评论员
吴富民	男	1930年6月	李隘	西安	西北工业大学飞机系（固体力学）教授。获国防工业重大科技成果二等奖等省部级奖12项
李适民	男	1938年5月	青峙	武汉	武汉华中工学院光学工程系教授。曾获国家"七五"攻关成果奖和科技攻关突出贡献科技人员奖
李维能	男	1935年11月	小港港口	武汉	武汉测绘科技大学地图制图系教授。其著作获全国优秀图书二等奖和国家测绘局优秀地图作品一等奖
俞安清	男	1931年5月	小港港口	贵州遵义	贵州遵义医学院教授
邱毓昌	男	1934年	小港	西安	西安交通大学电气工程系教授、博士生导师
唐锦春	男	1932年2月	小港	杭州	1953年浙江大学土木系毕业，留校任教。浙江大学建筑工程学院教授、博士生导师，浙江大学副校长兼建筑工程学院院长，浙江省人大常委会委员、全国七届政协委员
庞新民	男	不详	小港	上海	20世纪40年代大学园艺系毕业，一直从事园林工作。高级工程师
李名扬	男	1931年	小港港口	贵州遵义	1954年毕业于大连医学院，曾任大连医学院解剖研究室主任、教授、教务处长，贵州遵义医学院解剖学教授、博士生导师，贵州解剖学会理事长，中国解剖学会理事。曾发表科研论文80余篇，参编专著10余部。获贵州省科技进步二等奖、国家出版署优秀图书一等奖。享受国务院特殊津贴
乐俊旺	男	1940年10月	小港曙光	北京	1965年毕业于浙江大学土木工程学系。国家广播电影电视总局（原广播电影电视部）设计院教授级高级工程师。中国桥梁及结构工程学会理事，中国风工程和工业空气动力学专业委员会委员。长期从事广播电视工程设计和技术研究工作，完成国内外电视、广播和信塔桅工程设计等300余项，多项获院、部、国家的奖励。主要著作有《广播电视工程设计技术》及论文几十万字
乐竹琴	女	1936年	小港曙光	上海	1964年毕业于南京医学院医学系。毕业后一直在上海华山医院外科工作。历任外科教研室、普外科和肿瘤科副主任，外科教授、硕士生导师。曾参加国家"七五"攻关项目米妥恩昆抗肿瘤抗生素的临床使用协作组。先后发表论文20篇，并参加编写《实用外科学》《现代外科学》等大型著作。曾多次被评为上海医科大学"三八"红旗手、华山医院"优秀华山人"等
李名弘	男	1935年5月	小港港口	美国	1959年在纽约州立大学医学院得医学博士学位。著名神经外科专家
李名立	男	1932年2月	小港港口	美国	1968年毕业于美国麻省理工学院，获博士学位，任职于纽约爱迪生电力公司。1973年负责该公司在美国印第安角电厂的100万千瓦级核电机组的调试工作，1978年为该工程部总工程师。1986年任该电厂技术总理。现在美国成立"华美核协会"，联系在美从事核能的专家为中国核电事业做贡献
李名鹰	男	1954年8月	小港港口	北京	任职于中央电视台，负责军事纪录片摄制。作品有《孙子兵法》
李维忍	男	1951年7月	小港港口	美国	美国耶鲁大学音乐学院硕士，美国纽约室内交响乐图书馆长及顾问。精于莫扎特音乐，为美国著名音乐家、作曲家

姓 名	性 别	出生时间	家乡地址	寓外地	主要职务及业绩
李名觉	男	1930年	小港港口	美国	著名舞台设计大师,耶鲁大学教授、艺术系主任。名字被列入美国"名人词典"。多次应邀来上海艺术学院讲学,为戏剧学院做舞台设计,为中美文化交流做出贡献。2020年10月在美国逝世
耿志洪	男	1945年11月	小港港口	逸盛石化	清华大学生产自动化专业毕业。教授
李名仪	男	1938年	小港港口	美国	美国阿姆赫斯特和耶鲁大学毕业。美国著名建筑设计师。美国纽约超高建筑IBM大厦、列克华顿大道59号商用大厦、美国华盛顿司法大楼等美国当代著名建筑物都是他的杰作
周毅力	男	1959年10月	小港渡头	美国	高中时在小港中学就读,温州医学院毕业,上海医科大学华山医院硕士研究生。美国国家医学博士,美国心理学博士,美国宾州医科大学神经内科住院部主管医师及医学博士生导师
杨学明	男	1932年2月	小港黄跟	常州	大专学历。曾任沈阳军区工程兵司令部参谋。1966年转地方工作,历任林业部常州机械厂科长、江苏太湖煤炭公司科研所所长、常州地质勘察工程公司经理等职。1981年被评为工程师,1990年被评为高级工程师。曾兼任常州市新能原学会主任委员。其参与和领导研制的产品,曾获江苏省科技成果奖和农牧渔业部先进产品奖
杨庆富	男	1934年	小港黄跟	安徽安庆	1955年上海机器制造学校(今上海理工大学)锅炉专业毕业。先后任哈尔滨锅炉厂技术员、武汉重型机器厂助理工程师、安庆市机床厂生产技术科长、安庆市海军4812厂动力设备科长,高级工程师。熟悉英、俄两国外语
杨龙根	男	1935年3月	小港黄跟	广州	1957年北京地质学院毕业,高级工程师。长期在广东省水电厅工作。1972年后任广东省广州市水电局副局长
李名尧	男	1954年1月	小港港口	上海	1986年获上海交通大学硕士学位,曾任上海工程技术大学副教授。从事模具技术以及计算机辅助设计、辅助制造技术的研究开发和教学工作。主要研究成果有:冲裁模CAD系统、自动排样系统、数控冲床CAM系统等
李名非	男	1947年12月	小港港口	合肥	1974年安徽农学院毕业,先后在安徽省生物研究所工作,任生物研究所副所长、副研究员,从事生物工程研究。1994年、1997年先后两次获安徽省科技进步一等奖。
乐美蓉	女	1939年	小港曙光	上海	济南邮电学院无线电专业毕业,任职于上海广播器材厂(上海电视机厂),高级工程师
李慧英	女	不详	小港	上海	上海师范大学副教授
乐俊时	男	不详	小港	长沙	大学学历,长沙工业高等专科学校副教授
林太量	男	1939年12月	林唐	南昌	江西国防科技办公室高级经济师,中国兵工物资技术经济协会总会理事
施鹏飞	男	不详	小港二村	上海	华东师范大学政法系主任、教授
王华祥	男	不详	小港港口	上海	上海技术监督局技术咨询中心高级工程师
邵祥麟	男	不详	小港	上海	上海海运局基建处处长,高级工程师
胡占康	男	1941年7月	小港	上海	上海杨浦中医院中医内科主任医师

第五节　当代寓外著名文化人士

本节所列寓外著名文化人士系在外工作的本地籍人士，共计13人。

表15-3-5　戚家山街道区域内当代寓外著名文化人士名录

姓　名	性　别	出生时间	家乡地址	寓外地	主要经历（学历、学位、职务、职称、成果）
孙　慎	男	1916年	小港港口	—	擅长作曲、音乐评论，曾任中国音乐家协会常务副主席，人民音乐出版社总编辑、社长
李天心	男	1924年	小港港口	—	擅长国画
李明媚	女	1936年	小港港口	—	擅长国画，作品多次入选出国展览，并被中国美术馆、中国国家博物馆收藏
唐　海	男	不详	小港	上海	上海文汇报著名记者
陈家伟	男	1930年12月	小港	南京	南京医学院医学系教授
邵克萍	男	1916年月	小港半路洋	上海	擅长版画，中国美术家协会会员、美协上海分会理事、上海版画会会长。全国四大版画家之一。其作品木刻《街头》入选全国美展，《合作》等获第三届全国年画评奖二等奖。多种画册选送苏联、法国展出，并被中国革命历史博物馆、中国美术馆及法国二次大战博物馆等收藏。著有《木刻的实习与创作》。被列入《中国艺术家辞典》
邵黎阳	男	1942年	小港半路洋	上海	邵克萍之子。擅长版画。中国美术家协会和中国版画家协会会员，上海人民美术出版社编辑。作品多次获奖，并被中国美术馆收藏
丁训杰	男	1925年1月	小港新堰头	上海	上海医科大学教授、博导，华山医院内科教研室主任。曾获上海市科技奖、重大科研成果奖。1984年获上海市劳动模范称号
孙家肅	男	1928年3月	小港港口	天津	天津大学教授、博导，中石油测井公司技术中心总工。曾获天津市科技成果二等奖、国家科技进步三等奖、国家科委重大科技成果奖
李维能	男	1935年11月	小港港口	武汉	武汉测绘科技大学地图制图系教授。著作获全国科技优秀图书二等奖和国家测绘局优秀地图作品一等奖
邵建阳	男	1945年	小港半路洋	杭州	中国美术学院CI研究所所长。2000年被评为"中国百强设计师"之一
俞安清	男	1931年3月	小港港口	贵州	贵州遵义医学院教授
吴双艺	男	1927年2月	林唐	上海	上海曲艺家协会理事、中国戏曲家协会会员、国家一级演员

第四章　荣　誉

1958—2019年，戚家山街道境内被授予国家级、浙江省级、宁波市级、北仑区级荣誉的先进集体共计65单位次，其中国家级5个单位次，浙江省级28单位次，宁波市级24单位次，北仑区级8单位次。被授予国家级、浙江省级、宁波市级荣誉的个人共计12人次，其中国家级1人次，浙江省级5人次，宁波市级6人次。

第一节　先进集体

表15-4-1　获国家级（部门）荣誉先进集体一览表

获奖单位	荣　誉	发奖单位	获奖时间
联合实验中学	全国虚拟机器人比赛二等奖	教育部	2010年1月8日
街道社区卫生服务中心	全国示范社区卫生服务中心	第八届中国社区卫生发展论坛	2013月10月29日
街道社区卫生服务中心	全国优质服务示范社区卫生服务中心	国家卫计委	2018月2月
宁波科宁达公司	高纯度稀土钕铁硼永磁材料获1988年度国家科技进步一等奖	国家科委	1989月3月24日
浙江逸盛石化	全国模范职工之家	全国总工会	2015年

表15-4-2　获浙江省级（部门）荣誉先进集体一览表

获奖单位	荣　誉	发奖单位	获奖时间
林唐村	浙江省体育小康村	浙江省体育局	2012年1月
街道社区卫生服务中心	百佳优质服务窗口	浙江省	2018年
青峙社区企业家之友服务社	浙江省巾帼文明岗	浙江省巾帼建功和双学双比活动协调小组	2018年2月
宁波海关驻经济技术开发区办事处	浙江省文明单位	浙江省委、省政府	2018年1月
戚家山街道	浙江省小城镇环境综合整治行动突出贡献集体	浙江省委、省政府	2019年
浙江逸盛石化	"职工书屋""文化共享工程进企业示范点"	浙江省总工会	2011年
浙江逸盛石化	浙江省五一劳动奖	浙江省总工会	2012年

获奖单位	荣 誉	发奖单位	获奖时间
三星重工业（宁波）有限公司	浙江省五星级职工体育俱乐部	浙江省总工会	2014年
东升社区	2010年浙江省城市体育先进社区	浙江省体育局	2010年12月
东升社区	浙江省老龄工作规范化社区	浙江省民政厅	2006年1月
蔚斗社区	2016年度省级老年体育活动中心	浙江省老年体协	2016年10月
蔚斗社区	2016年度省级民主法治社区	浙江省普法教育领导小组办公室	2017年1月
蔚斗社区	浙江省级高质量就业社区	浙江省人社厅	2018年12月
蔚斗社区	2019年气象防灾减灾标准化社区	浙江省气象局	2019年12月
街道社区卫生服务中心	浙江省规范化社区卫生服务中心	浙江省卫生厅	2009年
街道社区卫生服务中心	浙江省卫生先进单位	浙江省卫生厅	2010年
街道社区卫生服务中心	浙江省示范社区卫生服务中心	浙江省卫生厅	2011年
街道社区卫生服务中心	浙江省百佳优质服务中心	浙江省卫生厅	2012年
街道社区卫生服务中心	浙江省中医药特色示范社区卫生服务中心	浙江省卫生厅	2012年
街道社区卫生服务中心	浙江省巾帼建功先进集体	浙江省妇联	2015年
街道社区卫生服务中心	浙江省百强社区卫生服务中心	浙江省卫健委	2017年
渡头社区	气象防灾减灾标准化村	浙江省气象局	2019年12月18日
渡头社区	基层科普示范单位	浙江省科技协会	2017年9月
渡头社区	2010年城市体育先进社区	浙江省体育局	2010年12月
渡头社区	老龄工作规范化社区	浙江省民政厅	2006年1月

表15-4-3　获宁波市级（部门）荣誉先进集体一览表

获奖单位	荣 誉	发奖单位	获奖时间
东升社区	宁波市文明社区	宁波市委、市政府	2002年
东升社区	社区劳动保障管理服务先进集体	宁波市社保局	2005年11月
东升社区	宁波市和谐社区	宁波市委市政府办公厅	2009年11月
东升社区	宁波市卫生先进单位	宁波市爱卫会	2010年2月
东升社区	宁波市民主法治示范社区	宁波市委、市政府	2014年
蔚斗社区	宁波市文明社区	宁波市委、市政府	2002年
蔚斗社区	宁波市大中学生暑期社会实践活动优秀基地	宁波市委宣传部、共青团宁波市委	2008年
蔚斗社区	宁波市和谐社区	宁波市委市政府办公厅	2009年11月
蔚斗社区	宁波市卫生先进单位	宁波市爱卫会	2009年
蔚斗社区	宁波市示范青年中心	共青团宁波市委	2010年

获奖单位	荣 誉	发奖单位	获奖时间
蔚斗社区	宁波市民主法治示范社区	宁波市委市政府	2014年
蔚斗社区	宁波市市级职工书屋	宁波市总工会	2014年3月
蔚斗社区	宁波市慈善社区	宁波市慈善总会	2014年5月
蔚斗社区	宁波市三治融合社区	宁波市司法局	2018年
蔚斗社区	宁波市无偿献血爱心社区	宁波市献血工作领导小组	2018年
渡头社区	宁波市和谐社区	宁波市委办公厅	2009年11月
渡头社区	宁波市卫生先进单位	宁波市爱卫会	2010年2月
渡头社区	宁波市科普示范社区	宁波市科技协会	2011年10月
渡头社区	宁波市民主法治示范社区	宁波市委市政府	2017年
渡头社区	2013—2017年市基层老年体育优秀辅导站	宁波市老年人体育协会	2018年3月
渡头社区	宁波市三治融合村（社区）	宁波市司法局、综治办	2018年12月24日
渡头社区	宁波市巾帼文明岗	宁波市巾帼建场活动协调小组办公室	2019年3月26日
渡头社区	宁波市六好社区关工委	宁波市关工委	2012年12月

表 15-4-4 获北仑区级先进集体单位一览表

获奖单位	荣 誉	发奖单位	获奖时间
东升社区	G20杭州峰会维稳安保工作先进集体	北仑区委、区政府	2016年9月
东升社区	宁波市北仑区充分就业社区	北仑区政府	2011年3月
东升社区	北仑区人民调解先进集体	北仑区委、区政府	2006年10月
渡头社区	人民调解工作先进集体	北仑区委、区政府	2008年12月
渡头社区	2010年度区流动人口服务与管理工作先进单位	北仑区政府	2011年1月
渡头社区	2010年度社会治安综合治理先进集体	北仑区委、区政府	2011年1月
渡头社区	宁波市先进基层党组织	北仑区委	2011年6月
渡头社区	2012年度第二届北仑慈善奖最具影响力志愿服务	北仑区政府	2013年12月

第二节　先进人物

表15-4-5　获国家级（部门）荣誉个人一览表

姓　名	性别	所在单位	荣　誉	授予单位	授予时间
夏耀君	男	戚家山街道蔚斗社区	全国孝亲敬老之星	全国敬老爱老助老主题教育活动组委会	2010年12月

表15-4-6　获浙江省级（部门）荣誉个人一览表

姓　名	性　别	所在单位	荣　誉	授予单位	授予时间
冯玫影	女	长山区中心学校	省社会主义建设积极分子	浙江省人民委员会	1958年
丁诗彦	男	蔚斗小学	省足球机器人对抗赛第二名	浙江省教育厅	2011年12月
徐小萌	女				
彭素梅	女	戚家山街道卫生服务中心直街团队	浙江省优秀家庭医生	浙江省卫健委	2020年5月
杨国成	男	东升社区	文化市场管理先进个人	浙江省文化厅	1991年12月

表15-4-7　获宁波市级（部门）荣誉个人一览表

姓　名	性别	所在单位	荣　誉	授予单位	授予时间
戴升功	男	宁波赫革丽科技公司	风云甬商奖	宁波市甬商发展研究会	2.12年2月19日
王长生	男	宁波联合实验中学	纸折飞机40.31米全国冠军	宁波市纸折飞机大奖赛	2012年10月
彭素梅	女	戚家山街道卫生服务中心直街团队	宁波市优秀家庭医生	宁波市卫健委	2019年12月
高　原	男	三星重工	宁波市级首席工人	宁波市总工会	2013年
李伟凉	男	渡头社区	宁波好人（孝老爱亲）	宁波市委宣传部	2019年5月
陈永安	男	东升社区	优秀文化礼堂人	宁波市农村文化礼堂建设工作领导小组	2019年

丛 录

丛录目录

一、碑　记

（宁波）府门永禁碑记

［清］谢兆昌

　　古之厚民生者，重农莫如治水，国家所以考牧守之绩必先于此。若我宁郡，则以郡东东钱湖为巨浸。而鄞与镇相邻错壤，湖之四面周环八十余里，其经流所遍，鄞有六乡，镇有崇邱八里，引湖水灌田禾四万亩，而湖水南来自五乡碶，北而迤东直达于镇之小浃江，以趋于海。故崇邱不引钱湖，则田畴无以资其利；钱湖不注浃江，则水势无以分其流。是则鄞与镇两县之泉源水脉，相为表里，利害共之，所当并亟疏通，无容壅塞者也。自昔至今，鄞、镇两县人民均输湖税，无有争差。明嘉靖时，邑侯宋继祖为计久长，思深才敏，相度地形之高下与水势之纵横，筑石东岗山麓。民赖其力，农田不致灾伤。盖因此前小浃江海潮每有乘秋逆入，则东岗以内土尽泥涂，咸水所侵，禾麻不植。大司马鄞人张时彻为碑记有云："自宋侯经始以后，东西二十余丈，东为堰，西为碶，皆曰东岗。堰以蓄水，碶以泄水。自碶以上为河，其下为江。咸水不得内涌，河渠无从外奔，溉田无虑，数万昔时瘠卤之地尽作膏腴，亩入数钟。不惟崇邱之田无忧旱暵，即鄞邑六乡亦咸被泽矣。"此皆贤令之尽心区划，贤公卿咸知之，故其文载之县志，彰彰不可磨没。乃今则有傅、李二姓族众繁多，敢于鄞、镇交界处拆毁亘古桥梁，拦流造坝，使湖流百世之利阻遏不通。彼盖听信堪舆风水之说，恃力抗衡。水浅则仅及鄞田，而崇邱不占其涓滴；水大则波高于堰，而崇邱独被其激冲。此国家贡赋所系，鄞、镇人民急公乐业，旧有同心，岂能逞豪强之私谋，不遵成制，快于自便，而使崇邱广轮三十里之亩疆偏苦受害乎？于是阖邑士民控于县令黄侯，侯以请于本郡张公，公仁而能断，廉而有威，神明之称，遐迩惊服。爰是嘱黄侯亲行按视，严杜侵凌，正其故道，钱湖水势自鄞入镇之区，条理分明，通流如昔。六邑之人皆颂公秉心公洿，洞烛隐情，纤悉不能欺匿。凡公之所以临莅吾宁者，其光明俊伟事皆如此。予于是记其始末，以镌诸石，而后系之词。公名星耀，号紫昭，直隶武强人。黄侯名宫柱，号擎庵，福建南平人。其词曰：

　　蔼蔼张公，中怀恺悌，雅量能容，莫窥涯际。肃肃张公，洁己自持，金石为质，坚而不移。倬彼张公，神澄若镜，悉我民依，布兹惠政。张公彬彬，古人风度，人誉所宗，英贤攸聚。惟我海邑，是谓岩疆，公辑文武，声闻孔长。经营农政，相其流泉。父老讴吟，被以管弦。管弦伊何？德音是茂。为时名臣，以膺福祐。

（文载民国《镇海县志·山川》）

义成碶记

县令郭淳章石刻示：

创业固难,守成不易。蓄淡御咸,专资是碶。河涨速开,河平速闭。潮汛将交,及早防御。偷闲片时,贻害乡里。早晚禾登,略可少憩。六柱值年,输流回视。启闭因时,务保水利。督夫做工,勿任偷体。水漏即填,大患不至。利己利人,各无废事。如有故违,肃法惩治。

乐涵记略：吾乡内河、外江,上接鄞之东钱湖,水之为利远矣。自明嘉靖间,建碶于东岗山麓,东岗之下潮汐往来。斥卤鲜可播种,然濒江习于刮土煎盐。配课人不获利于农,而犹获利于灶也。迨后灶滩渐废,而灶、农俱病。嘉庆甲戌,岁旱歉收,乙亥春,饥荒喧攘遍于村墟。余偕胡君竹安设局捐恤。有进而谓者,曰："君等亦知恤荒之不如兴利乎！前八年既移东岗而建燕山碶矣,今移燕山而更建一碶,两岸废滩尽变良田,水利既溥吾境,可无荒岁。"爰勉副众议,偕耆老等分呈县场合勘详定,此固时起事之义也。碶之北岸山下势特起,其脉自西南逶迤而东至此,则逆转西顾而止,有控扼之胜,其麓石根深藏,低洼傍麓浚掘石关,横亘约十余丈。可竖碶石二十有六,碶洞十三,与东岗垺。虑上河水道辽路,宣泄不迅,则邻国为壑,故用桩架石于东畔添设二洞,盖是碶建而东岗、燕山藉以蓄泄。其山止、碶止者,乃相度地利之义也。碶之启土于乙亥秋,合石于丙子夏,时值亢旱,人情益奋,而司其事者,丈量造册、催费采买、督工书记,正副百有余人,以是碶地近江口,划江海之界作中流之柱,石料攻错倍宜坚厚缜密,一切砌筑堵御倍宜宽阔牢固。迨工竣,核经费约一万二千贯,而以各村之瘠薄沿江废壤、新垦者不满千亩,亩出费钱六千,其成熟之田捐费不等,而人曾不稍吝惜以抵于成。丁丑冬月,刑牲祀神,邑侯戴公诣碶拈香,谓竹安与予曰："君等倡率巨工,何无一二梗顽惊闻官府而成之,顾若斯之和乐而易也,利物足以和义,亶其然乎？"待工成,距今已历一纪,斥卤渐变膏腴,屡占有年,而丰盈之象未见于乡里,予甚病之。然而商贾之获利也骤,农之获利也渐。孔子释无妄初曰："不耕获未富也,不遽求富,富乃积久渐至。以义创之,以利成之,而义成之利,可收之千百世而无穷。"予于旧约议轮管碶坝,所望同志诸君,咸以义训勉后来,庶几永沾厚利。吾乡丰乐之境,端于是碶。卜之记成,邮寄竹安,当以予言为不谬者,爰书而镌诸石。

（文载民国《镇海县志·水利》）

威远、靖远、镇远、定远炮台碑记

［清］杜冠英

镇海县城垣东接招宝山,南面江,北负海,为全浙咽喉。自南齐浃口设戍,宋置寨兵。元以蒙古军驻守,明初拓城置卫,嘉靖间以招宝山俯瞰县城,于山巅建威远城,以为犄角。我朝道光辛丑、壬寅间,沿江建造石台,拨兵设炮,旋废之。光绪丁丑（1877）,日本寻衅,前抚军杨公昌浚议建炮台,檄冠英任其事。因随前提督黄公少春相度地势,以招宝山之东正扼海口,遂于山麓凿平岩石,建大炮台一座。炮膛砌以石,炮门钉以铁,炮洞锤以灰土。营房一如炮洞,取其以柔克刚,能避炸弹也。明年复请添设炮兵,肄习炮法,举守备吴杰督其众,厚饷糈,严赏罚,勤训练。凡所议者皆邀准。越岁庚辰（1880），俄有违言。前扶军谭公钟麟以金鸡山、小港口海舟皆可登岸，添建炮台二座，仍檄冠英任其事，工程一如招宝山。又越岁癸未（1883），法侵安南。今抚军刘公檄冠英总理海防营务，会同统领淮军记名提督杨公岐珍，周视险要。惟招宝山南面山腰石厂，直对小金鸡山，江狭水浅，虽江心有水雷、沉船，仍恐敌船拖曳冲过，会请添筑小炮台一座，于甲申（1884）四月藏事。计前后八年，大工三举，费帑金六万五千有奇。共庋前后膛钢炮十二尊、滑膛铁炮十五尊，陆续添拨炮兵三百四十二名。举凡铁木材料购自外洋，制度略仿西法，一切畚筑之役皆藉士卒力，故工大而费省。冠英自惭谫陋，惟与将弁勇丁同其劳逸，幸告厥成。招宝山台名威远，仍其旧也。金鸡山名靖远，小港口名镇远，而石厂则曰定远，皆由威远以推广之也。缘是悉举在事衔名而详其颠末，总立一石于定远炮台之南，绍兴协副将杨春稣，记名提督袁有杰、刘玉田，陕西候补同知张权英，提标候补参将张艺胜、段生福，后营游击袁子龙，例得备书。是为记。

（文载民国《镇海县志·海防》）

宏远炮台铭记

［清］薛福成

　　浙东防海，关键在宁波，其门户在镇海。大小浃江汇宁波上游诸山溪之水，分流趋镇海南境。大浃江环县城西、南、东三面入海，所谓甬江口也。招宝山扼其北，金鸡山峙其南，最据形胜。小浃江绕金鸡山之南而东北入海，在甬江口东北十里，所谓小港口也。由港口东望，则定海、金塘、大榭诸山，绵亘海口数十百里，若屏障然。其间有两口可行巨舟，峡开浪涌，谓之蛟门，盖亦外海入内洋捷路也。余观甬江口外，虽为浙洋往来之冲，然有游山、虎蹲山为蔽，其旁险礁走沙，隐见不测，战舰难以直驶，是以凡窥镇海者，常自蛟门入，而小港之险要遂与甬江口相埒。往岁法兰西寇镇海也，其酋以铁甲大船先入蛟门。余方虑小港无备，猝为所乘。彼乃越港口而北，折向西南，突趋虎蹲山下。我招宝山炮台开炮再击，败之，敌始气慑。左次事既定，余上书大府请严备，复言营建招宝山炮台。知府杜冠英、参将吴杰之力为多，今又奋谋勇遏巨寇，厥功尤伟，请以筑台事始终责二人，勿令他人参越。中丞庐江刘公韪其议，檄余督杜君等经始其事，檄支应局订购德国克鹿卜厂二十四生的（英文译音，即厘米——编者注）后膛钢炮二尊，二十一生的后膛钢炮五尊。余与杜君揆地小港之左曰笠山者，明代御倭旧址也，创建坚台，气势宏整，颜曰"宏远"。稍进，则于金鸡山前建一台，曰"平远"。于招宝山威远台之下，加营炮洞，以辅上层旧炮所不逮。二台对峙，正扼江口。又稍进，则金鸡山下与招宝山后各耸一矶，夹江相望，于此分建二台，曰"绥远"，曰"安远"。全功以光绪十四年冬告竣，共用白金十五万五千余两，而宏远一台，几去其半，距余建议之初已四年矣。因以克鹿卜炮尤大者二尊、次大者一尊置宏远台上，其余四尊分置四台。一有寇警，则节节严防，环伺迭击，彼应无飞越之理。然惟笠山地形突出海滨，三面受敌，且居甬江口前路，势可兼顾诸台。今得此新炮，东御蛟门之口，西扼虎蹲、游山之险，俾敌舰不敢肆泊内洋。苟练之勤而用之精，虽铁甲可破也。抑余闻西洋诸国经营炮台，月异而岁不同，小有利病，不惮变通修改，以极其精。其研究无穷期，故措注无败事。余愿与杜君及后之任事者共勉斯意，勿谓制胜之方已尽于此而自足也。铭曰：

　　岩岩蛟门，潮汐吐吞，横截沧海，极望无垠。隔阂岛夷，为越藩屏，近控四明，远眺天台。虎蹲崛

崒,金鸡崔嵬,笠山之崖,据险为台。选材海外,精器西来,乃召卒徒,划地虑工。铲咋矶岸,俯临惊漱,垒高如云,堤亘以虹,创古所无,螫声寰中。诹期演习,人静风息,天地清曙,遥岑涵碧。炮声忽纵,震耳荡魄,雷陡焱腾,崩裂崖石,又如奔雷,成焰喷射,既坠复跃,积水群飞。天吴遁逃,海若惊唏,蛟龙万怪,震惶无依。忆昔豪酋,来窥我疆,剽锐无前,铁舰云翔。我即守隘,阒然深藏,伺间突击,毁其馀艎。敌负夷伤,气郁不扬,偃旗转轮,罔敢鸥张。昔之简器,未极精利,骤当大敌,亦完守备。今之筹边,良法毕研,器无不新,备无不全。甬江之湄,崇台错峙,互为声援,大小相倚。此其首冲,锁钥足恃,良将建兵,莫或玩弛。远人闻风,狡谋斯弭,浙东之防,千年如砥!

(文载民国《镇海县志·海防》)

养正义庄记

[清]俞 樾

自范文正公创立义庄之后,近世士大夫多踵而行之者,而吴中为文正故里,义庄尤胜。余自侨寓姑苏,见缙绅之家义庄林立,其官大者或自言于朝;不者则介疆域吏以闻,玺书褒美,传示家乘,何其盛也。及余与修镇海邑志,乃知镇海李氏亦有义庄之举,而疆吏不以上,朝廷未知之。同一义庄,何显晦之不同耶?然则余安可以无记。

李氏之在镇海,聚族而居者数百家,生长海滨,以煮盐为业,故贫者居多。有弼庵君与弟也亭君,以货殖起家,谋建义庄,未果而卒。两君有贤子,曰听涛,曰梅塘,承先志卒成之。都凡置田二千亩,岁入谷四千余石,分给贫者。生无以养,予之粟;死无以殓,予之棺。以所入较所出,仅足而无余。则又储金数万两,备异时之恢拓焉。乃卜吉地,建屋宇,署曰"养正义庄"。其中为堂,堂有楼,丽宏开明,前后洞达。南挹太白,北抱笠山,左右眺大海,极登临之胜,俾一族之士,角文艺于斯楼。楼前凿池于庭,面以小轩,以待宾客。设义塾四,塾各一师,选族之秀者,使课之读。读则分课,食则会焉。即奉弼庵、也亭两君栗主于义塾之堂,岁时祀之,礼也。

呜呼,观于李氏之义庄,洵所谓意美而法良者矣。夫君子之为义也,非以为名也。何争乎显晦之迹也哉?然而弼庵、也亭两君之高义,与听涛、梅塘之善承先志,则故不可以不记也。余旧史氏也,记述吾职,其敢遗诸?因书其事之本末,著于篇并附诸县志,俾后有考焉。

(碑立于戚家山街道蛟山公园养正亭)

李也亭墓志铭

[清]俞 樾

呜呼!吾尝铭弼庵君之墓矣,有云"厥弟也亭君以货殖起家者",今又得而铭其墓。按状,君姓李氏,讳容,也亭其自号也。少颖异有干才,八岁而孤,恃母叶太夫人机杼以生。十三岁弃柔翰而贾于沪,挟赀北行,岁获利三倍,家骤富。然君虽商也,而实具经世之略。往来南北洋,凡岛屿之险害,潮汐之上下,皆熟察而默识之。道光二十八年,闽盗起,君请于大吏,造战舰、募死士,出洋击之。战屡捷,闽盗熸焉。咸丰三年,粤东盗复炽,君又捐赀买轮船,载习流之士,追盗于山东,粤盗亦戢。当是时,朝议以运道多梗,谋转漕于海。大吏知君才,命董之。是岁,贼陷上海,乃移运于娄江。与其役者皆虑刘河淤浅,惮不行。君所部船独先进,余船从之,漕事以济。及官军复上海,君赞襄善后之事,仍董海运如故。于是江浙诸大吏叠以君功上于朝,赏六品衔,加盐提举衔,旋擢盐运司运同,赐蓝翎,易花翎。而君恂恂如平常。与人交有终始。尝与人共居积,其人以他事亡其赀,君分财恒多与之。论者谓:"有管鲍之风。"叶太夫人殁,君时隔重洋八百里,自雇轮船奔赴。及至家,犹及视含敛,乡里称其孝焉。与兄弼庵君,白首同居,门无异爨。视兄子如己子。谓弼庵君次子濂也才,尤爱之,曰:"吾家千里驹也。"为捐郎中,使宦学于京师,后果成进士,官户曹,有闻于时云。先是族无家庙,君与弼庵君创为之。又议立义庄,未果而卒,诸子遵先志成之。君卒于同治七年八月甲寅,年六十有一。以子嘉贵,封荣禄大夫。娶乐氏,继娶彭氏,俱封一品夫人。子一人,嘉也,国学生。江苏补用同知,赏三品冠服,由蓝翎赏花翎。女一人,适张锡璇。孙六人:兆祥、钟祥、增祥、庆祥、瑞祥、鸿祥。某年月日葬君于某原,嘉以状乞铭。呜呼!如君者,岂独以货殖起家云尔哉?盖古所谓豪杰之士也。弼庵君之葬,余既铭其墓矣,安得无辞以识君之幽宫?乃为铭曰:

古有巨商,国受其福。弦高犒师,功在郑国。惟君之才,兼有其识。虽隐于贾,时议裘服。当咸同间,时事孔亟。云帆转漕,霜铤杀贼。君与其事,事无不克。宜受褒扬,赤韨有赩。子子孙孙,食其旧德。我作铭词,重曜罔极。

(文载《续修四库全书·春在堂杂文》)

清荣禄大夫李嘉墓志铭

［清末民初］沈曾植

君讳嘉,字梅塘,宁波府镇海县人也。港口李氏著于建炎,武节录于功宗,儒术传其师法。茂异有烨,惇史备详,历纪四百,菁菁不绝。渠弥有渚,灵海委输,都官千丈之舟,天市九皇之度。是生奇士,聿有令闻。卫赐亿中,本是儒家。弦高乘韦,称于郑志。也亭翁位跻太守,君则太守之令子也。髫髦敦敏,阙帻讲习,膺大雅之淑姿,修烝烝之孝友。鳞鲽俊其甲能,珉祖衿其子佩。七典既习,百夫之特。而乃行艺之比,天府未登;俊造之论,司徒未选。寿考逮作,或有遗贤;昆山崇阿,非无韫璞。射策三跹,知者葸焉。李氏泛阳侯之绝跷,创共鼓之遄程。纳来宏往之图,节物估余之率。天轮潮上,枼驲日新。君既才智徇通,兼以雍容之雅,使人则尽爵刂之力,知物则极蠡然之经,辞多取少而不矜,扶危定倾而不慭。谆谆长者之言,惴惴恭人之谷,稽诸雅诂,君允蹈之。也亭翁敦唐棣之义,君则伯持家政,命呼不异趋庭。兄或在原,急难匪劳永叹。乡国闻于孝谨,子弟袭为家风。也亭翁有建义庄之愿,君则善惟继述。产割膏腴,畎亩服其先畴。堂构翼乎侧塾,昏丧有以相恤,教学不肃而成。甄其规画,粤引养年。也亭翁有卜式奉上之志,有朱公行德之诚。君实兢兢修业息之,孤丝寡茧之抚矜,骨亲肉疏之存问,义井惠杠之事,民献间史之文,靡役不从,惠心元吉。尤以执徐涒滩之际,水毁木饥之年,有惊麇骇鹿之蚩氓,赖振廪发仓而安宅,顾荣挥扇而靖民,叔敖甘寝而息患。阴德耳鸣,有时而用,亶其然乎!君官至同知府事,封典一品,卒于光绪二十六年冬十二月初五日,年五十有九。夫人张氏,祁祁懿行,有靖家室,筐筥锜釜之诚,康宁攸好之得,具诸别志,例不繁称。子八人:云书、

厚祉、厚祺、厚礽、征五、鸿祥、厚祚、辰祥。孙四十四人,曾孙十一人。人道远而笃忱,俾炽昌以保艾,聆庭诰于象贤,璬贞珉其勿坏。铭曰:

虞勺之山,施于句章。洄水入海,日次载光。三江今释,二径昔彰。氏惟旧德,族有令望。遂遂李君,仰桥俯梓。继继相承,含纯不侈。廉实之林,善人之器。爰集福富,视诸孝弟。有蔼其言,有貊其音。昆裔诵述,洽比讴吟。睦姻周贵,质行齐钦。像图赞石,碑字生金。耕余之圃,长杨芳枝。春鸟关嘤,潜鳞灵萃。华表归来,室安闲止。郁郁佳城,千秋万祀。

(碑现立于戚家山街道蛟山公园养正亭)

镇海李母张太夫人墓表

乙卯仲冬,曈移晋阳,识镇海李君观候于坐次。夺颖扬菶,翘翘振异,曳裾错履,上下云龙。康每垂叹,今此绸缪,辄不经意,私虑他日不无置念。岁月熛忽,苔岑潜移,殢羽沉鸿,鲜由会合,不图今日重晤春明。日者手祖慈张太夫人事略示康读之,属为制词。郁郁灵萱,荫承子舍;修修慈竹,秀到孙枝。极一门五世之荣,实千载一时之会,不可谓非盛已。

太夫人张氏,浙江鄞县人也,生而渊令,长而婉嫕。年十八,归李君梅塘。迨事两姑,得堂上欢。诺唯之谨,采于几先;调护之勤,出乎过望。族党有相迕者,每曲为取譬,冀其省释。足令龌龊之辈自耻,闻名戚串之间,胥捐夙怨。时复斸羸剂虚,嘘枯振匮,恒河浩劫,猥欲相赒,而饥溺之思,时悬于眉睫;怵惕之念,兆端于怀来。分以惠人,樊非市义。呜呼,廑矣!此犹其大较也,进表其荦荦者:

先是浙之镇海大饥于癸巳,再饥于戊戌,中更壬寅,而浙东赤旱踵见告矣。太夫人愗然忧之,始令散粟造福,缩年之厄。泊命分橐以平列郡之值,十年之内,四恤奇灾,全活者以数十万计。固知赤魃之役寝,继以凶荒,垂毙之身郅,艰于颗粒。出之巾帼,愧煞须眉。其仗义好施也有如此。某年奸民谋略卖良家子四百余人,舣之海外,道经镇海,为太夫人所闻,遣子征五商之海关。总榷已报可,旋为所司延搁,舟忽驶去。续遣子云书星夜走沪上,议电某红十字会,赍金南洋,赎而归之。呜呼,投蚓饵鱼上竿即市去,去之时,同伤不腊。累累之助,竟获生还。所可痛者,棣通以来,诱货之事,不胜偻指。巨奸大憝,闾巷欲得而甘心;顾影偷安,官吏或匿而不报。向之所司,几偾厥事,愦愦溺职,职此类也。设非太夫人拯之水火之中,拔诸网罟之内,则此数百辈葬身何所,可忍言耶!其返生异域又如此。太夫人两遭火患,夷然不惊。昔避居沪上,邻人不戒于火,有外兵酗酒持械欲入。乃阖户灭烛启窗引避。兵以暗室无人,疾呼而去。又佣妇某夜遗火,度不可灭,舆姑出室,复奉遗像祐主,以妥先灵,已乃殿焉。迄事大定,曾不究诘。是诚闻之者动容,感之者自愧。即其所值,屡濒于危,方之古人,无惭孝妇,犹复减己家珍,不分樊失,我则不德,人又奚尤?此则茅屋虽破,宁怨秋风,禽巢忽倾,非关积雨,栽植心上之地,颓濯性中之天者焉。其智足以济变也又如此。

尤可记者,太夫人严于课读,明于择木。其教子若孙也,曰:"科学宜择其利济者为之,兵学、法学未始非御侮之才、治世之具,究之兵凶战危,如杀机何?舞文弄墨,如作奸何?汝曹其谨志之!至于农、工、贾、矿、理化、医药,或裨实用,或利群生,肆而习之,积久自瘳。"累世禀承,罔敢或坠。诚以君子之泽,不以一世而斩;函人之仁,端以慎术为先。其他筹设益智、浃浦、灵杰等校,俾失学子弟,侁侁影附,而不知皆由太夫人伙助来也。其嘉惠后进也又如此。

夫以太夫人宅心渊厚，惇崇信义，难人之所难，为人所不为，仁可以肉白骨，义可以薄重霄，智可以抗击豪强，才可以亭毒群类。得其片语，足以平嚣，奚翅万家待以举火。方傥一门鼎盛，百岁咸臻，而卒之阅日不赖，寒泉谢景，溢从霜露，痛结灾黎。讵意湛绵，遽伤呜咽。履康不能阐德音于万一，痛母教之凌夷，呜呼哀哉！翼翼坤德，肃肃母仪，染丝斫梓，道在首基。乾藎犹昔，墓槚旋悲；丞离寒暑，箪檐凄怆。柳丸欧荻，义粟仁浆。坠尘翳魄，宁痛尰渐之时；结草衔环，齐堕感恩之泪。

太夫人生道光癸卯六月二十四日，殇以戊午十一月四日，春秋七十有六。上距梅塘先生之殇已二十余年于兹矣。壬戌十月，祔葬于镇海崇邱乡东冈碶杨梅山之麓。子八人，孙四十三人，孙女二十九人，曾孙十人，曾孙女六人，外孙六人，女四人，外曾孙十三人，女十二人。其出自太夫人者凡百四十余人，并蛰蛰绳绳，重光未艾，可谓女中使独，旷古难逢，迅电奔流，鸾骖掩返，式扬懿美，永扇清芬！（第四十八行"子八人"下夺"女三人"三字。）

句容王履康撰

汀洲伊立勋书

岁在甲子嘉平月　建立

（碑存于戚家山街道蛟山公园养正亭）

小港李厚祉墓碣铭

君李氏，讳厚祉，字钟祥，号玉麟，□□□敬明赠荣禄大夫。祖容，江苏候补□□大夫。父嘉，江苏候补同知，覃恩授□□之外舅也。曾祖妣叶氏，祖妣乐氏□□品夫人，母张氏封一品夫人。李氏□□□浃港口，至知府公以商起家，富甲□□，悃愊无华言，行皆循法度，童时已□□。光绪戊子年，甫冠。叔父濂，官户部□□求学，君在京不习哗嚣，日惟下帷□□，逾三年而后归。壬辰入邑庠。乙未□□忾。戊戌贡成。均诗文雅正，作草书□□意。君家有别墅曰耕余小憩，余尝□□中相得甚欢。君体肥，暑月辄纳□□□酌，君必取杯盘一一自拭之，笑谈□□钟。当此之时，余方羡君之得天独厚□□。敦笃事亲，婉容愉色，能尽孝道。兄□□如无间言，与人交恭而有礼，不立□□敬服之。不事訾誉而莫不亲附之□□人远者。顾君素主持谨慎，凡踦弛□口大难图之，事则皆非性之所喜……

鄞县夏启瑜　同县金贤采

（文载《北仑历代碑刻选注》）

编者注：此墓碣铭文后缺损。

金鸡山国防林护林永禁碑记

管带楚军达字前旗尽先补用协镇欧，花翎补用府在任候补总捕、府镇海县正堂、加十级记录六次、记大功十八次王，管带提标练军中营浙江提标前先补用协镇张，管带楚军达字后旗尽先补用游府阳，示：

金鸡山当海口，天险特开斯邑。昔年提督欧阳，御夷躬临前敌。

筑营结垒以居，种树周遭使密。非仅点缀山林，藉资弁兵休息。

一旦功成身退，即此甘棠足式。迨闻附近居民，砍伐不遗余力。

眼前大树无多，濯濯牛山可惜。此乃大帅余荫，非比民间私植。

岂能供尔樵苏，岂容任人采拾。从前姑宽无知，此后永禁勒石。

告尔远近村民，以及往来童牧，毋许再折一枝，毋许再伤一木，

好将蔽芾余荫，留我军门遗迹。外有各处长围，原因海防修立，

不准搬去一砖，不准拆毁一尺。如敢有意抗违，则是自甘刑辱。

初犯杖枷示惩，再犯羁囚勿释。尔等其各懔遵，勿致噬脐莫及。

光绪十七年六月日立

（碑立于金鸡山山巅瞭台北侧）

编者注：亦名《保护军门遗迹告示碑记》。

"七一七"戚家山抗日纪念碑记

小港地处镇海口南岸，与招宝山呈掎角之势，雄关天设，乃浙东门户、海防重镇，历抗倭、抗英、抗法、抗日战争达数百年，小港人民深受战祸之苦，罄竹难书。

自一九三七年"七七事变"，抗日战争全面爆发后，未几我国沿海各大港口相继沦陷，唯镇海口成为外援物资重要输入口岸，于是侵华日军大本营密谋侵占镇海，切断海上援华通道。一九四〇年七月初起，命海军第三舰队率舰三十余艘、兵三千余、航母一艘，飞机三十架，向各港口进行轮番轰击，尤以小港为重点目标。十七日凌晨，日军五百余在青峙老鼠山登陆，后在飞机掩护下一路从沿海抵达港口，所有炮台尽遭毁坏；另一路自李隘、林唐达青峙岭。中途遭我守备团奋勇阻击，但寡不敌众。午后，日军占据小港和江南道头。同日下午，日军在招宝山和后海塘登陆，镇海县城陷落。当时守军一九四师所辖三个团，从镇北、慈东和鄞东紧急奔赴张鑑碶、衙前、王家溪口和嘉门岭前线，围阻日军进犯。师长陈德法坐镇孔墅岭指挥。时日军增至二千余，抢筑工事。经十八日、十九日反击，东线我军攻克青峙，兵临小浃江。西线夺回竺山头，又取大岭。经两天血战，我军伤亡近半，但日军亦受重创，踞戚家山高地固守。陆军十六师（番号玉门）四十八团由团长罗鹏瀛率领，当夜自上虞五夫出发奔赴镇海战场，拨归一九四师指挥。二十一日拂晓，日军舰、飞机向我阵地猛烈轰击，守军地无全土。八时许，日军七八百人发起强攻，与四十八团殊死格斗，自晨至午双方肉搏冲杀十余次，阵地得失三四次。四十八团伤亡惨重。午后一九四师一一二六团三营增援参战。日军亦增三四百人再次反扑争夺一〇四高地。抗日官兵同仇敌忾，鏖战至十七时许，日军不支败退，戚家山被我全部攻占。二十时许，日舰发炮三千余发掩护日军登舰。二十二日三时许，日军全部逃遁，县城、小港失地收复，"七一七"战役胜利结束。是役，共毙伤日军近千名，但我军阵亡官兵六百余名，其中四十八团六个连长，阵亡三人，重伤二人，足证战斗之惨烈。

是役日军犯下滔天罪行。自登陆后沿途纵火，烧毁青峙、林唐、小港、港口、沙湾头、江南道头等

村镇近二十个，焚毁房屋五千三百七十间，杀害我同胞一百六十六人，其中关押在竺山庙三十余民夫全部被烧死。造成近千户家庭流离失所、孤儿难童上百，惨绝人寰。

是役前后，小港人民在抗日救亡团体和唐爱陆、李善祥两位先生带领下，送饭送水支援前线，组织担架抢救伤员。战后清理战场，埋葬烈士遗体；将众多难民安排姚墅岙暂居，设难童教养所于茅洋寺，收养孤儿百余名；是年又逢大旱歉收，仗义开官仓平粜，施赈救济。

戚家山战斗胜利，为浙江人民抗击日寇谱写光辉一页，战斗中为民族存亡而牺牲的烈士永垂不朽，对遭杀害同胞深表怀念。前事不忘，后事之师。特立碑记事。

北仑区小港街道办事处

北仑区文物管理委员会

小港镇蔚斗小学校友会

二〇〇五年七月立

县人严水孚、任根德谨撰

鲁人李纪言书

（碑立于戚家山街道戚家山山顶）

编者注：作者之一任根德是当年参加"七一七"战役的一九四师老兵，时年85岁。

小港菜汤庵施茶碑记

桥东处县治之东，挟蛟浃之险，当岩区之襟喉，而四民之走集，盖村市之扼要地也。轨近事物革新，车水马龙，更见终绎于道，据□荷锄，益形摩肩接踵，惟夫一轮腾汉，炎威万里，嗟彼征夫，梅林而不待，遑谈两腋以生风。君子于斯，莫不悄然而悲。乃有众善士者，醵资置田，巢谷买楦，命最乐院者施饮茶。其嘉惠风烟过客，奚啻千万已哉。

里人　余荫李光秀撰书

善上士氏款一览：林氏妙耐，洋五十元。余荣君，洋五元。周氏传修，洋二十元。

（下列施茶名单及金额，略。）

中华民国十九年七月现住持若茂建碑

前浮屠了春倡募

（碑立于菜汤庵内）

唐爱陆纪念碑记

碧山绿水伴忠魂，苍松翠柏青常存。

先生早年随孙中山先生参加北伐战争，武昌起义中任军需工作。一九一二年，为抵制日货，在

汉口筹建一家国货公司。次年,创办女子生活服务社,宣传男女平等,借以提高妇女地位。先生致力民主革命,支持二七大罢工。施洋烈士被军阀迫害后,愤然回归故里。任小港镇长,开展教育救国,创办蔚斗小学,致力培养救国人才,使不少爱国师生相继参加国民革命军,奔赴抗日前线。日寇侵入浙东,先生发起救亡运动,首任镇海抗日自卫委员会副主任,全面开展救亡工作。募捐赈济,开仓施米,并千方百计从外地输入薯干等杂粮,以缓和日寇入侵造成的灾荒。在茅洋设立难童教养所,收容流浪孤儿。一九三一年开始,先生着手开拓北平路、镇大公路与修水利、加固碶闸。移风易俗,创办大同公墓,办苗圃、绿化造林,美化故乡环境。

先生一生爱国爱家,克己奉公,造福乡里,鞠躬尽瘁,死而后已,深为海内外所称颂。

李开源、相信华敬撰　周祥德敬书
(碑立于小港街道王家溪口公墓)

北平路爱陆亭碑记

北平路,北起桥东村三叉路口,南至方前山脚下,曾与五乡公路相接,全长三公里。该路始建于一九三五年,与镇大公路同时建成,由唐爱陆先生兴建,适逢小港李家李北平先生做七十大寿,慷慨募捐柒仟元大洋建此路,故以其名为路名。随着时间的推移逐步整修,七十年代由原来三米拓宽到五米和七米。八七年开始依靠沿路各单位集资修建水泥路。原有北平亭已废,今重建以遂先人之志,抚今忆昔,温故而知新,不忘唐公创立维艰与急公好义之美德行,特立此碑,永垂青史。

己巳年集资重修,小港周友甫撰文,里人杨建刚书
(碑立于北平路胡家塔小浃江边爱陆亭内壁)

编者注:据"北仑新闻网"2018年8月载陈一鸣先生考证,北平先生时年50岁,碑记所说"七十大寿"可能有误。

青峙亨二房南山建亭立碑记

公元二〇〇九年北仑区政府颁布青峙村拆迁公告,为此亨二房族人慷慨捐资,在南山建亭立碑以示后人。

港口发展,青峙拆迁,村委重视,百姓明理,移坟搬屋,历经三年。家乡青峙,本是福地,村庄虽小,风水优异。靠山能获薪粮,傍海可得渔盐。东雇雄狮看门,西佣猛虎守家,临南山与大碶相望,据北濒为金塘水道。村前车辆穿梭,庄后百舸争流,致富路连欧亚,兴旺港通天下。青峙吴隘,古有记载,三都四图,编入史册。清民期间,地属蛟川,撤县变区,北仑管辖。吴氏先祖,来自福建,倚山而居,子孙繁衍。筑塘蓄淡,滩变桑地,历代开拓,村落渐兴。清末民初,正闾吉三,开河办学,七星延陵,教导学子,强国当先。民国廿九,日寇登陆,杀我乡民,烧吾民居。军民奋抗,可歌可泣,民族英雄,人民永记。一九四九,五月廿五,青峙解放,土地改革。耕者有地,农业发展,兴修水利,单季改双,生活提高,村民欢畅。一九八四,开发小港,改革模式,全省首创。农村建设,工农并举,市场经济,业绩昭著。村貌变样,百姓安乐,故乡青峙,终生难忘。良田四百,人口近千,民居簇拥,众姓和睦。留家务农,出门经商,漂泊四海,心系桑梓。事业有成,反哺家乡。游子思归,家乡欢迎,祖基青峙,遗迹永恋。太平桥上,行人匆匆,石子滩跟,书声琅琅。吴氏宗祠,高大肃穆,族人满堂。万丈河头,北为友房,戚军剿倭,兵伏马灶。神秘楼下,昔日辉煌,通海小道,弯弯绕绕。浩瀚大海,敞开胸膛,祖辈先人,长眠深藏。寻祖归宗,子孙不忘,狮虎无影,化作新景。祖国建设,日新月异,南山坡上,碑亭矗立,点缀江山,造福民众,功德无量,百世流芳。

永和亭于公元2012年清明节立

(碑立于青峙南山西麓)

二、诗词选

煮海歌

［宋］柳　永

煮海之民何所营？妇无蚕织夫无耕。衣食之源太寥落，牢盆煮就汝输征。
年年春夏潮盈浦，潮退刮泥成岛屿。风干日曝盐味加，始灌潮波溜成卤。
卤浓盐淡未得闲，采樵深入无穷山。豹踪虎迹不敢避，朝阳出去夕阳还。
船载肩擎未遑歇，投入巨灶炎炎热。晨烧暮烁堆积高，才得波涛变成雪。
自从潴卤至飞霜，无非假贷充糇粮。秤入官中得微值，一缗往往十缗偿。
周而复始无休息，官租未了私租逼。驱妻逐子课工程，虽作人形俱菜色。
煮海之民何苦辛，安得母富子不贫。本朝一物不失所，愿广皇仁到海滨。
甲兵净洗征输辍，君有余财罢盐铁。太平相业何惟盐，化作夏商周时节。

蛟川竹枝词（十首）

［宋］胡　湜

其一
三面波光拥一城，江潮时共海潮生。人家住在潮声里，半是风声半雨声。

其二
罗罗海物胜园蔬，鲎酱螺羹入馔初。最喜年年三四月，沿街听卖小黄鱼。

其三
蛟门两扇豁长天，遥引穿山一脉烟。每到秋来风色好，江南泊遍运租船。

其四
比户生涯海上浮，鱼期大半捕鱼游。弟兄昨夜开船去，明日刚刚大水头。

其五

洋生时节正黄梅,烟雨江城瘴不开。忽听半街人语杂,闽船多少进关来。

其六

梓山高荫石莲香,下接鲲池旧讲堂。记得春秋好时节,白鸡黄酒祀文昌。

其七

高河塘外秋风吹,长山桥头秋日迟。一路看山到霞浦,恰逢九月望潮时。

其八

海门征戍几经年,少妇深闺愁欲然。日日候涛山上望,南洋风雨北洋烟。

其九

达蓬山上海云晴,达蓬山下江月明。阿侬生小山前住,不见楼台蜃气成。

其十

儿童少小不知愁,城北城南恣浪游。偶向太平桥下过,无端唱出太平讴。

(诗载民国《镇海县志·风俗》)

金鸡、虎蹲二山诗

[明末清初]谢泰宗

大山澜回紫气高,两山叠对黑风号。鸡声欲吸天河水,白虎横挡八月潮。
砥柱龙门有候涛,参差栀立拥前旄。潮生月上鸡鸣晓,两蠹风飘虎战鏖。
南北中分两岸河,舟入鼓棹一帆多。虎能生翼终飞去,鸡若歌声四海波。
天流气血海生牙,屹峙雄关六国遨。晴雪喷山鸡欲立,鱼龙出水虎来孥。
天险还须大海防,朝宗万派此翱翔。闻声起舞中流楫,得势居山隅负强。

金鸡、虎蹲二山诗

[清]李向阳

两山对峙海口流,天堑依然控上游。谁信四明披靡日,金鸡不唱五更筹。

蛟门山

[清] 黄润玉

鲸波万里海东倭,截断蛟门势若河。龙自鲭埼来狭口,虎从鳌背踞山阿。
两川束溜如归峡,万斛随潮似度梭。天险壮威狼堠息,江城处处奏弦歌。

过蛟门

[清] 谢师昌

蛟门兀海中,望犹一拳石。俯而窥其下,空洞容什佰。
譬彼有道者,外严中不迫。群峰罗巉峭,时有神龙宅。
布雨行四郊,截潮悬千尺。舟人述灵异,危语恒啧啧。
我来镜面行,轻风挂片席。岂值龙安眠,抑或怜孤客。
踌躇未有当,拍掌翻成剧。君珍颔下珠,我抱怀中璧。
潜见各自爱,幽明又奚择。

(以上四诗均载《镇海县旧志诗文删余录存》)

山中二首

[清] 乐 涵

其一

家住蛟川纵目观,而今山色逼眉端。须将心托千峰上,俯瞰方知天地宽。

其二

我身虽受境牢笼,方寸涵如皓月空。低处藏时高处显,肯随宿雾住山中。

(诗载《蛟川耆旧诗补》卷三)

同胡石泉游瑞岩(二首)

[清] 姚 燮

其一

搜空大崖栈,斫石平不坳。山脉紧相缚,地骨撑能牢。
云态百峦竞,日气千篁捎。幽潭败叶坠,寂磬疏风敲。

松﨟偶来窜，樵担时一遭。随步出纡变，极意屏尘嚣。
倘借虎溪券，愿师彭泽陶。

其二

巍峨象王宅，高拱莲华心。横楣接斜嶻，迤阁开层岑。
疏松绎清籁，老桂交繁阴。雀窥粥廊静，僧语茶寮深。
佳朋惬天悦，良眷抒吾襟。暂许全象领，已耐余味寻。
搴萝订后期，来卧春风琴。

蛟川物产五十咏（录十三首）

［清］谢辅绅

黄 鱼

晓起承筐入市多。贩鲜船到大鸣锣。江乡石首羹材好，何事黄花说潞河。

乌 鲗

背翘一骨号螵蛸，无尾无鳞味最饶。也识舞文称小吏，满囊墨沈水云描。

望 潮

八脚齐垂一首园，望潮八月贴涂田。纵然多口阒无籁，聊把圈儿密密圈。

吐铁（泥螺）

瓮头粘腻卤牵连，借箸前来常带涎。惟有桃花名独冠，肯随流水到蛟川。

虾 鳝

白如嫩玉软如绵，张口红唇味倍鲜。读到将军九骏颂，食单曾否入新编。

弹 涂

状如蜥蜴跃江干，背上花纹数点攒。生怕涂田泥滑滑，不嫌力小几回弹。

黄 蛤

潮落沿途橇若飞，儿童细认蛤斑微。熟梅天气三霉后，个里凝脂满壳肥。

带 鱼

网钓分名饫老饕，横江晓雾泛鱼鳀。白银连片长如带，衔尾而来未肯逃。

虾

戈剑森然似蟹螯，惯随水母涉波涛。等闲压担论斤卖，不费江边草屧捞。

海蜇

蟦蛇分名血沫浮，全无脏腑亦无头。以虾为目藏身巧，借尔灵心为我谋。

鞭笋

旁生侧出几茎连，正是黄梅雨过天。取欲嫩梢烧老节，一般煮豆豆箕燃。

雪里蕻

平畦嫩绿压霜华，春韭秋菘未足夸。别有一般风味好，瓮头旨蓄访农家。

芋头

小园与粟共收藏，雅号蹲鸱旨否尝。领取十年贤宰相，拨残炉火始升香。

（诗载民国《镇海县志·物产》）

小港十咏

［清］戴　芸

蚶岙神祠

精神矍铄老犹兵，铜柱巍巍孰不惊。蚶岙至今隆享祀，将军此地亦留名。

鲤堤秋获

力穑服田大有秋，鲤堤刈获露霜稠。鱼盐难得民间利，争似珍珠粒粒收。

梯岭远眺

登高步步若天梯，千仞冈头视不迷。翘首蛟门春浪涌，回看蟹岭暮云低。

盐场晚烟

熬波出素雪山尖，灶户纷纷水化盐。煮罢浓烟风散后，一钩新月挂茅檐。

候涛夕照

漫言未晓日先红，第一山临海国东。风景何时来恰好，夕阳西照最玲珑。

大岙白云

向空依渚本无心，大岙氤氲更满岭。正是初晴天气好，人家烟火透深林。

蛟门渔艇

蛟门山下集渔船，觅利何忧风浪天。网得鱼来帆转疾，鲒埼亭上看收鲜。

虎蹲海舶

不同野渡两三人，船过虎蹲笑语频。海上经营多少客，问谁满载浪翻银。

金鸡山警炮

蛮夷猾夏警非轻，轰绝山头炮一声。打破侯涛魂欲断，当时镇海独空城。

沙蟹岭晓钟

岭形沙蟹不宽舒，上有茅庵竹里居。惊破利名人正梦，钟声远响五更初。

（诗载《镇海小港杨氏宗谱》）

三、文　选

书宝顺轮船始末

[清] 董　沛

　　中国之用轮舟，自宁波宝顺船始也。咸丰初，"赭寇"乱东南，行省大吏注重于腹地，征调络绎，亟亟以防剿为重，而于缘海岁时之巡哨膜外置之，于是海盗充斥，肆掠无忌惮，阻截商船，勒赎至千百金不止。时则黄河溃决，户部仿元人成法，以漕粮归海运，沙船、卫船咸出应命，而以宁波船为大宗。春夏之交，联帆北上，虽有兵船护行，盗不之畏也。每劫一舟，索费尤甚，至遣其党入关，公然登上座，争论价目，商人咸愤之。慈溪费纶锦、盛植琯、镇海李容倡于众，议购夷船为平盗计。顾船值颇巨，未易集事，宿松段光清方兼道府之任，莅事宁波，为请于大府，令官商各垫其半，岁抽船货之入陆续归还，以乙卯（1855）五月十二日始，计数捐厘，并充历年薪水、佣资、衣粮、弹药诸经费。鄞县杨坊、慈溪张斯臧、镇海俞斌久客上海，与洋人习，遂向粤东夷商购买火轮船一艘，定价银七万饼，名曰"宝顺"，设庆成局，延鄞县卢以瑛主之，慈溪张斯桂督船勇，镇海贝锦泉司炮舵。一船七十九人。陈牒督抚咨会海疆文武官，列诸档册，此甲寅（1854）冬季事也。

　　明年，"粤盗"三十余艘肆掠闽浙，窜至北洋与它盗合，运船指被阻。张斯桂急驶轮船于六月出洋，七月七日在复州洋轰击盗艇，沉五艘，毁十艘。十四日在黄县洋、蓬莱县洋复沉四艘，获一艘，焚六艘，余盗上岸逃窜，船勇奋力追击，毙四十余人，俘三十余人。十八日在石岛洋沉盗艇一艘，救出江浙回空运船三百余艘。北洋肃清，轮船回上海。二十九日巡石浦洋，盗船二十三艘在港停泊，轮船率水勇船进扼洞下门，两相攻击，自卯至未，盗船无一存者。余盗窜黄婆岭，追斩三百余级。九月十三日在岑港洋沉盗船四艘，十四日在烈（沥）港洋沉盗船八艘，十八日复在石浦洋沉盗船二艘。十月十八日复在烈（沥）港洋沉盗船四艘，南界亦肃清。三四月间沉获盗船六十八艘，生擒盗党及杀溺死者二千余人，宝顺船之名震于海外。然是时，中西猜阻，距五口通商之和约仅十余年，北洋无夷踪，创见轮船，颇为疑惧。山东巡抚崇恩言于朝，诏下浙抚诘问，将治给照者之罪，毋许欺隐。段光清召诸绅士筹所以复旨者，余曰："此无难也，商出己资购轮船以护商，且以护运，官之所以不能禁也；船造于夷则为夷船，而售于商即为商船。官给商人之照例也，不计其何自来也，但令毋雇夷人，毋驻北洋，以此入告而已。"光清然之，如吾说奏记巡抚。巡抚何桂清以闻，遂置不问。又明年丙辰，沪商亦购轮船，与宁波约，一船泊南槎山，杜洋盗北犯之路，一船巡浙海，以备非常，盗益敛迹。未几西人入天津，重定和议，北洋口亦许通商，夷船驶中国洋无间南北，盗遂绝迹。中外臣工咸知轮船之利有裨于军国，曾文正首购夷船，左文襄首开船厂，二十年来，缘江缘海增多百余艘，皆宝顺船为之倡也。宝顺船虽仅护运，而地方有事，亦供调遣。洪秀全踞金陵，调之以守江，法兰西窥镇海，调之以守关，在事诸人叠受勋赏，而张桂斯、贝锦泉久于船中，以是精洋务。斯桂起书生，充日本副使，锦泉起徒步，至定海总兵官，尤异数云。

自中原底平，海道无风鹤之警，宝顺船窳朽，亦复无用，然原其始，则费纶铦、盛植琯、李容三君之功不可忘也。周道遵修鄞志，乃以属之鄞人林鸣皋、粤人郑寿阶，鄞书燕说，流为丹青，恐阅者因而致疑，故详书其本末，勒石于天后祠中，俾后之人有考焉。

（文载董沛撰《正谊堂文集》）

返乡有感

乐秀良

暮春三月，莺飞草长时节，我以古稀之年，重返故乡，回到原属镇海县治，而今是宁波市北仑区的小港镇。同行的有来自兰州的、北京的、杭州的和南京的表弟妹五人，都是"少小离家""老大方回"的儿时伴侣。我们拜访了健在的老人，祭扫了亲人墓；访问了母校——蔚斗小学、镇海党史办和县志办；参观了宁波经济技术开发区；游览了招宝山和天童、育王等名胜古迹。我们又听到了亲切的"阿拉"乡音，看到了先富起来的村民们的幢幢新房，品尝了咸菜、黄鱼、泥螺等正宗宁波菜；我们还阅读了镇海的党史和文史资料，了解到家乡革命斗争的许多故事和亲友的人事变迁。"时光留不住，春去已无踪。潮来又潮往，聚散苦匆匆。"所见所闻，令人感想颇多。

感想之一是：我们的家乡既古老又年轻，既有历史上爱国主义与新民主主义革命的光荣传统，又有当今改革开放大潮带来的社会主义建设的勃勃生机。

镇海，历史悠久，自古以来就是对外贸易的重要口岸和战略重镇，也是浙江全省31个革命老区（县）之一。戚继光、林则徐等杰出的民族英雄，都曾在这里谱写过抗御外敌的千古篇章；革命战争年代，家乡人民又曾为祖国的解放事业做出过重大贡献，有360多位烈士英勇献身，其中也包括抗战初期入党的我的表舅郑世庚和表弟邵光淇。而今，就在当年的海防要塞建起了包括有高新技术企业在内的宁波小港经济技术开发区和北仑深水良港，饱尝战争创伤的故乡以崭新的面貌出现在我们面前，正如招宝山上威远城下一副对联所精辟概括的："抗倭、抗英、抗法，海防古沙场，天下兴亡匹夫责；爱国、爱乡、爱家，港城新气象，故园寒暖游子心。"

感想之二是：振兴家乡的当务之急在于提高人们的政治思想文化素质。接待我们访问开发区的公用事业局局长徐一德，详尽介绍了1984年以来开发区创建的艰难历程、重大成就、存在问题和1992年打算，并深有体会地讲到创业难、引进难、管理也难，而最难的是缺乏优秀的技术工人和管理人才。听了徐一德同志的介绍和看了开发区管理委员会今年4月的《工作汇报》，联想到大庙里烧香拜佛队伍中众多青年男女和乡村漂亮楼房前后粪缸、垃圾成堆的不卫生环境所显示的物质与精神的反差，更感受到中央二号文件对人们进一步解放思想、增强开发意识、加快建设步伐的巨大精神力量和邓小平同志所提出的"关键在人""要注意培养人"和"特别要教育后代"的深刻意义。

联想到镇海广泛开展的宣传、学习曾任中华苏维埃共和国中央执行委员和红军十六师政委等职

的陈寿昌烈士的纪念活动,根据地方特点,利用历史文物、革命遗址、烈士史料、老战士回忆录,以及现代化建设中的先进典型进行政治思想教育,并和文化科技知识教育有机结合,将是培养"四化"人才的一项有效措施。联想到我参与担任编委的"大江战地文艺生活丛书"第二辑《铁军轻骑兵》一书中,就有写1938年镇海小港汪波、乐群、李幼兰等10位青少年经过艰难曲折的追寻真理的道路,并终于在周恩来同志指引下参加新四军的生动事迹。如今,10位青少年中,汪波、金涛同志已经牺牲,健在的同志也都已两鬓秋霜。他们50多年前的这段经历,也是一堂生动的革命传统教育课。我还联想到《大江南北》杂志提出的"老战士回顾战斗历程,新一代继承革命传统"的办刊方针,确实是很有见地的。当然,新一代对革命传统既要有继承,更要有弘扬与发展,并落实到搞好经济建设这个中心上来,以实际行动响应陈云同志的鼓励:"桐花万里丹山路,雏凤清于老凤声。"这是我在短短10天返乡之行中感受较深的两点想法。

(原文载1992年第4期《大江南北》)

编者注:乐秀良,1924年1月生,小港渡头村人,中共党员,长期从事报刊编辑工作,曾任中共江苏省委《群众》杂志副主编,著名杂文作家,著有《日记悲欢》一书。1992年春返乡省亲,感触良多,写下此文。

乾坤亭记

李名信

1991年9月,我在宁波大学教授建筑设计课程。一天下午课后,我在住房小憩,学校校务委员会副主任张永祥先生意外来访。张兼职宁波经济建设促进协会副会长。随同来的还有从北京到此的李志光夫妇。李志光又名李祖宁,说来是我的叔辈,先父李祖永的堂弟。他夫人葛君容貌端庄漂亮,使我想起先母李吴紫君。我们彼此从未谋面,但立刻就相处融洽。

张永祥先生诉我们,五六年前小港开发区即已同意划出一块地方给李氏家族做一个纪念性的项目,因为小港是李氏的祖居地。当时,李家做了肯定的回应,然而迄今尚无具体行动。他邀请我去看看离宁大不远的小港开发区,特别是区内小浃江边的沿江公园。他认为项目在那儿选址为佳。

我表弟王礼立教授是宁波大学副校长。但因他当时正在法国做学术访问,所以由他夫人卢纳闲教授陪同我去小港开发区。经张先生事先安排,宁波经济技术开发区管理委员会副主任舒宗达先生和公用事业局局长徐一德先生接见了我,让我看了开发区的大型规划模型,留下了深刻印象。他还告诉我相去不过几里之遥就是扩建中的北仑港。北仑港有足以停靠巨型货轮的深水码头,将成为中国最重要的沿海口岸之一。

沿江花园实际上是一条细长如带的绿化地,贴着流入大海的小浃江一侧延伸。开发区把它开辟为公园,一端正在修建中国式园林,有几处亭子和鱼池。沿江临水铺设了一米宽的人行小径,巧妙至极。小径的另一边交替种植了柳树、棕榈和时令鲜花,美丽非常。江流平稳速滑,对岸环境天然,尚未开发。再过去,山峦层叠绵亘,一派美景。

张先生对我说,李家在宁波是名门望族。我们的认同归根会使宁波感到骄傲。他还说,李姓子孙有许多现在散居世界各地，他们肯定对中国近来的经济发展感兴趣。因此，在这里建一个纪念性的项目很有意义。我当即感到张先生的建议很有建设性意义。我认为这是一种独特的关照，让李氏族人（特别是后世子孙）能有机会缅怀自己的过去，有一个表示"四海同根"独特的标志。这个项目让我们大家能为光耀族门而汇集各自的努力与才智，并在过程中使彼此更为亲密相知。

真的，这既是一个我们表达乡恋之情的机会，也是借此为故乡振兴有所贡献的机会。想到项目肯定会得到多数族人的支持（至少不会反对），于是，我向张先生表示，我可以找一些长辈和积极者商量此事，看看他们的意思如何。为了利于达成一致意见，我将先去纽约找堂兄李名觉和弟弟李名仪，说服他们携手为小浃江公园设计一座雕塑或一座漂亮的亭子。当时65岁的名觉是闻名全美、当之无愧的舞台设计大师。55岁的名仪则是深孚众望的建筑师，他设计的纽约市IBM总部大厦赢得了广泛的喝彩。我告诉张先生，项目虽可能小一些，但由这两位国际驰名的艺术家来设计肯定将为小港镇从全世界赢来荣誉、赞许和地位。张先生对我的允诺十分欢迎。我这才发觉，这次现场的踏看，竟然让我兴奋得不知不觉给自己加了担子。

我认真地履行自己的承诺，立刻去办我答应了的事。从上海、北京、台湾、香港和美国各地得到的初步反应令人激动。碰巧，我妻子张元萝要暂离家到意大利罗马去待两年。她应IBM公司的派遣，到那里去培训一个软件设计的意大利人员。而我就借这段时间休假，四处旅游，大量吸收罗马、佛罗伦萨、威尼斯等地精美的建筑艺术。天赐良机，我得以灵活安排，有这些自由去做分外的事。

1991年12月，我来到纽约。弟弟名仪同意参加设计。我打电话同名觉商量，名觉同我过去、现在一直关系密切。在纽约我们两人还是单身的一些岁月里，我们同住一室。他结婚，还是我当的傧相和证人。果然，他乐意同我商讨。当我把小港开发区建一个李家纪念性项目的意见告诉他，说了我在宁波大学教课的情况，介绍了那儿学生们极好的学习态度和精神面貌之后，他非常高兴，热情地一口应承参与其事。第二天午后，名觉、名仪和我花了四个小时一道拟定了规划和日程。他俩是共同设计人，我负责总协调。我们也一致同意工作没有报酬，并且还要吸收家族中其他艺术家，特别是年轻的一代自愿来参加。

宁波大学副校长王礼立教授对这个项目最热心和支持。他是靠外婆家陈李玉娥（我祖父李屑清最小的妹妹）一手抚养大的，因此他对李家特别亲。他大女儿王健在宁大学建筑。1991年后又继续到合肥念研究生。王教授和夫人卢教授两人对建筑设计很感兴趣。举家周末到小港为名觉、名仪拍下了当地建筑景观和各种情况的照片。王教授一直充当李家和小港开发区当局之间的联络人员。

具体建什么，我有意不先自确定，希望设计者无拘束地去创造，而且到底能筹到多少钱，我还心中无数。但募集捐赠之前，则无论如何必须把设计定下来。如果它能激起共鸣，使许多人感兴趣，捐赠就会多些，那必须是我们大家都从内心感到骄傲的某种结构。当然，不能为此而不惜工本。我请设计者据此构思。这颠倒过来的程序不同寻常，许多人可能迷惑不解。但我了解名觉和名仪，他们是富于创造、富于经验又十分负责的专业人士。

令人来劲的第一个设计构思是名觉提出的一座石塔，带有音质嘹亮优美的钟，塔顶还有一个观景台。这是一个浪漫的构思。名仪也很喜欢浪漫，但他想试试用建筑上的现代几何造型来表达。这两位艺术家彼此十分相敬，但他们不知道怎么才能做出一个共同的设计。我也颇感迷茫。对他们各自的作品，在我印象中最好用比喻来说：名觉的作品唤起人们心底的激情，像一颗美丽的祖母绿；名仪的风格简化的设计通过几何造型寻求纯净，像一粒粒无瑕的金刚钻。

在他们继续构思之前，我得空回到加利福尼亚家中一趟。我粗粗估计一下石塔的建造费用，并在一次旧金山的家族小聚会上提了出来。所有的人对这笔费用感到惊讶。他们建议建造的项目一定要价钱便宜和安全。在回罗马途中，我又在纽约停留，把情况通报了名觉和名仪。他们完全同意族人的建议。很快，我们决定做一座小亭子，但要设计得趣味盎然而富有含义。这两位天才设计师对这一任务看来甚为兴奋，我才精神轻松地回到了罗马。

名觉和名仪提出的新设计真叫人喜欢。这座由两个小亭合并而成的亭子表示宁波李氏家族的祖先是兄弟二人。他们和睦亲密，他们的后世子孙也同他们一样，宝贵和珍重这种特殊的亲缘和关系。把亭子设计成一个象征，而不单是一个建筑。它的某些构造，如台基高起、入口回廊等一如中国风格，但其装饰和不锈钢用料则是西式的。如此配搭是有意体现中西交融。这是个匠心独具的设计，优雅、细腻、单纯而充满诗意。这两位艺术家的合作，我看极为成功。亭子装饰是他们找了旧金山一位侄辈李维雄来帮助设计的。维雄其时45岁上下，在旧金山一家获奖的B.A.R.建筑公司任副总裁，是三人中最年轻者。他完成的许多建筑设计中，包括各型住宅、高级酒店、娱乐场所和旅游中心等。尽管日程忙碌，他仍愿无偿地贡献自己的才智。

亭子设计完了，该成立筹款委员会了。这是最重要的一步，但多数人不愿承担。我们缺乏或根本没有做这事的经验。中国人传统上就羞于向人启口要钱，哪怕并非为了自己的个人利益也是一样。于是，我又飞回旧金山，又组织了一次家族聚会。我小姑李佩芸是旧金山中华航空公司的销售经理，一向精力充沛、满腔热情，善于组织和计划，她自告奋勇帮助组织筹款活动。她当场提出马上开始收集族人的通信地址，编一本家族通信录。其后，聚会上又有几位族人自愿参加这一工作。

幸运的是，几个月前，上海的祖龄婶和她在美国科罗拉多州丹佛市的女儿宜华续编了一本李氏家谱。我祖父共有七兄弟，祖父最小。祖龄婶和宜华是老三的后人，是三房这一支。我则属七房也即小房这支。当时80多岁的祖龄婶收集和手录所有的材料交给宜华——一名图书管理员编成英汉对照，打印成册。这对佩芸姑姑很有帮助。她另外加进许多地址，成一本更详尽的家族通信录。

1993年新年伊始，佩芸姑姑和我有整整一个月几乎天天电传往来于美国加州福斯特市和意大利罗马之间。堂兄名仪住在加州，有时也与我们通讯，提出建议。从台湾临时到旧金山的祖冰叔也同佩芸姑及名仪就这个项目见面几次。终于1993年2月正式成立了筹款委员会。

名　　　称：小港乾坤亭募款委员会
名誉主席：祖泰（上海，代表乾房）
　　　　　祖冰（台湾，代表坤房）
执行委员：佩芸、名通、名仪、名弘、名爵、名信
秘　　书：巫漪丽、高望之
司　　库：祖谦婶、名虎

又在几个主要城市建立了下属委员会。工作成员有：

北　　京：祖宁、名鹰
上　　海：李玫、名猷、名远、祖楷、民汉

香　港：名陆

台　湾：祖冰、夏功权

洛杉矶：名强

纽　约：月娟

　　乾坤亭的设计上交小港开发区审批。从平面布局图中看,这座不锈钢亭子坐落在一个树木围绕、中间有鱼池的园子里。因为开发区一时不能确定准确的地块位置,所以我们选了三个有可能成为亭址的地点,请开发区定,但希望不要影响平面布局。小港开发区副主任舒宗达随后答复说,同意亭子的设计,但亭子已不可能在公园的滩区内了。他问我们能否在尚未开发的公园那一端里建亭,那里更近海,也可能更近李家的祖居地。他还要我们快点行动,赶在行政机关变动之前定下来。张永祥先生曾另外写信给我们,建议考虑修一个更大的综合性项目,如展览大厅、图书馆等等,并附带有住宿处。

　　实际上,我欢迎建议的新选的亭址,因为我们可借此修改平面布局。我个人觉得可以利用临水之利,水带来生气和活力,亭子也更加显露,公园游人会更喜爱。亭子一半伸出水面,具有连接内陆和海外族人的象征意义。在纽约同名觉、名仪一会商,他们都同意我的这个基本想法,又向几位亲人咨询之后,我们决心在按照张永祥先生意思扩大项目之前,先建好这个亭子。我们向小港开发区提交了新的平面布局图。要求在亭子周围有足够的空地以保证眼前环境好,又可供未来的扩展。张先生通过宁波的表弟王礼立教授给了我们口头的批准。名弘是加州一名已退休的神经外科医生。他一年几次到上海看望父母祖泰叔婶,顺便充当我们的代表和信使,他在台湾、香港停留时邀集亲戚,听取他们的意见和要求。表亲夏功权当时刚从台湾一个大型都市开发项目主任的职位上退休下来,他告诉名弘,他关心亭子使用的不锈钢材料,因为小港是个滨海镇,使用不锈钢可能会有麻烦。名仪、维雄和我都是建筑师,于是进一步研究了这个问题。我们都知道不锈钢有50多种不同的配方。如果品种选得合适,不锈钢材可以在盐性空气里维持很长时间。但是,在中国能弄到的那个品种不合要求,只有从外国进口材料甚至是加工好的材料才行。然而这就比预计的费用要贵上几番了,而筹款不是那么容易。这一来,我明白:亭子不得不重新设计。我把这惊人的结论告诉三位设计人的时候,真担心他们会来个鞠躬敬辞。幸好情况相反,他们都信守前诺,没有弃我于不顾。

　　我们考虑过用石头、木材和水泥来代替。石料在附上灵活性稍差。名觉坚持用木料而不用水泥。这时,他有几个舞台设计要做,其中一个是为百老汇设计,另一个《喜福会》是为上海设计的。他说他不可能像先前那样在亭子上花许多时间了。我说服他留了下来,专司品评设计,以便两位约翰(名仪和维雄的英文名字都叫约翰)可以定期向他请教。现在这个亭子基本设计是名仪提出的,维雄做了细部的结构,这是一个简洁而喜人的建筑,一个袖珍型的艺术创作珍品,既易于建造,也不昂贵。真的,当我把图纸给名觉看后,他认为这个设计比他们原先那个不锈钢的更好。代替隆起的亭基是沉向江面的亭底。这引人入胜的一着,让人置身亭中而茫然惊讶这水土之亲和表里之情。即使片刻,也会成为绝无仅有、终生难忘的美好经历。

　　亭子命名"乾坤亭",以纪念宁波李氏始祖两兄弟。幼兰姑的丈夫,前中国国防部长张爱萍的书法很有名,他愿意题写亭匾。我还请了在纽约作雕刻设计的他的女儿张小艾和女婿设计了一块铜板,铭刻了以下的中英文说明:

1995年世界各地李氏宗亲共献此亭予故乡

宁波市镇海县小港镇

建筑设计：李名觉李名仪李维雄

题署：张爱萍（姻属）

亭名乾（天）坤（地），以志乾坤两支归一并后世和睦

The Li(Lee)Family from all corners of the world

collectively made this gift in 1995

to Xiaogang, Zhenhai, Ningbo,

their ancestral homeland.

Pavilion Design: Lee Ming Cho, Lee Ming Yee, Lee Vee Yung

Calligraphy: Zhang Aiping (in-law)

The pavilion is named Qian (Heaven)Kun(Earth)Ting(Pavilion)

to symbolize the union of the Qian and Kun Branches of the Family.

Qian Kun also convey an idea of Peace and Harmony

  筹款确实不易，但这是一次可贵的学习。我们面对了各式各样的反应：有的认为建图书馆或设奖学金更有价值，有的忙得无暇回话，有的过手就忘，如此等等。但也有许多人被项目动了心：有的同我们来往更亲密了，有的送来他们的照片和长信介绍生平，有的对未能更多捐助表示歉意，有的超其所能地捐款，有的捐一次不够再捐一次，有的保证并兑现了用钱以外的办法给予帮助。我最感宽慰的是我的两个儿子维明、维仁都大力支持这项工作，还有我的三个侄儿：弟弟名仪的儿子维敏和维一及妹妹幼君的儿子邝正文也同样表示支持。

  筹款的结果表明国内的李氏族人更愿解囊参与。李家的姑娘和他们的女儿对建亭更具诚心。我也懂得了作为一个志愿筹款人，自己必须坚定建亭的意义和价值，必须不羞于面对大家，热心地加以说明。而最重要的是绝不能指望别人都跟自己一样重视，决不能强加于人，决不能因不同反应而感情冲动，更不能中途屈服而退出。有赖诸多人员的努力，筹款一事十分成功。我们如数募集到了建亭所需的款数。然而事到临头，亭子必须从木结构改用钢筋混凝土。要弄到能满足我们所有特定的要求——抗潮湿气候、抗紫外线、抗虫蚀、抗胀缩、抗爆裂翘曲等等的木料构件太困难了。我知道如此决策将使设计逊色，但在此关键时刻，我不得不接受这可能是最佳的解决办法。项目不能延后了，再拖可能整个告吹。

  小港开发区给了我们最后的工程造价估算。1994年4月，我又一次到小港。王礼立教授、我妻子在杭州的弟弟袁乐、张永祥先生、拟任开发区这一项目负责人的徐一德局长和我共五人，一道选定了亭子的位置，在敲定了合同最后金额和工程进度后，我同徐局长钩了钩小手指头。

  今年3月初，我收到了王礼立和袁乐寄来的工程进展照片。天哪，亭子都将完工了，模样极棒。我不由满心感激，感激每一位参与其事的人，尤其感激1991年9月那个下午到宁波大学来看我的张永祥先生。

1995 年 4 月

（原文载小港街道办事处编《热土忠魂》）

编者注：作者李名信，小港李氏家族人，坤房李屑清之孙，宁波大学教授。

小港记忆

汤兆华

一个人不能失去记忆，一个人不能没有乡愁，因为那是生命力的鲜活展现。乡愁蕴含了"根"的硬核力量，是对过去生活地方一种念念不忘的情愫。

1963 年夏，一纸调令将我从下邵调至长山区中心学校。这以后 40 余个春秋，我一直在小港教书，小港成了我的第二个故乡。

至今，时间过去了近一个甲子，但深藏在记忆里的小港印象，始终无法磨灭，我忘不掉"小港大桥"，忘不掉"十字街头"，忘不掉"石板小巷"。

桥

令小港人魂牵梦萦的小浃江蜿蜒穿行，流到沙下塘径直往北而去。沿江边走去，不远处有座古朴的三孔石拱桥映入眼帘。这座石拱桥叫"大桥"，是三孔半圆石拱桥。桥面宽约四米，上面铺有莲花石板。据史料记载，它的原名为"义成桥"，康熙五十八年（1719）建成，道光年间（1827）重建。

石拱桥将小港的东西两岸连成一片，成为小港最为热闹之处。一江碧水，在桥的四周荡开圈圈漪涟。刚走到江边的埠头，无数的小鱼会热情地向你游来。这种小鱼是群众俗语所说"桥倒压勿煞差鱼"的"差鱼"。你若投点食物，一群又一群的"差鱼"争先恐后涌过来，水面即刻水花四溅，热闹非凡。这场面给人留下的是淋漓潇洒又生鲜幽微的江南水韵。

桥东不远处，有座"桥头山"。桥头山虽矮，但在山上看海景是别有情调的。千百年来，雨雪风霜也好，酷暑炎热也罢，桥头山偎依着小浃江，默默地见证着"人间正道是沧桑"的每一历史时刻。独自一人，站在桥头山不高的山巅，甬江入海口一览无余，海风拂面，水天搏击，望海览涂，渔帆点点。这时，会让你感受到一种"天高海阔、海风正扬"的意境。

大桥下，两岸遍布着大大小小的河埠头。夏日，夕阳西坠时，大嫂大妈们纷纷手提竹篮，边说边笑着走到大河埠头，将衣物倒在埠头的石板上，抢起捣衣槌"啪、啪、啪"地洗了起来。孩子们则自顾自地在水中嬉笑打闹，激起的水花，常会溅湿了大嫂大妈的衣衫。大嫂大妈们只是轻描淡写的一句"小鬼！"了事。大嫂大妈们的欢笑与孩子们喧闹的画面映入水中，定格成了一幅颇具时代特色的风情画。

也有勇敢的人们，争着从大桥的栏杆上跃入水中，犹如十米高台跳水，极具强烈的视觉冲击力。小孩子们不甘落后，也纷纷跟在勇敢者的后面，一个接一个跳入水中。回报的是一阵阵叫好声。是啊！要想成为小浃江的"浪里白条"，非走这步不可。

桥脚的拐角处，有几株高大的苦楝树。夏日午后，蝉鸣云飘。邻近的老头儿，一手摇着芭蕉扇，一手提着小凳，来到树荫下乘凉歇息。老头们有着追不完的记忆，讲不完的"山海经"。兴致来了，扯开嗓子，哼一段越剧或是京剧的唱腔。顿时，所有老头儿的脸上都洋溢着难以言表的幸福。

边上，三两个老头儿，不声不响地下着象棋"解心焦"。午后的太阳慢慢地移到棋盘上，他们却没有一丝挪动的意思。路过的行人劝道："再晒，要发痧气勒！"这才小心翼翼地将棋盘移到阴处，如痴如醉，全神贯注，继续再战。

难怪道家的老子曰："天得静则清，地得静则宁，神得静则灵。"从下棋老者的身上，我们体会到一种"静谧灵动"的境界。

确实如此，每个小港人的灵魂深处都藏着对小港大桥的记忆！

街

小港的街无论直街，还是横街，都是青石板铺成。20世纪60年代初，街的两旁，开着供销社、合作商店的各种店铺，少有个体经营户。其中以"十字街头"最为繁华。小港百姓说起"十字街头"特别自豪，那可是他们心目中的"上海南京路"。

"十字街头"的店铺建筑风格，则是新旧混搭、高矮不一地在稍有弯曲的街面上排开，和谐相处。旧店铺是"粉墙黛瓦"的木结构的样式，或单层，或双层。走进店铺，清一色的红石板地面，稍高的"L"形木柜台，一看，就知道柜台有些年头了。新店铺则为砖木结构的样式，有单层，也有双层。走进店里，水泥地面，玻璃柜台，很是整洁明亮。

"十字街头"，其实就是直街与横街的交会点。这个交会点很是奇特，它交会于两条街的末梢部分。十字街头最繁华的地方，在直街南端、横街西端。记得当年的十字街头，有饮食店、缝纫社、南货店、饭店，有运输社、染坊、肉店、书店、文具店、布店，有油酱店、药店、泥木社、信用社等店铺。碾米厂、粮食供应站则在小浃江畔的拐角处。

"十字街头"的集市，是远近闻名的"每日市"。清晨，朝霞尚未透出第一道霞光，"十字街头"就喧嚷起来了。四周的农民，挑着自留地里种的新鲜蔬菜、瓜果"乌老早"就赶来摆摊了。当然，集市里绝缺少不了海涂里的海产品：那些活蹦乱跳的"小虾""弹涂鱼""小白蟹"，那些刚从泥涂里拾来的"泥螺""黄蛤""香螺"也一下子涌来了。这些东西随地一放，就开始交易了。反正商店还没有开门，处处都是集市的天下。等到太阳升起，商店开门的时候，集市早就散了。

横街往东过小港大桥就是桥东。那里集中了生产资料商店、豆制品商店、农机具商店，再往前多走几步，还有家打铁店呢！

到了冬季开商品展销会的时候，那好比是小港盛大的狂欢节。俗话说得好："锣鼓响，脚底痒。"大大的海报、高唱的喇叭，顿时"十字街头"成了欢乐的海洋，摩肩接踵的人群超过"上海南京路"。供销社、合作商店早早就备足了年货。"十字街头"，"百肆喧阗，万物充牣"。卖年货的、卖花布的、卖日用品的、卖文具图书的、卖糖果饼干的、卖各种玩具的，都是天不亮就摆好摊位，扯开嗓门招引四面八方的来客。街上，人山人海、熙熙攘攘，时不时地还会传来呼朋唤友的喊声。想要从街的东头走到西头，非得挤出一身臭汗不可。那时，人们刚熬过"三年困难时期"，到展销会上，能买上一副大饼油条犒劳自己，也心满意足了。

小港大桥西塝的街边，还有航船埠头。这是当年小港人出远门的第一个码头。每日清晨，小浃江上刚刚升起淡淡的氤氲之气,航船老大"呜呜"地吹响螺号,就是告诉大家,开往宁波张斌桥的航船要起航了。许多小港人就是从这个航船码头起步,走上革命的道路,走向全国,迈向世界。

巷

其实,最吸引人的,是街两边的蜿蜒曲折又有点深邃莫测的小巷。

小巷是极难琢磨的,多数没有巷名牌子,让你难以寻觅。又弯又长的小巷里,常有小孩子奔跑追逐,尽情地玩耍着他们的游戏。小巷曲折又平静,风永远是不紧不慢地吹着。你走着走着,望望前面,感觉"山重水复疑无路"了。可是,迈了几步过去,一拐弯依然是巷陌深深,而且更加清幽动人。走在并不规整的小巷,古朴的宅院,那老屋的石头碎瓦爿墙,那旧木门嘎吱作响的声音,都似乎默默地诉说着已逝往事。墙头的野草与墙角的青苔,更是展示着小巷的陈年旧事。

不过,有种"巷中巷"的小巷,被称为"弄"。其中,有条叫"当店弄"的,它东西走向,长50米左右,宽不过两肩,典型的"窄而短"。老百姓都戏称这条弄是"一眼看穿"。弄的两边墙壁,可厚实啦!墙的底脚是长条青石板砌成,上面用青砖实叠,青砖外面还抹有石灰。更绝的是,弄的西头还有一座迷你型的"过街楼"。楼上南北相通,楼下东西互联。这种建筑在当地极为罕见。

一般来说,小巷分三种:一是,路面由整块石板铺成的,且走在上面不会有起翘石板的噪声。这种小巷里,可能住家比较多,路上石板有点松动,马上就铺平了;二是,路面也由整块石板铺成,可走起来有起翘石板发出的"咯噔、咯噔"噪声,这种小巷里,或者是住家比较少,或者是年轻力壮者不多,故而,石板松动了,没法及时铺平;三是,路面由碎石板铺成的。那是较为僻静的小巷,少有人走动。

小巷两边,有高矮不一的乱石或是碎瓦爿砌成的围墙映入眼帘。围墙的背阴处,或许是斑斑驳驳的苔痕,或许是一串串苍翠欲滴的藤蔓从山墙上泻下来,简直像一幅幅古朴的水墨画。不起眼的小巷就是以静默的美滋养着百姓,以接地气的文化提升着格局。走在小巷里,蓦地会从某个角落蹿出一只猫,"喵"地一声于身前飞奔而过;也说不定,围墙里的向日葵会探出一张圆圆的笑脸,送你一个大大的微笑;不经意间,亦会闻到一阵阵木槿的芳香,令你心旷神怡、陶醉不已;印象最深的,是走在青灰色调的小巷,忽而眼前一亮,一只只种着碧绿青翠小葱的破旧甑甏,在残墙断垣上高低不一地摆成了一行,向你展现出无尽的生命活力。还有些小巷仅容一人通行,对面来人,须侧身方能通过。可是,它闹中取静,别有天地,不同凡响。

"观古今于须臾,抚四海于一瞬。"

虽然小巷的许多房子都破旧了,多年的烟熏,遮没了当年的美丽,但是只要你去小巷中溜达溜达,你的心情就会如同散落各处的古井一样静穆清透。傍晚时分的小巷,四处炊烟袅袅,饭菜飘香。这时,你会不由自主地萌发起思家的念头。

岁月和风霜,虽然侵蚀了当年的风光,但是巷子里的老房子顽强地保存着小港历史的遗痕。你可以驻足,可以抚摸,可以遐想。行走小巷,犹如在历史长廊中穿行。许多事情不经过自己的一番细细体验,是体会不出它的韵味的。不是嘛,小巷里那沧桑感十足的古树,那一墙浓绿的爬山虎,全都倔强地透出了小港悠久的人文气息。

更让人难以忘怀的是,在宋家弄口弯曲幽深的小巷里,每栋故宅、每块石板、每块青砖,甚至是每片碎瓦、每株野草,都收藏着生活中的传奇故事,收藏着动人心弦的历史风暴,更多的是珍藏着威

家山、金鸡山"抗倭、抗英、抗法、抗日"的历史证据。唐爱陆先生则是宋家弄口小巷文化血脉中不可忘记的人物。

清代恽寿平曾说："意贵乎远，不静不远也；境贵乎深，不曲不深也。"没这些弯曲宁静的小巷，也就没了小港的多彩风情，小港则可能失去令人梦牵的灵魂。小巷的一花一草、一砖一瓦如同阳光、空气和水，长年累月、不动声色地孕育、滋养着生活在小港的每一个人。

记忆，那是前辈勇于攀登的印痕；乡愁，更是先哲奋力吹响的号角。常言道："青山不墨千秋画，绿水无弦万古琴。"20世纪60年代初的小港，像一幅人文风情的长卷画轴，永远铭刻在我的记忆里。

（原文载《隽美戚家》，转载时略有删节）

编者注：作者汤兆华，曾任蔚斗小学校长、支部书记，浙江省特级教师。

四、乡里传说

乐贤的故事

清朝时候，小港出了个秀才，人称乐贤（乐涵）先生，很有学问。他生性耿直，嫉恶如仇，不会巴结官府。因而一生仕途坎坷，很不得志。但他敢斗官府、为民说话的正义之举，却一代一代地在民间流传。这里记录了他的三个小故事。

训　官

有一年，朝廷委派一位县令来镇海上任。当地乡绅富商们趁机巴结，天天大摆宴席，为他接风洗尘。还特地请来一班有名的戏文班子，贴出布告，要在城隍庙内做十天十夜大戏，以示欢迎。那县令十分高兴，逢宴必吃，有戏必看，整天沉湎在当官的乐趣之中。

消息传到乐贤那里，他很气愤，决定好好教训他一顿。于是，他找来一个胆大的壮年农民，如此这般地和他讲了一遍。那农民听了满口应承下来，马上进城来了。

那天，城隍庙内，紧锣密鼓，戏文正演到最精彩之处，县令看得津津有味。眼看着进来了一个农民，大摇大摆往看台最前面一站，一动不动地也看起戏来，把县令的视线全遮住了。这下，新县令光火了，一直喊着："把他抓起来！"那农民却面不改色地道："老爷，我犯了啥罪？""大胆刁民，目无长官，以下犯上，还不知罪？"县令把桌子一拍："下去打四十板子！"衙役们刚要动手，"慢！"乐贤先生从人群中不慌不忙地走了出来，向县令道："父母官大人在上，村野小子乐贤这厢有礼了。"县令听见乐贤两字，心里"咯噔"一下。因为早已有人向他讲起过乐贤，知道此人很难对付，不可小看。于是就问："乐贤先生有何见教？"乐贤说："此人乃乡村一个农夫，不懂官场礼仪，不知庙内上下，让晚生代老爷教训他一顿，饶了他吧。"县官心想，都说乐贤不怕权贵，不趋炎附势，今日这不明明在乞求、讨好于我么？所以就爽爽快快地答应道："好吧。"只见乐贤转过身来，一脸怒色，把手中老长老长的旱烟管儿往县令面前的桌上"咣当"一敲，对那农民训道："你这小子好不懂事！现在是啥辰光？小满芒种春耕大忙季节！连知府、巡按大人此时都不坐享清福，须下乡走走，巡视民事，体恤农情，你算个什么东西，天天饮酒听戏，还像话么？""是，是！"农民唯唯诺诺，连连点头。县令已听出乐贤话中之话，当着那么多人被他训斥，又不能发作，多气恼哪！乐贤似乎还不肯息，把烟管在桌上重重地一击，道："还不快撤？"那农民匆匆走了。县令脸上红一阵、白一阵，如坐针毡。那以后，县令再也不敢明目张胆地到处喝酒和看戏了。

揭　赃

不知不觉，那县令到任已近三年，搜刮了不少银子进入自己的腰包，但仍感到不大满意。俗话讲"三年清知府，十万雪花银"呀，他搜刮的银子还不到十万呢。于是，他就写了一道奏章给皇上，说由于本县后海塘年久失修，且此处潮大流急，需用铜桩作基础，铁夹护堤，方能保得百年无虞。请朝廷速拨库银以备修复。很快，皇帝御笔一勾，即将十数万两银子下拨。县令接后欣喜若狂，赶紧召集工匠，限时完工。但他暗下布置工匠只用木桩、竹夹修了一条泥塘，根本不用铜桩、铁夹，将大半剩余的银子，统统据为己有。

说也奇怪，这秘事，不知怎么又给乐贤知道了。他找来工匠们一打听，知道修塘打的确是木柱，可就气坏了！就叫工匠们把这些木柱全都锯断，一切后果由他负责。一来工匠们深知乐贤的为人，二来也恨县令平时克扣工钱，于是一齐动手，吱嘎吱嘎地乱锯起来。守塘的官兵阻拦不住，慌忙报知县令。县令勃然大怒，带了大队兵丁前来后海塘弹压。一时间，消息传开，城内外子民百姓齐来观看，塘上塘下，万头攒动，人声鼎沸。只见公差抓来两个工匠推在地上，县令怒吓一声："大胆刁民，蔑视国法，私锯坝桩，该当何罪？"这时，乐贤迈着方步走过来说道："老爷，此两人私锯桩柱，破坏海塘，理当追究。""说得对！"县令心里有点奇怪，他怎么向着我说话。未等县令回过神来，只听乐贤又对工匠问道："此海塘乃用铜桩、铁夹所建，你们工匠区区木锯想锯断它，岂非笑话！快快从实招来。""啊?！"县令一听这尖利的质询，不由得心惊肉跳起来："我作弊的秘事，他怎么又知道了？"乐贤又进一步亮"底"："我看是不是官兵抓错人了？如真是木桩，那下任县令对你追究起来，于老爷前程有碍，你们怎对得起县令？"

"这，这个……"县令见赃证被抓住，又被点出了利害之处，早吓得头上豆大的汗珠乱流，张口结舌地不知所措了。此时人声大哗，百姓们个个怒不可遏，大声斥责县令的不法行为。县令呆如木鸡，形色灰败……

不久，上告信雪片似的飞进京城，朝廷传旨下来，没收县令的一切家财，将他削职查办。百姓们个个称赞，乐贤又为大家办了一件好事。

计赚洋人

清朝道光末年的一天，两条满载货物的帆船从宁波沿甬江顺流而下，傍晚时，来到镇海海关附近。那帆船忽左忽右，躲躲闪闪，似乎想闯过海关出海。这情景，早被海关上的洋人发现，洋人立即登上汽船，开足马力，扑了上去，大声吆喝帆船停下接受检查。

一会儿，汽船靠上帆船，洋人检查员和一群水警跳了过去，看船中堆着一只只满鼓鼓的麻袋，喝问道："什么货？装到哪里去？"这时，船舱中走出一位五十开外的客商，着长袍马褂，拱手答道："这是布匹，运往上海。"洋人检查员将手一伸："可有税单？可曾报关？"那客商慌了，支支吾吾地答不上来。洋人的脸一沉，顺手打开顶上面的几只麻袋检查，里面都是花花绿绿的绫罗绸缎、棉布棉纱，就训道："好大胆！两船货物，一不纳税，二不报关，违禁走私，统统给我扣了！"一声令下，水警们立即押着帆船驰向海关码头。

到了海关，那客商苦苦哀求，说船上货物全是总店拨给分店的，请高抬贵手，予以放行。磨了好半天，洋人总算答应按货价罚税银五百两，待交清罚款后再还货放行。客商忍气吞声，只好照办。

但又说身边没带这许多银两，要回家去取，明天前来交讫。洋人应允了，可又告诉他，拖延一天，加罚五十两；十天不交，全船充公。临走，那客商要求海关出具暂押两船货物的凭据一纸。这时已过半夜，洋人急于要睡，就下船草草清点了麻袋件数，写了张暂押凭据给他。

第二天中午，客商如期来交过罚款，洋人就领他来船上交割被扣的货物。客商抱拳说道："洋人先生，船上货物被扣一夜，今蒙发还，还请当众打开看过，免得你我两下有涉。"洋人点头同意，吩咐水警们一齐动手，将麻袋打开一一交割。谁知这一拆嘛，可就拆出麻烦来了，顶上面一排麻袋里仍然是原物未动，而其下所有的麻袋里竟全是纸片纸屑！洋人正在惊疑，那客商脸色一变，指着他厉声责问："好呀，堂堂海关，竟敢在光天化日之下，做出这等丑事！将我的两船绸缎绫罗、棉纱布匹都换成了废纸碎屑，而仅仅在上面遮盖些原来货物，真是可耻至极！"一下子，把在场众人直弄得目瞪口呆。洋人的绿眼珠一转，气咻咻地声辩道："我堂堂海关，怎会看上你那点儿货物？一定是你事有预谋，讹诈海关！"

客商并不回言，拉住洋人，走近麻袋，抓起一把纸片，掼在甲板上，高声说道："洋人先生，你仔细看看吧！"洋人定睛一看，坏了！这些纸片纸屑全是自己海关上的用纸呀！有的印有海关名号，有的盖有海关印戳，有的还留着海关的章记哪！客商趁势怒斥道："洋大人，看清了吧？别装什么蒜了，快快还我的货物！"

洋人哪里肯还。于是，双方纷争不休，相持不下，只好上诉到官府，要求裁决。县、府的官儿们都怕得罪洋人，迟迟不敢审理此案。

但是，海关洋人诈取国人财物的公案很快传开了。大家都极感愤怒，纷纷联名上书向官府请命，要求秉公办理，不失国体。宁波府慑于民愤，不得已与洋人几经交涉，总算审理结案。其中判文说："……纸片纸屑全系海关内部之物，外人岂能获得？客商所诉属实，人证物证俱全。为此，当判海关洋人赔还客商所损九十袋货物，按时值折银叁仟两正……"洋人没法，只好乖乖照赔。

消息传出，万人空巷，奔走相告。

讲到这里，大家一定会问，这究竟是怎么回事？

原来，那个客商并非别人，正是鼎鼎大名的小港乐贤先生。他目睹清廷腐败，把个好端端的中国弄得一塌糊涂，宁波又被辟为五口通商的港口之一，海关主权拱手让给洋人，国货过境，都要受其管束节制，百般刁难。国人无不恨之入骨，但又无可奈何。乐贤决定好好教训他们一下，就想出一条妙计，关照在海关里作帮佣的一个中国人，把海关洋人每天办公后弃下的各种纸屑，全偷偷地收拾起来交给他，几年后居然积聚了近百麻袋。于是他就扮成商人，演出了上面这段戏。洋人哪知是计，上了大当，却好似打落门牙肚里咽说不出。这件事不胫而走，一时传为美谈，都说乐贤先生这一"竹杠"敲得好，为中国人出了一口秽气！

菜汤庵的传说

据说，两百年前就有菜汤庵了。不过那时它不叫菜汤庵，而叫最乐庵，坐落在戚家山小浃江的义成桥东塅。因为年久失修，2000年时，村民自愿捐款将它迁建到了小浃江边的浦山西侧。一座小小的庵堂为什么让当地的老百姓如此念念不忘？为什么最乐庵又叫菜汤庵了呢？这得从它供奉的一位女将军说起。

戚家山一带因地处甬江入海口，是浙东海陆"锁钥"之芯，军事地理位置重要，所以历代政府都在此屯兵设戍。在众多朝代驻军中，战绩最好、口碑最好、最得民心的当属戚家军。戚家军因明代著名军事家戚继光而得名。明朝时期，浙江倭患严重，戚继光在嘉靖年间奉命镇守宁波、绍兴、台州三府。他痛感浙江百姓对倭患之恨，遂募集义乌东阳一带农民、矿工在戚家山营垒训练，练出了赫赫有名的戚家军。戚家军作战骁勇，战法奇特，对付倭寇战果惊人。而且戚家军纪律严明，若士兵扰民，一律斩首示众，所以特别受驻地百姓拥戴。

在戚家军队伍中，也有不少女将。其中有一位名叫戚志英，虽为女流，却同样勇敢善战。在一次和倭寇的海战中，戚志英因身怀六甲，行动不如平时矫捷，结果落单，被倭寇逼至舟山金塘岛一个叫凌谷岙的地方。戚志英孤身一人，又怀着身孕，处境十分危险。这时她肚饿难忍，船上除一点淡水外再无任何充饥之物。绝望之时，突然发现海面上竟漂来一捆长长的天菜。天菜是宁波特产，虽然味涩，却也能充饥。戚志英赶紧捞起用淡水煮菜汤喝。也许是天菜在海里浸泡太久变质了，怀孕的戚志英喝完后竟腹痛难忍，再也无力撑船逃脱，只能眼睁睁地看着敌军向自己逼近，连人带船被他们击沉在金塘岛的海底。

也许是戚志英的牺牲太过惨烈，也许是出于对戚家军的深厚情感，沿海百姓很快就流传起她的故事。到清朝，戚志英的传奇故事已被演绎得栩栩如生、催人泪下了。

清道光十五年（1835），道光皇帝南巡舟山群岛时，从当地百姓口中听到了这个故事，据说他当时很受感动，觉得有必要表彰册封一下这位前朝抗倭女忠臣。可给她一个什么样的封号好呢？道光皇帝是个崇尚节俭的皇帝，他最后决定封她为"菜汤圣母"。道光帝这样册封她，也许是感念她连一碗可口菜汤也喝不上就阵亡；也许是借以宣扬他的节俭理念，祭拜不要太花钱，一碗菜汤就可以啦。

不管道光皇帝是出于什么心理，总之在他的鼓励之下，"菜汤圣母"名气越来越大，最早供奉菜汤圣母的戚家山最乐庵，便成了菜汤庵。每年农历正月十四，戚家山一带百姓会自发聚集到菜汤庵中，用天菜烧煮大锅可口菜汤，先供菜汤圣母享用，再在圣母像前分碗齐喝菜汤，场面热闹而温馨。

虽然菜汤庵换了地方，但崇尚英雄的民风未改，菜汤圣母像前香火不灭，每年农历正月十四喝菜汤成了戚家山的习俗。

十万光饼震倭酋

明朝爱国名将戚继光在甬江口抗击倭寇时留下很多感人的传说，"十万光饼震倭酋"就是其中之一。这个故事说的是：

有一次，倭寇打算从东海的海岛上发兵来攻打小港。小港的老百姓得到这个消息后，连忙到梅墟请驻扎在那里的戚继光将军前来抵御。戚继光将军答应了老百姓的请求，并约定等倭寇到来时，一定发兵前往征剿。老百姓非常高兴，为了迎接戚家军的到来，家家户户都赶做起咸光饼来。做好后一数，不多不少，正好十万只。十万只光饼都存放在金鸡山后面，准备慰劳前来抗倭的戚家军。

倭寇在出兵前，先派了几个探子来侦察小港的动静。探子不光人生地不熟，就连小港人讲的话也只能一知半解。探子怕暴露身份，偷偷摸摸地四处打探消息。他们看见小港的老百姓正忙忙碌碌地准备迎接戚家军，还隐隐约约地听见人们在传说："……足有十万……光……饼。"吓得探子连夜返回海岛向敌酋禀报，说是戚继光已从南方调集了十万广东兵到小港。倭寇们大为恐慌，连夜上船驶往外洋躲避去了。

堆积在金鸡山后面准备作军粮的那十万只咸光饼，因为戚家军没有来，年长日久渐渐变成了一座大山。小港的老百姓为了纪念戚继光将军抗倭功绩，就把这座山称为戚家山。

送婆岭的传说

戚家山南有相连的大岭山，山上有岭，岭东是戚家山街道渡头社区，岭西是小港街道红联村。古时，人们欲从渡头去镇海城关，必过此岭。为什么这条岭叫送婆岭呢？说起来，还有一个感人的故事。

相传在明朝年间，岭东住着一户人家，主人严乐氏，早年丧夫，上有婆婆，膝下有一女儿。家境虽然贫困，但一家三代和睦相处。严乐氏替夫尽孝，终日服侍婆婆，从无半点怠慢。婆婆见媳妇如此孝顺，早把她视作女儿。她不忍心媳妇年轻轻地守着自己一辈子，决定打破三从四德的老礼，亲自在镇海城关给媳妇找了个殷实人家，逼着媳妇嫁了过去，孙女也随母去了城关。

严乐氏感念婆婆的恩德，身在城关，仍一天不忘婆婆。每当时令菜蔬上市，必定烧好了，让女儿送去给婆婆尝鲜。女儿十岁，乖巧伶俐，对奶奶十分尊敬。让她给奶奶送菜，她十分乐意。于是，不管盛暑寒冬，人们总能看到小女子从城关出来，摆渡过江，翻过大岭的身影。

一年夏天，女儿又去给婆婆送吃的。女儿上了岭头，忽然中暑，大汗淋漓，一头栽倒在岭上，从此再也没有起来。家人把她葬在了岭旁。

人们为严乐氏及她女儿对婆婆的一片孝心所感动，就把这条岭叫作送婆岭了。至今，近500年过去了，这条岭还在，戚家山人的孝道精神仍在。

江门老龙斗蛤蜊

戚家山街道蒋家村外的蛟门俗称江门。相传，海底住着一条江门老龙，它饱经世故，心地善良。

记得有一年干旱，江门老龙看到人间草木枯萎，田地龟裂，心中十分不忍，便用尾巴搅动东海之水，张开大嘴往陆地上喷洒。但见一股股粗大的水柱升上云端，化成瓢泼大雨，哗哗地普降下来。三个时辰过去，老龙想，这么大的雨，人间肯定是淋了个透！于是就宁风息浪，扫雾收云，跃上九霄往地上看去。它不看犹可，一看大吃一惊，那三个时辰的倾盆大雨没有把土地淋湿半分！"这是怎么回事？"江门老龙糊涂了，决定弄明情况。回到江门，它将尾巴慢慢伸进洞中，想休息一会儿。刚伸进一半身子，突然尾巴被什么东西咬了一口，它痛得使劲一甩尾巴往空中蹿去，"唰"地一下就把咬它的那个东西带上了半空。老龙回头一看，啊！这是只黑不溜秋的蛤蜊精，用坚硬的大壳紧紧咬住了自己的尾巴。

这只蛤蜊精有着千年道行，在海上横行霸道惯了，今日路过江门，趁老龙降水行雨之机，偷偷侵占了它的洞穴。还张开两扇蚌壳，兜住了老龙喷洒的大雨，来淋浴作乐哩！

江门老龙喝道："蛤蜊精，为何占我的洞穴？"蛤蜊精冷笑道："天地之间，洞穴甚多，谁占归谁，我住在里面关你屁事？"老龙怒火冒顶，架起龙角，瞪起龙眼，伸出龙爪，朝蛤蜊精扑去。蛤蜊精钻落海里，将大壳一张一合，鼓起狂风，推起巨浪，前来迎战。一时间天昏地暗，呼啸的大浪摧毁了海堤，

吞没了良田,冲走了房屋,淹没了人畜。老龙大惊道:"大胆蛤蜊精,你这样伤害生灵,可知有罪?还不快快宁风退潮,以救百姓!"蛤蜊精却毫不在意,狂笑道:"你年老体弱,打不过我,玩些劣计,想叫我上当败阵不成?"说完又将大壳猛扇了三下,风更急,浪更高,吞没了更多的陆地。

恰巧,天上的雷公从别处行雨路过金塘港上空,见蛤蜊精这么作恶,不由得大怒,一个掌心雷击去,一道闪光射进蛤蜊精肚中,把它打得粉碎!

蛤蜊精死了,它肚子里的许许多多子孙全散落在附近的海涂上。所以,至今那一带的蛤蜊特别多,就是这个缘故。

泥马船

从甬江口到青峙,有一片泥涂。每逢退潮,总有当地人驾驶着泥马船在涂上捕鱼捉虾。人们两手撑着船上的扶手,一膝跪船,一脚在泥涂上用力一蹬,泥马就穿梭而去,十分轻捷灵便。人们是怎样创造出这种不会在泥涂上陷下去的劳动工具的呢?这得从戚继光抗倭说起。

明朝嘉靖年间,倭寇时常侵犯我国东南沿海一带,杀人放火、抢掠财物、残害百姓,无恶不作。为了平息倭患,朝廷派戚继光将军前来征剿。

戚继光来到镇海,起初摸不清敌人的活动规律,吃了几次败仗。有一天,倭寇驾驶着战船又来侵犯镇海,刚刚行驶到后海塘,忽然潮水退去,将战船搁浅在泥涂上。倭寇连忙跳下船来用力推船。戚继光抓住战机,指挥士兵们前去追击。因为海涂泥泞难行,一脚下去,陷进半条腿去,十分难走。未等兵士靠近,倭寇已从容退走。

怎样才能在泥涂上快速行走呢?戚继光将军经过几昼夜的苦思冥想,终于设计了一种作战用的小船。这种船身长五尺、宽一尺,上面装置一个把杆。使用时双手扶杆,左膝跪在船上,右脚向后一蹬,船就可向前滑行,速度极快,每个时辰可行六十里。船上放置刀枪弓箭、安装土炮,既可行人又能杀敌,十分了得。戚继光又挑选青年士兵,在后海塘泥涂上驾船操练。

不久,倭寇又来侵犯,戚家军与敌人佯战拖延时间,待退潮时间,倭寇企图推船下海,只见隐蔽在石塘后的戚家军乘泥马船迅速出击,把倭寇团团围住,杀得片甲不留。从此,倭寇再也不敢贸然进犯镇海了。

倭寇不来了,泥马船逐渐成了老百姓的生产工具,一直沿用至今。

编 后 记

根据戚家山街道党工委的指示,我们于2019年3月开始编纂《戚家山街道志》。在街道党工委的领导下,街道成立编纂委员会和编纂办公室,组建编撰班子,历时近4年完成本志。

戚家山街道虽成立仅约16年,但所在的小港区域,是千年古镇,历史悠久,人文荟萃。中华人民共和国的成立,1978年以来的改革开放,以及宁波经济技术开发区的建立和发展,为这个古镇插上腾飞的翅膀,古镇发生了翻天覆地的变化。中国共产党第十八次代表大会提出实现中华民族伟大复兴中国梦两个一百年的宏伟目标,今天,实现全面建成小康社会的第一个一百年目标已经完成;建设富强、民主、文明、和谐、美丽的社会主义强国的新征程已经起航。站在这个历史交汇点上,记录这段沧海桑田的历史变迁,是时代赋予我们的崇高使命和责任。我们能亲身参与这一工作,深感荣幸。

《戚家山街道志》共15编约95万字,内容涵盖人文、地理、政治、军事、经济、文化诸多方面。它如实记载了千余年来戚家山街道境内自然与社会的历史变迁,并把握详今略古的原则,侧重经济人文,尽力反映时代特点和地方特色,以期经世致用。

宁波经济技术开发区初创地和北仑区重化工业的重点区域是本街道的地域特色和亮点,按编纂地方志体例,专设"开发 开放",提升为第三编。

为使志书能真正起到"资治、存史、教化"的作用,我们坚持叙事唯实,不加观点,不妄评论,力求使志书成为一幅记录戚家山历史变迁、天文地理、人事沧桑、时代风云、社会变化的真实画卷。

编纂《戚家山街道志》是一项严肃的修志工作,必须搜集和掌握政治、经济、文化等各方面的大量资料。为此,我们遵循"广征、核准、精编"的方针,广泛搜集资料,查阅摘录档案、旧志、新志、报刊、文件、专著;召开各类人员座谈会,听取专家学者意见;反复核对史料,考证真伪,务使记录的史料真实可信。

《戚家山街道志》在编纂过程中,深得各界支持,尤其是《小港镇志》的大量史料,为我们的工作创造了很大便利。为此,我们深表感谢。在本志编纂过程中,马子明、金信贤、顾珊红等同志提供了部分照片,在此一并表示感谢。

由于我们学识浅薄,时间仓促,虽然竭力尽能,仍难免挂一漏万,未能尽如人意。为此,谨请广大读者批评指正,以期有机会予以订正。

编 者

2023年1月

《戚家山街道志》编纂委员会

主　任：姚晓峰　李声波　李国东

副主任：邱益君　叶　跃

委　员：张亚元　曹正令　方向华　谢翠丰　朱献飞　赵拉结　段华超
　　　　陈子非　周幼娟　王宁宁　谢　芳　江　寅　丁占斌　王四海
　　　　江小涛

编纂办公室

办公室主任：邱益君　叶　跃

主　　　编：邱益君　叶　跃

副 主 编：童军飞　杨韵义

编　　　辑：杨韵义　陈永安（执笔）　杨国成（摄影）

统　　　稿：柳中愉

参与《戚家山街道志》评审的领导和专家

（按姓氏笔画排序）

王无锋　刘明国　张立平　苏承达　陈希忠
柳中愉　高训贤　贺海波　盛光杰　韩朝阳

资料员

史龙国　乐加全　乐国平　孙炳尧　汪桂凤　汤兆华　李王蓉　李开源
李志满　吴满芬　张　瑜　张亚兰　陈　聃　林　平　林如英　杨　挺
郑其安　金信贤　周静飞　贺世云　唐　丹　曹晓波